Robert Motzkuhn

Der Kampf um das Öl

Weltvorräte
Ölmultis
und
wir

HOHENRAIN-TÜBINGEN

Satz und Schutzumschlag: Hohenrain, Tübingen
Druck und Bindung: Kösel, Krugzell

Die Deutsche Bibliothek – CP-Einheitsaufnahme

Motzkuhn, Robert :

Der Kampf um das Öl : Weltvorräte, Ölmultis und wir /
Robert Motzkuhn.-
Tübingen ; Zürich ; Paris :
Hohenrain-Verl., 2005

ISBN 3-89189-077-0

ISBN 3-89180-077-0

Postfach 1611, D-72006 Tübingen

Gedruckt in Deutschland

Inhaltsverzeichnis

Dieses Buch widme ich der Kraft der Erneuerung,
der Fähigkeit, sich immer wieder auf neue Situationen
einzustellen, und der Fähigkeit, die wirklich großen
Herausforderungen des Lebens zu meistern.
Wenn wir das konsequent auf die Energiepolitik umsetzen,
dann muß uns vor dem Ende des Erdölzeitalters
nicht angst und bange sein.

ROBERT H. MOTZKUHN

1. 8. 2005

Einführung

Warum uns das ›schwarze Gold‹ Sorgen machen sollte

Sehr häufig vertreten Wissenschaftler und manche politische Parteien die These vom Ende des Erdölzeitalters; einer gründlichen Überprüfung hält diese These jedoch nicht stand. Zum einen sind alle Industriestaaten gerade im Transportsektor von der Ressource Öl völlig abhängig, zum anderen eifern ihnen die aufstrebenden Schwellenländer nach, und selbst China wird sich, sofern die Prognosen eintreffen, in den nächsten zehn, zwanzig Jahren in ein Automobilland verwandeln. Im Jahre 2001 hatte das Riesenreich mit 1,3 Milliarden Einwohnern nur 4,3 Millionen registrierte Personenkraftwagen sowie etwa zehn Millionen Lastkraftwagen und Busse, während die Amerikaner mit ungefähr zweihundertfünfundachtzig Millionen Einwohnern auf einhundertneunundzwanzig Millionen Pkw und achtundachtzig Millionen Lkw und Busse kamen.[1] Weltweit gab es 2002 751 Millionen Fahrzeuge. Es wird vom Internationalen Währungsfonds vorhergesagt, daß sich diese Zahl bis zum Jahre 2010 auf 939 Millionen erhöhen und 2020 sogar auf über 1,2 Milliarden ansteigen werde.[2]

In manchem Entwicklungsland ist der Nachholbedarf auf dem Automobilsektor immer noch sehr groß, weil die Anzahl der Autos im Vergleich zur Bevölkerungszahl immer noch sehr niedrig ist, und niemand im Westen dürfte es den Chinesen vergönnen, sich ebenso den Traum eines Automobils zu verwirklichen. Der chinesische Automobilmarkt glänzte bereits in den vergangenen Jahren mit traumhaften Wachstumsraten, und in wenigen Jahren wird sich der Bestand in China vervielfacht haben, unter anderem, weil sich die ausländischen Automobilkonzerne mit attraktiven Angeboten einen Platz auf dem derzeit wohl attraktivsten Wachstumsmarkt der Welt sichern wollen. Was auf China zutrifft, dürfte ebenso für Indien gelten, da auch dort eine Expansion im Transportsektor angestrebt wird. Zahlreiche ›aufstrebende‹ Schwellenländer werden ebenfalls einen kräftigen Zuwachs in der individuellen Mobilität erleben. Das Ende des Erdölzeitalters ist weit davon entfernt, Realität zu werden. Vielmehr haben sich die großen Öl- und Stromkonzerne längst damit abgefunden, daß der weltweite Energiebedarf in Zukunft deutlich stärker wachsen wird, als dies zuletzt der Fall gewesen ist. Die Öffnung der einheimischen Märkte für ausländische Investitionen und die Durchführung von Privatisierungen beschleunigen den Wandel und treiben die Energienachfrage in die Höhe. Schon längst werden Pläne für neue Atomkraftwerke aus den Schubladen hervorgeholt, um eine Projektrealisierung anzugehen – ein Vorgang, der noch vor fünf oder zehn Jahren völlig verpönt gewesen wäre, jetzt aber angesichts der realen Umstände zunehmend angegangen wird.

Nicht nur der globale Energiebedarf wird in den nächsten zehn, zwanzig Jahren ansteigen. Auch der Schmierstoff unseres Industriezeitalters, das Rohöl, wird eine stetig wachsende Nachfrage erleben. Der Wachstumsschub der letzten zwei, drei Jahre war kein Ausrutscher; der weltweite Ölbedarf wächst mit einer ungeminderten Dynamik weiter an. Das ›schwarze Gold‹ ist gefragter denn je, insbesondere, weil der Transportsektor überwiegend auf Öl angewiesen ist. Insofern gibt es die Gegenthese, der zufolge wir in Zukunft, und damit meine ich die nächsten zwanzig, dreißig Jahre, mehr denn je von der Ressource Rohöl abhängig sein werden. Die notwendigen Veränderungen für eine Abkehr vom jetzigen System würde die Mehrheit der Bevölkerung erst gar nicht mittragen: zum einen, weil sie im täglichen Leben auf die Nutzung des Automobils angewiesen ist, zum anderen weil sie die Bequemlichkeit und Flexibilität des Automobils schätzen gelernt hat.

Es liegt deswegen in den Händen der Politiker und der Industrie, vor allem der Automobilindustrie, hier die Weichen für eine langfristig vernünftige Politik im Energie- und Transportsektor zu stellen. Die isolierte Politik eines Landes reicht dazu nicht aus. Da wir uns immer mehr in einer Welt von Bündnissen und Abhängigkeiten bewegen, wäre ein einheitliches Vorgehen der Europäischen Gemeinschaft im Energie- und Transportsektor vonnöten, denn nur dann hat eine Vorreiterrolle wirklich Sinn und erwirkt umweltpolitisch die gewünschten Erfolge. Dabei werden die Bemühungen einiger Hersteller alternative Kraftstoffe wie Biodiesel oder die Erzeugung synthetischen Kraftstoffes aus Biomasse durchaus anerkannt, allerdings reichen diese noch lange nicht aus, die Abhängigkeit vom herkömmlichen Öl deutlich zu verringern. Lernen könnten wir Europäer auch von Entwicklungen in anderen Ländern, so zum Beispiel von Brasilien, das sich als größter Hersteller und Verbraucher von Äthanolkraftstoff eine Führungsrolle bei alternativen Kraftstoffen erworben hat. Populäre Sprüche und Prognosen über das Ende des Erdölzeitalters sollten wir in Zukunft deswegen ernsthaft hinterfragen. Wir werden dann feststellen, daß ein aktiver Wandel im Transportsektor wesentlich besser ist als Untergangsprognosen, verknüpft mit einem Verzicht auf Veränderungen. Auch die steuerliche Befreiung von der Mineralölsteuer der regenerativen Biokraftstoffe muß mittel- bis langfristig beibehalten werden, denn die Hersteller dieser neuen Biokraftstoffe benötigen einen Anreiz, die Produktion auszubauen, und müssen erhebliche Anfangsinvestitionen für den Aufbau von Anlagen schultern.

Ein kurzer Rückblick – September 2003. Es scheint uns aufgrund der Ereignisse der letzten Tage und Wochen schon eine Ewigkeit her zu sein. Damals konnte man in der renommierten Wochenzeitschrift *The Economist* lesen: ». . . if all works out, Irak will be a capitalist dream«, spricht: Wenn alles aufgeht, dann könnte der Irak ein kapitalistischer Traum sein.[3] So weit ist es noch lange nicht gekommen, denn noch ist das Zweistromland weit davon entfernt, als Öleldorado eingestuft zu werden. Auch China sorgte beim Thema Ölverbrauch für viel Gesprächsstoff. Der Pariser Internationalen Energieagentur IEA zufolge stieg die Nachfrage Chinas im ersten Quartal 2004 um achtzehn Prozent auf durchschnittlich 6,14 Millionen Barrel pro Tag an.[4] Die OPEC erhöhte die Verbrauchsprognose für 2004 und erwartete nun einen Anstieg des weltweiten Rohölbedarfs auf durchschnittlich 80,1 Millionen Barrel pro Tag oder plus zwei Prozent gegenüber dem Vorjahr. Die Internationale Energieagentur hob ihre Prognose für den Weltverbrauch im Juni 2004 sogar auf 81,1 Millionen Barrel pro Tag an. Da sich damit ein Anstieg von 2,3 Millionen Barrel pro Tag errechnen würde, käme man auf das stärkste Wachstum seit 1980.[5] In Wirklichkeit sollte sich die Ölnachfrage 2004 sogar auf 82,56 Millionen Barrel pro Tag stellen; das war mit einem Plus von vier Prozent der kräftigste Anstieg seit Jahrzehnten.[6] Die Weltwirtschaft wuchs mit 5,1 Prozent so stark wie lange nicht mehr, und selbst wenn für 2005 eine Abschwächung auf 4,3 Prozent erwartet wird, dürfte das Durchschnittsniveau vom vierten Quartal des letzten Jahres mit 84,9 Millionen Barrel pro Tag im laufenden Jahr Realität werden. Da der Internationale Währungsfonds auch für 2006 ein Wirtschaftswachstum von über vier Prozent vorhersagt, dürfte die Nachfrage weiterhin hoch bleiben.[7]

Zurück zur Entwicklung im Jahre 2004. Die erhöhte Nachfrage, insbesondere aus China, war auf der einen Seite sehr erfreulich, da man somit eine wachsende Weltwirtschaft erwarten durfte: auf der anderen traf die Nachricht auf einen Ölterminmarkt, der sich nach

Entspannung sehnte, vom Informationsgelage aber keine Zeit zu verschnaufen hatte. Da die OPEC nun auch noch ernsthaft überlegte, die von ihr seit vier Jahren angestrebte Preisspanne anzuheben – von bisher zweiundzwanzig bis achtundzwanzig Dollar auf womöglich zweiunddreißig bis vierunddreißig Dollar pro Barrel –, konnte von Entspannung an der Preisfront überhaupt keine Rede sein.[8] Außerdem förderten die OPEC-Staaten trotz der offiziell erst im Februar 2004 sogar abgesenkten Quote von 23,5 Millionen Barrel pro Tag bereits mehr als 25,6 Millionen Barrel pro Tag. Rechnete man die Produktion des Irak noch hinzu (die OPEC-Staaten hatten nach dem ersten Golfkrieg im Jahre 1991 und der Verhängung von Wirtschaftssanktionen gegen den Irak das Land nicht mehr in ihre Berechnungen einbezogen), kommt man ohne weiteres auf fast achtundzwanzig Millionen Barrel pro Tag.[9] Die von der OPEC anvisierten Produktionserhöhungen um bis zu zwei oder zweieinhalb Millionen Barrel wurden vom Markt deswegen auch weitestgehend ignoriert, da der Markt davon ausging, daß selbst der wichtigste Ölproduzent der Welt, nämlich Saudi-Arabien, auch Probleme haben könnte, die Ölförderung noch wesentlich zu erhöhen. Zudem erwartete der Markt eine sofortige Entscheidung, aber die OPEC-Mitglieder verzögerten ihren Beschluß trotz aller Gespräche und Mutmaßungen auf die nächste ordentliche Sitzung der OPEC am 3. Juni 2004 in Beirut. Dort beschloß man eine Erhöhung der Ölförderung vom 1. Juli an um zwei Millionen auf fünfundzwanzigeinhalb Millionen Barrel und eine weitere Anhebung um fünfhunderttausend Barrel ab 1. August. Der Markt reagierte zwar mit Erleichterung auf diese Ankündigungen, aber nicht mit Begeisterung.[10]

Als ob das an Hiobsbotschaften nicht schon genug wäre, trübte eine Nachricht aus Rußland das Geschehen der Märkte zusätzlich ein, denn der russische Ölkonzern Yukos Oil wurde von einem Moskauer Schiedsgericht zu einer Steuernachzahlung für das Jahr 2000 in Höhe von 2,86 Milliarden Euro verurteilt, man befürchtete ähnliche Nachforderungen für die Jahre 2001 und 2002.[11] Gerüchte über die Zahlungsunfähigkeit des Konzerns machten bereits die Runde.[12] Außerdem berichtete die Moskauer Tageszeitung *Vedomosti* bereits über die voraussichtliche Ablösung von Simon Kukes, dem Vorstandsvorsitzenden des Ölkonzerns, der erst im Oktober 2003 die Nachfolge des inhaftierten Michail Chodorkowskij angetreten hatte.[13] So schien mittlerweile klar zu sein, daß dieser ›Angriff auf die Oligarchen‹ durch den Kreml noch längst nicht zu Ende war. Die Frage blieb, wie lange sich diese Prozesse hinziehen würden und ob das Vertrauen des Westens in die russische Wirtschaft weiterhin ähnlich hoch bleiben würde wie in den vergangenen drei bis vier Jahren, als es auch zum verstärkten Zufluß von Direktinvestitionen kam. Schließlich setzte der Westen sehr große Hoffnungen auf das enorme Potential Rußlands in der Öl- und Gaswirtschaft. Nicht nur die größten Gasreserven der Welt liegen hier, auch die Ölreserven können sich durchaus sehen lassen. Ein Ausbau der Produktion ist möglich und sollte dem Westen behilflich sein, seine offenbar größer werdende Abhängigkeit vom Nahen Osten zumindest etwas abzumildern. Muß das nun alles aufgeschoben werden, oder geht das Pokerspiel um die lukrativen russischen Ressourcen ungehindert weiter? Die Ölriesen Exxon Mobil und Chevron Texaco hatten schon ihre Interessen angemeldet. Ist es nur eine Frage der Zeit, bis ein amerikanisches Unternehmen die russischen Ölriesen schluckt, oder ist PUTIN in der Lage, das zu verhindern, und wird man warten müssen, bis seine Nachfolger den Kuchen neu aufteilen?

Andere Sorgen rückten in den Folgemonaten in den Blickpunkt der Weltöffentlichkeit. Die Anschläge in Saudi-Arabien, Syrien und vor allem im Irak haben den Nahen Osten in eine äußerst unsichere Region verwandelt; der Krieg gegen Saddam HUSSEIN und den Irak hatte zumindest vorerst nicht wie angekündigt für mehr Sicherheit gesorgt, sondern für zunehmende Unsicherheit, die politische und ökonomische Beobachter nichts Gutes ahnen läßt. Von einem Abebben der Anschläge kann selbst im September 2005 wahrlich nicht die Rede sein. Angst macht sich breit. Tausende von ausländischen Mitarbeitern sind im Nahen Osten im Ölbereich beschäftigt, um die Produktion auf vollen Touren weiterlaufen zu lassen – trotz aller dieser Ereignisse. Dennoch ist die Unsicherheit allgegenwärtig, und die Ausgaben für Sicherheitsmaßnahmen übertreffen sehr oft noch die Investitionen in die Erweiterung der Ölförderung. Diese Tatsache gilt für den Irak ebenso wie für Saudi-Arabien.

Den Saudis war von den Amerikanern nach den Anschlägen vom 11. September 2001 wiederholt vorgeworfen worden, Heimat des Terrors zu sein und nicht genug gegen Geldtransfers und Waffenschmuggel von Terrororganisationen zu unternehmen. Erst nach den Anschlägen in Riad, Dschidda und Chobar änderte sich die Einstellung der saudischen Regierung grundlegend, weil sie nun selbst Opfer des Terrors geworden war. Während die Amerikaner im Irak versuchen, nun gemeinsam mit irakischen Sicherheitskräften und dem Einsatz der Armee die Sicherheitslage zu verbessern, mußte Saudi-Arabien nach den Anschlägen von 2003 und 2004, die immerhin über 90 Todesopfer und 500 teilweise lebensgefährlich Verletzte unter den Saudis und den Ausländern forderten, selber härter gegen die Terroristen vorgehen. Der saudische Innenminister Prinz NAIF sorgte mit einem ausgefeilten Einsatz der Antiterroreinheiten im Königreich dafür, daß die Anschlagsserie abebbte.

Die zahlreichen gezielten Anschläge, insbesondere im Nahen Osten, waren aber 2004 nicht ohne Auswirkung am Rohölterminmarkt geblieben: In den USA kletterte der Preis für ein Barrel Rohöl sogar auf über zweiundvierzig Dollar pro Barrel, in Europa wurde Brent-Öl mit über neununddreißig Dollar gehandelt, und auch die anderen Rohölsorten sind im Preis deutlich angestiegen.[14] Diese Preisentwicklung setzte sich im Jahr 2005 mit einer unverminderten Dynamik fort, so daß am 30. August für ein Barrel WTI-Rohöl mit 70,85 Dollar pro Barrel sogar erstmals mehr als siebzig Dollar zu bezahlen waren. Brent-Öl erreichte in der Spitze am selben Tag 68,89 Dollar pro Barrel, ebenfalls ein Rekordwert. In der Folgezeit drückte die Nachricht der Internationalen Energie-Agentur in Paris, zum zweiten Mal nach 1991 den Krisenmechanismus durch die Freigabe von zwei Millionen Barrel pro Tag für einen Zeitraum von 30 Tagen aus den strategischen Reserven ihrer 26 Mitgliedsländer in Gang zu setzen, den Ölpreis bis auf 61 bis 62 Dollar.

Trotz alledem befanden sich die Verbraucherpreise in luftigen Höhen. Die Verbraucher in Europa sowie anderen Ländern der Welt merkten es, die Preise an den Zapfsäulen erreichten Rekordhöhen. In Deutschland kostete ein Liter Diesel Anfang September mit durchschnittlich 1,14 Euro ebenso wie für Normalbenzin und Superbenzin mit durchschnittlich 1,37 und 1,39 Euro deutlich mehr als im Vergleichsmonat der Vorjahre.[15] Auch in Amerika, dem größten Verbraucherland der Erde, stöhnten die Konsumenten über extrem hohe Preise an den Zapfsäulen; hier kostete Normalbenzin im Landesdurchschnitt 3,06 Dollar pro Gallone und Diesel 2,89 Dollar pro Gallone (eine US-Gallone = 3,78541 Liter). Allerdings war selbst der vorübergehende Spitzenpreis von 3,25 Dollar pro Gallone im Vergleich zu europäischen Verhältnissen äußerst preiswert. Umgerechnet ergibt sich dabei ein Literpreis von 85 US-Cents oder 70 Euro-Cent. Damit liegen die Amerikaner noch weit unter europäischen Verhältnissen.

Die Unterschiede sind überwiegend auf die unterschiedlichen Belastungen durch Steuern zurückzuführen. Während der Verkaufspreis in Deutschland für ein Liter Benzin mit einer Steuer von 65,45 Cent und Diesel mit 47,04 Cent belastet wird, sind es in den Vereinigten Staaten bei einem Wechselkurs von 1,22 Dollar für einen Euro nur 13–15 Cent. Die amerikanische Regierung hätte in der niedrigen Steuer einen Hebel, den sie nutzen könnte, um über eine Verteuerung der Benzinpreise den Verbrauch in den USA zu zügeln. Da aber eine amerikanische Regierung in der Regel mehr Wert auf Wachstum und Beschäftigung legt als auf Umwelt und Energieeffizienz, dürften zwischenzeitliche Rufe nach einem sparsameren Umgang mit Benzin und anderen Energieeinsparungen ungehört verhallen. Vielmehr müßte Europa die Amerikaner drängen, langfristig eine konsequente Einsparpolitik umzusetzen, um die Abhängigkeit vom Öl aus dem Ausland nicht noch weiter zu erhöhen. Doch werden sie es wirklich tun? Sind solche Hoffnungen wirklich realistisch? Die Saudis versuchten jedenfalls durch eine Antiterrorkonferenz in Riad im Frühjahr 2005 den Beweis anzutreten, daß es der Regierung im Kampf gegen den Terror Ernst war. Sicherlich konnte die saudiarabische Regierung nicht alle Sicherheitsexperten aus mehr als sechzig Ländern von ihrer Ansicht überzeugen, daß Terrorismus nichts mit einer Religion oder einer Kultur zu tun hat und daß die Wurzeln des Terrorismus im wesentlichen über die Bekämpfung von Waffenschmuggel, Drogenhandel und Geldwäsche auszurotten sind. Dennoch hat die Regierung die Ausgaben im Sicherheitsbereich drastisch erhöht und die Situation einigermaßen unter Kontrolle gebracht, selbst wenn zukünftige Anschläge niemals ausgeschlossen werden können. Ganz anders ist dagegen die Entwicklung im Irak, die weiterhin in der Welt große Besorgnis hervorruft.

Die Preiserhöhungen an den Rohölterminmärkten hatten 2005 ungleich andere Hintergründe als im Jahr zuvor. Die Probleme in Rußland, Venezuela sowie in Nigeria waren mittlerweile in den Hintergrund getreten, und auch die Anschläge im Irak beeindruckten den Ölmarkt nur unwesentlich. Preistreibend wirkte vor allem die Situation am amerikanischen Raffineriemarkt. Da Investitionen in die Erweiterung der amerikanischen Raffineriekapazitäten in den letzten drei Jahrzehnten ausgeblieben waren, arbeitete die Industrie an der Kapazitätsgrenze. Als dann noch der Hurrikan Katrina Ende August 2005 über die Bundesstaaten Mississippi und Louisiana hinwegfegte, sorgte das nicht nur für die vorübergehende Einstellung der Förderung im Golf von Mexiko und für Produktionsunterbrechungen in den umgebenden Raffinerien. Umfangreiche Schäden an Raffinerien und Ölbohrinseln sowie anderen Ölanlagen sorgen teilweise für monatelange Produktionsausfälle. Zudem förderte die OPEC im Juli 2005 mit 30,3 Millionen Barrel (offizielle Produktionsquote von 28 Mio. Barrel pro Tag zuzüglich der Ölförderung im Irak) sehr nah an der Kapazitätsgrenze des Ölkartells und auf dem höchsten Stand seit Ende der siebziger Jahre. Über eine nennenswerte ›Pufferkapazität‹ verfügte eigentlich nur noch Saudi-Arabien, und der Markt war nicht der Ansicht, daß diese Mengen den Rohölpreis wesentlich beeinflussen konnten. Die freien Förderkapazitäten am Weltölmarkt schätzten Experten auf ›nur‹ noch etwa eine Million Barrel pro Tag ein. Kein Pfund, mit dem man wuchern konnte. Zudem fehlten dem Ölmarkt andere Rohölqualitäten, die sich amerikanische Unternehmen zu deutlich höheren Preisen auf dem europäischen Markt einkauften.

Drei andere Themenkreise bewegten den Ölpreis im laufenden Jahr recht deutlich. Zum einen gab es am Ölmarkt die Diskussion über das Vermögen Saudi-Arabiens, seine Ölförderung mittel- bis langfristig tatsächlich auf 12 bis 15 Millionen Barrel pro Tag auszubauen und dieses Niveau dann über mehrere Jahrzehnte zu halten. Mehrere angesehene Ölfachleute zweifelten die Angaben zu den saudischen Ölreserven an, die ›Peak-Oil‹-Diskussion – also die Frage, ob die saudischen Ölreserven wirklich so groß sind, wie die staatliche Ölgesellschaft Aramco es behauptet – erreichte ihren vorübergehenden Höhepunkt. Zum anderen waren es vor allem im ersten Halbjahr die Prognosen über eine noch höhere Ölnachfrage im Jahre 2005, die dem Markt glauben lassen ließ, daß es sogar zu kurzfristigen Versorgungsengpässen kommen könnte. Die weiter steigende Ölnachfrage trieb also den Preis. Und drittens – und nicht minder wichtig – gab es da noch den Streit über das iranische Atomprogramm mit dem Versuch der Europäer unter Führung der britischen, französischen und deutschen Regierungen, doch noch ein Verhandlungsergebnis zu erreichen. Wird der Iran den Ölmarkt in Zukunft in Schwierigkeiten treiben können? Wie wichtig sind die iranischen Erdölexporte für die westliche Welt? War ein geopolitischer Risikozuschlag beim Ölpreis gerechtfertigt?

Der Ölkonzern Royal Dutch/Shell korrigierte im Jahre 2004 seine Ölreserven viermal nach unten. Nach Angaben des Konzerns verringerten sie sich um viereinhalb Milliarden auf etwa fünfzehn Milliarden Barrel, eine Verringerung von immerhin über zwanzig Prozent. Wenn man weiß, daß die gesicherten Reserven der Hoffnungsträger

Gabun bei 2,3 Milliarden Barrel oder Angola bei 8,8 Milliarden Barrel liegen, läßt sich die Größenordnung der Korrektur viel besser einordnen.[16] Die Neueinschätzung beim zweitgrößten europäischen Erdölproduzenten blieb nicht ohne Folgen: Der Vorstandschef Philip Watts trat ebenso von seinem Amt zurück wie die Finanzchefin Judy Boynton und der für den Explorations- und Produktionsbereich zuständige Chef Walter van de Vijver.[17] Zum neuen Vorstandsvorsitzenden wurde Jeroen van de Veer ernannt. Er mußte eine radikale Umstrukturierung einleiten, um dem Konzern eine zukunftsträchtige Grundlage zu verschaffen. Werden andere Ölkonzerne dem Beispiel von Royal Dutch folgen müssen und in den kommenden Monaten oder Jahren ihre Aussagen über die gesicherten Reserven deutlich nach unten revidieren? Waren die Unternehmen bei der Bewertung in der Vergangenheit einfach zu optimistisch?

Wie geht es im Nahen Osten weiter? Müssen wir befürchten, daß neben dem Irak auch Saudi-Arabien und andere Staaten in die Macht von Terroristen oder extrem gläubigen Menschen gelangen werden? Kann es sein, daß einige Staaten den Ölhahn wirklich zudrehen, und welche Auswirkungen hätte das auf die westlichen Industriestaaten? Was können wir dagegen tun? Wie hat sich die Lage im Irak nach der Übergabe der Macht am 30. Juni 2004 verändert, und wie und von wem werden die Öleinnahmen des Landes verwaltet, wem werden sie zufließen? Vor allem kann der Irak nach der Machtübergabe weniger durch Anschläge und mehr durch die dringend erforderliche Aufbauarbeit des Landes auf sich aufmerksam machen? Nur wenn die Menschen tatsächlich eine Verbesserung ihres Lebensstandards erfahren, wird das Land eine bessere Zukunft vor sich haben. Wird das Öl dazu beitragen, wird der Irak aufgrund seines enormen Potentials eine führende Rolle in der Welt des Rohöls spielen? Können sich der Iran und Saudi-Arabien damit zufriedengeben? Wie werden die anderen OPEC-Staaten auf einen wirtschaftlich stärkeren Irak reagieren? Wird der Irak aus der OPEC austreten, wie immer wieder spekuliert wird, um unbegrenzt Rohöl zu fördern? Wird der Nahe Osten tatsächlich eine Oase der Demokratie und Freiheit sein, wie es die amerikanische Regierung bei ihrem Angriff auf den Irak nach ›offiziellen Bekundungen‹ im Auge hatte?

Da sich bei der Entwicklung im Nahen Osten viele Fragezeichen aufzeigen, schadet ein Blick auf die neuen Ölförderländer in Westafrika und am Kaspischen Meer auch nicht. Werden sie dazu beitragen können, daß wir uns bei der Versorgung mit Rohöl in Sicherheit wiegen können? Welche Bedeutung hat ihr Aufstieg für die Ölkonzerne, welche Rolle spielen die Einnahmen aus dem Ölgeschäft für die Staatshaushalte? Was ist mit der Weltwirtschaft, leidet das Wirtschaftswachstum unter den äußerst hohen Ölpreisen, müssen wir gar mit einer Weltwirtschaftskrise rechnen, wenn die Preise so hoch bleiben? Wie wirken sich die hohen Ölpreise auf die Inflation aus? Immer wieder ist auch vom Ende des Erdölzeitalters die Rede. Müssen wir uns wirklich ernsthafte Gedanken über die übrig gebliebenen gesicherten Erdölreserven machen, und wie viele Jahre decken die Reserven den Verbrauch ab?

Um die zukünftige Entwicklung besser verstehen zu können, ist ein historischer Rückblick notwendig. Deswegen ist der erste Teil dieses Buches eine Reise in die Vergangenheit, um mehr über den Beginn des Erdölzeitalters zu erfahren. Dies ist zum einen die Geschichte der Familien AL-SAUD in Saudi-Arabien und der AL-SABAH in Kuwait. Auch die Legende von LAWRENCE VON ARABIEN stammt aus dieser Zeit, denn dieser spielte eine wichtige Rolle beim arabischen Widerstand gegen das Osmanische Reich, das erfolgreich zurückgedrängt werden konnte. Die Großmächte teilten den Nahen Osten in Interessensphären auf. Dennoch nahm die Staatenbildung in der Region konkrete Formen an. Nach und nach erlangten die einzelnen Staaten ihre Souveränität.

Außerdem haben die großen Erdölkonzerne in dieser Region die Wurzeln ihrer Macht gelegt. So wurde der Grundstein für die Britisch Petroleum im Iran gelegt, zuerst unter dem Namen Anglo-Persian Oil Company. Erst 1954 folgte die Namensänderung in die Britisch Petroleum Company, kurz BP. Der im Jahre 1907 gebildete Royal Dutch Shell Konzern konnte wiederum durch den Eintritt in den Gesellschafterkreis der Turkish Petroleum Company sich einen wichtigen Anteil am zukünftig geförderten irakischen Öl sichern. Hierbei vertraute das Unternehmen auf das Verhandlungsgeschick des Calouste GULBENKIAN, der später als ›Mr. Gold Shilling‹ oder ›Mr. Five Percent‹ zu Weltruhm gelangte. Auch die französische Compagnie Française des Pétroles wurde 1924 vom französischen Staat gegründet, um sich an der Ausbeutung irakischen Öls zu beteiligen.

Wann und wie kamen die Unternehmen dazu, bestimmte Erdölvorkommen zu entdecken und später auch zu beherrschen. Gab es dabei Konflikte zwischen den Ölkonzernen, oder haben sie sich die Märkte untereinander aufgeteilt? Wie konnten die europäischen Ölkonzerne der Marktmacht des Standard Oil Trust entgegenwirken?

Diese Zeitreise führt uns deshalb in die unterschiedlichsten Länder unserer Welt, von Aserbaidschan bis Venezuela, von Libyen bis Äquatorial Guinea und von Kanada bis China. Natürlich spielt beim ›Kampf ums Öl‹ der Nahe Osten eine wesentliche Rolle, deswegen wird die politische und wirtschaftliche Situation dieser Region in der Vergangenheit und der Gegenwart genau durchleuchtet, um die Zusammenhänge des ›Ölmonopoly‹ und damit auch die Zukunft besser zu verstehen. Was konnte die OPEC nach ihrer Gründung auf der Bagdader Konferenz vom 10. bis 14. September 1960 bewirken, und ab wann wurde die Organisation zum anerkannten Machtfaktor der westlichen Welt? Welchen Einfluß hatte die Ölkrise von 1973/74 auf die langfristige Entwicklung der Ölpreise? Warum führte der Sturz des Schah von Persien unweigerlich zur nächsten Ölkrise des Westens, und hat der Westen aus den Krisen der Vergangenheit gelernt? Wird es wegen Knappheit sogar Kriege ums Öl geben, und war der Irak-Krieg erst ein Anfang im Kampf um den wichtigsten Treibstoff der Weltwirtschaft?

All diese Fragen und sicher noch eine ganze Reihe mehr werden in den kommenden Jahren bestimmt eine ganz wesentliche Rolle spielen. Die Ölfrage wird die Märkte zunehmend bestimmen. Insofern liegt es nahe, der Sache auf den Grund zu gehen. Dazu soll dieses Buch beitragen.

[1] EIA, *International Energy Outlook 2004,* World Oil Markets, 15. 11. 2004, S. 7.

[2] IMF, *World Economic Outlook,* April 2005, Chapter IV, Will the Oil Market Continue to be tight?, Table 4.9. Vehicle Ownership Projections.

[3] »Iraq's economic liberalisation«, in: *The Economist,* 27. 9. 2003, S. 40.

[4] Nando Sommerfeldt, »Die Öl-Multis bestellen das Feld«, in: *Die Welt* u. *welt.de,* 20. 4. 2004.

[5] »Nachfrage nach Rohöl erreicht Rekordhoch«, in: *FAZ,* 11. 6. 2004, S. 15.

[6] International Petroleum Monthly und EIA, Table 2.4 World Oil Demand, 2000–2004, Mai 2005.

[7] IMF, *World Economic Outlook,* Chapter I, Economic Prospects and Policy Issues, Table 1.1, Overview of the World Economic Outlook Projections, April 2005.

[8] Holger Zschäpitz, »Opec will Ölpreise über 30 Dollar festzurren«, in: *welt.de,* 28. 4. 2004.

[9] Isabel Ferrer, »La Opep aplaza al 3 de Junio la decision de aumentar la produccion«, in: *El País,* 23. 5. 2004.

[10] »Opec-Beschlüsse beeindrucken Ölmarkt nur vordergündig«, in: *FAZ*, 5. 6. 2004, S. 21.

[11] JH, »Gerichtsurteil bringt Yukos schwer in die Bredouille«, in: *Die Welt*, welt.de/data/2004/04/20/266932.html?prx=1, 20. 4. 2004, JH

[12] Jens Hartmann, »Gläubigerbanken halten Ölkonzern Yukos für Pleite-Kandidaten«, in:
welt.de, 28. 4. 2004/data/2004/05/29/284259.html?prx=1, 29.5.2004.

[13] Jens Hartmann, »Yukos kämpft ums Überleben«, in: *welt.de*/data/2004/05/29/284259.html?=prx=1, 29.5.2004.

[14] »Rohölpreis klettert auf neue Rekordmarke«, in: *welt.de*, *AP u. dpa*, 2. 6. 2004.

[15] »Die Kraftstoffpreise der 36. Kalenderwoche 2005, Mineralölwirtschaftsverband«, in: *mwv.de*

[16] BP-statistical-review-of-world-energy-2003-workbook, Oil: Proved Reserves.

[17] »Shell: Kerngeschäft entwickelt sich positiv«, in: *FAZ*, 29. 5. 2004, S.17.

1. Kapitel

Der Erste Weltkrieg veränderte die geopolitische Lage im Nahen Osten, und der Westen ›greift‹ zu

Betrachten wir das heutige internationale Umfeld, dann könnte man den Eindruck bekommen, daß es beim Öl ähnlich sei wie bei den britischen Opium-Kriegen in China. Zweimal, von 1839 bis 1842 sowie von 1856 bis 1860, kämpften die Soldaten der britischen Königin für ihre Vormachtstellung in Asien. Britische Händler hatten illegal Opium von Indien nach China importiert, und als die chinesische Regierung 1839 alle Opiumbestände der Briten konfiszierte, kam es zum Krieg. Großbritannien gewann den Krieg, und in dem Abkommen von Nanking vom 29. August 1842 sowie einem zweiten Abkommen von Bogue, das am 8. Oktober 1843 unterzeichnet wurde, erhielt es fünf Häfen für Handelszwecke zugesprochen und das Recht, britische Bürger vor britische Gerichte zu stellen. Andere Länder verlangten daraufhin ähnliche Privilegien. Zudem wurde Hongkong an Großbritannien abgetreten.[1] Der zweite Opiumkrieg wurde von Großbritannien und Frankreich initiiert, um diese Rechte weiter ausbauen zu können, was letztendlich auch gelang. Weitere Häfen wurden für den Handel hinzugewonnen, der Handel mit Opium wurde legalisiert, Ausländer bekamen das Recht, China zu bereisen, und christliche Missionare durften sich frei bewegen. Die Chinesen rebellierten gegen das Abkommen von Tientsin, mußten sich 1860 schließlich in der Pekinger Konvention doch dem Willen der fremden Großmächte beugen.

Der Opiumhandel stellte sich für Großbritannien als wichtiger und lukrativer Handel heraus. Man sprach vom ›Dreieckshandel‹, da britische Händler in Indien das Opium nach China weiterverkauften, dort für das Opium Silber erlösten. Dieses wurde wiederum benutzt, um für den europäischen Markt Tee zu kaufen. Neben den Briten und Franzosen, die sich diese Privilegien durch militärisches Eingreifen gesichert hatten, bekamen auch die Russen und die Amerikaner ähnliche Bedingungen zugesprochen. In China trafen sich Mitte des 19. Jahrhunderts die Großmächte. Ging es damals vor allem um den Handel mit China, geht es heute um den möglichst günstigen Zugang zu verschiedenen Ölquellen. Die Briten waren die ersten, die erkannten, daß man sich die im Nahen und Fernen Osten befindlichen Ölressourcen sichern mußte. Dabei spielten die Amerikaner bei ihren Überlegungen vorerst überhaupt keine Rolle. Durch die Handelsposten, die sich entlang der Küsten des Nahen Ostens ausbreiteten, war man für die meisten Scheichtümer in der Region ohnehin zur Schutzmacht geworden. Der Zugriff aufs Öl war ihnen somit sicher. Da man auch noch in Indien die unbestrittene Macht war, Hongkong besaß und in vielen anderen Orten der Welt Dominanz ausüben konnte, war Großbritannien noch immer das ›Empire‹. Öl wurde weltweit schon vor Beginn des neunzehnten Jahrhunderts genutzt, ob in China, Rußland oder anderswo. Der Rohstoff trat an einigen Stellen aus, und es bildeten sich Ölpfützen oder Ölseen, die es dem Menschen ermöglichten, hiervon Gebrauch zu machen. Zum einen diente es medizinischen Zwecken, zum anderen wurde es später als Brennstoff für Lampen mit destilliertem Petroleum genutzt.

Nun zu den Anfängen der moderneren, uns bekannteren Erdölindustrie. Die ersten Ölvorkommen wurden in den Vereinigten Staaten im August 1859 von Edwin L. DRAKE im Nordwesten von Pennsylvania erschlossen. Bis Ende des neunzehnten Jahrhunderts wurden bereits in vierzehn US-Staaten Ölvorkommen entdeckt. Tausende von aufgebauten Ölbohrtürmen bestimmten das Bild in den Regionen, wo Ölvorkommen gefunden worden waren. Die Vereinigten Staaten waren zum Ölmekka geworden. Die Exploration des ›schwarzen Goldes‹ löste nun die Suche nach Gold- und Silbervorkommen ab. Allein in Pennsylvania stieg die Ölförderung bis 1862 auf drei Millionen Barrel pro Tag an, zwei Jahre zuvor hatte sie erst bei vierhundertfünfzig Barrel pro Tag gelegen. Kennzeichnend für diese Anfangszeit waren auch die sehr starken Preisschwankungen: Im Januar 1861 kostete ein Barrel noch zehn Dollar, im Herbst desselben Jahres waren es hingegen nur noch zehn Cent. Bis Ende 1862 erfolgte wiederum ein Anstieg auf vier Dollar. Zudem gab es zu Beginn des Erdölzeitalters auch noch Holzfässer in verschiedenen Größen, besser bekannt als ›Barrel‹. Erst später setzte sich die Norm von 159 Liter pro Barrel durch. Zwischen 1859 und 1874 kamen die USA für über neunzig Prozent der weltweiten Ölförderung auf. Zehn Jahre später sank diese Quote auf siebenundsechzig Prozent, und 1899 waren es ›nur‹ noch dreiundvierzig Prozent. Der Grund: Auch in Europa und in Asien wurde man fündig.

Die allererste Ölraffinerie entstand bereits 1856 in Ploesti, Rumänien, was viele sicherlich überraschen dürfte. Etwas südlich von Ploesti, in Brazi, befand sich ein sehr großer petrochemischer Komplex. Die

Förderung erreichte in Rumänien mit fünfundsechzig Millionen Barrel im Jahre 1936 ihren absoluten Höhepunkt. Danach wechselte das Interesse in andere Ölförderregionen der Welt, wo das ›schwarze Gold‹ leichter floß und vor allem günstiger gefördert werden konnte. Auch in Baku, heute Hauptstadt von Aserbaidschan, wurde Öl bereits ab dem fünfzehnten Jahrhundert durch einfache Brunnen für die Nutzung von Öllampen erschlossen. Historiker berichten sogar von Nachweisen über die Nutzung von Öl aus dieser Region im siebten und achten Jahrhundert. Das Öl von Baku wurde von Karawanen in andere Länder transportiert; die Halbinsel Aspheron war so ölreich, daß das Öl an einigen Stellen von selbst an die Erdoberfläche austrat. Man berichtete später von den ewigen Flammen von Baku, Surakhany, der Pirallahy Insel und in den Shubanu Bergen. 1806 sollen in der Umgebung Bakus bereits fünfzig Ölbohrtürme gestanden haben, 1865 sogar zweihundertachtzehn. In jenem Jahr wurden in Baku 6,4 Millionen Tonnen Rohöl gefördert, 1901 10,8 und 1941 23,5 Millionen Tonnen. In den Jahren 1871/1872 begann hier die kommerzielle Förderung in unserem Sinne. Bis 1913 gab es in der Umgebung von Baku bereits mehr als dreitausendfünfhundert Ölbohrtürme. Aus dieser Zeit stammte auch der Begriff ›Baku Hauptstadt des Schwarzen Goldes‹. Anfang des zwanzigsten Jahrhunderts befand sich in Baku das größte Ölfeld der Welt.

Auch ein Teil des Reichtums von Alfred Bernhard NOBEL, dem Erfinder von Dynamit und Begründer des Nobel-Preises, kann auf den Ölboom in Baku zurückgeführt werden. Als NOBEL am 27. November 1895 sein Testament verfaßte, betrug sein Vermögen dreiunddreißig Millionen schwedische Kronen, immerhin fünfundvierzig Prozent oder fünfzehn Millionen schwedische Kronen stammten aus dem Rußland-Geschäft, wozu vor allem seine Beteiligung am Ölgeschäft in Baku beitrug.[2] Sein Bruder Robert war es jedoch, der 1873 nach Baku kam, weil er eigentlich nach Qualitätsholz in den Wäldern Aserbaidschans für die Produktion in Rußland suchte. In Baku erlebte er das ›Ölfieber‹ und kaufte sich gleich eine kleine Raffinerie und eine Kerosinproduktionsanlage. Erst sechs Jahre später kehrte er mit seinem anderen Bruder Ludwig nach Baku zurück, und beide gründeten die Ölfördergesellschaft der NOBEL Brüder (Nobel Brothers Petroleum Producing Company), an der Alfred finanziell ebenfalls beteiligt war. Sie sollte eine der größten Ölfördergesellschaften in der Region werden; allein 1913 betrug ihre Förderung dreißig Millionen Barrel Öl, was damals einen Rekordwert darstellte. Die NO-

BELS bauten sich eine Residenz, die sie ›Villa Petrolea‹ nannten. Für die über zehn Hektar große Parkanlage benötigten sie fruchtbare Erde, das Umland von Baku hatte aber wenig Vegetation. Daher bestellten die NOBEL-Brüder fruchtbare Erde, die sonst aus dem Iran oder dem südlichen Aserbaidschan nach Baku leer zurückkehrende Frachtschiffe brachten. R. R. HOVEN, der Bürgermeister von Baku, hatte in etwa zur selben Zeit auf diese Methode zurückgegriffen, um Baku zu schönerem Aussehen zu verhelfen. Laut Verordnung mußten alle Schiffe, die den Hafen von Baku anliefen, fruchtbare Erde als Hafensteuer entrichten. Hiermit wurden die Parks in Baku verschönert, auch der berühmte Boulevard Park an der Küste gehört dazu. Die NOBELS investierten aber auch in andere Dinge, sie verfeinerten die Raffinerieprozesse, revolutionierten die Ölförderung, investierten in erste Pipelineverbindungen und entwickelten die ersten Öl-Vorratstanks. Zur Verringerung der Transportkosten wurde nach Konstruktionsplänen von Ludwig NOBEL auch ein Schiff gebaut, das als erster Öltransporter gilt. Aus einem Schiff wurde in wenigen Jahren eine Flotte, und die Transportkosten wurden damit radikal gesenkt.[3] Der Hafen von Baku entwickelte sich zu einem der führenden in der Welt.

In Baku trafen sich damals die Ölbarone, und von 1884 bis 1890 war Ludwig NOBEL auch Vorsitzender des neugegründeten Kongresses der Ölförderer. Zu den Ölbaronen gehörte auch der französische Stamm der ROTHSCHILD-Familie, denen es gelang, bis 1890 zweiundvierzig Prozent des Öls von Baku unter ihre Kontrolle zu bekommen. Auch Shell unter der Regie von Markus SAMUEL gehörte zu den bekannten Gesichtern in der Ölindustrie Aserbaidschans.[4] Zwischen 1898 und 1901 wurde in Rußland für kurze Zeit mehr Öl gefördert als in den Vereinigten Staaten von Amerika, bevor die Amerikaner wieder eindeutig die Führung in der weltweiten Ölförderung übernahmen und sie lange Zeit nicht mehr abgeben sollten (siehe hierzu auch Tabelle in den Anlagen; Entwicklung weltweite Ölförderung 1861–1913). Gemeinsam dominierten Shell, ROTHSCHILD und die NOBEL-Brüder das Ölgeschäft von Baku.

Nachdem die Sowjetunion Aserbaidschan annektiert hatte, stieg die Ölförderung in Baku zuerst weiter an, nach Beendigung des Zweiten Weltkriegs vernachlässigten die Kommunisten die Weiterentwicklung in der Region, die Ölförderung in Baku ging deutlich zurück. Erforderliche Investitionen wurden zurückgestellt, da andere Ölquellen im Sowjetreich für die Ausbeutung interessanter geworden waren. Zudem wurde die Erdölindustrie in Aserbaidschan im Mai 1924 verstaatlicht, die zweihundert privaten Ölgesellschaften wurden allesamt liquidiert. In Baku gibt es übrigens auch das berühmte Naftalan-Öl, auch als ›weißes Öl‹ bekannt, es ist einmalig in der Welt und soll bei bestimmten Krankheiten den Heilungsprozeß fördern. Schon Marco Polo soll von der therapeutischen Wirkung des Öls überzeugt gewesen sein; heute wird es in einer Bakuer Klinik auch für Öl-Heilbäder verwandt.

Ganz anders verlief die Entwicklung auf dem nordamerikanischen Kontinent. Amerikas Ölindustrie wurde zur Triebfeder der gesamten Entwicklung der Branche. Die industrielle Revolution war zu jener Zeit in vollem Gange, und dankbar wurden Kohle, Holz und andere Energieträger durch Öl ersetzt. Zudem trug die Erfindung und Entwicklung des Automobils zum wachsenden Bedarf für Benzin bei, später kam auch der weltweite Schiffs- und Flugverkehr hinzu. Außerdem wurden durch die Verarbeitung von Rohöl auch andere Produkte hergestellt, so zum Beispiel Asphalt, Lösungsmittel, Reinigungsmittel, Schmiermittel, Plastik, synthetischer Gummi, Fasern, Farben und Düngemittel. All dies trug zur weiteren, nachhaltigen Nachfrage des Treibstoffs bei.[5] Genau hier kam die Standard Oil Company ins Spiel, denn sie konnte die Entwicklung zu ihren Gunsten nutzen. Bis weit in das zwanzigste Jahrhundert hinein führten mehrere Unternehmen die Worte ›Standard Oil‹ im Firmennamen. Sie alle sind aber ein Teil der Organisation gewesen, die John D. Rockefeller gegründet hatte. Die größte wurde später die ›Standard Oil Company New Jersey‹, oft auch nur ›Jersey Standard‹ oder ›Jersey‹ genannt.

Bereits 1863 gründete Rockefeller mit Maurice Clark und Samuel Andrews eine eigene Raffineriegesellschaft in Cleveland, Ohio. Da es eine direkte Eisenbahnverbindung zu den Erdölgebieten in Pennsylvania und außerdem noch zwei Eisenbahnverbindungen in den Osten des Landes gab, befand sich Cleveland in einer strategisch äußerst günstigen Lage. Diese wußte Rockefeller mit seinen Partnern zu nutzen, und zwei Jahre später war ihre Raffinerie bereits zur größten von Cleveland avanciert. Da aber hohe Erweiterungssummen notwendig geworden waren, zog sich Clark aus dem Geschäft zurück, um zum Kommissionsgeschäft zurückzukehren, das er zusammen mit Rockefeller 1859 gegründet hatte. Rockefeller kaufte ihm im Februar 1865 für 72 500 Dollar seine Anteile ab, zu diesem Zeitpunkt auch für Rockefeller eine erhebliche Summe, aber die Bankiers, bei denen er Kredit aufnahm, sahen in ihm eine kreditwürdige Person, die in der Erdölverarbeitung durchaus mit Erfolg agieren sollte - eine Annahme, mit der sie durchaus recht behalten sollten. Das Geschäft lief gut, und das Ende des Bürgerkriegs sorgte für einen Aufschwung der amerikanischen Wirtschaft. ROCKEFELLER kaufte eine zweite Raffinerie hinzu und gründete eine Firma in New York, dann nahm er seinen Freund Henry FLAGLER als Partner mit auf, um die Kapitalbasis des Unternehmens zu erweitern. Mit der gleichen Begründung wurde FLAGLERS Schwiegervater, Stephen V. HARKNESS, stiller Geschäftsteilhaber. Am 10. Januar 1870 gründeten ROCKEFELLER, sein jüngerer Bruder William und FLAGLER mit drei weiteren Partnern die Standard Oil Company Ohio mit einem Grundkapital von einer Million Dollar. Die folgende Expansion der Standard Oil verlief äußerst erfolgreich, und ein Jahr später erhöhte man das Grundkapital des Unternehmens bereits auf zweieinhalb Millionen Dollar.

Während sich viele Geschäftsleute in dieser Zeit auf die Ölsuche und Ölförderung konzentrierten, hatte ROCKEFELLER bereits sehr früh erkannt, daß die Ölsuche nur ein Glücksspiel war, und überließ diesen Bereich deshalb anderen. Seine Überlegungen galten ganz der Ölverarbeitung. Da die Nachfrage beständig wuchs, galt es, die eigenen Kapazitäten auszubauen, entweder durch Erweiterungsinvestitionen oder durch die Übernahme von Wettbewerbern. Man übernahm mit der Zeit immer mehr Konkurrenten und breitete die Geschäftsbasis auf andere Teile des Landes aus. Wie schnell ROCKEFELLER und seinen Partnern dieses gelang, beweist allein die Tatsache, daß sie bis 1874 einundzwanzig von sechsundzwanzig Wettbewerbern in Cleveland aufgekauft hatten.[6]

Das Übernahmeangebot der Standard Oil erschien vielen sehr günstig, erforderte das Raffineriegeschäft doch hohe Investitionen, zu denen die meisten nicht fähig und einige nicht bereit waren. Zudem versuchte Standard Oil von Anfang an mit verschiedenen Maßnahmen, eine gewisse Ordnung in den zu dieser Zeit noch teilweise chaotischen Ölmarkt zu bekommen. Dazu gehörte die Standardisierung der Produkte ebenso wie Effizienz, gleichbleibende Qualität und Zuverlässigkeit. Zudem profitierte Standard Oil von den Kenntnissen Samuel ANDREWS', der es verstand, die bei der Verarbeitung im Raffinerieprozeß anfallenden Nebenprodukte zu kommerzialisieren, während die Konkurrenz nur an der Herstellung von Petroleum interessiert war und die Abfallprodukte ›entsorgte‹.

Hinzu kam die Tatsache, daß Standard Oil dies alles auch bei wesentlich höheren, bis dahin auf diesem Markt noch nicht gekannten Volumina mit Erfolg darstellen konnte. Nun stand man vor dem nächsten Problem, nämlich das Rohöl oder bereits verarbeitete Ölprodukte aus den eigenen Raffinerien an die jeweiligen Bestimmungsorte in die großen Städte des Landes zu befördern. So begann das Unternehmen, die Raffinerien strategisch günstig direkt neben Bahnstrekken aufzubauen, um den Transport mit Zügen voranzubringen. Durch die Abmachung, tägliche Öltransporte mit der Bahn durchzuführen, baute das Unternehmen nach und nach im ganzen Land ein Vertriebssystem auf, um eine pünktliche Zulieferung zu garantieren. Mit Erfolg, denn die Nachfrage wuchs beständig, und bis 1885 hatten die Standard Oil-Raffinerien einen Weltmarktanteil von fünfundzwanzig Prozent bei der Versorgung mit Petroleum erreicht.[7] Standards waren in der damaligen Zeit noch nicht selbstverständlich, und es galt teilweise, völlig neue Produkte im amerikanischen Markt unterzubringen.

Die verschiedenen Anwendungsmöglichkeiten für Öl und Ölprodukte entwickelten sich erst, zugegeben mit immer größerer Dynamik, denn die Vorteile von Rohölprodukten setzten sich immer öfter durch. Auch Erfindungen trugen dazu bei. So führte die Entdeckung des ›cracking-Prozesses‹ im Jahre 1912 bei der Verarbeitung des Rohöls durch William Burton und Robert Humphreys zur Verdoppelung des Benzinertrages aus einem Barrel Rohöl.[8] Im Jahre 1872 war die Standard Oil Company bereits die größte Ölraffineriegesellschaft im Lande, insbesondere im Westen der USA. Dann weitete das Unternehmen die Aktivitäten im Osten aus, kaufte zahlreiche Raffinerien in Philadelphia, Pittsburgh und New York hinzu.

Doch damit nicht genug. Bislang beförderten vor allem drei Eisenbahnen – die New York Central, Erie und Pennsylvania – das Öl an ihren jeweiligen Bestimmungsort. Zudem versuchten diese im Januar 1872 einen Plan umzusetzen, dem zufolge ein Zusammenschluß der drei (vorher genannten) Eisenbahngesellschaften auf der einen Seite und der dreizehn größten Erdölraffinerien auf der anderen Seite, das Erdöl zu festgesetzten und vergünstigten Frachtquoten zu befördern. Anderen Raffinerien wäre dadurch das Leben noch viel schwerer gemacht worden, weil sie höhere Frachtraten als ihre Konkurrenz hätten zahlen müssen. Der Plan scheiterte jedoch, weil die Erdölförderer empört reagierten, als sie von den Plänen erfuhren. Sie gründeten eine Vereinigung von Erdölförderern und drohten die Versorgung mit Rohöl ganz zu unterbinden. Zudem sprachen sich die Ölförderer nun dafür aus, den Bau einer Ölrohrleitung, um das Monopol der Eisenbahngesellschaften zu brechen.

Obwohl dieser Plan nicht unmittelbar umgesetzt wurde, hatte die Diskussion in der Öffentlichkeit dem Ansehen der Ölindustrie geschadet, die in den Ruf kam, monopolistische Tendenzen zu befürworten und aus Profitgier zu allem bereit zu sein. ROCKEFELLER setzte seinen Plan einer Vereinigung der Erdölraffinerien konsequent um. Bis 1879 hatte Standard Oil durch Übernahmen neunzig Prozent der gesamten Raffineriekapazität in den Vereinigten Staaten von Amerika unter seine Kontrolle gebracht. Da es einfach zu viele Raffinerien in den Vereinigten Staaten gegeben hatte, litt die Industrie unter Überkapazitäten, die Petroleumpreise fielen innerhalb von fünf Jahren bis 1870 von sechzehn auf fünf Cent pro Liter. Für viele Betreiber von Raffinerien war dadurch das Aus vorgezeichnet gewesen. Neben Kapazitätsüberhang und Preisverfall kam die Wirtschaftskrise von 1873 dann auch noch hinzu. Neben dem Raffineriegeschäft, das nunmehr unter die vollständige Kontrolle der Standard Oil gekommen war, wandte sich ROCKEFELLER auch den Rohrleitungsnetzen zu. Diese bestanden in den Erdölgebieten damals nur aus kurzen Verbindungstrakten zwischen Bohrlöchern und Eisenbahnlinien. Hier entwickelte sich schnell ein Wettkampf zwischen der Empire Transportation Company und Standard Oil, denn beide wollten die Kontrolle über die Rohrleitungsnetze erlangen.

Als ROCKEFELLER herausfand, daß das Erdöl der Empire bei den Bahnen der Pennsylvania für einen niedrigeren Preis befördert wurde als das seine, entwickelte sich ein mörderischer Preiskampf. Standard Oil löste die Verbindung zur Pennsylvania auf, ließ eigene Eisenbahnkesselwagen für den Erdöltransport herstellen und baute die Verbindung zu Konkurrenzlinien der Pennsylvania aus. Zudem unterbot er die Rohölpreise der Empire, wo auch immer dieses vermarktet wurde.

Letztendlich wurde dieser erbitterte Kampf um die Vorherrschaft bei den Rohrleitungsnetzen durch zwei Ereignisse beeinflußt, die ROCKEFELLER und Standard Oil zugute kamen: zum einen ein Preiskampf um Frachtraten und Passagiertarife bei den Eisenbahnlinien im Osten, zum anderen ein Streik der Bahnarbeiter in Pittsburgh, der bei Imperial zu erheblichen Sachschäden und zum Verlust von Lokomotiven und Personen- und Güterwaggons führte. So kam Standard Oil für einen Spottpreis in den Besitz aller Anteile der Empire an der Erdölindustrie: Hierzu gehörten Rohrleitungen, Eisenbahnkesselwagen und die Rohrleitungsnetze. Bis Ende 1877 war es Standard Oil gelungen, auch in diesem Bereich die höchstmögliche Kontrolle zu erreichen.[9]

Einige Erdölproduzenten fühlten sich angesichts der immer größeren Kontrolle der Standard Oil nicht wohl und planten den Bau einer eigenen Rohrleitung von einhundertsiebzig Kilometern über die Appalachen zur Küste, um auf diesem Weg die Rohrleitungen von Standard Oil zu umgehen. Für die damalige Zeit war das ein durchaus anspruchsvolles Projekt, denn es mußten neunhundert Höhenmeter überquert werden. Im Mai 1879 begann das erste Erdöl durch die Tidewater-Leitung zu fließen, und man sprach in der Branche von einer Revolution, da die Preise für den Transport kräftig sanken. Die Standard Oil legte nach, begann mit dem Bau eigener Rohrleitungen und kaufte sich zudem Aktien der Tidewater. Letztendlich einigte sich ROCKEFELLER mit seinem Hauptkonkurrenten auf einen Preis von dreißig Cent je Liter, der für beide Seiten auskömmlich war. Diese Vereinbarung sah ferner vor, daß Tidewater einen Anteil von 11,5 Prozent der nach Osten führenden Öltransporte garantiert bekam – für Standard Oil ein großer Gewinn, denn die Ambitionen des Erzkonkurrenten wurden damit klar abgesteckt.

Bis 1881 verfügte Standard Oil Holding über einen Anteil von über achtundachtzig Prozent im amerikanischen Raffineriegeschäft und besaß mehr als neunzig Prozent der amerikanischen Ölrohranlagen. Im Januar 1882 wurden die Aktivitäten in einen Trust eingebracht. Die zweiundvierzig Aktionäre übertrugen die Inhaberrechte an diesen Unternehmen an neun Treuhänder, zu denen unter anderem John D. ROCKEFELLER, Henry M. FLAGLER, Charles PRATT, Oliver H. PAYNE, William ROCKEFELLER, John D. ARCHBOLD und Benjamin BREWSTER gehörten. Diese leiteten den Trust. Das Anfangskapital des Trusts betrug zu Beginn siebzig Millionen Dollar, John ROCKEFELLER besaß einen Anteil von etwas über fünfundzwanzig Prozent.

Im März desselben Jahres entschied der Oberste Gerichtshof von Ohio, daß diese Trust-Vereinbarung illegal war, und forderte die Auflösung des Trusts ein. Die Anklageschrift behauptete, daß das Unternehmen nicht nur dem Geschäft in Ohio nachging, sondern daß es außerdem zum Instrument aller Geschäftsaktivitäten der Standard Oil geworden war. Die Geschäftstätigkeit einer Aktiengesellschaft war zu diesem Zeitpunkt noch auf einen Bundesstaat begrenzt. Zur Hilfe kam ROCKEFELLER und der Standard Oil sieben Jahre später eine Gesetzesänderung im Bundesstaat New Jersey, denn diese ermöglichte Unternehmen fortan den Kauf oder das Halten von Anteilen an einer anderen Gesellschaft auch in einem anderen Bundesstaat, was vorher nicht möglich gewesen war.

Standard Oil gründete schließlich eine Gesellschaft in jedem Bundesstaat, die wiederum alle Beteiligungen der Gruppe im betreffenden Bundesstaat übernehmen sollte. Die Anteilseigner des Trusts entgingen somit einer Zerschlagung ihres Unternehmens, übertrugen einen wesentlichen Teil des Vermögens des Trusts auf die Standard Oil Company New Jersey und setzten ihr erfolgreiches Ölgeschäft im ganzen Land fort. Im November 1906 brachte die amerikanische Regierung die Sache wieder ins Rollen. Eine Klage gegen Standard Oil wurde eingereicht, und man unterstellte dem Unternehmen, die Marktmacht mißbrauchen zu können, weil es unter den Bestimmungen des amerikanischen Kartellrechts eine marktbeherrschende Stellung eingenommen hatte (dieses waren die sogenannten ›Sherman Antitrust provisions‹).

Nach langwierigen, fast fünf Jahre andauernden Verhandlungen beschloß der Oberste Gerichtshof der Vereinigten Staaten am 15. Mai 1911, dem Unternehmen die direkte Kontrolle über seine siebenunddreißig Tochtergesellschaften zu entziehen.[10] Die Firmen durften auch keine Dividende mehr an die Muttergesellschaft überweisen, in diesem Fall die Standard Oil Company New Jersey. Da die Fortführung des Geschäftes unter diesen Bedingungen nicht mehr sinnvoll war, entschied man sich, das Vermögen des Unternehmens an seine Aktionäre auszukehren. Die siebenunddreißig Tochtergesellschaften setzten nunmehr die Geschäfte allein fort. Die Muttergesellschaft Standard Oil Company of New Jersey erhielt zwei große Raffinerien an der Ostküste und auch den überwiegenden Teil des alten Auslandsgeschäftes. Aber sie verfügte kaum noch über eine eigene Ölförderung, Ölrohranlagen, Öltanker und einheimische Marktanteile.

Einerseits expandierte das Unternehmen in der Folgezeit in Niederländisch Ostindien, was zur Entwicklung von Ölfeldern in Sumatra führte. Zwischen 1914 und 1921 kaufte man sich in Peru, Kolumbien und Venezuela Öl-Konzessionen hinzu. Später operierte das Unternehmen in fast allen lateinamerikanischen Staaten. In Kanada gehört die Imperial Oil Limited seit 1909 dazu, heute ein börsennotiertes Unternehmen und das größte Ölunternehmen des Landes.

Kurz nach dem Ersten Weltkrieg expandierte man im Nahen Osten. Man kaufte sich an der Iraq Petroleum Company Ltd. ein, und nach dem Zweiten Weltkrieg erwarb man dreißig Prozent an der Arabian

American Oil Company, die in Saudi-Arabien Öl förderte und verarbeitete. Ein fast gleich hoher Anteil an der Trans-Arabian Pipe Line Company wurde auch erworben; diese Ölrohrverbindung beförderte das Öl von Saudi-Arabien zum Mittelmeer, von dort konnte es dann in alle Welt verschifft werden. Dann expandierte das Unternehmen in ganz Westeuropa, aber auch in Rumänien, Ungarn und der Tschechoslowakei. Bei Ausbruch des Zweiten Weltkrieges war das Unternehmen in neunzehn europäischen Ländern vertreten, außerdem in Algerien, Tunesien, Libyen, französisch Marokko und Ägypten. Im Jahre 1933 hatte man die Förderaktivitäten und die Verarbeitungsanlagen in Asien in die Socony-Vacuum Oil Company Inc. eingebracht (heute Socony-Mobil). Es wurde ein neues Unternehmen für die Region Asien, Afrika und Ozeanien gegründet, die Standard-Vacuum Oil Company.

Auch in Amerika expandierte man wieder kräftig, man übernahm die Humble Oil & Refining Company und wurde wieder zum größten Rohölproduzenten der Vereinigten Staaten. Auch die Esso Standard Oil Company mit Aktivitäten in achtzehn Staaten gehörte dazu. Im Zweiten Weltkrieg gehörten Tochtergesellschaften des Ölkonzerns zu den größten Herstellern von Flugbenzin. Kurz vor der Auflösung im Jahre 1911 verfügte die alte Standard Oil Company über Aktiva von achthundertsechzig Millionen Dollar und kam für mehr als zwei Drittel des amerikanischen Raffineriemarktes auf. Im Jahre 1955 mit Aktiva von viereinhalb Milliarden Dollar betrug der Anteil in einem viel größeren Markt ›nur‹ noch sieben Prozent der amerikanischen Ölförderung und elf Prozent der amerikanischen Ölverarbeitung. Auf einer weltweiten Basis waren es 1955 noch vierzehn Prozent der Ölförderung und fünfzehn Prozent der Ölverarbeitung. Das Unternehmen gehörte allerdings schon mehr als dreihundertfünfzigtausend Aktionären und hatte somit eine wesentlich breitere Basis als zuvor.[11]

Die Standard Oil hatte zu Beginn das Ölgeschäft in den Vereinigten Staaten von Amerika zum Schwerpunkt seiner strategischen Ausweitung gemacht, bestimmte die Wirtschaftsentwicklung hier doch die Richtung für die Zukunft. Auch die wachsende Popularität des Automobils trug dazu bei. Wie stark sich der Transportsektor in der Anfangszeit entwickelte, verdeutlicht die Entwicklung der angemeldeten Fahrzeuge in den USA: Im Jahre 1900 gab es erst achttausend, zehn Jahre später aber bereits mehr als vierhundertfünfzigtausend.[12] Der Benzinbedarf stieg von unter achthunderttausend Tonnen auf über drei Millionen Tonnen an. In den Jahren 1914 und

1915 wurde schließlich erstmals mehr Benzin als Petroleum verkauft, eine historische Wende wurde hiermit vollzogen. Interessanterweise hatte sich vor der Gerichtsentscheidung im Jahre 1911 schon eine Veränderung auf dem amerikanischen Markt ergeben. Der Eintritt von Wettbewerbern wie Pure Oil Company (1895), Associated Oil (1901), Texaco (1902) und Gulf Company (1907) sorgte dafür, daß der Marktanteil von Standard Oil beim Verkauf von Mineralölprodukten von achtundachtzig Prozent im Jahre 1890 auf achtundsechzig Prozent im Jahre 1907 und vierundsechzig Prozent im Jahre 1911 zurückgegangen war. Der Anteil an der Ölproduktion im Verhältnis zum gesamten Angebot sank gar von vierunddreißig Prozent im Jahre 1898 auf elf Prozent im Jahre 1906. Auch die Anzahl der Raffinerien hatte sich wieder erhöht, 1908 gab es mindestens einhundertfünfundzwanzig unabhängige Raffinerien und 1911 sogar einhundertsiebenundvierzig.[13]

Auch die Situation auf den Auslandsmärkten veränderte sich. Hier machten vor allem zwei Gruppen von sich reden, die niederländische Royal Dutch und die britische Shell. Die Royal Dutch war gegründet worden, um die Ölvorkommen auf Sumatra auszubeuten, damals Teil eines Gebietes, das sich unter der Einflußsphäre der Holländer befand. Wie andere Ölgesellschaften, klagte der Direktor der Royal Dutch, J.B. Augustus Kessler, immer wieder über die fehlenden Mittel für die Exploration, da die Banken Erdöl nicht als Sicherheit für ein Darlehen akzeptierten. Schließlich gelang es ihm, die Niederländische Handelsgesellschaft als Treuhänder zu gewinnen, und einer ihrer Angestellten, Henri Deterding, wurde im Mai 1896 Verkaufsleiter der Royal Dutch. Nach Kesslers Tod 1900 übernahm Deterding seine Stelle und sollte zu einer der führenden Persönlichkeiten in der Erdölbranche werden.

Bereits vor seiner Amtsübernahme hatte es Gespräche über ein Bündnis zwischen Royal Dutch und Shell gegeben, sie konkretisierten sich aber erst einige Jahre später. Angeführt wurde Shell von Marcus Samuel, der aus einer jüdischen Kaufmannsfamilie stammte. Zusammen mit seinem Bruder Sam gründete er eine Handelsgesellschaft und betrieb Handel mit Japan und anderen asiatischen Ländern; alle möglichen Waren wurden ein- und ausgeführt. Die Japaner waren vor allem an Maschinen interessiert, die Europäer an Porzellan, Tee, Reis, Jute, Muscheln und Schnitzereien. Da sie keine eigenen Schiffe besaßen, nahmen sie die Dienste der Londoner Maklerfirma Lane and MacAndrew in Anspruch, die Handelsschiffe vermittelte. Diese Maklerfirma suchte wiederum im Auftrag der Pariser ROTHSCHILD-Familie nach Verkaufsmöglichkeiten für ihr russisches Petroleum, und zwar im Fernen Osten. Die Märkte im Fernen Osten wurden damals von Standard Oil beherrscht, und keiner wagte es, sich auf einen Preiskampf mit dem Marktführer einzulassen.

Nach gründlicher Überprüfung und dem Bau eigener Schiffstanker stiegen sie im August 1891 in das Geschäft mit Petroleum ein, der Vertrag mit den ROTHSCHILDS hatte zuerst eine Laufzeit von neun Jahren und wurde später auch verlängert. Trotz Widerstand seitens anderer Interessengruppen bekam man die Genehmigung für den Transport durch den Suez-Kanal und konnte das Petroleum um die Hälfte billiger als Standard liefern. Nur die Tanker waren im Besitz von SAMUEL gewesen; die anderen Aktivitäten, zu denen auch der Transport des Petroleums gehörte, wurden von einem Tank-Syndikat finanziert und durchgeführt. Der Vorteil lag darin, daß die Standard Oil es hier mit einer starken Gruppe zu tun bekam, und nicht mit Einzelkämpfern, die durch Preissenkungen aus dem Markt gedrängt werden konnten.

Im Jahre 1897 gründete SAMUEL die Shell Transport & Trading Company, um den gesamten Betrieb dort einzubringen, und die Mitglieder des Tank-Syndikats wurden Aktionäre. Der Name Shell hatte ging auf die Sammelleidenschaft des Vaters der SAMUELS für Seemuscheln zurück. Im Laufe der Zeit bekamen alle Schiffe der SAMUEL-Brüder auch Namen von verschiedenen Muscheln, und das Petroleum wurde unter dem Namen Shell verkauft. Das Geschäft entwickelte sich sehr erfolgreich, so daß Marcus SAMUEL sich für Politik zu interessieren begann. Da er nun das Ölgeschäft nur noch als zweitrangig betrachtete, unterliefen Shell einige grobe Fehler, die es für Angriffe der Konkurrenz anfälliger machten. Shell hatte in China große Lagerbestände angelegt; der ›Boxeraufstand‹ im Jahre 1900 und die Belagerung von Peking sorgten vorübergehend für den Zusammenbruch des chinesischen Marktes. Russische Raffinerien versuchten gleichfalls ihre Ausfuhr von Rohöl zu steigern, um einen Rückgang des Absatzes im Inland auszugleichen; das Überangebot auf den Märkten drückte die Preise. In der Folge war Shell gezwungen, teuer aufgekaufte Bestände mit Verlust weiterzuverkaufen.

Doch die Entdeckung des Ölfeldes Spindletop in Texas im Januar 1901 half Shell wieder auf die Beine; das Unternehmen war sogar in der Lage, Übernahmeangebote von Standard Oil dankend abzulehnen. Da SAMUEL aber im November 1902 das Amt des Bürgermeisters von London antreten sollte, fruchteten die Gespräche über eine enge Verbindung mit Deterding und Royal Dutch mehr. Zuerst war nur eine Partnerschaft in Asien und Afrika vorgesehen, auf dem europäischen Markt sollten Royal Dutch und Shell weiterhin konkurrieren. Doch als die texanische Ölquelle Spindletop im August 1902 versiegte, konnte Shell seinen Lieferverpflichtungen nicht mehr nachkommen, und seine Tankerflotte zum Transport des Erdöls saß nun sozusagen auf dem trockenen. Daraufhin mußte Shell teures russisches oder fernöstliches Petroleum aufkaufen, um den Verlust des texanischen Öls auszugleichen. Da auch ein Treibstofftest für die britische Marine in Portsmouth wegen eines Brands gründlich schiefgelaufen war, ging Shell auch noch ein lukrativer Staatsauftrag verloren.

Währenddessen wurde Royal Dutch immer stärker und kaufte kleinere niederländische Gesellschaften auf, denn der Zugang zu reichen Ölvorkommen im Fernen Osten machte sich bezahlt. Deterding kam seinem Ziel immer näher, eine Partnerschaft mit Shell zu seinen Bedingungen durchzuführen. Als 1905 ein letzter Versuch von Shell scheiterte, mit der britischen Admiralität ins Geschäft zu kommen – hier hatte die Burmah Oil Company letztendlich den Zuschlag bekommen –, war der Weg für eine Fusion von Shell und Royal Dutch frei. Da Deterding den Zugang zu den Geldquellen der Londoner City suchte, hatte er gegen einen Sitz des Unternehmens in London nichts einzuwenden, Samuel mußte aber einen Anteil von sechzig Prozent für die Royal Dutch-Aktionäre akzeptieren, der Anteil der Shell-Aktionäre betrug demnach lediglich vierzig Prozent. Zudem wurden beide Unternehmen beibehalten, einerseits die Royal Dutch Petroleum Company mit juristischem Sitz in Den Haag, andererseits die Shell Transport & Trading Company mit juristischem Sitz in London, was zu der vielkritisierten und schwerfälligen Doppelspitze führte, die erst 2004 von der Unternehmensleitung der beiden Unternehmen für beendet erklärt wurde. Erst 2005 sollen die Aktionäre auf der Hauptversammlung der neuen Unternehmensstruktur zustimmen.[14]

Auch bei den Führungspositionen übernahmen die Holländer die Mehrheit und Deterding den Vorsitz. Die neue Royal Dutch Shell, die 1907 ins Leben gerufen wurde, war ein neuer Gigant im Erdölgeschäft. Man hatte Zugang zu Ölfeldern in Rußland, Osteuropa und in Niederländisch-Ostindien, dem heutigen Indonesien. Die Tankerflotte des Konzerns war größer als die Handelsmarine vieler Großmächte, und man war in der Lage, gegen andere Ölkonzerne zu bestehen.[15] Auch Standard Oil war hiermit ein ernst zu nehmender Konkurrent herangewachsen.

Der Nahe Osten rückte erstmals während des Ersten Weltkrieges in den Mittelpunkt der Interessen der Westmächte. Die Siegermächte wollten den Einfluß in der Region regeln, und dies ging vor allem zu Lasten des Türkisch-Osmanischen Reiches. Auf der San Remo-Konferenz vom 19. bis 26. April 1920 trafen sich die Ministerpräsidenten von Großbritannien, Frankreich und Italien mit Vertretern Japans, Belgiens und Griechenlands. Es wurde eine Neuaufteilung der Region beschlossen, die Friedensverträge wurden am 10. August desselben Jahres in Sèvres unterzeichnet.[16] Das Osmanische Reich hörte auf zu existieren; alle Gebiete in Nordafrika und im Nahen Osten wurden abgetreten. Mazedonien hatten die Türken bereits 1912/13 infolge einer kriegerischen Auseinandersetzung an Bulgarien, Serbien und Griechenland verloren. Griechenland konnte seine Kontrolle über die Ägäis, Ostthrakien und die anatolische Westküste ausbauen. Die osmanische Provinz Syrien wurde aufgeteilt: In der Nordhälfte, zu der Syrien und Libanon gehörten, sollte Frankreich die Oberhoheit bekommen. Die Südhälfte, das Gebiet Palästina und Transjordanien, ging an Großbritannien. Dies waren die sogenannten ›A-Mandate‹. Die Staaten sollten unabhängig sein, zugleich aber unter der Kontrolle einer Mandatsmacht stehen, bis die politische Entwicklung eine völlige Unabhängigkeit nach sich ziehe. Zudem sicherte sich Großbritannien die Kontrolle über Mesopotamien, das heutige Gebiet des Irak. Frankreich und Großbritannien schlossen ferner ein Abkommen über Öl ab, dem zufolge Frankreich einen Anteil in Höhe von fünfundzwanzig Prozent des Öls bekam, das im künftigen Irak gefördert werden sollte, einschließlich günstigerer Transportbedingungen. Dafür verzichtete Frankreich auf die Kontrolle über Mossul, so daß Großbritannien seinen Einfluß in der Region noch weiter ausbauen konnte.

Interessanterweise kontrollierte Großbritannien mit der Anglo-Persian Oil Company schon jetzt die ressourcenreichen Gebiete des Persischen Golfs. Bereits im Mai 1901 hatte William Knox D'Arcy, ein nobler, reicher britischer Geschäftsmann, Explorationskonzessionen vom Schah von Persien erworben. Nur die fünf Nordprovinzen des Iran wurden davon ausgenommen. Ein Ingenieur namens George Reynolds sollte in Persien für ihn nach Öl suchen. Trotz anfänglicher Mißerfolge ließ man sich nicht beirren, und im Mai 1908 stieß Reyn-

OLDS mit seiner Explorationsgruppe in Masjid-i-Suleiman, im Südwesten des Iran, auf nennenswerte Mengen Öl. Bereits 1905 hatte sich die Burmah Oil Company an dem Projekt beteiligt und die notwendigen finanziellen Mittel für die Explorationsarbeiten zur Verfügung gestellt. Vier Jahre später wurde die Anglo-Persian Oil Company gegründet, um das Ölfeld weiterzuentwickeln, Burmah Oil übernahm zu diesem Zeitpunkt einen Anteil von siebenundneunzig Prozent des Aktienkapitals, der Rest wurde vom ersten Vorsitzenden des Direktoriums der Anglo-Persian, Lord STRATHCONA, gehalten. Sein Nachfolger Charles GREENWAY fürchtete die Dominanz von Royal Dutch in der Region und wandte sich deswegen an die britische Regierung. Anglo-Persian benötigte weiteres Kapital, um die anstehenden Projekte zu finanzieren, und die britische Regierung war an einer zuverlässigen Lieferung von Treibstoff für die britische Admiralität interessiert. Diese hatte unter Leitung von Winston CHURCHILL beschlossen, die Flotte von Kohle auf Öl umzustellen. Vor Beginn des Ersten Weltkrieges übernahm Großbritannien somit die Mehrheit an Anglo-Persian und bekam das Privileg, in Zukunft zwei Direktoren seiner Wahl zu benennen. Zudem wurde vertraglich vereinbart, daß Anglo-Persian die britische Admiralität mit Treibstoff versorgen würde. Im Gegenzug erhielt das Unternehmen eine Kapitalzufuhr in Höhe von zwei Millionen britische Pfund und mußte sich über Absatzprobleme keine Sorgen mehr machen.[17]

Die westlichen Großmächte hatten sich jedenfalls in der Region festgesetzt. Dies ging in der Region wie gesagt vor allem zu Lasten der Türken. Unter MEHMED V. hatte das Osmanische Reich im Ersten Weltkrieg an der Seite Deutschlands und Österreich-Ungarns gekämpft. Ein Großteil des Reiches ging verloren, die Alliierten bestimmten nun den Takt. Nach dem Tod MEHMEDS V. im Juli 1918 übernahm MEHMED VI. die Führung des Landes, das aber unter Kontrolle der Siegermächte stand.[18] Der neue Sultan des Osmanischen Reiches stimmte den Bedingungen des Abkommens von Sèvres zu, die türkischen Nationalisten lehnten das Abkommen jedoch ab. Ende 1919 hatten sie in einer freien Wahl vom Volk die parlamentarische Mehrheit erlangt. Die Alliierten verhafteten die Nationalisten und brachten sie ins Exil, da sie eine türkische Einheit befürchteten. Dennoch kamen die Nationalisten wieder, etablierten sich in Ankara, besiegten die Griechen und gewannen die Kontrolle über die Türkei. Am 1. November 1922 wurde das Sultanat von der Nationalversammlung abgeschafft und die Republik ausgerufen. MEHMED VI., als letzter

Sultan der Türkei, verließ wenige Tage später mit einem britischen Kriegsschiff das Land und flüchtete nach Malta.

Die Türkei hatte ihre Unabhängigkeit im Vergleich zu vielen anderen Staaten in der Region ziemlich früh erobert, nicht viel später sollte Kemal ATATÜRK als erster Präsident der Türkei die Geschicke des Landes beeinflussen und dem jungen Land auf der internationalen Bühne Respekt verschaffen. Auf der Konferenz von Lausanne, die vom 20. November 1922 bis 24. Juli 1923 stattfand, bekräftigten die alliierten Siegermächte die neuen Grenzen der Türkei als rechtmäßig. Die Türkei sah davon ab, ihre ehemaligen Gebiete im Nahen Osten wiederzuerlangen, und akzeptierte die Besetzung Zyperns durch die Briten. Zudem wurde der Anspruch der Alliierten für die Unabhängigkeit der türkischen Kurden ebenso fallengelassen wie eine Übereignung von Land an die Armenier. Da die Kurden bei der Staatenbildung im Irak Anfang der zwanziger Jahre von den Briten ebenfalls übergangen worden waren, war ein eigener Staat in weite Ferne gerückt.

Die Türkei hatte somit zumindest ihre Souveränität wiedererlangt. Zudem war es ihr gelungen, sich erfolgreich gegen Teile des Abkommens von Sèvres zu stemmen, unter anderem durch eine kriegerische Auseinandersetzung mit den Griechen, denen die Region Smyrna, dem heutigen Izmir, zugesprochen worden war. Die Griechen hatten ferner einen Teil von Anatolien besetzt und bedrohten die Nationalisten in Ankara. Besiegt durch Kemal ATATÜRK und seine Truppen, zogen sich die Griechen dann zurück. Auch die Engländer, die Konstantinopel, das heutige Istanbul, seit Ende des Ersten Weltkrieges kontrollierten, mußten erkennen, daß es die Türken ernst meinten, und so einigte man sich am 11. Oktober 1922 auf den Waffenstillstand von Mundanya. Acht Tage später trat das Kabinett des britischen Premierministers LLOYD GEORGE zurück. Auf der Konferenz von Lausanne bekamen die Türken das zurückgewonnene Territorium auch formell zugesprochen, ebenso die Inseln Imbros und Tenedos.[19]

Bezeichnenderweise hatten Frankreich und Großbritannien bereits 1916, also noch während des Ersten Weltkrieges, die Zergliederung des Osmanischen Reiches beschlossen. Auch Rußland stimmte diesem Vorhaben zu. Nachfolgende Karte zeigt die beabsichtigte Aufteilung der Region in die französischen und britischen Interessensphären. Dabei stand die Blaue Zone unter direkter französischer Kontrolle, die A-Zone unter französischem Einfluß, die B-Zone unter britischem Einfluß und die sogenannte Rote Zone unter britischer Kontrolle. Das palästinensische Gebiet unterstand der Kontrolle der

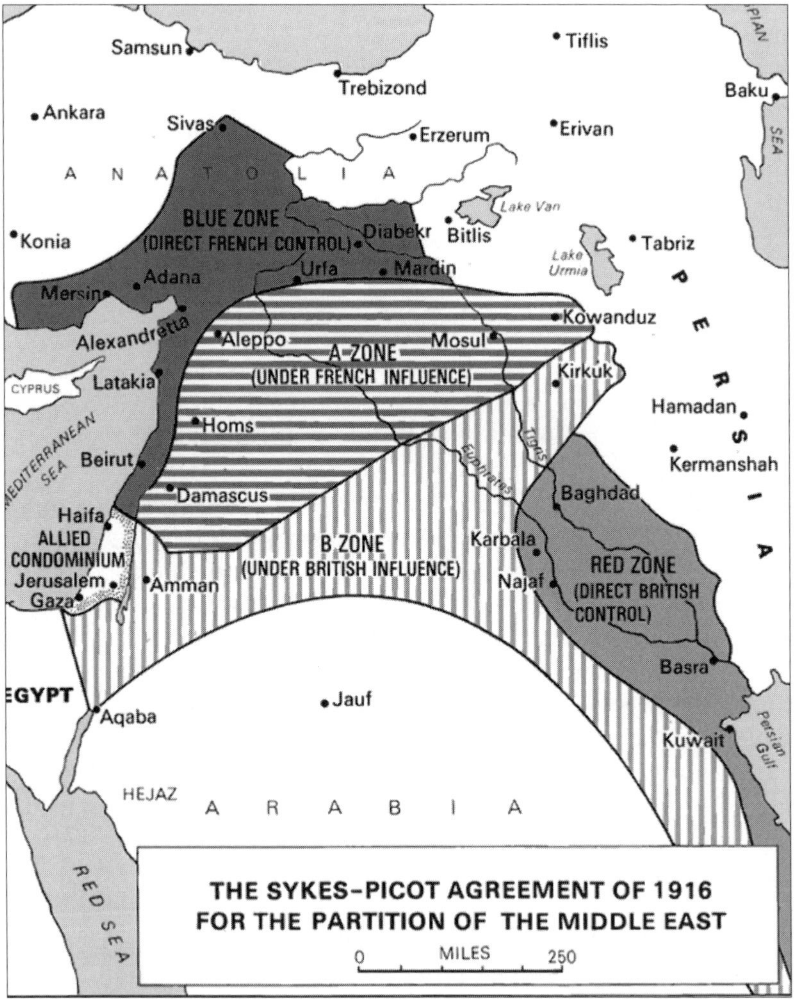

Quelle: passia.org/palestine-facts/Maps/Sykes_Picot

Alliierten, allerdings waren es die Briten unter ihrem General Edmund Allenby, die hier das Kommando übernahmen.

Bekannt wurde diese Absicht durch das Sykes-Picot Abkommen vom 9. Mai desselben Jahres. Sir Mark Sykes war der Verhandlungsführer der Briten gewesen, Georges Picot der französische. Somit war die arabische Welt bereits hier ›Spielball‹ der westlichen Interessen. Es wurde genau festgelegt, welche Gebiete an Rußland, Frankreich oder Großbritannien fallen sollten. Die Araber waren schokkiert, als sie im folgenden Jahr von den Plänen erfuhren. Auch die Konferenz von San Remo im April 1920 machte sie da nicht viel glücklicher, trotz der vereinbarten Abänderungen. Hier wurde über die sogenannten ›A‹-Mandate gesprochen. Den Ländern der arabischen Welt wurde zwar die Unabhängigkeit indirekt zugesagt, allerdings standen sie unter der Kontrolle einer der Großmächte. Großbritannien bekam zudem das Mandat über Palästina zugesprochen. Dem Haschemiten HUSSEIN IBN ALI SHARIF von Mekka wurde durch Großbritannien schon eine weitreichende Zusage für die Unabhängigkeit gemacht. Nicht zuletzt war das auch ein Grund für die relativ frühe und vollständige Unabhängigkeit Saudi-Arabiens. Das Königreich Saudi-Arabien besteht bereits seit dem 18. September 1932. Im Vergleich dazu wurden andere Staaten wie Kuwait (1961), die Vereinigten Arabischen Emirate (1971), Katar (1971) und Jemen (1962/67) recht spät gegründet; zuvor befanden sie sich meistens unter dem Einfluß oder waren gar Protektorate Großbritanniens. Der Libanon (Republik 1926, Unabhängigkeit 1943) und Jordanien als konstitutionelle Monarchie im Jahre 1946 schafften dies schon viel früher. Dies galt auch für den Irak (1932).[20]

Im Irak wurde Öl bereits im Jahre 1909 in Naft Khaneh gefunden. Die erste kommerzielle Verwendung begann aber erst im Jahre 1927. Zuerst bestand bei der Förderung ein Monopol durch die Iraq Petroleum Company oder einige ihrer Tochtergesellschaften. Diese Unternehmen befanden sich zumeist in britischer Hand. Eine Verstaatlichung erfolgte erst 1972. Es wurden auch Vereinbarungen mit französischen und russischen Unternehmen bezüglich der Förderung getroffen. Schließlich schloß man Abnehmerverträge mit Frankreich, Italien und Rußland ab. Im Jahre 1952 war es der irakischen Führung gelungen, Nachverhandlungen durchzusetzen und einen höheren Anteil der Ölerlöse zu vereinahmen. Man war hierbei dem Beispiel Saudi-Arabiens und anderer Länder gefolgt. Bereits 1929 hatte die weltweite Ölproduktion eine nennenswerte Größenordnung erreicht. Die Vereinigten Staaten von Amerika förderten damals beispielsweise mehr als Kanada oder Großbritannien Ende der neunziger Jahre des vorigen Jahrhunderts.[21] Zudem betrug der amerikanische Anteil an der weltweiten Ölförderung immer noch knapp siebzig Prozent. Venezuela war mit einem zehnprozentigen Anteil nun schon zumindest vorübergehend (1928–1930) auf Rang zwei vorgerückt und hatte Rußland mit rund sieben Prozent auf Rang drei verwiesen. Erst im Jahre 1944 sollte Venezuela wieder Platz zwei einnehmen, das Land hatte als wichtigster Erdölzulieferer für die Amerikaner und Briten wesentlichen Anteil am Sieg der Alliierten gehabt.

Im Jahre 1938 importierte das Deutsche Reich ungefähr sechs Millionen Tonnen Rohöl, insbesondere von der Standard Oil Co. New Jersey, Royal Dutch Shell und der Anglo-Iranian Company. Die Inlandsförderung lag bei sechshunderttausend Tonnen. Aufgrund der Abhängigkeit von ausländischen Ressourcen spielte beim Generalstab auch der Blitzkrieg eine besondere Rolle. Durch das schnelle Vorrücken der deutschen Armee verhinderte man lange Stellungskriege, so daß der Verbrauch deutlich niedriger lag. Für den Sieg über Polen und Westeuropa benötigte man beispielsweise nur zwei Millionen Tonnen Mineralölerzeugnisse. Der Angriff auf Großbritannien mißlang, und man sah sich nach anderen Ölfeldern um. Hierfür mußte man den Krieg aber ausweiten. In Nordafrika stieß man auf den erbitterten Widerstand der Engländer. So blieben nur noch zwei Alternativen übrig: der Nahe Osten und Rußland. Durch die Besetzung Rumäniens im Oktober 1940 hatten sich die Deutschen den Zugang zu einer jährlichen Ölförderung von bis zu fünf Millionen Tonnen verschafft, problematischer gestaltete sich jedoch der Transport zu den deutschen Raffinerien und dann an die entsprechenden Kriegsschauplätze. Durch den Molotow-Ribbentrop-Pakt erhielt das Deutsche Reich zwischen Januar 1940 und Juni 1941 sogar drei Millionen Tonnen Rohöl aus der Sowjetunion sowie andere Industrierohstoffe. Der spätere Versuch, die kaukasischen Ölfelder zu besetzen, scheiterte bekanntlich kläglich.

Außerdem versuchten die Deutschen ihren Bedarf durch synthetische Mineralölerzeugnisse abzudecken, was teilweise auch gelang. Es wurden fünfundzwanzig Anlagen in Betrieb genommen, die 1941 auf eine Gesamtproduktion von viereinhalb Millionen Tonnen kamen. Es kann also kein Zweifel daran bestehen, daß dem Vormarsch der deutschen Truppen auch die Idee zugrunde lag, den Zugang zu den Rohölressourcen zu gewinnen. Neben anderen ideologischen Faktoren spielte der Zugang zum Rohöl nämlich eine bedeutende Rolle im Zweiten Weltkrieg, wobei Amerikaner und Briten sich den besseren Zugang gesichert hatten.

Nicht umsonst waren die Alliierten deswegen auch an der Kontrolle über die Rohölressourcen in Venezuela und im Iran interessiert. Auch für Japan spielte der Zugang im weiteren Kriegsverlauf eine wichtige Rolle, denn die Vereinigten Staaten von Amerika belieferten das Land bis zum Juli 1941 mit Öl. Am 24. Juli unterbrachen sie die Lieferungen mit einem Ölembargo, das am 1. August auf Flugbenzin ausgeweitet wurde, so daß der Druck auf die Japaner dramatisch zunahm. Diese mußten sich nun beeilen, da ihre angelegten Ölreserven rasch abnahmen. Die Amerikaner forderten die Freigabe von China im Austausch für weitere Öllieferungen. Japan hatte bekanntlich die Mandschurei bereits 1931 annektiert und 1937 mit der militärischen Expansion in China begonnen.[22] Die Japaner setzten nun ihre militärische Großoffensive in Indochina und im Pazifik fort, um sowohl ihre Kontrolle in der Region auszubauen, als auch die Kontrolle über die bis dahin bekannten Ölressourcen zu übernehmen. Dabei entdeckten die Japaner nach dem Abzug der Amerikaner 1941 im Dschungel von Sumatra mit ›Minas No. 1‹ sogar eine Ölquelle, die später zur Standard Oil of California gehören sollte. Über die Tochtergesellschaft Cattex Pacific wurde das Ölfeld zwischen 1952 und 1969 mit einer Gesamtförderung von einer Milliarde Barrel Rohöl ausgebeutet.[23]

Als die Japaner am 7. Dezember 1941 Pearl Harbor angriffen, war die Sache entschieden. Die Amerikaner erklärten den Japanern am 8. Dezember offiziell den Krieg, und damit verschärfte sich auch der Krieg um den Zugriff auf die Ressourcen in Asien. Der Tabelle auf Seite 43 sind die wichtigsten Ölförderländer aus dem Jahre 1929 zu entnehmen.

Immerhin zweihundertfünf Millionen Tonnen wurden im Jahre 1929 weltweit gefördert. Zum Vergleich: Im Jahre 1998 waren es beispielsweise insgesamt 3,5 Milliarden Tonnen.[25] Der Anteil der Amerikaner an der weltweiten Förderung fiel zwar bis 1939 auf einundsechzig Prozent zurück, weil die Marktanteile von Iran, Saudi-Arabien, der UdSSR und Venezuela langsam, aber sicher zunahmen, aber selbst im Jahre 1944 kam das Land noch auf fünfundsechzig Prozent. Erst danach sollten andere Ölländer den Amerikanern nach und nach Marktanteile abnehmen (siehe hierzu auch Tabelle im Anhang; Entwicklung Ölförderung 1914–1975). Dennoch versorgten sich die Amerikaner bis dahin weitestgehend mit eigenem Öl. Während der großen Depression verabschiedete die ROOSEVELT-Administration im Juni 1933 die »National Recovery Act«. Ein Teil dieser Notgesetzgebung sah die Aussetzung der »Antitrust-Gesetze« vor; zudem durften die Öleinfuhren fünf Prozent des inländischen Bedarfs nicht übersteigen. Insbesondere Venezuela traf diese Restriktion sehr. Das Land

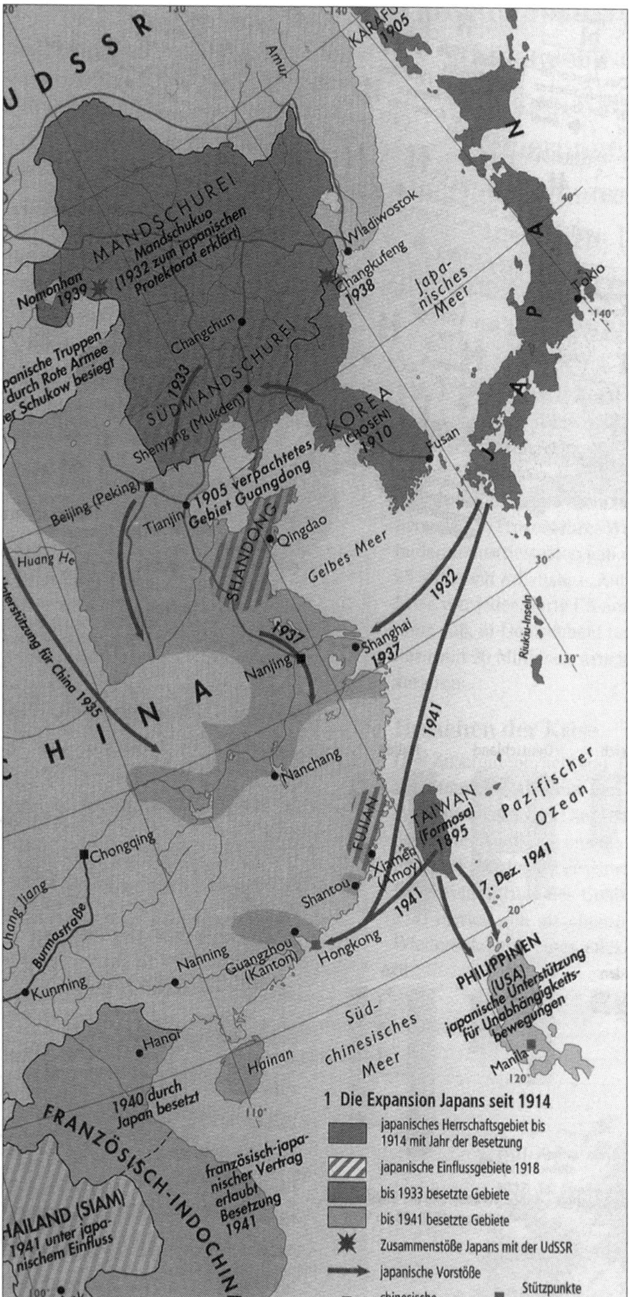

*Der Kampf ums Öl: Militärische Kontrolle und Besetzung durch die Japaner 1905 bis 1932 und 1937 bis 1942. Quelle:*Knaurs Historischer Welttlas.

Die wichtigsten Ölförderländer im Jahre 1929[24]

Land	Förderung in Tonnen im Jahre 1929
USA	138 104 000
Venezuela	20 402 000
Sowjetunion	14 477 000
Mexiko	6 700 000
Iran	5 549 000
Niederländisch Indien (Indonesien)	5 239 000
Rumänien	4 847 000
Kolumbien	2 911 000
Peru	1 777 000
Argentinien	1 365 000
Trinidad	1 213 000
Britisch Indien (Indien, Burma)	1 201 000
Polen	675 000
Irak	116 000
Deutsches Reich	103 000
Gesamte Welt	**205 000 000**

mußte sich nach anderen Abnehmerländern für sein Rohöl umsehen. Die Quote sollte die amerikanische Ölindustrie vor einer Überschwemmung durch ›billiges‹ Importöl bewahren. Insbesondere die kleineren Ölproduzenten in den USA befürworteten deshalb eine Einfuhreinschränkung.

Nach Ende des Zweiten Weltkrieges machten Sorgen über amerikanische Reserven ein Umdenken erforderlich. Geringe Neuentdeckungen im eigenen Land und die Tatsache, daß der Oberste Gerichtshof der Vereinigten Staaten die NIRA-Gesetze für nicht verfassungskonform erklärt hatte, sorgten für eine erhöhte Einfuhr von Rohöl. Allein zwischen 1945 und 1950 erhöhte sich der Anteil ausländischen Öls von 4,1 auf 8,3 Prozent.[26] Doch nur wenige Jahre später war es Präsident EISENHOWER, der im Juli 1957 die Einführung freiwilliger Einfuhrquoten ankündigte, um die Einfuhr billigen ausländischen Rohöls zu beschränken und die einheimische Ölindustrie zu schützen. Da Ölgesellschaften wie Paul Gettys Tidewater zu keiner freiwilligen Beschränkung bereit waren, erklärte EISENHOWER am 10. März 1959 das bis dahin freiwillige Quotensystem für bindend.[27] Getty kam somit in ernsthafte Schwierigkeiten, weil seine auf Expansion ausgelegte Strategie in Amerika ganz und gar auf die Einfuhr billigen Rohöls aus dem Nahen Osten ausgelegt war. Er hatte dafür erhebliche Investitionen in eine neue Raffinerie an der Ostküste der Vereinigten Staaten, aber auch in ein Tankstellennetz und den Bau von eigenen Superöltankern gesteckt. Nun zwang ihn die amerikanische Regierung, Teilverkäufe seines Imperiums vorzunehmen, um die hohe Schuldenlast der Muttergesellschaft abzubauen.

1 *Britannica 2000,* Micropaedia Nr. 16, S. 124.
2 NobelPrize.org, *Alfred Nobel St. Petersburg, 1842–1863,* 2005.
3 Fuad AKHUNDOV, *Legacy of the Oil Barons,* Part II: *The Greening of Baku by the Nobel Brothers,* 1994.
4 Natig ALIVEV, *Azerbaijan Oil, The History of Oil,* 2004.
5 Harold WILLIAMSON u. Arnold DAUM, *The American Petroleum History: The Age of Illumination 1859–1899,* 1959.
6 Jules ABELS, *The Rockefeller Billions,* 1965; Ida M. TARBELL, *The History of the Standard Oil Company,* 1904.
7 *Encyclopedia Americana,* »Standard Oil Company«, S. 478 ff., 1965; Jens HOHENSEE, »God's Oil Country«, in: *Die Zeit,* 20. 3. 2003, S. 78.
8 BP.com, »History of Amoco. The Amoco story, From the Midwest to Texas«, 11.11. 2004.
9 Christopher TUGENDHAT, *Oil – the Biggest Business,* 1968.
10 D. T. ARMENTANO, »The Petroleum Industry: A Historical Study in Power«, S. 66–72, cato.org/pubs/journal/cjn1; außerdem Gerichtsurteil Standard Oil Company of New Jersey v. United States, 221 U.S.; Richard B. MANCKE, »Competition and Monopoly in World Oil Markets: The Role of the International Oil Companies«, in: *Cato Journal,* Vol. 1, No. 1, Spring 1981.
11 Richard L. WILCOX, *Standard Oil Company,* New Jersey, S. 480.
12 BP.com, aaO. (Anm. 8).
13 D. T. ARMENTANO, aaO. (Anm. 10).
14 Ulrich FRIESE, »Royal Dutch/Shell steht vor radikalen Reformen«, in: *FAZ,* 18. 8. 2004, S. 16; »Royal Dutch Shell formiert sich zu einem einzigen rechtlichen Konzern«, in: *FAZ,* 29. 10. 2004, S. 19; Library of Congress, »Indonesia Minerals: Petroleum, Liquified Natural Gas and Coal«, in: *Country Studies,* November 1992.
15 F. C. GERRETSON, *History of the Royal Dutch,* 4 Bde., Leiden 1953.
16 U.S. Library of Congress, »The Ottoman Empire: Atatürk and the Turkish Nation; Plans for Partitioning Turkey«, in: *Country Studies,* January 1995.
17 BP Global, About BP, »A new company emerges«, 11. 11. 2004.
18 U.S. Library of Congress, »The Ottoman Empire: Turkey – The Young Turks«, in: *Country Studies,* January 1995.
19 *Britannica 2000,* Micropaedia Nr. 7, S. 196.
20 *Britannica 2000,* Macropaedia, Nr. 13, S. 868–909.

[21] BP.com, »Statistical Review of World Energy 2003 Workbook, Oil Production«; die Vereinigten Staaten von Amerika förderten damals beispielsweise mehr als Kanada (1998: 125,1 Millionen Tonnen) oder Großbritannien im Jahre 1998 (1998: 132,1 Millionen Tonnen).
[22] U.S. Department of State, *Peace and War: United States Foreign Policy, 1931–1941*, Washington D.C., U.S. Government Printing Office 1983, S. 705 f. u. 826 ff.
[23] Chevron.com, »Chevron History, 1947–1979 A New Identity«.
[24] Walter Levy, *The Paradox of Oil and War, Fortune*, 1941; »Am Beginn des Erdölzeitalters«, in: wabweb.net/history/oel/usa&today.htm, 11. 11. 2004.
[25] BP, *Statistical Review of World Energy 2003 Workbook*, »Oil production«.
[26] Svante Karlsson, *Oil and the World Order: American foreign oil policy*, 1986, Kapitel 8, S. 158 f.
[27] Robert Lenzner, *The Great Getty*, 1985.

2. Kapitel

Britische Ölkontrolle über die Ölverträge

Die Briten hatten sich im Nahen Osten aus militärischen, wirtschaftlichen und politischen Gründen festgesetzt und sollten diese Verbindungen später auch nutzen, um ihre Kontrolle über die Vergabe von Ölkonzessionen auszuüben. Da sie die ›Protektoratspolitik‹ auf einige Staaten in der Region ausgeweitet hatten, konnten sie natürlich auch als erste das Öl entdecken und ausbeuten.[1] Am Persischen Golf waren die Briten durch einen politischen Repräsentanten vertreten, der dem britischen Kolonialbüro in Indien oder den ›British Indian authorities‹, wie es offiziell hieß, untergeordnet war. Dennoch kam ihm insofern eine gewichtige Rolle zu, als er auch bei den ersten Verhandlungen über Ölkonzessionen beteiligt war. Ihm arbeiteten sogenannte Länderrepräsentanten zu, die in Kuwait, Bahrain, Muscat und anderen Städten am Golf stationiert waren.

Die Ländervertreter und der politische Repräsentant verhandelten dann meistens direkt mit dem jeweiligen Herrscherhaus über die Handelsverträge und später auch über die Ölkonzessionen. Der politische Repräsentant erhielt somit Anweisungen sowohl vom Obersten Sekretär Seiner Majestät in Indien als auch vom zuständigen Mitarbeiter für Indien im Londoner Außenministerium. Den Briten kamen bei diesen Gesprächen natürlich auch andere Informationen über die politische Situation im Lande und über besondere Sorgen oder Probleme zu Ohren. Insofern wußten sie über die Situation im jeweiligen Land bestens Bescheid. Sie fackelten dann auch nicht lange, sondern machten ›Nägel mit Köpfen‹. Nacheinander brachten sie die Herrscherhäuser dazu, eine Erklärung zu unterzeichnen, der zufolge keine Ölkonzessionen vergeben werden durften, außer an Unternehmen, die von der britischen Regierung bestimmt werden konnten. Das war der Beginn der britischen Monopolstellung in der Region, die erst durch die direkte amerikanische Beteiligung in Saudi-Arabien und später auch in anderen Ländern aufgeweicht werden sollte.

Aber der Reihe nach. Im Jahre 1913 vereinbarten die Briten mit dem Herrscher von Kuwait eine Absichtserklärung, die den Briten ein Kontrollrecht über die Vergabe von Ölkonzessionen zusagte. Diese Vereinbarung galt als richtungsweisend, und 1914 konnte bereits eine gleichlautende Vereinbarung mit Bahrain abgeschlossen werden, 1916 mit Katar, 1922 mit den Herrschern jener Gebiete, wo die heutigen Vereinigten Arabischen Emirate beheimatet sind, und 1923 mit dem Sultan von Muscat und Oman. Somit hatten die Briten die Region weitgehend ›in der Tasche‹, da sie auch noch mit der Anglo-Persian Oil Company und dem Kontrollanteil an der Turkish Petroleum Company die Erdölgebiete im Irak und im Iran kontrollierten.

Nur einen Schönheitsfehler gab es, nämlich das in der Gründungsphase steckende Saudi-Arabien. Auch dort bemühten sich die britischen Unterhändler um ein Abkommen, doch als IBN SAUD 1923 die Hasa-Ölkonzession vergab, ging diese überaschenderweise an die kleine und unbekannte ›Eastern and General Syndicate‹, die 1920 durch drei Privatleute, nämlich Sir Edmund DAVIES, Edmund JANSON und Percy TARBUTT, auf Initiative des Neuseeländers Frank HOLMES in England gegründet worden war. HOLMES war Bergbauingenieur und kein Geologe, aber er hatte bei mehreren Geschäftsreisen in Nahost durch Gespräche und die persönliche Besichtigung von Bitumensickerungen die Überzeugung gewonnen, daß hier Erdölvorkommen existieren müßten. Die Anglo-Persian Oil Company ging bei der Konzessionsvergabe leer aus, mit der Folge, daß Eastern and General Syndicate im Laufe der Jahre weitere Konzessionen für Kuwait, die neutrale Zone zwischen Kuwait und Saudi-Arabien, und Bahrain erwarb und diese dann Ende der zwanziger Jahre an die amerikanische Gulf Oil Corporation weiterreichte.

So kamen die Amerikaner von dieser Seite wieder ins Spiel ums Öl. Ohnehin hatte die amerikanische Politik mit der Ankündigung ihrer ›Politik der offenen Tür‹ (›*Open Door Policy*‹) im Jahre 1922 klargestellt, daß ihre Ölfirmen einen gleichberechtigten Zutritt zum Öl im Nahen Osten einfordern würden und daß die auf der Konferenz von San Remo und im Abkommen von Sèvres getroffenen Vereinbarungen ihren Interessen im Nahen Osten widersprechen würden. In Sèvres wurde den Briten ein Anteil von fünfundsiebzig Prozent an der Turkish Petroleum Company zugesprochen, den Franzosen fünfundzwanzig Prozent. Die Amerikaner hatte man bei ihren Überlegungen um die Verteilung der Anteile an der TPC nicht mit einbezogen, da ihre Truppen nicht im Nahen Osten gekämpft hatten. Aber der Druck der Amerikaner nahm zunehmend zu, und nach langjährigen Verhandlungen einigte man sich auf eine Kompromißlösung.

Im Juli 1928 war es soweit: Es wurde beschlossen, die Anteile der Turkish Petroleum Company, die im Jahre darauf in Iraq Petroleum

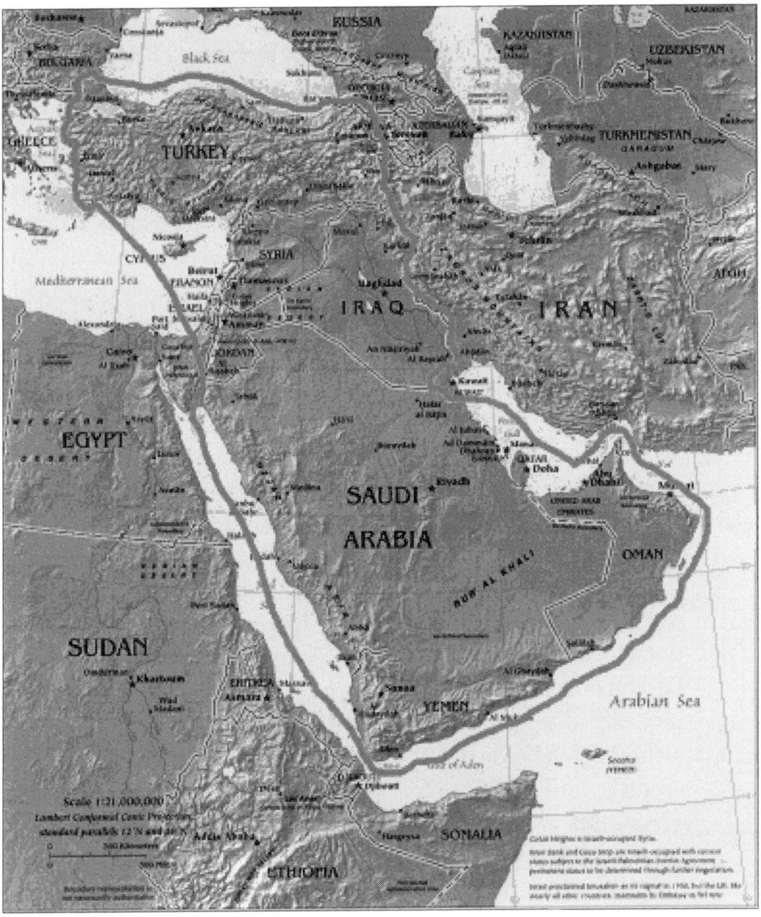

Karte des »Red Line Agreement« von 1928.
Quelle: mthlyoke.edu/acad/intrel/Petroleum/redline.htm

Company umbenannt werden sollte, neu aufzuteilen. Während die Franzosen über ihre Compagnie Française des Pétroles, die Briten über die britische Anglo Persian Oil Company und die britisch-holländische Royal Dutch Shell mit einem Anteil in Höhe von jeweils 23,75 Prozent ihren Einfluß wahren konnten, hatten die amerikanischen Ölkonzerne ihren Eintritt in den Aktionärskreis über die für diesen Zweck gegründete Near East Development Corporation durchgesetzt, mußten diesen Anteil aber untereinander aufteilen. Dieses Unternehmen hielt direkt 23,75 Prozent an der Iraq Petroleum Corporation, an diesem beteiligten sich wiederum in einem ersten Schritt die Atlantic Richfield Refining Company, die Gulf Oil Corporation, die Pan American Amoco Standard Oil of Indiana mit jeweils 16,66 Prozent, während die Standard Oil of New Jersey und die Standard Oil of New York jeweils 25 Prozent der Kapitalanteile zeichnen sollten. Der aus Armenien stammende Kaufmann Calouste Gulbenkian (1869–1955) sicherte sich einen Anteil von immerhin fünf Prozent an der IPC, einem der lukrativsten Ölverträge überhaupt.[2] (Ein Großteil seines Vermögens ging in die ›Calouste Gulbenkian Foundation‹ ein, eine Stiftung, die sich der Kunst widmet.

Die Deutsche Bank, die 1912 mit einem Anteil von fünfundzwanzig Prozent noch zu den Gründern der Turkish Petroleum Company gehört hatte, ging leer aus. Deutschland hatte seinen Eintritt in diesen äußerst lukrativen Markt somit verloren. Die beteiligten Aktionäre der IPC vereinbarten aufgrund von Gulbenkians Verhandlungsgeschick zudem das sogenannte »Red Line Agreement«, das die Gründung einer Beteiligungsgesellschaft, der Near East Development Company, für die amerikanischen Ölinteressen im Irak vorsah und die Verpflichtung für alle beteiligten Unterzeichner-Unternehmen, bei zukünftigen Öl-Projekten in der Region des Nahen Ostens (außer Iran und Kuwait) immer mit der Turkish Petroleum Company (ab 1929 die Iraq Petroleum Corporation) zusammenzuarbeiten. So sicherte sich Gulbenkian mit seinem fünfprozentigen Anteil allerhöchsten Einfluß und eine fortlaufende Mitsprache bei allen zukünftigen Projekten, an denen die anderen beteiligten Unternehmen nicht vorbeikonnten.[3]

Des weiteren galt fortan eine Aufteilung des Nahen Ostens in Interessensphären: Der nördliche und südliche Teil der Küstenregion am Golf galt als britische Einflußsphäre, das Gebiet westlich davon, das heute den Staat Saudi-Arabien ausmacht, als amerikanische Einflußsphäre. Doch das brachte Probleme mit sich, denn die Konzessionen, die Gulf Oil erworben hatte, galten teilweise für Gebiete, die den Briten zugeordnet waren. Gulf Oil mußte somit einen Teil der Konzessionen für die Gebiete im östlichen arabischen Raum an die Briten abtreten. Die Konzession für Bahrain wurde an die Standard Oil of California veräußert, da diese nicht an das Abkommen der ›roten Linie‹ gebunden war. Nur die Konzession für Kuwait war davon ausgenommen, weil Kuwait zum Zeitpunkt des Abkommens von den Bedingungen ausdrücklich ausgeschlossen wurde. Somit hatte sich Gulf Oil von den Restriktionen des Abkommens befreit und konnte bei der Gründung der Kuwait Oil Company im Jahre 1934 mitwirken. Die Anglo-Iranian Oil Co. sowie die Gulf Oil Corporation hielten jeweils fünfzig Prozent der Anteile an diesem Gemeinschaftsunternehmen. Durch die Konzession Saudi-Arabiens an die Standard Oil Company of California (Socal) im Mai 1933 begründeten die Amerikaner ihre starke Stellung in diesem strategisch so wichtigen Kernland des Nahen Ostens.

Die Vereinbarung der sogenannten ›roten Linie‹ hatte jedoch eine wesentliche Änderung auf der politischen und wirtschaftlichen Landkarte des Nahen Ostens hinterlassen, denn der alleinige Führungsanspruch der Briten war durch diese Abmachung einer endgültigen Anerkennung des legitimen Einflusses der neuen Großmacht gewichen. Die Amerikaner hatten nun also ›Zugang‹ zu Kuwait, Saudi-Arabien und dem Irak gefunden.

Um in Bahrain unter den von den Briten aufgestellten Bedingungen tätig werden zu können, gründete die Standard Oil of California die Bahrain Petroleum Company als britisches Tochterunternehmen mit Sitz in Kanada. Zudem mußte man sich dazu verpflichten, daß mindestens einer der fünf Direktoren zu allen Zeiten ein Brite sein würde. Außerdem sollten britische Staatsangehörige ebenso wie Bahrainis zum Mitarbeiterkreis gehören. Interessanterweise fand gerade dieses Unternehmen 1932 die einzigen nennenswerten Ölreserven Bahrains im Awali-Ölfeld.[4] Die Ölkonzessionen für die heute eher unter dem Namen ›Vereinigten Arabischen Emirate‹ bekannte Föderation von Scheichtümern wurden damals von den Herrschern individuell mit einer für diesen Zweck gegründeten Tochtergesellschaft der Anglo-Persian Oil Company, der Petroleum Concessions Limited, exklusiv verhandelt und vereinbart. Im Mai 1937 war es Scheich Said bin Maktoum von Dubai, der den Anfang machte.

Die Petroleum Concessions Limited konnte durch diese exklusiven Verhandlungen ihre Kontrolle über die Ressourcen in der Region deutlich ausweiten. Der Abmachung mit Dubai folgte eine mit dem Herrscher von Scharjah im September 1937. Die Konzessionsvereinbarung wurde 1952 noch erweitert, da das Scheichtum Kalba dann offiziell angegliedert wurde. Abu Dhabi folgte 1939, Ras al Khaimah 1945, Umm al Qaiwain 1945, Ajman 1951 und Fujairah 1953. Die PCL, wie das Unternehmen auch genannt wurde, erhielt im Juni 1937 auch Konzessionen vom Sultan von Muscat und Oman.[5]

In der Regel wurden die Vereinbarungen von den Herrschern der Golf-Staaten persönlich unterzeichnet. Außerdem war es üblich, daß neben den wirtschaftlichen Abkommen auch Verträge über die politische Zusammenarbeit und den britischen Schutz im Kriegsfall vereinbart wurden. Teilweise sorgte die Konzessionsvergabe aber auch für Probleme, da die Grenzziehung zwischen den sich noch formierenden Staaten gar nicht klar und deutlich war. Die Folge waren langwierige Verhandlungen über Grenzfragen, welche sich bis in die Neuzeit erstreckten. Uneinigkeiten kamen immer wieder auf. Die Briten kontrollierten aber nicht nur die Region, sie stellten durch die lange Vertragsdauer der Konzessionen auch sicher, daß ihr Einfluß auch langfristig fest zementiert sein würde.

Der erste Vertrag über eine exklusive Konzession für die Explorations- und Förderrechte wurde bereits am 25. Juli 1872 zwischen dem persischen Schah NASR-ED-DIN und dem britischen Baron Julius DE REUTER unterzeichnet; sie hatte eine Laufzeit von siebzig Jahren.[6] Da DE REUTER bei den Explorationsarbeiten nicht fündig wurde, verlor er die Rechte wieder, und 1901 bekam der Australier William Knox D'ARCY eine sechzig Jahre laufende Konzession, die einige Jahre später in die Anglo-Persian Oil Company mit eingebracht wurde. D'ARCY zahlte für die Konzession zwanzigtausend britische Pfund und versprach dem Schah, ihn mit sechzehn Prozent an den Erlösen zu beteiligen. Als die Konzessionen im Irak an die drei Konzessionsträger – nämlich die Iraq Petroleum Co., Ltd. im Jahre 1925, die Mosul Petroleum Co. im Jahre 1933 und die Basrah Petroleum Co. Ltd. im Jahre 1938 – verteilt wurden, hatten die Verträge eine Laufzeit von jeweils fünfundsiebzig Jahren.[7] Die 1934 mit Scheich AHMED getroffene Vereinbarung für die Kuwait Oil Company hatte ebenso eine Vertragsdauer von fünfundsiebzig Jahren; bereits 1951 verlängerte man sie um weitere siebzehn Jahre. Die ursprüngliche Vereinbarung mit der California Arabian Standard Oil Company (Casoc), Tochtergesellschaft der Standard Oil of California mit Saudi-Arabien hatte eine Laufzeit von sechsundsechzig Jahren.[8] Als die Bahrein Petroleum Co. 1940 eine Konzession erhielt, betrug die Laufzeit fünfundfünfzig Jahre. Die von der Anglo-Persian Oil Co. Ltd. gehaltene Konzession für den südlichen Teil des Iran aus dem Jahre 1901 lief über sechzig Jahre.[9] Die mit dem Iran 1954 abgeschlossene Vereinbarung lief immerhin noch über fünfundzwanzig Jahre.[10]

So war hier für die Konkurrenz nicht viel zu holen, sofern sie nicht Teil des jeweiligen Ölkonsortiums war. Die Amerikaner hatten sich aber längst nicht mehr mit der Rolle eines Stellvertreters zufriedengegeben. Bereits während des Ersten Weltkrieges hatten die Amerikaner unter Ölknappheit gelitten, man begab sich deshalb in der ganzen Welt auf die Suche nach Ölvorräten. Da die Briten ihren Alleinvertretungsanspruch für den Nahen Osten so lange wie möglich auch gegen die neue Großmacht USA verteidigen wollten, waren diplomatische Gespräche auf höchster Ebene an der Tagesordnung.

Im Jahre 1919 verweigerten die Briten den Amerikanern, im britischen Mandatsgebiet Mesopotamien geologische Untersuchungen durchzuführen. Die amerikanische Regierung ebenso wie die amerikanischen Unternehmen verlangten nach einer Politik der ›offenen Tür‹. Die Region sollte allen interessierten Parteien ›geöffnet‹ werden, exklusive Verträge sollten ausgeschlossen sein. Daß sie dabei eher an ihre eigenen Rechte als an die der internationalen Gemeinschaft dachten, sollte sich bei den späteren Verhandlungen um Konzessionen zeigen. Im Juli 1922 begannen die Gespräche um eine amerikanische Beteiligung an der irakischen Erdölförderung. Sie endeten schließlich nach jahrelangen Verhandlungen am 21. Juli 1928 mit dem Ergebnis, daß den amerikanischen Unternehmen 23,75 Prozent der ein Jahr später in Iraq Petroleum Company umgetauften Ölgesellschaft angeboten werden mußten. Diese Abmachung wurde dann auch 1933 bei der Gründung der Mosul Petroleum Co. und 1938 bei der Gründung der Basrah Petroleum Co., Ltd. umgesetzt, mit der Folge, daß Royal Dutch-Shell, Anglo Iranian Oil Co., Compagnie Française des Pétroles und die amerikanische Near East Development Co. an allen drei Gesellschaften jeweils einen Anteil von 23,75 Prozent hielten. Die fehlenden fünf Prozent hielt jeweils der Privatmann GULBENKIAN.[11] Bei den Amerikanern hatte sich der Kreis der Ölgesellschaften mittlerweile (ab 1930) auf zwei Unternehmen reduziert, die Standard Oil of New Jersey und die Mobil Oil.

Das Anliegen der irakischen Regierung, einen Anteil von zwanzig Prozent an der Iraq Petroleum Company zu übernehmen, wurde vornehm zurückgewiesen. Man vertröstete den Irak unter König FEISAL mit einer Zahlung von vier Goldshilling pro Tonne gefördertes Rohöl. Da die Konzession zu Beginn nur fünfhundert Quadratkilometer umfaßte, beantragte das Konsortium eine Erweiterung um 83 000 Quadratkilometer und zahlte der Regierung 400 000 Goldpfund, von denen die Hälfte als vorausbezahlter Förderzins galt.[12] Die Entdeckung eines Ölreservoirs in Baba Gurgur bei Kirkuk im Jahre 1927 und die anschließenden Probebohrungen hatten das Konsortium überzeugt, daß das Ölfeld einhundert Kilometer lang und damit eines der größten in der Welt war. Als 1954 das große Ölkonsortium im Iran mit dem Schah eine fünfundzwanzig Jahre laufende Vereinbarung mit den großen acht Erdölgesellschaften traf – hierzu gehörten British Petroleum, Shell, Standard Oil of New Jersey, Standard Oil of California, Socony (besser bekannt unter dem späteren Namen Mobil Oil), Gulf Oil, Texaco und die Compagnie Française des Pétroles –, hatten die amerikanischen Ölkonzerne nicht nur eine gute Vertretung im Konsortium erlangt, sondern auch den Alleinvertretungsanspruch der Briten im Nahen Osten endgültig aufgebrochen.[13]

Der starke Einfluß der amerikanischen Außenpolitik sollte sich fortan auch in dieser Region bemerkbar machen, die Briten zogen sich aus ihrer bisherigen beherrschenden Position auf leisen Sohlen zurück. Bei Aramco zeichnete sich nach nicht allzulanger Zeit ein Wechsel in der Eigentümerstruktur ab. Als Standard Oil 1935 und 1936 den Aufbau einer Raffinerie in Bahrain durchführte, waren die Marktführer Anglo-Iranian, Shell und Standard Oil of New Jersey nicht gerade begeistert gewesen, versuchten sie doch den Weltmarkt für Öl in ihrem Sinne zu kontrollieren und zu stabilisieren. Sie befürchteten, daß Standard Oil of California größere Mengen Öl aus ihrer Raffinerie in Bahrain auf die Weltmärkte bringen wollte und mit Preissenkungen die gewünschte Preisstabilität gefährden würde.

Standard Oil löste das Problem auf andere Art und Weise. Man hatte in Saudi-Arabien zwar die Konzession gewonnen, nun suchte man sich aber einen Partner, da man außerhalb der Vereinigten Staaten über keine eigene Vertriebs- und Vermarktungsschiene verfügte. Man fand ihn in der Texas Oil Company, die 1936 fünfzig Prozent der Anteile der California Arabian Standard Oil Company, der späteren Aramco, übernahm, dafür aber als Gegenleistung eine Beteiligung an ihren asiatischen Vertriebsgesellschaften an die Standard Oil abtrat. So konnte man die zusätzlichen Kapazitäten, die durch den Eintritt in Saudi-Arabien und Bahrain entstanden waren, auch auf potentiellen und wachstumsträchtigen Märkten verkaufen, da ihnen vorher der direkte Zugang zu den Abnehmern verwehrt geblieben war. Vorher war man auf die Unterstützung der Socony-Vacuum angewiesen gewesen, da diese über ein eigenes Vertriebsnetz in Asien verfügte.

Bis 1941 war man in Saudi-Arabien auf drei größere Ölquellen gestoßen, und obwohl die Produktion mit zwölftausend Barrel pro Tag noch auf recht niedrigem Niveau verharrte, hätte man aufgrund der gefundenen Mengen leicht 100 000 bis 200 000 Barrel pro Tag fördern können.[14] Doch es fehlte schlichtweg an Absatzmärkten. So kam man auf die Idee, der amerikanischen Regierung Ölprodukte zu reduzierten Preisen anzubieten. Dafür sollte die amerikanische Regierung dem König von Saudi-Arabien jährlich sechs Millionen Dollar überweisen, die Laufzeit sollte fünf Jahre betragen. Vertragsbestandteil sollte die Lieferung von 1,8 Millionen Barrel Benzin zu 3,5 Cents pro Gallone, 2,66 Millionen Barrel Diesel für fünfundsiebzig Cents pro Barrel und 3,4 Millionen Barrel Kerosin für vierzig Cents pro Barrel sein. Die vorgeschlagenen Preise klingen aus heutiger Sicht fast unglaublich. Der Vertrag sollte drei Seiten gleichzeitig dienen, erstens Aramco, das neue Abnehmer suchte, zweitens der amerikanischen Regierung, da sie die Produkte zu vergünstigten Bedingungen beziehen konnte, und drittens dem saudischen König, da er seine Einnahmen erhöhen konnte.

Doch aus diesem ›Dreiecksgeschäft‹ wurde nichts, weil die amerikanische Regierung nicht zustimmte. Dennoch gehörten die Regierungen der Alliierten zu den Abnehmern saudischen Öls. Durch die starke Nachfrage war Aramco in der Lage, die Anlagen stark auszubauen, und nach dem Krieg expandierte man sehr kräftig. Außerdem wurden die Kapitalanteile der Aramco neu verteilt, Standard Oil of New Jersey bezahlte 76,5 Millionen Dollar für einen Anteil von dreißig Prozent und Socony-Vacuum 25,5 Millionen Dollar für zehn Prozent. Auf die Altaktionäre entfiel nun jeweils ein Anteil in Höhe von dreißig Prozent. Des weiteren hatten die Altaktionäre noch Anspruch auf einen über mehrere Jahre gestaffelten Teildividendenanspruch, der sich insgesamt auf eine Summe von dreihundert Millionen Dollar belief. Die Verträge wurden am 12. März 1947 unterschrieben. Durch diese Erweiterung löste man endgültig das Problem der fehlenden Absatzmärkte, weil die neuen Aktionäre über entsprechende Zugänge zu den Absatzmärkten verfügten. Die Ölförderung konnte nun hochgefahren werden, ohne dem Risiko ausgesetzt zu sein, auf dem Öl sitzen zu bleiben. Aramco förderte 1944 durchschnittlich 21 000 Barrel pro Tag, bis 1946 hatte sich diese Menge aber auf 758 000 vervielfacht.[15]

Auch am Großprojekt der Pipelineverbindung ans Mittelmeer waren die neuen Teilhaber mitbeteiligt. Sie übernahmen Anteile an der Trans-Arabian Pipe Line Co. und durften die Ölrohrverbindung dann auch proportional zu ihren Anteilen nutzen. Sollte einer der Partner seine Kapazität nicht voll ausnutzen, konnten andere Partner zu gleichen Konditionen einspringen. Auch die Kosten für Wartung, Unterhaltung und Betrieb der Ölrohrverbindung wurden anteilsmäßig aufgeteilt. Der Bau begann 1947, also noch bevor die Verhandlungen über die Neugestaltung des Aktionärskreises überhaupt begonnen hatten, und wurde im September 1950 erfolgreich abgeschlossen. Erstes Öl floß im Dezember 1950 nach Sidon im Libanon. Standard Oil of Jersey und Socony schlossen im Zuge der Übernahme auch langfristige Abnehmervertäge mit Aramco und der Vertriebs- und Vermarktungstochter Caltex Oceanic Ltd. ab. Dieses sogenannte *›off-take agreement‹* lief über achtzehn Jahre und wies genau auf, welche Mengen die einzelnen Partner ab wann abnehmen würden. Sie orientierten sich wiederum an einem jährlichen Produktionsmindestabnahmequote der Aramco, das im ersten Jahr bei 380 000 Barrel lag und achtzehn Jahre später bei 500 000 Barrel liegen sollte. Die Abnehmerpreise wurden vom Vorstand der Aramco festgesetzt. Sollte einer der Vertragspartner seine Mindestabnahmequote nicht vollständig ausschöpfen, konnten wiederum die anderen Partner hierfür einspringen. Als Belohnung für diese zusätzliche Übernahme von Öl wollte man eine Senkung des Durchschnittspreises gewähren. So wollte man sichergehen, daß die jährlich festgesetzte Minimumquote stets ausgeschöpft wurde. Das sollte aber aufgrund der steigenden Nachfrage auf den Weltmärkten in den fünfziger, sechziger und siebziger Jahren nicht das Problem der Branche sein.

Die Aramco-Führung entschied aber nicht nur über die Preise, sie bestimmte durch die Festsetzung dieser auch die Höhe des Nettogewinns der Firma und dadurch wiederum auch über die Einnahmen, die der saudiarabischen Regierung zustanden, da die Gewinne hierfür entscheidend waren. Insofern war die Macht von Aramco nicht zu unterschätzen. Im Dezember 1950 wurden die Konzessionsbedingungen der Vereinbarung aus den dreißiger Jahren neu verhandelt. Es wurde ein Einkommensteuergesetz verabschiedet, das erstmals in der Geschichte des Landes auch Einkommensteuerzahlungen von Ölkonzernen vorsah. Aramco willigte ein, Steuern in Höhe von bis zu fünfzig Prozent zu zahlen, aber nur unter der Bedingung, daß Aramco bereits vorher die amerikanischen Einkommensteuern geltend machen konnte. Die saudische Regierung erhielt neben den zu leistenden Steuerzahlungen eine Zahlung von vierunddreißig Cents pro Barrel. Dieser Betrag wurde 1950 nicht neu vereinbart.

Auch in Kuwait kam es zu einer langfristigen Vereinbarung zwischen der Anglo-Persian Oil Company und der Gulf Oil Co., die jeweils fünfzig Prozent an der Kuwait Oil Co. Ltd. hielten. Die Vereinbarung vom 14. Dezember 1933 sah vor, daß gefördertes Öl aus Kuwait von keinem der Partner dazu verwendet werden sollte, die Handels- oder Marktposition eines anderen Partners auf den Abnehmermärkten zu gefährden oder zu beeinträchtigen. Ein scharfer Wettbewerb untereinander wurde somit ausgeschlossen. Zudem baute Anglo-Persian eine Vertragsklausel ein, die es dem Ölkonzern ermöglichte, notwendige Aufträge der Gulf Oil für Öl, das eigentlich in Kuwait aufgenommen werden sollte, anteilig oder aber auch voll und ganz durch Rohöl aus dem Irak oder dem Iran zu ersetzen.

Bestimmt werden konnte dieser ›Ölaustausch‹ allein durch Anglo-Persian. Somit konnte man für das eigene Öl, gleich, wo es gefördert wurde, ob im Irak, im Iran oder in Kuwait, je nach Bedarf einen sehr nützlichen und sehr flexiblen Absatzkanal aufbauen – und das über einen Partner, den man langfristig vertraglich an sich gebunden hatte. Diese Vereinbarung wurde durch eine internationale Kartellvereinbarung der Ölkonzerne aus dem Jahre 1928, bekanntgeworden als ›Achnacarry‹-Vereinbarung, sogar getragen. Die Ölkonzerne bewegten sich also auf der sicheren Seite. Man hatte mit dieser Vereinbarung den Ausbau der Zusammenarbeit durch die gemeinsame Nutzung von Ölförderanlagen vorgesehen, ebenso die Kontrolle über den Aufbau zusätzlicher Kapazitäten, die nur im Zusammenspiel mit einer steigenden Nachfrage erfolgen sollten. Ansonsten sah man sogar eine Verringerung der Kapazitäten vor, um keinen Preiskampf zu entfachen. Gulf Oil wiederum sorgte mit einer langfristigen Lieferverpflichtung an die Londoner Shell Petroleum Co. Ltd. dafür, daß ausreichende Mengen ihres Öls auch an die Märkte gelangen konnten. Zudem landete das Öl wieder in britischen Händen, da Shell zur Royal Dutch-Shell Gruppe gehörte. Der Kreis schließt sich, und alle sind am Ende doch wieder miteinander vereint.

[1] U.S. Library of Congress, »World War I and the British Mandate«, in: *Country Studies*.us/iraq/19.htm, 16. 12. 2004.

[2] Mike Bunter, *A note on Iraqi Oil Contracts, Oil, Gas & Energy*, Volume I, issue No. 2, March 2003.

[3] Ralph Hewins, *Mr. Five Per Cent, The Story of Calouste Gulbenkian*, 1958.

[4] Rand Corporation, *Giant Oil Field and World Oil Resources*, 1978.

[5] »Arabian Gulf Oil Concessions 1911–1953«, in: *Archive Editions*, 9 Seiten, archiveeditions.co.uk/leafcopy/210-5.htm; *Arabian Gulf Oil Concessions 1911–1953*, 7000 Seiten, 12 Bde.

[6] Mike Bunter, aaO. (Anm. 2).

7 *The International Petroleum Cartel,* Staff Report to the Federal Trade Commission, U.S. Senate, 83rd Cong., 2nd sess., Washington D.C., 1952, Chapter 3: Development of Joint Control over Foreign Oil, S. 37–46.
8 *Other Common Ownerships in the Middle East,* Chapter 5, S. 113–136, auf S. 1 u. 2 von 27.
9 *Development of Joint Control over Foreign Oil,* Chapter 3, S. 37–46.
10 *The International Petroleum Cartel,* aaO. (Anm. 7), Chapter 5, S. 113–136.
11 U.S. Library of Congress, »The Turkish Petroleum Company«, in: *Country Studies*.us/iraq/53.htm, 16. 12. 2004; *The International Petroleum Cartel,* aaO. (Anm. 7), S. 37-46.
12 Christopher Tugendhat, *Erdöl: Treibstoff der Weltwirtschaft,* 1972, S. 104.
13 Bald nach Abschluß der Vereinbarung mit dem Iran wurden die großen amerikanischen Ölkonzerne durch ihre Regierung gezwungen, einen Anteil von insgesamt fünf Prozent an kleinere amerikanische Ölgesellschaften abzutreten, um auch ihnen einen Zugriff zum lukrativen iranischen Erdöl zu gewähren. Diese hielten ihre Anteile über die Iricon Agency. Zu den beteiligten Ölfirmen zählten: Richfield Oil Corporation, Signal Oil and Gas, Aminoil, Sohio, Getty, Atlantic Oil, Tidewater Oil und San Jacinto Petroleum Corporation.
14 *The International Petroleum Cartel,* aaO. (Anm. 7), Chapter 5, S. 113.
15 *The International Petroleum Cartel,* ebenda, Chapter 5, S. 12-27.

3. Kapitel

Die Gründung des Königreichs Saudi-Arabien unter Ibn Saud und die Entwicklung unter seinen Thronfolgern sowie der Aufstieg von Saudi Aramco

Das Königreich Saudi-Arabien ist der größte Flächenstaat der arabischen Halbinsel und bedeckt etwa vier Fünftel des gesamten Territoriums. Ursprünglich soll die Bevölkerung hier von den ›Schem‹ und den ›Ishmael‹ abstammen. In Saudi-Arabien herrschen seit Jahrzehnten die ›Wahhabi‹, die als puritanisch gelten; das heißt, sie achten peinlich genau auf die Einhaltung des Betens sowie des Fastens, so wie es der Koran vorschreibt. Religiöse Zentren sind Mekka und Medina, Geburts- und Todesort des Propheten Mohammed. Bis zu fünfhunderttausend Gläubige kamen jedes Jahr hierher, um einer weiteren Pflicht ihres Glaubens nachzukommen, der Pilgerreise nach Mekka, dem sogenannten Haddsch. Die Pilgerreise gehört zu den fünf Säulen des Islams. Heute sind es jedes Jahr mehrere Millionen. Die nachfolgende Zeichnung von Mekka stammt aus der Anfangszeit des 19. Jahrhunderts, sie wurde von Charles Hamilton Smith gezeichnet.

Saud bin Abdul-Aziz kam am 12. Januar 1902 in Kuwait zur Welt. Er war der Sohn Ibn Sauds. In Kuwait bekam er eine umfangreiche Ausbildung. Als sein älterer Bruder 1933 starb, war er der designierte Thronfolger. 1939 wurde er zum Oberbefehlshaber der saudischen Streitkräfte gewählt. Er sollte am 9. November 1953 König von Saudi-Arabien werden, und zwar als absoluter Monarch, nur eingeschränkt durch die Autorität des islamischen Rechts. Reiche Ölvorkommen sicherten dem saudischen Staat ein hohes Einkommen, aber auch Probleme auf der internationalen Bühne. Dennoch war ihm der Westen sympathisch, er besuchte 1957 die Vereinigten Staaten von Amerika. Halbblind übergab er 1958 einen großen Teil seiner Macht an seinen Bruder Faisal. Wegen Meinungsverschiedenheiten mit letzterem übernahm er 1960 wieder die politische Kontrolle, doch 1964 wurde er von Faisal abgesetzt, der dann auch die Macht übernahm. Faisal war in seiner Funktion als Kronprinz und Premierminister aber schon zuvor in höchsten Ämtern gewesen. Nachdem Faisal den Thron bestiegen hatte, schaffte er das Amt des Premierministers ab und übernahm außerdem weitere administrative Funktionen. 1953 wurde der Rat der Minister oder ein Kabinett eingeführt. Ein beratendes Plenum wirkte nun als Legislative.

Saudi-Arabien ist in zwei Machtsphären aufgeteilt, die historisch begründet sind. Die eine heißt Nadsch mit Riad als Zentrum und wird unmittelbar vom König regiert. Die andere ist Hedschas und hat als Machtzentrum Mekka. Regiert wird Hedschas von einem Vizekönig, der traditionell vom König ernannt wird. Mekka, Medina, Jiddah und andere Städte haben üblicherweise auch Stadträte.[1]

Nun zur Geschichte. Das Jahr 622 n. Chr. ist das erste Jahr im mohammedanischen Kalender. Damals begab sich der Prophet MOHAMMED auf die Hidschra von Mekka nach Medina. Diese Auswanderung nahm er vor, weil man ihm in Mekka mit Ablehnung und Feindseligkeit begegnete. In Medina wurde er von den dort beheimateten Stämmen der ›Aus‹ und ›Hasradsch‹ freundlich aufgenommen, so daß er beschloß, nun dort zu leben und zu arbeiten. Die nachfolgende Landkarte zeigt die arabische Halbinsel, auf der die Pilgerrouten nach Mekka eingezeichnet worden sind.

Die Pilger kamen überwiegend aus der Region, da Reisen damals noch mit erheblichen Schwierigkeiten verbunden war. Die ›Zeit der Ignoranz‹ ging dem Propheten MOHAMMED voraus, die ›Zeit des Wissens‹ folgte ihm. So wurden Mekka und Media zu den religiösen Zentren der gesamten moslemischen Welt, und in der Zeit der Kalifate von 632 bis 1258 reichte der politische, wirtschaftliche und kulturelle Einfluß der arabischen Welt vom Atlantischen Ozean bis zum Indus. Diese Phase wurde als die ›goldene Zeit‹ der Araber bekannt. Während Damaskus, Bagdad und Kairo Machtzentren mit ungeheurem Reichtum waren, blieb das Hinterland in seiner Entwicklung weit zurück. Ab dem Jahre 850 waren die Kalifen von Bagdad in der Regel unabhängig, bis sie ab 1517 unter die Kontrolle des Osmanischen Reiches kamen.[2] Andere Städte in der arabischen Küstennähe kamen immer wieder unter die Kontrolle fremder Herrschaft, Portugiesen, Holländer und Briten kamen daher.

Im achtzehnten Jahrhundert entwickelte sich eine neue Macht, der Wahabismus, in Anlehnung an den Begründers ABDUL-WAHHAB. Diese religiöse Bewegung strebte nach der Reinheit, der Klarheit und der Lauterkeit des Islams, was wiederum gegen die Fremdbestimmung des Osmanischen Reiches sprach. Obwohl die Bewegung anfängliche Erfolge zeitigte, verlor sie an Zugkraft. Erst im zwanzigsten Jahrhundert fand sie in ABDUL AZIZ BIN ABDUL RAHMAN AL SAUD (bekannt als IBN SAUD) einen Mentor, der ihr wesentlichen Einfluß verschaffen sollte, und zwar in Saudi-Arabien. Der 1880 in Riad geborene Ibn Saud und sein Vater lebten im kuwaitischen Exil, und als Preußen die Bagdad-Bahn mit einem Anschluß bis nach Kuwait planten, schien Ibn Sauds Interesse an den außenpolitischen Aktivitäten der Türken, Preußen und Engländer zu wachsen. Die Sauds fanden in Kuwait und Großbritannien nämlich ausgezeichnete Verbündete gegen die Vormacht der Türken und gegen ihre arabischen Rivalen der Al Raschid-Dynastie.

Diese Verbindung von Kuwait zu Großbritannien sollte also auch ein Schlüssel für die spätere Machtergreifung der Sauds spielen. Ibn Saud verließ Kuwait im Dezember 1901 in Begleitung von vierzig Freunden, mit denen er im Januar 1902 die Macht in Riad übernahm. Ibn Saud stach dabei seinen Rivalen Al Raschid aus. Dieser hatte ihn in früheren Jahren nach Kuwait vertrieben. Außerdem besiegte er mit seinen Truppen die Türken und übernahm 1907 auch in der Provinz Nadjd die Macht. Es gelang ihm, bis zum Beginn des Ersten Weltkrieges seine Macht in den bereits eroberten Gebieten zu konsolidieren und dann sogar noch auszuweiten, zum Beispiel in der Provinz al-Hasa. 1913 befreite Ibn Saud die Oase Al Hufuf und die Küstenbereiche im Norden und in Richtung Kuwait von den Türken. Bevor die Türken zurückschlagen konnten, waren sie schon vom Ausbruch des Ersten Weltkrieges überrollt worden. Ibn Saud gründete einen Freundschaftspakt mit den Briten, obwohl er, um die Türken nicht unnötigerweise zu provozieren, im Krieg eine neutrale Haltung einnahm. Die Briten reagierten verstört und suchten Kontakt zu einem anderen Rivalen Ibn Sauds: Hussein ibn Ali von Hedschas, denn dieser gab den Allierten auch militärische Unterstützung. 1918 proklamierte sich Hussein Ali sogar zum König der arabischen Länder. Doch sein Schachzug mißlang, weil er den Plan der Briten und Franzosen, den Franzosen das Mandat über Syrien zuzusprechen, nicht unterstützte und weil er auf die Rücknahme der Balfour-Erklärung pochte, die einen Staat der Juden in Palästina vorsah. Er verlor die Unterstützung der Großmächte, und Ibn Saud profitierte davon. Er eroberte mit seinen Männern Hedschas und zwang Hussein zur Flucht. 1926 wurde Ibn Saud König von Hedschas, und im seelben Jahr traten die Bürger von Asir diesem Königreich ebenso bei, bereits 1921 war Hail beigetreten. Der höchste britische Abgesandte im Irak, Sir Percy Cox, war einer der ersten, der die Unabhängigkeit Saudi-Arabiens anerkannte.

Dennoch gab es noch Unklarheiten über die Grenzen zu Kuwait

und dem Irak, die in der Konferenz von Uqair in Anwesenheit des saudischen Königs Sir Percy COX und eines Vertreters der irakischen Regierung beigelegt wurden. Das Abkommen über die Beilegung der Grenzstreitigkeiten mit dem Irak wurde am 2. Dezember 1922 unterzeichnet. Einen Tag später folgte ein Abkommen mit Kuwait, das die neutrale Zone zwischen beiden Ländern bestimmte. 1932 wurde schließlich das international anerkannte Königreich Saudi-Arabien gegründet, in der Form, wie wir es heute kennen. An der Spitze stand König IBN SAUD.[3]

Nach der Gründung des Landes gab es vor allem drei Hauptausrichtungen des neuen Königreichs. Die erste war eine Verbesserung der Beziehungen zu anderen arabischen Staaten. Die zweite beruhte auf einer Verbesserung der außenpolitischen Beziehungen zu den Vereinigten Staaten. Und drittens war es die Ablehnung des zionistischen Ziels, einen Staat in Palästina zu gründen. IBN SAUDS ›offene‹ Nachbarschaftspolitik trug schnell Früchte: Er schloß bereits 1933 ein Abkommen mit Transjordanien, 1934 einen Freundschaftspakt mit dem Jemen und 1935 einen solchen mit dem Irak. Während des Zweiten Weltkrieges etablierte sich IBN SAUD als ein führender Staatsmann in der arabischen Welt. Saudi-Arabien bewahrte auch diesmal seine Neutralität. Erst im Februar 1945, auf mehrmaliges Drängen durch Präsident ROOSEVELT und Premierminister CHURCHILL hin, erklärte IBN SAUD Deutschland und Japan den Krieg. Die Beziehungen der Amerikaner und Briten zu den Saudis hatten sich während des Krieges ständig verbessert, 1942 hatten die Amerikaner diplomatische Beziehungen aufgenommen und ein Jahr später das saudiarabische Modernisierungsprogramm zu unterstützen begonnen.

Im Ölbereich waren es die amerikanischen Ölgesellschaften, die das Geschäft von Anfang an beherrschten (weitere Ausführungen zur Entwicklung in Saudi-Arabien und der Konzessionserteilung in Kapitel 3, »Britische Kontrolle über die Ölverträge«). Die California Arabian Standard Oil Company änderte 1944 ihren Namen in Arabian American Oil Company, kurz ›Aramco‹, um.[4] Bereits 1947 verkündete die Aramco einen Investitionsplan über 227,5 Millionen Dollar, um unter anderem Infrastrukturmaßnahmen, Hafenausbauten in Ad Dammam, eine Ölrohrverbindung von zahlreichen Ölfördertürmen an das östliche Mittelmeer zu ermöglichen. Diese Ölrohrverbindung wurde 1950 fertiggestellt.

Verhandlungen über Ölkonzessionen wurden durch die Palästinenserfrage erschwert, trotzdem zeichnete sich im Dezember 1946 ein wichtiger Gesellschafterwechsel bei der Aramco ab, als IBN SAUD einer Erweiterung im Gesellschafterkreis zustimmte. Im Frühjahr erwarb 1947 die Standard Oil of New Jersey für 76,5 Millionen Dollar einen dreißigprozentigen Anteil, die Socony Vacuum (später Mobil Oil) erwarb für 25,5 Millionen Dollar einen zehnprozentigen Anteil. Der Anteil der Standard Oil of California sank ebenso auf dreißig Prozent wie der Anteil der Texaco.[5] Dieser Schritt wurde vorgenommen, um die Risiken auf mehrere Schultern zu verteilen; schließlich wußte man ja noch nicht, wie sich die politische Lage im Nahen Osten weiterentwickeln würde. Außerdem waren erhebliche Investitionen in der Ölförderung, in den Anlagen und Pipelines erforderlich geworden, um der stark ansteigenden Produktion in Saudi-Arabien gerecht zu werden. Mit dieser Vereinbarung kam es auch zu einem Ende der Einschränkungen durch das ›Red Line Agreement‹. Sowohl die Compagnie Française des Pétroles als auch der Privatier GULBENKIAN wurden für die Aufgabe dieser Vertragsverpflichtung durch einen höheren Anteil an der Ölförderung der Iraq Petroleum Corporation entschädigt.

1945 gehörte Saudi-Arabien auch zu den Gründungsmitgliedern der Arabischen Liga. IBN SAUD nutzte das neue Forum, um gegen die weitere jüdische Immigration nach Palästina sowie später gegen die Bildung eines jüdischen Staates zu protestieren. Von ROOSEVELT bekam IBN SAUD bei einem Treffen Anfang 1945 sogar die Zusage, daß der US-Präsident »keine Aktion unternehmen würde. . ., die sich als feindlich gegenüber den Arabern erweisen würde, und daß keine Entscheidung fallen würde, ohne die Araber und die Juden mit einzubeziehen«[6]. Die Arabische Liga erinnerte ROOSEVELT später immer wieder an seine eigenen Worte, da er nach der Potsdamer Konferenz überraschenderweise zu einer großangelegten jüdischen Immigration nach Palästina aufgefordert hatte. IBN SAUD erklärte auch die eingerichtete anglo-amerikanische Untersuchungskommission als eine »Ungerechtigkeit« und sah eine arabische Feindschaft gegenüber Großbritannien und den Vereinigten Staaten von Amerika als unweigerliche Konsequenz ihrer pro-jüdischen Haltung.[4] Er drohte auch mit einer Rücknahme der Aramco-Konzessionen; dazu kam es bei allen Wortspielereien jedoch nie.

Als die Generalversammlung der Vereinten Nationen 1947 für eine Aufteilung Palästinas in einen arabischen und einen jüdischen Staat votierte, war IBN SAUD erschüttert. Aber im Gegensatz zu König ABDULLAH von Transjordanien hielt er sich mit Zusagen an die Araber hinsichtlich militärischer Unterstützung zurück, auch als die Briten 1948 Palästina verließen. Im Juli 1948 reiste König Abdullah sogar nach Saudi-Arabien, um mit Ibn Saud die Lage im Nahen Osten und Palästina zu erörtern – der erste Besuch, seit sein Vater Hussein 1924 vertrieben worden war. Während dieser Zeit sah es sogar danach aus, als ob Ibn Sauds Strategie der Annäherung an die USA und Großbritannien auch von anderen arabischen Ländern akzeptiert würde. Im Mai 1950 annektierte Jordanien allerdings den arabischen Teil Palästinas, was Sauds außenpolitischer Annäherungsstrategie zuwiderlief, da die arabischen Staaten sich eher für Neutralität aussprachen.

Wegen des Zweiten Weltkriegs hatte sich ein Ausbau der Ölförderung im Königreich verzögert, 1945 wurden täglich nur 59 000 Barrel gefördert. Danach zog die Ölförderung rapide an. Bis 1950 erreichte die Ölförderung eine Tagesproduktion von 547 000 Barrel. Die Öleinnahmen Saudi-Arabiens stiegen von 860 000 Dollar im Jahre 1939 auf 56 Millionen Dollar im Jahre 1949. Der amerikanische Geologe Everette Lee DeGolyer schätzte die ›sicheren‹ saudischen Ölreserven zu diesem Zeitpunkt auf zwei Milliarden Barrel und die ›möglichen‹ Gesamtreserven auf zwanzig Milliarden Barrel.[7] Zahlreiche Neuentdeckungen von Ölquellen fielen in diese Zeit, so auch die von Ghawar (1948), Abqaiq (1940) und Qatif (1945), die sämtlich zu der Kategorie der ›Supergiganten‹ gehören und von denen es weltweit nicht einmal vierzig gibt.[8]

Ibn Saud starb am 9. November 1953, sein Sohn Saud wurde König und setzte die außenpolitische Ausrichtung seines Vaters fort. Eine Zeitlang kam es zur Allianz mit Ägypten als Reaktion auf den abgeschlossenen ›Bagdad-Pakt‹. Während der Suez-Krise unterstützte Saud den ägyptischen Präsidenten Nasser. 1957 reiste er in die Vereinigten Staaten von Amerika, um das Verhältnis zu den Amerikanern zu verbessern, sprich die wirtschaftliche Zusammenarbeit zu verstärken, was zu einer Verlängerung der Nutzungsrechte der USA für die Luftwaffenstützpunkte in Az Zahran und Dhahran führte. Saud arbeitete ebenfalls auf eine Verbesserung der Beziehungen zu eher pro-westlich eingestellten Staaten wie Jordanien hin – und weniger zu Syrien oder Ägypten, da diese sich für russische Wirtschaftshilfe und sonstige Hilfeleistungen entschieden hatten. Zwischen 1958 und 1961 folgte die kurzgelebte und zum Scheitern verurteilte Union von Ägypten und Syrien, bald darauf die ebenso kurzweilige Föderation von Jordanien und dem Irak. Amerikanische Truppen landeten derweil im Libanon, britische in Jordanien, und die Spannungen in Nahost nahmen wieder zu.

Im Mai 1958 übergab König Saud dann die politische Macht an Kronprinz Faisal. Da Faisal nicht nur Präsident der beratenden Versammlung war, sondern auch noch Außenminister, Innenminister und Finanzminister, war er somit der alles beherrschende Machtfaktor im Königreich geworden. Sparmaßnahmen waren angesagt, denn trotz der hohen Öleinnahmen waren die Ausgaben gewaltig gestiegen. Man hatte sich einen luxuriösen Lebensstil angeeignet, und Anfang der sechziger Jahre kam Angst auf, daß Rußland ihnen einen Teil des lukrativen Ölgeschäfts streitig machen könnte. Die russische Ölförderung hatte sich zwischen 1953 und 1961 fast verdreifacht; aber was noch viel schlimmer war: Die Ölexporte hatten sich von 35 000 auf 500 000 Barrel pro Tag mehr als verzehnfacht. Zudem konnten die Russen aufgrund der extrem günstigen Förderkosten mit den arabischen Ländern problemlos mithalten. Eine Studie der italienischen Regierung bezifferte die russischen Verkaufspreise bei vergleichbarer Ölqualität mit 1,68 Dollar, während Saudi-Arabien (2,29 Dollar), Kuwait (2,19 Dollar), Venezuela (2,24 Dollar), der Iran (2,37 Dollar) und der Irak (2,46 Dollar) ihr Öl deutlich teurer anboten.[9] Bis 1965 erwartete man einen Anstieg der russischen Ölexporte auf 750 000 Barrel, und für die Zeit nach der Fertigstellung einer großen russischen Pipelineverbindung wurde ein weiterer Anstieg auf eine Million Barrel vorausgesagt.

Zwar waren die Förderkosten im Nahen Osten äußerst niedrig, und die Länder profitierten von den Öleinnahmen, aber man darf bei einem Vergleich nie vergessen, daß die Verkaufspreise für Erdöl bis zur Krise von 1973 auch äußerst niedrig waren. Erdöl wurde zweifellos zu den allergünstigsten Bedingungen auf den Weltmarkt gebracht, die Ölförderländer hatten noch keine Kontrolle über ihre eigenen Ressourcen erlangt und besaßen überhaupt noch keine Preisgestaltungsmacht. Der Ölpreis wurde ihnen von den Ölkonzernen vorgegeben, und sie hatten die ›Bedingungen‹ zu akzeptieren. Die Ölvorräte Saudi-Arabiens wurden von Aramco 1959 auf 38 Milliarden Barrel geschätzt, 1961 dann auf 47,6 Milliarden Barrel.[10] Dennoch hatte man immer noch keine Vorstellung von den tatsächlichen Reserven, über die das Königreich verfügte. Rußland war jedenfalls zu einem ernsthaften Konkurrenten herangewachsen.

1964 setzte Faisal seinen Vater ab und blieb zu seinem Tod im Jahre 1975 König von Saudi-Arabien. Ihm folgte Khalid, dessen Regierungszeit bis 1982 dauerte. KHALID, der von 1932 bis 1934 Gouverneur von Hedschas und später Innenminister war, initiierte den zweiten Fünfjahresplan seines Landes mit Schwerpunkt auf Infrastrukturplanung und Entwicklung eines öffentlichen Gesundheitssystems. Der 1923 in Riad geborene FAHD BIN ABDUL FAHD AZIZ wirkte nun schon als Vize-Premier an seiner Seite. Er war 1953 zum Bildungsminister und 1962 zum Innenminister seines Landes bestimmt worden. KHALIDS erster diplomatischer Erfolg war im April 1975 die Einigung im jahrelangen Grenzstreit mit Abu Dhabi und Oman um die Oase Al Buraym. Ein Jahr später begab sich KHALID auf Staatsbesuch in alle umliegenden Golfstaaten; eine Reise, die später als wichtige Initialzündung für die Gründung des Golfkooperationsrates (GCC) angesehen wurde. Das Friedensabkommen zwischen Ägypten und Israel vom 26. März 1975 verschlechterte jedoch die Beziehungen zu Ägypten, und KHALID sprach sich in der Folgezeit für Sanktionen der arabischen Staaten gegenüber Ägypten aus. Am 20. November 1979 kam es durch fünfhundert bewaffnete Dissidenten zur Besetzung der heiligen Moschee in Mekka. Angeführt wurden sie von Mohammed IBN SAIF AL UTAIBA, Mitglied einer der wichtigsten Familien in Najd, die immer noch eine historische Rechnung mit den SAUDS offen hatte.

Nach KHALIDS Tod am 14. Juni 1982 übernahm FAHD die Regentschaft im Königreich Saudi-Arabien, und zwar bis zu seinem Tod am 1. August 2005. Als er neun Jahre alt war, wurde das Königreich von seinem Vater IBN SAUD gegründet. 1945 hatte FAHD auch an der Gründungsversammlung der Vereinten Nationen teilgenommen. König FAHD ließ sich aus gesundheitlichen Gründen in den vergangenen Jahren meistens durch den Kronprinzen ABDULLAH IBN ABDEL AZIZ vertreten, der auch das Amt des Verteidigungsministers innehatte. Nach der Amtsübernahme mußte sich König FAHD mit einer völlig neuen Situation auseinandersetzen. Die niedrigeren Ölpreise sorgten schon bei seiner Amtsübernahme für einen Rückgang der Öleinnahmen um zwanzig Prozent. Neben der weiteren Modernisierung des Landes mußte FAHD in den Folgejahren also auch umfassende strukturelle und wirtschaftliche Reformen vorantreiben. Zudem bereitete ihm das außenpolitische Umfeld große Schwierigkeiten: Der Irak-Iran-Krieg und die Machtübernahme von Ayatollah KHOMEINI im Iran sorgten für große Spannungen in der Region, der Konflikt zwischen der PLO und den Israelis setzte sich unvermindert fort. Doch konnte sich Saudi-Arabien in dieser Zeit zweifellos als Führungsmacht im Nahen Osten etablieren und sorgte mit zuverlässigen Öllieferungen dafür, daß den Industriestaaten in Ost und West der Treibstoff nicht ausging.

König Fahd war es auch, der den Amerikanern im ersten Golfkrieg 1990/91 gestattete, sein Land als Ausgangspunkt für militärische Angriffe gegen irakische Truppen zu benutzen. Das war eine im eigenen Land und in der arabischen Welt umstrittene Entscheidung. Außerdem wagte er erste politische Reformen: Er erließ eine Grundordnung für die Regierung und berief 1993 einen Konsultativrat, dessen Mitglieder er allerdings selber ernannte. Zudem verankerte er die Scharia, das islamische Recht, viel fester im Königreich. Als Fahd 1995 einen schweren Schlaganfall erlitt, übernahm Abdullah bereits einen Teil der Amtsgeschäfte und begab sich drei Jahre später auf eine 45tägige Auslandsreise, um die sieben wichtigsten Bündnispartner, darunter die Vereinigten Staaten von Amerika, Japan, Frankreich und Großbritannien, zu besuchen. Diese Reise erfreute sich einer sehr positiven Resonanz, vor allem in der arabischen Welt. Da Abdullah über viel Jahre wegen der gesundheitlichen Probleme von König Fahd der eigentliche Herrscher im Königreich war, ist durch den Wechsel an der Spitze kein abrupter Richtungswechsel zu erwarten. Abdullah bedient die konservativen Kräfte seines Landes und setzt auf behutsame Reformen. Mit dieser Politik kann er mit der Unterstützung der Stammesführer und Religionsvertreter rechnen, und die Stabilität der Monarchie dürfte somit vorerst gesichert sein.

Blicken wir aber noch einmal auf die Entwicklung im Ölbereich. Aramco war bis 1973 in den Händen der amerikanischen Ölkonzerne, das ›billige Öl‹ war bis dahin problemlos geflossen. Der saudische Ölminister Scheich Ahmed Saki Jamani hatte erstmals 1968 öffentlich die Möglichkeit einer Beteiligung an Aramco ausgesprochen. Im Dezember 1972 endeten die schwierigen und langen Verhandlungen zwischen dem Königreich und dem Unternehmen über eine Neugestaltung des Anteilsbesitzes. Die Neuregelung sah 1973 in einem ersten Schritt eine Anteilsübertragung in Höhe von fünfundzwanzig Prozent an das Königreich Saudi-Arabien vor, 1974 sollte sich ihr Anteil an Aramco auf sechzig Prozent erhöhen. Erst 1980 einigten sich die Unternehmen und die Regierung des Königreichs auf eine vollständige Übergabe der Unternehmensanteile.[11] Saudi-Arabien hatte endlich die vollständige Kontrolle über seine kostbarste Ressource erhalten; eine Kontrolle, über die sie seit der Entdekkung von Rohöl in Dhahran 1935 nie selber verfügt hatte. Mitte der siebziger Jahre schätzte man die saudischen Ölreserven auf 113, Mitte der achtziger auf 169, und Mitte der neunziger erreichte man den heute nach wie vor geltenden Stand, nämlich knapp 262 Milliarden Barrel Rohöl.[12] Damit ist Saudi-Arabien die unbestrittene Nummer eins bei den als sicher eingeschätzten Rohölreserven.

Leicht war der Beginn für Aramco nach der Machtübernahme des saudischen Staates beileibe nicht, denn der Irak-Iran-Krieg sorgte für Turbulenzen auf den Ölmärkten. Zudem war man lange Zeit von den Wachstumsraten geblendet worden. Um so härter traf die Regierung der Einnahmeausfall durch die zurückgehenden Einnahmen. Zwischen 1980 und 1985 mußte das Königreich zum ersten Mal einen deutlichen und langanhaltenden Rückgang der Ölförderung verkraften, die von 10,2 auf 3,6 Millionen Barrel pro Tag zurückging. Da die meisten OPEC-Mitgliedsländer ihre offizielle Förderquote nicht einhielten und viel mehr Rohöl exportierten als erlaubt, wirkte das Überangebot preisdrückend. Für einen teilweisen Ausgleich reduzierte Saudi-Arabien seine Ölförderung radikal, um zumindest den Ölpreis so hoch wie möglich zu halten. Erst später stieg die Ölförderung Saudi-Arabiens wieder stetig an. Die Ölexporte verdreifachten sich allein zwischen 1987 und 1991 von 2,4 auf 6,7 Millionen Barrel pro Tag, lagen damit dennoch weit unter dem Niveau von 1980.[13]

Mit seiner Ölpolitik verfolgt das Land im wesentlichen drei Ziele: zum einen die Einnahmen des Landes möglichst stabil zu halten, um eine stetige Wirtschaftsentwicklung zu gewährleisten; zweitens möglichst moderate Ölpreise auf den internationalen Ölmärkten herzustellen, um die Nutzung von Öl als Energielieferant in den westlichen Industriestaaten sicherzustellen; und drittens durch den Aufbau einer ›Pufferkapazität‹ von ein bis zwei Millionen Barrel pro Tag jederzeit für einen Marktausgleich sorgen zu können. Das ist der saudischen Regierung mehr oder weniger gut gelungen, wenn auch bei einer kritischen Beurteilung immer berücksichtigt werden muß, daß sich eine Vielzahl von beeinflussenden Faktoren auch der Kontrolle der Machthaber in Riad entzog, man denke vor allem an geopolitische und weltwirtschaftliche Entwicklungen, die eine entscheidendere Rolle spiel(t)en. Nicht zu vergessen ist aber auch, daß es auf dem heutigen Ölmarkt mehr denn je andere sehr aktive Marktteilnehmer gibt.[14]

Interessanterweise hatte ein Neuseeländer, Mayor Frank Holmes, 1923 für ein britisches Syndikat namens Eastern and General Syndicate die erste saudische Ölkonzession für eine jährliche Zahlung von zweitausend britischen Pfund erhalten. Auf einer Reise im Nahen Osten hatte HOLMES in Bahrain auch Colonel H. R. P. DICKSON, den britischen politischen Repräsentanten von Mesopotamien, getroffen. Dieser habe ihm erzählt, daß er in al-Hasa gewesen sei, um den Gerüchten über Bitumensickerungen nachzugehen, doch seine Suche, die auch den Berg Jabal Dhahran einschloß, sei erfolglos geblieben. Auf einer Schiffsreise lernte er den amerikanischen Poeten Amin RIHANI kennen, was sich später noch als nützlich erweisen sollte. Auch auf der Konferenz von Uqair war HOLMES anwesend gewesen, um seinen Wunsch für eine Konzession persönlich vorzutragen, und am letzten Tag erwähnte IBN SAUD die Möglichkeit, daß er Eastern und General Syndicate tatsächlich eine Ölkonzession erteilen würde. Monate später suchte RIHANI HOLMES in Bagdad auf und riet ihm, IBN SAUD nochmals aufzusuchen. HOLMES folgte seinem Rat. Mit Erfolg. Am 21. Mai 1923 berichtete die *Bagdad-Times* über die Erteilung einer Konzession an einen bestimmten Herrn HOLMES. Es war dem kleinen Syndikat tatsächlich gelungen, die gewünschte Konzession für die Provinz al-Hasa zu sichern.

Die Tatsache, daß das britische Syndikat die Zustimmung bekam, und keine der großen kapitalkräftigen Ölgesellschaften, glich schon einer Überraschung, aber HOLMES' Beharrungswille zahlte sich letztendlich aus. Zwei Jahre lang zahlte das Syndikat die erforderliche Summe, doch es fehlten letztendlich die Mittel zur Durchführung der erforderlichen Explorationsarbeiten. Der König wartete noch drei Jahre, bis er ihnen 1928 die Rechte für die Konzession wieder entzog. Hier hatten also britische Privatinvestoren die Chance ihres Lebens verpaßt.[15]

HOLMES hatte aber noch andere Konzessionen für die Eastern and General Syndicate erworben, eine davon für Kuwait und die andere für Bahrain. Nach dem Verkauf der Konzession in Bahrain an die Gulf Oil für 50 000 Dollar und dem Weiterverkauf an die Standard Oil of California wurde die Bahrain Petroleum Company gegründet, um die britischen Bedingungen einzuhalten. Direktor dieses Unternehmens wurde HOLMES, und am 31. Mai 1932 stieß das Unternehmen in 610 Metern Tiefe in der Nähe von ›Jabal Dukhan 1‹ auf Rohöl. In der Folgezeit wurde HOLMES in der Region als ›Abu el-Naft‹ oder ›Vater des Erdöls‹ bekannt.[16] Außerdem war HOLMES im Auftrag der Gulf Oil nach Kuwait gereist, um mit Scheich Ahmad al JABIR al Sabah die Bedingungen für eine Konzession auszuhandeln.

Holmes kannte Scheich Jabir schon von seinen vorherigen Reisen und war zudem in der Region sehr bekannt. Die Verhandlungen dauerten schließlich über ein Jahr, für Gulf Oil trat Andrew Mellon, der amerikanische Botschafter in London auf, für die Anglo-Persian Archie Chisholm. Ende 1933 einigte man sich darauf, die Kuwait Oil Company in London zu gründen und das Gesellschaftskapital zu gleichen Teilen zu halten. Ein lukratives Geschäft für beide Seiten, wie sich im Verlauf der Jahre zeigen sollte. Noch aber wußten die Konkurrenten nicht, wieviel ›schwarzes Gold‹ in Kuwait vorzufinden war; sie hatten sich aber erstmals den Zugang zu diesem Markt gesichert.

Die Amerikaner machten es dann in Saudi-Arabien aber besser als die Eastern and General Syndicate, als die Standard Oil Company of California (Socal) eine über sechzig Jahre laufende Konzession mit Wirkung vom Juli 1933 erwarb. Hierbei kamen dem amerikanischen Unternehmen die Dienste von Karl Twitchell, einem Minenbauingenieur, entgegen, denn er hatte im Jemen bereits einen Brückenbau beaufsichtigt und war von Ibn Saud persönlich gebeten worden, die Wasserversorgung von Jiddah zu verbessern, was ihm auch mit Bravour gelang. Ibn Saud bat ihn dann, zum einen in al-Hasa nach Wasserquellen und Öl zu suchen, zum anderen ein Ölunternehmen zu gründen, doch Twitchell riet, in den Vereinigten Staaten von Amerika ein geeignetes Unternehmen anzusprechen.[17] Die Gespräche führten ihn schließlich zu einem Direktor der Standard Oil of California, Maurice L. Lombardi. Der Bann war nun gebrochen, und die Verhandlungen konnten beginnen, sie sollten schließlich dreieinhalb Monate andauern. Socal war auch nicht an das ›Red Line Agreement‹ gebunden, weil es im Irak nicht zum Zuge gekommen war – eine Tatsache, die das Unternehmen nun zu seinem Vorteil ausspielen konnte.

Saudi-Arabien war im übrigen stark daran interessiert, ein Unternehmen zum Zuge kommen zu lassen, das nicht unter der Kontrolle des britischen Staates stand, denn die Anglo-Iranian beherrschte zu jenem Zeitpunkt bereits die Ölförderung in einigen Ländern der Region. Insofern war der Schwenk zu den Amerikanern von der saudiarabischen Regierung bewußt gewählt. Man wollte hier auch für einen Machtausgleich in der Region sorgen, um die Vormachtstellung der Engländer in Grenzen zu halten. Die Rechte wurden über ihre Tochtergesellschaft, die California Arabian Standard Oil Company, ausgeübt. Die Originalkonzession ging für eine Anfangszahlung in

Höhe von 35 000 Pfund in Gold sowie eine jährliche Zahlung von fünftausend britischen Pfund an Socal. Zudem bekam die saudische Regierung einen Kredit von 50 000 britischen Pfund in Gold zugesprochen, und es wurde eine Gewinnbeteiligung in Höhe von vier Gold-Schilling pro Tonne Rohöl vereinbart, für den Fall, daß das Unternehmen bei seiner Suche nach dem ›schwarzen Gold‹ Erfolg haben sollte.[18]

1 U.S. Library of Congress, »The Saud family and Wahhabi Islam«, in: *Country Studies*.us/saudi-arabia/7.htm, Mai 2004.

2 U.S. Library of Congress, »Nineteenth-Century Arabia«, in: *Country Studies*.us/saudi-arabia/8.htm, Juni 2004.

3 U.S. Library of Congress, »The Rise of Abd Al Aziz and The Rule of Abd Al Aziz«, in: *Country Studies*.us/saudi-arabia/9.htm und 10.htm, Juni 2004.

4 *The Saudi Arabian Information Resource*, »Oil: Historical Backgrund and Aramco« (6), Juni 2004.

5 *Collier's Encyclopedia*, Bd. 20, 1966, S. 450–453.

6 *Collier's Encyclopedia*, Bd. 20, 1966, S. 456; Sauds Originalkommentar nach einem Treffen Anfang 1945 mit Präsident Roosevelt: »that the president would take no action. . . which might prove hostile to the Arab people and that no decision would be taken. . . without consultation with both Arabs and Jews«.

7 Karl Twitchell, *Saudi Arabia*, Princeton University Press, [3]1958, S. 226.

8 Richard Nehring, *Campos Petroleros Gigantes y Recursos Gigantes y Recursos Mundíales de Petróleo*, Cuadro A. 59, S. 181, Junio 1978; Ghawar ist das größte Ölfeld der Welt. Es hat eine Länge von 250 Kilometern und ist bis zu 35 Kilometer breit. Entdeckt wurde es im Jahre 1948, die kommerzielle Ölförderung begann hier im Jahre 1951. Das Öl hat eine API-Gravität von 33 bis 40 und gehört damit im Königreich zum leichteren Rohöl, ist damit aber im internationalen Vergleich etwas schwerer. Die saudiarabische Regierung hat in den letzten Jahren verstärkt versucht, den Anteil von Schwerölen bei der Ölförderung zu erhöhen, um den Anteil der leichten Öle nicht zu schnell aufzubrauchen. Dieses ist ihr aber nur teilweise gelungen. Der Schwefelgehalt des Ghawar-Öls ist mit 2,2 bis 2,9 Prozent ziemlich hoch. Auch das größte Offshore-Ölfeld der Welt befindet sich im Besitz Saudi-Arabiens und wurde 1951 entdeckt, es trägt den Namen ›Safaniya‹.Weitere Tiefseefelder sind Abu Safah (Jahr der Entdeckung 1963), Berri (1964), Manifa (1957), Al Marjan (1967), Al Zuluf (1965) und Al Khafji, das mit Safaniya verbunden ist.

9 Saudi Aramco World, *The Threat of Soviet Oil*, Volume 13, Number 3, March 1962.

[10] Saudi Aramco World, *Peak Year Profile,* Volume 13, Number 6, June/July 1962.

[11] U.S. Library of Congress, »Oil Industry«, in: *Country Studies*.us/saudi-arabia/40.htm, Dezember 2004; *The Saudi Arabian Information Source, Oil:* »Historical Background and Aramco« (7), 17. 6. 2004.

[12] *The Saudi Arabian Information Source,* »Saudi Arabia's Proven Oil Reserves«, Juni 2004.

[13] U.S. Library of Congress, »Saudi Arabia: Crude Oil Production and Exports and Appendix A: Table 7, Petroleum Exports 1986–1991«, Dezember 1992.

[14] Zudem waren die Meinungsverschiedenheiten unter den OPEC-Mitgliedstaaten oft groß genug, eine Überproduktion gehörte zum Alltag, und auf den internationalen Ölmärkten war immer wieder von der mangelnden Quotendisziplin die Rede. Auch die schrumpfenden Marktanteile der Organisation erhöhten die Spannungen zwischen den Mitgliedern, da Rußland, Norwegen, Alaska und andere Weltregionen immer mehr Öl auf die Märkte brachten. Erst die deutlich steigende Ölnachfrage der letzten zwei, drei Jahre, insbesondere aus China, sorgte für einen kräftigen Preisschub an den Ölmärkten, der alle OPEC-Staaten aufatmen ließ. Rekordeinnahmen sorgten bei den Ölministern für zufriedende Gesichter, und da selbst Saudi-Arabien derzeit nicht in der Lage ist, mit seiner oftmals gerühmten ›Pufferkapazität‹ für Entspannung zu sorgen, bleibt der Ölpreis deutlich über der Marke von vierzig Dollar pro Barrel. Bis der Aufbau zusätzlicher Kapazitäten gelungen ist, werden einige Jahre vergangen sein, deswegen sollte vorerst nicht mit einer Entspannung bei den Ölpreisen gerechnet werden.

[15] *The Saudi Arabian Information Source,* »Oil: Historical Background and Aramco« (2), Juni 2004.

[16] Paul Lunde, »A King and a Concession«, in: *Saudi Aramco World,* Volume 35, Number 3, May/June 1984.

[17] Laut Mohammed Almana, der für Ibn Saud als Übersetzer tätig war, soll Ibn Saud ein großes Interesse gehabt haben, eine eigene, nationale Ölgesellschaft zu etablieren, und bat Twitchell, dieses zu tun. Dieser lehnte jedoch ab, war aber bereit, in den Vereinigten Staaten von Amerika Verhandlungen mit verschiedenen Unternehmen aufzunehmen. Twitchell sollte aber auch nach Beendigung der Verhandlungen für Saudi-Arabien tätig sein. Er war für die Organisation des saudiarabischen Minensyndikats zuständig und leitete die erste amerikanische Landwirtschaftsmission in Saudi-Arabien.

[18] U.S. Library of Congress, »Oil Industry«, in: *Country Studies*.us/saudi-arabia/40.htm, Dezember 2004.

4. Kapitel

Die historische Entwicklung im Iran und unruhige und turbulente siebziger und achtziger Jahre in Nahost

Im Iran herrschte zwischen 1797 und 1925 die Dynastie der ›Qajar‹ oder Kadscharen, eine Zeit, die für den fortlaufenden ökonomischen und militärischen Niedergang verantwortlich gemacht wird. Zuerst regierte Fath Ali Schah (1797 bis 1834), dann MOHAMMED SCHAH (1834 bis 1848), NASIR OD-DIN SCHAH (1848 bis 1896) und später MOSAFFAR OD-DIN SCHAH (von 1896 bis 1907). Durch die geographische Lage des Iran ergaben sich Schwierigkeiten, da die großen Mächte ihre Einflußsphären ausweiten wollten. Es kam auf dem Gebiet des Iran zu Rivalitäten zwischen dem russischen Zaren und dem britischen Empire. Von 1813 bis 1826 kam es zum Krieg zwischen Rußland und dem Iran, dabei verlor der Iran nicht nur Georgien und Teilgebiete des Kaukasus an den russischen Rivalen. Die Russen konnten ihren Einfluß auch auf den nördlichen Teil Persiens ausweiten. Eine Ausweitung der persischen Einflußsphäre nach Afghanistan wurde wiederum von den Russen unterstützt, die Briten wußten dieses aber zu verhindern, und 1857 folgte seitens der Iraner auch die offizielle Anerkennung von Afghanistan.

Es folgte eine Zeit der Öffnung des Landes nach Westen hin, die Führung begab sich immer häufiger auf kostspielige Auslandsreisen, Studenten durften in Frankreich, England und Deutschland studieren, der Einfluß der westlichen Kultur nahm zu. Man verschuldete sich auch erstmals nennenswert im Ausland, insbesondere in Großbritannien und Rußland, und gab somit einen Teil der Kontrolle über die inneren Finanzen an ausländische Mächte ab. In der iranischen Gesellschaft verstärkte sich der Glaube, daß man wirtschaftlich und gesellschaftlich deutlich vorankommen würde, wenn man nur die militärischen, ökonomischen und politischen Gegebenheiten des Westens übernähme.

So wurde MOSAFFAR OD-DIN SCHAH schließlich von den einflußreichen gesellschaftlichen Schichten dahin bewegt, im Iran eine konstitutionelle Monarchie einzuführen. Im August 1906 verkündete er die Verfassung des Landes und die Einführung eines Parlamentes. Er unterzeichnete die Verfassung am 30. Dezember desselben Jahres, starb aber fünf Tage später. Nach seinem Tod und der Bekanntgabe einer britisch-russischen Vereinbarung kam es zu einer Aufteilung des Iran, Afghanistans und Tibets in Einflußsphären. Zwar wurde die Unabhängigkeit des Iran offiziell respektiert, dennoch sollte zukünftig der Norden des Landes unter dem Einfluß der Russen stehen, der Süden und Osten eine britische Einflußzone bilden und der Bereich dazwischen als neutrale Zone gelten.

Die Bevölkerung reagierte feindselig auf diese fremdbestimmte Einteilung in Einflußsphären. MOHAMMED ALI Schah, der Sohn von MOSAFFAR, versuchte 1908 mit russischer Unterstützung die konstitutionelle Monarchie wieder abzuschaffen und das Parlament zu schließen, was aber nur für einen Zeitraum von etwa einem Jahr gelang. Im Juli 1909 schafften konstitutionelle Kräften es, den Schah abzusetzen und die Verfassung wieder einzusetzen. ALI Schah floh aus dem Land, und sein Sohn AHMAD MIRZA Schah übernahm im zarten Alter von elf Jahren die Krone. Er sollte der letzte Kadschare sein, der sein Land regieren durfte. Russische Truppen marschierten in Teheran ein und gaben ein Ultimatum bekannt, dem zufolge auch der amerikanische Staatsbürger William Morgan SHUSTER das Land verlassen mußte; er war vorübergehend 1911 als Oberschatzmeister beschäftigt worden.

Im Ersten Weltkrieg wollte sich die iranische Regierung neutral verhalten, geriet aber regelrecht zwischen die Fronten. Vom Westen drangen türkische Truppen ins Land ein, die Briten vom Süden und russische Truppen im Norden. Unruhe und Chaos machten sich im Land breit. Nach der russischen Revolution sahen die Engländer ihre Chance und schlugen 1919 einen Friedensvertrag vor, der dem Iran eingeschränkte Souveränität und finanzielle Stabilität sicherte, doch die Kontrolle über Armee, Finanzen und Verwaltung bei den Briten beließ. Das Kabinett stimmte sogar zu, die Madschles (das Parlament) verzögerte aber jede Beschlußfassung zu diesem Thema. Im folgenden Jahr standen sich britische und persische Einheiten auf der einen Seite und russische Truppen auf der anderen Seite gegenüber. Aber die außenpolitische Lage veränderte sich, und Persien und Rußland unterzeichneten schließlich einen Friedensvertrag, wobei die Russen sogar auf die ihnen vorher zugesprochenen Konzessionen, Privilegien und eine persische Kapitulation verzichteten. Rußland behielt somit seinen Einfluß in der Region und bekam sogar das Recht zugesprochen, Truppen in den Iran zu schicken, wenn das Land nicht mehr in der Lage war, sich selber gegen »gefährliche innere Elemente« zur Wehr zu setzen.[1]

Mit dem Vertrag beendeten die Russen ihre Kontrolle über ein Gebiet Persiens, das sie zwischen 1907 und 1918 kontrolliert hatten, beziehungswiese wo sie zumindest erheblichen Einfluß ausüben konnten. Es erstreckte sich von Täbriz im Norden über Zukab und Kermanshah im Westen bis nach Kakh im Süden, die östliche Grenze verlief nahe den Städten Kuschka und Geok-Tepe, die allerdings nicht mehr zum persischen Reich gehörten. Auch Teheran befand sich zu diesem Zeitpunkt in der Einflußzone des russischen Reichs. So hatte Rußland schließlich nach Verhandlungen mit Preußen in Potsdam am 4. und 5. November 1909 dem Bau der Bagdad-Bahn zugestimmt.[2]

Am 21. Februar 1921 war es im Iran unter der Führung von SAYYID ZIA-OD-DIN Tabatabai und mit Unterstützung des iranischen Offiziers RIZA KHAN zu einem ›*coup d'état*‹, einem Staatsstreich, gekommen. Während RIZA KHAN die Macht an sich riß, übernahm SAYYID ZIA den Posten des Premierministers für einhundert Tage, er flüchtete dann ins Exil. RIZA KHAN verfügte nun über die uneingeschränkte Macht, zuerst als Oberkommandierender der Streitkräfte, von 1923 an als Premierminister und schließlich ab Ende 1925 als Gründer und Herrscher der Pahlevi-Dynastie. AHMAD MIRZA Schah wurde offiziell am 31. Oktober 1925 vom Parlament abgesetzt. Der Name PAHLAVI steht für eine der alten persischen Sprachen.[3] Riza Schah PAHLAVI hatte mit den Mitgliedern der Kadscharen nicht viel gemeinsam. Was er wollte, war der Aufbau eines modernen iranischen Staates und die vollständige Abschaffung der ausländischen Kontrolle über sein Land. Er wußte, daß dem Land ein langer Weg bevorstand, um diese Ziele zu erreichen, dafür wollte er und sollte sein Volk hart arbeiten.

Er verbesserte die Situation der Streitkräfte, indem sie viel besser ausgerüstet wurden als je zuvor. Das Land erlebte eine starke wirtschaftliche Entwicklung, Fabriken wurden aufgebaut, Banken zugelassen. Der Bau der 865 Meilen langen Trans-Iranischen Eisenbahn wurde in Angriff genommen, Autobahnen wurden gebaut. Ein Zivilrecht ersetzte die religiöse Gesetzgebung. Das Bildungswesen wurde ausgebaut, die kostenlose Einschulung garantiert. Reaktionäre religiöse und soziale Gebräuche wurden zurückgedrängt, Frauen verzichteten sogar auf den Schleier. Eine Mittelklasse entwickelte sich. Auch international gewann das Land an Bedeutung und Gewicht.

Der Ölbereich hatte mittlerweile seine erste Entwicklung hinter sich gebracht. 1901 hatte William KNOX D'ARCY Flammen entdeckt, die auf unterirdische Öldepots hinwiesen. Er hatte am 28. Mai 1901 von der iranischen Regierung eine Konzession erhalten und konnte

Untersuchungen und Erforschungen im südlichen Teil des Landes vorzunehmen.

Die Konzession galt für alle Bereiche des Landes, mit Ausnahme der fünf Nordprovinzen, nämlich Aserbaidschan, Gilan, Manzandaran, Khorasan und Astraba. Diese führten 1921 noch zu erheblichen Schwierigkeiten zwischen den Vereinigten Staaten von Amerika und Großbritannien, als es um die sogenannte Khoshtana-Konzession für die Nordprovinzen ging. Erst im Januar 1922 erklärte der Präsident von Standard Oil, Alfred Cotton BEDFORD, gegenüber John CADMAN von der Anglo-Persian Oil Company seinen Verzicht auf die am 22. November 1921 vom iranischen Parlament zugesprochene 50-Jahres-Konzession.

1908 sollte KNOX D'ARCY auf das ölreiche Feld in Masjid-i-Sulaiman stoßen. Nach dieser Entdeckung kam es im April 1909 in London zur Gründung der Anglo-Persian Oil Company mit einem Anfangskapital von 2 Millionen britischen Pfund. Mehrheitsaktionär war zu diesem Zeitpunkt aber die Burman Oil Company, die 97 Prozent der Anteile hielt.

Am 20. Mai 1914 unterzeichnete die britische Regierung einen Vertrag, der ihr einen Anteil von 51 Prozent an der Anglo-Persian Oil Company zusicherte. Zudem wurde zwischen dem Unternehmen und der britischen Admiralität eine 30 Jahre laufende Liefervereinbarung zu festen Preisen abgeschlossen. Nach dem Machtwechsel in Teheran Ende 1925 bestand die neue Regierung auf eine Neuverhandlung der Konzessionsbedingungen.

Einige lukrative Ölfelder wurden in der Folgezeit entdeckt, darunter die Ölfelder von Haft Kel, Naft-i-Safid, Agha Jari und Gach Saran, die sich alle in einer längsgezogenen, sich nach Südosten richtenden Zone von etwa 150 Meilen befinden.

Allein das Ölfeld von Agha Jari hatte beispielsweise eine Förderkapazität von 52000 Barrel pro Tag, was damals bereits das Potential des Iran auf diesem Gebiet andeutete. Gach Saran wurde sogar als das möglicherweise größte Ölfeld der Welt bezeichnet, das Öl des Naft-i-Shah-Feldes, immerhin 200000 Tonnen pro Jahr, wurde für den inländischen Verbrauch in Kermanshah verarbeitet. Die Förderung des Öls war hier viel einfacher, das Öl sprudelte fast von selbst aus den Öllöchern und konnte daher unter geringem Aufwand ausgebeutet werden. Auch der folgende Transport durch Ölrohre zum Hafen oder der Raffinerie in Abadan am Schatt al Arab, damals mit einer Kapazität von 500000 Barrel pro Tag eine der größten in der

Welt, stellte kein Problem dar. Das Öl von Agha Jari, südlich von Qasr-i-Shirin, wurde direkt in den Ölhafen von Bandar Mashur gepumpt und von dort in alle Welt verschifft.

Weitere große Ölvorkommen vermutete man im Südosten von Makran. 1944/45 wurden unter sowjetischer Kontrolle Ölbohrtürme in Aserbaidschan, Manzanderan und Gurgan installiert, um Tests an Ort und Stelle vorzunehmen. Über die Ergebnisse war aber nichts bekanntgeworden. Später sollte man in Qum, südlich von Teheran, auf umfangreiche Öl- und Gasvorkommen stoßen. Nach jahrelangen Verhandlungen zwischen der iranischen Regierung auf der einen und der britischen Regierung sowie der Anglo-Persian auf der anderen Seite kündigte RIZA SCHAH den Vertrag mit der Anglo-Persian Oil Company, um danach viel günstigere Bedingungen für sein Land auszuhandeln. So wurde die Konzession auf ein Gebiet von höchstens 100000 Quadratmeilen beschränkt, der Name des Unternehmens in Anglo-Iranian Oil Company verändert und höhere ›Royalitäten‹ ausgehandelt.[4] Der Iran übernahm Anteile in Höhe von zwanzig Prozent des Unternehmens. Zudem war der Iran erstmals auch im Aufsichtsrat des Unternehmens vertreten. Trotz der verbesserten Vertragsbedingungen betrug der Erlös des Iran 1937 bei einer Rekordförderung von 10 Millionen Tonnen nur 3,54 Millionen Pfund. Außerdem verzichtete der Schah auf den weiteren Ausbau der Auslandsverschuldung.

Es folgte der Zweite Weltkrieg. Der Iran verpflichtete sich wiederum seiner Neutralität, geriet aber wieder zwischen die Fronten. Da Deutschland wichtigster Handelspartner der Iraner geworden war, hatten auch Briten und Russen ihr Interesse für den Iran wiederentdeckt. Am 26. August 1941 marschierten ihre Truppen auf iranisches Staatsgebiet ein. Die iranische Armee leistete nur geringen Widerstand. REZA SCHAH dankte ab und wurde nach Südafrika gebracht, wo er 1944 starb. Zuvor übergab er den Thron seinem einundzwanzigjährigen Sohnes MOHAMMAD RIZA SCHAH, der am 26. Oktober 1919, also vor Beginn der PAHLEVI-Dynastie, geboren war. Die Alliierten gaben sich mit der Thron-Übergabe einverstanden.

Während die Alliierten in der Folgezeit große Mengen an Gütern und Lebensmitteln von den Häfen am Persischen Golf über den Iran an die russischen Truppen transportierten, erlebte die Bevölkerung wegen Lebensmittelknappheit eine harte Zeit, die der junge MOHAMMAD RIZA SCHAH jedoch mit Bravour meisterte. Im Januar 1942 unterzeichneten Großbritannien, die Sowjetunion und der Iran einen Vertrag, der dem Iran die Unabhängigkeit und den Abzug der ausländischen Truppen spätestens sechs Monate nach Kriegsende garantierte. Zudem erlangten die Alliierten für die Dauer des Krieges die volle Verfügungsgewalt über alle iranischen Ressourcen.[5] Im September 1943 erklärte der Iran Deutschland den Krieg, was als Voraussetzung für die Aufnahme in die Vereinten Nationen angesehen wurde, und im November desselben Jahres trafen sich ROOSEVELT, CHURCHILL und STALIN im Iran, um die Teheraner Konferenz abzuhalten.

Der Iran entwickelte zunehmend eine pluralistische Gesellschaft, politische Parteien wurden zugelassen. Doch es gab immer noch Probleme mit ausländischen Truppen. Obwohl die amerikanischen und britischen Truppen das Land verlassen hatten, waren die Russen im nordwestlichen Teil des Landes verblieben, zogen nicht wie vereinbart bis März 1946 ab und unterstützten nun die Tudeh-Partei, die sich hier in Demokratische Partei Aserbaidschans umbenannt hatte, bei ihren Unabhängigkeitsbestrebungen. Es folgte in dieser nördlichen Region die Errichtung eines autonomen Staates im November 1945, und die russische Truppenpräsenz verhinderte einen Vorstoß der iranischen Einheiten. Die Sowjets machten außerdem einen Vertrag über das einträgliche Ölgeschäft zur Bedingung für den Abzug ihrer Truppen. Der Iran appellierte im Januar 1946 an die Vereinten Nationen, schlichtend in den Konflikt einzugreifen, und der iranische Außenminister Ahmad QAVAM reiste nach Moskau, um persönlich mit dem Kreml zu verhandeln. Konkrete Überlegungen über ein gemeinsames Ölunternehmen und eine Zusage für eine friedliche Übereinkunft mit der Regierung Aserbaidschans sorgten schließlich für den Truppenabzug der Sowjets. Trotz intensiver Diskussionen konnten sich die Regierung der Unabhängigkeitspartei und die Teheraner Führung nicht einigen, und im Dezember 1946 marschierten iranische Regierungstruppen mit Zustimmung der Amerikaner in Aserbaidschan ein, um das dortige prosowjetische Regime zu entmachten; dessen Führer flüchteten zumeist in die Sowjetunion.

Im Dezember 1944 verabschiedete das iranische Parlament ein Gesetz, das Kabinettsmitgliedern ausdrücklich verbat, Verhandlungen oder Vereinbarungen über Ölkonzessionen im Alleingang durchzuführen. Im Oktober 1947 wurde der Plan eines russisch-iranischen Gemeinschaftsunternehmens im Ölbereich vom Parlament mit überwältigender Mehrheit abgelehnt, ein Jahr später begann die Aufrüstung der iranischen Armee durch Lieferungen aus den USA. 1949 scheiterte ein erster Versuch der Opposition, den Schah zu entmachten, die Meinungsverschiedenheiten bestanden aber weiterhin. Zerstritten hatte man sich über die Handhabung der britischen Anglo-Iranian Oil Company, obwohl sich die Gewinnanteile wegen einer ergänzenden Vereinbarung vom 17. Juli 1949 erhöhen sollten. Demnach wurden die Förderzinsen von zuletzt vier auf sechs Gold-Shilling je Tonne erhöht und eine vertragliche Garantie abgegeben, daß der Iran jährlich mindestens vier Millionen britische Pfund erhalten würde, um ein erneutes Absinken der jährlichen Zahlungen unter ein bestimmtes Niveau zu vermeiden. In den Vorjahren hatte die britische Labour-Regierung die Unternehmensleitung angewiesen, die Dividende ›künstlich‹ niedrig zu halten, da der Iran neben der Zahlung des Förderzinses zwanzig Prozent der Dividendenausschüttung an die Aktionäre erhalten sollte, soweit diese 671 250 Pfund im Jahr überschritt. Zudem mußte die Anglo-Iranian eine einmalige Kompensationszahlung in Höhe von fünf Millionen Pfund leisten, um den Iran für ausgebliebene Dividendenzahlungen zu entschädigen.

Die vom Abgeordneten Dr. Muhammad MOSSADEGH gegründete Partei Nationale Front befürwortete hingegen eine Verstaatlichung der Ölindustrie, da die britische Ölgesellschaft Persiens Rohstoffe ausbeutete und dafür keinen angemessenen Preis zahlen würde. Der Reichtum des Landes sollte aber dem eigenen Volk, und nicht den Ausländern zugute kommen, so lautete die Argumentation, die aus ihrer Sicht für eine Verstaatlichung sprach, eine Tatsache, die der Schah so nicht geschehen lassen wollte. Obwohl die Partei der Nationalen Front im Februar 1950 nur acht Vertreter ins neue Parlament entsenden konnte, war die Öffentlichkeitswirkung von MOSSADEGH ungleich höher, da er auch den Vorsitz im Erdölausschuß der Nationalversammlung übernommen hatte. Zudem wurde im Januar 1951 das Abkommen mit einer Gewinnaufteilung von 50 : 50 bekannt, was MOSSADEGHS Position in der Bevölkerung noch weiter stärkte.

Die Frage, ob ausländisches Betriebsvermögen im Iran verstaatlicht werden sollte oder nicht, spaltete das Land, und als Ministerpräsident Ali RAZMARA sich gegen die Verstaatlichung aussprach, nahmen die Spannungen im ganzen Land zu. Es kam zu Ausschreitungen und Demonstrationen. Am 7. März 1951 wurde RAZMARA von Mitgliedern einer extremistischen Gruppe ermordet, und kurz danach, am 15. März, erfolgte die Verabschiedung eines Gesetzes durch die Nationalversammlung, das die Verstaatlichung der Anglo-Iranian Oil Company vorsah. Es folgten Streiks und Unruhen auf den Ölfeldern. Am 1. Mai mußte der Schah MOSSADEGH zum Premierminister ernennen.

Die Beziehungen zwischen dem Iran und Großbritannien verschlechterten sich. 1952 fand das Land keinen Käufer für das geförderte Öl. Das Außenministerium in London hatte nämlich erklärt, alles tun zu wollen, um den Verkauf iranischen Öls zu verhindern. Als doch einige ausländische Konzerne kleine Käufe im Iran tätigten, verklagte die Anglo-Iranian diese, und weitere Lieferungen blieben aus. Die britischen Arbeiter wurden aus dem Land gezwungen, teilweise kam es zum Produktionsstillstand, beispielsweise in der Raffinerie von Abadan. Ein Blick auf die nackten Zahlen dokumentiert den Rückgang der Ölförderung im Iran. In den beiden Jahren vor der Verstaatlichung beliefen sich die Rohölexporte auf insgesamt 54 Millionen Tonnen, in den darauffolgenden beiden Jahren schrumpfte die Ausfuhr dagegen auf lediglich 132000 Tonnen. Der Boykottaufruf der britischen Regierung hatte damit Erfolg gehabt. Zudem scheiterten alle Versuche der britischen und amerikanischen Regierung, eine Kompromißlösung für das Ölgeschäft durchzusetzen, am Widerstand MOSSADEGHS.

Aber auch die innenpolitischen Spannungen nahmen wegen der ansteigenden Arbeitslosigkeit und Inflation zu, das Verhältnis zwischen MOSSADEGH und dem Schah war zerbrochen, es kamen Gerüchte über die Einführung einer Republik auf. Der Schah floh für sechs Tage ins Exil, kehrte aber nach einem durch die CIA organisierten Coup und der Entmachtung MOSSADEGHS in sein Land zurück. Am 13. August 1953 mußte MOSSADEGH auf kaiserlichen Befehl hin von seinem Amt als Premierminister zurücktreten, General Fazlollah ZAHEDI übernahm nach anfänglichen Protesten MOSSADEGHS gegen den angeordneten Rücktritt am 19. August seine Funktion. Aufgrund der äußerst schlechten Beziehungen zwischen dem Iran und Großbritanien sah sich der Schah nach einem neuen Verbündeten um.

Es folgte eine Zeit, die von Stabilität und umfangreicher Wirtschaftshilfe seitens der Amerikaner geprägt war. Die nach dreijährigen Verhandlungen im Oktober 1954 vom Parlament verabschiedete neue Gesetzgebung für das Ölgeschäft sollte den Iranern mindestens Gewinnanteile und andere Einnahmen in Höhe von vierhundert Millionen Dollar jährlich garantieren.[6] Zudem sollte ein internationales Konsortium gebildet werden, mit dem der dann verstaatlichte Ölkonzern zusammenarbeiten würde.

Die Rahmenbedingungen für eine Zusammenarbeit im Ölsektor waren also neu abgesteckt worden. Dem Ölkonsortium gehörten zum einen die von Anglo-Iranian umbenannte British Petroleum Co. Ltd.

mit vierzig Prozent Anteil und die Royal Dutch Shell mit vierzehn Prozent Anteil an. Zum anderen hielten die Standard Oil Co. of New Jersey, Standard Oil Co. of California, Texas Oil Co., Socony Mobil Co. und die Gulf Oil Co. jeweils sieben Prozent der Anteile. Ein Anteil in Höhe von sechs Prozent entfiel auf die Compagnie Française des Pétroles, und neun andere, kleinere US-Ölgesellschaften teilten den Rest unter sich zu gleichen Teilen auf. Das Ölfeld Naft-i-Shah wurde von der Vereinbarung ausgenommen, da es für den Eigenbedarf der Iraner unter Kontrolle der National Iranian Oil Company stehen sollte. Dieses Unternehmen war auch für die eigenen Raffinerien und den Vertrieb aller Petroleumprodukte im Iran verantwortlich.

Die Zusammenarbeit mit dem Konsortium klappte bestens. Es wurde eine Ölrohrverbindung von Gach Saran nach Kharg Island hergestellt, einer küstenabgewandten ›künstlichen‹ Ölladeanlage, die sogar die größten Öltanker der Welt problemlos abfüllen konnte. Sie befindet sich etwa fünfundzwanzig Meilen von der Küste entfernt. Die Konzessionen des internationalen Konsortiums hatten Laufzeiten bis 1979 und konnten dann um fünfzehn weitere Jahre verlängert werden.[7]

Mossadegh hatte bei seinen Überlegungen einen entscheidenden Fehler gemacht, indem er darauf vertraute, daß die Briten ohne iranisches Öl gar nicht überleben könnten. Doch hier hatte er die Rechnung ohne den Wirt gemacht, denn die Anglo-Iranian besaß ja noch Erdölkonzessionen im Irak, Kuwait und anderswo. Die Kuwait Oil Company baute ihre Jahresförderung zwischen 1950 und 1953 von 17 auf 42 Millionen Tonnen Rohöl aus, die Iraq Petroleum Company von 8,1 auf 27 Millionen Tonnen. Somit gelang es, den Ausfall aus dem Iran problemlos wettzumachen, und der Einahmerückgang machte Mossadegh und seiner Regierung viel mehr zu schaffen, als ihm lieb sein konnte.

Für die anderen Ölkonzerne war dieser ›Streit von Abadan‹, wie er später genannt wurde, ein wichtiges Warnzeichen, denn sie wußten von nun an, welch gravierende Auswirkungen die Abhängigkeit von einem einzigen Ölförderland haben könnte. Auch im Iran hatte sich etwas Entscheidendes geändert, denn das Prinzip der Verstaatlichung wurde vom neuen Öl-Konsortium anerkannt, die National Iranian Oil Company (NIOC) behielt die früheren Konzessionen und Aktiva der Anglo-Iranian. Dafür wurde eine Entschädigung gezahlt, die zum einen 25 Millionen Pfund vom Iran und 32,4 Millionen Pfund der anderen Mitglieder des Konsortiums umfaßte, zum anderen eine

Zusatzabgabe von zehn Cent je exportierter Tonne Öl, bis ein Betrag von 510 Millionen Dollar erreicht worden war. Da Anglo-Iranian sechzig Prozent der Anteile ›verlor‹, sollte dies eine Art Wiedergutmachung sein. Das neue Konsortium förderte das Rohöl fortan im Auftrag der NIOC, dieses blieb aber ›Eigentum‹ der staatlichen iranischen Ölgesellschaft. Die NIOC verkaufte das Rohöl dann an die Mitglieder des Konsortiums, und die Gewinne wurden dann nach der 50 : 50-Regelung wie in Saudi-Arabien und anderen Ländern aufgeteilt.[8]

Erst jetzt, nach jahrzehntelangen Verhandlungen zwischen der Regierung in Teheran und der britischen Regierung sowie Vertretern der Ölfirmen, war es dem Iran gelungen, die Ölressourcen unter seine Kontrolle zu bekommen und dafür nennenswerte Erlöse zu vereinnahmen. Der Kampf hatte sich gelohnt.

Dem Schah gelang in seiner siebenunddreißig Jahre andauernden Regierungszeit einiges, der Iran wurde eine selbstbewußte Nation und pflegte gute internationale Beziehungen zu einer Vielzahl von Ländern, insbesondere den Vereinigten Staaten von Amerika. In den sechziger Jahren hatte die sogenannte ›Weiße Revolution‹, die auch eine Landreform umfaßte, zwanzig Millionen Hektar Land an 2,3 Millionen Familien übertragen. Das Wirtschaftswachstum erreichte Mitte der siebziger Jahre ein beachtliches Niveau. Zudem wurde der Bildung ein wesentlich höherer Stellenwert zugeschrieben, das Analphabetentum unter den fünfunddreißig Millionen Iranern sank von fünfundneunzig auf sechzig Prozent. Ende der siebziger Jahre waren achtunddreißig Prozent aller iranischen Studenten im eigenen Land Frauen, mit weiter steigender Tendenz. Außerdem durften Frauen im Iran wählen und hatten das Recht, sich von ihrem Ehemann zu trennen, in der arabischen Welt keine Selbstverständlichkeiten. Mit sieben US-Präsidenten von Harry TRUMAN bis Jimmy CARTER verstand sich der Schah prächtig. Das überrascht nicht, lieferte der Iran sein Erdöl stets pünktlich und bis zur ersten Ölkrise 1973/74 auch äußerst preiswert. 1977 meinte CARTER gegenüber dem Schah: »Iran ist eine Insel der Stabilität in einer der problembehaftetsten Regionen der Welt.« Die Beziehungen zu den USA waren auch deshalb so gut, weil es der CIA gelungen war, den Schah nach seinem sechstägigen Exil im Jahre 1953 wieder ins Amt zu hieven.[9]

Militärisch war der Iran im Nahen Osten eine Macht. Die Streitkräfte waren mit modernster Technologie und ausreichenden Mitteln ausgestattet worden, die Armee galt als gut ausgebildet und als modern geführte Institution. In den letzten zwanzig Jahren der Schah-

Herrschaft investierte der Iran insgesamt sechsunddreißig Milliarden in moderne Waffentechnologie. Man hatte sich in der arabischen Welt Respekt verschafft und galt als bedeutsame Regionalmacht. Der fulminante Ölpreisanstieg hatte dem iranischen Staat auch wesentlich höhere Öleinnahmen beschert, sie stiegen innerhalb eines Jahrzehnts von ein auf einundzwanzig Milliarden Dollar. Doch der Schah wollte mehr, er strebte danach, den Iran als fünfte Großmacht in der Welt zu etablieren, hinter den Vereinigten Staaten von Amerika, der Sowjetunion, Frankreich und Japan. Während des Ölembargos der Golfstaaten 1973/74 verzichtete der Iran auf ein Mitwirken am Embargo, bei den Preissteigerungen gehörte der Schah aber zu den eifrigsten Befürwortern.

Etwas Wesentliches fehlte jedoch, um das Land wirklich als Großmacht zu etablieren. Konnten die Erlöse durch das ›schwarze Gold‹ hierzu beitragen? Der Schah wollte nämlich den Iran als Atommacht etablieren und war auf dem besten Wege, dieses Ziel zu erreichen. Die Technologie kaufte er im Westen ein. In Frankreich und Deutschland kaufte er die Kernenergie-Technologie ein, das Endziel sollte sicherlich irgendwann der Besitz der Atombombe sein.

Obwohl der Iran auf vielen Gebieten eine umfangreiche Modernisierung durchlief, profitierten nicht alle Bürger vom System des Schahs. Der sehr starke Einfluß der Amerikaner, immerhin siebzigtausend Amerikaner arbeiteten bis zum Sturz des Schahs als Geschäftsleute, Techniker, Ingenieure, Lehrer oder Berater im Iran, erregte in gewissen Kreisen der iranischen Gesellschaft die Gemüter. Zudem blieb in vielen Regionen des Landes die Modernisierung auf der Strecke, in den meisten Städten gab es immer noch kein fließendes Wasser, Teheran hatte immer noch kein Abwassersystem. Es kam statistisch gesehen nur ein Arzt auf dreitausenddreihundert Patienten, eine der schlechtesten Quoten im Nahen Osten. Die Inflationsrate lag über fünfzig Prozent pro Jahr. Die Abhängigkeit vom Ausland wuchs. Der Iran war nun auf Lebensmittelimporte angewiesen.

Nicht nur die religiösen Führer des Landes waren über die Verwestlichung der Gesellschaft durch die Politik des Schahs unzufrieden, auch die Mittelklasse war enttäuscht durch die Korruption der politischen Elite des Landes. Zudem regierte der Schah uneingeschränkt und ohne effektive politische Opposition. 1957 hatte er mit Unterstützung der CIA die ›Savak‹ installiert, eine iranische Geheimpolizei, die jegliche oppositionelle Bewegung unterdrücken sollte.[10] Systematische Quälerei von Gefangenen gehörte zum Alltag in iranischen Gefängnissen, auch Ali Akbar Hashemi RAFSANJANI, ein Mitglied des Revolutionsrates von KHOMEINI, gehörte zu den politischen Gefangenen im Jahre 1964 und berichtete der Wochenzeitschrift *Time* in einem persönlichen Gespräch über die angewandten Methoden. Der vom Schah eingesetzte Ministerpräsident Shapur BAKHTIAR versuchte es noch einmal mit Reformen, die Pressefreiheit sollte wiederhergestellt, die seit Juni 1978 geschlossenen Universitäten wiedereröffnet und die Geheimpolizei Savak aufgelöst werden. Zudem wurden zweihundertsechsundsechzig politische Gefangene freigelassen und Entschädigungszahlungen für die betroffenen Familien der mehr als zweitausend bei öffentlichen Unruhen umgekommenen Iraner angekündigt.

Der Schah sorgte auch dafür, daß ein Teil der Öleinnahmen an die Schah-Stiftungen ging, die einen Großteil des Vermögens in eine Vielzahl von Unternehmen und Immobilien im In- und Ausland investierte. Ende 1977 wurde der Wert dieser Anlagen auf 2,8 bis 3,2 Milliarden Dollar geschätzt, der britische Journalist Robert GRAHAM hatte eine ausführliche, dreieinhalb Seiten lange Liste in sein Buch *Iran: The Illusion of Power* eingearbeitet. Eine der größten iranischen Banken gehörte ebenso dazu wie die drittgrößte iranische Versicherungsgesellschaft. Doch all das Vermögen sollte ihn nicht vor dem Untergang seines Imperiums retten. Vor seiner Abreise installierte der Schah noch einen neunköpfigen Rat, der bei seiner Abwesenheit die Regierungsgeschäfte übernehmen sollte. Die Amerikaner schickten General Robert E. HUYSER nach Teheran mit dem Auftrag, iranische Militärführer für die neue BAKHTIAR-Regierung zu gewinnen. Als der Schah schließlich das Land verlassen mußte und auf einer ersten Station in Ägypten auf Anwar SADAT traf, soll er gesagt haben: »Meine Berater haben eine Wand zwischen mir und dem Volk aufgebaut, ich habe nicht gewußt, was passiert. Als ich aufwachte, hatte ich mein Volk verloren.«[11] Diese Aussage ist vielleicht der beste Beweis dafür, wie der Schah für die Fehlentwicklungen in seinem eigenen Land blind geworden war.

Washington hatte die Flucht des Schahs zuvor genau geplant. Bereits Anfang Januar sprach man von einer notwendigen ›Urlaubsreise‹ des Schahs, der amerikanische Botschafter in Teheran sollte ihm die erforderliche Unterstützung zukommen lassen. Der Schah REZA PAHLEWI war also von seinem Thron gestürzt worden und verschwand ins sichere Exil. Er verbrachte fünf Monate im mexikanischen Cuernavaca in einer gemieteten, weitläufigen Anlage mit einigen Gebäudekomplexen. Danach begab er sich zwecks einer medizinischen Krebsbehandlung in die Vereinigten Staaten von Amerika. Für die Amerikaner sollte das noch verhängnisvolle Auswirkungen haben. Am 1. Februar 1979 war der Schiitenführer Ayatollah Ruhollah KHOMEINI aus seinem französischen Exil nach Teheran zurückgekehrt und von seinen Anhängern begeistert empfangen worden. Der letzte Ministerpäsident unter dem Schah, Shapur BAKHTIAR, hatte inzwischen in Frankreich politisches Asyl erhalten. Der Schah hatte in den letzten Wochen und Monaten wohl mit allen Mitteln versucht, die Machtbasis zu erhalten. Die Revolutionsführer sprachen von bis zu 10000 iranischen Zivilisten, die der Schah in den Monaten zuvor beseitigen ließ, was selbst von amerikanischen Medien nicht bestritten wurde. Die zu Schah-Zeiten mit CIA-Unterstützung aufgebaute iranische Geheimpolizei Savak soll aber wesentlich mehr Menschen auf dem Gewissen gehabt haben, Amnesty International sprach von 20000 bis 100000 politischen Gefangenen.

Am 14. Februar 1979 kam es zu einer ersten, zweistündigen Besetzung der amerikanischen Botschaft in Teheran, doch Ibrahim YAZDI, der für sieben Monate das Amt des Außenministers übernommen hatte, sorgte für die Beendigung der Besetzung. Anfang November mußten Ministerpräsident Mehdi BAZARGAN und YAZDI ihre Ämter abgeben. Die innenpolitische Lage des Iran veränderte sich drastisch, im selben Monat erstürmten etwa vierhundert Studenten und sonstige Anhänger KHOMEINIS die amerikanische Botschaft in Teheran und nahmen zweiundsechzig Geiseln, von denen dreizehn unter Mitwirkung des iranischen Außenministers Abol Hassan BANI-SADR noch im selben Monat freigelassen wurden. BANI-SADR verlor wenige Tage später seinen Posten als Außenminister an Sadegh GHOTBZADEH, der für seinen Anti-Amerikanismus bekannt war. Den meisten anderen, festgehaltenen Botschaftsangestellten unterstellte man, in Spionageaktivitäten verwickelt zu sein, und drohte mit einer Schnellverurteilung durch ein islamisches Gericht und möglicherweise mit Exekution.

Die iranische Regierung stand auf seiten der Studenten, die Amerikaner konnten von ihr also keine Hilfe erwarten. Im Gegenteil, ein Mitglied des Revolutionsrates bezeichnete den Schah sogar als Diktator und sah die Einreise des Schahs in die USA als Beleidigung für das iranische Volk und sein Leiden unter dessen Führung. Der Sprecher des Revolutionsrates Hassan HABIBI erklärte: »Wir werden im Angesicht des US-Imperalismus nicht zurückziehen. Mit ihrer Aktion wollten die Geiselnehmer die Auslieferung des Schahs von den USA erzwingen, der sich zu dieser Zeit wegen einer ärztlichen Behandlung in New York aufhielt. Auch KHOMEINI unterstützte die Aktion mit lautstarken Worten gegen den ›Satan‹ USA, und die Stimmung sank auf einen absoluten Tiefpunkt. Die Konfrontration zwischen den Vereinigten Staaten von Amerika und dem Iran verschärfte sich dramatisch. Jimmy CARTER reagierte äußerlich gelassen und gab bekannt, daß sich die USA niemals erpressen lassen oder dem internationalen Terrorismus nachgeben würden. Er beschloß, alle Ölimporte aus dem Iran, zu diesem Zeitpunkt waren das 700 000 Barrel oder vier Prozent des amerikanischen Ölverbrauchs, sofort einzustellen und außerdem alle iranischen Vermögenswerte in den Vereinigten Staaten mit sofortiger Wirkung ›einfrieren‹ zu lassen.[12] Zudem wurden der Flugzeugträger ›Kitty Hawk‹ und fünf andere Kriegsschiffe aus dem Pazifik in den Persischen Golf beordert, um den bereits dort befindlichen Flugzeugträger ›Midway‹ und zwölf andere Kriegsschiffe bei ihrer Drohgebärde gegen den Iran zu unterstützen.

Innerlich aber kochte der Präsident und suchte nach Wegen aus der Krise. Vermittlungsversuche seines Außenministers Cyrus VANCE mit dem Iran scheiterten kläglich. Die harte Haltung des Präsidenten in der Krise sorgte in der amerikanischen Bevölkerung für eine sehr starke Zustimmung gegenüber der Regierung und dem Präsidenten, der amerikanische Patriotismus kannte keine Grenzen mehr. Die größte außenpolitische Krise seit dem Vietnamkrieg schweißte das amerikanische Volk zusammen. UN-Generalsekretär Kurt WALDHEIM wurde als Vermittler eingeschaltet. Der Sicherheitsrat tagte – ohne Erfolg. Die arabische Welt sprach sich geschlossen gegen die Botschaftsbesetzung aus, einzig und allein GADDAFI befürwortete diese und wollte sogar Sanktionen der arabischen Ölförderländer durchsetzen, dieser Vorschlag wurde aber abgelehnt.

Die Befreiung der restlichen Geiseln gelang CARTER jedoch nicht, die Geiselhaft dauerte schließlich insgesamt 444 Tage. Präsident Jimmy CARTER stand unter riesigem Druck. Die Amerikaner sahen die Besetzung der Botschaft als Verletzung internationalen Rechts an. Da unter internationalem Recht auch das Gelände und das Gebäude einer Botschaft zum jeweiligen Land gehören, in diesem Fall den USA, sahen die Amerikaner die Besetzung als Angriff auf Amerika an. Sie bezogen sich auf Artikel 42 und 51 der UN-Charta und schlossen daher einen Angriff auf den Iran nicht aus. Die Kriegsflotte sollte aber erst dann eingesetzt werden, wenn einer Geisel Schaden zugefügt werden sollte. Eine Befreiungsaktion der Amerikaner mit Hubschraubern endete kläglich im Wüstensand. Eine Welle des Antiamerikanismus in der moslemischen Welt war die Folge. Die amerikanische Botschaft in Pakistan brannte. Demonstrationen in einigen arabischen Ländern gehörten zum täglichen Bild. Die amerikanische Regierung forderte amerikanische Botschaftsangehörige auf, ihr Gastland in Nahost zu verlassen, wenn ihre Arbeit nicht dringend erforderlich war. Insgesamt arbeiteten eintausendzweihundert Botschaftsangehörige in elf islamischen Staaten, aber weitaus mehr Amerikaner lebten und arbeiteten in der Region.

Da Schiiten in vielen Staaten des Nahen Ostens lebten, befürchteten die Amerikaner eine Ausweitung der Krise. Im Libanon lebten zum damaligen Zeitpunkt ungefähr neunhunderttausend Schiiten, im Irak stellten sie mit etwa sechzig Prozent der Einwohner sogar die Bevölkerungsmehrheit. Bahrain gehörte zwischen 1602 und 1782 zum persischen Reich, und KHOMEINI wollte diese Inselgruppe zurückgewinnen. Die Schiiten stellten auch hier die Mehrheit, ebenso in Dubai. Auch in Kuwait, Katar und den Vereinigten Arabischen Emiraten bildeten Schiiten einen Teil der Bevölkerung.

Aber auch Öl spielte eine Rolle für die Amerikaner. Im August 1979 bezogen die Amerikaner fünfzehn Prozent ihrer Ölimporte aus Nigeria, 14,3 Prozent aus Saudi-Arabien und 8,6 Prozent aus Libyen. Auf Platz vier folgte Algerien mit einem Anteil von 8,5 Prozent der US-Ölimporte, dann Venezuela mit 7,8 Prozent und der Iran auf Platz sechs mit 6,7 Prozent. Das waren durch den Beschluß des amerikanischen Präsidenten, auf iranisches Rohöl zu verzichten, in einem ersten Schritt 700 000 Barrel Öl pro Tag, die nun ausfielen (hiervon entfielen 200 000 Barrel pro Tag auf das amerikanische Unternehmen Amerada Hess, 135 000 Barrel auf Gulf Oil, 100 000 Barrel auf Ashland Oil und 70 000 Barrel auf Exxon). Sollten sich andere arabische oder OPEC-Länder mit dem Iran solidarisieren, drohte ein noch höherer Ausfall. Da der Ölmarkt bereits Engpässe verzeichnete, konnte ein Ausfall oder die Verringerung durch den Iran um 700 000 Barrel für erhebliche Preissteigerungen an den Ölmärkten sorgen. Der offizielle OPEC-Preis lag bei 23,50 Dollar pro Barrel. Öl auf Termin kostete aber bereits vierzig Dollar oder mehr pro Barrel.

Zudem berichtete das Weiße Haus in Washington über eine mögliche Reduzierung der Förderung in Saudi-Arabien, Kuwait, Irak, Nigerien und Libyen, die im Frühjahr 1980 die Ölmärkte zusätzlich unter Druck zu setzen drohten.

Die Ölimportrechnung der USA für 1979 wurde auf einundsechzig Milliarden Dollar geschätzt, nachdem sie im Jahr zuvor nur zweiundvierzig Milliarden Dollar betragen hatte. Eine Rezession war unter diesen Umständen unausweichlich.

Die Amerikaner hatten im übrigen das Botschaftspersonal in den Monaten vor Beginn der Besetzung stark verringert, von eintausendfünfhundert zu Zeiten des Schahs auf einen Restbestand von nur noch dreiundsiebzig. Man wollte aber bei allen Krisenerscheinungen nicht alle Botschaftsangestellten abziehen, da Geschäftsinteressen sowie rund fünfhundert Amerikaner, die im Iran geblieben waren, nach wie vor zu berücksichtigen waren.

Die Iran-Experten des State Departments hatten übrigens davor gewarnt, dem Schah ein Visum für die USA auszustellen. Sie waren sich der großen Gefahr bewußt gewesen, die eine Einreise des Schahs in die USA zur Folge haben könnte. Außenminister und Präsident setzten sich aber über die Warnungen ihrer eigenen Experten hinweg. Für die Amerikaner war die Besetzung der Botschaft eine unglaubliche Erniedrigung und als Zeichen für die Schwäche der Weltmacht angesehen. Staatliche Preiskontrollen in den Vereinigten Staaten hatten im übrigen dazu geführt, daß der Durchschnittspreis für ein Barrel Öl, der bis zum Sommer 1979 bei 14,55 Dollar lag, für amerikanisches Öl nur 9,45 Dollar betragen durfte.

1979 sollte das Jahr der OPEC-Preiserhöhungen sein. Dann aber spaltete sich die Preisstruktur der OPEC, jedes Mitgliedsland verlangte eigentlich, was es wollte. Die Preisstruktur der Organisation war in jenen Tagen chaotisch. Während Venezuela lange Zeit zu zwanzig Dollar abrechnete und auf vierundzwanzig Dollar erhöhte, verlangten Katar und die Vereinigten Arabischen Emirate siebenundzwanzigeinhalb Dollar nach zuvor einundzwanzigeinhalb Dollar. Saudi-Arabien hatte lange Zeit sein Öl für achtzehn Dollar verkauft, um die Preisspirale irgendwie aufzuhalten; letztendlich zogen sie im Dezember nach und erhöhten ihren Richtpreis um sechs auf den monatlichen Durchschnittswert der meisten Mitgliedsländer, nämlich vierundzwanzig Dollar.

Die Finanzwelt nahm diese Ankündigung der Saudis mit Schock zur Kenntnis, die Märkte reagierten mit Turbulenzen. Der Goldpreis stieg auf ein neues Allzeithoch von 462 Dollar pro Feinunze. Die Unsicherheit unter den Marktteilnehmern war groß. Die Ölimportrechnung der Industrieländer kannte kein Halten mehr, allein für die neun Staaten der Europäischen Gemeinschaft erwartete man einen Anstieg der Ölrechnung um zwanzig bis fünfundzwanzig Milliarden Dollar. Die Ölpreise an den Tankstellen erreichten in den USA mit 1,04 Dollar pro Gallone Rekordniveau, die Autoverkäufe gingen deutlich zurück, und das Vertrauen in die zukünftige Wirtschaftsentwicklung ging drastisch nach unten. Allein die amerikanischen Automobilkonzerne setzten mehr als 100 000 Mitarbeiter frei. Noch stärker waren aber die Auswirkungen in den Entwicklungsländern, die Preiserhöhungen der OPEC-Staaten wirkten sich hier teilweise verheerend aus, weil sich deren Gesamtverschuldung auf über dreihundert Milliarden Dollar erhöhte und weniger Geld für Technologieimporte und andere wichtige Güter verblieb. Zudem erhielten diese Länder für ihre Exportgüter meist weniger als zuvor. Von 1972 bis 1979 stieg die Ölimportrechnung der Entwicklungsstaaten von vier auf vierundvierzig Milliarden Dollar an. Ein Vergleich der Geschäftszahlen der großen Ölkonzerne zu diesem Zeitpunkt zeigt, daß der aus der früheren Standard Oil of New Jersey entstandene Exxon mit großem Abstand wieder weit vorn lag.[13]

Der Iran kam in den folgenden Jahren nicht mehr zur Ruhe. Der Angriff des Irak und der mehrere Jahre andauernde Stellungskrieg führte auf beiden Seiten zu hohen Verlusten. Zudem litt die wirtschaftliche Entwicklung in einem Land, das die Hälfte seines Haushalts für Rüstungsgüter ausgab. Lebensmittelimporte wurden verringert, und Rüstungsimporte nahmen einen immer größeren Anteil an der Einfuhr des Iran aus, die Rationierung von Grundnahrungsmitteln und anderen Gütern gehörte zum Alltag. Der Schwarzmarkt blühte, und der Handel wurde nun auf komplizierte Art und Weise über die Sowjetunion und die Türkei abgewickelt. Die Gesamtkosten des Kriegs wurden von Experten auf zweihundertvierzig Milliarden Dollar geschätzt. Bereits 1980 hatte der Irak die Ölraffinerie in Abadan vollständig zerstört, im Februar 1984 waren es die Anlagen auf der Öltankerabfüllanlage auf Khark Island, die in Mitleidenschaft gezogen wurden. Dennoch konnte der Iran bis Ende 1986 immer noch 2,3 Millionen Barrel pro Tag fördern, die Ausfuhr von Rohöl betrug bis Oktober 1987 noch 1,9 Millionen Barrel pro Tag. Wiederholte Angriffe gegen Öltanker und ein Kaufembargo durch Japan, Frankreich und die Vereinigten Staaten von Amerika, für iranisches Öl, führte im November 1987 zu einem Rückgang der Ölexporte auf nur noch eine Million Barrel pro Tag.[14] Die Einnahmeverluste der iranischen Regierung hatten ein starkes Haushaltsdefizit zur Folge. Erst 1989 und 1990 verzeichnete die iranische Ölindustrie nennenswerte

Die Rückkehr des Schiitenführers KHOMENEI *aus dem Exil im Februar 1979. Neun Monate später fand die Bestürmung der US-Botschaft in Teheran statt. Der iranisch-irakische Krieg war damit vorprogrammiert.*

Iranische Giftgasopfer im iranisch-irakischen Krieg. Mansur KHAN *hat in seinem Buch* Das Irak-Komplott *aufgezeigt, wie die USA Saddam* HUSSEIN *mit allen Mitteln unterstützten.*

Fortschritte, die Ölförderung stieg wieder auf über drei Millionen Barrel pro Tag an.

In den letzten Jahren haben jedoch die Verhandlungen über das iranische Atomprogramm die Beziehungen zwischen dem Westen und dem Iran geprägt. Während die Europäer unter Führung von Deutschland, Frankreich und Großbritannien versuchten auf dem Verhandlungsweg den Iran von der Urananreicherung abzuhalten, sprachen sich die US-Amerikaner von Anfang an für eine harte Haltung gegenüber dem Iran und eine Überweisung des Falles an den UN-Sicherheitsrat aus. Aus der Sicht der Amerikaner sind die Maßnahmen der Internationalen Atomenergiebehörde (IAEA) ebenso unzureichend wie die Verhandlungen der Europäer.

Bundeskanzler SCHRÖDER schließt bekanntlich eine ›militärische Option‹ aus, im Gegensatz zu George BUSH, der insofern konsequent ist, als er die unterschiedlichen politischen Positionen ausdrückt, die vor dem Angrif gegen den Irak bestanden. Diese militärische Option, sollte sie eines Tages Wirklichkeit werden, dürfte allerdings die Europäische Union wegen der anstehenden außenpolitischen Fragen spalten.

Daß die Iraner bei den Verhandlungen mit den Europäern ›auf Zeit‹ gespielt haben, wurde durch die Aussagen von Hussein MUSSAVIAN, Mitglied des Nationalen Sicherheitsrates und langjährigem iranischen Unterhändler im Atomstreit, am 4. August 2005 im iranischen Sender Kanal 2 bestätigt worden. Der Konflikt um das iranische Atomprogramm dürfte also in Zukunft noch für viel Spannung sorgen.

[1] *Collier's Encyclopedia,* Iran: The Qajar Dynasty, Bd. 13, 1966, S. 235.

[2] *Collier's Encyclopedia,* Russia History of, Bd. 20, 1966, S. 285. Karte mit Ausweitung Rußlands bis 1533, 1598, 1689 und Einflußsphären; S. 285 u. 293 f.

[3] »Nobody Influences Me«, in: *Time,* 10. 12. 1979, S. 21.

[4] *Collier's Encyclopedia:* Iran, Bd. 13, 1966, S. 228 f; sowie Mohammed MALEK, »History of Iran. Oil in Iran between the Two World Wars«, iranchamber.com, 20. 8. 1005.

[5] »The Storm over the Shah«, in: *Time,* 10. 12. 1979, S. 21.

[6] *Colliers's Encyclopaedia:* Iran, Bd. 13, 1966, S. 230.

[7] » The Storm over the Shah«, in: *Time,* 10. 12. 1979, S. 22.

[8] Christopher TUGENDHAT, *Erdöl, Treibstoff der Weltwirtschaft – Sprengstoff der Weltwirtschaft,* 1972, S. 159 ff.; weitere Ausführungen im Detail in: Zuhayr MIKDASHI, *A Financial Analysis of Middle East Oil Concessions, 1901–1965,* 1966.

[9] »Now It is up to the Shah«, in: *Time,* 22. 1. 1979, S. 33.

[10] »Nobody Influences me«, aaO. (Anm. 3), S. 23.

[11] »The Storm over the Schah«, aaO. (Anm. 5), S. 24. Der Originalkommentar des Schahs lautete: »my advisers built a wall between myself and my people. I didn't realize what was happening. When I woke up, I had lost my people.«

[12] »Another Oil Price Stunner«, in: *Time,* 24. 12. 1979, S. 36 f. Laut »Update on U.S.-Iran claims settlement, State Department Fact Sheet, November 1989« haben die Amerikaner 1981 insgesamt 9,975 Milliarden Dollar überwiesen, davon 6,085 Milliarden Dollar auf verschiedene treuhänderische Konten, um späteren Ansprüchen von Klägern nachkommen zu können, und 3,89 Milliarden Dollar an den Iran. Der Fall wurde an das Claims Tribunal des Internationalen Gerichtshofs in Den Haag überwiesen. Es gibt aber immer noch ungeklärte Ansprüche, insbesondere solche aus dem Waffenprogramm der siebziger Jahre. Hier besteht der Iran darauf, daß die Vereinigten Staaten von Amerika den Betrag an den Iran zurücküberweisen, für den keine Waffenlieferungen geleistet wurden.

[13] »Inside the Big Oil Game«, in: *Time,* 7. 5. 1979, S. 47.

Die Umsatzentwicklung der Ölunternehmen im Jahre 1978[13]

Unternehmen (Angaben abzüglich excise taxes = Umsatzsteuer)	Umsatz 1978 in US$
Exxon*	60 334 000 000
Royal Dutch Shell*	44 054 000 000
Mobil*	34 736 000 000
Texaco*	28 607 000 000
British Petroleum*	27 390 000 000
Standard Oil of California*	23 232 000 000
Gulf Oil*	18 069 000 000
Standard Oil Indiana	14 961 000 000
ENI (Italien)	12 500 000 000
Atlantic Richfield	12 298 000 000
Française des Pétroles**	10 875 000 000
Continental Oil	9 445 000 000
Petrobás (Brasilien)	9 131 000 000
Elf-Aquitaine (Frankreich)	8 341 000 000

* = dieses Unternehmen gehörte auch
zu den sogenannten Sieben Schwestern (›The Seven Sisters‹)
* *= Zahlen von 1977

Exxon war 1978 mit einem Umsatz von 60,3 Milliarden Dollar der mit Abstand größte Ölkonzern. Es folgten Royal Dutch Shell (44 Milliarden Dollar), Mobil Oil (34,7), Texaco (28,6) und British Petroleum (27,3).

[14] Library of Congress, »Iran: The War's Impact on the Economy and War Costs«, in: *Country Studies,* December 1987.

[15] Robin Whrigt, »Showdown Over Nuclear Plans Awaits Erection Winner«, in: *Washington Post,* 29. 10. 2004; Nikolaus Busse, »Die Europoäer haben uns Zeit verschafft«, in: *FAZ,* 22. 8. 2005.

5. Kapitel

Die historische Entwicklung im Irak, die verlustreichen Golf-Kriege und die heutige Lage

Der Irak, früher als Mesopotamien bekannt, wurde ursprünglich aus den drei türkischen Provinzen geformt, nämlich aus Basra, Bagdad und Mosul. Vor dem Ersten Weltkrieg gehörte die Region lange Zeit zum Osmanischen Reich. Nun aber hatten die Engländer die Staatenbildung in ihre Hände genommen und eine für sie strategisch sehr wichtige Region, in der vor allem arabische Schiiten, arabische Sunniten und Kurden lebten, zu einer staatlichen Einheit zusammengelegt. Nach dem Ersten Weltkrieg und der Übernahme eines Mandats im Jahre 1920 erlangten die Briten die Kontrolle über die gesamte Region und sprachen sich für eine konstitutionelle Monarchie im irakischen Staatsgebiet aus. Ein arabischer Prinz, FAISAL IBN HUSSEIN von den Hedschas, wurde 1921 durch eine Volksabstimmung zum König FAISAL I. bestimmt.

FAISALS Ernennung war allerdings von den Briten schon im voraus bestimmt worden. Das Referendum (bei dem er eine Zustimmung von 96 Prozent erhalten haben soll) sollte ihm beim Volk mehr Legitimität verschaffen. Zwei Gründe sprachen für FAISAL. Er hatte sich zum einen in der arabischen Welt durch seine aktive Beteiligung am arabischen Aufstand gegen die Türken Ansehen und Respekt verschafft. Zudem hatte er stets gute Beziehungen zu den Engländern gepflegt und gehörte der Haschemiten-Dynastie aus dem Hedschas in Saudi-Arabien an.

Die Verfassungsurkunde wurde nach sehr langen Verhandlungen zwischen einem Komitee irakischer Juristen und dem British Colonial Office in der konstituierenden Versammlung 1924 angenommen und von König FAISAL I. 1925 öffentlich bekanntgemacht. Viele Teile hatte man der ägyptischen Verfassung von 1923 entnommen, diese wiederum hatte ihren Ursprung aus wesentlichen Elementen der belgischen und anderen europäischen Verfassungen abgeleitet.[1]

Aus dieser Zeit stammt auch die Legendenbildung des Lawrence von Arabien. Thomas Edward LAWRENCE, wie er eigentlich mit bürgerlichem Namen hieß, reiste 1909 als Student nach Syrien und Palästina, um sich einen Eindruck von der Region zu verschaffen. Er entschied sich, als Geologe tätig zu werden, und fuhr im Dezember

1910 nach Beirut, um die arabische Sprache zu erlernen. Dann schloß er sich den Ausgrabungsarbeiten unter Führung von HOGARTH und CAMPBELL-THOMPSON an, die im Norden Assyriens, in der Nähe von Jerablus, durchgeführt wurden. LAWRENCE nutzte die Arbeitsaufenthalte in der Region immer wieder auch für Reisen in andere Länder; so führte ihn diese Reisetätigkeit unter anderem nach Ägypten, Transjordanien und in den Sinai. Beim Ausbruch des Ersten Weltkriegs im August 1914 beendete er seine Arbeit als Geologe und wurde Mitarbeiter einer Spezialeinheit des britischen Geheimdienstes in Kairo.

LAWRENCE verfaßte in dieser Zeit auch einen einhundertneunzig Seiten langen Bericht über die Beschaffenheit des Nord-Sinai, da er Anfang 1914 in dieser Region Explorationsarbeiten durchgeführt hatte. Im Januar 1915 entstand der Plan der Briten, das nordwestlich von Aleppo befindliche Alexandretta (nicht Alexandria) einzunehmen, um damit einem türkischen Angriff auf den Suez-Kanal zuvorzukommen. Der Plan wurde von London angenommen und umgesetzt. Später behauptete LAWRENCE, der Plan stamme von ihm. Er verfaßte in dieser Zeit in Kairo täglich Geheimdienstberichte, die nach London weitergeleitet wurden. LAWRENCE reiste im August 1915 nach Athen, um die Beziehungen zu den dortigen Geheimdienstmitarbeitern zu verbessern. Nach und nach übernahm LAWRENCE mehr Verantwortung. Er wurde zwischen März und Mai 1916 für einige Wochen auf Geheimdienstmission in die Türkei geschickt. Dort sollte er die Townshend Armee ›freikaufen‹, was aber nicht gelang. Zudem sollte er herausfinden, welche Chancen es für eine arabische ›Rebellion‹ im Irak geben könnte. Die Briten waren in dieser Zeit an einem arabischen Aufstand gegen die Türken interessiert, da sie das Osmanische Reich aufbrechen wollten. Am 5. Juni 1916 begann der Scherif HUSSEIN von Mekka mit einer Revolte.

Im Oktober und November 1916 reiste LAWRENCE nach Hedschas und traf dort die vier Söhne HUSSEINS, Ali, Faisal, Abdullah und Zeid. Diese Begegnung sollte der Beginn einer historischen Umwälzung im Nahen Osten werden. Denn LAWRENCE schloß sich Ende November 1916 den Kampftruppen HUSSEINS an und verblieb bis Februar 1917 bei ihnen. Er baute in dieser Zeit wichtige Kontakte zu arabischen Führern auf, besprach die Kriegstaktik und arbeitete mit ihnen Pläne zur Einnahme von Akkaba aus. Vom 28. Juni bis 6. September 1917 nahm LAWRENCE an den Schlachten von Fuweila und Aba el Lissan teil. Die Araber nahmen Akkaba am 6. Juli ein, und die Briten unterstützten FAISAL bei der Einrichtung einer Basis. Die Stadt wurde Ausgangspunkt für weitere Angriffe im Norden Syriens genutzt und Zentrum für politische Propaganda. LAWRENCE nutzte die restlichen Monate für Angriffe auf Bahngleise der Hedschas-Bahn, eine Reise nach Akkaba und einen Aufenthalt im Allenby-Hauptquartier in Palästina. Er wurde eingeladen, am 11. Dezember 1917 den Einmarsch der Alliierten in Jerusalem mitzuerleben. 1918 folgten die Teilnahme an der Schlacht von Tafileh und die Vorbereitung der arabischen Offensive gegen Deraa. Dieser Angriff gegen Deraa endete im September mit einem Sieg der Araber und zugleich mit der britischen Besetzung Palästinas. LAWRENCE half den Arabern anschließend, eine Übergangsregierung in Deraa zu etablieren. Am 4. Oktober kam es in Damaskus zu einem Zusammentreffen von FAISAL, General ALLENBY und LAWRENCE, danach kehrte er nach England zurück. Doch nicht für lange Zeit. LAWRENCE wurde dann aufmerksamer Beobachter der Versailler Friedenskonferenz im Jahre 1919.

Während sich LAWRENCE in vielen Treffen mit Journalisten und Staatsmännern in Paris für die arabische Freiheit und Unabhängigkeit aussprach, war die offizielle Linie der britischen Regierung gespalten. Das Colonial Office in Indien sprach sich eher für eine britische Kontrolle im Nahen Osten aus, während London eine moderatere Linie vertrat. LAWRENCE verhandelte mit FAISAL und anderen, doch immer mehr schwand seine Hoffnung, daß die Araber wirklich eine faire Lösung bekommen würden, denn die britische Unterstützung für die Araber schwand zunehmend. Im September 1919 zogen sich die Briten aus Syrien zurück und überließen die Kontrolle Frankreich, das bereits im Libanon die Macht übernommen hatte. Zu diesem Zeitpunkt schälte sich die zukünftige Aufteilung der Region in französische und britische Mandatsgebiete heraus, die Briten übernahmen die Kontrolle in den Mandatsgebieten Transjordanien, Palästina und Mesopotamien, das Gebiet des Irak, das die drei ehemaligen osmanischen Provinzen von Mosul, Bagdad und Basra umfaßte.

Während die Balfour-Deklaration vom 2. November 1917 den Beginn eines jüdischen Einwandererstroms in Palästina zur Folge hatte, wurde der spätere Teilungsplan von 1947 von den Palästinensern keineswegs begrüßt, sondern abgelehnt, da er eine ungerechte Aufteilung der Gebiete vorsah, die als Landraub angesehen wurde.

Letztendlich obsiegten ohnehin die stärkeren Mächte. 1920 folgte für LAWRENCE der Ruf des Colonial Office unter Winston CHURCHILL, und zwar als Berater für arabische Angelegenheiten. Seine erste

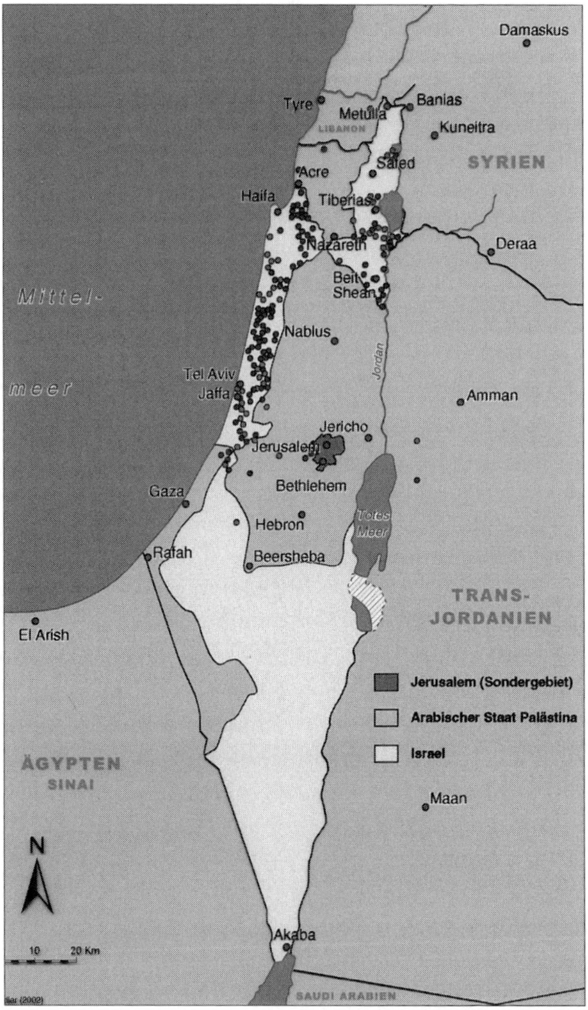

Teilungsplan für Palästina, der am 29. November 1947 von der UN-Generalversammlung beschlossen wurde.

Aufgabe war die Vorbereitung der Konferenz von Kairo, die am 12. März 1921 begann und historische Auswirkungen haben sollte, denn Faisal wurde dort zum zukünftigen König des Irak ernannt. Ende März reiste Churchill nach Jerusalem und ernannte Faisals Bruder Abdullah zum Leiter der Verwaltung in Transjordanien. Genau hier schließt sich der Kreis. Denn die Ernennung der Briten wurde konsequent umgesetzt: Abdullah wurde später zum König von Jordanien, sein Sohn Hussein sollte von 1952 bis 1999 in Jordanien regieren. Faisal seinerseits wurde König im Irak, und auch das war ein historischer Akt. Die Engländer hatten FAISAL ein Jahr zuvor zum König von Syrien ernannt, der Krönung hatten sich aber die Franzosen mit Erfolg widersetzt. Der Ernennung FAISALS war der zweite Kongreß der arabischen Nationalisten in Damaskus am 8. März 1920 vorausgegangen.

LAWRENCE wurde durch Vorträge des amerikanischen Journalisten Lowell THOMAS in der Royal Albert Hall und der Queens Hall in London zum britischen Volkshelden.[2] Die zukünftigen Staatsgrenzen des Irak und Transjordaniens sollen übrigens von einem britischen Diplomaten namens Gertrude BELL und LAWRENCE auf einem Stück Papier eingezeichnet worden sein; auch die Idee, FAISAL im Irak als König zu installieren, soll von den beiden gestammt haben.[3] Die Engländer stellten bei der Grenzziehung sicher, daß die Nordprovinz mit Mosul zum irakischen Staatsgebiet hinzugehörte, da sie in dieser Region umfangreiche Ölvorkommen vermuteten.

Nun zurück zur Lage im Irak, wo FAISAL zum ersten Mal das Land betrat, das er fortan regieren sollte. Der König war gemäß Verfassung für die Ernennung des Premierministers zuständig, und auf seine Weisung hin wurden auch die Minister ernannt oder abberufen. Insofern war der König zum Machtfaktor schlechthin geworden. Die Legislative oblag dem Parlament und dem Senat. Der König wiederum bestellte die Senatsmitglieder. Die Parlamentsmitglieder wurden für vier Jahre gewählt, es kam ein Abgeordneter auf etwa zwanzigtausend Einwohner. Der König konnte Mitglieder vorzeitig vom Amt abberufen, wenn es ihm so beliebte. Die Abgeordneten hatten das Recht, Fragen an die Minister zu stellen, und konnten Ausführungen erwarten. Zudem konnte ein Mißtrauensantrag gegenüber dem Kabinett oder einzelnen Mitgliedern des Kabinetts gestellt und bei erfolgreicher Abstimmung ein Rücktritt erzwungen werden. Die Justiz sollte schon von jeglicher politischen Beeinflussung völlig unabhängig sein.

Ein für die Region geradezu ›demokratischer Musterstaat‹ sollte hier entstehen, mit einer einzigen Fehlkonstruktion: der absoluten Macht des Königs. Der König war nämlich auch Oberbefehlshaber der Streitkräfte und konnte mit der Zustimmung ›seiner‹ Minister Kriege eigenhändig ›erklären‹ und Neuwahlen ausrufen. Internationale Abkommen oder Vereinbarungen erfolgten mit Zustimmung des Parlaments. Der König konnte im Notfall Verfügungen aussprechen, die Rechtskraft erlangten, diese mußte er dem Parlament zur nächsten Sitzung einreichen.

Außerdem übernahmen die arabischen Sunniten, obwohl mit fünfzehn bis zwanzig Prozent Bevölkerungsanteil in der Minderheit, im Irak in der Regel die wichtigsten Führungspositionen in den meisten Institutionen sowie in der Armee, was wiederum wegen der von ihnen betriebenen Politik in den folgenden Jahren zu wiederholten Revolten der Schiiten und Kurden führen sollte. Auch die Assyrer wurden schonungslos unterdrückt. Die Zentralregierung reagierte meistens mit weiteren Repressionen und beendete die Aufstände mit dem Einsatz von Militärgewalt. Nachdem der Militärdienst 1934 zur Pflicht erklärt worden war, stieg die Anzahl der Soldaten rasch an.

Das Land war in vierzehn ›liwas‹ oder Distrikte eingeteilt, die jeweils von einem ›mutasarrif‹ oder Gouverneur verwaltet wurden. Diese wurden vom Minister des Innern ernannt, dem sie auch disziplinarisch untergeordnet waren. Kommunalparlamente gab es keine. Das war der Geburtsfehler der irakischen Demokratie und sollte nach 1979 zur großen Machtausübung Saddam Husseins führen.

1920, in der Geburtsstunde der konstitutionellen Monarchie, wurden über neunzig Prozent der Bevölkerung noch als Analphabeten eingestuft. Ein großer Teil der Intellektuellen und professionellen Politiker aus dieser Zeit waren gegen eine enge Partnerschaft mit Großbritannien. König Faisal setzte sich mit seinen Machtbefugnissen über diese Skepsis einfach hinweg. Erst 1932 erlangte der Irak seine uneingeschränkte Souveränität von Großbritannien, doch auf Grund eines bilateralen Bündnisvertrages aus dem Jahre 1930 mit einer Laufzeit von fünfundzwanzig Jahren verblieben britische Berater im Land. Ebenso bekam man die Nutzungsrechte für zwei Luftwaffenstützpunkte und vereinbarte in allen außenpolitischen Fragen eine ›enge‹ Zusammenarbeit. Ferner durfte Großbritannien im Notfall militärisch eingreifen. Während sich das Volk die wirkliche politische Unabhängigkeit von den Engländern ersehnte, galten König Faisal und all seine Nachfolger als ausführende Organe britischer Interessen.

König Faisal I. starb im September 1933, als er sich zur medizinischen Behandlung auf einer Reise in die Schweiz befand. Ihm folgte sein junger und noch sehr unerfahrener Sohn Ghazi auf den Thron, bis dieser bei einem merkwürdigen Autounfall ums Leben kam (1933–1939), dann sein Vetter Abdullah für den noch minderjährigen Faisal II. als Regent (1939–1953) und schließlich Faisal II. (1953–1958), der einzige Sohn Ghazis. Als während des Zweiten Weltkriegs der Anführer der nationalistischen arabischen Bewegung, Raschid

AL-GAI, die Macht im Irak übernahm und ABDUL ILAH sowie NURI AL-SAID nach Jordanien flohen, sorgten britische Truppen für die Absetzung von RASCHID ALI und die Wiederherstellung des Status quo. Während der gesamten Monarchiezeit sorgte der Konflikt mit den Kurden und Schiiten im Land für ein spannungsgeladenes Umfeld, das jederzeit zum Ausbruch von Gewalt führen konnte.

Die Legislative wurde insofern auch eingeschränkt, als der König seine exekutive Macht auch dahingehend ausweitete, die Gouverneure anzuweisen und dafür Sorge zu tragen, daß die Parlamentarier, die auch Kabinettsmitglieder waren, wiedergewählt wurden.

Einige Verfassungsergänzungen wurden 1943 beschlossen. So wurde der König in die Lage versetzt, den Premierminister abzuberufen, wenn das ›öffentliche Interesse‹ dies erforderte. Eine Auflösung des Parlaments durch Antrag des Kabinetts beim König wurde ebenso erschwert. Zudem konnte der König die Anzahl der Senatsmitglieder auf ein Drittel der Parlamentsmitglieder erhöhen.

Nach Beendigung des Zweiten Weltkrieges wurde der Forderung der Allgemeinheit für die ›Legalisierung‹ von politischen Parteien stattgegeben. Drei politische Gruppierungen stachen hervor: die Sozialkonservativen, die eher moderate Ansichten vertraten und auch die enge Verbindung mit Großbritannien nicht unbedingt ablehnten; die Nationalisten und die Sozialradikalen, die gegen die Konservativen und auch gegen die Briten waren. Die Nationalisten wollten die vollständige Unabhängigkeit von Großbritannien erreichen.

Während der dreißiger und vierziger Jahre gehörten die Regierungswechsel zum politischen Alltag des Landes. Manche erfolgten gewaltlos, andere wurden aber mit dem Einsatz von Gewalt durchgesetzt. Dazu gehörte 1937 auch die Ermordung von General Bakr SIDQI, der sich ein Jahr zuvor noch selber an die Macht in Bagdad geputscht hatte und damit die Regierungszeit von YASIN AL-HASHIMI beendet hatte.

Während dieser Zeit war es NURI AL-SAID, der sich zum politischen Führer entwickelte. Er wurde zum verhaßten Symbol der britischen Macht im Irak und sollte zwischen 1930 und 1958 vierzehn Mal zum Ministerpräsidenten seines Landes gewählt werden und hatte insgesamt siebenundvierzigmal einen Kabinettsposten inne. Diese häufigen Kabinettswechsel sind auch kennzeichnend für die politische Instabilität im Irak nach dem Zweiten Weltkrieg.

NURI AL-SAID unterdrückte alle politischen Parteien und begann, sich wie ein Diktator aufzuführen. Im Januar 1955 vereinbarte er ein

Abkommen mit der Türkei, das später als das Herzstück des ›Bagdad Paktes‹ gelten sollte. Denn die irakischen Nationalisten und ab 1955 auch die linkskommunistisch orientierten Sozialradikalen hatten wegen der Verbindung NASSERS zur Sowjetunion große Sympathien mit dem ägyptischen Präsidenten. Dem ägyptischen Hörfunk waren zudem Aufrufe an die irakische Opposition zum Sturz von NURI AL-SAID zu entnehmen, der daraufhin mit erhöhten Sicherheitsmaßnahmen in seiner unmittelbaren Umgebung reagierte.

Dem Bagdad-Pakt gehörten neben der Türkei und dem Irak noch der Iran, Pakistan und Großbritannien an. Die Amerikaner wirkten nur in den Komitees mit, lehnten aber eine volle Mitgliedschaft ab. Ziel war eine gegenüber dem Westen eher moderate, offene Politik, was sich nach der Revolution von 1958 eher ins Gegenteil verkehrte. Anfang der fünfziger Jahre sorgten die Briten für die Ausbildung und Ausrüstung der irakischen Armee. Ab 1954 bekam der Irak auch militärische Unterstützung der Amerikaner; hierfür sorgten die getroffenen Abmachungen eines gemeinsamen Verteidigungspaktes. Als die Armee unter Führung von Abdul Karim KASSEM am 14. Juli 1958 für den Sturz König FAISALS II. sorgte und die konstitutionelle Monarchie im Irak beendete, befanden sich beispielsweise einhundertzwanzig Panzer vom Typ ›Centurion‹ in ihrem Besitz, außerdem dreißig ›Churchills‹ und andere Waffen. Zudem erwartete der Irak nach 1959 sowjetische MIG-Kampfflugzeuge und Iljuschin-Bomber, die die britischen ›Hawker Hunter‹ ersetzen sollten.

NURI AL-SAID, der als proenglischer Politiker als Symbol für die Macht der Engländer im Irak galt, wurde umgebracht und seine Leiche dann von den Massen durch die Straßen von Bagdad gezogen und verunstaltet. Gleiches Schicksal erlitt ABDUL ILAH. Die meisten anderen Mitglieder der Königsfamilie wurden umgebracht.

Da in Syrien im März 1963 auch die Baath-Partei durch einen Militärcoup die Macht übernahm, ergab sich nun die Möglichkeit für eine Vereinigung zwischen dem Irak und Syrien. Doch die Militärführung unter Abd AS-SALIM AREF lehnte dies ab. Erst sein Bruder Abdul RAHMAN AREF, der 1966 die Führung übernahm, bemühte sich um eine engere Zusammenarbeit mit Syrien.

Am 27. Juli 1958 wurde eine vorläufige Verfassung veröffentlicht und der Irak zur unabhängigen Republik erklärt. Zudem gab man bekannt, ein Teil der ›arabischen Nation‹ zu sein, was den Nationalisten Entgegenkommen zeigen sollte und damals als ›höchstes Ziel« galt. KASSEMS Regierung kündigte die Mitgliedschaft im Bagdad-Pakt auf und widersetzte sich dem anglo-amerikanischen Imperialismus. Er verstärkte die Beziehungen zur Sowjetunion. Die Beziehungen zu NASSERS Ägypten dagegen verschlechterten sich, weil beide die Führungsrolle in der arabischen Welt anstrebten. 1952 hatte ein Militärputsch in Ägypten König FAROUK gestürzt, und Gamal Abdul NASSER hatte die Macht übernommen. KASSEM selbst wurde im Februar 1963 gestürzt.

Am 3. Mai 1964 wurde eine neue vorläufige Verfassung bekanntgegeben, die dem Präsidenten die Macht der Exekutive zusprach. Ihm standen der Nationale Rat der revolutionären Führung, das Kabinett und der Nationale Verteidigungsrat zur Seite. Der Präsident bestellte das Kabinett und den Premierminister und war zudem Oberbefehlshaber der Streitkräfte. Die legislative Macht lag beim Kabinett. An der Spitze des Revolutionsrates stand nun General ARIF, der gleichzeitig auch Präsident der Republik war. Die Baath-Partei stellte nun schon 16 der 18 Mitglieder im Revolutionsrat und 12 von 21 Kabinettsposten. Die Machtbasis der Baath-Partei wurde in dieser Zeit etabliert und allmählich ausgebaut.

Im Ölbereich hatte die neue Vereinbarung von 1952 der Regierung fünfzig Prozent des Gewinns vor Steuern zugesprochen. Hierdurch erhöhten sich die Öleinnahmen des Irak von 32 Millionen Dollar im Jahre 1951 auf 112 Millionen Dollar im Jahre 1952. Doch die höheren Einnahmen kamen dem Volk nicht zugute, da sich die Korruption bei den Regierungsangestellten verstärkte. Zudem waren nur wenige Iraker in der Ölindustrie beschäftigt, und der Ölboom hatte wegen seiner preistreibenden Auswirkungen die Lage der irakischen Bevölkerung eher noch verschlechtert. Zu den Leidtragenden gehörte ebenfalls der irakische Mittelstand, also auch Lehrer, Beamte und Armeeoffiziere. Diese Tatsache sorgte auch für den sehr starken Zulauf, den die kommunistische Partei des Irak in jener Zeit erlebte. Im Juli 1964 unterzeichnete General ARIF ein Gesetz, das die Verstaatlichung von Banken und einigen Industrieunternehmen vorsah.

Der Irak förderte in jenem Jahr 1964 insgesamt 61,4 Millionen Tonnen metrische Tonnen Rohöl, die Erlöse von den Ölexporten betrugen 350 Millionen Dollar, damals etwa 125 Millionen irakische Dinar. Der Irak war zu diesem Zeitpunkt der viertgrößte Ölproduzent des Nahen Ostens und der siebtgrößte in der Welt. Auch die Gründung der Iraq National Oil Co. wurde im Februar 1964 bekanntgegeben. Das Öl für den inländischen Bedarf sollte von der Regierungsverwaltung für Ölraffinerien, kurz GORA genannt, gefördert und verarbeitet werden; das Ministerium für Öl übernahm den Vertrieb und die Vermarktung.

1968 erfolgte dann die endgültige Machtübernahme der Baath-Partei, als General Ahmed Hasan AL-BAKR durch einen Militärputsch die Macht übernahm. Die politische Landschaft hatte sich mittlerweile grundlegend verändert. Durch die Repressionen der Vorgängerregierungen waren die meisten politischen Parteien wieder von der politischen Bühne verschwunden. Den folgenden Machtkampf zwischen der kommunistischen Partei und der Baath-Partei entschied letztere dank der Machthebel mit zahlreichen Maßnahmen für sich. Zudem sorgte die Baath-Partei durch eine Landreform und andere Vergünstigungen in der Bevölkerung für eine deutlich höhere Zustimmung. Am 15. Juli 1979 trat der fünfundsechzigjährige AL-BAKR aus Altersgründen zurück und übergab die Macht im Staat an seinen langjährigen Stellvertreter Saddam HUSSEIN. Dieser war nun als Vorsitzender des Revolutionsrates auch Staatspräsident, Regierungs- und Parteichef sowie Oberbefehlshaber der Streitkräfte in einer Person.

Mit der großen Macht der Exekutive beim Präsidenten war Saddam HUSSEIN der Weg geradezu aufbereitet worden. Bis Mitte der sechziger Jahre rüsteten die Briten und die Russen die irakische Luftwaffe auf, wobei der sowjetische Anteil an den Waffenlieferungen überwiegen sollte, da der Irak im März 1959 aus dem Bagdad-Pakt ausgetreten war und sich für umfangreiche Militär- und Wirtschaftshilfe der Russen entschieden hatte. Bereits im April 1980 kam es zu kleineren Grenzgefechten mit dem Nachbarland Iran. Im Laufe des Jahres 1980 kündigte der Irak das Grenzabkommen mit dem Iran von 1975 auf. Im Vertrag von Algier war der Grenzverlauf zwischen dem Irak und dem Iran von der iranischen Uferseite des Schatt-el-Arab auf die Flußmitte verlegt worden. Damals befand sich der Iran auf dem Höhepunkt seiner Macht, der Irak willigte ein. Die Aufkündigung des Vertrages war ein schlechter Vorbote. Friedlich blieben Saddam HUSSEINS Überlegungen gegenüber seinen Nachbarstaaten nicht sehr lange. Am 22. September 1980 marschierten irakische Truppen über das Grenzgebiet zum Iran. Da sich die großen iranischen Ölquellen zwar auf iranischem Staatsgebiet, aber in der Nähe der Grenze zum Irak befinden, war es zwangsläufig auch ein Krieg ums Öl. Der Irak besetzte die iranische Erdölprovinz Khusistan; hätte er die Stellungen dort halten können, wären die irakischen Ölreserven stark angestiegen.

Iranische Truppen konnten das Gebiet im Mai und Juni zurückgewinnen. Dem insbesondere durch die Sowjets aufgerüsteten Irak gelang es trotz anfänglicher Bodengewinne nicht, die eroberten Gebiete zu halten. Es entwickelte sich ein harter, langjähriger Stellungskrieg mit hohen Verlusten auf beiden Seiten. Natürlich war es auch ein Krieg der Ideologien: auf der irakischen Seite die herrschende Baath-Partei, auf der anderen die nun regierenden fundamentalistischen Schiiten. Als KHOMEINI die Macht im Iran übernahm, konnten die Schiiten ihrer Ideologie einer strengen Religionsausübung endlich nachkommen. Da auch in der irakischen Bevölkerung die Schiiten eine deutliche Mehrheit bilden, gab es natürlich auch im Irak und in den anderen Golfstaaten Befürchtungen, daß sich der schiitische Fundamentalismus ausbreiten würde und die Scheichtümer ihre Macht letztendlich verlieren könnten.[4]

Es sollte nicht so weit kommen, aber der Angriff des Irak gegen den Iran war auch ein Krieg um die Macht in der Region. Am Ende gab es keinen Gewinner. Der Iran drängte irakische Truppen auf ihr Staatsgebiet zurück, die Kämpfe gingen aber viele Jahre weiter. Schließlich dauerte dieser sinnlose Krieg bis August 1988 an. Erst dann stellte man unter intensiver Vermittlung der Vereinten Nationen die Kämpfe auf beiden Seiten ein, ein Waffenstillstandsabkommen trat in Kraft.

Auch andere Ereignisse hatten in diesen Jahren die Aufmerksamkeit der Weltöffentlichkeit erlangt. Am 7. Juni 1981 war es die israelische Luftwaffe, die im Alleingang und ohne Vorwarnung in den Irak flog und das vor der Inbetriebnahme befindliche irakische Atom-Forschungszentrum Tuwaitha dem Erdboden gleichmachte.[5] Nun war die US-Administration von Ronald REAGAN gefordert, auf dieses weltpolitische Ereignis zu reagieren – man reagierte aber kaum. Präsident Ronald REAGAN beließ es bei schalen Äußerungen. Die Luft im Nahen Osten wurde immer dicker. Die Amerikaner zeigten Präsenz im Nahen Osten, von August 1982 bis Dezember 1987 waren etwa 1200 amerikanische Soldaten, eine sogenannte amerikanisch-multinationale Schutztruppe, im Libanon stationiert, um die Regierung des Landes zu unterstützen und für Sicherheit in der Region zu sorgen. Die bis dahin militärisch dominierende PLO wurde in dieser Zeit aus dem Land vertrieben. Im Oktober 1983 kam es zu einem Bombenanschlag im Libanon, bei dem 241 amerikanische Soldaten starben. Im Juni 1984 schossen saudiarabische Kampfflugzeuge mit Unterstützung amerikanischer ›Awacs‹ und ›KC-10‹-Luftbetankungsflugzeuge zwei iranische Kampfflugzeuge über dem Persischen Golf ab. Die Sowjetunion verwies darauf, daß die Präsenz der Amerikaner im Nahen Osten die ›Spannungen‹ erhöhte.

Während die Briten unter Margaret THATCHER 1982 im Falkland-Krieg gegen Argentinien militärische Stärke demonstrierten, suchte die amerikanische Regierung nach Wegen, die äußerst schlechten Beziehungen zwischen dem Iran und den Vereinigten Staaten von Amerika zu verbessern. Ziel war es letztendlich, die Freilassung der in Beirut von pro-iranischen Terroristen festgehaltenen amerikanischen Geiseln zu erreichen. So kam es unter der Amtszeit Ronald REAGANS zu geheimen Waffenlieferungen an den Iran. Die Verantwortung für die Geschäfte lagen bei Oberstleutnant Oliver NORTH, der gleichzeitig auch Militärberater im Nationalen Sicherheitsrat war. Die Erlöse dieser Waffengeschäfte in Höhe von vermutlich dreißig Millionen Dollar wurden an die rechtsgerichteten Contras in Nicaragua weitergeleitet, um sie beim Kampf gegen die sandinistische Regierung zu unterstützen. Deswegen wurde dieser Vorgang später als ›Iran-Contra-Affäre‹ bekannt. Die Unterstützung verstieß aber gegen einen Beschluß des amerikanischen Kongresses, der die Unterstützung der Contras in Nicaragua ausdrücklich untersagte. Im November 1986 berichtete ein libanesisches Magazin über ein zwischen der amerikanischen und der iranischen Regierung vereinbartes Waffengeschäft. Es kamen immer mehr Informationen ans Tageslicht. Die amerikanische Regierung wurde sogar vom Internationalen Gerichtshof in Den Haag schuldig gesprochen, weil sie sich in die inneren Angelegenheiten Nicaraguas eingemischt hatte. Die amerikanische Administration erklärte aber, der Gerichtshof sei nicht befugt, über die USA zu urteilen. Auch die Vereinten Nationen forderten die USA auf, das Gerichtsurteil anzuerkennen; El Salvador, Israel und die Vereinigten Staaten stimmten gegen die Resolution.

Dann erfolgte 1987 der schreckliche Angriff der Iraker mit chemischen Waffen in der kurdischen Stadt Halabdschawar, bei dem Tausende unschuldige Menschen ums Leben kamen. Saddam HUSSEINS Cousin Ali HASSAN AL MAJID befehligte diesen Einsatz.[6]

Die internationale Gemeinschaft blieb angesichts der unglaublichen Greueltaten, die Saddam HUSSEIN hier angeordnet hatte, erstaunlich ruhig. Im April 1988 zerstörten US-Kriegsschiffe zwei iranische Ölplattformen, drei iranische Kriegsschiffe und sechs Schnellboote. Im Juli 1988 schließich wurde das iranische Verkehrsflugzeug ›Iran Air 654‹ durch eine Luftabwehrrakete des amerikanischen Zerstörers ›Vincennes‹ abgeschossen – versehentlich, wie man betonte. Alle zweihundertneunzig Insassen des Airbus A300 kamen dabei ums Leben. Dieser Vorfall trug nicht gerade zur Verbesserung des Verhältnisses zwischen der iranischen und der amerikanischen Regierung bei.

Der Irak merkte sich die Methoden der Israelis, und die irakische Luftwaffe sollte zwischen 1984 und 1987 die Baustelle des Kernkraftwerks im iranischen Buschehr neunmal anfliegen und für wesentliche Zerstörungen sorgen. Nach Ende des Irak-Iran-Kriegs im Jahre 1988 hielt der Frieden Saddam HUSSEINS nicht lange an. Im August 1990 marschierten irakische Truppen in das kleine Nachbarland Kuwait ein. Saddam HUSSEIN hatte sich offensichtlich verkalkuliert, denn er vermutete, die internationale Gemeinschaft würde sich über eine geignete Reaktion nicht einig sein. Doch er irrte sich dieses Mal gewaltig, denn die Weltöffentlichkeit ließ mit einer Reaktion nicht lange auf sich warten. Der UN-Sicherheitsrat tagte sofort und machte unmißverständlich klar, daß er Saddam HUSSEINS militärischen Einsatz nicht gewähren lassen und Kuwait notfalls auch mit dem Einsatz aller militärischen Mittel befreien würde. So kam es dann auch, und Kuwait wurde im Frühjahr 1992 von der irakischen Besetzung befreit.[7]

Trotz des militärischen Erfolges verlor George BUSH die Präsidentenwahl im Herbst 1992 und wurde somit nicht, wie von vielen politischen Beobachtern erwartet, für eine zweite Amtszeit wiedergewählt. Die neue Administration unter Bill CLINTON verkündete nach ihrer Amtsübernahme im Frühjahr 1993 das sogenannte ›*dual containment*-Konzept‹ für den Umgang Amerikas mit dem Iran und dem Irak. Die beiden Länder sollten nicht wie bis Ende der achtziger Jahre gegeneinander ausgespielt werden, dennoch wollte man beide möglichst ›schwächen‹, um die Gefahr für die Verbündeten in der Region so niedrig wie möglich zu halten oder gar ganz auszuschließen.[8] Da der Irak im Norden und Süden einer ständigen Kontrolle seitens der Amerikanern und Briten, die nach dem ersten Golfkrieg 1991 Flugkontrollzonen eingeführt hatten, ausgesetzt war, bereitete die Durchführung des Konzepts im Falle des Irak ohnehin kaum Schwierigkeiten. Diese Kontrolle kam den kurdischen Provinzen Arbil, Dohuk und Sulaimanija zugute, da sie mit den Zolleinnahmen aus dem Warenhandel mit der Türkei über eine Einnahmequelle verfügten und immerhin von der Zentralregierung in Bagdad fortan in Ruhe gelassen wurden.[9] Die Amerikaner und Briten bombardierten auch in den Folgejahren einige unruhige Regionen im Irak, das Interesse wurde somit auf andere Regionen im Lande gelenkt, gleichzeitig aber der Druck auf die Regierung in Bagdad erhöht.

Gegenüber dem Iran wurde das ›Spiel mit Worten‹ fortgesetzt, um von außen Druck auf die Führung zu erzeugen. Zudem mied man seit dem Machtwechsel im Jahre 1979 direkte wirtschaftliche und politische Kontakte, da das Land ohnehin ein rotes Tuch für die amerikanische Diplomatie geworden war. 1996 verabschiedete der amerikanische Kongreß Sanktionen gegen den Iran und Libyen (die sogenannte »Iran and Libya Sanction Act«). All das konnte aber eine Annäherung des Iran zu Saudi-Arabien und den Staaten des Golfkooperationsrates nicht verhindern. Die Sanktionspolitik der Amerikaner gegen den Iran war wegen der mangelnden Unterstützung durch Europäer und Japaner und mangelnde Effektivität auch in den USA umstritten.

In Bagdad hatte die Führung im April 1995 nach der Beschlußfassung über die UN-Resolution 986 durch die Einführung des ›Öl für Nahrungsmittel‹-Abkommens einen diplomatischen Erfolg zu feiern gehabt, gelang es ihr, so wieder Ölverkäufe vorzunehmen und über erhebliche Einnahmen zu verfügen. Die Ölverkäufe sollten zum einen über die Kirkuk-Yumurtalik Ölpipelineverbindung in die Türkei erfolgen, zum anderen von Mina al-Bakr verschifft werden. Offiziell sollten dafür zwar nur Lebensmittel und Medikamente gekauft werden, die über UN-Treuhandkonten kontrolliert wurden, es gelang der Regierung aber, über ›inoffizielle Verkäufe‹ Milliardenbeträge für andere Zwecke zu erlösen.[10] Bereits im Herbst 1998 lehnten die Iraker die Forderung der UNSCOM (United Nations Special Commission) ab, den Waffenkontrolleuren die Paläste von Saddam HUSSEIN zugänglich zu machen. Auch die Aufsicht der im Jahre 1999 nachfolgenden UNMOVIC (United Nations Monitoring, Verification and Inspection Commission) Kontrolleure wies man zurück.[11] Bill CLINTONS Administration ließ den Irak ohne Strafe gewähren, die BUSH-Administration übernahm eine ungeklärte Situation. Und hier war gleichzeitig das Problem.

Die BUSH-Administration übernahm die Regierungsgeschäfte in Washington mit der Entschlossenheit, zu handeln und notfalls auch militärische Mittel einzusetzen. Es war außerdem bekannt, daß die Mitglieder der neuen US-Regierung eher einen militärischen Angriff auf den Irak befürworteten. Mit Vizepräsident Dick CHENEY hatte George W. BUSH im übrigen einen ausgesprochenen ›Ölmann‹ in seine

Die Öl-Connection in der Bush-Regierung. Von links: George W. Bush (Manager der Ölfirmen ›Arbusto/Bush-Exploration‹, 1978–1984, und ›Harken‹, 1986–1990). Dick Cheney (Chef des Öl-Dienstleisters ›Halliburton‹, 1995–1990). Condoleezza Rice (Aufsichtsrat von ›Chevron‹, 1991–2000). Donald Evans (Handelsminister, Präsident der Ölgesellschaft ›Tom Brown‹, 1979–2000), Spencer Abraham (Energieminister, von der Autoindustrie gesponsert).

Regierungsmannschaft geholt. Cheney hatte sich zuvor in seiner Funktion als Vorstandsvorsitzender von Halliburton eingehend mit der Zukunft der Ölindustrie beschäftigen können und im Herbst 1999 eine Rede beim Londoner Petroleum Institute über die Zukunft der Branche gehalten. Demnach sollte (laut Angaben des National Energy Policy) der Anteil des Nahen Ostens an der Ölversorgung bis 2020 auf vierundfünfzig bis siebenundsechzig Prozent ansteigen.[12] Cheney war wohl eindeutig klar, daß wegen der Abhängigkeit der westlichen Industriestaaten die Bedeutung des Nahen Ostens ständig zunehmen würde. So wird er sich sicherlich ebenso wie Bush für einen Angriff gegen den Irak ausgesprochen haben. Einzig und allein stand diesem Vorhaben Außenminister Colin Powell entgegen, der Ende 2002 und im Frühjahr 2003 versuchte, die Legimität der Vereinten Nationen für das Vorhaben der amerikanischen Regierung zu gewinnen. Er sollte schließlich im Sicherheitsrat der Vereinten Nationen kläglich scheitern; ohnehin stand der Angriff gegen den Irak längst fest, denn die Truppenmobilisierung hatte unzweideutige Fakten geschaffen.

Eine Großmacht wie die Vereinigten Staaten läßt seine Truppen nicht umsonst aufmarschieren. Nach der Befreiung Kuwaits im Frühjahr 1991 übten Amerikaner, Briten und die Inspektoren der Vereinten Nationen nach wie vor eine strenge Kontrolle über den Irak aus. Das irakische Volk litt unter Armut und Mangel an Lebensmitteln und Medikamenten. Eine erneute kriegerische Auseinandersetzung mit dem Irak war letztendlich unausweichlich, da die Amerikaner neben dem afghanischen Schauplatz ein zweites Ziel für ihre Antiterrorangriffe im Rahmen des ›Kriegs gegen den Terror‹ suchten. Dabei kam ihnen die Rhetorik von Saddam HUSSEIN gerade recht; schließlich verkaufte sich ein Angriff gegen einen ›Tyrannen in Nahost‹ im Westen immer noch am besten. Daß die Amerikaner bei vielen Greueltaten Saddam HUSSEINS in der Vergangenheit geschwiegen hatten, war auch klar – wer aber konnte sich daran schon genau erinnern? Auch im Irak-Iran-Krieg standen sie auf der Seite Saddam HUSSEINS. Denn wie früher die Sowjetunion, war ihnen der Iran noch viel suspekter als der irakische Diktator.

Die amerikanische Regierung hatte sich in den Jahren zuvor aber penibel auf alle möglichen miltärischen Szenarien in Nahost vorbereitet, auch auf einen Einmarsch des Irak in Kuwait. In einer Studie des Pentagons, »1994 to 1999 Defense Planning Guidance and Its Illustrative Planning Scenarios«, wurde unter anderem auch ein Einmarsch des Irak in Kuwait mit 2000 Panzern und einundzwanzig Divisionen durchgespielt.[13] Die Rand Corporation hatte wiederum vor der Auseinandersetzung mit dem Irak eine Analyse vorbereitet, die sich mit der möglichen Militärpräsenz der Amerikaner in Nahost auseinandersetzte, um einen Angriff der Iraker zu verhindern.[14] Man hatte also Saddam HUSSEINS Droheskapaden schon bis zum Ende durchgedacht und die möglichen Folgen durchgearbeitet, konnte aber aufgrund der Entfernung militärisch nur reagieren und den Einmarsch nicht verhindern.

Vielleicht wollte man es auch gar nicht? Erinnert wird an jenes Gespräch, das die amerikanische Botschafterin GLASPIE mit Saddam HUSSEIN vor dem Einmarsch führte. Auf Saddam HUSSEINS Frage, wie die Amerikaner auf einen irakischen Einfall in Kuwait zu reagieren gedächten, antwortete sie: »Wir haben keine Meinung zu innerarabischen Konflikten, genauso wenig, wie wir keine Meinung zu Ihrem Grenzkonflikt mit Kuwait haben.«[15] Anstatt eine klare und deutliche Warnung an Saddam HUSSEIN auszusprechen, daß im Falle eines Angriffs die Amerikaner und die internationale Gemeinschaft eine Besetzung oder Eingliederung Kuwaits in den Irak nicht billigen würden, konnte der irakische Staatschef die Aussage der Botschafterin als richtige Einladung zu einem Eroberungsversuch werten. Am 2. August 1990 war es soweit, die irakischen Truppen besetzten Kuwait und trafen dabei auf keinen großen Widerstand. Die Fakten in Nahost hatten sich geändert, und allein aufgrund der immensen Ölreserven des Irak und Kuwaits konnte die Weltgemeinschaft diesem Überfall nicht tatenlos zusehen.

Ende der achtziger Jahre und Anfang bis Mitte der neunziger Jahre hatte sich die Lage im Nahen Osten etwas verbessert. Der Oslo-Friedensprozeß und die Friedensgespräche der Israelis mit den Palästinensern in Madrid sorgten für eine zwischenzeitliche Entspannung. Es gab die Hoffnung, endlich bessere, insgesamt friedlichere Zeiten in einer hochexplosiven Region erleben zu können. Selbst der amerikanische Präsident Bill CLINTON unternahm zahlreiche Versuche, die Israelis und Palästinenser zu konkreten Schritten auf dem Weg zu einem friedvollen Nebeneinander zu verpflichten. Doch der israelische Ministerpräsident BARAK hatte keine beschlußfähige Mehrheit im israelischen Parlament hinter sich, und der Wechsel zum ›alten Falken‹ Ariel SCHARON ließ Schlimmeres befürchten. Es kam dann auch so, wie es kommen mußte. SCHARON ließ die Palästinenser schon vor seiner Amtsübernahme wissen, was er von seinem ›Friedenspartner‹ hielt. Nämlich gar nichts. Das Spiel der Provokationen begann, und es folgte eine blutige Auseinandersetzung, die bis heute noch anhält. Letztendlich erreichte SCHARON, was er erreichen wollte, nämlich einen riesigen Zeitgewinn. Zudem konnten israelische Truppen in der Zwischenzeit in den palästinensischen Gebieten Fakten schaffen, und das vor einer zum Teil hoffnungslos überforderten oder aber auch fassungslosen Weltöffentlichkeit.

Der ›ehrliche Makler‹ des Nahen Ostens, wie sich die Amerikaner nach der unter ihrer Vermittlung zustande gekommenen Annäherung zwischen Ägypten unter Anwar EL-SADAT und Israel unter Menachem BEGIN nannten, hielt sich bei der Verschärfung des Konflikts zwischen Palästinensern und Israelis auffällig zurück. Die amerikanische Regierung unterstützte aber auch die drastischen Maßnahmen der SCHARON-Regierung, denn dieser hatte sich bei seinen wiederholten Antrittsbesuchen in Washington die jeweils notwendige Rückendeckung geben lassen. Der 11. September 2001 und der Kampf gegen den internationalen Terrorismus waren hierfür mitverantwortlich, denn die BUSH-Regierung sah ARAFAT und seine

Administration schon längst nicht mehr als ehrliche Makler in eigener Sache an. Auch SCHARON wußte das, und er wußte es entsprechend auszunutzen. George BUSH hatte in seiner Rede an die Nation zu Amtsbeginn den Irak und den Iran zu »bösen Staaten« und zu Mitgliedern der »Achse des Bösen« erklärt. Da sich auf dieser Liste auch noch Staaten wie Nordkorea und Libyen wiederfanden, konnte man sicher sein, daß Bewegung in die Nahost-Politik der Vereinigten Staaten kommen würde. Die Frage war nur: Welches Land würdes als nächstes den Druck der amerikanischen Regierung zu spüren bekommen? Vielleicht der Irak, denn unter der Führung Saddam HUSSEINS stand dieses Land schon lange auf der Liste des amerikanischen Präsidenten, spätestens seitdem multinationale Truppen, angeführt von amerikanischen Einheiten unter dem Oberbefehl seines Vaters George BUSH, im Frühjahr 1991 das Wüstenscheichtum Kuwait befreit hatten und dann nicht auch noch nach Bagdad marschiert waren, um den irakischen Präsidenten vom Thron zu stoßen. Eine Sanktionspolitik gegen den Irak sollte es damals richten, doch die Strategie von Präsident BUSH und dem damaligen Außenminister James BAKER ging nicht auf: denn während das Volk immer mehr unter der Sanktionspolitik litt, förderte sie gar die bestehenden Machtverhältnisse in Bagdad. Saddam HUSSEINS Machtbasis war gefestigt wie eh und je, von einer starken Oppositionsgruppierung oder Partei war weit und breit nichts zu sehen.

Es sollte also zu einer zweiten direkten Auseinandersetzung zwischen einem Mitglied des BUSH-Clans und Saddam HUSSEIN kommen, doch die Anschläge vom 11. September 2001 in New York und Washington lenkten den Mittelpunkt des Geschehens zunächst auf ein anderes Land in der Region, nämlich auf Afghanistan. Der Kampf gegen den Terrorismus stand im Vordergrund dieses militärischen Einsatzes, und Pakistan, das mit ›Atomexporten‹ später von sich reden machen sollte, wurde zum engen Verbündeten einer amerikanischen Militärmacht, die sich nach geeigneten Stützpunkten für ihre Luftwaffe umsah.

Noch bevor der Kampfeinsatz in Afghanistan richtig abgeschlossen war (er ist es bis heute eigentlich nicht), drehte sich im Jahre 2002 eigentlich alles nur noch um einen Einsatz im Irak. Eine amerikanische Regierung befand sich auf der Suche nach Gründen für einen Einmarsch im Irak. Der Versuch von Außenminister Colin POWELL, den Sicherheitsrat hinter sich zu bringen, scheiterte wie gesagt zwar kläglich, der Einmarsch war aber bereits beschlossene Sache, und der Truppenaufmarsch hatte schon längst begonnen. Hier schließt sich der Kreis. Der Irak war zum wiederholten Male zum Mittelpunkt eines kriegerischen Einsatzes geworden. Obwohl die Amerikaner und die Briten den direkten Kampf gegen die irakischen Truppen schnell für sich entscheiden konnten, geht die kriegerische Auseinandersetzung unvermindert weiter. Die Machtübernahme der neuen irakischen Regierung nach dem 30. Juni 2005 trug kaum zu einer Beruhigung der Lage und zu mehr Sicherheit und Stabilität bei, dafür waren die innenpolitischen Machtverhältnisse völlig ungeklärt. Der Übergangsregierung fehlte es zudem an der notwendigen Legitimität. Wahrscheinlich muß die von mehreren Kriegen gebeutelte Bevölkerung noch einige Jahre auf eine friedliche Situation im eigenen Lande warten, da die unterschiedlichen religiösen Fraktionen und politischen Parteien erst einmal um die Positionen an der Macht rangeln werden.

Die ersten freien Wahlen im Januar 2005 vermochten ebensowenig die sicherheitspolitische Lage im Irak zu beruhigen. Solange Besatzungstruppen im Land stationiert bleiben, muß mit Widerstand gerechnet werden. Der Beschluß eines weitreichenden Schuldenerlasses um bis zu achtzig Prozent im Pariser Club vom November 2004 sollte sich als kluge Entscheidung herausstellen, da er einem Wirtschaftsaufschwung eine tragfähige Basis geben könnte.[16] Auch Kuwait und Saudi-Arabien werden auf die Rückzahlung eines wesentlichen Teils ihrer auf bis zu neunzig Milliarden Dollar geschätzten Forderungen verzichten müssen, wollen sie ihrem Nachbarstaat die Chance auf eine erfolgreiche Zukunft nicht nehmen.[17]

1 *Collier's Encyclopedia:* Iraq, Bd. 13, 1966, S. 242.

2 Jeremy WILSON, *A Biographical Summary and Lawrence of Arabia Factfile, 1888–1935;* BBC History, Historic Figures, Thomas Edward Lawrence, Lawrence of Arabia, 30. 11. 2004.

3 Ted THORNTON, *World War I and the Early Mandate Period 1914–1929,* Northfield Mount Hermon School, Department of History and Social Science, nmhschool.org/tthornton/mehistory

4 Bernd MUSCH, Institut für Politische Wissenschaft, Universität Hamburg, Irak/Iran, Ausführungen zu: Erster Golfkrieg.

5 energiewendebuendnis.de/Atommülltransporte/gefahren/studie_castorterror.doc, Verwundbarkeit von Castor-Behältern bei Transport und Lagerung gegenüber terroristischen und kriegerischen Einwirkungen sowie zivilisatorischen Katastrophen, 1.1. Kriegerische Handlungen, S. 5.

[6] Hans-Christian RÖSSLER, »Verwandte und alte Weggefährten«, in: *FAZ*, 13. 11. 2004, S. 5.

[7] Der UN-Sicherheitsrat reagierte sofort auf den Einmarsch irakischer Truppen in Kuwait. Am selben Tag, also am 2. August 1990, verurteilten die Mitglieder des UN-Sicherheitsrates in der Resolution 660 mit 14 Stimmen und keiner Gegenstimme die Invasion der irakischen Truppen in Kuwait und forderten den sofortigen und unverzüglichen Abzug der irakischen Truppen. Nur der Jemen wirkte an der Abstimmung nicht mit. Es folgten die Resolutionen 661 (6. 8. 1990), 662 (9. 8. 1990), 664 (18. 8. 1990), 665 (25. 8. 1990) und 666 (13. 9. 1990). Letztendlich war es die Resolution 667 (16. 9. 1990), die eine Befreiung Kuwaits durch die internationale Gemeinschaft mit dem Einsatz aller Mittel legitimierte. Demnach wurde dem Irak eine Frist bis zum 15. Januar 1991 gesetzt. Bis dahin konnte die Regierung des Irak allen Verpflichtungen aus den vorherigen Resolutionen nachkommen. Alle Informationen zu den Resolutionen von: Security Council Resolutions 1990, UN.org/Docs/scres/1990/scres90.htm

[8] Ferhad IBRAHIM,» Irak und Iran in der Phase II des amerikanischen Krieges gegen den Terror«, in: Bundeszentrale für politische Bildung.

[9] Rainer HERMANN, »Grabenkämpfer«, in: *FAZ*, 1. 10. 2004, S. 10; »Die kurdischen Provinzen suchen im neuen Irak ihren Platz«, in: *FAZ*, 12. 7. 2004, S. 13.

[10] un.org/Docs/scres/1995/scres95.htm, Security Council resolution 986(1995) on authorization to permit the import of petroleum and petroleum products originating in Irak, as a temporary measure to provide for the humitarian needs of the Iraqi people; UN-Resolution 986 (1995)

[11] Ferhad IBRAHIM, aaO. (Anm. 8).

[12] Kjell ALEKLETT, »Dick Cheney, Peak Oil and the Financial Countdown«, Association for the Study of Peak Oil, 12. 5. 2004.

[13] David ISENBERG, »Desert Storm Redux?« in: *Middle East Journal*, Summer 1993, Volume 47, No. 3, und Originalhinweis in: Patrick TYLER, »7 Hypothetical Conflicts Foreseen by the Pentagon«, in: *New York Times*, 17. 2. 1992, S. A8.

[14] David A. SHLAPAK u. Paul K. DAVIS, *Possible Postwar Force Requirements for the Persian Gulf: How Little is Enough?*, Santa Monica, Cal., Rand Corporation, 1991.

[15] Christopher HITCHENS, »Realpolitic in the Gulf«, in: *New Left Review*, März/April 1991; *Harper's*, Vol. 282, No. 1688, Januar 1991 mit Hinweis: »We have no opinion on the Arab-Arab conflicts, like your border disagreement with Kuwait«.

[16] »Weitgehende Entschuldung des Irak«, in: *FAZ*, 22. 11. 2004, S. 1.

[17] »Mehr Hilfe für den Irak erwartet«, in: *FAZ*, 22. 11. 2004, S. 6.

6. Kapitel

Venezuelas Entwicklung als Katalysator für die Gründung der OPEC

Mit geschätzten Rohölreserven in Höhe von 77,2 Milliarden Barrel und außerdem noch erstaunlich großen Gasreserven gehört Venezuela sicherlich nicht zu den Ländern Südamerikas, die sich über mangelnde Ressourcen beklagen können.[1] Außerdem hat das riesengroße Land nur 24,3 Millionen Einwohner, weshalb es der Regierung eigentlich möglich sein sollte, in Jahren mit außergewöhnlich hohen Ölpreisen mit einem Haushaltsüberschuß für schlechtere Jahre vorzusorgen.[2] Doch seit Jahren traf das Gegenteil eher zu. Trotz hoher Ölpreise gelang es dem Land nicht, einen Haushaltsüberschuß zu erwirtschaften; die Regierung verzeichnete auch in den Jahren 2001 bis 2003 ein Haushaltsdefizit von jeweils etwa vier Prozent. Zudem war die Arbeitslosigkeit auf über fünfzehn Prozent angestiegen. Immer noch gab es erhebliche Auseinandersetzungen zwischen Regierung und Opposition. Die Opposition setzte schließlich ein Referendum durch, mit dem Ziel, die jetzige Regierung unter Führung von Hugo Chávez abzusetzen. Die Regierung erklärte beim ersten Versuch, ein Referendum durchzuführen, einen Großteil der eingereichten, für das Referendum erforderlichen Unterschriften für ungültig. Das im Jahre 2004 abgehaltene Referendum gewann Hugo Chávez trotz internationaler Beobachtung und unter den kritischen Augen des früheren US-Präsidenten Jimmy Carter klar. Produktionsausfälle im Ölsektor aufgrund eines im Dezember 2002 begonnenen Generalstreiks ließen das Bruttoinlandsprodukt im Jahre 2003 um 7,7 Prozent zurückgehen.[3] Da Ölexporte immer noch über achtzig Prozent aller Exportausfuhren des Landes ausmachten, hatte der Generalstreik spürbare Auswirkungen. Dazu aber später mehr; vorerst ein ausführlicher Rückblick auf die Geschichte des Landes.

Schon öfter stand Venezuela im Brennpunkt der internationalen Politik gewesen. Nach dem Ersten Weltkrieg rückte das Land endgültig auf die Landkarte amerikanischer Ölkonzerne. Damals schätzten amerikanische Geologen, daß die Ölreserven der Vereinigten Staaten von Amerika nur noch für zwanzig Jahre reichen würden. Das war für Amerikaner eine beängstigende Vorstellung, zumal die Briten sich im Nahen Osten den Zugang zu den größten Ölreserven der

Welt zu sichern begannen. Für die Amerikaner war dies ein Zeichen, aktiv zu werden und der Ölindustrie und deren Expansionsplänen im Ausland oberste Priorität einzuräumen. Hierbei wurden sie von der amerikanischen Regierung aktiv unterstützt, denn die Sicherung ausreichender Ölressourcen gehörte mit zur Bewahrung der nationalen Sicherheit. Noch waren die USA zwar in der Lage, ihren Ölbedarf selber zu decken, aber die eigenen Ressourcen waren begrenzt, und die amerikanische Regierung mußte ihre Rolle in der Weltpolitik noch deutlich machen. Vor Beginn des Ersten Weltkrieges waren es die Briten, die die Weltpolitik beherrschten, nach dem Krieg sollten es zum ersten Mal die Amerikaner sein. Doch aufgrund ihrer Kolonien waren die Briten immer noch ein ernst zu nehmender Konkurrent.

In Venezuela lebten im Jahre 1900 nur ungefähr 2,4 Millionen Menschen, die meisten verdienten ihren Lebensunterhalt nach wie vor durch die Landwirtschaft. Von 1810 bis 1821 hatte das Land im Unabhängigkeitskrieg gegen Spanien ein Viertel seiner Bevölkerung verloren. Von 1858 bis 1865 folgte ein blutiger Bürgerkrieg. Das ganze Land wurde in Mitleidenschaft gerissen. Gab es im Jahre 1858 noch zwölf Millionen Rinder, so schrumpfte die Zahl nach dem Bürgerkrieg auf nur noch sechs Millionen, und bis 1910 ging die Zahl auf anderthalb Millionen weiter zurück. Nur die Kaffeeproduktion entwickelte sich außerordentlich dynamisch. Bis 1914 erreichte der Kaffeeausstoß eine Million Sack pro Jahr. Venezuela war nach Brasilien die Nummer zwei im Kaffeeexport.

Es waren vor allem die Briten, die den Handel mit Venezuela ausbauten. Im Jahre 1899 übernahm General Cipriano Castro die Regierungsgeschäfte und setzte die Rückzahlung der Schulden aus. Diese Maßnahme führte zu einer Blockade durch die Briten, Italiener und Deutschen. Doch der amerikanische Präsident Theodore Roosevelt griff ein, und eine Kompromißlösung wurde schließlich akzeptiert.

Im November 1908 verließ General Castro das Land, und der Vizepräsident General Juan Vicente Gómez übernahm die Macht. Er sollte siebenundzwanzig Jahre lang sein Land mit harter Hand führen. In dieser Zeit bauten die Amerikaner ihre Handelsbeziehungen zu Venezuela deutlich aus. Allerdings war ihnen der britisch-niederländische Ölkonzern Royal Dutch-Shell zuvorgekommen, der bereits im Januar 1913 seine erste Erdölkonzession erworben hatte.[4] Royal Dutch nutzte seine Kapitalkraft und seinen Einfluß, um schnell kleinere britische Ölfirmen aufzukaufen. Vielen Erdölpionieren fehlte schlichtweg das Geld, um sich die Investitionen in die erforderlichen Maschinen und Anlagen leisten zu können. Für Royal Dutch war der Ausbau der starken Marktstellung in Venezuela von großem Interesse; für GÓMEZ war es die Transformation des Agrarlandes Venezuela in ein moderneres Land.

In den Jahren 1910 bis 1914 bezog Venezuela immer noch zwei Drittel aller Importe aus Großbritannien und Deutschland. Dies sollte sich aber merklich ändern, denn die amerikanischen Konzerne wollten auf Dauer nicht tatenlos zusehen. Präsident GÓMEZ öffnete das Land für ausländische Direktinvestitionen, und so entfaltete sich ein Wettkampf um den venezolanischen Markt. Er etablierte ein *›porfiriato‹*, das heißt, er schaffte ein sicheres politisches Umfeld, das die Gefahr von einer Revolution zurückdrängte und ausländische Investitionen vor einer Nationalisierung absicherte. Die Öffnung Venezuelas kam gerade zur rechten Zeit, denn in Mexiko war die Unsicherheit nach dem Sturz des Diktators Porfirio DIAZ im Jahre 1911 sehr groß. Mexiko erschien den Unternehmen nun zu unsicher, die Öffnung Venezuelas und eine Einladung für ausländische Investitionen kamen also gerade zur rechten Zeit. Insbesondere die Briten nutzten die Chance, hatten sie doch bereits vor Beginn des Ersten Weltkrieges den strategischen Nutzen von Erdöl entdeckt, und Kriegsminister CHURCHILL hatte die Admiralität sogar dazu bewogen, ihre Kriegsschiffe von der Kohleverbrennung auf die Ölverbrennung umzustellen.[5] Da man die britischen Ölressourcen als begrenzt ansah, hatte die Regierung ihre Unternehmen schon damals angehalten, weltweit nach anderen Ölquellen Ausschau zu halten.

So weit waren die Amerikaner noch nicht, produzierten ihre inländischen Ölquellen zur gleichen Zeit doch siebzig Prozent des weltweit geförderten Öls. Zudem hatte man außer den eigenen Ressourcen auch das Nachbarland Mexiko und vernachlässigte zu diesem Zeitpunkt noch die Suche nach alternativen Bezugsquellen. Selbst Shells Aktivitäten in Venezuela störten die Amerikaner zwischen 1913 und 1918 aus diesen Gründen noch wenig.[6] Des weiteren hatte die neue amerikanische Administration unter Woodrow WILSON eine Beendigung der ›Dollar-Diplomatie‹ versprochen und damit auch die Nichteinmischung in die inneren Angelegenheiten anderer souveräner Staaten als Ziel genannt.[7] Die TAFT-Administration hatte durch ihre Außenpolitik der Einmischung auch zum Militäreingriff in Nicaragua geführt und die ungehinderten Kapitalexporte zur finanziellen Kontrolle von Haiti.

Nach dem Sturz der mexikanischen Regierung unter Francisco MADERO im Februar 1913 verschlechterten sich die Beziehungen zu Mexiko zusehends. WILSONS wohlbeachtete Rede über die neue Außenpolitik der Vereinigten Staaten in Alabama im Oktober 1913, verwunderte die politischen Beobachter sehr, denn nur einen Monat später gab der Präsident seine Zurückhaltung auf und forderte den mexikanischen Diktator Victorian HUERTA zum Rücktritt auf. Im Februar 1914 wurde das Waffenembargo aufgehoben, um der mexikanischen Opposition Kriegsmaterial zukommen zu lassen. Dieses Verhalten wiederum irritierte GÓMEZ in Venezuela derart, daß er im August 1913 den Ausnahmezustand ausrief und alle Zivilrechte zurückstellte, da er revolutionäre Aktivitäten in seinem Land befürchtete. Während des Ersten Weltkrieges bewahrte Venezuela seine strikte Neutralität, aber nach Kriegsende veränderten sich die Beziehungen zu den Vereinigten Staaten von Amerika, denn die Regierung in Washington gab intensiveren Beziehungen zu Venezuela absoluten Vorrang.

Zwischen 1920 und 1928 veränderte sich die Lage in der venezolanischen Ölindustrie dramatisch: Royal Dutch bekam Konkurrenz von den großen amerikanischen Ölkonzernen. Für Standard Oil of Indiana ging die Lago Petroleum Company ins Rennen, für Gulf Oil of Pittsburgh war es die Gulf Oil Company-Tochtergesellschaft in Venezuela. So waren drei der fünf größten Ölkonzerne in Venezuela aktiv geworden. Förderte das Land 1920 nur eine Million Barrel pro Jahr, waren es acht Jahre später schon einhundertsechs Millionen Barrel pro Jahr – damit war Venezuela zweitgrößter Ölproduzent der Welt hinter den Vereinigten Staaten von Amerika geworden.

Diese Entwicklung gab es nicht zuletzt auch wegen der großen amerikanischen Investitionen. Mehr als einhundert Firmen versuchten ihr Glück im venezolanischen Ölgeschäft, doch für sie blieben im wesentlichen nur Krümel übrig. Die bereits besagten und zwingend notwendigen Investitionen bereiteten diesen Firmen enorme Schwierigkeiten, der Marktanteil von Standard of Indiana, Gulf Oil und Shell lag bei achtundneunzig Prozent.[8]

Unter der Regierung von Herbert HOOVER änderte sich das Weltbild erneut. HOOVER war der festen Überzeugung, daß Amerika genügend Ressourcen unter seine Kontrolle bekommen müsse, um sich vor Manipulationen anderer Länder zu schützen. Diese ›Open Door Diplomacy‹ wurde auch als Doktrin der ›offenen Tür‹ bekannt und sollte allen Ländern die gleichen Möglichkeiten für den Handel, Inve-

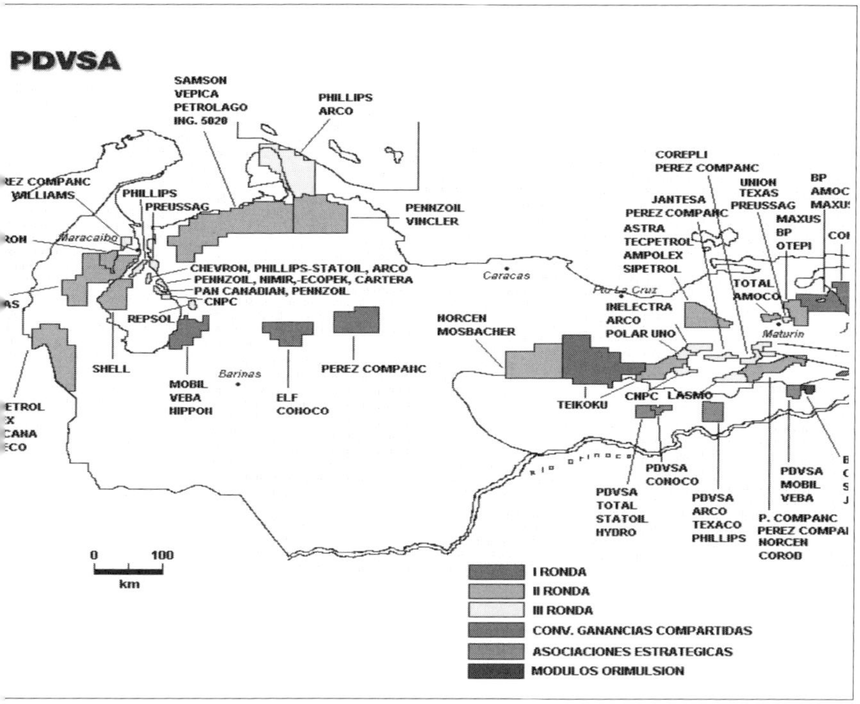

Karte Venezuelas mit Übersicht über Aktivitäten der Ölkonzerne
Quelle: pdv.com/lexico/mapas/geologic.gif

stitionen und den Zugang zu allen Ressourcen verschaffen. Dieses Prinzip hatte sich unter der Wilson-Administration hinsichtlich des Zugangs zu den Ölfeldern im Nahen Osten entwickelt und wurde jetzt weiter ausgebaut. Während die amerikanische Regierung allen anderen Unternehmen und Ländern genau auf die Finger schaute und gute Geschäfte fremder Unternehmen zu verhindern verstand, ließ sie ihre eigenen Unternehmen kritiklos gewähren. In Venezuela führte dieses eher zu einer Politik der ›verschlossenen Türen‹, also zu einer Dominanz amerikanischer Unternehmen.[9]

Aber selbst wenn die Amerikaner ihrem Grundsatz der ›offenen Türen‹ standgehalten hätten, hätten die amerikanischen Unternehmen ohnehin das Rennen gemacht. Denn in der Nachkriegswelt hatten diese einfach die besten Voraussetzungen für eine ungebremste Expansion.

Ihre Möglichkeiten, große Investitionen zu tätigen und langfristige Kredite zu beschaffen, waren einfach besser. Die Politik der ›offenen Türen‹ war aus ihrer Sicht auch eher so auszulegen, daß die Amerikaner aufgrund ihrer Stärke, Größe und Macht das Recht hatten, die Erdölressourcen beispielsweise im Nahen Osten oder in Venezuela genauso auszubeuten wie andere Nationen. Nachdem sich amerikanische Ölkonzerne die erforderlichen Konzessionen und den Zugang zu den Märkten verschafft hatten, war die Politik der ›offenen Türen‹ längst Geschichte.[10]

In Venezuela fanden die amerikanischen Unternehmen zunächst auch paradiesische Zustände vor. Das Ölgesetz von 1922, das sehr lange als Grundlage für die amerikanische Ölindustrie galt, sah vor, daß die Ölfirmen für die Exploration nur einen Bolivar für jeweils zehn Hektar bezahlten. Das war die sogenannte ›Explorationssteuer‹. Hinzu kamen nochmal zwei Bolivar pro Hektar Landsteuer und eine Gewinnbeteiligung von siebeneinhalb bis zehn Prozent des Marktpreises vom geförderten Rohöl abzüglich der Transportkosten.[11] Die amerikanische Ölindustrie nannte die hohen Risiken in dem unterentwickelten Land als Grund für die niedrigen Steuern und Gewinnbeteiligung. Doch erstaunlicherweise bekam die Regierung von Bolivien 1922 in einem Vertrag mit Standard Oil elf Prozent Gewinnbeteiligung zugesprochen, obwohl die Förderung des Öls in ähnlich unterentwickelten und weit abgeschlagenen Regionen erfolgen sollte.[12] Die Profite der amerikanischen Ölfirmen ließen deswegen auch nichts zu wünschen übrig. Die Gewinne der Ölindustrie in Venezuela hatten während der Gómez-Ära mehr als 1,66 Milliarden Dollar betragen.[13]

Aber auch Venezuela profitierte. Im Jahre 1930 konnte das Land seine Auslandsschulden vollständig zurückzahlen, verfügte über eine geringe Inlandsverschuldung und konnte einen ausgeglichenen Haushalt vorweisen. Geradezu paradiesische Zustände, wenn man sie mit den heutigen vergleicht. Probleme jedoch blieben. In der Ölindustrie arbeiteten nur etwa zwanzigtausend Venezolaner, weniger als ein Prozent der Bevölkerung und ungefähr drei Prozent der arbeitenden Bevölkerung des Landes. Zudem verließ sich das Land immer mehr auf die Einfuhr von Lebensmitteln, eigentlich eine historisch gesehen venezolanische Domäne. Zudem war da die Abhängigkeit von einer von Ausländern kontrollierten und von Ausländern gemanagten Industrie, die zudem zu diesem Zeitpunkt für mehr als fünfundsiebzig Prozent der Exporterlöse verantwortlich war und für mehr als fünfzig Prozent der Staatseinnahmen.[14] Die amerikanischen Unternehmen hatten in den Verträgen eine Bezahlung vereinbart, die sich am Marktpreis minus Transportkosten orientierte. Interessanterweise fand man bei einer späteren Untersuchung im amerikanischen Kongreß heraus, daß die Unternehmen teilweise falsche Angaben gemacht hatten, um geringere Zahlungen an Venezuela leisten zu müssen. In ihren Steuererklärungen für die Jahre 1927 bis 1930 hatten Gulf Oil und Standard Oil of Indiana aufgeführt, daß die Transportkosten von Maracaibo in Venezuela zu den Märkten an der Atlantikküste durchschnittlich achtundsechzig Cents für ein Barrel Rohöl betrugen. Aber in Angaben, die sie der amerikanischen Tarifkommission für den gleichen Zeitraum machten, lagen die durchschnittlichen Transportkosten nur bei dreiunddreißig Cents pro Barrel. Ein gewaltiger Unterschied, und trotz der niedrigen Steuern wurde der Verlust für Venezuela auf zehn Millionen Dollar geschätzt.[15]

Aber es gab auch andere Probleme. So streikten die Ölarbeiter Ende 1936 für höhere Löhne und bessere Arbeitsbedingungen. Nachdem sich GÓMEZ eingemischt und Streiks vom 14. Dezember 1936 bis 22. Januar 1937 gewährt hatten, wurde der Mindestlohn um einen Bolivar auf acht Bolivar pro Tag angehoben. Nach längeren Verhandlungen mit den Vereinigten Staaten von Amerika erzielte Venezuela im Mai 1938 einen bevorzugten Handelsstatus, den sogenannten ›*most-favored-nation*‹-Status, der im Handel beiden Ländern Vorzugsbedingungen gewährte.

Im folgenden Jahr wurde dann Einigkeit über ein offizielles Handelsabkommen getroffen, das ab November 1939 Gültigkeit erlangte. Allerdings muß man hinzufügen, daß die Großzügigkeit nicht uneigennützig war. Amerikanische Unternehmen, die in Venezuela tätig waren, wie zum Beispiel Gulf Oil und Standard Oil, profitierten von der Senkung der Einfuhrzölle für Öl. Außerdem hatte Venezuela nur ein Produkt zu verkaufen, während die Amerikaner von der Senkung der Zölle bei der Einfuhr von Produkten nach Venezuela in vielfacher Hinsicht profitierten. Der Anteil amerikanischer Produkte an den venezolanischen Importen erhöhte sich im Laufe der Jahre von sechsundfünfzig auf fünfundsiebzig Prozent.[16] Natürlich beeinflußte der Zweite Weltkrieg auch die Handelsstatistik. Dennoch bestätigte sich der seit 1914 gezeigte Trend, denn das Handelsabkommen von 1939 sollte seine Gültigkeit bis Mitte 1972 behalten.

Immer noch galt auch das Ölgesetz von 1922. Das wurde nun zum Mittelpunkt einer ernsthaft geführten Diskussion in Venezuela, denn ein Großteil der Gewinne wurde nach wie vor von den ausländischen Ölkonzernen abgeschöpft. Etwa drei Viertel der Gewinne aus dem Ölgeschäft wurde von ihnen vereinnahmt. Da Venezuela nunmehr der zweitgrößte Ölproduzent der Welt geworden war, konnte man nicht mehr von den außerordentlich hohen Risiken bei der Ölförderung in Venezuela sprechen. Zudem floß das Öl unter natürlichem Druck, und da sich die größten Quellen in Maracaibo befanden, war der Transport von hier zu den Ölmärkten der Welt nicht so schwierig und teuer wie gemutmaßt. Selbst die amerikanische Tarifkommission hatte eine Rechnung aufgemacht und war zu dem Ergebnis gekommen, daß es sogar fast fünfzig Prozent günstiger war, Öl von Venezuela zu den Raffinerien an der Atlantikküste zu befördern, als der Transport von Texas zu eben solchen Raffinerien.[17]

Das Ölgesetz von 1938 sollte dies ändern und veränderte die Vertragsbedingungen zugunsten Venezuelas. Venezuela sollte fortan fünfzehn bis sechzehn Prozent an Steuern und Gewinnen vereinnahmen, doch das Gesetz wurde nicht verabschiedet. Die Konzerne wehrten sich natürlich gegen veränderte Bedingungen, hatten sie doch Verträge mit einer Laufzeit von vierzig Jahren abgeschlossen. Aber die Amerikaner mußten eine weitere Enteignung oder Verstaatlichung befürchten. Eine solche war nämlich im März 1937 in Bolivien erfolgt, wo die Regierung Standard Oil of New Jersey Steuerhinterziehung vorwarf, und ein Jahr später in Mexiko, als Präsident Lázaro CÁRDENAS die amerikanischen und niederländisch-britischen Firmenteile beschlagnahmen ließ, da sie die Bedingungen eines mexikanischen Arbeiterverbands zur Schlichtung eines Arbeiterstreiks ablehnten.[18]

Ein weiteres, drittes Land wollten die Amerikaner in so kurzer Zeit nicht verlieren. Es kamen strategische Überlegungen hinzu, sollte doch Großbritannien kurze Zeit später in den Zweiten Weltkrieg eintreten, und die Amerikaner wollten sich der Unterstützung eines wichtigen Öllandes in der südlichen Hemisphäre sicher sein, falls sie sich zu einem späteren Zeitpunkt auch in die kriegerische Auseinandersetzung einschalten sollten. Venezuela war zudem für immerhin achtzig Prozent der britischen Erdölimporte verantwortlich. Ferner sollte Venezuela ein strategischer Brückenkopf in Südamerika sein, so hätte ein Feind von dort Angriffe in der Karibik lancieren, den Panama-Kanal und die großen Raffinerien auf den niederländischen Antillen angreifen und natürlich auch Venezuelas Ölressourcen nutzen können.

Die Amerikaner unterstützten Großbritannien im Zweiten Weltkrieg auch militärisch, diese Unterstützung wurde ab April 1941 auch auf Lateinamerika ausgedehnt, hatte die Regierung die Verteidigung von Lateinamerika als entscheidenden Schritt zur Verteidigung des eigenen Landes gesehen. Zwei Tage nach dem Angriff der Japaner auf Pearl Harbor erklärte Venezuela seine Solidarität mit den Vereinigten Staaten von Amerika. Die Beziehungen zu Italien, Deutschland und Japan verschlechterten sich zusehends, obwohl Venezuela seine Neutralität während des Krieges zu bewahren versuchte. Wie viele andere Staaten auch, mußte das Land aber im Februar 1945 den Achsen-Mächten noch den Krieg erklären, um sich für die Mitgliedschaft der neugegründeten Vereinten Nationen zu qualifizieren.

Im April 1941 hatte General Isaias Medina ANGARITA, der Kriegsminister, das Amt des Präsidenten in Venezuela übernommen. Ganz oben auf seiner Prioritätenliste standen soziale und wirtschaftliche Reformen. Seine allerwichtigste Reform war aber die Reform der Ölgesetze. Neben der Erhöhung der Steuern und der Gewinnbeteiligung des Staates forderte er von den Ölkonzernen einen Richtungswechsel in ihrer Ölpolitik. In Zukunft sollte venezolanisches Öl auch in Venezuela verarbeitet werden. Denn bisher hatten die Ölkonzerne aus strategischen Gründen ihre Raffineriekapazitäten vor allem auf den niederländischen Antillen, nämlich in Aruba und Curaçao, aufgebaut, weil sie eine Enteignung wie in Mexiko befürchteten und durch diese strategische Maßnahme verhindern wollten. GÓMEZ hatte sie gewähren lassen, weil er eine mögliche Abspaltung einer Ölregion von Caracas befürchtete und gleichermaßen verhindern wollte.

Die Überraschung war auf der anderen Verhandlungsseite recht groß, die Ölkonzerne nahmen diese Forderung zuerst mit großer Zurückhaltung zur Kenntnis, da sie Enteignungen befürchteten und jedwede Änderung der Konzessionsbedingungen grundsätzlich ablehnten. Zudem gab es zwischen Royal Dutch Shell und Standard Oil so etwas wie einen stillschweigenden friedlichen Wettbewerb, förderten beide Unternehmen doch fast neunzig Prozent des venezolanischen Öls. Ein Führungswechsel bei Standard Oil nach dem Tod des Präsidenten S. FARISH änderte die Firmenpolitik; zudem wurde auch Henry LINAM, der oberste Vertreter des Unternehmens in Venezuela, von seinem Posten abberufen, und der Ölkonzern akzeptierte Neuverhandlungen über die Konzessionsrechte und Bedingungen. Da Standard Oil für ungefähr die Hälfte der venezolanischen Ölproduktion verantwortlich war, war es ziemlich sicher, daß

Royal Dutch-Shell (über fünfundreißig Prozent) und Gulf Oil (mehr als zehn Prozent) einem Kompromißvorschlag nunmehr zustimmen würden. Nach schwierigen und langen Verhandlungen setzte sich MEDINA durch, und das Ölgesetz von 1943 ersetzte das alte von 1922 und veränderte die Bedingungen zugunsten Venezuelas. Immerhin wurde die Gewinnbeteiligung von vorher siebeneinhalb bis elf Prozent auf mindestens 16,66 Prozent angehoben; hinzu kamen weitere Steuern, so daß der Anteil an den Gewinnen auf ungefähr fünfzig Prozent der gesamten Gewinne anstieg. Für Venezuela bedeutete das eine Erhöhung der Einnahmen von ungefähr achtzig Prozent. So konnte der Staat seine Einnahmen deutlich erhöhen, was der wachsenden Bevölkerung durch Wohnungsbauprogramme und den Ausbau der Infrastruktur zugute kam.

Hinsichtlich der Frage der Raffinerien wurde ein Kompromiß gefunden, denn Shell und Standard Oil stimmten dem Aufbau einer Raffinerie mit einer Tageskapazität von 40 000 Barrel zu. Die neue Vereinbarung zwischen Venezuela und den Ölkonzernen über 50 : 50-Teilung der Gewinne hatte Signalwirkung für die anderen rohölproduzierenden Länder. Nach dem Zweiten Weltkrieg verhandelten die rohölproduzierenden Staaten des Nahen Ostens mit amerikanischen und britischen Ölfirmen, um Nachbesserungen zu erreichen. Für Venezuela veränderte sich die Situation nach Ende des Zweiten Weltkrieges grundlegend, konnte das Land die Erdölproduktion Jahr für Jahr erheblich steigern, um im Jahre 1970 eine Produktion von 1,35 Milliarden Barrel zu erreichen. Man war nunmehr zum größten Erdölexporteur der Welt aufgestiegen. Dieser erhebliche Anstieg in der Produktion machte sich auch bei den Gewinnen der Ölkonzerne bemerkbar. Zwischen 1945 und 1970 betrugen die Nachsteuergewinne der Konzerne mehr als 11 Milliarden Dollar.[19]

Trotz der Erfolge im Ölbereich war die wirtschaftliche Prosperität keine Voraussetzung für politische Stabilität in Venezuela. Am 18. Oktober 1945 erfolgte eine Staatsrebellion, die eine Militärjunta mit einer siebenköpfigen Spitze an die Macht brachte. Diese Militärjunta wußte aber, daß ein Erfolg ihres Vorhabens nur unter Duldung der Vereinigten Staaten von Amerika zustande kommen würde. Sie erklärte öffentlich, amerikanische Investitionen in Venezuela respektieren und letztendlich eine Demokratie etablieren zu wollen. Tatsächlich wurde eine neue Verfassung geschrieben, und im Oktober 1947 wurde der Schriftsteller Rómulo GALLEGOS in freien Wahlen zum Präsidenten gewählt. Der friedliche Übergang der Macht täuschte aber über die wahren Absichten eines Teils der Junta-Gruppe von Oktober 1945 hinweg: Am 24. November 1948 setzten Militäroffiziere in einem ›*golpe de estado*‹, sprich Staatsstreich, GALLEGOS von der Macht ab.

Im folgenden Jahrzehnt lag die Macht auf seiten des Militärs. Einige Militärdiktaturen sollten folgen. Dennoch lief die Ölmaschinerie unbeeindruckt und durch die politischen Machtspielereien ungefährdet weiter. Venezuela war in den vierziger Jahren immer noch die beste Ölquelle und vor allem hochprofitabel. Allein im Jahre 1948 produzierten die Ölfirmen in Venezuela 490 Millionen Barrel Öl und verdienten 316 Millionen Dollar.[20] Auf Anraten der Regierung gaben die Ölkonzerne jetzt den Forderungen nach höheren Löhnen für die Arbeiter nach. Erst viele Jahre später und mit der langjährigen Erfahrung und einer erhöhten Produktion im Nahen Osten veränderte sich das Verhalten der Ölkonzerne, konnten sie Kosten für die Produktion und die erzielten Gewinne besser miteinander vergleichen. Der venezolanische Ölminister Pérez ALFONSO unter der Regierung GALLEGOS wollte Venezuela von der Kontrolle der ausländischen Ölfirmen befreien, da er der festen Überzeugung war, daß Venezuela seine kostbarste Ressource Rohöl viel zu günstig abgab. Damals lag der Preis für ein Barrel Rohöl noch unter oder um die Marke von zwei Dollar. Er hegte schon früh Überlegungen für die Gründung eines staatlichen Ölkonzerns und beauftragte bereits im März 1948 eine Kommission mit dem Auftrag, die Vor- und Nachteile eines solchen Schritts zu ergründen. Allerdings kam die Kommission nie dazu, ihren Bericht vorzulegen, denn die Regierung wurde ja, wie bereits erwähnt, im November 1948 durch einen Militärputsch abgesetzt. Außerdem dachte Pérez ALFONSO schon zu diesem Zeitpunkt daran, daß sich die ölexportierenden Länder aus seiner Sicht vereinigen müßten, um ihre Ressourcen zu schützen und höhere Preise durchzusetzen.[21]

Die Idee für eine Organisation, die uns später als OPEC (Organisation Erdölexportierender Länder) bekannt werden sollte, war geboren. Trotz des Putsches, trotz einer Militärregierung von 1948 bis 1958 stiegen die amerikanischen Direktinvestitionen weiterhin rasant an: Im Jahre 1950 lag Venezuela bei den amerikanischen Auslandsinvestitionen direkt hinter Kanada auf Platz zwei. Carlos Delgado CHALBAUD hieß der neue Mann an der Spitze der Militärdiktatur. Nur wenige Tage nach dem Umsturz bat CHALBAUD die Vereinigten Staaten von Amerika um politische Anerkennung. Dafür versprach er, in den Vereinten Nationen mit den Vereinigten Staaten abzustimmen, amerikanische militärische Einheiten in Venezuela weiterhin zu dulden, die von ausländischen Ölkonzernen erworbenen Konzessionen im Öl- und Eisenerzbereich zu respektieren und gegen die Kommunisten im eigenen Lande ausgerichtet zu sein.

Nicht zu vergessen, man befand sich in der Zeit des Kalten Krieges. Nichts bereitete den Amerikanern mehr Sorge als die Ausbreitung des Kommunismus. Die hohe Investitionstätigkeit setzte sich auch fort, als Pérez JIMINEZ die Macht in Caracas übernahm: Die Direktinvestitionen amerikanischer Konzerne stiegen 1960 auf annähernd zweieinhalb Milliarden Dollar oder fünfundzwanzig Prozent aller amerikanischen Direktinvestitionen in Lateinamerika. Dabei entfiel der Löwenanteil der Investitionen, nämlich zwei Milliarden Dollar, auf die Ölkonzerne. Aber auch die Exporte amerikanischer Produzenten kamen bei venezolanischen Verbrauchern an: Im Jahre 1957 lag der Wert der Importe aus den USA bereits über einer Milliarde Dollar mit weiter steigender Tendenz. Die Abhängigkeit wuchs, da die Lebensmittelproduktion im eigenen Land unzureichend war. Venezuela hatte sich zunehmend auf die Einnahmen aus dem boomenden Ölgeschäft verlassen, mehr als fünfundfünzig Prozent der Staatseinkünfte waren den Öleinnahmen zuzuschreiben, über fünfundsiebzig Prozent der Einkommensteuer und mehr als fünfundneunzig Prozent der Exporterlöse. Die Ölindustrie beschäftigte zu diesem Zeitpunkt aber nur vierundvierzigtausend Venezolaner, immer noch weniger als zwei Prozent der arbeitenden Bevölkerung.

Eigentlich hatten sich die Offiziere und Generale nach dem Umsturz im Jahre 1948 die Reduzierung der Abhängigkeit von ausländischen Ölkonzernen auf die Fahne geschrieben. Doch das Gegenteil war der Fall. Die Unzufriedenheit im Lande nahm zu. Das führte zu Unruhen und Protesten in der Bevölkerung und letztendlich im Januar 1958 zur Flucht der Diktatoren ins Exil. Nach einer Übergangsregierung wurde Rómulo BETANCOURT zum nächsten Präsidenten Venezuelas gewählt, auch das Ausland setzte große Hoffnungen auf ihn. Schließlich hatte Fidel CASTRO in Kuba am 1. Januar 1959 in einer kommunistischen Revolution den Diktator Fulgencio BATISTA gestürzt. Man befürchtete eine weitere Ausbreitung des kubanischen Staatsmodells in Lateinamerika und natürlich auch im ölreichen Venezuela. In Venezuela hatte die Übergangsregierung beschlossen, die Ölgesetze von 1943 zu übergehen und mindestens sechzig Prozent der erzielten Gewinne einzubehalten, was logischerweise harsche Proteste der Ölkonzerne herbeiführte. Der Vorstandsvorsitzende von Standard Oil of New Jersey zu diesem Zeitpunkt, Eugene HOLMAN, erklärte, daß »diese Aktion mit hoher Wahrscheinlichkeit zu einer kritischen Betrachtung der internationalen Investitionen führen wird«.[22]

Die Folgen für Venezuela hätten größer nicht sein können, denn die Auswirkungen waren vielfältig. Niedrigere Investitionen sollten in der Folge auch Auswirkungen auf die Beschäftigung haben und geringere Explorationsvorhaben nach sich ziehen. Dieses wiederum sollte zu einer geringeren Ölproduktion führen, und all das hatte letztendlich auch Auswirkungen auf die Staatseinnahmen. Der Rückgang der Explorationsvorhaben zwischen 1958 und 1967 sollte zu einem starken Rückgang der theoretischen Lebensdauer venezolanischer Ölreserven von 17,7 auf 12,3 Jahre führen.[23]

Andere wichtige Ereignisse kamen hinzu. Die Erdölexporte anderer Länder sorgten für eine reichliche Versorgung des Marktes, der Ölpreis fiel von einem Hoch von 2,65 Dollar im Jahre 1957 auf 1,81 Dollar im Jahre 1969 zurück - schmerzhaft für ein Land mit einer so hohen Abhängigkeit vom Verkauf einer einzigen Ressource.

Währenddessen bauten andere Länder ihre Marktanteile aus. Die Tagesproduktion im Nahen Osten vervielfachte sich zwischen 1955 und 1965, es war hier für Venezuela ernsthafte Konkurrenz herangewachsen. Präsident EISENHOWER verkündete am 10. März 1959 auch noch die Einführung von Quoten auf Ölimporte, um die einheimische Ölindustrie zu schützen. Dies ging vor allem zu Lasten Venezuelas, das zu diesem Zeitpunkt für zwei Drittel aller amerikanischen Erdöleinfuhren verantwortlich war. Unter dem Quotensystem sollte der Anteil am importierten amerikanischen Öl von siebenundsechzig Prozent im Jahre 1957 auf zweiundvierzig Prozent im Jahre 1969 fallen.[24] Die Amerikaner hatten aber beschlossen, kanadische und mexikanische Ölimporte von den Importquoten auszuschließen.

Venezuela sah sich also nach anderen Abnehmern für sein Öl um, gründete die OPEC und begann zudem eine diplomatische Offensive gegen die amerikanischen Handelsrestriktionen. Wieder erschien ein Name auf der internationalen Bühne, der schon einmal eine Rolle im venezolanischen Ölgeschäft gespielt hatte: Juan Pablo Pérez ALFONSO, wieder als Ölminister. Er dirigierte die neue Ölpolitik seines Landes und machte kein Hehl daraus, daß er nicht für einen schnellen Verbrauch der unverzichtbaren Ressource moderner Industriegesellschaften, nämlich Öl, war. Im Gegenteil. Er dachte daran, diese kostbare Ressource allein schon für zukünftige Generationen gut zu hüten, und kritisierte den verschwenderischen Verbrauch in den westlichen Industriestaaten.[25]

Die Rolle Pérez ALFONSOS darf nicht unterschätzt werden. Als er 1948 den Mittleren Osten bereiste, um seine Idee von einer gemeinsamen Organisation erdölexportierender Länder anzubringen, wurde diese wegen der Haltung Venezuelas zur Zwei-Staaten-Lösung für Israel und Palästina barsch zurückgewiesen. Nun aber, im August 1960, stand selbst der saudiarabische Ölminister Scheich Abdullah TARIKI dieser Idee viel aufgeschlossener gegenüber als zwölf Jahre zuvor. Pérez ALFONSO wollte eine Gegenmacht zu den internationalen Ölkonzernen schaffen, um endgültig einen Einfluß auf die Preisentwicklung sowie die Produktion zu haben und nicht ewig auf die Machtstrukturen der Ölkonzerne angewiesen zu sein. Er warb für sein Konzept und setzte seine Idee durch. Zum einen beschlossen Venezuela, Saudi-Arabien, der Iran, der Irak und Kuwait am 10. September 1960, ein System zu schaffen, das die Stabilisierung der Preise durch die Regulierung der Produktion zum Ziel hatte. Das war die Geburtsstunde der OPEC. Zum anderen wollte ALFONSO eine Kommission einführen, die die Produktion der Ölkonzerne überwachte und ihre Marketingpraktiken analysierte. Die OPEC sollte einen Preiseinbruch oder regelrechte Preisschlachten verhindern, da diese für die Ölexportländer eine Katastrophe sein würden, so erklärte der saudische Ölminister TARIKI die Zielsetzung der OPEC damals.[26]

[1] biz.yahoo.com/ic/41/41358.html, Petróleos de Venezuela S.A. Company Profile, 25. 3. 2004.

[2] Economist.com/countries/Venezuela, Factsheet Venezuela, Economist Intelligence Unit estimate, 29. 3. 2003.

[3] IMF, *World Economic Outlook,* Globalization and External Imbalances, Statistical Appendix, 13. 4. 2005.

[4] ARNOLD, *Oil Hunt*, S. 77; GERRETSON, *Royal Dutch*, IV, S. 275–278; Michael O' SHAUGHNESSY, *Venezuelan Oil Fields, Developments to September 1st, 1924*, S. 18 f.

[5] Stephen G. RABE, *The Road to OPEC, United States Relations with Venezuela 1919–1976*, University of Texas Press, Austin 1982, S. 15.

[6] William H. LIBBY of Standard Oil of New Jersey to State Department, March 19, 1914, DSR 831-6363/2; George S. GIBB u. Evelyn H. KNOWLTON, *History of Standard Oil New Jersey*, Bd. 2: *The Resurgent Years, 1911–1927*, S. 384.

[7] Walter V. u. Marie SCHOLES, *The Foreign Policies of the Taft Administration*, S. 40–80.

[8] Federico G. BAPTISTA, *Historia de la industria petrolera en Venezuela*, S. 31 f.; LIENWEN, *Petroleum*, S. 44.

[9] Joan Hoff WILSON, *American Business and Foreign Policy, 1921–1933*, S. 9.

[10] DE NOVO, *Middle East*, S. 199–202; HOGAN, *Informal Entente*, S. 217.

[11] O'SHAUGHNESSY, *Venezuelan Oil Handbook*, S. 8 f.; OGJ, Dec. 29, 1927, S. 49; LIEUWEN, *Venezuela*, S. 24–29.

[12] Herbert KLEIN, »American Oil Companies in Latin America: The Bolivian Experience«, in: *Inter American Economic Affairs*, Autumn 1964, S. 53 f.

[13] Denny RIPPY, *We Fight*, S. 114, British Investments, S. 82 u.123; Luis VALLENILLA, *Oil: The Making of a New Economic Order*, S. 40 f.

[14] U.S. Department of Commerce, Bureau of Foreign and Domestic Commerce, C. J. DEAN, »Commercial and Industrial Development of Venezuela«, in: *Trade Information Bulletin* 783, S. 2–32.

[15] MARTÍNEZ, *Torres*, S. 226 f.; LIEUWEN, *Petroleum*, 67 f.; U.S. Tariff Commission, *Report to the House of Representatives on the Cost of Production of Crude Petroleum*, S. 2 f.

[16] U.S. Department of Commerce, Bureau of Foreign and Domestic Commerce, Yearbook, 1939, S. 229; U.S. Department of Commerce, *Foreign Commerce Yearbook*, 1948, S. 412–419.

[17] U.S. Tariff Commission, *Report to the House of Petroleum*, S. 3; idem, *Report to the Congress on the Costs of Crude Petroleum*, S. 33 ff.; *World Petroleum* 14, June 1943, S. 31.

[18] Lorenzo MEYER, *Mexico and the United States in the Oil Controversy, 1917-1942*, S. 149–172.

[19] TUGWELL, *Politics of Oil*, S. 179 ff.

[20] The Road to Opec, United States Relations with Venezuela, 1919–1976, Stephen G. Rabe, S. 104.

[21] Pérez ALFONSO, *El pentágono*, S. 7, 73 f. u. 83–88.

[22] *Oil Gas Journal*, 29. 12. 1958, S. 83 f.

[23] Creole Petroleum, *Data on Petroleum*, 1974, S. 14–18; dies wurde in einer Studie von Creole Petroleum, der Tochtergesellschaft von Standard Oil of New Jersey, im Jahre 1974 festgestellt.

[24] John H. LICHTBLAU, »United States Oil Import Policies and Venezuelan Exports«, in: *Venezuela:1969*, ed. Taylor, S. 182–193.

[25] Pérez ALFONSO, *Petróleo y dependencia*, S. 71–74.

[26] Fuad ROUHANI, *A History of OPEC*, S. 75–82; TARIKI-Zitat in: *Oil Gas Journal*, 9. 5. 1960, S. 99, und: *Oil Gas Journal*, 26. 9. 1960.

7. Kapitel

Wie Libyen der westlichen Welt höhere Preise abringen konnte

Libyen litt lange Zeit unter einer Fremdherrschaft. Zuerst waren es die Osmanen des Osmanischen Reiches, dann die Italiener, die nach dem italienisch-türkischen Krieg 1912 einen Teil des Landes besetzten und Mitte der dreißiger Jahre die Macht im ganzen Land an sich rissen. Der Zweite Weltkrieg veränderte die Lage erneut, nun waren es die Briten und die Franzosen, die das Land besetzten. Erst am 24. Dezember 1951 konnte das Land unter Mitwirkung der Vereinten Nationen seine Unabhängigkeit feiern.

Mit Libyen verknüpfen sich für uns in der Regel gerade mal zwei Analogien, die eine ist die Wüste, die andere ist Oberst GADDAFI. GADDAFI wurde uns in den letzten Jahren in den Nachrichten oft als Feind der westlichen Welt präsentiert, aber er spielte auch vorher eine aktive Rolle in der Geschichte seines Landes. Am 1. September 1969 schlug seine Stunde. Der damals noch junge Muammar al-GADDAFI stürzte König IDRIS EL-SANUSSI und den Ministerpräsidenten Mustaba HALIN vom Thron seines Landes und bestimmte sich selbst als *de facto* Staatsoberhaupt und Oberbefehlshaber zum ersten Mann in seinem Staat.[1] Aus dem Königreich wurde eine Republik. Ab 1976 bezeichnete sich Libyen als islamisch-sozialistische Volksrepublik.

In Libyen war man erst Ende der fünfziger Jahre auf vielversprechende Ölquellen gestoßen. Doch in kurzen Abständen folgten weitere, bedeutsame Entdeckungen, die das Potential Libyens als Erdölnation andeuteten. So entdeckte beispielsweise die Esso Standard Libya Incorporated im Juni 1959 ein Ölvorkommen in ›Zelten‹ mit einer Ölförderung von 17 500 Barrel pro Tag, und im August desselben Jahres folgte an anderer Stelle eine weitere erfolgreiche Bohrung mit 15 000 Barrel pro Tag.

Bis Februar 1960 konnten die Erdölfirmen schon auf zwanzig Ölvorkommen verweisen. Obwohl eine aus dem Jahre 1960 stammende Studie der Internationalen Bank für Wiederaufbau darauf hinweist, daß man noch keine genauen Aussagen über die weitere Entwicklung der Ölförderung in Libyen machen konnte, war das Potential in Ansätzen schon erkennbar.[2] Die Explorationsarbeiten wurden in Libyen forciert, weil das libysche Ölgesetz aus dem Jahre 1955 vorsah, daß die Konzessionsinhaber nach fünf Jahren fünfundzwanzig Prozent ihres Konzessionsgebietes wieder abgeben mußten und nach insgesamt acht Jahren weitere fünfundzwanzig Prozent. Nicht umsonst entfielen alle größeren Entdeckungen von Ölvorkommen in die Zeit von 1959 bis 1968.[3]

Anders als in Kuwait, in Saudi-Arabien oder im Irak hatte man in Libyen von Anfang an eine andere Konzessionspolitik betrieben und den kleineren, unabhängigen Ölunternehmen größere Chancen eingeräumt und sie bevorzugt mit Konzessionen versehen. Das führte dazu, daß die sogenannten ›unabhängigen‹ Ölfirmen in Libyen im Jahre 1970 einen Marktanteil von immerhin fünfundfünfzig Prozent besaßen, im Nahen Osten war es durchschnittlich nur ein Anteil von fünfzehn Prozent. Dies führte beispielsweise zu einer recht starken Stellung des Ölkonzerns Occidental Petroleum, ein Ölunternehmen, das in unseren Breitengraden weniger bekannt ist.

Eines der ersten Ziele GADDAFIS nach der Machteroberung war eine Änderung der Konditionen für den Ölkonzern Occidental Petroleum. GADDAFI forderte von Occidental auf einen Schlag dreißig Cents mehr pro Barrel, und trotz Proteste willigte der Konzern ein. GADDAFI pokerte hoch und gewann. Die Produktion in seinem Land hatte damals 3,3 Millionen Barrel pro Tag erreicht, und Europa hatte sich an die Lieferungen Libyens gewöhnt. Zudem war Occidental auf seine Erlöse im Libyen-Geschäft angewiesen, waren sie doch ein wesentlicher Grund für den Erfolg des Unternehmens. GADDAFI drohte, falls erforderlich, die gesamte Produktion in Libyen stillegen zu lassen, um seinen Verhandlungspartnern die Ernsthaftigkeit seiner Forderungen klarzumachen. Seine Argumentation war einfach, und er begründete seine Hartnäckigkeit mit der Tatsache, daß sein Volk über Tausende Jahre ohne Rohöl überlebt habe und dieses auch in Zukunft tun könne.

Im Westen wurde man hellhörig und war wenig erfreut über die ganz neuen Töne eines relativ jungen Emporkömmlings, der den mächtigen Ölkonzernen ohne Rücksicht auf Verluste die Stirn bot. Zudem verstaatlichte Libyen die lokal angesiedelten Vertriebsgesellschaften der Erdölindustrie, des weiteren Versicherungen und Banken. Bei der Verstaatlichung ausländischen Vermögens ging man in mehreren Schritten vor. Zuerst waren es die Vertriebsgesellschaften, das war im Juli 1970, und dann zwang man nacheinander ENI-Agip (Ende 1972), Occidental Petroleum (Juli 1973) und die Oasis-Group (August 1973), jeweils einen Anteil in Höhe von einundfünfzig Prozent an den libyschen Staat abzutreten. Diese Anteile wurden dann von der Libyan National Oil Company gehalten.[4]

Es spielten aber auch außenpolitische Faktoren eine nicht zu unterschätzende Rolle. GADDAFI warnte die Amerikaner wegen der offensichtlichen Unterstützung Israels, daß ihre langfristigen Interessen im Nahen Osten ernsthaft gefährdet seien. Die Rhetorik verstärkte sich und wirkte sich schließlich auch negativ auf die Produktion von Occidental aus. Libyen verstärkte den Druck auf die Ölkonzerne, erzwang Produktionskürzungen von bis zu achthunderttausend Barrel pro Tag, allein dreihundertfünzigtausend Barrel davon entfielen auf Occidental. Hierdurch verlor das Unternehmen auf einen Schlag immerhin fünfundvierzig Prozent seines vorherigen Ölfördervolumens. Das Unternehmen war zum politischen Spielball geworden.

Der Westen mußte noch andere Rückschläge verkraften. So hatte Syrien im Mai 1970 die Trans-Arabische-Pipeline zwischen den saudiarabischen Ölfeldern und Saida im Libanon sabotiert und verringerte damit kurzfristig die geförderte Kapazität um vierhundertfünfundsiebzigtausend Barrel pro Tag. Zusammen mit der libyschen Produktionskürzung gingen dem Markt insgesamt 1,275 Millionen Barrel pro Tag verloren. Außerdem war der Suez-Kanal seit 1967 geschlossen. Die Ölfirmen hatten ein großes Interesse daran, das Libyen-Problem sehr schnell zu lösen, doch sie wußten auch, würden sie Libyen erst einmal höhere Preise gewähren, könnten die anderen Länder im Nahen Osten ebenso höhere Preise einfordern. Diese Gefahr war offensichtlich. Exxon machte schließlich ein Angebot über eine feste Preiserhöhung von zehn Cent pro Barrel und baute auch einen variablen Anteil von bis zu weiteren zehn Cent ein. Libyen lehnte das Angebot ab. Es schlug im Gegenzug eine feste Preiserhöhung von einundzwanzig Cent vor, brach dann aber trotz einer möglichen Zustimmung der Gegenseite die Verhandlungen mit Exxon abrupt ab. Der Druck auf Occidental wuchs, weil man im Westen und hiermit vor allem in Europa seinen Lieferverpflichtungen nachkommen mußte. Schließlich einigte man sich im September 1970 mit Libyen auf eine Preiserhöhung von dreißig Cent pro Barrel und weiteren zwei Cent pro Jahr in den folgenden fünf Jahren. Auch die Einkommensteuer stieg von fünfzig auf achtundfünfzig Prozent an. Als Gegenleistung durfte Occidental die Produktion auf siebenhunderttausend Barrel pro Tag ausweiten.

Doch damit nicht genug. Hatte Occidental erst einmal zugestimmt, verhandelte Libyen mit anderen Unternehmen und der gleichen Strategie. So war es schließlich die Oasis Group, die ähnlichen Vertragsbedingungen zustimmte. Oasis war ein Konsortium, das aus den Ölunternehmen Marathon, Continental und Amerada-Hess bestand. Ihnen wurde ein Produktionslimit von neunhunderttausend Barrel pro Tag zugesagt. Danach verhandelte Libyen mit dem Konsortium Hunt, Arco, Grace und Gelsenberg, welches aus einer Gruppe von kleineren Firmen bestand, während die großen wie Shell Verhandlungen zu diesen Bedingungen kategorisch ablehnten. Libyen hatte den Firmen jeweils konkrete Bedingungen vorgegeben und eine kurzfristige Antwort zum Angebot eingefordert. So konnten sie den Druck auf ihre Verhandlungspartner deutlich erhöhen.[5] Die neue Strategie und die knallharten Verhandlungsbedingungen stärkten GADDAFIS Ansehen in der arabischen Welt.

Ganz wie von den großen Ölkonzernen befürchtet, machte GADDAFIS Beispiel Schule. Eine ganze Serie von Nachverhandlungen setzte nun ein. Die Ölkonzerne kamen nicht umhin, dem Iran, Kuwait, Saudi-Arabien, Nigeria, den Vereinigten Arabischen Emiraten und auch Venezuela einen gleich hohen Steueranteil zu garantieren. Interessanterweise hatten die amerikanischen Ölkonzerne die amerikanische Regierung gebeten, im Fall Libyen zu vermitteln, doch die Regierung versagte ihnen ihre Unterstützung, da sie der Auffassung war, daß die geforderten Preiserhöhungen annehmbar seien und ein ›angemessener‹ Preis sogar noch höher liegen könnte. Die amerikanische Regierung erkannte die starke Position Libyens an und war zudem der Auffassung, daß das libysche Öl eine hohe Qualität darstellte und immer einen Markt, sprich Käufer, finden würde.

Ohne Unterstützung der amerikanischen Regierung gaben die großen Konzerne schließlich doch nach und stimmten am 30. September 1970 einer Erhöhung der Steuerquote für Libyen auf fünfundfünfzig Prozent zu. Die großen Ölfirmen beschlossen den von der Regierung in Tripolis beschlossenen Rückgang der Ölförderung so umzusetzen, daß jede Firma ihre Produktion anteilsmäßig zurückfahren würde, also möglichst zu gleichen Teilen, um aus der Reduzierung keinen Vorteil gegenüber den anderen Wettbewerbern zu erzielen.

Diese Vereinbarung wurde als das libysche Produzentenabkommen bekannt und veränderte die Machtverhältnisse in der Ölindustrie. Zuvor hatten die Ölkonzerne die Preise diktiert, nun aber schlug die Stunde der Länder, die über reiche Ölvorräte verfügten. Lange hatten die internationalen Ölkonzerne die OPEC ignoriert, nun mußten sie eingestehen, daß hier ein neuer Machtfaktor herangewachsen war, den man heute und in Zukunft nicht mehr ignorieren konnte. Diese Veränderungen sorgten auch dafür, daß die Länder in Afrika und im Nahen Osten in Zukunft über Geldressourcen verfügen sollten, die einen zusätzlichen Machtfaktor darstellten.

[1] Library of Congress, »Lybia. The Ottoman Revival«, in: *Country Studies,* 1987, lcweb2.loc.gov/cgi-bin; fastafrika.de/laenderinfos.php?id = 27.

[2] International Bank of Reconstruction and Development, *The economic development of Libya, Documents and Reports,* 1960, 564 S. wds.worldbank.org/servlet/WDS-Ibank

[3] Richard NEHRING, *Campos Petroleros Gigantes y Recursos Gigantes y Recursos Mundiales de Petróleo,* Rand Corporation, S. 161 Cuadro A. 43, 1978; demnach gehörten folgende Ölvorkommen zu den größten Entdeckungen in Libyen: Sarir (1961), Amal (1959), Nasser (1959), Gialo (1961), Defa (1960), Intisar D (1967), Nafoora-Augila (1965), Intisar A (1967), L-65 (1966), Waha (1960), Raguba (1961), Bu Attifel (1968), Dahra-Hofra (1959), Bahi (1968) und Samah (1961).

[4] Library of Congress, »Libya, Hydrocarbons and Mining«, in: *Country Studies,* 1987, S. 2 f. von 5.

[5] Dirk VANDEWALLE, *Libya since Independence: Oil and State-Building,* Cornell University Press, 1998, S. 49–58 u. 74–79.

8. Kapitel

Das Ölkartell OPEC und die ersten Schritte einer machtvollen Institution

Kartelle überleben nicht, so heißt es immer wieder. Insofern gehören die erdölexportierenden Länder zu einer fast ausgestorbenen Art, den Dinosauriern. Denn trotz aller Turbulenzen und Meinungsverschiedenheiten innerhalb der Organisation ist man bis heute zusammengeblieben, und damit viel länger, als es die meisten Beobachter erwartet hätten – vielleicht nach dem Motto: ›Totgesagte leben länger‹.

Die Gründung der OPEC (OPEC steht für Organization of the Petroleum Exporting Countries) erfolgte vom 10. bis zum 14. September 1960 auf der Bagdader Konferenz unter Mitwirkung von Vertretern aus den Ölförderländern Iran, Irak, Kuwait, Saudi-Arabien und Venezuela. Im Jahre 1961 kam Katar hinzu; ein Jahr später folgten Indonesien und Libyen. Die Vereinigten Arabischen Emirate folgten im Jahre 1967, Algerien 1969 und Nigeria 1971, während Ekuador (Mitgliedschaft von 1973 bis 1992) und Gabon (Mitgliedschaft von 1975 bis 1994) wieder ausgeschieden sind.[1] Der Sitz der Organisation befand sich zunächst in der neutralen Schweiz, nämlich in Genf, wurde aber 1965 nach Wien verlegt und befindet sich seitdem dort. Die Zielsetzung der OPEC ist noch immer die Koordination und Abstimmung unterhalb der OPEC-Mitgliedstaaten, um faire und stabile Ölpreise für die Ölförderländer sicherzustellen. Zudem möchte die Organisation auch ein effizientes, ökonomisches und regelmäßiges Angebot von Öl für die Abnehmerstaaten gewährleisten und den Investoren in dieser Industrie eine faire Rendite auf das eingesetzte Kapital sichern.

Normalerweise treffen sich die Ölminister der Mitgliedsländer zweimal im Jahr, doch außerordentliche Sitzungen werden aufgrund aktueller Ereignisse durchaus einberufen. Die OPEC mußte trotz erster Erfolge weiter um jeden weiteren Meilenstein ringen, denn die Machtverhältnisse, die sich seit Beginn des Ölzeitalters aufgebaut hatten, wollten die privaten Ölkonzerne nicht einfach so preisgeben. Man hatte also noch einen harten Kampf zu bestehen, bevor die Organisation und ihre Mitgliedstaaten die Anerkennung erhielten, die sie tatsächlich auch verdienten. Trotz der ungeheuren Möglichkeiten dieses Ölkartells, dessen Mitgliedsländer zudem über die größten Ölreserven der Welt auf der Habenseite verbuchen, blieb der Erfolg zu Beginn der Organisation weitgehend aus: Die OPEC blieb in den sechziger Jahren außerordentlich schwach und ineffektiv. Im Jahre 1962 schaßte die saudische Königsfamilie SCHEICH den saudischen Ölminister TARIKI wegen Meinungsverschiedenheiten über die weitere Strategie. Zudem zerstritten sich die arabischen Staaten untereinander, allein die ungelöste Frage der Palästinenser und immer wieder aufflammende Auseinandersetzungen mit Israel sorgten für ein wechselhaftes, brüchiges und ständig angespanntes Verhältnis. Iraks territoriale Ansprüche auf Kuwait spalteten die Organisation, da der Irak ja Gründungsmitglied war. Zudem konnte die OPEC auch nicht verhindern, daß andere, nicht der Organisation angehörende Länder, wie beispielsweise Rußland, ihre Produktion stark ausweiteten. Ferner gab es viel Kritik und Druck seitens der Europäer, die als gute Kunden höheren Preisen außerordentlich kritisch gegenüberstanden.

Aber auch die Amerikaner nahmen vom neu geschaffenen Kartell kaum Notiz. Im Prinzip wollte man die neu geschaffene Organisation nicht auch noch aufwerten, so gab es in den sechziger Jahren nicht eine einzige Mitteilung des amerikanischen Außenministeriums über die OPEC. Zudem gab es andere Konfliktpunkte innerhalb der Organisation. Als Beispiel kann hier der Krieg der Israelis gegen die Araber im Jahre 1967 gelten, als die arabischen Länder Öllieferungen nach USA aussetzten, Venezuela aber durch eine Steigerung der Öllieferungen in Höhe von 350 000 Barrel pro Tag aushalf, die Lücke zu schließen. Auch die Preisentwicklung für den Rohstoff kontrollierten sie nicht. Der Preis für ein Barrel Rohöl fiel, und die Einnahmen pro Barrel verringerten sich, obwohl die Regierungen teilweise sogar höhere Steuern und Gewinnanteile vereinbart hatten. Venezuela hatte 1966 neue Steuergesetze erlassen, die dem Staat bis zu zwei Drittel der Gewinne sichern sollte. Dennoch fiel der Durchschnittserlös von 1,03 Dollar pro Barrel im Jahre 1957 auf 98,3 Cent pro Barrel im Jahre 1967.[2] So wurde das ölreiche Land gezwungen, wesentlich mehr zu exportieren, um eine wirkliche Erhöhung der Einnahmen sicherzustellen. Kaum war die Tinte bei der libyschen Vereinbarung trocken, so fingen auch die Golfstaaten an, ihre Forderungen zu stellen. Genau das war die Situation, die die Ölkonzerne vor Libyens Forderungen noch befürchtet hatten. Nun war sie eingetreten. Den Konzernen blieb schließlich nichts anderes übrig, als dem Iran, Nigeria, den Vereinigten Arabischen Emiraten, Kuwait und Saudi-Arabien die gleichen Konditionen anzubieten wie zuvor den Libyern. Nur wenig später, nämlich im Dezember 1970, erhöhte Venezuela die Steuerquote.[3]

Im Januar 1971 trafen die meisten Vertreter der Ölkonzerne, die im Nahen Osten produzierten, in New York zusammen, um vorbereitende Gespräche vor den Verhandlungen von Teheran zu führen. Die amerikanischen Ölkonzerne wollten ihre Vorstellungen koordinieren und in Zukunft gemeinsam ihre Positionen gegenüber den produzierenden Öländern vertreten lassen, was aber angesichts der Gesetze in den Vereinigten Staaten auch einer Klärung mit dem Justizministerium bedurfte, um einem Verstoß gegen das Wettbewerbsrecht zuvorzukommen. Das Justizministerium gab bekannt, daß es vorerst nicht beabsichtige, gegen die beteiligten Ölkonzerne vorzugehen. In der London Policy Group wollten die Ölkonzerne Vorabsprachen treffen und Maßnahmen koordinieren, die die sogenannten Verhandlungen von Teheran betrafen. Die Verhandlungen sollten von Januar bis Juni 1971 in Teheran mit mehreren Unterbrechungen stattfinden, die Teilnehmer flogen also zwischen London und Teheran hin und her. Für den Iran trat der iranische Ölminister Dr. AMONZEGAR auf, für Saudi-Arabien Scheich YAMANI, der saudische Ölminister. Für den Irak war der irakische Ölminister HAMMADI anwesend.

Das Golf-Komitee, dem die ölproduzierenden Staaten des Persischen Golfs angehörten, war im Dezember 1970 auf dem OPEC-Treffen vom 9. bis 12. Dezember 1970 ins Leben gerufen worden und versuchte nun, erstmals für die Golf-Staaten ein gemeinsames Abkommen mit den Repräsentanten der Ölkonzerne zu erzielen. Auch der Schah von Persien setzte sich dafür ein, er schlug ein längerfristiges Abkommen vor, an das sich die Staaten selbst dann halten würden, wenn anderswo auch höhere Preise gezahlt werden sollten. Letztendlich wurde auf dieser Grundlage zwischen den zweiundzwanzig wichtigsten Ölkonzernen und den Ölförderländern am Persischen Golf eine Vereinbarung getroffen, die fünf Jahre lang Gültigkeit haben sollte. Der von den Golfanrainerstaaten zu vereinahmende Einkommensteuersatz sollte einheitlich fünfundfünzig Prozent betragen, und die Preiserhöhung sollte bei 35 Cents für ein Barrel Öl liegen; hinzu kam der Inflationsausgleich, der effektiv zum 1. Januar 1973, 1. Januar 1974 und 1. Januar 1975 berechnet werden sollte.

Es folgte die Vereinbarung von Tripolis am 2. April 1971 mit ähnlichen Ergebnissen. Der Richtpreis für das Rohöl aus dem Nahen

Osten wurde somit von 1,8 auf 2,1 Dollar pro Barrel angehoben. Dann folgte ein Schock für die internationale Finanzwelt. Die Amerikaner schafften die feste Bindung des Dollars zum Gold ab, der Goldstandard war damit *passé*. Das war am 15. August 1971, und alle Versuche, das alte System zu retten, scheiterten kläglich.[4] Die Abwertung des amerikanischen Dollars im Verhältnis zu einem Korb der wichtigsten internationalen Währungen lag in der Folgezeit bei zwölf Prozent.

Diese Abwertung verringerte die Deviseneinnahmen der ölexportierenden Länder natürlich in erheblichem Maße, weil die wichtigste Handelswährung immer noch der Dollar war. Nahehzu die Hälfte der Einkommenszuwächse, die den OPEC-Staaten durch die Verhandlungsergebnisse von Tripolis und Teheran zugute gekommen waren, gingen damit wieder verloren. Zudem gab es nun Überlegungen seitens der Ölförderstaaten, eine Veränderung bei den Besitzverhältnissen in der Ölindustrie durchzusetzen.

Im September 1971 trafen sich die Ölminister der OPEC in Beirut und beschlossen, daß sie eine effektive Beteiligung an den Ölgesellschaften in ihren Ländern haben wollten. Genaue Hinweise, wie dies vonstatten gehen sollte, gab es hingegen nicht. Wieder war Libyen der Vorreiter und verstaatlichte im Dezember 1971 alle Rechte und Unternehmensanteile von BP am Ölfeld in Sarir. Als Begründung für die Verstaatlichung gab Libyen das Verhalten Großbritanniens im Konflikt zwischen dem Iran und den Vereinigten Arabischen Emiraten an. Der Iran hatte drei Inseln vor den Vereinigten Arabischen Emiraten einfach besetzt, und der Protest der britischen Regierung blieb aus. Bereits zuvor hatte Libyen allerdings die Vertriebsgesellschaften von Esso, Shell und ENI verstaatlicht.[5] Im März 1972 bekam der Irak einen Anteil von fünfundzwanzig Prozent an der Iraq Petroleum Company, und Kuwait, Qatar sowie Abu Dhabi wollten sich mit zwanzig Prozent zufrieden geben. Es gab aber immer noch erhebliche Differenzen über die Übertragung der Anteile der Privatunternehmen auf den Staat. Der Irak nahm das zum Anlaß, die Iraq Petroleum Company am 1. Juni 1972 ganz zu verstaatlichen.[6]

Dieser Schritt führte wiederum zu Verhandlungen zwischen fünf arabischen Golf-Anrainerstaaten und den Ölkonzernen, die letztendlich eine schrittweise Übergabe der Mehrheitsanteile an den Tochtergesellschaften der Konzerne zur Folge hatte. Es wurde vereinbart, mit Wirkung vom Januar 1973 jeweils fünfundzwanzig Prozent der Anteile an die Nationalstaaten abzutreten und eine schrittweise Anteilserhöhung zuzulassen, bis schließlich eine Erhöhung auf einundfünfzig Prozent im Jahre 1982 folgen sollte.[7] Aber die Ölkonzerne bekamen noch mehr Ärger von einer ganz anderen Seite, da Länder wie Japan, die den überwiegenden Teil ihres Ölbedarfs im Nahen Osten abdeckten, dazu übergingen, bilaterale Abkommen mit den Ölförderländern abzuschließen, um ihren mittel- bis langfristigen Ölbedarf abzusichern. Die Ölkonzerne argumentierten, diese Art von Abmachung sei nicht im Interesse anderer Länder, die ebenfalls ihren Ölbedarf abdecken wollten, und würde einen unzulässigen Wettbewerb in der internationalen Gemeinschaft entfachen.[8]

Erst 1973 konnte sich die OPEC die Stellung sichern, die sie sich schon viel früher erhofft hatte. Hierfür war eine ganze Reihe von Gründen verantwortlich, aber die geopolitische Situation im Nahen Osten spielte dabei eine ganz besondere Rolle. Auf der einen Seite sorgten die Auseinandersetzungen zwischen Israel und den arabischen Nachbarstaaten für unüberwindbare Differenzen, die schließlich in einem kriegerischen Konflikt enden sollten. Zudem gab es eine wesentlich höhere Nachfrage vor allem in den Vereinigten Staaten von Amerika, und zugleich blieb die Produktion hier deutlich hinter den eigenen Vorhersagen zurück. Eine Sonderkommission in den USA hatte 1970 vorausgesagt, daß die USA im Jahre 1975 fünfundzwanzig Prozent ihres Ölbedarfs importieren müßten und daß der Preis für eben dieses Öl auch fallen könnte. Das Gegenteil war der Fall.

Aber nicht nur das. Die einheimische Produktion lag 1975 bei 3,05 Milliarden Barrel, die Prognose der Kommission für dasselbe Jahr lag aber bei 3,94 Milliarden Barrel.[9] Im Jahre 1970 hatte die einheimische Ölindustrie noch 3,52 Milliarden Barrel gefördert, immerhin siebenundzwanzig Prozent mehr als im Jahre 1960.[10] Nun war allen involvierten Politikern und Ölleuten Amerikas sonnenklar, daß die USA im Falle von ausbleibenden bedeutenden Ölfunden den Höhepunkt der Ölproduktion im eigenen Land schon überschritten hatten. Der Verbrauch der Amerikaner war immer stärker angestiegen. Im Jahre 1968 verbrauchten die Amerikaner rund 13,4 Millionen Barrel täglich, 1973 waren es bereits über 17 Millionen Barrel. Außerdem hatte sich die westliche Welt immer mehr auf die Öllieferungen der arabischen und afrikanischen Staaten verlassen, die Ölproduktion verdoppelte sich in diesen Ländern allein zwischen 1965 und 1970 auf 7,31 Milliarden Barrel pro Jahr.

In Nordafrika und Nahost verschärfte sich die Situation auf ganz andere Art und Weise. Am 11. Juni 1973 kündigte Libyen den nächsten Schritt im Verstaatlichungsprozeß der Ölindustrie an, die BUNKER-HUNT-Konzession wurde übernommen. Im August folgte Libyen mit Schritt Nummer drei und übernahm einundfünfzig Prozent der libyschen-Aktivitäten von Occidental Petroleum und dem Oasis-Konsortium, wobei sich Shell dagegen wehrte. Am 1. September 1973 kündigte Libyen schließlich an, einundfünfzig Prozent aller anderen ausländischen Öl-Tochtergesellschaften zu verstaatlichen, darunter die Tochterunternehmen von Texaco, Shell, Socal, Mobil und Exxon.[11] Außerdem kündigte die Regierung unter Führung von GADDAFI an, in Zukunft 4,95 Dollar pro Barrel zu verlangen, also fast doppelt so viel, wie die Konzerne den Ölländern zu diesem Zeitpunkt im Nahen Osten bezahlten.

Die Außenminister der zehn OPEC-Länder trafen sich am 4. September 1973 in Kuwait, um weitere Maßnahmen zu besprechen. Der Irak drohte mit der Verstaatlichung der Ölunternehmen und einem vollständigen Ölembargo. Auch die anderen Mitgliedsländer waren der Meinung, daß nun der Zeitpunkt für eine weitere Machtprobe gekommen sei, die sie angesichts der Angebotslage auf den Märkten für Rohöl auch gewinnen könnten. Am 15. September forderte die OPEC Nachverhandlungen der Vereinbarungen von Tripolis und Teheran, und zwar am 8. Oktober in Wien. Diese Verhandlungen scheiterten.[12] Eine dramatische Veränderung zeichnete sich ab, nämlich der Transfer der Öl-Macht von Manhattan nach Wien zum OPEC-Hauptquartier, wie Anthony SAMPSON es in seinem Buch *The Seven Sisters* nennt.[13]

Wenige Tage nach den gescheiterten Verhandlungen in Wien erhöhte die OPEC ihren Richtpreis von 3 Dollar auf 5,119 Dollar pro Barrel. So kam, was kommen mußte. Die OPEC-Organisation rückte im September und Oktober 1973 endgültig ins Blickfeld der Weltöffentlichkeit, als sie unter Führung von Saudi-Arabien kurzfristig beschloß, ihre Preise einseitig um siebzig Prozent zu erhöhen. Im Dezember desselben Jahres legte die Organisation noch einmal nach. Auf ihrer Konferenz in Teheran wurde der Ölpreis nochmals um hundertdreißig Prozent angehoben. Anlaß für diese harten Maßnahmen der OPEC war der Yom-Kippur-Krieg von Oktober 1973. Ägypten und Syrien griffen Israel von zwei Seiten an. Die arabischen OPEC-Staaten solidarisierten sich mit den kriegführenden arabischen Staaten und mißbilligten die einseitige Unterstützung des Westens für Israel. Aufgrund der amerikanischen Unterstützung mit Waffen und Material für Israel sprachen sich die arabischen OPEC-Staaten für ein Ölembargo aus und trafen mit diesem Ölembargo mitten ins Herz der westlichen Welt.

Das führte in den westlichen Industriestaaten zur Ölkrise der Jahre 1973 und 1974, da große Ölreserven damals noch nicht bestanden. Sie wurden erst als Folge dieser ersten Ölkrise vereinbart und aufgebaut. Angesichts einer kurzfristigen Preissteigerung von drei auf etwa zwölf Dollar pro Barrel mußte dies zu einer Ölkrise ausufern, da Ölembargo und Preissteigerungen zu einer höheren Inflation und einem fehlenden Angebot führten. Rezession und Arbeitslosigkeit waren die unmittelbaren Folgen im Westen. In der Bundesrepublik Deutschland stagnierte das Wirtschaftswachstum 1974 mit einem Plus von lediglich 0,3 Prozent, im Jahr darauf gab es einen Rückgang in Höhe von 1,8 Prozent. Zwischen 1970 und 1973 betrug das Wirtschaftswachstum hingegen noch 2,3 bis 5,9 Prozent. Die Arbeitslosenquote verdoppelte sich von 2,6 Prozent im Jahre 1974 auf 4,8 Prozent im Jahre 1975. Für Deutschland war das der erste Schritt von der Vollbeschäftigung zu einem höheren Arbeitslosensockel. Die Inflationsrate erhöhte sich auf sechs bis sieben Prozent. In anderen Industrieländern verlief die Entwicklung ähnlich.

Öl wurde von den arabischen OPEC-Staaten als politische Waffe eingesetzt. Je länger der Krieg andauerte, desto entschlossener waren die Golfstaaten, ihre Preisforderungen auch mit Nachdruck durchzusetzen. Zudem beschloß das Golf-Komitee am 16. Oktober, die Produktion um fünf Prozent zu kürzen, um dem Standpunkt der Golfstaaten mehr Nachdruck zu verleihen. Sie forderten den Rückzug Israels aus den besetzten Gebieten. Im November desselben Jahres wurde beschlossen, die Produktionskürzung auf fünfundzwanzig Prozent des Produktionsniveaus vom September zu erhöhen und die Abnehmerländer in drei Kategorien einzuteilen. Die erste Kategorie umfaßte die Länder, die als ›bevorzugt‹ galten und daher weiterhin hundert Prozent des Septemberniveaus beziehen konnten. In der zweiten Kategorie waren die sogenannten ›neutralen‹ Länder, die eine verminderte Produktionsmenge weiterhin abnehmen konnten. In die Kategorie drei gehörten die ›Embargoländer‹, die keinerlei Öl oder Mineralölprodukte beziehen durften. Zur letzteren Gruppe gehörten die Vereinigten Staaten von Amerika wegen ihrer Unterstützung für Israel, aber auch die Niederlande und Dänemark.

Die EU-Außenminister sahen sich gezwungen, Israel zum Rückzug aus den seit 1967 besetzten Gebieten aufzufordern. Es wurde in diesem Zusammenhang auf die UN-Resolution 242 vom 22. November 1967 hingewiesen. Diese forderte die israelische Regierung auf, die besetzten Gebiete zu verlassen und auf alle von der Besatzung herrührenden Gebietsansprüche zu verzichten – eine Auforderung, die ohne Erfolg blieb. Erst zum Jahresende zeichnete sich eine erste ›Entspannung‹ der Lage ab. Im Dezember 1973 wurde die Produktionssenkung auf fünfzehn Prozent gekürzt und weitere Schritte zur Reduzierung bereits angedeutet. Bereits im Januar 1974 förderten die OPEC-Staaten 1,5 Millionen Barrel Öl mehr als im Dezember des Vorjahres, das waren aber immer noch 3,2 Millionen Barrel weniger als im September. Das Ölembargo wurde auf der OPEC-Sitzung vom 17. und 18. März 1974 in Wien offiziell bestätigt. Außerdem sah man sich darin bestärkt, daß das Angebotsdefizit die Aufmerksamkeit auf die arabische Welt lenken und man ihre legitimen Rechte ebenso verstehen würde wie die isolierte Position Israels.

Die meisten OPEC-Staaten hielten den Ölpreis immer noch für zu niedrig, und sie erklärten das auch mit erheblichen Preisunterschieden zwischen dem Marktpreis und dem, was damals als *›participation oil‹* bezeichnet wurde. Der Iran erzielte im Dezember sogar bis zu siebzehn Dollar pro Barrel, was wohl selbst den Schah von Persien beeindruckt haben soll. Saudi-Arabien hielt den Spitzenpreis aber nicht für nachhaltig; schließlich einigten sich die OPEC-Ölminister im Dezember 1973 auf einen Richtpreis von 11,65 Dollar pro Barrel, gültig ab dem 1. Januar 1974. Innerhalb von drei Jahren war der Ölpreis somit von 2,18 auf 11,65 Dollar angestiegen.[14] Eine Tatsache, die selbst die großen Industrieländer schockieren konnte, da wohl keiner mit solch einer drastischen Machtverschiebung gerechnet hatte.

Die OPEC-Staaten hatten die ›Ölwaffe‹ eingesetzt und letztendlich auch erhebliche Preiserhöhungen durchgesetzt, ihr politisches Ziel erreichten sie aber nicht. Die Existenz Israels war vor allem durch den starken Rückhalt und die finanzielle und militärische Unterstützung der Amerikaner gesichert worden. Alle Angriffe der Araber waren erfolglos geblieben, der Staat Israel hatte auch die besetzten Gebiete nicht herausgegeben, ein Großteil der Palästinenser lebte in Jordanien oder in anderen Staaten der Region, und Flüchtlingslager gehörten im Libanon und anderswo zum alltäglichen Bild. Hinsichtlich der Entwicklung des Ölkartells im besonderen, war es im Rückblick gesehen sicherlich nur eine Frage der Zeit, bis sich das Selbstbewußtsein der OPEC-Staaten durchsetzen mußte. Schließlich ging dem ja auch ein harter, langer Lernprozeß voraus. Trotz des Ölembargos, das bis zum Juni 1974 andauerte, importierten die Amerikaner auch im Januar und Februar 1974 noch Öl von den nichtarabischen OPEC-Staaten. Von Venezuela, Nigeria und sogar aus dem Iran bezogen sie jeweils mehr als 400 000 Barrel pro Tag, von Indonesien mehr als 270 000 Barrel pro Tag.

Ölimporte USA im August/September 1973 u. Januar/Februar 1974[15]

Land	Ölimporte Barrel pro Tag Januar/ Febr.1974	Ölimporte Barrel pro Tag August/ Sept.1973	Differenz Barrel pro Tag
Angola	59 000	47 000	- 12 000
Bolivien	0	11 000	+ 11 000
Ekuador	60 000	90 000	+ 30 000
Indonesien	237 000	275 000	+ 38 000
Iran	229 000	430 000	+ 201 000
Kanada	1 082 000	960 000	- 122 000
Mexiko	12 000	16 000	+ 4000
Nigeria	524 000	462 000	- 62 000
Trinidad	64 000	65 000	+ 1000
Venezuela	633 000	493 000	- 140 000
Sonstige	11 000	17 000	+ 6000
Insgesamt:	**4 114 000**	**2 885 000**	**- 1 229 000**
dav. arab.Länder	1 203 000	19 000	- 1 184 000

Die amerikanische Regierung empfand die hohen Ölpreise und die Produktionskürzungen der OPEC-Staaten als größte Gefahr für den Wohlstand der westlichen Welt seit dem Zweiten Weltkrieg. Ihre beabsichtigte Strategie, den Ölpreis langfristig niedrig zu halten, mußte als gescheitert angesehen werden. Damit waren die Ölpreiserhöhungen aber noch lange nicht am Ende angelangt. Es ging in regelmäßigen Schritten weiter nach oben. Eine Vielzahl von Ölpreiserhöhungen erfolgte zwischen 1974 und 1983, die nachfolgende Tabelle zeigt die Entwicklung im einzelnen auf.

Entwicklung der Ölpreise 1974–1983[16] in US-Dollar				
Datum	Arabian Light 34°	Libyen 40°	Nigeria 37°	Venezuela Officina 35°
1.1.1974	11,25	15,76	14,69	14,87
1.3.1975				14,73
1.4.1975		15,00	12,06	
1.6.1975		14,60		
1.10.1975	12,38	16,06	13,07	
1.4.1976				12,80
1.7.1976		16,35	13,82	
1.10.1976			13,99	
1.1.1977	12,09	13,92	14,22	13,99
1.7.1977	12,70	14,20	14,63	
1.1.1978		14,00	14,33	
1.4.1978		13,85	14,12	
1.1.1979	13,33	14,69	14,82	14,69
1.3.1979		15,37		
1.4.1979	14,54	18,25		17,21
16.5.1979		21,26	20,96	17,81
1.7.1979	18,00	23,45	23,49	22,45
1.10.1979		26,22		
1.11.1979	24,00			
1.1.1980	26,00	34,67	29,99	28,75
1.2.1980			34,20	30,75
1.04.1980	28,00			
26.05.1980				34,25
1.7.1980				34,85
1.8.1980	30,00	37,00	37,02	
1.11.1980	32,00			
1.1.1981		40,78	40,02	38,06
1.7.1981		39,68		
1.9.1981			36,02	
1.10.1981	34,00		34,52	
1.11.1981		37,28	36,52	37,06
1.1.1982		36,50		
20.3.1982			35,52	
1.4.1982		35,15		
1.2.1983			30,02	
23.2.1983		30,15		
1.3.1983	29,00			
15.3.1983				31,09

Die Folge der Preissteigerungen war klar. Auf der einen Seite befanden sich die arabischen Staaten, wie beispielsweise Kuwait und Saudi-Arabien, die in dieser Zeit riesige Überschüsse ansparen konnten. Saudi-Arabien hatte bereits 1975 höhere Finanzreserven angehäuft als die Vereinigten Staaten und Japan zusammengenommen.[17] Auf der anderen Seite befanden sich die westlichen Industriestaaten, die sich zunehmend nach anderen Energiequellen umsahen, vor allem den Einsatz von Kernenergie und Kohle vorantrieben und die Suche nach eigenen Ölreserven forcierten. Hier ging es zum Beispiel um die Erschließung von Ölquellen in der Nordsee durch Großbritannien, das ab 1976/77 die eigene Förderung hochfuhr, und Norwegen, das zwar 1971 erstmals Öl förderte, aber erst 1975 auf eine nennenswerte Förderung verweisen konnte.

Außerdem wurde die Verbindung zu Nicht-OPEC-Staaten wie Mexiko und Rußland ausgebaut, und allmählich verringerte sich die Abhängigkeit von der OPEC. Die Situation entspannte sich für die Industriestaaten, und eine Reaktion blieb auch nicht aus. Am 1. März 1983 senkte die OPEC zum ersten Mal in ihrer Geschichte den Referenzpreis von vierunddreißig auf neunundzwanzig Dollar pro Barrel. Marktanteilsverluste der OPEC hatten ihre Spuren hinterlassen. Auf ihrem Höhepunkt im Jahre 1973 konnten die Mitglieder der Organisation insgesamt 52,8 Prozent des Weltmarktes auf sich vereinen. Zehn Jahre später war dieser Marktanteil auf etwa zweiunddreißig Prozent gesunken. Weitere zwei Jahre danach erreichte die OPEC ihren absoluten Tiefpunkt mit einem Marktanteil von neunundzwanzig Prozent (siehe hierzu auch Anlagen des Buches über die genaue Entwicklung bei den Marktanteilen der OPEC 1970–1985). Die Ölförderung der OPEC-Mitgliedstaaten war zwischen 1973 und 1985 um 14,2 Millionen Barrel auf nur noch 16,69 Millionen Barrel pro Tag zurückgegangen. Nun hatten die sogenannten Nicht-OPEC-Staaten mit 28,7 Millionen Barrel pro Tag und einem Marktanteil von fast fünfzig Prozent die Marktführerschaft übernommen. Die Sowjetunion kam mit 12,04 Millionen Barrel pro Tag auf knapp einundzwanzig Prozent Marktanteil.

[1] Opec.org/About_OPEC/History.htm

[2] *OGJ*, 16. 8. 1968, S. 54; TUGWELL, *Politics of Oil*, S. 86–99; *Memoria*, 1966, S. 8–10, u. 1968, S. 4–7.

[3] Svante KARLSSON , *Oil and the World Order*, 1986, S. 206.

[4] Juan Ignacio CRESPO, »El acuerdo de Teherán«, in: *El País*, Negocios, 10. 10. 2004, S. 23; Bundeszentrale für politische Bildung, bpb.de, »Aufwertung der D-Mark«, 22. 6. 2004; students.uni-marburg.de, »Wirtschaftliche Entwicklung der Bundesrepublik Deutschland bis 1989«.

[5] U.S. Library of Congress, » Libya, Industry: Hydrocarbons and Mining«, in: *Country Studies,* 16. 12. 2004.

[6] EIA.doe.gov.,» Chronology of World Oil Market Events 1970–2003«, September 2004; U.S. Library of Congress, *Iraq, Post-World War II throngh tue 1970's.* Bis 1975 sind alle restlichen ausländischen Aktiva im Irak verstaatlicht worden. Der Irak hatte 53 Jahre nach dem Abkommen von San Remo endlich die totale Souveränität über seine Ölressourcen erhalten.

[7] Svante KARLSSON, *Oil and the World Power,* 1986, S. 219; *The New York Agreement*, 5. 10. 1972.

[8] R. ENGLER, *The Brotherhood of Oil,* Chicago, 1977, S. 31.

[9] Stephen G. RABE, *The Road to Opec: United States Relations with Venezuela, 1919–1976,* 1982, S. 178 f.

[10] Cabinet Task Force, Oil Import Question, S. 21 f.; for Statistics, siehe BOHI u. RUSSELL, *Limiting Oil Imports,* S. 22 ff., Appendix, Table C.

[11] U.S. Library of Congress, »Libya, Industry: Hydrocarbons and Mining«, in: *Country Studies,* 16. 12. 2004.

[12] EIA.doe.gov., aaO. (Anm. 6).

[13] Anthony SAMPSON, *The Seven Sisters,* 1976, S. 15.

[14] EIA.doe.gov., aaO. (Anm. 6).

[15] Department of Commerce, Import Commodity by country, monthly, various issues and new releases, CB 74–83, 8. 4. 1974.

[16] Svante KARLSSON, aaO. (Anm. 7), Table 12.1, S. 266.

[17] Peter MANSFIELD, *The Arabs,* S. 364.

9. Kapitel

Walter L. Levys Prognosen und die Ölkrise von 1973/74 sowie ihre unmittelbaren und langfristigen Folgen

Im März 1973 veröffentlichte der Ölökonom und Berater Walter L. LEVY ein vielbeachtetes Papier über die Situation am Ölmarkt. Er schlug den Industriestaaten einen gemeinsam geführten Konfrontationskurs gegenüber den OPEC-Staaten vor, um weitere Forderungen der OPEC zurückzuweisen. Zudem regte er zwei konkrete Maßnahmen an. Zum einen sollten die OECD-Staaten eine internationale Organisation ins Leben rufen, die ihre Ölinteressen wahrnehmen konnte; zum anderen sollte man strategische Öldepots in den Mitgliedstaaten anlegen, um einem möglichen Ölembargo der arabischen Staaten vorzubeugen und einen Austausch der Ölreserven innerhalb der Mitglieder im Ernstfall zu ermöglichen. Ferner sagte er eine größere Abhängigkeit der Industriestaaten von Ölimporten aus dem Mittleren Osten voraus, was wiederum zu einer sehr starken Konzentration von Macht führen und einen nicht unerheblichen Einfluß auf die Politik, ökonomische Bedingungen und Handelsbeziehungen haben könnte.

Die Ölkrise, die sich im selben Jahr ereignen sollte, konnte er durch die Veröffentlichung seiner Marktanalyse nicht mehr verhindern; Einfluß auf die weitere Entwicklung hatte sie dennoch, und sogar der amerikanische Präsident Richard NIXON nahm die Idee auf, als er in einer Rede am 18. April 1973 um eine koordinierte Zusammenarbeit in der Energiepolitik warb, bei der die Vereinigten Staaten, Westeuropa und später auch Japan beteiligt sein sollten. Die Amerikaner hatten vor der Rede eine Warnung der saudischen Regierung erhalten, daß ein Ölembargo bevorstehen könnte. Scheich YAMANI war im Auftrage des saudiarabischen Königs FEISAL nach Washington gereist, um diese Information persönlich zu übermitteln.[1]

Doch die Warnung kam letztendlich zu spät. Der Ölboykott der arabischen OPEC-Mitgliedstaaten begann wenige Monate später mit den bekannten, verheerenden Folgen. Der Ölpreis katapultierte sich innerhalb kürzester Zeit in für damals als astronomisch empfundene Sphären. Erst im November 1974, also über ein Jahr später, wurde die Idee von LEVY aufgegriffen, und die Internationale Energieagentur, die IEA, in Paris ins Leben gerufen. Diese sollte für die OECD-

Staaten vor allem eine geringere Abhängigkeit der Mitgliedstaaten zum Ziel haben und die Einrichtung und den Aufbau von einer strategischen Ölreserve in die Wege leiten. Zuerst sollte die strategische Ölreserve eines Mitgliedslandes den Nettoimportbedarf von mindestens sechzig Tagen abdecken, später wurde diese auf neunzig Tage erhöht. Zudem sollten sich die Mitgliedstaaten verpflichten, im Falle einer Krise die zur Verfügung stehenden Ölressourcen zu teilen, falls die Krise solche Maßnahmen erforderlich machen würde.

Die Mitgliedsländer der IEA sind heute Australien, Österreich, Belgien, Kanada, Dänemark, Finnland, Frankreich, die Tschechische Republik, Deutschland, Griechenland, Ungarn, die USA, Irland, Italien, Japan, Luxemburg, die Niederlande, Neuseeland, Norwegen, Portugal, Spanien, Schweden, Schweiz, die Türkei und Großbritannien. Die IEA unternimmt heute aber auch detaillierte Analysen des Ölmarktes und verfügt über genaue Statistiken über den Bedarf seiner Mitgliedsländer.

Außerdem beobachtet die IEA fortlaufend die Marktentwicklung, kontrolliert die weitere Entwicklung und überwacht die Einhaltung der Mindestreservepflichten der strategischen Ölreserven in den einzelnen Mitgliedstaaten. 1986 erreichten die strategischen Ölreserven ihr bisheriges Hoch mit einer Reservehaltung für hundertsechzig Tage, Mitte 2000 lagen die Ölreserven der erdölimportierenden Länder bei 370 Millionen Tonnen oder 2,7 Milliarden Barrel. Das reicht nach Angaben der IEA für hundertzehn Tage. Die Reserven der IEA können von Firmen, von Agenturen oder vom Staat vorgehalten werden. Jedes Mitgliedsland kann entscheiden, welche Art von Reservehaltung es bevorzugt. Die Länder, die von Öleinfuhren abhängig sind, müssen Ölreserven vorhalten, die Mitgliedsländer, die selber Öl exportieren, haben keine Verpflichtung, dieses zu tun.[2] Von den öffentlichen Ölreserven der IEA-Mitgliedsländer entfallen neunzig Prozent auf die drei Länder USA, Japan und Deutschland (dem Anhang ist eine detaillierte Übersicht über die Entwicklung der Ölreserven der OECD-Staaten zu entnehmen).

Die Strategic Petroleum Reserve (SPR) der Amerikaner ist dabei die größte der Welt und auf eine Höchstkapazität von 700 Millionen Barrel ausgelegt. Ende 2004 waren 670 Millionen Barrel vorhanden. Im Notfall könnten höchstens 4,3 Millionen Barrel pro Tag für 90 Tage an die Märkte gelangen. Danach würde die Ölmenge in mehreren Schritten reduziert werden, um zwischen 150 und 180 Tagen nur noch 1,3 Millionen Barrel zu betragen.

Bei der Verringerung der Ölabhängigkeit, also der Abhängigkeit von Öleinfuhren, war die IEA zu Beginn recht erfolgreich. Seit Mitte der siebziger Jahre, als die Quote etwa siebzig Prozent betrug, rutschte die Quote Mitte der achtziger Jahre auf unter fünfzig Prozent. Seitdem hat sie sich stetig erhöht, und man rechnet im kommenden Jahrzehnt wieder mit einer Quote von siebzig Prozent. Da die Prognosen des World Energy Outlook 2000 auch bis zum Jahr 2020 Öl einen Anteil von vierzig Prozent vorhersagt (ungefähr wie heute), bleibt Öl der beherrschende Energieträger. Das Wachstum der Ölnachfrage würde demnach im Jahresdurchschnitt bei 1,9 Prozent liegen, die Nachfrage von Öl auf 96 Millionen Barrel pro Tag im Jahre 2010 und hundertfünfzehn Millionen Barrel pro Tag im Jahre 2020 ansteigen.[3] Den überwiegenden Anteil davon ordnen die Verfasser der Studie in den OECD-Staaten dem Transportsektor zu. In anderen Regionen soll die Nachfrage zwar auch vom Transportsektor ausgehen, die Privathaushalte, die Industrie und die Stromversorger werden aber auch für einen steigenden Bedarf verantwortlich sein. Die Reserven der Mitgliedsländer der IEA müßten demnach ihre Reserven auf fünfhundert Millionen Tonnen anheben, um den Stand von heute halten zu können.

Die Mindestquote der IEA betrug in den ersten Jahren sechzig Tage, im September 1975 wurde aber beschlossen, diese ab Anfang 1976 auf siebzig Tage zu erhöhen. Und im November 1976 wurde beschlossen, diese Verpflichtung bis Anfang 1980 auf neunzig Tage zu erhöhen. Erst einmal beschloß die IEA, einen Notplan greifen zu lassen, nämlich am 17. Januar 1991, als alliierte Truppen Kuwait von der irakischen Besatzung befreiten. Insgesamt sollten bis zu 2,5 Millionen Barrel pro Tag an den Markt geführt werden. In Dänemark, Deutschland, den Niederlanden und den USA wurde aber nur ein Teil dieses Angebots tatsächlich abgerufen.

Auch die Mitgliedstaaten der IEA stellen keineswegs eine homogene Gruppe dar. Länder wie Norwegen und Kanada versorgen sich selbst und exportieren einen Großteil des geförderten Rohöls, auch Großbritannien kann seinen Energiebedarf (noch) überwiegend selber abdecken. Sehen wir uns die Situation bei einigen Mitgliedstaaten einmal an.

Anteil der Öleinfuhren in einigen Industriestaaten und der ›Energiemix‹[4]

Land	Anteil Öleinfuhr in %	Energie-anteil Öl in %	Energie-anteil Erdgas in %	Energiean-teil Kohle u. andere solid fuels in %	Kern-energie in %	Sonstig Energi quellen in %
USA	57	40	23	24	8	5
Japan	99,7	51	12	17	17	3
BRD	98	40,1	21,3	23,5	13,1	2
GB	-	35	36	16	11	2
Frankreich	98	36	13	6	40	5
Spanien	99,5	55	10	15	14	6

Die Unterschiede sind gewaltig, denn Frankreich kann seine Ölimporte gegenüber anderen Staaten verringern, weil sein Kernenergieanteil bei vierzig Prozent liegt. Die Abhängigkeit der USA nimmt dagegen immer mehr zu. Stimmen die Prognosen der IEA, werden die Amerikaner bei stagnierender Ölförderung im Jahre 2010 schon fünfundsiebzig Prozent ihres Ölbedarfs importieren müssen. Für ein Land, das beabsichtigt hatte, energieautark zu sein, ist dieses sicher keine erfreuliche Prognose. Deutschland will seinen Anteil der sonstigen Energiequellen beträchtlich steigern, hierzu gehört insbesondere die Windenergie, aber auch die Solarenergie. Zudem wird der Anteil von Erdgas sicher weiter zunehmen, da man durch die Zusammenarbeit deutscher Unternehmen mit der russischen Gazprom einen vielversprechenden Zugang zum russischen Erdgas aufgebaut hat. Dennoch ist die Ölimportabhängigkeit in Deutschland sehr hoch. Gleiches gilt für Frankreich, Spanien, Japan und die meisten anderen Industriestaaten.

Zurück zu den siebziger Jahren. Damals wurde außerdem vom Internationalen Währungsfonds eine Ölfazilität eingeführt, die es gewissen Ländern erlaubte, Kredite aufzunehmen, falls sie aufgrund steigender Ölpreise Schwierigkeiten in der Zahlungsbilanz bekommen sollten. Die vierundzwanzig Mitglieder der OECD richteten im April 1975 einen über fünfundzwanzig Milliarden Dollar laufenden, ähnlich konstruierten, Notkreditfonds ein. So war man sich sicher, für zukünftige Auseinandersetzungen mit der OPEC und anderen

Ölproduzenten bei möglichen Versorgungsengpässen gerüstet zu sein. Die Notfonds der IEA-Mitgliedsländer kommen allerdings nur im äußersten Notfall zum Einsatz, ein Anstieg der Ölpreise, wie wir ihn derzeit erleben, reicht dafür nicht aus.

[1] Svante KARLSSON, *Oil and the World Power,* 1986, S. 222.

[2] Internationale Energie Agentur in Paris, 2004.

[3] IEA, *Oil Supply Security, The Emergency Response Potential of IEA Countries in 2000,* Chapter 1, »The Changing Pattern of IEA Emergency Response Patterns«, S. 15.

[4] IEA, *Oil Supply Security. The Emergency Response Potential of IEA Countries in 2000.*

10. Kapitel

Heute OPEC, Zukunft OPEC

Um die zukünftige Rolle der OPEC zu verstehen, muß man sich ein Bild von der heutigen Situation machen. Die Zahlen der OPEC vermitteln einen besseren Überblick über die Lage der einzelnen Mitglieder. Diese Zahlen betreffen das Jahr 2002, also das Jahr vor dem Einmarsch amerikanischer und britischer Truppen im Irak. Das ist insofern aufschlußreich, als wir sehen können, wie die OPEC-Staaten als Gruppe arbeiten, wenn die Ölförderung ungestört verläuft. Auf die Probleme im Irak unmittelbar vor und nach der Invasion wird an anderer Stelle dieses Buches noch ausführlicher eingegangen.

Die OPEC ist, darüber müssen wir uns klar sein, ein Sammelsurium von Ländern, die in ihrer Struktur und Größe gar nicht unterschiedlicher sein könnten: auf der einen Seite das bevölkerungsreichste moslemische Land Indonesien mit über zweihundertachtzehn Millionen Einwohnern, auf der anderen Seite Katar mit nur sechshundertelftausend Einwohnern. In Afrika gehören Nigeria, Libyen und Algerien zum renommierten Kreis der OPEC, auch diese drei Mitgliedsländer unterscheiden sich in ihrer wirtschaftlichen Entwicklung und Geschichte recht deutlich. Einziges Mitgliedsland Lateinamerikas ist Venezuela, immer schon ein wichtiger Zulieferant der Amerikaner, aber dennoch bis heute OPEC-Mitglied geblieben.

Als wirtschaftliche Großmächte der Organisation kommen nur Saudi-Arabien und der Iran in Frage. Indonesien, das zwar über ein höheres Bruttoinlandsprodukt als der Iran verfügt, kann diese Position aufgrund der wesentlich geringeren Ölreserven nicht für sich in Anspruch nehmen. Hier fehlt der gewisse ökonomische ›Hebel‹, um mit den Giganten der OPEC mithalten zu können.

Letztendlich wird sich die Welt auf die Reserven von den fünf Golf-Anrainerstaaten konzentrieren müssen, wenn es darum geht, die Ölförderung für den steigenden Bedarf des Westens und Asiens auf Wachstum auszurichten. Denn mit der heutigen Ölförderung wird die OPEC ihrer Rolle nicht gerecht werden können. Die Nachfrage steigt, und es entsteht bei allen Beteiligten die Erwartung, daß die Mitgliedsländer der OPEC marktregulierend tätig werden. Doch Produktionssteigerungen kommen nicht von heute auf morgen. Erforderlich sind hohe Investitionen in den Ausbau der Ölindustrie, um eine nennenswerte Steigerung der heutigen Ölförderung zu erreichen. Gerade in Ländern wie dem Irak liegt ein Potential, das erst dann gehoben werden kann, wenn die Voraussetzungen dafür geschaffen worden sind. Investieren wird die Industrie aber nur dann, wenn Sicherheit und Stabilität gewährleistet sind. Das sind Grundvoraussetzungen. Faule Kompromisse können dazu führen, daß die westliche Welt sich zu sicher fühlt und irgendwann eine erhebliche Lücke zwischen Angebot und Nachfrage auf dem Ölmarkt entsteht. Den Preisen am Ölmarkt würden dann aber ganz sicher noch viel turbulentere Zeiten bevorstehen als das, was wir in dieser Sache bisher erlebt haben. Sehen wir uns nun die Zahlen der elf Mitgliedstaaten der OPEC an (siehe Tabelle nächste Seite).

Die Unterschiede sind groß und zeigen Chancen und Probleme der Organisation deutlich auf. Erstens stechen natürlich die hohen Einnahmen durch die Erdölexporte hervor, über zweihundertsechs Milliarden Dollar im Jahre 2002. 2003 stieg dieser Betrag sogar auf zweihundertvierzig Milliarden Dollar an.

Die Graphik auf Seite 156 zeigt die Entwicklung bei den Öleinnahmen der OPEC-Staaten zwischen 1972 und 2006, wobei für die letzten beiden Jahre Schätzungen vorgenommen wurden. Demnach steigen die Einnahmen aus Ölexporten in den elf Mitgliedsländern von 338 Milliarden Dollar im Jahre 2004, im Jahr darauf auf 429 Milliarden Dollar, um 2006 ein Niveau von 447 Milliarden Dollar zu erreichen.[2] Die realen Erträge erreichen in der Gegenwart in etwa das Niveau von Mitte der achtziger Jahre. Werden die effektiven Erträge aber in konstanten US-Dollar von 2005 ausgedrückt, ergibt sich ein Rückgang von über vierzig Prozent. Der Graphik ist diese Relation zu entnehmen. Die schwarze Kurve steht für die Einnahmen in konstanten Dollar von 2005, die grauen Kurve steht für die nominalen Beträge.

Die OPEC-Staaten im Überblick – Alle Angaben betreffen das Jahr 2002[1]

	Einwohner in Mio.	ProKopf-BIP in US-$	BIP in Mrd. $	Rohölexporte in Mrd. $	Exporte in Mrd. $	Rohölreserven in Mrd. $	Rohölförderung in Tsd. Barrel/ Tag	Export Rohöl in Tsd. Barrel/ Tag
Algerien	31,5	1720	54,146	13,48	19,49	11,3	735	397
Nigeria	132,9	321	42,728	17,04	17,24	31,5	1801	1572
Libyen	5,5	3567	19,742	10,48	11,68	36,0	1200	922
Indonesien	218,7	792	173,217	8,58	56,89	4,72	1125	610
Venezuela	25,1	3759	94,339	19,84	26,20	77,8	2432	1572
Saudi-Arabien	22,1	8635	190,979	63,28	87,20	262,8	7093	5285
Irak	24,2	1078	26,117	10,40	13,34	115,0	2126	1138
Iran	65,9	1613	106,393	19,22	24,44	99,0	3248	2094
Kuwait	2,4	14944	35,333	15,55	16,22	96,5	1746	1138
V.A.E.	3,1	23368	23,368	21,77	37,76	97,8	1900	1614
Katar	0,61	30779	18,815	6,88	11,03	15,2	586	507
Gesamt	532,06	8234**	785,177	206,52	321,49	847,62	23992	168497

** = Durchschnittswert

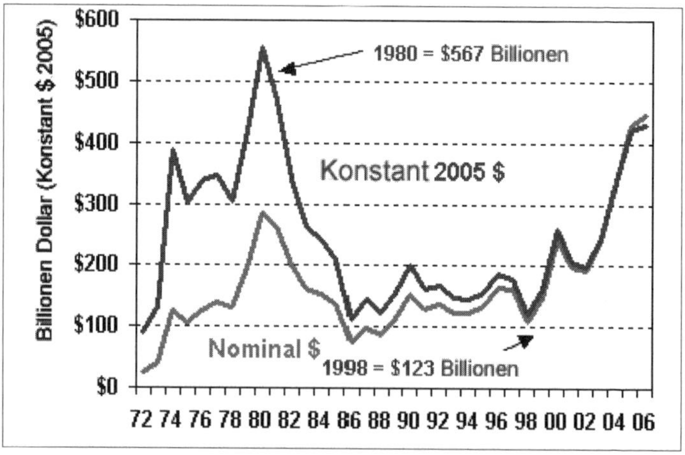

Die Entwicklung der Nettoexporteinnahmen der OPEC 1972–2006. Quelle: EIA.

Doch diese hohen Beträge täuschen über die wirkliche Diskrepanz hinweg, die sich bei Aufschlüsselung der Gesamtsumme ergibt. Ein viel besserer Wertmaßstab ist hier das durchschnittliche Pro-Kopf-Einkommen, das die großen Unterschiede in der OPEC-Organisation aufzeigt. Länder wie Katar und die Vereinigten Arabischen Emirate können hier selbst mit den westlichen Industriestaaten gut mithalten. Aber in Nigeria, Indonesien oder dem Irak liegen wir weit unter dem Niveau der westlichen Welt, selbst Saudi-Arabien schneidet bei weitem nicht so gut ab, wie man es angesichts des allseits beschriebenen ›Reichtums‹ des Königreichs erwarten dürfte. Blickt man auf Bruttoinlandsprodukt und die Einwohnerzahl, dann weiß man warum. Die Vereinigten Arabischen Emirate erwirtschaften mit 3,1 Millionen Einwohnern ein Bruttoinlandsprodukt, das fast so hoch ist wie das des Irak mit immerhin vierundzwanzig Millionen Einwohnern, oder Libyen mit fünfeinhalb Millionen Einwohnern in etwa nur so viel wie Katar mit einer Bevölkerung von 611 000 Menschen.

Bei den Öleinnahmen zeigt sich die deutliche Abhängigkeit der Ölstaaten von den Ölexporten; im Durchschnitt sind vierundsechzig Prozent aller Exporte ölrelevant. Bei vielen Mitgliedstaaten liegt die Quote aber noch deutlich über dieser Marke; in Kuwait sind es sogar fünfundneunzig Prozent. Diese hohe Abhängigkeit ist zugleich eine Gefahr: Fallen die Rohölpreise über einen längeren Zeitraum, dann sinken die Einnahmen deutlich. In den letzten Jahren war das nicht mehr der Fall, aber es ist nicht ganz ausgeschlossen, daß wir wieder Zeiten erleben, in denen der Ölpreis unter dreißig Dollar pro Barrel fällt. Ein geopolitisches Umfeld, das von weniger Konfrontation und einer konsequenten außenpolitischen Entspannungspolitik insbesondere seitens der Amerikaner gekennzeichnet wäre, könnte auch am Ölmarkt seine Auswirkungen in Form von Preisabschlägen haben. Noch trifft die erhöhte Nachfrage vor allem der Chinesen, aber auch Asiens insgesamt auf ein knappes Angebot, was Preissteigerungen leicht möglich macht.

Werden aber umfangreiche Investitionsmaßnahmen beschlossen, um eine deutlich höhere Ölförderung möglich zu machen, kann sich das Marktumfeld auch entspannen. Von den bekannten und als sicher eingestuften Ölreserven der OPEC-Staaten entfallen auf Saudi-Arabien einunddreißig Prozent, das ist fast so viel wie die von dem Iran, den Vereinigten Arabischen Emiraten und Kuwait zusammengenommen (mit 293,3 Milliarden). Deutlich unter seinen potentiellen Möglichkeiten bleibt Venezuela, das mit Reserven von mehr als siebenundsiebzig Milliarden Barrel zu dem Kreis von Ländern gehört, die noch viel Nachholpotential haben. Eine andere politische und wirtschaftliche Ausrichtung könnte hier einiges bewirken. Auch Libyen und der Iran haben das erkannt, weshalb es hier in den kommenden zehn bis zwanzig Jahren zu umfangreichen Neuprojekten im Öl- und Gasbereich kommen wird. Die nachfolgende Graphik zeigt die Entwicklung in der iranischen Ölförderung auf. Bisher liegt der Verbrauch im eigenen Land noch unter zwei Millionen Barrel pro Tag.

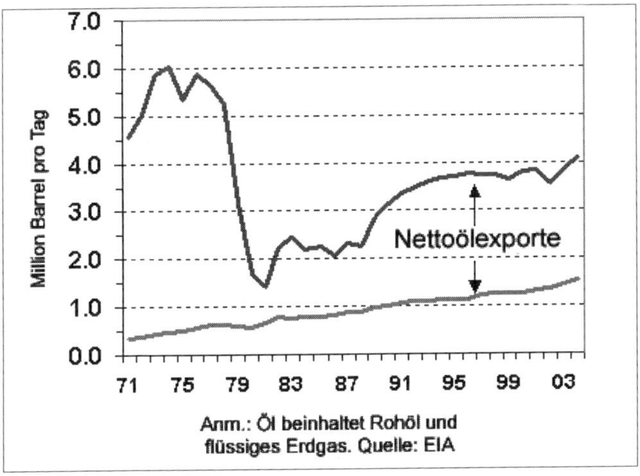

Die Entwicklung der Ölförderung im Iran und das Verhältnis zum Verbrauch 1971–2004. Quelle: EIA.

Der Iran wird von seiner wachsenden Bevölkerung geradezu zu einer Öffnung des Landes gedrängt, zudem haben die Iraner (und Libyer) erkannt, daß ihnen eine isolierte Rolle in der Welt nicht viel Erfolg garantieren wird. Beim Iran spielt außerdem die Tatsache eine Rolle, daß die Einnahmen aus dem Ölexportgeschäft bei gleichbleibender Ölförderung spürbar zurückgehen könnten, weil der Inlandsbedarf stark zunimmt - ein Problem, das auch Indonesien zu lösen hat. Mit Bruttoölexporten von durchschnittlich sechshundertzehntausend Barrel pro Tag im Jahre 2002 und einer weiter fallenden Tendenz, deutete sich in den letzten Jahren bereits eine weitere Verringerung der Exportmengen ab; man befürchtet bei Indonesien mittelfristig sogar den Austritt aus der OPEC. Die Einnahmen aus den Ölexporten summierten sich 2002 noch auf 6,2 Milliarden Dollar mit stark fallender Tendenz. Für den Fall, daß die weiter steigende Inlandsnachfrage Exporte unmöglich macht, könnte das Land vom Nettoölexporteur zum Nettoölimporteur werden, dann hätte eine Mitgliedschaft in der OPEC keinen Sinn mehr.

Indonesien exportierte 2002 Öl und Gas im Wert von zwölf Milliarden Dollar, importierte aber im selben Jahr für sechseinhalb Milliarden Dollar genau die gleichen Ressourcen. Die Einnahmen aus dem Öl- und Gasexportgeschäft machten nun nur noch einundzwanzig Prozent der gesamten Exporteinnahmen aus und standen für fünfundzwanzig Prozent der Haushaltseinnahmen Indonesiens. 1990 lag dieser Anteil noch bei dreiundvierzig Prozent der Exporteinnahmen und fünfundvierzig Prozent der Einnahmen des Staates; das zeigt, wie wichtig diese Einnahmen für das Land früher gewesen sind. Für das Gesamtjahr standen die Rohölimporte bei 124,1 Millionen Barrel, die Ölproduktimporte bei 107 Millionen Barrel. Die Rohölimporte stammten vor allem aus Nigeria (34,6 %) und Saudi-Arabien (32 %) und damit sogar von OPEC-Partnerländern. Im Durchschnitt importierte das OPEC-Land dreihundertvierzigtausend Barrel Rohöl pro Tag.

Für eine gewisse Zeit kann solch eine Konstellation sinnvoll sein, weil man Preisdifferenzen am Markt ausnutzen kann. Zudem exportiert Indonesien schwefelarmes Öl in der Regel nach Japan, China und Südkorea, weil es dort für Treibstoffe gut verwendet werden kann, und tauscht dieses quasi gegen Schweröle ein, die es für den Inlandsmarkt benötigt.[3] Auf Dauer wird Indonesien dennoch nicht umhin kommen, seine Position innerhalb der OPEC klarzustellen. Denn die Schere schließt sich immer schneller. Folgende Graphik zeigt die Entwicklung Indonesiens bei der Ölförderung in den Jahren 1992 bis 2002 auf.

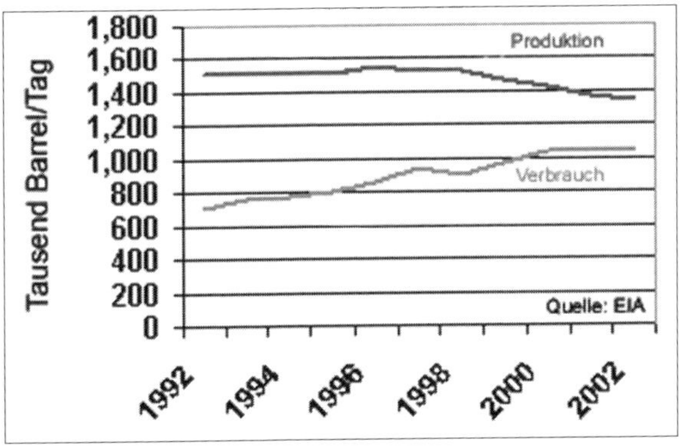

Ölförderung in Indonesien 1992–2002. Quelle: EIA.

Die Entwicklung ist eindeutig. Auf der einen Seite nimmt die Nachfrage im Inland zu; auf der anderen kann das Land seine OPEC-Förderquote von gegenwärtig 1,4 Millionen nicht mehr einhalten, weil die Ölförderung zurückgeht. Im Jahre 2000 förderte das Land noch 1,45 Millionen Barrel Rohöl pro Tag, 2004 aber nur noch 1,1 Millionen Barrel pro Tag. Derzeit liegt die Entwicklung laut Angaben der EIA nur noch bei 950 000 Barrel pro Tag. Am eindrucksvollsten läßt sich dieser Rückgang der Ölförderung beim indonesischen Marktführer Caltex ablesen, dessen Tagesdurchschnitt 1974 noch bei 909 000 Barrel stand und bis 2002 auf 577 300 Barrel zurückging. Gleiche Aussage gilt auch für die Ölförderung von Unocal und BP; ihre Ölförderung erreicht allerdings nur einen Bruchteil des Niveaus von Caltex.[4]

Während sich die Kassen in anderen OPEC-Staaten derzeit reichlich füllen, wird für Indonesien für das laufende Jahr erstmals ein negativer Beitrag aus dem Ölgeschäft vorausgesagt. Gleiches gilt auch für 2006.[5] Die OPEC wird sich in den kommenden Jahren jedenfalls mit diesem Thema befassen müssen.

Viele ölreiche Staaten müssen sich jedenfalls in Zukunft deutlich mehr öffnen, um die potentiellen Kräfte wirken zu lassen und Chancen nutzen zu können. Zudem nimmt der Konkurrenzkampf auf den globalen Energiemärkten zu; andere Länder wie Rußland springen jedenfalls gern ein, um ihren Absatz steigern zu können. Auf den Energiemärkten ist es wie in der restlichen Wirtschaft: Zeit ist Geld, und keiner kann darauf warten, den Anschluß zu verpassen, sonst machen andere das Geschäft. Bezeichnend sind zum einen die Unterschiede zwischen der effektiven Ölförderung der einzelnen Staaten und der Exportquote, hier kommt die eigentliche Stärke der OPEC zum Tragen. So können die Mitgliedsländer im Durchschnitt siebzig Prozent ihrer Ölförderung exportieren, insgesamt etwa siebzehn Millionen Barrel pro Tag. Auf Saudi-Arabien entfällt hiervon ein Löwenanteil von einunddreißig Prozent, gefolgt vom Iran mit einem Anteil von zwölf Prozent und den Vereinigten Arabischen Emiraten mit fast zehn Prozent. Auf diese drei OPEC-Staaten entfallen somit bereits einundfünfzig Prozent der OPEC-Produktion. Insofern ist es kein Wunder, wenn den Aussagen ihrer Ölminister besondere Bedeutung zukommt.

Saudi-Arabien gilt zudem als der flexibelste Ölförderer in der Welt, da das Land seine Produktion der jeweils gültigen Nachfrage anpassen kann. Die wenigsten Ölförderstaaten verfügen über diesen ganz besonderen Hebel, der zudem recht kostspielig ist, weil man Kapazitäten auf Sparflamme vorhalten muß. Obwohl das Land etwa neun Millionen Barrel pro Tag fördert, kann es auch zehn bis elf Millionen Barrel pro Tag fördern, wenn es wirklich darauf ankommt. Im Herbst 2004 kam das ölreichste Land der Erde erstmals seit mehr als einem Jahrzehnt in den Genuß, an der Kapazitätsgrenze fördern zu können. Einen weiteren Anstieg des Ölpreises konnte Saudi-Arabien aber auch nicht mehr verhindern. Nach Angaben von Experten lag die Ölförderung der OPEC-Staaten Ende 2004 trotz Kürzungsbeschluß zwischen 28,5 und 30 Millionen Barrel pro Tag und damit auf dem höchsten Stand seit fünfundzwanzig Jahren.[6] Die offizielle OPEC-Förderquote beträgt seit dem 135. OPEC-Treffen vom 16. März 2005 im iranischen Isfahan 27,5 Millionen Barrel.[7]

Unberücksichtigt läßt die OPEC immer noch die Ölförderung des Irak, die zuletzt von der amerikanischen Energy Information Administration auf 2,3 Millionen Barrel pro Tag geschätzt wurde. Die OPEC wird sich früher oder später wieder zum Gründungsmitglied Irak bekennen müssen, denn die derzeitige absurde Situation der Nichteinbeziehung des Irak bei den offiziellen Förderquoten sollte auch ein Ende haben. Fällt der Ölpreis 2005 und 2006 drastisch, dann hätte die OPEC mit der Annahme recht gehabt, daß den Ölmärkten ausreichende Mengen zur Verfügung standen. Dann wären die Ölpreissteigerungen aus den letzten Jahren zum größten Teil nur auf das geopolitische Umfeld der letzten Jahre zurückzuführen. Verbleiben die Ölpreise hingegen auf einem höheren Niveau – und danach sieht es derzeit aus –, dann war die Nachfrage doch wesentlich größer als erwartet. Zudem hat China bereits angekündigt, eine eigene strategische Ölreserve aufzubauen, spätestens 2006 will man mit der Auffüllung der strategischen Vorsorgedepots beginnen.[8] Dabei könnten in einem ersten Schritt neunzig Millionen Barrel hinzugekauft werden - auch ein Faktor, der von den Märkten sicherlich eingepreist wird.

Die OPEC-Staaten haben mit dem Wertverfall des Dollar ein weiteres Problem, da ihre Einnahmen im wesentlichen in Dollar abgerechnet werden. Doch wiegeln die Golf-Staaten ihren Außenhandel zunehmend mit Europa und Asien ab. Zwischen 2001 und 2004 hat sich der Anteil der Importe in den OPEC-Ländern mit dem Euro-Währungsgebiet von 24,8 auf 27,1 Prozent erhöht; der Anteil der Importe aus Asien stieg im selben Zeitraum von 23,8 auf 28,3 Prozent an. Dagegen fiel der Anteil der Importe aus den Vereinigten Staaten von Amerika von 12,5 auf 7,9 Prozent zurück, und auch die Importe aus Großbritannien lagen bei 4,5 Prozent niedriger als zuvor.[9]

Aus diesem Grund sind die OPEC-Staaten in den letzten Jahren dazu übergegangen, ihre Währungsreserven - allein die von Saudi-Arabien, Kuwait, Katar und den Vereinigten Arabischen Emiraten werden auf einundsechzig Milliarden Dollar geschätzt - in andere Währungen anzulegen. Die Bank für Internationalen Zahlungsausgleich wußte im Dezember 2004 von einem Rückgang des Dollar-Anteils der OPEC-Staaten von fünfundsiebzig Prozent im Jahre 2001 auf einundsechzigeinhalb Prozent im Jahre 2004 zu berichten.[10]

Die sechs Länder des Gulf Cooperation Council (GCC) planen, bis spätestens 2010 eine Währungsunion mit einer Einheitswährung einzuführen. Als ersten Schritt in diese Richtung beschlossen die GCC-Mitgliedsländer im Dezember 2001, ihre Währungen bis Ende 2002 an den amerikanischen Dollar zu koppeln. Diese Maßnahme wurde auch konsequent umgesetzt. Da die sechs GCC-Länder aber mehr als vierzig Prozent ihrer Importe aus Europa beziehen und diese in Euro fakturiert werden, müssen sie hierfür aufgrund der Dollar-Abwertung in den letzten Jahren immer mehr bezahlen. Die Anbindung an den Dollar macht sich hier also negativ bemerkbar. Deshalb wird nun spekuliert, ob die neue Währungs - wie alle bisherigen Währungen der GCC-Staaten - ebenfalls an den Dollar gekoppelt oder ob sie an einen Währungskorb gebunden sein wird, zu dem auch der Euro gehören dürfte.[11]

[1] Opec.org, 2003.

[2] EIA, *Opec Revenues Fact Sheet*, Juni 2004 u. Juni 2005.

[3] Ichizo AOYAMA, *The Asian Oil Imbalance*, The James A. Baker III Institute for Public Policy of Rice University, April 1997.

[4] *Petroleum Report Indonesia 2003*, American Embassy Jakarta.

[5] EIA, *Country Analysis Briefs*, Opec Revenues Fact Sheet, June 2005. Demnach hat Indonesien im Jahre 2004 nur noch 600 Millionen Dollar aus dem Ölgeschäft vereinnahmt, 2005 wird ein Minus von 400 Millionen in der Ölbilanz des Landes erwartet und ein Jahr später sogar von minus 800 Millionen Dollar.

[6] Energiebroker PVM, »Opec fürchtet sinkende Ölpreise«, in: *FAZ*, 10. 12. 2004, S. 15.

[7] Energy Information Administration, *Short Term Energy Outlook*, June 2005, Table 3a, Opec Oil Production.

[8] EIA, *China Country Analysis*, p. 5/13, July 2004; »Kurze Meldungen, China baut Ölreserve auf«, in: *FAZ*, 16. 11. 2004, S. 13.

[9] EZB, *Monatsbericht Juli 2005*, »Das Recycling von Öleinnahmen und seine Auswirkungen«, S. 14–17.

[10] Steve JOHNSON u. Javier BLAS, »Opec exposure to dollar reduced sharply since 2001«, in: *Financial Times*, 7. 12. 2004, S. 1.

[11] KhaliD AL-BASSAM, »The Gulf Cooperation Council monetary union. A Bahraini perspective«, bis.org/publ; Daniel HANNA, »The Impact of a Weaker Dollar on the Gulf«, in: *Middle East Finance and Economy*, 9. 12. 2003; Dominic EVANS, »Man shift fuels debate on Gulf-dollar peg«, in: *Business Day*, biz-day-com, 3. 8. 2005; GCC-sg.org/session 22.html, Final communiqué adopted by the Supreme Council of the Supreme Council, 30./31. 12. 2001 in Muscat, Oman.

11. Kapitel

Ölknappheit wegen starken Wirtschaftswachstums in China und Indien und der Spannungsfaktor Nahost

Wir machen jetzt einen Sprung über dreißig Jahre ins Jahr 2005. Die Ölpreise befinden sich auf einem sehr hohen Niveau, besser gesagt: auf dem höchsten Niveau aller Zeiten. Es vergeht kaum ein Tag, an dem nicht neue Rekordpreise vermeldet werden. Das Faß Rohöl der Sorte Brent mit Lieferungstermin September 2005 wurde am 12. August 2005 mit 66,46 Dollar pro Barrel gehandelt und war damit fast doppelt so teuer wie auf dem Höhepunkt des Irak-Konflikts im März 2003, als es in der Spitze 34,55 Dollar kostete. Für das Öl aus den OPEC-Ländern wurden am selben Tag 59,14 Dollar pro Faß bezahlt, und der Referenzpreis für WTI-Öl mit Lieferungstermin September 2005 erreichte mit 66,80 Dollar ebenso ein Rekordhoch. Obwohl die US-Truppen Saddam HUSSEIN 2003 vom Thron gestoßen haben und den Irak mit ihren Truppen kontrollieren und obwohl der Ölausstoß des Irak inzwischen wieder das Vorkriegsniveau erreicht hat, war der Anstieg des Ölpreises nicht zu verhindern. Wie ist das zu erklären? Ist eine erneute Ölkrise zu befürchten?

Schon im April 2002 veranstalteten *Time Magazine* und *Washington Post* ein Symposium unter dem Motto »Oil as a Weapon«, also Öl als Waffe. Das plötzliche Interesse lag am starken Anstieg des Ölpreises, den Unruhen in Venezuela ausgelöst hatten, wo immer Bürger die Abwahl von Präsident Hugo CHÁVEZ befürworteten. Zudem hatte der Irak gerade eine einmonatige Lieferaussetzung bekanntgegeben – als Reaktion auf die verstärkten Angriffe der Israelis auf palästinensisches Territorium.[1] Im Herbst 2002 sprachen Ökonomen, wie der Amerikaner Paul KRUGMANN, über die Möglichkeit einer dritten Ölkrise.[2] Das war noch vor dem Krieg der Amerikaner gegen den Irak. Denn eines war allen Beobachtern klar: Die Abhängigkeit der westlichen Welt vom Öl aus dem Nahen Osten, die in den letzten Jahren abgenommen hatte (sie lag im Jahre 1974 auf ihrem Höhepunkt bei fünfzig und ging bis auf etwa dreißig Prozent im Jahre 2003/04 zurück), wird in den kommenden Jahren wieder zunehmen.[3]

Solange Rußland seine Ölproduktion noch erhöhen kann und andere Anbieter in Afrika und Asien noch neue Kapazitäten aufbauen oder ausbauen können, ist eine weitere Krise nicht absehbar. Aber wenn die Produktion dieser Ölförderländer ihren Höhepunkt überschritten hat, dann kommt die Macht der OPEC zur vollen Geltung. Dann wird man sehen, ob sich der Westen auf die Zeit der großen Abhängigkeit von der OPEC gut vorbereitet hat oder nicht. Die Frage wird man eher mit Nein beantworten müssen. Denn zum einen wird man alternative Energieprogramme nicht weit genug entwickelt haben. Zum anderen nimmt der Kampf um die wichtigste Ressource in unseren Industriegesellschaften noch mehr zu, da die aufstrebenden Wirtschaftsmächte Indien und insbesondere China nunmehr auch einen Bedarf zu stillen haben, der nicht durch eigene Ressourcen oder kleinste Importmengen abgedeckt werden kann. Allein zwischen 1970 und 2002 ist der Anteil der Entwicklungsländer an den Ölimporten von sechsundzwanzig auf vierzig Prozent angestiegen.[3] Wird die Ölwaffe der arabischen Staaten wieder ausgepackt, wenn die Industrieländer nicht mehr bereit sind, noch höhere Preise zu zahlen? Wird es regelrechte Kriege um Öl geben, eigentlich das, was bei der Beseitigung des Regimes von Saddam HUSSEIN bereits von vielen vermutet worden ist? Wird man den Iran und auch Saudi-Arabien mit Militärgewalt gefügig machen, wenn sie nicht bereit sind, Produktion und Angebot im erforderlichen Maße aufrechtzuerhalten?

Des weiteren ist auch eine Situation nicht auszuschließen, in der die Förderländer selbst bei Erreichung der Maximalförderung nicht den Bedarf der industrialisierten Länder abdecken können. Werden die Amerikaner dafür sorgen, daß sich die OPEC auflöst und sie selber die Kontrolle über die größten Ölreserven der Welt faktisch übernehmen? Wird es zum Ölkontrollmonopol der Vereinigten Staaten von Amerika kommen? All dies sind Fragen, mit denen sich die westliche Welt in den nächsten zehn bis fünfzehn Jahren immer intensiver beschäftigen wird. Denn der Zeitpunkt wird kommen, und es wird sich zeigen, wer sich für die zukünftige Energiekrise am besten positioniert hat.

Jeremy RIFKIN, einst Berater der amerikanischen Regierung und derzeit Präsident der Foundation on Economic Trends in Washington D.C., spricht schon von der »vierten Energiekrise« und hatte in seinem Buch *The Hydrogen Economy* über die wachsende Abhängigkeit der westlichen Welt berichtet und wie sehr es notwendig geworden sei, »alternative Energiequellen« zu fördern und zu erschließen.[4] Als er das Buch in Deutschland vorstellte und auch Vorträge zum Thema hielt, nahm die deutsche Öffentlichkeit kaum Notiz davon. Auch in Europa wurde von seinem Buch kaum Notiz genommen, zumindest viel weniger, als zu erwarten war. Das Thema hat seitdem sogar an Aktualität zugenommen. Doch eine Welt, die vom Thema ›Krieg gegen den Terror‹ vereinnahmt wird, scheint keinen Platz für zukunftsorientierte Politik mehr zu haben. Hinzu kommt eine von hoher Arbeitslosigkeit und der Umstrukturierung der Sozialsysteme gelähmte europäische Öffentlichkeit, die sich natürlich auch Lösungen von Politik und Wirtschaft für die Probleme erhofft, die sich von der größten Erweiterung der Europäischen Gemeinschaft im Mai 2004 ergeben. Das Thema Energieversorgung und die damit zusammenhängenden Probleme werden dabei allzugern verdrängt. Ein kapitaler und kostspieliger Fehler, wie sich zeigen wird.

Nun zum Ölmarkt. Die OPEC beschloß auf ihrer Sitzung am 30. März 2004 in Wien, die Ölproduktion ab 1. April 2004 von 24,5 Millionen um eine Million auf 23,5 Millionen Barrel pro Tag zurückzunehmen. Ja, das war in der Tat kein Aprilscherz. Die OPEC versuchte trotz der sehr hohen Ölpreise – sie befanden sich seit Anfang des Jahres auf oder sehr nahe vom 13-Jahres-Hoch – die Ölproduktion zu senken. Der Beschluß der OPEC vom Februar wurde somit bestätigt, die Produktion sollte auf 23,5 Millionen Barrel pro Tag sinken. Werfen wir doch mal einen genaueren Blick auf die offiziellen OPEC-Quoten, gültig ab 1. April 2004.

Die offiziellen OPEC-Förderquoten ab 1. 4. 2004[5]

Land	Quote in Mio. Barrel pro Tag
Algerien	750 000
Indonesien	1 218 000
Irak	keine Angaben
Iran	3 450 000
Katar	609 000
Kuwait	1 886 000
Libyen	1 258 000
Nigeria	1 936 000
Saudi-Arabien	7 638 000
Vereinigte Arabische Emirate	2 051 000
Venezuela	2 704 000
Insgesamt:	**23 500 000**

Hinweis: OPEC-Quoten sind Förderquoten, und keine Exportquoten

Insgesamt betrug die vereinbarte Reduzierung eine Million Barrel und lag damit 1,9 Millionen Barrel unter dem Niveau von Juni 2003 (siehe hierzu auch Anlagen zur Entwicklung der OPEC-Quoten über mehrere Jahre hinweg). Auf alle Mitgliedsländer entfiel somit rechnerisch eine Verringerung der Produktion von vier Prozent. Das sollte machbar sein, doch im Westen glaubte man den offiziellen Produktionsquoten der OPEC-Staaten recht wenig. Aus ihrer Sicht fehlte es meistens an der Förderdisziplin des einen oder anderen Mitgliedslandes, und laut der Internationalen Energie-Agentur lagen die Ölexporte der OPEC im Januar 2004 bei sechsundzwanzig Millionen Barrel, obwohl es seit November 2003 nur vierundzwanzigeinhalb Millionen hätten sein dürfen.[6]

Hinzu kam das Irak-Problem, denn die Mitgliedschaft dieses OPEC-Gründungsmitglieds ruhte seit Jahren. Die irakische Regierung beabsichtigte, die Ölförderung auszubauen, und hoffte bis zum Jahresende (2004) ein Niveau von 2,8 bis 3,0 Millionen Barrel zu erreichen. Würde dem Irak dieser Quantensprung gelingen, dann müßten die Ölpreise eigentlich zurückgehen. Damals produzierte der Irak lediglich 2,3 Millionen Barrel, von denen 1,7 Millionen exportiert wurden.[7] Die Fördermenge des Irak müßte man also den offiziellen Quoten der OPEC hinzurechnen, da der Irak immer noch Mitglied der Organisation ist, bei der Quotenberechnung aber seit dem Ölembargo in den neunziger Jahren nicht mehr in die offizielle Berechnung aufgenommen wurde. Hier war eine merkwürdige Situation entstanden, die möglichst bald der Klärung bedurfte. Denn sicherlich wäre ein Ausstoß des Gründungsmitglieds Irak ein schwerer Schock für die Organisation, da das Land mit den zweitgrößten Erdölreserven der Welt auf einmal frei wäre, seinen Export von Rohöl nach eigenem Gutdünken zu gestalten. Das wäre sicherlich nicht im Interesse der OPEC und würde bestimmt auch nicht helfen, relativ hohe Verkaufspreise zu erzielen.

Die Frage war ja, wer in dieser Frage die Entscheidung treffen würde: die Iraker selbst, die am 30. Juni 2004 die Wiederherstellung ihrer Souveränität feiern durften, oder die Amerikaner, die auch nach diesem Datum die wichtigsten Institutionen im Land leiteten oder von außen mitbeeinflußten? Das war jedoch nur ein Teil der Wahrheit. Obwohl die offizielle OPEC-Quote bisher bei 24,5 Millionen Barrel pro Tag lag, vermuteten Händler und Analysten, daß tatsächlich im März 2004 1,7 Millionen Barrel pro Tag mehr verkauft worden waren. Würden die OPEC-Staaten in dieser Situation ernsthaft am neuen Produktionsniveau festhalten wollen, müßten sie die Produktion tatsächlich um 2,7 Millionen Barrel pro Tag zurückführen. Eines war klar, dieses würde sicherlich keine leichte Aufgabe sein. Die zukünftige Entwicklung wird zeigen, ob die Förderdisziplin der Mitgliedstaaten zunimmt.

Aber nicht allein die Förderdisziplin rückte 2004 in den Blickpunkt der Marktteilnehmer an den Ölmärkten. Es war auch die Tatsache von immer geringeren Zusatzkapazitäten auf seiten der OPEC. Der Markt traute offiziellen OPEC-Äußerungen nicht mehr, eine höhere Nachfrage ohne Probleme decken zu können. Da aber der Anstieg der weltweiten Nachfrage überraschte, führte die Skepsis hinsichtlich der Möglichkeiten der OPEC zu deutlichen Ölpreissteigerungen. Insbesondere Saudi-Arabien war das OPEC-Land, das in der Vergangenheit immer wieder seine Fähigkeit bewiesen hatte, die Ölförderung je nach Bedarf hoch- und herunterzufahren. Diese sogenannte ›Pufferkapazität‹ wurde jahrelang bei drei Millionen Barrel gesehen. Doch nun, im Jahre 2004, war man am Ölmarkt allgemein der Auffassung, daß Saudi-Arabien mindestens zwei bis drei Jahre benötigen würde, um neue Kapazitäten freizumachen.

Die folgende Graphik zeigt die Ölproduktion im Königreich zwischen 1980 und 2004. Während der Verbrauch langsam, aber sicher zwei Millionen Barrel pro Tag erreichte, standen acht bis maximal neun Millionen Barrel für den Export zur Verfügung, da die Kapazitätsgrenze Saudi-Arabiens bei elf Millionen Barrel pro Tag liegt. Diese Möglichkeit, einen wesentlichen Teil der Ölförderung zu exportieren, machte Saudi-Arabien für die OPEC auch so wertvoll. Zudem lag die Ölförderung wesentlich höher als in allen anderen Mitgliedsländern.

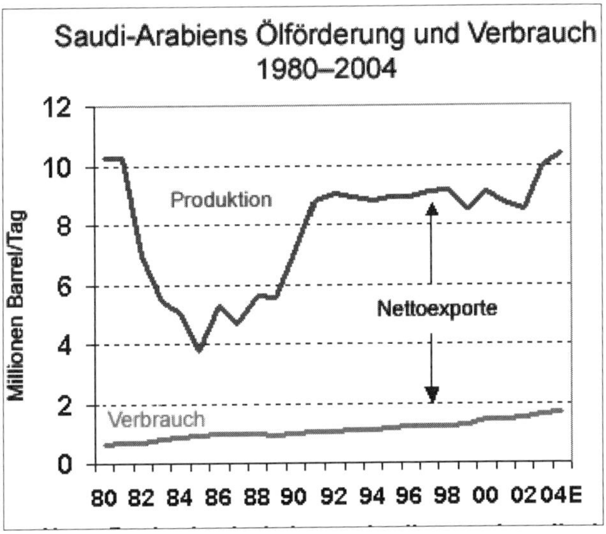

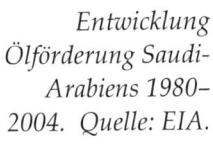

Entwicklung Ölförderung Saudi-Arabiens 1980–2004. Quelle: EIA.

Es gab aber noch andere Gründe für den sehr hohen Ölpreis. Das war zum einen die Tatsache, daß die erhöhte Nachfrage beispielsweise in den Vereinigten Staaten von Amerika auf eine begrenzte Raffineriekapazität traf und jede Nachricht über Sturm- oder Brandschäden in einer US-Raffinerie zu Preissteigerungen an den Öl-Terminmärkten führte. Die akute Knappheit am amerikanischen Markt führte im November 2004 auch zu einem Preisaufschlag in Höhe von sechseinhalb Dollar bei der Ölsorte West Texas Intermediate (WTI) gegenüber Brent-Öl aus der Nordsee.

Hintergrund für die engen Raffineriekapazitäten in Amerika war eine in mehreren Phasen ablaufende Konsolidierungswelle bei den Raffinerien. Zwischen 1981 und 1989 sank die Zahl der Raffinerien von 324 auf 204; damit ging eine Kapazität von 3 Millionen Barrel pro Tag verloren. Insgesamt schrumpfte die vorhandene Raffinerie-Kapazität von 18,6 Millionen auf 15,7 Millionen Barrel pro Tag. Zwischen 1989 und 2003 fiel die Zahl der Raffinerien weiter auf nur noch 149 zurück, während die Kapazitätsauslastung bis September 2004 auf 90 Prozent anstieg. Die Kapazität der Raffinerien war zwar bis September 2004 auf 16,9 Millionen Barrel pro Tag angestiegen; das genügte aber nicht, um die sehr nervöse Stimmung auf den Rohölterminmärkten zu beruhigen. Als dann noch der Hurrikan Ivan im September 2004 über den Golf von Mexiko hinwegfegte und sieben Ölplattformen zerstörte sowie sechs weitere beschädigte, kam es zu Produktionsausfällen, die sich bis zum 9. November 2004 auf 29 Millionen Barrel beliefen.

Zum anderen war da auch noch die hohe Nachfrage vor allem aus China. Seit 1993 überstieg der Verbrauch Chinas die Eigenförderung im Lande, so daß Rohöl in zunehmendem Maße importiert werden mußte. Für das Jahr 2004 lag die Prognose für die Öleinfuhren Chinas bei 2,5 Millionen Barrel Rohöl pro Tag. Damit würde China nach den USA mit zwölf Millionen Barrel pro Tag und Japan mit 5,3 Millionen Barrel pro Tag bereits zum drittgrößten Verbraucherland beim Erdöl aufsteigen und der zweitgrößte Erdölimporteur der Welt werden.[8] Laut Prognose der EIA sollte die weltweite Öl-Nachfrage 2004 um 1,57 Millionen Barrel pro Tag zunehmen. Die Erholung der Weltwirtschaft hatte nach dem Rückschlag im ersten Halbjahr 2003 durch den Irak-Krieg Konturen angenommen. Immerhin. Laut Internationalem Währungsfonds konnte die US-Wirtschaft 2004 wieder mit einer Wachstumsrate von über vier Prozent glänzen, Chinas Wirtschaft wuchs mit einem Plus von 9,5 Prozent doppelt so schnell. Selbst

Japan wies nach einer längeren Stagnation eine Wachstumsrate von über zwei Prozent aus. Europa hinkte zwar noch deutlich hinterher, aber auch hier lagen die Wachstumsprognosen bei zwei Prozent. Folgende Graphik zeigt den immer größer werdenden Ölbedarf von Chinas Volkswirtschaft; insbesondere in den letzten fünfzehn Jahren kam es hier zu einem bedeutsamen Anstieg des Eigenbedarfs. Die schwarze Kurve gibt die Entwicklung des Verbrauchs wieder, die graue Kurve die Entwicklung der Ölförderung. Da der Bedarf immer weiter zunimmt, dürfte die Lücke zwischen beiden Kurven in den kommenden Jahren immer größer werden.

Entwicklung Ölförderung China 1980–2003. Quelle: EIA.

China kam 2003 auf eine Ölförderung in Höhe von 3,54 Millionen Barrel pro Tag, der Verbrauch betrug 5,56 Millionen Barrel pro Tag. Die Öleinfuhren waren auf zwei Millionen Barrel pro Tag angestiegen. Im Jahre darauf stiegen die Öleinfuhren Chinas sogar um 860 000 Barrel pro Tag auf 2,9 Millionen Barrel pro Tag an. Damit war China zum einen für knapp ein Drittel des zusätzlichen Ölbedarfs verantwortlich. Die restliche Zusatznachfrage stammte im wesentlichen aus den Regionen Nordamerika (plus 610 000 Barrel pro Tag oder plus 22 %), dem restlichen Asien (plus 450 000 Barrel pro Tag oder plus 16 %) und dem Nahen Osten (plus 320 000 Barrel pro Tag oder plus 12 %). Effektiv stieg die Ölnachfrage im Jahre 2004 weltweit nämlich um 2,73 Millionen Barrel pro Tag an und lag damit um 1,16 Millionen Barrel pro Tag oder dreiundsiebzig Prozent über der weiter oben genannten Prognose.[9] Alles deutete somit darauf hin, daß Chinas Ölbedarf in Zukunft noch stärker ansteigen könnte als vorausgesagt.

Die drittgrößte Volkswirtschaft in der Region ist Südkorea. 2003 importierte das Land etwa 2,2 Millionen Barrel pro Tag, eigene Ölressourcen hat das Land nicht und ist daher völlig auf Öleinfuhren angewiesen. Japan förderte 2003 immerhin 120 000 Barrel pro Tag, beim Blick auf den Gesamtverbrauch ist das aber nur ein Tropfen auf den heißen Stein. Der größte Teil der Ölimporte in Asien entfällt somit also auf drei Länder, nämlich China, Japan und Südkorea. Diese drei Länder müssen pro Tag immerhin 10,3 Millionen Barrel an Rohöl und Ölprodukten einführen. Und es wird mehr, denn Chinas Bestand an Fahrzeugen nimmt zu, die chinesische Regierung schätzt, daß es bis 2020 einhundertvierzig Millionen Pkw und Lkw geben wird. Derzeit sind es erst achtzehn Millionen.[10] Insbesondere der Transportsektor wird also die Nachfrage nach oben treiben, während die Privathaushalte weiterhin stark von Kohle abhängig sind. Kohle steht für fünfundsechzig Prozent des Primärenergieverbrauchs in China (weltweit sind es siebenundzwanzig Prozent), Öl für vierundzwanzigeinhalb Prozent und Erdgas nur für drei Prozent. Genau hier will hier Chinas Regierung ansetzen, der Erdgasanteil soll bis 2010 mindestens auf sechs Prozent ansteigen, und Projekte in Milliardenhöhe hat man bereits abgeschlossen. Dennoch ist der Einsatz von Kohle ein Problem, da auf diesen Bereich siebenundsiebzig Prozent des Kohlendioxidausstoßes in China entfällt.[11] Eines der führenden Institute für Vorhersagen am Ölmarkt, die amerikanische Energieagentur EIA, prognostiziert für China einen Anstieg des Verbrauchs auf 12,8 Millionen Barrel pro Tag bis 2025. Die Ölimporte sollen bis dahin auf 9,4 Millionen Barrel pro Tag klettern, also fast so viel, wie Japan, Südkorea und China heute gemeinsam benötigen.[12] Da diese drei Länder ihre Ölimporte überwiegend aus dem Nahen Osten beziehen, kann man sich sehr genau vorstellen, wie der Kampf ums Rohöl in Zukunft die politischen Entscheidungen mitbestimmen wird.

Australiens Ölförderung fiel zwischen 2000 und 2003 von 805 000 auf 600 000 Barrel pro Tag zurück und wird den Prognosen zufolge bis 2006 nur noch eine Tagesproduktion von 560 000 Barrel aufweisen. Die Ölimporte würden dann etwa 200 000 bis 250 000 Barrel pro Tag betragen. Das ist zwar im Vergleich zu China wenig, dennoch muß berücksichtigt werden, daß Australien vor einigen Jahren seinen Ölbedarf noch fast vollständig selber abdecken konnte.[13] Die langfristige Prognose sieht für Australien und Neuseeland zusammengerechnet einen Ölbedarf von 1,7 Millionen Barrel pro Tag im Jahre 2025 vor und bleibt damit in einem überschaubaren Rahmen. Auch in Indonesien steigt der Verbrauch weiter an: Die Mengen, die für den Export zur Verfügung stehen, schrumpfen weiter, und das Land könnte sich effektiv zum Nettoölimporteur wandeln (siehe hierzu auch das vorherige Kapitel: »Heute OPEC, Zukunft OPEC«).

Bleibt noch Indien, dessen Ölverbrauch von etwa 2,2 Millionen Barrel pro Tag in 2004 bis zum Jahr 2010 auf 2,8 Millionen Barrel pro Tag ansteigen dürfte.[14] Obwohl Indien versucht, durch eine verstärkte Exploration eigene Ölvorkommen zu heben, ist der Eigenanteil an der Ölversorgung in den letzten Jahren drastisch zurückgegangen. Folgende Graphik zeigt die Entwicklung in Indien zwischen 1983 und 2003 auf.

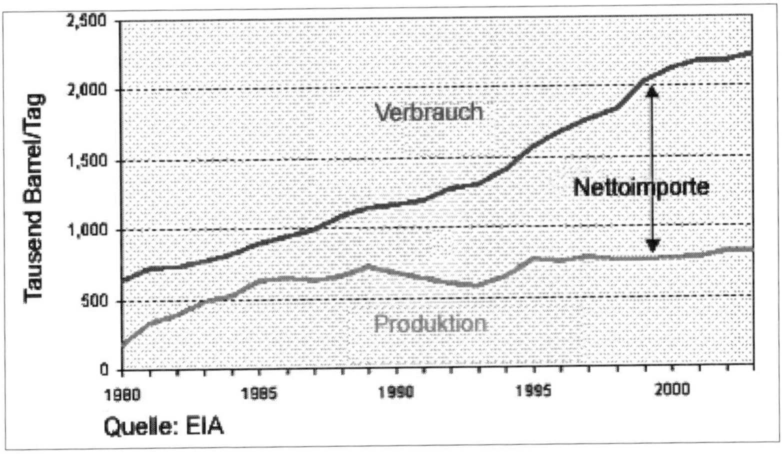

Entwicklung Ölförderung Indien 1980–2003. Quelle: EIA.

Die obere schwarze Kurve zeigt die Entwicklung des Ölverbrauchs an, die untere graue Kurve zeigt die Entwicklung der Ölförderung auf. Man kann sehr gut erkennen, wie Indien Mitte der achtziger Jahre noch den überwiegenden Teil seines Ölbedarfs selber abdekken konnte. Erst in den neunziger Jahre erhöhte sich der Anteil der indischen Ölimporte immer mehr und erreichte im Jahre 2003 immerhin 1,4 Millionen Barrel pro Tag. Also ist auch von dieser Seite keine Entlastung zu erwarten, obwohl Indien bis zuletzt noch etwa fünfunddreißig Prozent seines Bedarfs durch die eigene Ölförderung abdecken konnte. Die langfristige Prognose sieht für Indien eine Steigerung des Ölbedarfs auf 4,4 Millionen Barrel pro Tag im Jahre 2020 und 5,3 Millionen Barrel pro Tag im Jahre 2025 vor. Damit wächst der Bedarf in Indien neben den erwarteten Steigerungen in China am stärksten.

Der Druck auf den Ölmarkt nimmt also durch den erwarteten Bedarf in Asien und die zurückgehende Ölförderung in einigen Ländern weiter zu. Neben der höheren Nachfrage seitens der einzelnen Länder trägt aber auch die Politik zum Preisanstieg bei. Die amerikanische Regierung unter Führung von George W. Bush hatte 2003 beschlossen, die nationale strategische Ölreserve oder ›Strategic Petroleum Reserve‹, wie sie offiziell genannt wird, von 650 Millionen auf 700 Millionen Barrel auszubauen. Genau für diese Menge sind die Vorräte-Reservoirs in den USA ausgelegt. Trotz der hohen Ölpreise in diesem Jahr war die amerikanische Regierung der festen Überzeugung, daß die begonnenen Käufe fortgesetzt werden sollten, um spätestens im kommenden Jahr die Reserve-Obergrenze zu erreichen.[15]

Ein weiterer Grund für die hohen Ölpreise ist durch Nachrichten aus Venezuela, Rußland und Nigeria begründet. In Nigeria wurde wiederholt von einem Generalstreik gesprochen, in Venezuela sorgte ein Referendum über den Verbleib der Regierung Chávez für Unsicherheit, und in Rußland war es die Sorge, daß Yukos die Öllieferungen kürzen müsse, weil die ungeklärte Eigentumsfrage weiter im Raum stand. Venezuela ist immerhin noch einer der größten Erdöllieferanten der Vereinigten Staaten von Amerika, und auch die Öllieferungen aus Nigeria sind bedeutsam.

Schließlich wird noch auf einen weiteren Faktor verwiesen, der an den Ölmärkten für Knappheit sorgt, nämlich die militärischen Aktionen im Nahen Osten. Allein in Friedenszeiten gehört die amerikanische Armee zu den größten Verbrauchern von Rohölprodukten. Darauf hatte schon John Saxe-Fernández in seinem Buch *Petróleo y Estrategia* aus dem Jahre 1980 hingewiesen. Damals wurde der Bedarf der amerikanischen Armee in Friedenszeiten mit immerhin 650 000 Barrel pro Tag beziffert.[16] Heute dürfte es ungleich mehr sein. Insofern ist ein Gutteil der Preissteigerungen in den letzten beiden Jahren auch auf diese Tatsache zurückzuführen, da der Verbrauch der amerikanischen Armee durch den Einsatz im Irak entsprechend hoch sein dürfte. Beim Blick auf die Benzinpreise ist uns derzeit sicher nicht wohl zumute. Als Trost bleibt uns da nur die nachfolgende

Graphik, die die Ölpreise zwischen 1971 und 2005 in konstanten Dollar abbildet.

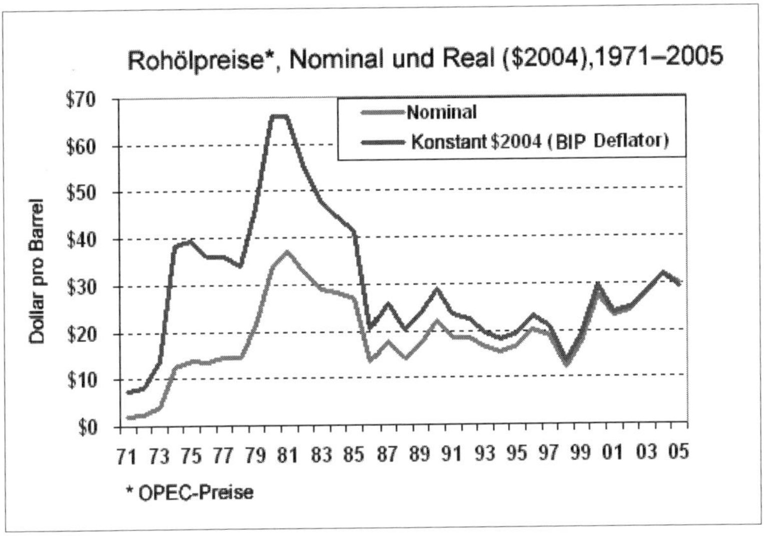

Entwicklung der Ölpreise 1971–2005 (Nominal und Real) in US-Dollar von 2004. Quelle: EIA.

Die Graphik zeigt klar und deutlich die sehr niedrigen Ölpreise in den neunziger Jahren. Das war eine Entwicklung, die sich spätestens Mitte der achtziger Jahre durchgesetzt hatte. Insofern bleibt uns die Hoffnung, daß sich der Ölpreis in den kommenden Jahren bei einem wesentlich entspannteren geopolitischen Umfeld auf einem deutlich niedrigeren Niveau einpendelt. Am Montag, dem 13. Dezember 2004, zahlte man für ein Barrel OPEC-Öl nur noch 33,92 Dollar, immerhin deutlich weniger als für Brent mit 38,05 Dollar und WTI in New York mit 41,07 Dollar. Die OPEC mußte sich also Sorgen machen, daß sie zum ersten Mal seit langer Zeit wieder weniger als dreißig Dollar pro Barrel abrechnen könnte. Aus diesem Grund beschlossen die OPEC-Staaten am 10. Dezember 2004 auf ihrer Sitzung in Kairo, ihre ›Überproduktion‹ ab Januar 2005 um eine Million Barrel zu reduzieren.[17] Über das seit einigen Jahren geltende Preisband von zweiundzwanzig bis achtundzwanzig Dollar pro Barrel, welches als Zielmarke gilt, wurde zwar diskutiert, eine Anhebung beschloß man aber nicht. Das Thema Überproduktion ist bei der OPEC immer wieder ein Thema, denn regelmäßig kommt es vor, daß einige Mitgliedsländer mehr fördern, als ihre Quote es eigentlich zuläßt. Andererseits gibt es auch Länder, die ihre offizielle Quote nicht erfüllen können, wie zur Zeit Indonesien und Venezuela.[18] Auf ihrer übernächsten Sitzung im iranischen Isfahan am 16. März 2005 beschloß die OPEC eine Erhöhung der Ölförderung auf eine offizielle Quote von 27,5 Millionen Barrel pro Tag (für Einzelheiten zur Entwicklung der Ölförderung gibt es weitere Angaben im Anhang).[19] Die Erhöhung sollte mit sofortiger Wirkung umgesetzt werden.

Bleibt zum Schluß noch die Frage, welchen Einfluß der Handel von Terminkontrakten auf Öl zu Preissteigerungen ausüben kann. Analysten von Merill Lynch sind dieser Frage nachgegangen und haben in einer aktuellen Studie Zahlen der staatlichen Office of the Comptroller of the Concurrency ausgewertet. Sie gelangten zu dem Ergebnis, daß die enormen Kapitalzuflüsse unter Nutzung der den Derivaten eigenen Hebelwirkung zur Verfälschung des Preisgeschehens bei Öl und Ölprodukten beitragen kann. So hat sich das Volumen der außerbörslich gehandelten Rohstoff-Derivate in den zurückliegenden 24 Monaten vervierfacht und das Kapital an den Rohstoffterminbörsen verdreifacht. Insofern kann man davon ausgehen, daß ein Teil der Preissteigerungen bei den Ölpreisen auch auf diese spekulativen Elemente zurückzuführen ist.

[1] superpowertv.org/105.html, Episode 105: Oil as a Weapon, 17. 4. 2002, organisiert von Lisa Simeone.

[2] Paul Krugmann, »The Third Oil Crisis«, in: *New York Times*, 4. 9. 2002; pkarchive.org/column/040902.html

[3] wtrg.com/opecshare.html, Market Share within OPEC, James L. Williams, WTRG Economics.

[4] Jeremy Rifkin, »Pumping up the pressure«, in: *Guardian Newspaper*, 25. 4. 2002, siehe hierzu: buzzle.com/editorials/text4-25-2002-17291.asp

[5] Opec.org

[6] IEA.org und »IEA erwartet leicht höheren Ölbedarf«, in: *FAZ*, 20. 1. 2004, S. 10.

[7] »Brand in Iraks wichtigster Ölleitung«, in: *FAZ*, 27. 3. 2004, S. 12.

[8] BP, Exxon/Esso, LBST, China Verbrauch und Exporte/Importe Grafik Chinas von 1965 bis 2003.

[9] IMF, *World Economic Outlook*, Chapter I: »Economic Prospects and Policy Issues«, Table 1.12. Global Oil Demand by Region, April 2005.

[10] Rafael Poch, »China lo apuesta todo al coche, in: *La Vanguardia*, 2. 11. 2004.

[11] Mure Dickie, »CNOOC and the bottom line«, in: *Financial Times*, 21. 1. 2004, S. 18; EIA, *China Country Analysis Brief*, Juli 2004.

[12] EIA.doe.gov, *China Country Analysis Brief*, Juli 2004.

[13] EIA.doe.gov, *Australia Country Analysis Brief*, Oktober 2003.

[14] Energy Information Administration, *International Energy Outlook 2004*; EIA, *India Country Analysis Brief*, Oktober 2004.

[15] EIA, Table 5.17 Strategic Petroleum Reserve, 1977–2004. Die strategische Ölreserve der Vereinigten Staaten von Amerika wurde von 540 Millionen Barrel Ende 2000 effektiv bis auf 675 Milionen Barrel Ende 2004 aufgestockt.

[16] John Saxe-Fernández, *Petróleo y Estrategia, México y Estados Unidos en el contexto de la política global*, 1980, S. 120.

[17] »Die Opec baut ihre Überproduktion ab«, in: *FAZ*, 11. 12. 2004, S. 11.

[18] International Petroleum Monthly, Table 3a, OPEC Oil Production, Juli 2005.

[19] EIA, *Country Analysis Brief*, OPEC, 7. 6. 2005.

12. Kapitel

Das unglaubliche Ölkartell der ›Großen Sieben‹

Bereits 1911 war die Marktmacht vom Trust der Standard Oil of Ohio durch das Gerichtsurteil des Obersten Gerichtshofes von Amerika ›aufgebrochen‹ worden, weil Standard Oil mit einem Marktanteil von über neunzig Prozent in Amerika einfach zu dominant geworden war. Der amerikanische Senat ließ im Jahre 1952 eine weitere Untersuchung zum Thema Kontrolle und Marktmacht in der Ölindustrie anfertigen und kam zu überraschenden Ergebnissen. Zwar hatte das Gerichtsurteil von 1911 dafür gesorgt, daß nicht nur ein Unternehmen den Markt kontrollierte, nun aber hatten die aus der damals geforderten Aufteilung entstandenen Unternehmen das Feld bestellt. Die Untersuchung konzentrierte sich auf die vier Hauptbereiche, um die es in der Ölindustrie nach der Erschließung von Rohölvorkommen geht: die Förderung, die Verarbeitung, den Transport und den Vertrieb und Verkauf des Rohöls.

Die für die Untersuchung verwendeten Zahlen beruhten auf Zahlen aus dem Jahre 1949. Außerhalb der Vereinigten Staaten gab es unterschiedliche Modelle der Kontrolle. In manchen Ländern kontrollierten staatliche Institutionen alle Prozesse von der Ölförderung bis zum Vertrieb, in anderen kam es zu einer Mischung aus Staatsbetrieben und privaten Unternehmen. Außerdem gab es Länder, die ihren Ölbedarf aus einheimischer Produktion voll abdecken konnten, andere hingegen waren auf zusätzliche Einfuhren angewiesen.

Die Ergebnisse der einzelnen Länder wurden dann verglichen mit der Lage auf den Weltmärkten. So stand die Sowjetunion einschließlich der von ihr kontrollierten Ölgeschäfte in einigen Satellitenstaaten, zu denen die Untersuchung die Tschechoslowakei, Polen, Ungarn, Rumänien und Albanien zählte, für nur 6,1 Prozent der bekannten Ölreserven und für 8,4 Prozent der weltweiten Ölförderung.[1] Das war nicht berauschend viel, angesichts der Tatsache, daß die Sowjetunion und die Satellitenstaaten noch mehr Einwohner auf sich vereinten als Westeuropa.

Die von der Kommission ausgewählten Schwellenländer wie Bolivien, Brasilien, Chile, China, Mexiko sowie Spanien und Jugoslawien standen für nur sieben Prozent der weltweiten Ölvorräte und für etwas mehr als zehn Prozent der Ölförderung. Chile, China, Brasilien und Bolivien gehörten zu den Ländern, die aus ihrer Sicht auf bedeutende Öleinfuhren angewiesen waren, da sie anders als Mexiko nicht über größere Ölvorkommen verfügten. Das ist im Falle von China zwar nicht ganz richtig, die Ölquellen von Ta-ch´ing, Leng-hu, Karamai, Lung-nu und Ya-erh-hsia sollte man aber erst Mitte bis Ende der fünfziger Jahre entdecken. Bis dahin war von den größeren Ölquellen Chinas nur das bekannte Ölfeld Lao-chun-mia im Jahre 1939 entdeckt worden.[2]

Anders dagegen verhielt es sich mit Mexiko, das bereits in den frühen dreißiger Jahren den Inlandsbedarf abdecken konnte, 1909 entdeckte man das große Ölfeld Narranjos-Cerro Azul mit Reserven von über einer Milliarde Barrel, 1930 Poza Rica, dessen Reserven ungefähr doppelt so hoch lagen.[3]

Argentinien war das Land, das sich für ein Mischsystem entschieden hatte, der Staatskonzern Yacimientos Petroliferos Fiscales, kurz YPF genannt, produzierte 1949 fünfundvierzigtausend Barrel pro Tag, die privaten Unternehmen kamen zusammen auf siebzehntausend Barrel pro Tag.[4] Aber die Öleinfuhren betrugen mehr als sechzig Prozent des Ölbedarfs und wurden vor allem von den ›Großen Sieben‹, wie die führenden Ölkonzerne genannt wurden, zur Verfügung gestellt. Zu diesen sieben gehörten fünf amerikanische Ölkonzerne (Gulf Oil, Standard Oil Co. New Jersey, Standard Oil Co. of California, Socony-Vacuum Oil Co. Ltd. und Texaco Co.), ein britischer (Anglo-Iranian Oil Co. Ltd.) und ein britisch-niederländischer Ölkonzern (Royal Dutch-Shell). Diese sieben Unternehmen kontrollierten nach Auffassung der Untersuchungskommission direkt oder indirekt über ein weites Netz von Tochtergesellschaften den größten Teil des weltweiten Ölgeschäfts.

In Peru verfügte Standard Oil of New Jersey über ihre Tochtergesellschaft International Petroleum über einen Marktanteil von achtzig Prozent, ein Tochterunternehmen von Royal Dutch kam auf achtzehn Prozent. Die Kontrolle war total.

Das Muster wiederholte sich in vielen Ländern, nur die Anteile verschoben sich unter den Anbietern. Man teilte die Märkte unter sich auf und verdrängte die kleineren Unternehmen. Hatte man sich erst einmal etabliert, war das Geschäft höchst einträglich. In Großbritannien, einem der größeren Märkte, kam Standard Oil of New Jersey auf einen Marktanteil von fünfzig Prozent.

Die Kommission untersuchte zum einen den Ölmarkt an sich, zum anderen den Einfluß der Großkonzerne in den vier Teilbereichen der

Ölindustrie. Zuallererst aber wurden die verfügbaren Rohstoffe den kontrollierenden Konzernen zugeordnet. Folgende Tabelle weist die Kontrolle der Konzerne über die zum Jahresbeginn 1949 bekannten Ölreserven auf.

Geschätzte Rohölreserven der ›Großen Sieben‹ Ölkonzerne Januar 1949[5]

	Reserven in USA	Reserven in restlicher Welt in Mrd. Barrel	Gesamtreserven in Mrd. Barrel
Anglo-Iranian Oil Co., Ltd.	–	13,9	13,9
Gulf Oil Corp.	1,3	5,8	7,1
Royal Dutch-Shell	0,8	4,5	5,3
Standard Oil Co. NJ	3,1	9,3	12,4
Standard Oil Co. Cal.	1,3	2,8	4,1
Socony-Vacuum Oil Co. L.td	1,4	2,0	3,4
The Texas Co.	1,5	3,0	4,5
Gesamt ›7‹	9,4	41,3	50,7
Geschätzten Gesamtreserven	28,0	50,3	78,3
Anteil der ›7‹	33,6%	82,1%	65,0 %

Klar ersichtlich wird die Dominanz der amerikanischen und britischen Ölkonzerne über die Reserven in den Regionen außerhalb der USA. Von den zu diesem Zeitpunkt geschätzten Gesamtreserven in der Welt in Höhe von 78,3 Milliarden Barrel Rohöl kontrollierten sie fünfundsechzig Prozent, von den Reserven, die sich außerhalb der Vereinigten Staaten von Amerika befanden, sogar zweiundachtzig Prozent. Abzüglich der bekannten Reserven für die Sowjetunion summierten sich die bekannten Rohölreserven der Welt Anfang 1949 auf geschätzte 73,7 Milliarden Barrel, wobei davon mehr als neunzig Prozent nur auf sechs Länder entfielen. Dazu gehörten, es wird kaum jemanden überraschen, das Königreich Saudi-Arabien, Kuwait, der Iran, der Irak und Venezuela sowie die Vereinigten Staaten von Amerika.

Damals war die Situation aber ganz anders als heute. Die Vereinigten Staaten hatten mit einem Anteil von fast sechsunddreißig Prozent noch die größten bekannten Ölreserven, es folgte Kuwait auf Platz zwei mit vierzehn Prozent, dann Saudi-Arabien und Venezuela mit jeweils elf Prozent. Auf diese vier Staaten entfiel also schon ein Anteil von zweiundsiebzig Prozent der bekannten Ölreserven. Mexikos Reserven wurden zu diesem Zeitpunkt nur auf achthundertfünfzig Millionen Barrel geschätzt, Kanadas auf fünfhundert Millionen, während Niederländisch Ostindien sogar auf eine Milliarde Barrel kam.

Rohölreserven in der Welt zum 1. Januar 1949 (Schätzung der Ölkonzerne)[6]		
Land	Geschätzte Reserven in Mrd. Barrel	Anteil in %
USA	28,0	35,75
Kuwait	10,95	13,98
Saudi-Arabien	9,0	11,49
Venezuela	9,0	11,49
Iran	7,0	8,94
Irak	5,0	6,39
Niederländisch Ostindien	1,0	1,28
Mexiko	0,85	1,09
Kanada	0,5	0,64
Katar	0,5	0,64
Bahrain	0,17	0,22
Britisch Borneo	0,15	0,19
Andere Länder	6,2	7,9
Gesamt	**78,32**	**100,00**

Obwohl zu diesem Zeitpunkt in mehr als vierzig Ländern Öl gefördert wurde, waren die USA Ende der vierziger Jahre des vorherigen Jahrhunderts immer noch die unbestrittene Erdölmacht der Welt. Noch wiesen die Statistiken nicht die riesigen Vorräte des Nahen Ostens aus, sie ließen sich nur vermuten. Immerhin sind die Länder aus der Region des Vorderen Orients in der Liste schon dort vertreten, wo sie nach heutigem Maßstab auch hingehören, nämlich ganz oben. Eigentlich fehlte nur noch Abu Dhabi (seit 1971 Teil der Vereinigten Arabischen Emirate) in dieser Rangliste, um die großen Ölförderländer des Nahen Ostens zu vervollständigen. Die Entdeckungen wurden hier aber erst zwischen 1954 und 1973 gemacht. Man wußte also noch nicht genau Bescheid über die absolute Höhe der Reserven, man kannte auch noch nicht alle Ölquellen, aber man wußte sicherlich, daß die Region insgesamt ein ungeheuerliches Potential aufzuweisen hatte. Zudem kam der Nahe Osten zusammengerechnet schon auf einen Anteil von zweiundvierzig Prozent und lag damit deutlich vor Nordamerika mit siebenunddreißigeinhalb Prozent. Die russischen Reserven und die seiner Satellitenstaaten hatte man auf sechs bis sieben Milliarden geschätzt, sie sind in der Position ›andere Länder‹ mit eingeflossen. Die Amerikaner wußten aber, daß in Zeiten des Kalten Krieges ihnen ein Zugriff zu den russischen Reserven verweigert werden würde, deswegen haben sie die russischen Reserven nur geschätzt, sie in ihren konkreten Überlegungen aber nicht mit einbezogen – und wenn, dann allerhöchstens gedanklich mit berücksichtigt.

Kuwait, dieses kleine Scheichtum am Persischen Golf, noch vor Saudi-Arabien – das lag sicher daran, daß man in Kuwait schon 1938 auf das große Ölfeld Burgan (Nummer 2 in der Welt) gestoßen war, in Saudi-Arabien aber erst 1948 auf das Ölfeld Ghawar (Nummer 1 in der Welt). Zudem waren die Explorationsarbeiten in Ghawar noch lange nicht abgeschlossen, man konnte sich über die genaue Größe der entdeckten Ölquelle noch kein klares Bild machen. Geduld war angesagt.

Bei der Ölförderung sah das Bild in jener Zeit aber noch etwas anders aus, die Amerikaner waren hier immer noch unbestritten die Nummer eins, Venezuela mit klarem Vorsprung auf Rang zwei. Zusammengenommen förderten die beiden Länder achtundsechzig Prozent der Weltproduktion im Jahre 1949, die Länder im Nahen Osten förderten zusammengerechnet so viel wie Venezuela oder kamen auf einen Anteil von etwa fünfzehn Prozent. Allerdings hatte sich ihr Anteil seit 1939 in etwa verdreifacht, hinzu kam die stark steigende Tendenz. Die amerikanische Erdölindustrie förderte zu diesem Zeitpunkt aus mehr als 449 000 Ölquellen drei Millionen Barrel pro Tag, damit war der durchschnittliche Förderertrag pro Ölquelle minimal. Der Grund für diese Zersplitterung lag darin, daß in den Erdölgebieten die Grundstücke in kleine Parzellen aufgeteilt wurden und die gleiche Ölquelle von vielen Grundstücken gleichzeitig ausgebeutet wurden.

Deutlich höher war der Ausstoß in Mexiko, wo man im Durchschnitt auf das Fünfzehnfache (= rein rechnerisch 160 Barrel pro Ölquelle, pro Tag) kam. Mexiko hatte bereits 1921 mit 193 Millionen Barrel einen vorübergehenden Produktionshöhepunkt erreicht, um 1932 nur noch 33 Millionen Barrel zu fördern. Bis 1949 steigerte man die Produktion wieder auf 60 Millionen Barrel.

In Venezuela lag der Vergleichswert sogar achtzehn Mal so hoch, im Nahen Osten aber noch viel höher: Irak (11 200 Barrel pro Tag und pro Ölquelle), in Saudi-Arabien (6083), in Kuwait (4450), und im Iran (2190).[7] In Nahost sorgten im Durchschnitt nur 287 Ölquellen für eine Tagesproduktion von fast 1,4 Millionen Barrel pro Tag.

So war wahrscheinlich allen ›Ölmännern‹ klar, daß sich das Gravitationszentrum in der Zukunft in eine andere Himmelsrichtung verschieben würde. Vor dem Ersten Weltkrieg wurde im Nahen Osten zwar Öl gefördert, aber nur auf einem sehr niedrigen Niveau. Zwischen 1939 und 1949 hatte sich die durchschnittliche Tagesproduktion in allen Ländern des Nahen Ostens von 329 000 auf 1 386 000 Barrel erhöht. Die Ausweitung der Förderkapazitäten sollte sich in den kommenden Jahrzehnten in Riesenschritten fortsetzen.

Die weltweite Ölförderung im Jahre 1949[8]

	Förderung 1949 in Tausend Barrel pro Tag	Anteil an Weltförderung in %
USA	5043	54,15
Venezuela	1320	14,18
Sowjetunion	690	7,41
Iran	552	5,92
Saudi-Arabien	475	5,10
Kuwait	245	2,63
Mexiko	166,8	1,79
Indonesien	112	1,20
Rumänien	86	0,92
Irak	84	0,90
Kolumbien	82,3	0,88
Britisch Borneo	68	0,73
Argentinien	63	0,67
Kanada	59	0,63
Trinidad	56,5	0,60
Andere Länder	209	2,30
Gesamt	**9311,6**	**100,00**

Die Vereinigten Staaten von Amerika kamen mit einer Ölförderung von fünf Millionen Barrel pro Tag damit noch auf einen Anteil von über fünfzig Prozent, ihre Führungsrolle in der Erdölförderung war damit immer noch unangefochten. Andere Länder spielten zu diesem Zeitpunkt noch eine größere Rolle in der Produktion als heute, wie beispielsweise Rumänien oder Kolumbien.

Auch bei den Raffineriekapazitäten tauchen Trinidad sowie Niederländisch Ostindien weit vorn auf, da der Westen hier entsprechende Anlagen, unter anderem auch aus strategischen Gründen, aufgebaut hatte. Die Kontrolle der ›Großen Sieben‹ und ihrer Tochtergesellschaften erreichten bei der Förderung von Rohöl einen Weltmarktanteil von 54,6 Prozent,* wobei die Kontrolle in den verschiedenen Regionen durchaus unterschiedlich ausfiel. Bei der Untersuchung der Kommission entfielen auf die USA vergleichsweise ›nur‹ 31,5 Prozent* der Gesamtförderung, in der westlichen Hemisphäre ohne die USA aber 80,5 Prozent,* in der östlichen Hemisphäre insgesamt 79,8 Prozent.* Ohne Beispiel war aber die Kontrolle der sieben Ölkonzerne über die Ölförderung im Nahen Osten, die bei 99 Prozent* lag.[9] In Ländern wie Kolumbien, Venezuela, Peru, Kuwait, Saudi-Arabien, Iran, Bahrain, Borneo und Burma kontrollierte eine oder einige der ›sieben Schwestern‹ zusammen einhundert Prozent der Ölförderung.[10]

Auch bei den Raffineriekapazitäten zeigte sich die Dominanz der in Amerika zur Verfügung stehenden Kapazitäten. Japan mit einer Raffineriekapazität von etwa 51000 Barrel pro Tag und die Bundesrepublik Deutschland mit knapp 71000 Barrel lagen zu diesem Zeitpunkt noch deutlich zurück. Westeuropa kam auf insgesamt zweiundachtzig Raffinerien, die Kapazität lag hier aber nur auf dem Niveau der drei Anlagen auf den Niederländischen Antillen. Hier wurde vor allem das venezolanische Öl importiert, weiterverarbeitet und dann erneut verschifft, um es den Abnehmerländern zukommen zu lassen. Allein 1948 wurden 271 Millionen Barrel Rohöl auf

* = Der Anteil bezieht sich immer auf einen Weltmarkt ohne Einbeziehung der Sowjetunion und der unter ihrer Kontrolle befindlichen Satellitenstaaten. Allein die Arabian American Oil Co. (Aramco) und die Anglo-Iranian Oil Company kontrollierten siebzig Prozent der Ölförderung im Nahen Osten.[11] Aramcos Ölförderung stand 1950 für etwas mehr als fünf Prozent der Weltförderung von Rohöl und für fünfunddreißig Prozent im Nahen Osten.

Die weltweiten Ölraffineriekapazitäten[12]		
	Raffineriekapazität ab 1. Juli 1950 – pro Tag	Anteil in %
USA	6 750 000	58,15
UdSSR und Osteuropa	882 235	7,60
Niederländische Antillen	657 000	5,66
Iran und Kuwait	572 100	4,92
Kanada	341 550	2,94
Frankreich	293 100	2,52
Großbritannien	206 680	1,78
Mexiko	201 190	1,73
Bahrain	165 000	1,42
Niederländisch Ostindien	146 300	1,26
Saudi-Arabien	140 000	1,20
Argentinien	129 800	1,11
Italien und Trieste	128.280	1,09
Trinidad	99 000	0,85
Andere Länder	894 397	7,77
Gesamt:	**11 606 632**	**100,00**

den Niederländischen Antillen verarbeitet, etwa zweiundsechzig Prozent der Gesamtölexporte Venezuelas.

Die Untersuchungskommission des amerikanischen Senats fand heraus, daß die ›Großen Sieben‹ Ölkonzerne und ihre Tochtergesellschaften 1950 weltweit die Kontrolle über Raffineriekapazitäten in Höhe von 6,1 Millionen Barrel pro Tag verfügten (Stand 1950, aber ohne die Raffineriekapazitäten in der Sowjetunion, Ungarn, Polen und Rumänien). Das war ein Anteil von über fünfzig Prozent der Gesamtsumme, aber sogar fünfundsiebzig Prozent in Märkten der westlichen Hemisphäre außerhalb der Vereinigten Staaten von Amerika. Je nachdem, welchen Markt man beobachtete, konnten die Anteile auch höher oder niedriger liegen. Von dieser Tagesförderung in Höhe von 6,1 Millionen entfiel in etwa die Hälfte auf nur zwei Unternehmen, nämlich Royal Dutch-Shell und Standard Oil of New Jersey.[13]

Es wurden auch die ›Cracking-Kapazitäten‹ der Konzerne untersucht, da hieraus eine größere Quantität von höherwertigen Produkten entstehen. Die ermittelten Ergebnisse spiegelten eine ähnlich hohe Konzentration der sieben Ölkonzerne wider: In der Region ›westliche Hemisphäre ohne USA‹ kam man sogar auf fünfundachtzig Prozent.

Als nächstes stand die Untersuchung der Transportwege des Rohöls auf der Tagesordnung, hierzu zählte man zum einen die bereits gebauten Ölrohrverbindungen, zum anderen aber auch die Tonnage der Öltanker. Man kam zu dem Ergebnis, daß die ›Großen Sieben‹ alle wichtigen Ölrohrverbindungen außerhalb der Vereinigten Staaten und der Sowjetunion sowie ihrer Satellitenstaaten unter ihrer Kontrolle hatten. Bei den Öltankern wurde der Marktanteil an der Gesamttonnage der zur Gruppe gehörenden Schiffsflotte bemessen. Diese wurde bei Royal Dutch-Shell mit sechzehn Prozent beziffert, Anglo-Iranian kam hier auf vierzehn Prozent und Standard Oil of New Jersey auf ungefähr zehn Prozent. Die fünf amerikanischen Ölkonzerne kamen zusammen auf zwanzig Prozent der Gesamttonnage von etwa fünfundzwanzig Millionen, die ›Großen Sieben‹ damit auf fünfzig Prozent. Also auch in diesem Bereich kristallisierte sich letztendlich die Dominanz einiger Konzerne heraus.

Als letztes berichtete der Ausschuß über die Vertriebswege. Hier allerdings fehlten aufgrund der nicht zur Verfügung stehenden Datenbasis konkrete Zahlen. Dennoch ging die Untersuchungskommission davon aus, daß die großen Ölkonzerne auch auf den meisten ausländischen Märkten das Heft in der Hand hielten. Man verwies darauf, daß außer den für die Untersuchung herangezogenen Unternehmen kein anderes über die Fähigkeiten verfügte, große Mengen an Rohöl oder Ölprodukten herzustellen und diese irgendwo in der Welt pünktlich, zuverlässig und immer mit der entsprechenden Qualität anzuliefern.

Zudem wies der Bericht ausdrücklich auf die sehr engen Verbindungen untereinander hin, denn die Konzerne hatten eine ganze Reihe von Abnahmeverträgen miteinander abgeschlossen, die eine langfristige Zusammenarbeit garantierten und außerdem durch Konkurrenzklauseln verhinderten, daß ihnen ein Partnerunternehmen auf eigenen Märkten gefährlich werden konnte. Ferner waren die Ölkonzerne bei vielen Ölprojekten als Partnerunternehmen eines Konsortiums aufgetreten, bei Betriebsgesellschaften oder großen Tochtergesellschaften bestanden zudem wechselseitige Kapitalbeteiligungen. Insofern konnte man hier schon von einem ›geschlossenen Kreis‹ sprechen, denen andere Ölunternehmen nur in Marktnischen

Marktanteile abnehmen konnten. Diese Verbindungen hat man genauestens untersuchen lassen und auf mehreren Seiten optisch dargestellt. So zeigt die erste graphische Darstellung die gemeinsamen Kapitalbeteiligungen an Ölunternehmen im Nahen Osten, die zweite dergleichen für Europa, die dritte die Verflechtungen auf der Führungsebene bei den Ölfirmen in Nahost und die vierte die Verbindungen im Führungsbereich von Mutter- und Tochtergesellschaften.[14] Man kann wirklich nicht behaupten, der Ausschuß habe seine Arbeit oberflächlich getan, schließlich waren es ja vor allem amerikanische Konzerne, denen man auf die Finger schaute. Im Gegenteil, dem Ausschuß des amerikanischen Senats müßte man ein Kompliment machen für die Wiedergabe der Details einer Branche, die bis dahin meist im Außenverhältnis eher als verschwiegen gelten durfte.

Zuletzt noch ein Blick auf den Verbrauch, um das Bild jener Zeit abzurunden. Schon damals, kurz nach Ende des Zweiten Weltkrieges, kristallisierten sich die Vereinigten Staaten als allergrößter Ölkonsument heraus. Der Gigant war durstig geworden, dieser Nachfrage mußte durch Kontrolle über die Ölressourcen nachgeholfen werden, um den regelmäßigen Fluß des schwarzen Goldes auch sicherzustellen. Nachfolgende Tabelle zeigt den Ölverbrauch in den verschiedenen Weltregionen im Jahre 1949.

Ölverbrauch in der Welt[15]

Land/Region	Verbrauch 1949 in Barrel pro Tag	Anteil in % des Gesamtverbrauchs ohne die Sowjetunion
USA	5 792 400	64,07
Europa ohne UdSSR	1 226 700	13,56
Lateinamerika/Karibik	610 400	6,75
Afrika	236 800	2,61
Naher Osten	211 800	2,34
Asien/Ozeanien	484 000	5,35
Nordamerika ohne USA	478 200	5,28
Gesamtverbrauch Welt*	**9 040 300**	**92,75***

* = ohne Sowjetunion und damit insgesamt nur 92,75 % des Weltverbrauchs.

Die Amerikaner kamen auf einen Ölverbrauchsanteil von vierundsechzig Prozent der nichtsowjetischen Welt, die Europäer auf vierzehn Prozent, die Sowjetunion hingegen nur auf etwa sieben Prozent. Weiter unten wird die heutige Entwicklung analysiert, dann fällt ein Vergleich in Sachen Entwicklung in den letzten fünfzig, sechzig Jahren auch viel leichter. Letztendlich sollte die Untersuchung des amerikanischen Sonderausschusses zeigen, wie der Ölmarkt funktioniert und wie die Ölkonzerne durch eine enge Zusammenarbeit in der Lage sind, ihre Marktpositionen zu zementieren. Die folgende Darstellung ist eine Kopie des amerikanischen Untersuchungsausschusses über die ›Ölbewegungen‹ auf allen Kontinenten im Jahre 1948.

Zu einem ersten Abkommen zwischen den großen Ölkonzernen sollte es im August 1928 kommen, als sich die Vorstandsvorsitzenden von Standard Oil of New Jersey (Walter TEAGLE), Royal Dutch Shell (Henri DETERDING) und Anglo-Iranian (Sir John CADMAN) in einem schottischen Schloß namens Achnacarry trafen und hier nach mehreren Verhandlungstagen die Absprache für die Beendigung der Preiskriege trafen und außerdem für den Weltmarkt ein weitgehendes Vertriebsabkommen abschlossen.

Diesem Abkommen zufolge wurden die Ölförderquoten der Unternehmen aus dem Jahre 1928 als Grundlage herangezogen, um zukünftige Förderquoten festzusetzen. Erhöhte sich die Nachfrage, wurde das zusätzliche Volumen auf die an die Vereinbarung gebundenen Mitglieder anteilsmäßig verteilt. Im Laufe der Zeit traten andere Ölunternehmen dem Abkommen bei, denn wer nicht dazugehörte, wurde von den beteiligten Konzernen angegriffen, bis die ›Vernichtung‹ sichergestellt war.[16]

Mit seinen Wettbewerbern ging man in der Ölbranche gewiß nicht zimperlich um. Das Ziel war es, auf dem Ölmarkt ein internationales Kartell zu gründen, das die Preise und die Wettbewerbsbedingungen regeln sollte, um allen beteiligten Ölkonzernen einen zufriedenstellenden Gewinn zu sichern. Zudem wollte man eine Überproduktion verhindern, was angesichts der vielen neuen Ölfunde in dieser Zeit gar nicht so einfach war.

In den zwanziger Jahren war es des öfteren zu regelrechten Preiskriegen zwischen den großen Unternehmen gekommen, weil man sich die Marktanteile nicht abnehmen lassen wollte. Der Preis für ein Barrel Rohöl sank in den Vereinigten Staaten zwischen 1925 und 1933 von 1,68 Dollar auf 67 Cents. Auch die Entdeckung des East Texas Oilfield fiel in diese Zeit; es wurde 1930 entdeckt und gehört bis heute nach Prudhoe Bay in Alaska zum zweitgrößten Ölfeld in den Vereinigten Staaten von Amerika. Letztendlich war es Haroldson Lafayette HUNT, einer der HUNT-Brüder, der die Rechte vom Ölfeld Bradford No. 3 in East Texas günstig erwarb; über neunhundert Ölbohrtürme standen bis 1932 auf seinen Grundstücken und pumpten das Öl nach oben. HUNT besaß auch die Panola Pipeline und die Placid Oil Company und erwarb auch eine Raffinerie, die Excelsior Refining Company, die dann in ›Parade Refining Company‹ umbenannt wurde.[17] Mit der Ölförderung in Bradford No. 3 wurde der Markt mit Öl überschwemmt und die Preise für ein Barrel Rohöl gingen zurück. Lag der Preis bei Produktionsbeginn noch bei 99 Cents, so fiel dieser 1931 zeitweise auf 46 Cents.[18] Bis Mitte 1931 wurden in East Texas ungefähr neunhunderttausend Barrel Rohöl pro Tag gefördert, und es gab eintausendzweihundert Ölbohrtürme.[19]

Zudem begann man, Erdgas als Energiequelle zu erschließen, wobei die Entwicklung von dünnwandigen, widerstandsfähigen Rohren half, denn man konnte das Erdgas nun auch über weite Strecken befördern. Als sich der Preisverfall fortsetzte, trat die Ölindustrie im März 1933 an die neugewählte Regierung unter Präsident Franklin D. ROOSEVELT heran, mit dem Ziel, staatliche Maßnahmen zum Schutz der einheimischen Ölindustrie zu ergreifen. Dies führte am 11. Juni 1933 zu der Verabschiedung einer Ölgesetzgebung im Rahmen einer Reihe von Gesetzen, die zur wirtschaftlichen Erholung beitragen sollten. Der Staat konnte nun der regelrechten Verschwendung von Rohöl durch Austritte an den Bohrtürmen und der Überproduktion entgegentreten, da er das Recht hatte, die Preise zu kontrollieren, die Ölförderung an den Bedarf anzupassen und die Öleinfuhren zu bestimmen.[20]

Grund für die Überproduktion in den Vereinigten Staaten war auch die Tatsache, daß jeder Grundbesitzer mit Zugang zu Rohöl so viele Ölbohrtürme auf seinem Grundstück aufbauen lassen konnte, wie er wollte, selbst wenn er dabei das Öl, das sich unter den Nachbargrundstücken befand, ›anzapfen‹ sollte. Das war legal und animierte die Besitzer nicht gerade, sparsam mit der Ressource Rohöl umzugehen, denn was man heute nicht förderte, konnte einem morgen schon von einem der Nachbarn weggenommen werden.[21]

In Texas führte die Kontrolle durch den Bundesstaat im September 1931 unter Gouverneur Ross STERLING zu einer Ölförderung von höchstens zweihundertfünfundzwanzig Barrel pro Tag pro Ölbohrturm, die im Oktober sogar noch auf einhundertfünfundsechzig Barrel reduziert wurde. Doch die offiziellen Quoten wurden oftmals nicht eingehalten, weil sich viele ›Ölmänner‹ nicht an die strengen Ölquoten halten wollten. Somit erfolgte in den Vereinigten Staaten genau das, was in Achnacarry für die anderen Weltmärkte beschlossen worden war, nur diesmal unter der Aufsicht der Regierung. Der amerikanische Kongreß verabschiedete am 22. Februar 1935 ein Gesetz, das die Kontrolle des Ölhandels zwischen den Bundesstaaten vorsah.[22] Die Industrie berichtete monatlich an das Minenministerium und schätzte den zukünftigen Marktbedarf ab. Die ölproduzierenden Bundesstaaten mußten dann die zugeteilten Quoten einhalten, die ›Überproduktion‹ wurde konfisziert. Bereits im Mai 1933 hatte sich der Ölpreis auf 1,08 Dollar erholt und stieg in der Folgezeit weiter.

Als der Oberste Gerichtshof diese Regelung im Mai 1935 für unvereinbar mit der amerikanischen Verfassung erklärte, reagierte der Kongreß mit dem Beschluß einer neuen Gesetzgebung, die im wesentlichen die gleichen Ziele zum Inhalt hatte.[23] Die Vereinbarung von Achnacarry sah außerdem eine völlig neue Preisgestaltung vor. Demnach sollte das weltweit geförderte Rohöl nach einem einheitlichen Preissystem berechnet werden, und zwar dergestalt, daß das Rohöl – gleich, wo es gefördert worden war und wohin es verkauft werden sollte – immer so berechnet wurde, als ob es in die Vereinigten Staaten von Amerika geliefert werden sollte. Das hatte zur Folge, daß alle Verbraucher und die nicht dem Kartell angehörenden Unternehmen den Golf von Mexiko-Preis zuzüglich Transportkosten bezahlten. Dadurch schöpften die Ölunternehmen nicht unerhebliche Zusatzgewinne ab. Obwohl venezolanisches Öl deutlich preiswerter war als amerikanisches, führte diese Regelung zu fast absurden Maßnahmen. Durch die Importquoten der Vereinigten Staaten von Amerika wurde venezolanisches Öl zurückgewiesen, obwohl es aufgrund der wesentlich niedrigeren Förderkosten viel preiswerter vermarktet werden konnte. Die amerikanischen Produktionskosten lagen bei 1,75 Dollar für ein Barrel Rohöl, venezolanisches Öl hätte schon für 75 Cents pro Barrel nach Amerika geliefert werden können.

Als man die Einfuhrbestimmungen lockerte und die Tarife senkte, passierte, was passieren mußte. Der Anteil ausländischen Öls stieg von fünf Prozent im Jahre 1950 auf siebzehn Prozent im Jahre 1954. Als die Einfuhren von Rohöl einen Anteil von zwanzig Prozent überschritten, führte Präsident EISENHOWER 1958 Zwangsquoten ein. Dem in Schottland getroffenen Abkommen sollten noch weitere Vereinbarungen folgen, die für alle Absatzmärkte der Welt galten, zu denen die Gruppe Zugang hatte.[24] Insbesondere eine 1934 in London entworfene Vereinbarung, das »Draft Memorandum of Principles« vom Juni 1934, sollte noch weitreichende Folgen für die Ölindustrie haben. Es wurde ein Ausschuß gegründet, der die Durchführung der Umsetzung leiten sollte; vorgesehen waren Sonderabkommen für jedes Land außer den Vereinigten Staaten von Amerika. Jede Woche fand in London im Hause der Shell eine Direktorensitzung statt, um die konkrete Zusammenarbeit zu besprechen.

Dennoch war das ›Kartell‹ nie so erfolgreich, wie die Urheber es sich ausgedacht hatten, denn das Marktumfeld veränderte sich. In einigen Ländern wie Italien, Spanien, Argentinien oder Japan wurden vom Staat eigene Unternehmen gegründet, die die Kontrolle über die Öl- oder Gasressourcen oder den Vertrieb übernehmen sollten. Auch Frankreich gehörte zu den Ländern, in denen der Staat regulierend einschritt: Zum einen wurde der Bau von eigenen Raffinerien gefördert; zum anderen wurde durch die Gründung der Compagnie Française de Raffinage dafür gesorgt, daß mindestens fünfundzwanzig Prozent des französischen Mineralölbedarfs durch diese vom Staat kontrollierte Gesellschaft abgedeckt werden mußte.

Insofern zeichnete sich ein Wandel in der Erdölindustrie ab, der langfristig dafür sorgen sollte, daß sich die Kontrolle auf den meisten internationalen Märkten veränderte. Dennoch hatten die großen Ölkonzerne durch die Kontrolle über die Preisbildung durch die eingeführte ›Golf-plus-Fracht-Formel‹ ihre Machtbasis fest zementieren können, weil sie dadurch ein System schafften, das ihnen lange Zeit ›sichere Gewinne‹ bescherte.

Im Jahre 1952 begann ein Oberstaatsanwalt im Auftrag der TRUMAN-Regierung die kriminellen Machenschaften der großen Ölkonzerne aufzudecken; die Untersuchungen wurden jedoch im Auftrag desselben US-Präsidenten am 12. Januar 1953 eingestellt, und die nachfolgende EISENHOWER-Regierung erklärte die Einhaltung der ›Antitrust‹-Gesetze als zweitrangig für die nationale Sicherheit.

Die Gewinne der Ölkonzerne stiegen zwischen 1952 und 1972 immer weiter an. Hierfür waren mehrere Gründe mitverantwortlich. Zum einen konnten sie durch besondere Steuergesetze in den Vereinigten Staaten ihre Steuerlast äußerst niedrig halten. Eine Untersuchung ergab, daß die Steuerlast der Ölkonzerne nur bei 7,6 Prozent lag, obwohl die Unternehmensteuern achtundvierzig Prozent betrugen. Die Einnahmeverluste wurden von der Steuerbehörde IRS im Jahre 1972 auf 2,35 Milliarden Dollar pro Jahr geschätzt.[25] Die Ölkonzerne konnten zum anderen im Ausland gezahlte Steuern auf ihre inländische Steuerlast anrechnen lassen. Zudem profitierten die Konzerne von den überaus niedrigen Beschaffungskosten im Nahen Osten und in Venezuela, während sie auf der anderen Seite immer größere Öltransporter einsetzten, die Transportkosten pro Barrel sanken somit auch. Zahlten sie für saudiarabisches Rohöl beispielsweise 40 Cents pro Barrel für Ölförderung und Transport, blieb bei einem Verkaufspreis von zwei Dollar pro Barrel eine auskömmliche Marge übrig, die die Gewinne nur so sprudeln ließen.

[1] The International Petroleum Cartel, *Staff Report to the Federal Trade Commission,* Chapter 2: »Concentration of Control of the World Petroleum Industry«, 2nd sess., Washington DC, 1952, S. 21-36.

[2] Richard NEHRING, *Campos Petroleros Gigantes y Recursos Mundiales de Petróleo,* Cuadro A. 67, Yacimientos Petroliferos Gigantes Existentes en el Mundo, 1978, S. 190.

[3] Richard NEHRING, ebenda, S. 32 f.

[4] The International Petroleum Cartel, aaO. (Anm. 1), Chapter 2.

[5] The International Petroleum Cartel, ebenda, Chapter 2, Table 8.

[6] The International Petroleum Cartel, ebenda.

[7] The International Petroleum Cartel, ebenda, Chapter 1.

[8] The International Petroleum Cartel, ebenda.

[9] The International Petroleum Cartel, ebenda, Chapter 2: »Concentration of Control of the World Petroleum Industry«, S. 21-36.

[10] Burton I. KAUFMAN, *The Oil Cartel Case: A Documentary Study of Antitrust Activity in the Cold War Era,* 1978, S. 122-136.

[11] The International Petroleum Cartel, aaO. (Anm. 1), Chapter 5: »Other Common Ownerships in the Middle East«, S. 113-136.

[12] The International Petroleum Cartel, ebenda.

[13] The International Petroleum Cartel, ebenda, Chapter 2.

[14] Alle vier Darstellungen aus: The International Petroleum Cartel, ebenda; Darstellung 1: Chapter 2, Chart Nr. 13, S. 11-20 die gemeinsamen Kapitalbeteiligungen an Ölunternehmen im Nahen Osten; Darstellung 2: Chapter 2, Chart Nr. 14, S. 13-20 dergleichen für Europa; Darstellung 3: Chapter 2, Chart Nr. 18, S. 14-20 die Verflechtungen auf der Führungsebene bei den Ölfirmen in Nahost; Darstellung 4: Chapter 2, Chart Nr. 19, S. 16-20, die Verbindungen im Führungsbereich von Mutter- und Tochtergesellschaften.

[15] The International Petroleum Cartel, ebenda.

[16] Burton I. KAUFMAN, aaO. (Anm. 10). Das als »Achnacarry Agreement« bekannte Abkommen führte zur sogenannten ›Pool Association‹ vom 17. September 1928.

[17] Jerrell Dean PALMER, »Hunt, Haroldson Lafayette«, in: *The Handbook of Texas Online*, 4. 12. 2002; Christopher TUGENDHAT, *Oil – the Biggest Busi-*

ness, 1968; HUNT kaufte die Rechte an East Texas von Columbus M. JOINER für einen Preis von 30000 Dollar in bar und 45000 in kurzfristigen Wertpapieren. Ferner gab er eine Garantie in Höhe von insgesamt 1,2 Millionen Dollar ab, die aus zukünftigen Gewinnen bestritten werden sollte.

[18] Julia Cauble SMITH, »East Texas Oilfield«, in: *The Handbook of Texas Online*, 4. 12. 2004.

[19] Im April 1948 wurde Haroldson L. HUNT (1889–1974) von der amerikanischen Zeitschrift *Fortune* zum reichsten Mann der Vereinigten Staaten von Amerika gekürt - ein Titel, der später auch auf Paul GETTY entfallen sollte. Die tägliche Ölförderung seiner Ölquellen wurde mit 65000 Barrel beziffert, sein mit Öl verbundenes Ölvermögen auf 263 Millionen Dollar. Bis Januar 1993 hatte die Gesamtproduktion des Ölreservoirs in East Texas über 5,1 Milliarden Barrel Rohöl erreicht. Es waren schließlich die Söhne von HUNT, die für die Spekulation auf dem Silbermarkt bekannt wurden. Beim Versuch, den Silbermarkt zu manipulieren und zu kontrollieren, kauften sie Silberkontrakte, die Ende der siebziger Jahre einen Wert von 6,6 Milliarden Dollar aufwiesen. Durch den hohen Silberpreis stieg aber auch das Angebot an Silber mit der Folge, daß die Spekulation am Ende schieflief. Der Silberpreis fiel von über 50 auf 11 Dollar zurück, und Nelson und William HUNT erklärten 1989 ihren Bankrott. Für weitere Informationen über die Entwicklung in East Texas und der Ölindustrie in USA siehe auch: American Oil & Gas Historical Society, Washington DC, oder: aoghs.org

[20] David OSTERFELD, »Voluntary and Coercive Cartels: The Case of Oil«, in: *The Freeman: Ideas on Liberty*, November 1987. Bereits 1929 war das American Petroleum Institute von den großen Ölgesellschaften des Landes gegründet worden, dieses gab am 15. März 1929 einen Plan zur Förderkontrolle bekannt, doch die Oberstaatsanwaltschaft erklärte das Vorhaben für ungesetzlich.

[21] Dieses Prinzip nannte man »rule of capture«, mit anderen Worten: »wer zuerst kommt, mahlt zuerst«. Es wurde 1889 durch einen Beschluß des Obersten Gerichtshofs von Pennsylvania in Kraft gesetzt.

[22] Das war die sogenannte »Connally Hot Oil Act«

[23] Das Innenministerium war 1933 nach der Verabschiedung der neuen Ölgesetze für die Überwachung und Einteilung der Quoten für die amerikanische Ölindustrie zuständig. Diese wurde von staatlichen Agenturen in allen betroffenen Bundesstaaten ausgeführt. Nach dem Beschluß von 1935, als die Gesetzgebung von 1933 für nicht verfassungsgemäß erklärt wurde, verabschiedete der Kongreß die »Transportation of Petroleum Products Act«, die als »Connally Act« bekannt wurde (nach dem Senator Tom CONNALLY benannt). Die Einfuhrbeschränkungen und das Förderquotensystem blieben damit erhalten.

[24] Hierzu gehörte u. a. das »Memorandum for European Markets« aus dem Jahre 1930, das »Heads of Agreement for Distribution« vom Dezember 1932 und das »Draft Memorandum of Principles« vom Juni 1934.

[25] Geology.ucdavis.edu/cowen, Chapter 13: Opec and Crude Oil.

13. Kapitel

Der Ölmarkt Ende 1975 und die bis dahin als ›sicher‹ eingestuften Ölreserven

Was hatte sich seit Ende der vierziger oder Anfang der fünfziger Jahre des 20. Jahrhunderts geändert? Welche Ölquellen hatte man in der Zwischenzeit entdeckt? Wie hoch war der Verbrauch inzwischen, und wie hoch schätzte man die Reserven damals ein? Das sind konkrete Fragen, auf die es auch eindeutige Antworten gibt. Schon in den siebziger Jahren beschäftigte die Frage über die noch zur Verfügung stehenden Ölreserven die Gemüter, zumal der Ölboykott der arabischen OPEC-Staaten Ende 1973 und Anfang 1974 die Bedeutung des ›schwarzen Goldes‹ insbesondere für die wirtschaftliche Entwicklung der Industriestaaten einmal mehr verdeutlicht hatte.

Ende 1975 betrugen die bekannten und sicheren Reserven sowie die nicht sicheren, aber höchst wahrscheinlichen Reserven laut einer Studie, die im Auftrag der wirtschaftlichen Abteilung der Central Intelligence Service durchgeführt wurde, insgesamt 1011,5 Milliarden Barrel, von denen nach Berechnungen der Rand Corporation 335,1 Milliarden Barrel bereits gefördert und konsumiert worden waren. Von der Gesamtsumme von 1011,5 Milliarden Barrel entfielen zu diesem Zeitpunkt 819,2 Milliarden Barrel auf Ölquellen, die mindestens 500 Millionen Barrel aufwiesen und damit den ›Giganten‹ zuzurechnen waren. Mehr als die Hälfte entfiel wiederum auf die dreiunddreißig bekannten ›Supergiganten‹ in der Welt. Drei Viertel der bekannten Reserven entfielen immer noch auf eine Handvoll von Ländern, die Namen der Länder ähnelten der Liste von 1949/50 und hießen Saudi-Arabien, die Vereinigten Staaten von Amerika, die Sowjetunion, Iran, Irak, Kuwait und Venezuela. Auch hier sprach man also von den »Großen Sieben«.[1] Für dreiundneunzig Prozent der weltweiten Ölreserven standen insgesamt siebzehn Länder.

Die Größe der bekannten Reserven deutete aber schon darauf hin, daß es zahlreiche Entdeckungen von ›Supergiganten‹ und ›Giganten‹ gegeben haben mußte. In der Tat hatte die Ölindustrie allein zwischen 1961 und 1975 jedes Jahr neun bis zehn neue ›Giganten‹ entdeckt.

Liste der 25 größten Neuentdeckungen von Supergiganten von 1961 bis 1975 – in Milliarden Barrel[2]

Land	Name	Jahr der Entdekkung	Gesamt-Förderung bis 31. 12. 1975	Geschätzte sichere Reserven. Stand Ende 1975
Iran	Marun	1964	2,62	13,37
Sowjetunion	Samotlor	1966	1,63	11,37
Saudi-Arabien	Berri	1964	0,88	11,11
Abu Dhabi	Zakum	1964	0,66	11,33
Iran/S.Arabien	Fereidoon-Marjan	1966	0,04	9,9
USA	Prudhoe Bay	1968	–	9,6
Abu Dhabi	Bu Hasa	1962	1,37	7,6
Saudi-Arabien	Zuluf	1965	0,15	8,3
Libyen	Sarir	1961	0,76*	6,6
Saudi-Arabien	Shaybah	1968	k.A.	7,0
Saudi-Arabien	Abu Sa'fah	1963	0,27	6,3
Abu Dhabi	Asab	1965	0,21	5,8
Mexiko	Samaria-Cund.	1973	0,08	4,4
Libyen	Gialo	1961	1,1	2,8
Iran	Rag-e-Safid	1964	0,33	3,6
Iran	Sibi Hakimeh	1961	1,2	2,5
Norwegen/GB	Statfjord	1974	–	2,57
Iran	Karanj	1963	0,62	1,88
Iran	Paris	1964	0,68	1,81
Sowjetunion	Uzen	1961	0,67*	1,83
Sowjetunion	Ust.-Balyk	1961	0,69	1,61
GB	Brent	1971	–	2,0
Irak	Buzurgan	1969	–	2,0
Iran	Darius-Kharg	1961	0,48	1,52
Abu Dhabi	Mubarras	1969	–	1,98

Die meisten Neuentdeckungen entfielen auf die Region des Nahen Ostens; auf der Liste der fünfundzwanzig größten Supergiganten befanden sich nur neun außerhalb des Nahen Ostens, davon wiederum nur eine in den USA (Prudhoe Bay), China, Mexiko, Norwegen und Großbritannien (Statfjord), Großbritannien (Brent) und deren drei in der Sowjetunion. Der Iran war in der Liste gleich siebenmal vertreten, Abu Dhabi und das Königreich Saudi-Arabien jeweils viermal. Zudem übertrafen die Ölreserven dieser neuen Ölgiganten alles, was man bis 1930 oder auch 1960 gekannt hatte. Zur Erinnerung: Am 1. Januar 1949 schätzte man die Weltreserven auf 78,3 Milliarden Barrel, davon befanden sich allein achtundzwanzig Milliarden Barrel in den USA und neun Milliarden in Venezuela. Die geschätzten Reserven von Kuwait, Iran, Irak und Saudi-Arabien summierten sich auf insgesamt 31,95 Milliarden Barrel. Nun aber wurden allein die möglichen Reserven der sechs größten neuen Ölvorkommen auf 66,7 Milliarden Barrel geschätzt. Hinzu kam die Neueinschätzung der größeren Ölfelder wie beispielsweise die unangefochtene Nummer eins, das 1948 entdeckte Ghawar-Feld in Saudi-Arabien, das nach neuesten Berechnungen über ungenutzte Reserven von siebzig Milliarden Barrel verfügte, und die Nummer zwei, das Burgan-Feld in Kuwait mit Reserven von weiteren siebenundfünfzig Milliarden Barrel. Die bereits erfolgte Förderung in Höhe von 12,5 und 14,8 Milliarden Barrel war bei diesen Zahlen bereits berücksichtigt und abgezogen worden. Folgende Liste führt die fünfzehn größten Supergiganten der Welt auf:

Die 15 größten Supergiganten der Welt
Stand 31.12.1975, Angaben in Milliarden Barrel[3]

Rang/Land	Name	Jahr der Entdekkung	Gesamtvorkommen des Rohöls	Noch vorhandene Reserven
1. Saudi-Arabien	Ghawar	1948	83	70,45
2. Kuwait	Burgan	1938	72	57,16
3. Venezuela	Bolivar Costero	1917	32	11,8
4. S.Arabien/Ntr.Zone	Safaniyah-Khafji	1951	30	25,33
5. Irak	Rumaila	1953	20	17,47
6. Iran	Ahwaz	1958	17,5	15,69
7. Irak	Kirkuk	1927	16	9,0
8. Iran	Marun	1964	16	13,37
9. Iran	Gach Saran	1928	15,5	11,78
0. Iran	Agha Jari	1938	14	7,79
1. Sowjetunion	Samotlor	1966	13	11,37
2. Saudi-Arabien	Abqaiq	1940	12,5	7,44
3. Sowjetunion	Romaskino	1948	12,4	3,6
4. Saudi-Arabien	Berri	1964	12	11,11
5. Abu Dhabi	Zakum	1964	12	11,33

Bei Betrachtung der Liste der größten Supergiganten fällt auf, daß die ganz großen in der Regel schon ein älteres ›Baujahr‹ aufweisen. Insgesamt betragen die noch vorhandenen Reserven dieser ›fünfzehn‹ 284,69 Milliarden Barrel, wobei auf die ersten sechs der Tabelle allein fast siebzig Prozent entfallen. Aufgrund der Tatsache, daß einige Supergiganten erst später entdeckt wurden als die Ölfelder Agha Jari, Abqaiq und Romaskino, weisen sie noch höhere vorhandene Reserven aus als diese. Mit dieser Aufstellung soll nur verdeutlicht werden, daß die größten Ölquellen eine vielfache Menge der weiter hinten aufgeführten Supergiganten aufweisen. Die bekannten Ölreserven der Welt verteilten sich Mite der siebziger Jahre laut verschiedener Quellen wie folgt auf die aufgeführten Regionen:

Vergleich der bekannten Ölreserven nach Regionen
Angaben in Milliarden Barrel[4]

Region	International Petroleum Encyclopedia*	World Oil*	Moody and Esser**	Mayerhoff***	Rand Corporation*
USA u. Kanada	156,4	155,7	168	171	163,2
Lateinamerika	81,5	71,1	83	88	85,0
Westeuropa	28,2	21,6	24	29	24,6
Osteuropa****	134,6	112,9	140[a]	143[a]	102,4
Nordafrika	53,5	52,9	46	47[a]	52,9
Zentralafrika/Südafr.	32,1	21,3	31	31[a]	22,7
Naher Osten	453,6	425,6	499	538	509,9
China	23,0	20,2	10[a]	20[a]	23,0
Asien/Ozeanien	29,9	28,9	6	38	27,8
Welt	992,8	914,2	1037	1105	1011,5

* = Stand vom 1.1.1976; **=Stand vom 1.1.1974; ***= Stand vom 1.1.1975; ****= Angaben inklusive den Reserven der damaligen Sowjetunion

a = An dieser Stelle wird darauf hingewiesen, daß die Berechnung für 30 Ölvorkommen, die der Gruppe der ›potentiellen Giganten‹ zugeordnet werden, hier absichtlich niedrig angesetzt wurde. Das tatsächliche Volumen dürfte in etwa 25 bis 50 Prozent höher liegen.

Da die bekannten und noch vorhandenen Reserven von 78,3 Milliarden (Ende 1949) auf 676,4 (= 1011 minus 335,1 Milliarden Barrel bereits geförderten und verbrauchten Milliarden bis Ende 1975) angestiegen waren, bleibt noch die Frage, ob sich die Industriestaaten angesichts des deutlichen Zuwachses beruhigt zurücklehnen konnten. Sie konnten es nicht, hatten die militärische Auseinandersetzung im Nahen Osten und die Strategie der arabischen OPEC-Mitgliedstaaten, das ›Öl als Waffe‹ zu verwenden, gezeigt, wie gefährlich eine Abhängigkeit vom Öl aus der Region sein kann. Zudem stieg der Verbrauch unweigerlich an, 1973 auf 56,36 Millionen Barrel pro Tag. 1965 waren es erst 31,2 Millionen Barrel pro Tag gewesen.[5] Interessant ist es in diesem Zusammenhang, einige Prognosen aus den siebziger Jahren mit der tatsächlich erfolgten Entwicklung zu vergleichen. John G. McLean, der Chef der Continental Oil Company oder Conoco, wurde 1973 nach Spanien eingeladen und hielt dort vor dem Club Español del Petróleo eine Rede über die Energieprobleme der Vereinigten Staaten von Amerika und versuchte diese im internationalen Zusammenhang darzustellen.[6] McLean sagte einen Anstieg der amerikanischen Ölimporte von ungefähr sechs Millionen Barrel pro Tag im Jahre 1973 auf ungefähr zwölf Millionen Barrel Mitte der achtziger Jahre voraus. Tatsächlich aber sollten die Ölimporte bis dahin sogar etwas zurückgehen, vor allem dank der Ölkrise und eines bewußteren Umgangs mit der kostbaren Ressource Rohöl. Erst seit 1986/87 tut sich in Amerika eine immer größere Lücke zwischen Ölförderung und Ölbedarf auf, mit der Folge, daß die Abhängigkeit vom schwarzen Gold wieder kontinuierlich ansteigt. Folgende Grafik (Quelle EIA), die den Zeitraum 1985 bis 2003 umfaßt, zeigt diese wachsende Importlücke eindeutig auf.

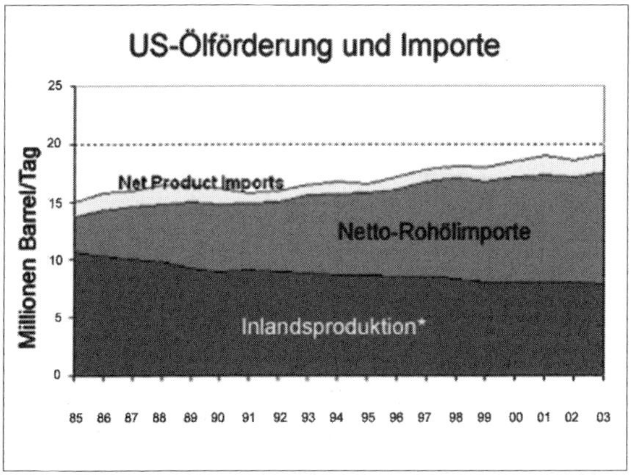

US-Ölförderung und -Importe. Quelle: EIA.

Im Jahre 2003 lag der Ölverbrauch der Amerikaner bei 20,07 Millionen Barrel pro Tag, die eigene Ölförderung war aber auf 7,4 Millionen Barrel pro Tag zurückgefallen.[7] Die Schere hatte sich seit Anfang der neunziger Jahre deutlich weiter geöffnet, als es einer auf eine sichere Energieversorgung angewiesenen Nation lieb sein mochte. Denn Präsident CARTER hatte verkündet, daß die Vereinigten Staaten von Amerika niemals wieder in eine Situation der Abhängigkeit kommen sollten, wie es in den siebziger Jahren mehrmals leider der Fall gewesen war.

Prognosen sind im Energiebereich also schwierig, insbesondere wenn der Bedarf für längere Zeiträume vorhergesagt werden soll. Gleiches gilt auch für die Seite der Ölförderländer. MCLEAN prognostizierte einen Anstieg der Ölförderung in Saudi-Arabien von 6 Millionen Barrel pro Tag im Jahre 1972 auf 9,8 Millionen im Jahre 1975 und 15 Millionen Barrel im Jahre 1980. Effektiv hat Saudi-Arabien das von MCLEAN für 1980 vorausgesagte Niveau bis heute nicht erreicht. Der bisherige Förderhöhepunkt Saudi-Arabiens wurde 1980/81 mit über zehn Millionen Barrel pro Tag erreicht, dann fiel die Quote bis auf 3,6 Millionen im Jahre 1985 zurück, um schließlich seit Anfang der neunziger Jahre bis heute sich etwa bei neun bis zehn Millionen Barrel einzupendeln. 1975 lag die tatsächliche Ölförderung im Königreich bei durchschnittlich 7,2 Millionen, 1980 bei 10,2 Millionen Barrel pro Tag.[8] Dieses weitere Beispiel zeigt, daß Vorhersagen auf wackeligen Beinen stehen, wenn sich irgendwelche wichtigen Parameter verändern. Um so nachdenklicher muß man deswegen sein, weil diese Prognosen von einem absoluten Ölprofi stammten.

Der Ölmarkt veränderte sich im Laufe der siebziger und achtziger Jahre auch. Gigantische Ölplattformen bestimmten nun das Bild in der Nordsee oder im Golf von Mexiko. Immer mehr Öl wurde aus den Tiefen des Meeres gewonnen, die neu errichteten Plattformen mußten so konstruiert sein, daß sie auch einhundert Fuß hohen Wellen problemlos widerstehen konnten. Statfjord B, die 899 000 Tonnen schwere und achthundertneunzig Fuß hohe Ölplattform, wurde 1981 einhundert Meilen vor der Küste Norwegens in Wassertiefen von vierhundertzweiundvierzig Fuß installiert. In den acht Stockwerken befanden sich neben den Büros und notwendigen Räume auch die Unterkünfte der Mitarbeiter. Der Bau und die Errichtung dieses Giganten erforderte Investitionen in Höhe von 1,8 Milliarden Dollar, und diese rechneten sich nur wegen der großen Ölreserven dieses Ölfeldes. In der ersten Phase sollten aus zweiunddreißig angezapften Ölquellen 150 000 Barrel pro Tag fließen.[9] Allein der Transport und die Errichtung dieses Monstrums war eine große Herausforderung für alle beteiligten Ingenieure und Mitarbeiter, es war bis dahin immerhin das größte von Menschenhand bewegte Objekt in der Welt. Die vier massiven Zementsäulen wurden auf einigen als Basis dienenden Fülltanks errichtet. Hier wird das Öl zwischengelagert, um zu einem späteren Zeitpunkt von Öltankern aufgenommen zu werden. Eine Ölleitung zum norwegischen Festland konnte man sich somit sparen. Diese Art von Konstruktion wird in der Fachsprache als ›*gravity-based structure*‹ bezeichnet, da die Stabilität der Plattform allein von ihrer Masse abhängig ist. Von 1970 bis Anfang der achtziger Jahre wurden mehr als zwanzig solcher Plattformen errichtet. Ein Grund für solche massiven und wahnsinnig teuren Ölplattformen waren die Wetterbedingungen in der Nordsee. Extremen Wellen und Winden mußte die Plattform problemlos widerstehen können. Beabsichtigt war nämlich, daß die Mitarbeiter längere Zeit vor Ort bleiben würden. Es konnten mehr als zweihundert von ihnen zur selben Zeit auf einer Ölplattform wie Statfjord B leben und mehr als dreihundert dort tagsüber arbeiten. Diese waren auch in Sturmzeiten in Sicherheit. Aufgrund der großen Anzahl von Mitarbeitern war eine Rettung bei Sturmeintritt gar nicht erst möglich. Im Golf von Mexiko wurden die Mitarbeiter bei Sturmwarnungen rechtzeitig benachrichtigt und evakuiert.

Von 1947, als vor der Küste von Louisiana, USA, die ersten Ölplattformen errichtet wurden, bis Mitte der siebziger Jahre war eine Stahlkonstruktion (genannt ›*steel-template jackets*‹) üblich. Anfang der achtziger Jahre war die errichtete Magnus-Plattform mit 41 000 Tonnen noch das Schwergewicht unter diesen Konstruktionstypen. Zwei weitere Typen mit anspruchsvollem Design sind die ›*tension-leg*‹-Plattform und eine als ›*guyed tower*‹ bezeichnete Ölplattform. Während die ersten beiden Konstruktionstypen als feste Strukturen angesehen werden, sind diese beiden Plattformtypen in der Lage, dem Druck der Wellen begrenzt nachzugeben. Zudem sind beide letztgenannte Typen auch kostengünstiger. So kostete der Block 280 (Typ Guyed Tower) im Golf von Mexiko im Vergleich zu Statfjord B ›nur‹ 800 Millionen Dollar. Die amerikanische Zeitschrift *Scientific American* hatte in ihrer Ausgabe vom April 1982 zum einen Zeichnungen der Errichtung für die vier hier beschriebenen Konstruktionstypen von Ölplattformen sowie eine Größenvergleichdarstellung mit dem Eiffelturm in Paris und dem World Trade Center in New York abgebildet.[10]

Daß sich die Milliardeninvestitionen der Ölkonzerne für solche gigantischen Ölplattformen durchaus lohnen, beweisen die Beispiele der Ölplattform Toll B und C; diese befinden sich etwa 100 Kilometer nordwestlich der Hansestadt Bergen in der Nordsee. In beiden Feldern zusammengerechnet, überstieg die Ölförderung im April 2003 444 000 Barrel pro Tag: ein neuer norwegischer Rekord. Hier lagern insgesamt über 1,2 Milliarden Barrel Rohöl, der Tagesumsatz liegt bei 3,6 bis 7,2 Millionen Euro, je nachdem, wo der Ölpreis gerade steht. Wenn man das mit den Betriebskosten von sechsundsechzig Millionen Euro im Jahre vergleicht, ein durchaus lohnendes Geschäft. Auch die Entwicklung in der Bohrtechnik kommt ihnen dabei zugute, denn biegsame Bohrer können sich vom Vertikalloch aus mehr als drei Kilometer in die Waagerechte voranarbeiten. Es ist sogar möglich, Abzweigungen zu legen, um bis zu fünf Förderfinger einzusetzen. Außerdem arbeitet man hier in extremen Tiefen von 1600 Metern mit Erfolg. Bei anderen Ölfeldern wie z.B. ›Ormen Lange‹ rentieren sich die Milliardeninvestitionen nur, weil man auch die immensen Gasreserven heben kann.[11]

[1] Richard NEHRING, *Campos Petroleros Gigantes y Recursos Gigantes y Recursos Mundiales de Petróleo,* Rand Corporation, 1978, S. 14 f.
[2] Richard NEHRING, ebenda, S. 30–33.
[3] Richard NEHRING, ebenda, S. 30.
[4] Richard NEHRING, ebenda, S. 46.
[5] BP-Statistical-review-of-world-energy-2003-workbook
[6] John G. MCLEAN, *El Problema Energetico de Estados Unidos en un contexto Internacional,* Conferencia Club Español del Petróleo, 6. 9. 1973.
[7] BP-statistical-review-of-world-energy-2004, Oil production and Oil consumption.
[8] BP-Statistical-review-of-world-energy-2003-workbook.
[9] Fred S. ELLERS, »Advanced Offshore Oil Platforms«, in: *Scientific American*, Volume 246, April 1982, S. 31.
[10] Fred S. ELLERS, ebenda, S. 30–41; Größenvergleich auf S. 32 und Zeichnungen von Errichtung auf S. 38 f.
[11] Christian GEINITZ, »Der friedliche Einfall der Nordmänner in England«, in: *FAZ*, 10. 10. 2003, S. 16.

14. Kapitel

Das Puzzle mit vier Assen und einem Joker

Als ob sich jemand ein Spiel ausgedacht hätte, als er die Erdölreserven überwiegend im Nahen Osten plazierte. Kuwait, dieses kleine Emirat im Nordwesten des Persischen Golfes, zwischen Saudi-Arabien und dem Irak gelegen, umfaßt gerade mal eine Fläche von 17818 Quadratkilometern (nicht einmal die Fläche des neuen EU-Mitgliedstaates Slowenien, 20273 Quadratkilometer). Im Jahre 1933, also noch vor der Entdeckung von Rohöl in diesem ›Zwergstaat‹, wurde die Bevölkerungszahl gerade mal auf 50000 Einwohner geschätzt, heute sind es 2,5 Millionen, wobei sich darunter nur 772 000 Kuwaitis befinden und die Mehrheit aus Gastarbeitern besteht.

Die Region in und um Kuwait herum wurde seit dem Tod von Scheich Sabah bin Jaber im Jahre 1776 von der Familie Al-Sabah regiert. Unter Mubarrak dem Grossen (1896–1915) wurde 1899 eine erste Vereinbarung mit den Briten über den Protektoratsstatus abgeschlossen. Erst 1961 erlangte das Land unter Scheich Abdallah al-Salim Al-Sabah seine volle Unabhängigkeit. Scheich Abdallah führte das kleine Emirat in das moderne Zeitalter, das vom Ausbau der Erdölindustrie maßgeblich geprägt wurde. Seit 1977 steht Emir Scheich Jaber Al-Ahmad Al-Sabah an der Spitze seines Landes, er ist das dreizehnte Mitglied der Sabah-Familie in dieser Funktion.

Kuwait

Wer schon mal das Glück hatte, diesen kleinen Zwergstaat mit seinem Wahrzeichen – den beiden ›Wassertürmen‹ – zu besuchen, der wird sich bei einer Fahrt von Salmiya über Ahmadi und dann weiter nach Mina Saud, Al Wafrah oder Qasr vielleicht auch gedacht haben, was an diesem Land wohl das Besondere sein soll. Denn wenn man einmal von den vielen Straßen abkommt, landet man früher oder später im Sand. Vielleicht wird man sogar die Begegnung mit einem Sandsturm erleben dürfen; oder einen Spaziergang bei dreißig, vierzig Grad im Schatten – auch das kann man zwischen März und September fast täglich erleben. Kommt die Feuchtigkeit hinzu, ist man sich wohl sicher, daß hier nicht das Paradies auf Erden sein kann. Spätestens dann wird man sich doch seine gewohnte Heimat zurückwünschen.

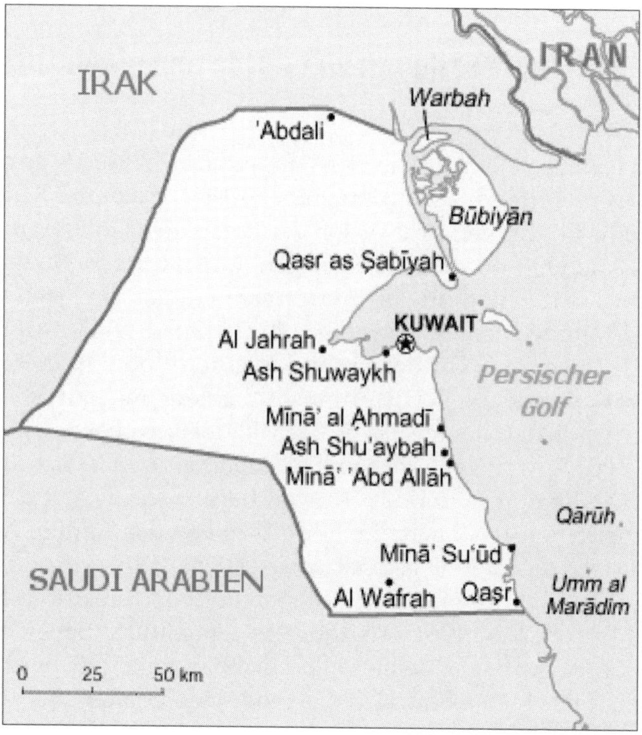

Kuwait. Quelle: Wikipedia.

Unter dieser kleinen, meist trockenen und heißen Fläche befanden sich nach Angaben von British Petroleum Ende 2004 8,3 Prozent aller nachgewiesenen Rohölreserven der Welt. Umgerechnet sind das immerhin 99 000 000 000 Barrel Rohöl.[1] Die Vorräte würden bei gleichbleibender Produktion noch mehr als einhundert Jahre zur Verfügung stehen. Im Vergleich dazu kommen einem die Reserven der Amerikaner geradezu ›mickrig‹ vor. Sie müssen sich mit weniger als einem Drittel der kuwaitischen Reserven zufriedengeben.

Kuwait wird aber immer mehr in den Mittelpunkt der Industrienationen rücken, da die Abhängigkeit der Industriestaaten von den Ölressourcen im Nahen Osten spätestens in fünfzehn bis zwanzig Jahren einen neuen Höhepunkt erreichen wird. Kuwaits Rolle wird dabei eine andere sein als zu Beginn des 20. Jahrhunderts, als es darum ging, die Region in Nahost geologisch zu erschließen. Scheich Ahmad al Jabir al Sabah hatte Gulf Oil und der Anglo-Iranian am 23. Dezember 1934 durch seine Unterschrift unter ein Konzessionsabkommen die Möglichkeit gegeben, in Kuwait nach Ölreserven zu forschen. Im Februar 1938 gelang es Mitarbeitern der Kuwait Oil Company, gleich mit einem spektakulären Ölfund aufzuwarten. Man stieß dabei gleich auf das große Ölbecken von Burgan und damit auf das zweitgrößte Ölfeld in der Welt (nach Ghawar im Königreich Saudi-Arabien). Wegen des Zweiten Weltkrieges verzögerte sich die Erschließung des Ölfeldes noch, aber am 30. Juni 1946 war es soweit: Der britische Öltanker ›Fossiler‹ verließ mit dem ersten Rohöl aus Burgan einen kuwaitischen Hafen.

Allerdings betrugen die Erlöse im ersten Jahr nur 280 000 Pfund, und auch 1950 waren es nur vier Millionen Pfund. Für eine heute nur mit Milliarden jonglierende Industrie sind das keine nennenswerten Zahlen, aber man muß sich für ein besseres Verständnis in die Zeit zurückversetzen. Ein Großteil der Bevölkerung lebte zu dieser Zeit noch in Zelten und ernährte sich durch Ziegen- und Schafzucht. Einige Menschen bestritten ihr Auskommen durch den Erlös aus dem Perlentauchen, dem Schiffsbau oder dem sonstigen Handel. Dennoch war die Dominanz des Rohöls dann nicht mehr aufzuhalten.

Als die Briten Anfang der fünfziger Jahre im Iran Probleme bekamen, stieg ihr Interesse für die Entwicklung des Ölbereichs in Kuwait deutlich an. Ende der sechziger Jahre wurden die ersten Superöltanker vor der Küste von Al-Ahmadi von einer künstlichen Insel mit einer Höchstladung von 320 000 Tonnen Rohöl beladen, in den siebziger Jahren stieg diese dann über 500 000 Tonnen an. Im Jahre 1974 einigten sich die Gesellschafter der Kuwait Oil Company und die Regierung von Kuwait auf eine Neuaufteilung der Kapitalanteile von 60 : 40, doch bereits im März des darauffolgenden Jahres übernahm der Staat Kuwait die volle Kontrolle über das von Amerikanern und Briten gegründete Unternehmen. Die kuwaitischen Ölexporteinnahmen hatten im Zeitraum 1974–1988 einen Anteil von dreiundneunzig Prozent an den Ausfuhrerlösen des Landes erreicht, der Anteil des Ölsektors am Bruttoinlandsprodukt lag bei einundsechzig Prozent, und die Einnahmen der Regierung waren zu zweiundsechzig Prozent auf den Verkauf von Rohöl angewiesen.[1] Kuwait wandelte sich von einem Wüstenstaat zu einem modernen Land und investierte Milliarden in die Infrastruktur seines Landes. Hotels, Krankenhäuser, Einkaufszentren, Wohnungen und Schulen wurden hochgezogen, der kuwaitische Staat ermöglichte all seinen Bürgern einen kostenlosen Zugang zur Gesundheitsversorgung. Zudem leistete sich die Monarchie ein System ohne Einkommensteuer. Die Einnahmen des

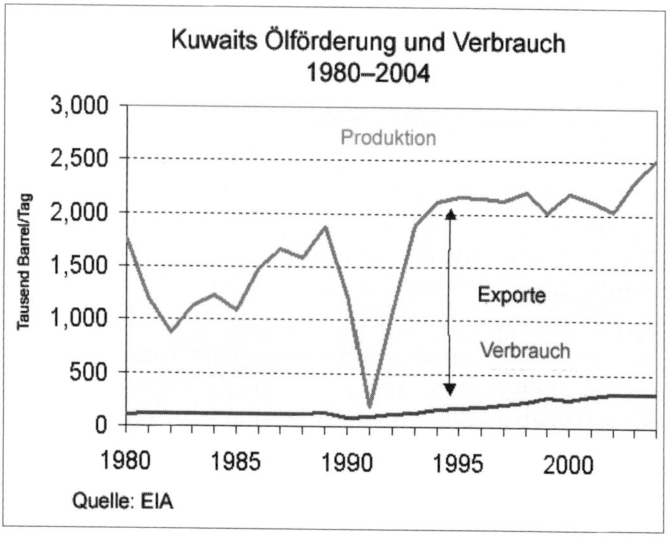

Ölförderung und Ölverbrauch in Kuwait 1980–2004. Quelle: EIA.

Staates erhöhten sich immer mehr, und Kuwait war in der Lage, einen Großteil davon im Ausland anzulegen.

Bis 1990 ging die Rechnung auf. Dann änderte sich die Situation schlagartig, weil Saddam Hussein seine Truppen in Kuwait einmarschieren ließ. Im Vorfeld gab es auch im Rahmen der OPEC-Sitzungen erhebliche Meinungsverschiedenheiten zwischen den Mitgliedern. Kuwait drang auf eine immer höhere Ölförderquote, während andere Staaten wie der Irak der Auffassung waren, daß Kuwait seine Ölförderung nicht weiter erhöhen dürfe, um den unter Druck stehenden Ölpreis wieder anzuheben. Zudem hatte der Irak selber seine Ölförderung in der zweiten Hälfte der achtziger Jahre immer stärker angehoben, von 1,4 Millionen Barrel pro Tag im Jahre 1985 auf 2,8 Millionen Barrel 1989.

Die einen kennen Kuwait vielleicht durch persönliche Erfahrungen, weil sie dort aus beruflichen Gründen leben oder arbeiten durften, den anderen wird das kleine Scheichtum sicherlich durch die eine oder andere Fernsehübertragung aus den beiden Golfkriegen ein Begriff sein. Der erste Golf-Krieg begann am 2. August 1990, als Saddam Hussein das kleine Nachbarland in wenigen Stunden von seinen Truppen besetzen ließ; der zweite im Frühjahr 2003, als Kuwait als Stützpunkt für amerikanische Truppen diente, um Saddam Hussein von der Macht zu stoßen.

Wie der Angriff auf Kuwait die Ölexporte des Landes beeinflußte, sieht man auf der folgenden Grafik. Beim ersten Golf-Krieg, als der Irak Kuwait für sechs Monate besetzte, waren die Ölexporte auf Null zurückgegangen. Bereits 1992 lag die Ölförderung bei 1,5 Millionen Barrel pro Tag, und im Jahre 1994 war das Vorkriegsniveau wieder erreicht. Es ist außerdem ersichtlich, daß Kuwait den größten Teil seiner eigenen Ölförderung für den Export zur Verfügung stellen kann, denn der eigene Verbrauch liegt gegenwärtig bei 293 000 Barrel pro Tag.

Beim zweiten Krieg gegen den Irak wurde Kuwait von den Amerikanern wie gesagt als Militärstützpunkt benutzt. Die kuwaitischen Ölexporte wurden davon nicht beeinträchtigt, wie die Grafik eindeutig zeigt. So rückte neben dem kleinen Staat Kuwait auch das große Nachbarland an Euphrat und Tigris in das Zentrum des Geschehens: der Irak.

Der Irak

Auch der Irak kann bei den Erdölreserven mit Kuwait mithalten. Der Irak kommt sogar auf zehn Prozent der gesamten Weltvorräte, immerhin 115 Milliarden Barrel. Auch die Reserven des Irak reichen noch länger als einhundert Jahre, geht man davon aus, daß das Niveau aus dem Jahre 2002 beibehalten wird. Da produzierte das Land

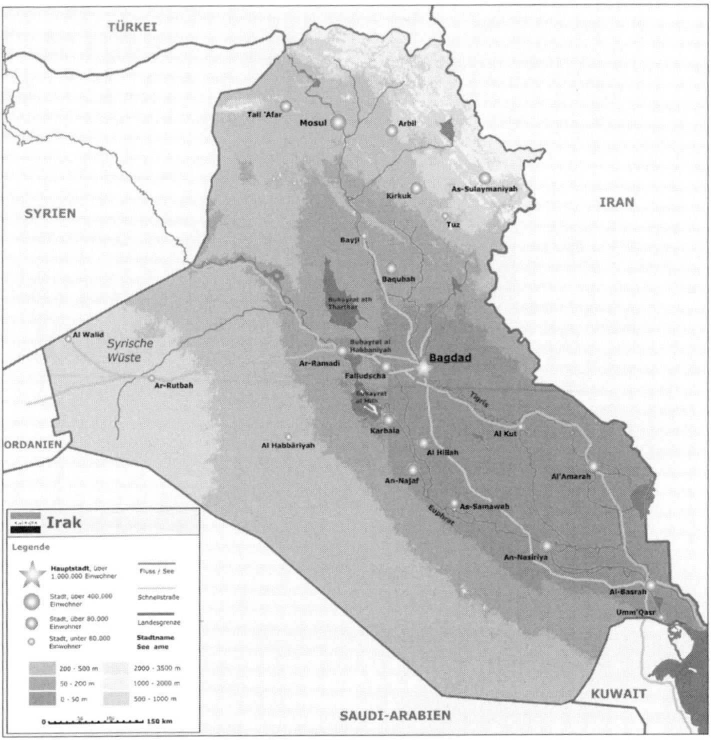

Der Irak. Quelle: Wikipedia.

insgesamt 99,7 Millionen Tonnen. Rechnet man aber selbst mit einer wesentlich höheren Produktion, in etwa auf dem Niveau des Rekordjahres 1979, als man mit 171,7 Millionen Tonnen einen Rekordwert erzielte, dann würden die Reserven immerhin noch achtundachtzig Jahre halten.[2] Das ist auch noch ein recht guter Wert. Da wir nun schon zwei Staaten der Region aufgesucht haben, nehmen wir einen dritten hinzu. Es ist das Land, das einst durch Mohammed Resa PAHLEWI, den Schah von Persien, Weltgeltung erlangte.

Der Iran

Der Iran verfügt auch über Erdölreserven, die mit 132,5 Milliarden Barrel oder 11,1 Prozent der Weltreserven zu den größten in der Welt gehören. Bei gleichbleibender Produktion kommt das Land auf achtundachtzig Jahre[2] – wie gesagt, sofern sich keine weiteren großen Funde ergeben oder die derzeit als sicher geltenden Reserven sich als falsch erweisen und zurückgestuft werden müssen. Drei Länder, drei Asse, könnte man meinen. Denn mit Kuwait, dem Irak und dem

Der Iran. Quelle: Wikipedia.

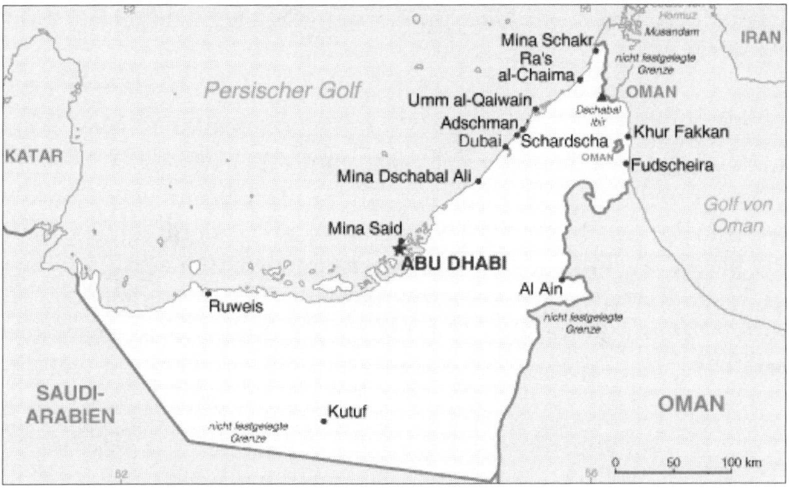

Vereinigte Arabische Emirate. Quelle: Wikipedia.

Iran kommt man schon auf 29,4 Prozent der Weltreserven. Unglaubliche 346,5 Milliarden Barrel Erdöl können diese Staaten noch fördern und verkaufen. Wenn sich in dieser Region schon drei Asse befinden, dann ist das vierte sicher auch nicht mehr weit. Das wäre nicht nur schön, das ist auch so. Nicht sehr weit von diesen drei Staaten entfernt, befinden sich die Vereinigten Arabischen Emirate, ein Staatengebilde aus den sieben Emiraten Abu Dhabi, Dubai, Sharjah, Fujairah, Ajman, Umm al-Qaiwain und Ras Al-Khaimah aus dem Gründungsjahr 1971.

Vereinigte Arabische Emirate

Im wirtschaftlich wichtigsten Emirat Abu Dhabi befinden sich die viertgrößten Erdölreserven der Welt. Das vierte As ist gezogen worden. Hier befinden sich unter dem Wüstensand noch einmal mehr als siebenundneunzig Milliarden Barrel Rohöl.[2] Die Emirate sind bei uns am ehesten bekannt durch das Luxushotel und Wahrzeichen Dubais ›Burj-al-Arab‹, das 7 Sterne-Hotel aus 1001 Nacht mit einer Höhe von 321 Metern und einer Form wie ein Segel im Wind, sowie Großprojekte etwa die beiden künstlichen Inseln ›The Palm Jumeirah‹ und ›The World‹. Zusammen kommen diese vier Staaten auf siebenunddreißig Prozent aller als nachgewiesen bezeichneten Erdölreserven der Welt. Wer meinen würde, die Suche hätte hier schon ihren ultimativen Punkt erreicht, der irrt. Denn wo vier Asse sind, ist auch ein Joker. Der Joker im globalen Ölpoker heißt aber Saudi-Arabien.

Saudi-Arabien

In Saudi-Arabien befindet sich das größte Ölfeld der Welt. Es heißt Ghawar und wurde bereits in den Jahren 1948/49 entdeckt. Ghawar ist wahrlich ein Phänomen. Denn Ghawar ist bisher für fünfundfünfzig bis sechzig Prozent der saudischen Ölproduktion verantwortlich gewesen. Trotzdem sollten sich in diesem Ölloch noch ungefähr einhundertfünfundzwanzig Milliarden Barrel Rohöl befinden, später schätzte man die gesamten Reserven sogar auf unglaubliche einhun-

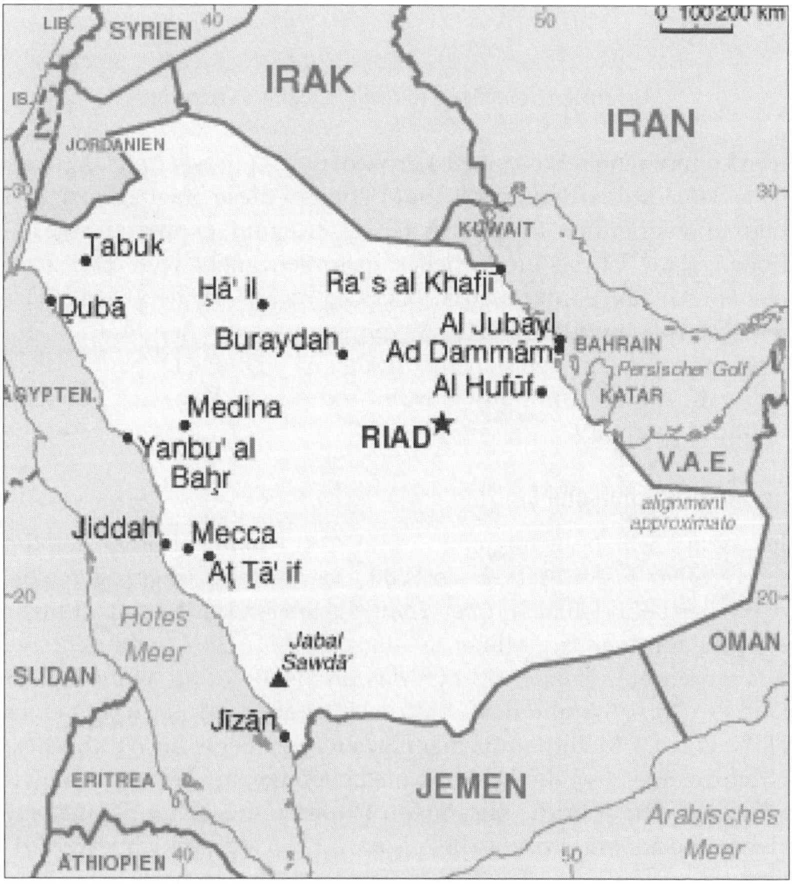

Saudi-Arabien. Quelle: Wikipedia.

dertsiebzig Milliarden Barrel. Im Jahre 1975 wurde diese Schätzung von Aramco bestätigt. Täglich werden hier fünf Millionen Barrel Rohöl gefördert und in riesigen Ölrohren zu den Verladestationen am Golf befördert. Sie werden dann in alle Welt verkauft. Saudi-Arabien hat das Glück, daß sich auf seinem Staatsgebiet insgesamt fünf ›Supergiganten‹ befinden. Neben Ghawar sind dies Safaniya, Hanifa, Shu'Abia und Khafzi. Auf diese sogenannten ›Big-Five‹ entfallen über neunzig Prozent der saudischen Rohölproduktion.[3] Da Saudi-Arabien also nochmal Reserven von insgesamt 262,7 Milliarden Barrel aufbieten kann, das sind zweiundzwanzig Prozent der Weltreserven, kommen die vier ›Asse‹ und der ›Joker‹ zusammen auf knapp sechzig Prozent der Weltreserven.

Spätestens jetzt sollte jedem Beobachter die Bedeutung dieser Region klargeworden sein. Wer sich in dieser Region keine Freunde schafft, könnte es in der Zukunft recht schwer haben. Insbesondere die asiatischen Staaten beziehen heute den überwiegenden Anteil ihrer Erdölimporte aus dieser Region. Deshalb verhalten sich diese Staaten bei internationalen Konflikten in der Region überwiegend neutral. Sie wollen möglichst nicht auffallen. Während Japan bei der Befreiung Kuwaits im Jahre 1990/91 insgesamt einundzwanzig Milliarden Dollar aufbot, um sich an den Kosten der ›Operation Desertstorm‹ zu beteiligen, zog die japanische Regierung 2003 es vor, erstmals in der Geschichte des Landes seit dem Zweiten Weltkrieg auch eintausend Soldaten im Ausland zu stationieren und somit in das besetzte Land, nämlich den Irak (unter der Operation ›Enduring Freedom‹) zu schicken.[4] Des weiteren machte Japan auf der internationalen Geberkonferenz in Madrid im Oktober 2003 Zusagen für Aufbauhilfe in Höhe von fünf Milliarden Dollar, allerdings will Japan davon dreieinhalb Milliarden Dollar nur in Form von rückzahlbaren Krediten vergeben.[5] Insofern wird der Nettobeitrag der Japaner höchstens bei eineinhalb Milliarden Dollar liegen. Südkorea hatte auf derselben Konferenz zweihundert Millionen Dollar zugesagt, China ebenfalls nur ›symbolische‹ fünfundzwanzig Millionen Dollar. Das ist nicht gerade viel, wenn man bedenkt, welche Rolle diese beiden Länder in der Weltwirtschaft spielen und wie groß ihre Rohölimporte gerade aus dieser Region sind. Zu den Besatzungstruppen gesellten sich aus Asien unter anderen noch 500 Koreaner, 451 Thailänder und 96 Soldaten aus den Philippinen.[6]

Jean Paul Getty war es, der schon sehr früh auf die großen Potentiale des Nahen Ostens gesetzt hatte, dabei vertraute er auf einen

Bericht des amerikanischen Geologen Everett DeGolyer, der für die Truman-Regierung ausgearbeitet worden war.[7] Demnach sollten im Nahen Osten noch »Ölreserven großen Ausmaßes« zu entdecken sein. Getty hatte es dabei aber auf ein kleines Gebiet zwischen Kuwait und Saudi-Arabien abgesehen, das heute allgemein als Neutrale Zone bekannt ist. Dieses keilförmige Wüstengebiet in der Neutralen Zone umfaßt etwa 5440 Quadratkilometer, und sowohl die kuwaitische als auch die saudiarabische Regierung konnten Konzessionen für dieses Gebiet erteilen. Sollte jede Regierung einem anderen Unternehmen oder Konsortium die Konzession erteilen, so waren diese zur Zusammenarbeit verpflichtet.

Weshalb Getty an der Neutralen Zone so großes Interesse zeigte, hing auch damit zusammen, daß die großen Ölkonzerne, die im allgemeinen als ›Sieben Schwestern‹ bekannt wurden, in dem Irak, dem Iran, Saudi-Arabien, Kuwait und anderen nahöstlichen Ländern bereits die Kontrolle über das Öl gewonnen hatten. Kuwait hatte 1948 dem American Independent Oil Group-Konsortium (kurz Aminoil) eine über sechzig Jahre laufende Konzession erteilt, zu der unter anderen auch Phillips Petroleum und Ashland Oil gehörten. Nun ging es darum, beim saudischen Königshaus das Rennen für eine Konzession zu machen. Auch Aminoil hatte Interesse, diese zu erwerben. Aramco hatte unerwarteterweise einen Rückzieher gemacht, und so witterte Getty seine Chance. Er beauftragte einen jungen Geologen namens Paul Walton, das Gebiet zu erkunden und ein geologisches Gutachten anzufertigen. Zudem verhandelte Walton mit dem saudischen Finanzminister Abdullah Suleiman, bis der Erwerb der Erdölkonzession gesichert war. Zum einen sah der Vertrag eine Einmalzahlung in Höhe von 9,5 Millionen Dollar vor, zum anderen eine jährliche Zahlung von einer Million Dollar, selbst wenn kein Öl gefunden werden sollte. Noch war man ja nicht sicher, ob es Öl in der Neutralen Zone gab. Zudem sah die Vereinbarung eine Zahlung von fünfundfünfzig Cents für jedes geförderte Barrel Rohöl vor. Das war damals ein unglaubliches Angebot, schließlich zahlte Aminoil nur 33,5 Cent pro Barrel und Aramco mit zweiundzwanzig Cents noch deutlich weniger.[8] Bei einem Ölpreis von zwei Dollar je Barrel war das für Getty immer noch ein Niveau, bei dem genügend Gewinne abzuschöpfen waren, sofern das Öl auch gefördert werden konnte. Zudem setzte Getty darauf, daß der Ölpreis letztendlich nicht ewig bei der zwei Dollar-Marke verharren, sondern auch deutlich ansteigen würde. Die Förderkosten in Saudi-Arabien und anderswo in

Nahost betrugen zu diesem Zeitpunkt ohnehin lediglich zwanzig Cents. Aminoil hatte von SULEIMAN im übrigen das Angebot bekommen, für den gleichen Preis wie GETTY die saudische Konzession für die Neutrale Zone zu erwerben, doch das Unternehmen konnte dieser Aufforderung nicht nachkommen und zur gleichen Zeit Kuwait wesentlich weniger bezahlen. Letztendlich mußte GETTYS Unternehmen Pacific Western mit dem Aminoil-Konsortium in der Neutralen Zone zusammenarbeiten; der Streit über die Kosten sollte sie jedoch viele Jahre begleiten, denn GETTY war für seine Sparsamkeit bekannt.

Zuerst erforderte die Suche aber auch viel Geduld, denn erst am 10. Februar 1953 entdeckte man das große Ölfeld al-Wafra; später kamen die beiden Ölfelder Janub Umm Gudair und Janub Fawaris hinzu. Bis zur Entdeckung von al-Wafra hatten beide Unternehmen dreißig Millionen Dollar in die Explorationsarbeiten investiert, und da die Zahlungen an die Regierungen Kuwaits und Saudi-Arabiens weitergingen, nahmen die Spannungen zwischen beiden Konzessionsinhabern zu. GETTY reiste 1954 zum ersten Mal in den Nahen Osten und auch nach Kuwait. Seine Geduld hatte sich ausgezahlt, und er gehörte nun zu den reichsten Männern der Welt.[9]

[1] State of Kuwait – The Official Web Site of the State of Kuwait, Reference: Kuwait Oil Company, History of Oil, 23. 11. 2004.

[2] bp-statistical-review-of-world-energy-2003, 2004 und 2005-workbook, Oil: Proved Reserves 1982–2003 und 2004. Die Angaben zu allen genannten Ölländern kommen von hier.

[3] Matthew R. SIMMONS, *The Worlds Biggest Energy Questions*, The Center for Strategic and International Studies, Washington D.C., 24. 2. 2003, 60 slides, csis.org/energy/040224-Simmons.pdf

[4] Angela KÖHLER, »Japan will weniger zahlen«, in: *Berliner Zeitung*, 9. 10. 2003, S. 8; »Es gibt keinen Grund für einen Rückzug«, in: *FAZ*, 10. 4. 2004, S. 2.

[5] »Bush: Wir lassen uns von Attentaten nicht einschüchtern«, in: *FAZ*, 27. 10. 2003, S. 2.

[6] Horst BACIA, »Waffen ersetzen nicht das Denken-Besatzungskontingente der militärischen Koalition im Irak«, in: *FAZ*, 19. 3. 2004, S. 6.

[7] Lon TINKLE, Mr. De, *A Biography of Everette Lee De Golyer*, 1970.

[8] Robert LENZER, *J. Paul Getty: Der reichste Mann der Welt*, 1987, S. 159 f.

[9] Ralph HEWINS, *The Richest American: J. Paul Getty*, 1960; Russell MILLER, *The House of Getty*, 1985.

15. Kapitel

Auf der Suche nach allen alternativen Ölvorkommen

Anders als hierzulande ist Energiepolitik in den Vereinigten Staaten von Amerika immer auch Sicherheitspolitik. Bereits lange vor dem 11. September 2001 haben sich die amerikanische Regierung und amerikanische Ölkonzerne mit der Aufgabe beschäftigt, möglichst bald alternative Ölquellen für Amerika aufzusuchen und zu erschließen. Denn die Tage sind gezählt, und die Abhängigkeit der Amerikaner vom importierten Öl wird steigen. Ziel ist es deshalb, eine ausreichende Versorgung der amerikanischen Wirtschaft sicherzustellen. Nur durch die Tatsache, daß Amerika lange Zeit einen Großteil seines Öls selber produzierte, war der Aufstieg zur größten Wirtschaftsmacht der Welt überhaupt erst möglich. Aufgrund der immer weiter ansteigenden Ölnachfrage in den Vereinigten Staaten von Amerika und einer sinkenden Ölförderung steigt die Abhängigkeit vom ausländischen Öl immer weiter an. Insofern ist die Ausgangslage klar: Amerika muß sich günstige Rohstoffquellen sichern, um keinen Ausfall zu erleben. So waren amerikanische Ölkonzerne in den letzten Jahren in Afrika, Asien und anderswo auf der Suche nach neuen Ölvorkommen. Ein Bericht der CLINTON-Regierung aus dem Jahre 1997 ging bereits klar und deutlich auf die Lage in dieser Region ein. Es stand dort: »Die kaspische Region könnte im nächsten Jahrzehnt zum wichtigsten neuen Mitspieler am Weltölmarkt werden.« Für die USA geht es hier um entscheidende Fragen der Außenpolitik: um die Steigerung und Diversifizierung der Weltenergievorräte, die Unabhängigkeit und Souveränität der Neuen Unabhängigen Staaten und die Isolation des Iran.[1]

Als der 11. September 2001 die Welt in Angst und Schrecken versetzte, war den Ölmanagern klar, daß sie ihre Suche sogar noch verstärken mußten. Da die meisten Täter des Anschlags aus Saudi-Arabien stammten und möglicherweise auch von dort mit finanziert wurden, war die Situation auch der Regierung in Washington sonnenklar. Eine Welt, die sich in Zukunft zwangsläufig zunehmend auf Saudi-Arabien verlassen mußte, war bei weitem keine sichere Bank mehr in Sachen Ölversorgung, denn es konnte ja nicht ausgeschlossen werden, daß auch das Königreich irgendwann in die Hände von Extremisten geraten könnte. Da Saudi-Arabien die größten Reserven hatte, war das Problem groß, zumal das Land mit den zweitgrößten Ölreserven, der Irak zu diesem Zeitpunkt auch noch von einem ›Schurken‹ namens Saddam Hussein in einem der sogenannten ›Schurkenstaaten‹ geführt wurde.

Der Ernst der Lage war allen Entscheidungsträgern im Weißen Haus bekannt, denn dort hatten die ›Ölmänner‹ das Heft in die Hand genommen. Dick Cheney, der Vizepräsident der jetzigen Regierung, war von 1995 bis zum Jahre 2000 Vorstandsvorsitzender des zweitgrößten Ölfeldausrüsters der Welt, der Halliburton Corporation.[2] Genau dieses Unternehmen war es dann auch, das im Irak nach Beendigung des Krieges im April 2003 fleißig Aufträge ausführen durfte. Behilflich sein durfte Halliburton in diesem Fall auch die Tochtergesellschaft Kellogg, Brown & Root. Halliburtons Geschäftsbericht über das Geschäftsjahr 2003 weist auf diesen wichtigen Zusammenhang des Irak-Geschäftes hin. Der Umsatz schwoll von 2002 bis Ende 2003 geradezu an, von 12,5 auf 16,2 Milliarden Dollar. Das Neugeschäft entfiel fast ausschließlich auf das einträgliche Irak-Geschäft, das mit 3,6 Milliarden Dollar beziffert wird. Dazu gehörten unter anderem Aufgaben wie die Unterstützung und Belieferung der US-Truppen im Irak, ebenso die Wiederinstandsetzung der Ölanlagen, das Löschen von brennenden Ölquellen, die Beseitigung von Umweltschäden und die Unterhaltung von Ölraffinerien und der Ölpipelineverbindungen.[3]

Mehrfach sind beide Unternehmen in die Kritik geraten, man wirft ihnen vor, von der Regierung bevorzugt behandelt worden zu sein, insbesondere in Sachen Vergabe von Aufträgen. Manche dieser Aufträge wurden auch ohne öffentliche Ausschreibung vergeben. Eigentlich ein Unding, aber wenn es in Amerika um militärische Angelegenheiten geht, steht immer wieder die nationale Sicherheit auf dem Spiel. Da gibt es auch schon mal Ausnahmen von der Regel.[4] Unregelmäßigkeiten bei der Treibstoffabrechnung brachten Halliburton und seine Tochtergesellschaften 2003 und 2004 immer wieder in die Schlagzeilen. Eine Überprüfung der Auftragsabrechnungen durch die amerikanische Defense Contract Audit Agency zum Jahresende 2003 ergab, daß Halliburton insgesamt einundsechzig Millionen Dollar für eingeführtes Öl zuviel abgerechnet haben könnte. Die Untersuchungen sind aber noch nicht endgültig abgeschlossen. Am 22. Januar 2004 räumte eine unternehmensinterne Überprüfung bei Halliburton ein, daß eine Abrechnung eines Sublieferanten namens LogCap bis zu sechs Millionen Dollar zu hoch ausgefallen sein könnte.[5] Mit dieser Maßnahme wollte das Unternehmen sicherlich die Proteste in der Öffentlichkeit zur Ruhe bringen. Zukünftige Überprüfungen dürften aber noch andere Auftragsbereiche umfassen, da bisher nur ein kleiner Teil der Verträge durch die amerikanische Regierung kritisch überprüft wurde. So wurde im Juli 2004 darüber berichtet, daß einer weiteren Überprüfung der amerikanischen Behörden zufolge Halliburton achtundachtzig Millionen Dollar für Essen abgerechnet hat, die tatsächlich nie geliefert wurden, und daß die Treibstoffabrechnungen einhundertfünfundsechzig Millionen Dollar zu hoch ausgefallen sein dürften.[6] Halliburton und seine Tochtergesellschaften werden deswegen sicherlich mit den kritischen Blicken der Öffentlichkeit weiterleben müssen.

Nun aber zur Entwicklung bei der Suche nach neuen Ölvorkommen. Teil eins beschäftigt sich mit der Lage am Kaspischen Meer, wo die ehemaligen Sowjetrepubliken in den Blickpunkt der Weltöffentlichkeit geraten sind, und Teil zwei mit der Situation in Westafrika.

Teil 1: Reichtum am Kaspischen Meer

Die geopolitische Lage zum Jahreswechsel 2001/2002 sah wie folgt aus. Die Amerikaner waren mit Afghanistan beschäftigt und kämpften hier ihre ersten militärischen Schlachten nach dem 11. September 2001. Es galt, das Netzwerk der Terrorgruppe Al-Qaida zu zerstören. Aber es galt auch, neue Positionen zu besetzen. Der gesamte zentralasiatische Raum war auf einmal von allergrößtem Interesse geworden. Länder wie Turkmenistan, Usbekistan und Pakistan rückten auf einmal in den Blickpunkt. Pakistan, das Land des Generals Pervez MUSHARRAF, wurde sogar wegen seiner für amerikanische Truppen sehr günstigen strategischen Lage zum amerikanischen Hauptverbündeten im Afghanistan-Feldzug gegen die Taliban und Al-Qaida. Hier installierten die Amerikaner drei Luftwaffenbasen, und zwar in Pasni, in Jacobadad und in Dalbandin. Aber auch ganz andere Beweggründe gab es. Das Kaspische Meer und die umliegenden Länder verfügen nämlich über sehr reiche Öl- und Gasressourcen, die noch nicht vollständig entdeckt und ausgebeutet worden sind.

So hatte man bereits im Jahre 2000 umfangreiche Ölbohrungen im Kaschagan-Ölfeld am Nordkaspischen Meer vorgenommen und war auf umfangreiche Ölvorkommen gestoßen. Hier sollen sich nach neuesten Berechnungen mindestens dreizehn Milliarden Bar-

Karte von Ländern am Kaspischen Meer. Quelle: EIA.

rel Rohöl befinden. Die Gesamtinvestititionen dieses Projektes liegen bei neunundzwanzig Milliarden Dollar, der Produktionsbeginn ist im Jahre 2008 vorgesehen. Die Ölförderung soll zu Beginn bei 75 000 Barrel pro Tag liegen und in der ersten Ausbauphase auf 450 000 Barrel pro Tag ansteigen. Später soll die Höchstförderquote von 1,2 Millionen Barrel pro Tag erreicht werden. Im Karachaganak-Ölfeld, das sich in der Nähe der Stadt Aksay befindet und ebenfalls zu Kasachstan gehört, hat die Ölförderung bereits begonnen und betrug Ende 2004 immerhin 357 000 Barrel pro Tag. Insgesamt sollen hier etwas mehr als dreieinhalb Milliarden Barrel Rohöl gefördert werden. Und da aller guten Dinge drei sind, verfügt Kasachstan noch über das Tengiz-Ölfeld an der nordöstlichen Küste des Kaspischen Meeres. Es befindet sich in einem Sumpfgebiet, die Ölförderung betrug zuletzt mehr als 290 000 Barrel pro Tag, und eine Aufstockung auf 450 000 Barrel pro Tag bis 2006 ist vorgesehen; langfristig sollen laut ChevronTexaco auch 700 000 Barrel möglich sein. Hier werden die Reserven auf sechs bis neun Milliarden Barrel geschätzt.

In der Region wurden auch andere Projekte mit allergrößtem Einsatz vorangetrieben. So plante man den Bau einer 1580 Kilometer langen Öl-Pipeline vom großen Tengiz-Ölfeld im Westen des Landes bis nach Noworossijsk, dem russischen Schwarzmeerhafen. Diese Ölrohrverbindung wurde bis Mitte 2001 fertiggestellt und hat eine Kapazität von achtundzwanzig Millionen Tonnen pro Jahr, die nach Abschluß des Endausbaus auf siebenundsechzig Millionen Tonnen pro Jahr erweitert werden konnte (es gab auf dieser Route bereits eine weitere Pipeline, diese wurde Ende 1997 fertiggestellt und in Betrieb genommen; Kapazität jährlich fünf Millionen Tonnen). Auch das Öl des Karachaganak-Ölfeldes ist über eine Trasse an die Pipelineverbindung in die russische Hafenstadt Novorossijsk angebunden.

Das vom Präsidenten Nursultan Nasarbajew seit 1990 regierte Kasachstan hat sich in den letzten Jahren zum Energielieferanten der Region entwickelt und steht für drei Viertel der derzeitigen Ölförderung in der kaspischen Region. Die umfangreichen Exporterlöse haben das Land in die Lage versetzt, einen aus Öleinnahmen gespeisten Fonds einzurichten, der mittlerweile über ein Vermögen von über dreieinhalb Milliarden Dollar verfügt, um sich gegen Preisfluktuationen an den Energiemärkten und damit auch bei den Einnahmen in Zukunft besser zu schützen. Das Bruttoinlandsprodukt beträgt mehr als neunundzwanzig Milliarden Dollar. Die Grafik auf der nächsten Seite zeigt die Entwicklung der Ölförderung und des Ölverbrauchs in Kasachstan im Zeitraum 1992–2003.

Die Ölförderung betrug Ende 2004 1,2 Millionen Barrel pro Tag, und das Wachstumspotential ist gewaltig. Wenn erst einmal das Ölfeld Kashagan mit der Förderung begonnen hat, wird die Ölförderung um die zwei Millionen Barrel pro Tag betragen. Bis 2020 soll die Produktion sogar auf vier Millionen Barrel pro Tag ansteigen. Da der Eigenbedarf der fünfzehn Millionen Einwohner des Landes relativ gering ist, steht der überwiegende Teil (879 000 Barrel pro Tag) für Exporte zur Verfügung. Das Land ist trotz eigener Gasvorkommen auf Gasimporte angewiesen, die größten Felder befinden sich in Karachaganak im Nordwesten und Amangeldy im Süden des Landes. Der Süden ist auf Gasimporte aus Usbekistan

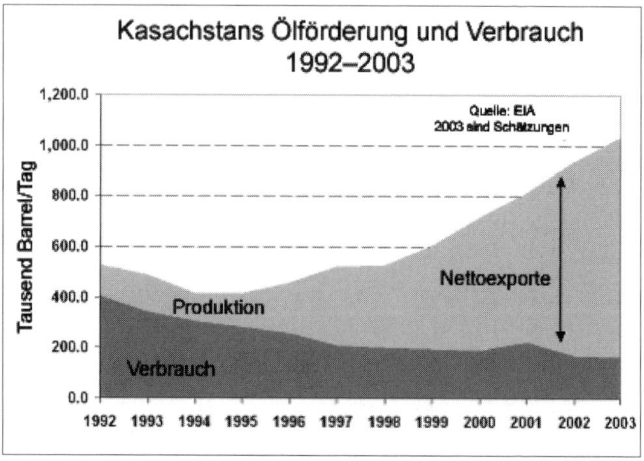

Ölförderung und Ölverbrauch in Kasachstan 1992–2003. Quelle: EIA.

angewiesen, eine teilweise sehr heikle Angelegenheit, weil die geforderten Preise unkalkulierbaren Schwankungen unterliegen und die Pipeline durch ›illegales‹ Anzapfen in der Vergangenheit zu Lieferunterbrechungen geführt haben. Kasachstan möchte deswegen seine Abhängigkeit von diesen Lieferungen beenden, dafür wäre aber der Bau einer Nord-Südpipeline erforderlich. Die Kosten für ein solches Projekt werden auf eine Milliarde Dollar geschätzt.

Karte von Kasachstan und Region mit geplanten und möglichen Pipelineverbindungen nach China, Pakistan und dem Iran. Quelle: U.S. Kazakhstan Business Association.

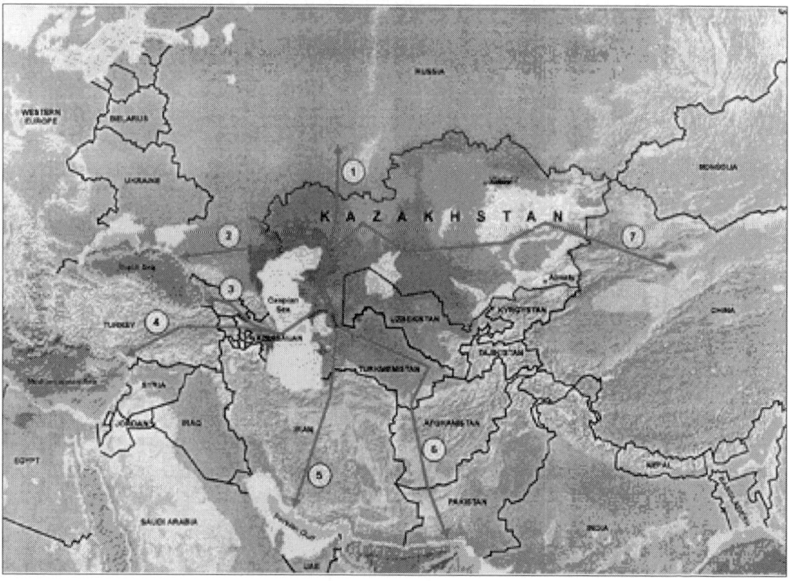

Welche Möglichkeiten Kasachstan im strategischen, langfristigen Energiepoker dieser Region hat, sieht man beim Blick auf die abgebildete Karte.

Die Grenzen zu China, Rußland, Usbekistan und Turkmenistan eröffnen dem Land ungeahnte Möglichkeiten im Kampf um den Zugang zu den Erdölressourcen und sonstigen Ressourcen in der Region. Kasachstan verfügt neben eigenen Öl- und Gasressourcen auch noch über umfangreiche Vorkommen an Zink, Kupfer, Blei, Gold, Chrom, Uran und Titan, um nur einige zu nennen. Fällt ein Abnehmer aus irgendwelchen politischen oder wirtschaftlichen Gründen aus, kann ein anderer dessen Rolle übernehmen. Allein schon aus diesem Grund ist Kasachstan auch für Rußland und die Vereinigten Staaten von Amerika von höchstem politischen wie wirtschaftlichen Interesse. Sie wollen durch ihren Einfluß die tatsächliche Rolle Kasachstans als Energielieferant mit beeinflussen. Neben China sind auch Indien und Pakistan mögliche Interessenten für Rohöl aus Kasachstan. Vorerst wird der größte Teil des geförderten Rohöls jedoch durch die Pipelineverbindungen in den Westen gelangen.

Neben Kasachstan setzten die Ölkonzerne in der Region vor allem auf Aserbaidschan. Nachdem der langjährige Präsident Heidar ALIYEW im Alter von achtzig Jahren seine erneute Kandidatur zurückzog, wurde sein Sohn Ilham ALIYEW im Oktober 2003 gewählt und übernahm die Macht. Er wird sich im November 2005 Neuwahlen stellen, um seine Macht zu legitimieren, denn damals war von Wahlfälschung die Rede gewesen. Der damals zweiundvierzigjährige Ilham war als Vizepräsident des staatlichen Ölkonzerns Socar schon zuvor in einflußreicher Funktion tätig gewesen. Socar wurde im September 1992 aus den beiden staatlichen Ölfirmen Azerineft und Azneftkimiya gebildet und ist für sechzig Prozent der aserbaidschanischen Ölförderung verantwortlich. Mittlerweile sind Vereinbarungen mit dreißig ausländischen Ölkonzernen zur Entwicklung von zwanzig größeren Ölfeldern abgeschlossen worden. Darunter befindet sich auch das bedeutsame Tiefseeprojekt Azeri-Chirag-Gunashli mit Ölreserven von fast fünfeinhalb Milliarden Barrel. Die Ölförderung betrug hier im vergangenen Jahr 144 000 Barrel pro Tag und soll sich in diesem Jahr nach Angaben von BP Amoco mehr als verdreifachen. In Shah Deniz sollen die Ölvorkommen 2,5 Milliarden Barrel betragen, gefördert wird hier aber noch nicht. Im kommenden Jahr soll hier aber die Gasproduktion anlaufen. Folgende Karte zeigt die aktuellen Projekte mit den Betreibern und die Ölvorkommen Aserbaidschans.

Die Auslandsinvestitionen haben im letzten Jahr viereinhalb Milliarden Dollar erreicht, davon gingen siebenundneunzig Prozent in den Energiesektor. Durch die steigenden Öleinkünfte soll sich das Bruttoinlandsprodukt bis 2008 verdoppeln. Seit 1999 gibt es einen staatlichen Ölfonds, die Mittel waren bis Ende 2004 auf 981 Millionen Dollar angewachsen. Der Fonds wird noch von eigenen Leuten verwaltet, doch ausländische Experten und Bankiers bezweifeln, daß Aserbaidschan auch langfristig ohne ausländische Hilfe auskommen wird. Die wachsenden Öleinnahmen wecken Begehr-

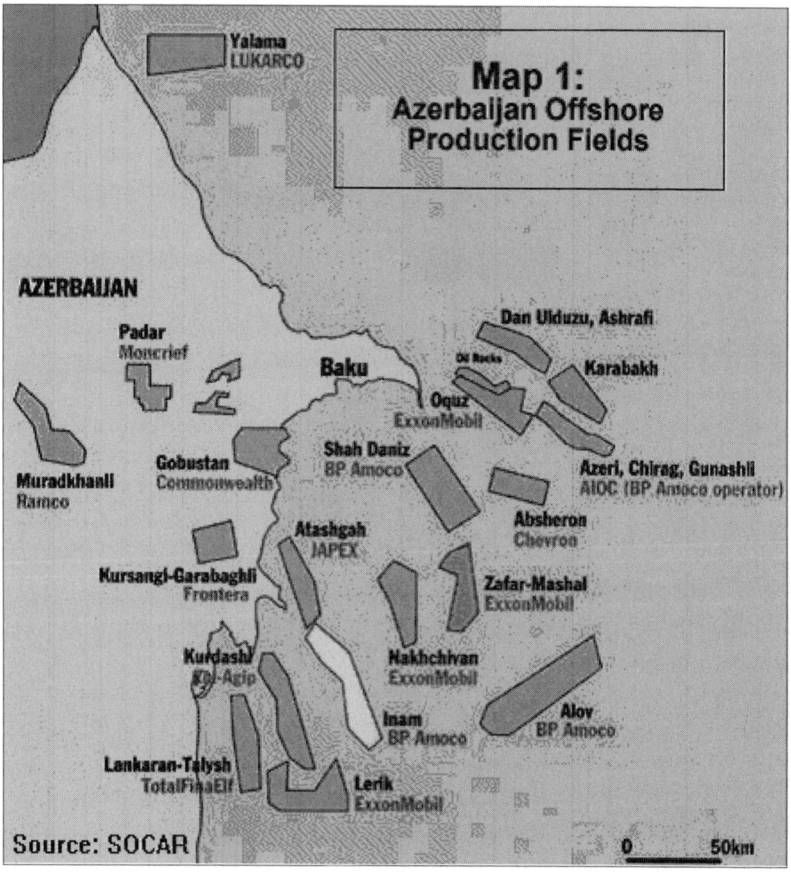

Karte mit Übersicht über Ölfelder vor der Küste Aserbaidschans. Quelle: EIA.

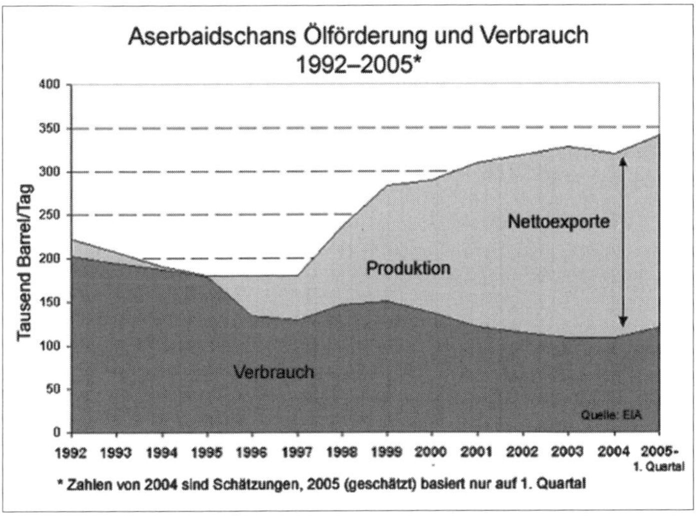

Ölförderung und Ölverbrauch in Aserbaidschan 1992–2005. Quelle: EIA.

lichkeiten. Die Ölförderung und der Ölverbrauch Aserbaidschans werden in der obigen Grafik dargestellt.

Aserbaidschan kann auch einen wesentlichen Teil seiner Ölförderung für Exportzwecke bereithalten, obwohl das Niveau deutlich unter dem von Kasachstan liegt. Dennoch ist in Aserbaidschan ein regelrechter Ölboom ausgebrochen, hundert Kilometer vor der Küste von Baku werden Ölvorkommen von bis zu zehn Milliarden Barrel Rohöl vermutet. Auch dieses Öl muß seinen Weg auf die Abnehmermärkte finden. Da die bestehenden Pipelinekapazitäten langfristig ungenügend sind, werden weitere Pipeline-Routen geplant. Vorgesehen war bei den ersten Überlegungen entweder eine Ost-Verbindung nach China oder eine Süd-Verbindung über iranisches Gebiet. Diese Idee hat aber aus geopolitischen Beweggründen nur sehr wenig Gegenliebe bei der amerikanischen Regierung gefunden. Aus diesem Grund blieb nur noch die West-Route über das Kaspische Meer, Aserbaidschan und schließlich zum Schwarzmeerhafen Supsa in Georgien oder sogar in die Türkei in die Hafenstadt Ceyhan. Letztgenannte Route wurde von den Amerikanern bevorzugt, da sie aus geopolitischen Gründen kein Land wie beispielsweise den Iran involviert sehen möchten.[7]

Aserbaidschan hatte ja bereits in den ersten Jahren vor und nach 1900 einen ersten Ölboom, mit einer Produktion von immerhin

500 000 Barrel pro Tag Mitte der vierziger Jahre. 1992, also fünfzig Jahre später, wurden nur noch 220 000 Barrel pro Tag produziert, wie die Grafik über die Entwicklung der Ölförderung eindeutig wiedergibt. Die Schätzungen laufen darauf hinaus, daß Aserbaidschan innerhalb der nächsten zehn bis fünfzehn Jahre noch einmal das Niveau der vierziger Jahre erreichen könnte.

Aserbaidschan war und ist im übrigen auch Mittelpunkt einer längeren Auseinandersetzung mit Armenien um die Region Nagornyj Karabach, bei dem es in einem Krieg Anfang der neunziger Jahre 40 000 bis 50 000 Tote auf beiden Seiten gab. Mehr als hunderttausend Flüchtlinge sind auch heute noch ein großes Problem in einer Region, in der die Armut allgegenwärtig ist. Armenien wurde durch umfangreiche Waffenlieferungen von Rußland unterstützt. Erst im November 1994 einigte man sich auf einen Waffenstillstand. Da sich Aserbaidschan unter dem damaligen Präsidenten Albufas ELTSCHIBEJ lange Zeit gegen eine Beteiligung russischer Unternehmen im Ölgeschäft stemmte, trug das nicht gerade zur Entspannung in der Region bei. Erst im September 2004 kam es zum Abschluß des sogenannten Jahrhundertvertrages mit einem Ölkonsortium, dem neben BP, Exxon, Pennzoil, Mc Dermott und der norwegischen Statoil auch der russische Ölkonzern Lukoil angehörte.

Die Amerikaner machten also gleich Nägel mit Köpfen und besetzten die ganze Region. So haben die Amerikaner nach dem 11. September 2001 die Chance genutzt und Abkommen mit Kirgisien (bis zu 3000 Mann der US-Luftwaffe für Stützpunkt nahe der Stadt Manas) und Chanabad in Turkmenistan (bis zu 1000 Soldaten der 10. Gebirgsdivision) abgeschlossen und auch in Georgien einige Soldaten zur Überwachung der Aktivitäten in der Region stationiert.[8] In der Hauptstadt Armeniens, Eriwan, bauen die Amerikaner ein neues Botschaftsgebäude, das für dreihundertfünfzig Diplomaten ausgelegt sein wird. Man richtet sich offensichtlich für einen langen Aufenthalt in Armenien ein und beobachtet alle russischen Aktivitäten in der Region mit Argusaugen. Im Jahre 2005 kam auch noch die militärische Präsenz der Amerikaner in Aserbaidschan hinzu, nach längerem Zögern hatte der junge Präsident ALIYEW einer ausländischen Truppenpräsenz zugestimmt. Den Amerikanern war es somit gelungen, ihren ›Ring‹ um den Iran zu schließen und die Kontrollmöglichkeiten in der Region zu vervollständigen.[9]

Auch Georgien liegt in dieser strategisch wichtigen Region. Denn die Amerikaner, genauso wie die Russen, wollten auf jeden Fall vermeiden, daß die Route der neu geplanten Pipeline, die in Baku und damit in Aserbaidschan beginnen soll, über das Staatsgebiet von Tschetschenien führen würde. Allein aus Sicherheitsgründen könnte das mehr als problematisch sein. Insofern kam Georgien bei der West-Route der vorgesehenen Pipelinetrasse ins Spiel, denn diese Verbindung über Georgiens Staatsgebiet soll den Anschluß Richtung Türkei sicherstellen. Vom georgischen Staatsgebiet führt die Trasse dann weiter bis zum türkischen Mittelmeerhafen Ceyhan. Das war ganz im Sinne der Amerikaner, die sich letztendlich mit ihren Vorstellungen durchsetzen konnten. Der Bau kostete insgesamt drei Milliarden Euro, und die Pipeline wird mit 1760 Kilometern die längste der Welt sein. Die Kapazität liegt bei einer Million Barrel pro Tag, weshalb die Ausmaße der Ölrohre ungewöhnlich groß ausfallen.[10] Der Betrieb dieser sogenannten Baku-Tiflis-Ceyhan-Pipeline oder kurz BTC genannt, ist im Jahre 2005 aufgenommen worden, und Georgien erwartet aus diesem Projekt jährliche Transitgebühren in Höhe von dreiundsechzig Millionen Dollar.

Der britische Konzern BP führt das unter dem Namen AIOC geführte Konsortium mit einem Anteil von dreißig Prozent an. AIOC steht für: Azerbaijan International Operating Company. Zweitgrößter Partner ist die staatliche Erdölgesellschaft Aserbaidschans mit fünfundzwanzig Prozent, es folgt die amerikanische Gesellschaft Unicol mit 8,9 Prozent und die norwegische Statoil mit 8,7 Prozent.[11] Allerdings hatte sich der Baubeginn wegen starker Bedenken der Amerikaner um Jahre verzögert, weil man in der Planungsphase immer noch einen Anschluß über den Iran oder Rußland befürchten mußte.[12] Diese Routen waren kürzer und auch kostengünstiger. Die von den Amerikanern aus geopolitischen Gründen bevorzugte längere Ost-West-Route ist viel länger und wurde deshalb lange Zeit von den Ölkonzernen als unwirtschaftlich eingestuft.[13] Die höheren Ölpreise und die sehr kritische Situation im Nahen Osten haben die beteiligten Parteien aber umgestimmt.

Es gibt bereits eine weitere Pipeline, die Erdöl von Baku am Kaspischen Meer bis Supsa am Schwarzen Meer befördert, sie wurde 1999 fertiggestellt und in Betrieb genommen und führt über die 830 Kilometer lange West-Route.[14] Der Vorteil dieser Route ist die Tatsache, daß Rußland hier vorerst nicht ›mitspielt‹ und die Region Tschetschenien beim Transport von Öl aus Aserbaidschan keine Rolle spielt. Außerdem betragen die Transitgebühren hier nur einen Bruchteil dessen, was Rußland für die Nordroute verlangt.[15]

Folgende Karte gibt einen Überblick über Pipelines in der Region. Es ist davon auszugehen, daß die bestehenden Verbindungen in den kommenden Jahren noch durch andere Pipeline-Verbindungen ergänzt werden.

Allerdings ist die Nutzung der Pipelines auch immer eine Frage der geförderten Kapazitäten. Sollte mehr Öl gefördert werden, wäre auch eine Nutzung der alten Pipeline-Routen erforderlich. Weitere Pipelineprojekte sind möglich, je nachdem, welche Ölfunde in der Region noch gesichtet werden.

Schätzungen gehen davon aus, daß in der Region über vierzig Milliarden Barrel Rohöl versteckt sein dürften. Allein die Schätzungen für die Ölvorkommen Aserbaidschans bewegen sich bei bis zu dreizehn Milliarden Barrel.[16] Nur zur besseren Vergleichbarkeit wird darauf hingewiesen, daß die ›sicheren‹ Reserven Großbritanniens viereinhalb Milliarden Barrel und die Norwegens knapp zehn Milliarden Barrel betragen. BP schätzt die nachgewiesenen Reser-

Bestehende und geplante Pipeline-Verbindungen am Kaspischen Meer. Quelle: EIA.

ven Aserbaidschans gegenwärtig auf sieben Milliarden Barrel und die Kasachstans nach einer sensationellen Höherstufung im Jahre 2004 auf neununddreißig Milliarden Barrel (vorher neun Milliarden Barrel). Mit weitem Abstand folgen Turkmenistan mit fünfhundert Millionen und Usbekistan mit sechshundert Millionen Barrel. Bis 2010 soll die Ölförderung am Kaspischen Meer von derzeit 1,5 bis 1,7 Millionen Barrel auf 2,4 bis 5,9 Millionen Barrel pro Tag ansteigen.[17] Allein aus den Projekten Azeri-Chirag-Gunashli und Tengiz sollen bis dahin zusätzliche 1,6 Millionen Barrel täglich gefördert werden, so daß drei Millionen Barrel pro Tag und mehr aus heutiger Sicht ohne weiteres realistisch erscheinen. Da weite Gebiete noch unerforscht sind, könnten die Reserven noch weit höher liegen.

Erweisen sich diese Zahlen in irgendeiner Form als realistisch, dann ist es klar, warum die Region zum Anziehungspunkt der Ölkonzerne geworden ist. Schließlich gibt es nicht mehr allzu viele unerforschte Regionen auf unserer Erde. Die Ölkonzerne haben aber ein großes Interesse daran, ihre Reserven möglichst nicht austrocknen zu lassen. Insofern sind sie angetrieben von der Angst vor geringeren Ressourcen. So kommt es, daß Aserbaidschan, Turkmenistan und Kasachstan zu Objekten der Begierde geworden sind. Daß man es nach dem Zusammenbruch der Sowjetunion nun mit unabhängigen Staaten zu tun hat, ist ein riesiger Vorteil; sonst würden alle großen Öl- und Gasressourcen noch von der Zentralmacht in Moskau kontrolliert werden. Insofern ist die veränderte Lage auch in dieser Hinsicht ein Gewinn für den Westen, weil der Ausbeutung der Ressourcen nicht mehr allzuviel im Wege steht.

Im übrigen sind auch die großen Gasreserven in Turkmenistan und Kasachstan nicht zu vernachlässigen: In der gesamten kaspischen Region sollen die Gasreserven nach Angaben der U.S. Energy Information Administration 243 bis 248 Milliarden Kubikfuß betragen.[18] Diese Gasreserven in der kaspischen Region könnten mittel- bis langfristig insbesondere für die stark wachsenden Länder China und Indien von großem wirtschaftlichen Nutzen sein. Bisher hat man die Transportfrage aber noch nicht abschließend klären können, da wieder einmal die Transitroute für eine über eintausendfünfhundert Kilometer lange Gaspipeline geklärt werden muß. Außerdem fehlt in den Produzentenländern noch die notwendige Infrastruktur.

Der zukünftige Bedarf für Energie wird in Indien außerordentlich hoch sein. Entweder man investiert massiv in neue Kernkraftwerke, die Kosten liegen bei schätzungsweise fünfzehn Milliarden Dollar pro Jahr über einen Zeitraum von fünfzehn Jahren, oder man erschließt sich andere Energiequellen. Da aber Pipelineprojekten über Pakistan oder Afghanistan für Indien unter politischen oder sicherheitspolitischen Aspekten keine Chance eingeräumt wird, verbleibt noch eine dritte Option: Gaslieferungen aus dem Iran. Beide Länder haben das beabsichtigte Interesse bereits in konkretere Formen gegossen. Die im Januar 2003 zwischen dem indischen Premierminister Atal Bihari Vajpayee und dem iranischen Präsidenten Seyeed Mohammad Khatami abgeschlossene »Deklaration von Delhi« über gemeinsame Projekte im Öl- und Gasbereich drückt das gemeinsame Interesse aus.[19] Vorgesehen sind auch gegenseitige Kapitalbeteiligungen bei Projekten im Energie- und Transportbereich. Gaslieferungen in Form von Flüssiggas, und zwar ausgehend vom iranischen Gasfeld in Pars, sind geplant. Durch die Verschiffung umgeht man auch die politisch nicht gewollte Abhängigkeit mit einer Gaspipeline über Pakistan. Zudem beginnt man mit der Durchführung von Projekten und wartet nicht eine Ewigkeit auf möglicherweise nie verwirklichbare Transitrouten.

China bietet als Öl- und Gasabnehmer einen weiteren großen, interessanten Absatzmarkt. Da Gas bisher nur drei Prozent des gesamten Energiebedarfs in China ausmacht, rechnen Experten damit, daß sich diese Quote innerhalb der nächsten zwanzig Jahre auf zehn Prozent erhöhen könnte. Chinas Regierung hat nämlich die Notwendigkeit für eine neue Energiepolitik erkannt und will den Anteil der umweltfreundlicheren Energieträger, zu denen auch Gas gerechnet wird, stark fördern und ausbauen.[20]

Wiederum gibt es bei der Überbrückung der Entfernung ein Problem, denn Gas aus Kasachstan könnte langfristig die Märkte in Xianjiang und die chinesischen Westprovinzen erreichen, nicht aber die Standorte an der Ostküste Chinas, wo der Bedarf am größten ist. Hier könnte eine strategische Partnerschaft zwischen Rußland und China angebracht sein, da sich auf diesem Gebiet eine Zusammenarbeit geradezu aufdrängt. Rußland könnte China im Nordosten mit Flüssiggas aus Gasfeldern in West- und Ostsibirien oder sogar von der Insel Sachalin im Ochotskischen Meer versorgen. Allein das Projekt Sachalin-1 ist laut ABB das größte ausländische Direkt-Investitionsprojekt in Rußland. Hier befinden sich laut Angaben der Experten 2,3 Milliarden Barrel Rohöl und 17 Billionen

Kubikfuß Gas.[21] China und Südkorea wollen zwischen 2008 und 2010 durch eine Gaspipeline vom Kovytka Gasfeld nahe Irkutsk an das russische Gasnetz angebunden werden. China wird voraussichtlich zwanzig Milliarden Kubikmeter Gas pro Jahr abnehmen, Südkorea zehn Milliarden Kubikmeter Gas.[22] Die Gesamtkosten des Mammutprojekts liegen bei fünfzehn bis zwanzig Milliarden Dollar. Partner in diesem Projekt sind Interros, Tyumen Oil Company und British Petroleum. Laut British Petroleum, die sich mit dreiunddreißig Prozent an RUSIA Petroleum – die der Betreibergesellschaft des Kovykta-Gasfeldes in Ostsibirien – beteiligt hat, sind die Feldbewertungsarbeiten auf gutem Weg. Vor 2008 wird der Bau aller Voraussicht nach jedoch nicht fertig sein.[23] Auch Japan hat Interesse an Gaslieferungen aus dieser Region gezeigt, insbesondere solche von der Insel Sachalin und ist mit der japanischen Sakhalin Oil and Gas Development Co. Ltd. im Projektkonsortium Sachalin-1 vertreten.

Hinsichtlich chinesischer Ölimporte sieht es etwas anders aus. China bezieht derzeit sechzig Prozent seiner Ölimporte aus dem Nahen Osten, in den kommenden Jahren könnte diese Abhängigkeit auf über neunzig Prozent anwachsen. Der Iran hat im übrigen im Mai 2004 auch eine Vereinbarung mit Aserbaidschan über die Lieferung von 200 bis 350 Millionen Kubikmeter Gas im Jahr vereinbart. Armenien soll ebenfalls Lieferungen von 1,2 bis 1,5 Milliarden Kubikmeter Gas erhalten.[24]

In den neunziger Jahren wurde von den Amerikanern, aber auch von den Europäern befürchtet, daß die Anrainerstaaten der neuen, unabhängigen Republiken im kaspischen Raum wieder an Rußland zurückfallen könnten. Insofern wurden die Hilfsgelder für die Region erhöht, und man verstärkte die Zusammenarbeit auf verschiedenen Gebieten. Rußland ist es aber im Herbst 2000 mit dem Beschluß über die Gründung einer ›Eurasischen Union‹ gelungen, Kasachstan wieder enger an sich zu binden. Da Kasachstan die bisher größten Ölreserven in der Region aufweisen kann, war dies für Putin ein wichtiger Schritt. Die NATO wiederum hat ihren Einfluß in der Region durch verschiedene Kooperationsabkommen und die Einbindung in das Programm ›Partnerschaft für den Frieden‹ geltend gemacht. Wichtig für den Transformationsprozeß waren auch die Maßnahmen der Organisation für Sicherheit und Zusammenarbeit in Europa (OSZE), die über ihre zahlreichen Büros und Zentren im Osteuropa, im Kaukasus und Zentralasien sowie auf dem

Balkan politische Veränderungen unterstützt und mit Wahlkampfbeobachtern für mehr Transparenz gesorgt hat.

Im April 1999 wurde zudem eine neue Sicherheitsallianz ins Leben gerufen, die GUUAM, der die Länder Aserbaidschan, Usbekistan, Georgien, die Ukraine und die Republik Moldawien angehören.

Des weiteren gibt es die Shanghai Cooperation Organization (SCO), die im Juni 2001 auf dem Shanghai-Gipfel aus der bisherigen Zusammenarbeit der ›Shanghai Fünf‹ entstand. Der SCO, der Shanghaier Organisation für Zusammenarbeit, gehören neben China und Rußland noch die zentralasiatischen Staaten Kasachstan, Kirgisien, Tadschukistan und Usbekistan an. Neben der regionalen Sicherheit durch Grenzregulierung, Truppenreduzierung und militärische vertrauensbildende Maßnahmen (gemeinsame Manöver) gehören auch die Bekämpfung von Terrorismus und grenzüberschreitender Kriminalität sowie die wirtschaftliche Zusammenarbeit zu den Zielen der Organisation. Diese machte im Jui 2005 auf sich aufmerksam, als sie die Vereinigten Staaten und die NATO einen konkreten Abzugstermin für ihre Soldaten aus Usbekistan und Kirgistan nannte, da für sie die aktive Phase des antiterroristischen Kampfes in Afghanistan abgeschlossen sei. Der langfristige militärische Aufenthalt der Amerikaner ist also bei weitem nicht so sicher, wie es lange schien.

PUTIN konterte mit einer energiepolitischen Offensive, indem er den Europäern im Oktober 2000 auf dem EU-Rußland-Gipfel eine neue strategische Energieallianz vorschlug. Mit seinen riesigen Öl- und Gasreserven spielte PUTIN die energiepolitische Karte aus, und da Rußland mit seinen großen Reserven durchaus noch Wachstumspotential hat, ist ihm dieser ›Coup‹ durchaus gelungen. Laut Angaben der Internationalen Energie Agentur in Paris erreichte die russische Ölproduktion im Jahre 2002 und 2003 annähernd sogar die Tagesproduktion Saudi-Arabiens oder lag zeitweise zumindest gleichauf.[25] Bei Gas ist Rußland ohnehin schon lange Europas Zulieferer Nummer eins. Zudem besitzt das Land die größten Gasvorkommen der Welt. Geplant ist eine Verdoppelung der russischen Gasexporte nach Europa innerhalb der kommenden fünfundzwanzig Jahre.[26] Auch Armenien hat Rußland wieder in sein Gaslieferungssystem eingebunden. Armenien bezieht russisches Gas über eine Gasleitung, die über Georgien führt.[27] Zudem plant der Gasgigant Gazprom, neue Gasanbindungen nach China, Südkorea und

Japan zu schaffen - ein ehrgeiziges Ziel, das Milliardeninvestitionen erfordern wird.

PUTIN hat Rußland wieder geschickt ins Spiel gebracht. Rußland ist wieder wer auf der internationalen Bühne, selbst wenn sich die Rolle gegenüber früher stark verändert hat. Während man früher vom ›Kalten Krieg‹ sprach, versucht sich PUTIN heute als Partner Europas und Amerikas darzustellen. Rußland soll aus der Sicht PUTINS deswegen beim Transfer des Öls aus dem Kaspischen Meer eine wichtige Rolle spielen, eine Pipelineroute über russisches Gebiet befand er viel sicherer als alle anderen. Die Ukraine spielte in diesem Pipeline-Spiel aus seiner Sicht keine Rolle, sie soll eher umgangen werden. Turkmenisches Gas soll über Rußland nach Europa gelangen, eine Verbindung Turkmenistan–Indien im Gasgeschäft wird deswegen in Moskau eher negativ gesehen. PUTIN denkt eher an ein neues, für Europa viel sichereres Pipelinenetz, das von Rußland aus dann über die Slowakei, Polen und Finnland führen und ganz Westeuropa mit einbinden würde.[28]

Während Kasachstan beim Energiemix auf Kohle, Gas und Rohöl setzt, sind es in Aserbaidschan im wesentlichen Rohöl und Gas. In Usbekistan ist die Hauptenergieressource Gas, an zweiter Stelle folgt Rohöl. Der Einsatz von Kohle ist hier nur minimal. Turkmenistan exportierte 2001 nur geringe Mengen Rohöl. Im wesentlichen stützt sich der Energiemix in diesem Land auf Gas. Turkmenistan, Kirgistan, Tadschikistan, Georgien und Armenien spielen im Energieroulett am Kaspischen Meer fast keine Rolle.[29] Allerhöchstens bei Verhandlungen über Pipelinetrassen können sie eine Rolle spielen, so wie Georgien beim weiter oben geschilderten Ölpipelineprojekt.

Shell und Chevron unterzeichneten im Februar 1998 eine Vereinbarung, die vorsieht, daß die Konzerne in der Region des Kaspischen Meeres bei Energieprojekten zusammenarbeiten wollen.[30] Der Ölkonzern ChevronTexaco ist der größte Aktionär im CPC-Konsortium (Caspian Pipeline Consortium), das unter anderem für den Bau der 2,6 Milliarden Dollar teuren und 1505 Kilometer langen Pipeline von Tengiz und Korolev über Komsomolskaya und Kropotkin nach Novorossiysk verantwortlich war. Der Bau der Pipeline begann im Mai 1999, der Betrieb wurde im Oktober 2001 aufgenommen. In Kasachstan engagierte sich das Unternehmen bereits im Jahre 1993 und war damit das erste westliche Unternehmen in der Region. Es hält Anteile an den Ölfeldern in Tengiz, Korolev und

Karachaganak mit Milliardenreserven.[31] An Tengizchevroil, verantwortlich für die Produktion in Tengiz, hält ChevronTexaco einen fünfzigprozentigen Anteil. Partner sind außerdem ExxonMobil mit fünfundzwanzig, Kazakhoil mit zwanzig und LukArco mit fünf Prozent. In Aserbaidschan beteiligte sich das Unternehmen bereits im Jahre 1997 mit dreißig Prozent Anteil am Absheron-Ölfeld. Dieses befindet sich vierzig Kilometer südwestlich vom großen Ölkomplex Gunashli-Azeri-Chirag. Damit war Chevron Vorreiter bei der Durchführung von Ölprojekten in der Region. Die BTC-Pipeline wurde im übrigen am 25. Mai 2005 feierlich von den Präsidenten Aserbaidschans, Georgiens, der Türkei und Kasachstans eröffnet. Auch der BP-Chef Lord Browne war anwesend und bezeichnete das Projekt als Meilenstein in der Entwicklung der Region und als phantastische Ingenieursleistung. Im Jahre 2008 soll die Höchstkapazität von täglich einer Million Barrel erreicht werden. Bis das erste Rohöl aber im türkischen Verladehafen Ceyhan ankommt, vergeht noch ein halbes Jahr. Erst dann ist die über eintausendsiebenhundert Kilometer lange Pipelinetrasse gefüllt.

Letztendlich ist der politische Einfluß bei allen Großprojekten keineswegs zu unterschätzen. Er kann nicht nur dazu führen, daß Projekte Verzögerungen erleiden, er kann auch zur Folge haben, daß Projekte ganz fallengelassen werden. Neben der weiter oben aufgeführten geopolitischen Überlegung hinsichtlich einer Pipelineroute geht es oft auch um Milliardengeschäfte. Während Indien beispielsweise langfristige Gasgeschäfte über vierzig Milliarden Dollar vertraglich absichern und mit dem Iran in Gang bringen möchte, versucht die amerikanische Regierung hier über die üblichen Wege der internationalen Diplomatie, Indien von dem für beide Seiten sehr lukrativen Geschäft abzubringen - aus sicherheitspolitischen Gründen, wie es heißt. Das Pokerspiel im Energiegeschäft wird also weitergehen. Wie optimistisch die Amerikaner die zukünftigen Möglichkeiten der Region einschätzen, kann allein schon an den Aussagen der U.S. Kasakhstan Business Association über Kasachstan eingeschätzt werden. Sie sprechen heute schon unverblümt von potentiellen Ölreserven in Kasachstan in Höhe von 100 Milliarden Barrel.[32]

Teil 2: Das zweite neue Öleldorado, die afrikanische Westküste

Fast vergessen und doch wiederentdeckt. In einer Welt, wo die Abhängigkeit vom ›schwarzen Gold‹ immer größer wird, spielen auf einmal die Namen von ganz kleinen Staaten an der afrikanischen Westküste eine große Rolle. Neben den bekannten OPEC-Staaten in Afrika, und zwar Libyen, Nigeria und Algerien, rücken nun Namen von Staaten wie Äquatorial Guinea, Gabun, Tschad oder Kongo in den Vordergrund. Zwar sind ihre nachgewiesenen Ölreserven bei weitem nicht so groß wie die ihrer afrikanischen OPEC-Konkurrenten, aber da ihre eigene Bevölkerung bei weitem nicht so groß und der Eigenbedarf demnach niedrig ist, könnte das geförderte Öl für Reichtum im Lande sorgen. Die Karte (siehe nächste Seite) zeigt die Region um den Golf von Guinea auf, in der es um die Verteilung von Ölvorkommen geht.

Um den Vergleich bildhafter zu machen: Die nachgewiesenen Ölreserven in Gabun sind nur ein Zehntel dessen, was Nigeria vorweisen kann.[33] In Gabun leben aber nur 1,26 Millionen Menschen, in Nigeria hingegen fast 130 Millionen Menschen.[34] Während Gabun schon seit den sechziger Jahren Öl fördert und exportiert, also auf eine lange Ölhistorie verweisen kann, ist dies in Äquatorial Guinea ganz anders. Hier begann das Wunder erst in den neunziger Jahren zu wirken, im Jahre 1992 förderte man erste nennenswerte Mengen, die sich bis heute vervielfachten. Das Potential für die gesamte Region wird hochgehalten, zeugen doch die riesigen Investitionen der Ölkonzerne vom Optimismus, der hier vorherrscht. Milliardensummen werden in die Öl- und Gasexploration investiert, es ist von bis zu sechzig Milliarden Dollar in den kommenden zwanzig Jahren die Rede.[35] Ein Vergleich macht aber die Größenunterschiede deutlich.

Die Tabelle auf Seite 229 zeigt, daß man längst nicht alle Staaten an der westafrikanischen Westküste zu den glücklichen Gewinnern eines Ölbooms zählen kann. ChevronTexaco ist eines der Unternehmen, das im Afrika-Ölgeschäft sehr aktiv ist. Derzeit verfolgt es in nahezu allen afrikanischen Ländern Aktivitäten; die Exploration und Förderung konzentriert sich aber auf den Tschad, Nigeria, Kamerun, Sao Tome & Principe, Äquatorial Guinea, die Demokratische Republik Kongo, Angola und die Republik Kongo-Brazzaville. Nur Libyen, der Sudan, Äthiopien, die Westsahara, Somalia und drei weitere Länder gehören nicht zu den Län-

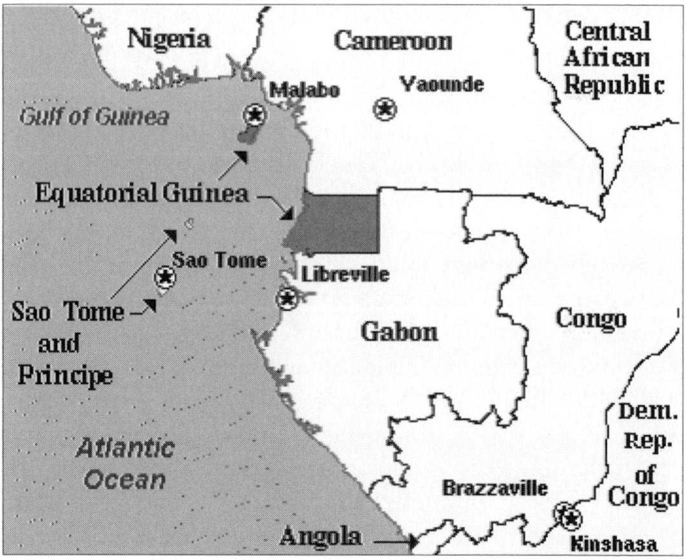

Der Golf von Guinea. Quelle: EIA.

dern, in denen der Konzern engagiert ist. Der Ölkonzern hat sich einiges vorgenommen. So will man eine westafrikanische Gaspipeline installieren, um Gas von Nigeria nach Ghana, Togo und Benin zu befördern. Das Projekt erfordert Investitionen von fünfhundert Millionen Dollar und soll im Jahre 2006 abgeschlossen sein.

In Angolas Küstengewässern ist das Unternehmen am Block 14 von Angolas Kabinda-Provinz tätig, an der seit 1997 neun bedeutende Tiefsee-Ölvorkommen entdeckt wurden. Das erste Ölfeld war das Kuito Ölfeld. In Angola ist der Konzern der größte Ölproduzent des Landes, die Produktion im Jahre 1997 erreichte rund 440 000 Barrel pro Tag. Die Gesamtförderung Angolas erreichte im selben Jahr 741 000 Barrel pro Tag, mittlerweile ist sie aber auf über 900 000 Barrel pro Tag angestiegen. In der Demokratischen Republik Kongo fördert das Unternehmen nach eigenen Angaben etwa siebzig Prozent des Öls. In der Demokratischen Republik Kongo fördert man in den Ölquellen von N'kossa und Kitina ungefähr 13 000 Barrel pro Tag.

Auch in Nigeria beutet Chevron die Ressourcen aus, in Agbami mit Reserven von über einer Milliarde Barrel fördert man seit der Entdeckung im Jahre 1999 in Nigerias größtem Tiefsee-Ölfeld. Vor allem durch die Ausbeutung dieser Tiefseefelder ist es Nigeria ge-

Angaben zu BIP, Bevölkerung und Ölexporten bei einigen Ländern in Afrika[36]

	Bevölkerung in Mio.	BIP in Mrd. $	Rohölförderung 2001 in Tsd. Tonnen	Rohölexporte 2001 in Tsd. Tonnen
Algerien	30,84	49,84	41 423	20 352
Libyen	5,41	35,01	66 019	49 067
Nigeria	129,88	33,44	112 715	101 022
Ägypten	65,18	80,09	34 169	6 947
Sudan	31,70	10,41	10 581	7 836
Tschad	8,99	8,90	k.A.	k.A.
Angola	13,51	7,10	36 469	34 367
Kamerun	15,20	10,58	6 994	5 452
Kongo-Brazzav.	3,01	2,46	12 108	11 635
DemokrRepKongo	52,35	4,46	1 159	1 159
Gabun	1,26	5,52	13 441	12 832
ÄquatorialGuinea***	0,49	2,90	200 000 BpT	181 000BpT
Benin	6,44	2,73	40	40
Elfenbeinküste	16,41	11,73	410	350
Ghana	19,71	8,30	0	1 576*
Togo	4,65	1,50	0	0
Südafrika	43,24	175,90	0	18 981*
Afrika	812,51	612,29	344 217	259 370**

* = Importe

** = Afrika importierte im o.g. Jahr insgesamt 37 259 Tsd. Tonnen Rohöl, einschließlich der Veränderung in der Lagerhaltung betrug der Verbrauch in Afrika im Jahr 2001 insgesamt 121 031 Tsd. Tonnen.

*** = Angaben betreffen das Jahr 2003 und bei Ölförderung und Ölexporten sind Angaben hier in Barrel pro Tag.

lungen, die Ölförderung zwischen 1999 und 2004 von einhundert auf über einhundertzwanzig Millionen Tonnen im Jahr zu steigern. Das Land ist Afrikas Erdölproduzent Nummer eins. Die Ölförderung betrug zweieinhalb Millionen Barrel pro Tag, und mit Ölexporten von 2,2 Millionen Barrel pro Tag lag man weltweit auf Rang acht. Genau die Hälfte der Ölexporte ging in die Vereinigten Staaten von Amerika. Die Einnahmen aus den Ölexporten betrugen 2003 knapp einundzwanzig und ein Jahr später sogar siebenundzwanzig Milliarden Dollar. Die Regierung hat ehrgeizige Ziele für die Erdölbranche formuliert. Demnach soll das Land 2006 drei Millionen und 2010 vier Millionen Barrel pro Tag fördern. Ein Ziel, das angesichts der bevorstehenden Projektdurchführungen realistisch erscheint. Die nächste Grafik (Seite 235) zeigt, wie sich die Erdölförderung in den letzten Jahren entwickelt hat.

Die meisten Projekte im Ölsektor werden in Nigeria in Form von ›*joint ventures*‹ betrieben. Das größte Projekt dieser Art ist die Zusammenarbeit zwischen der Petroleum Development Company of Nigeria Ltd., einer Tochtergesellschaft der Nigerian National Petroleum Company, und Shell. Sie kommen auf eine durchschnittliche Tagesförderung von anderthalb Millionen Barrel und damit auf fast fünfundvierzig Prozent der Produktion in Nigeria. An zweiter Stelle folgt Exxon Mobil mit 570 000 Barrel pro Tag. Exxon will die Kapazitäten stark ausweiten und plant, dies mit Investitionen von elf Milliarden Dollar bis zum Jahre 2011 zu untermauern. Die eigene Ölförderung soll dann mehr als die von Shell heute betragen, nämlich 1,2 Millionen Barrel pro Tag. Shell will dem in nichts nachstehen und kündigte im Oktober 2004 Investitionen in Höhe von neun Milliarden Dollar innerhalb der nächsten fünf Jahre an. Außerdem haben die Ölkonzerne gegen die geplante Erhöhung der gewinnabhängigen Steuer (Petroleum Profits Tax) protestiert. Die Regierung beabsichtigt, diese von derzeit fünfzig auf fünfundachtzig Prozent heraufzusetzen. Die Konzerne betrachten dies als Vertragsbruch. Für Unruhe sorgte immer wieder auch die Tatsache, daß Nigeria seine zugewiesene Förderquote durch die OPEC überschritt. Als die OPEC im August 2004 die Förderquote von Nigeria von 2,1 auf 2,6 Millionen Barrel pro Tag heraufsetzte, verkündete Nigeria, daß es in der OPEC verbleiben möchte. Doch Pläne der Nigerian Association of Petroleum Explorationists (NAPE) und der amerikanischen Vereinigung American Association of Petroleum Geologists (AAPG), ein Komitee zu gründen, das Wege aufzeigen soll, die OPEC-Quoten zu umgehen, könnten in der Zukunft noch für viel Sprengstoff sorgen.

ChevronTexaco gehört – wie bereits erwähnt – in Nigeria neben Shell und Exxon Mobil zu den führenden Produzenten des Landes (Agbami Ölfeld mit 250 000 Barrel pro Tag) und betreibt hier auch mehr als zweihundert Tankstellen unter dem Texaco-Logo. Raffi-

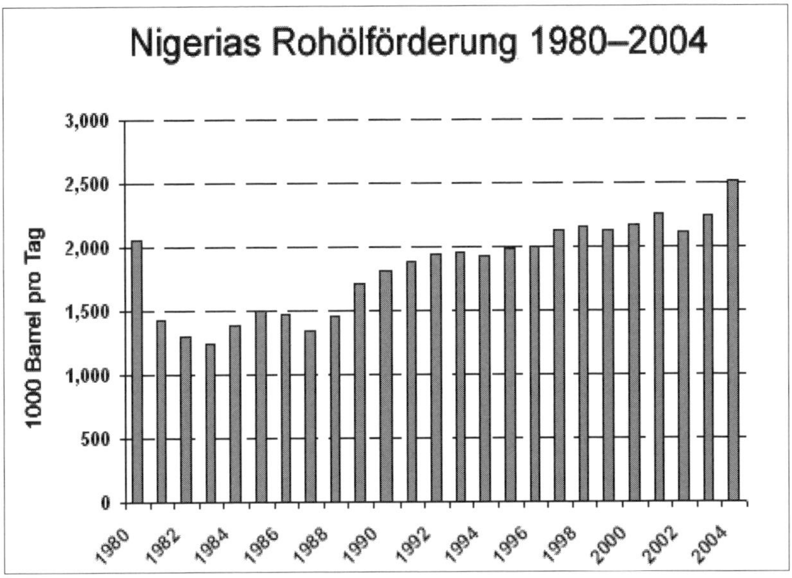

Entwicklung der nigerianischen Ölförderung 1980–2004. Quelle: EIA.

nerien betreibt man allerdings nur in Südafrika. Hier hat der Konzern außerdem ein breites Tankstellennetz von etwa eintausend Caltex-Tankstellen inne. In Äquatorial Guinea setzt man hohe Erwartungen auf das Rio Muni Basin, das sich vor der Küste des Landes befindet. Der Konzern hat in den letzten Jahren fünf Milliarden Dollar in Afrika allein investiert und will in den kommenden fünf Jahren noch einmal insgesamt zwanzig Milliarden Dollar investieren.[37]

Währendessen baut ein Konsortium unter Führung von Exxon Mobil eine 1046 Kilometer (650 Meilen) lange Pipeline mit einer Kapazität von 225 000 Barrel pro Tag vom Tschad nach Kamerun. Das Öl soll später von den Doba-Ölfeldern im Tschad direkt zum kamerunischen Hafen Douala befördert werden.[38] An diesem Projekt ist ChevronTexaco wiederum mit fünfundzwanzig Prozent beteiligt. Exxon Mobil ist in Angola am drei Milliarden Dollar teuren Projekt Kizomba A beteiligt, hierfür wird eine Erdölplattform mit extremen Ausmaßen benötigt. Die Ölplattform ist so groß wie ein 30 Stockwerke großes Gebäude, sie ist 200 Fuß breit und 240 Fuß lang und wiegt insgesamt 35 000 Tonnen. Die Höhe des Monstrums wird 435 Fuß betragen. Insgesamt sollen aus dem Kizom-

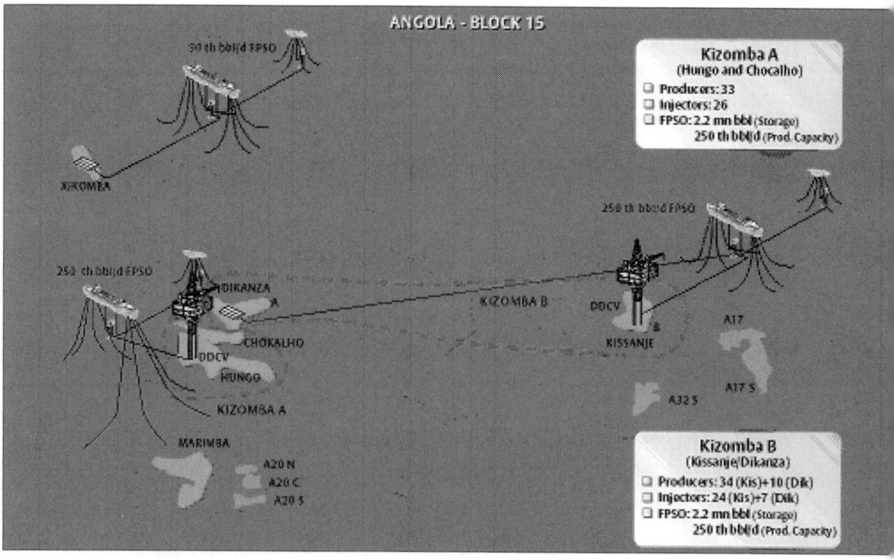

Ölförderung in Angola Block 15, Kizomba A und B. Quelle: ENI.

ba-Projekt eine Milliarde Barrel Öl gefördert werden oder bis zu 250 000 Barrel pro Tag. Die Förderung wird hauptsächlich die Felder Hungo und Chocalho betreffen, die sich in einer Tiefe von 3300 und 4200 Fuß befinden. Die Produktion wurde hier 2004 aufgenommen.[39]

Partner in diesem Projekt sind die Esso Exploration Angola Ltd. mit vierzig Prozent und BP Exploration Angola Ltd. mit 26,67 Prozent, ferner Agip Exploration Angola mit zwanzig Prozent und Angolas Statoil mit 13,33 Prozent. Oft genug vergehen von der Entdeckung eines Ölfeldes bis zur Förderung fünf Jahre. Exxon hat die Technologie aber weiterentwickelt und will die Zeit mit dem ›Early Production System‹ oder kurz ›EPS‹ genannten Fördersystem deutlich verkürzen. In Nigerias Ölfeld Yoho wurde dieses System zum ersten Mal mit Erfolg angewandt.[40]

Tschad

Das oft genug im Bürgerkrieg versunkene Land mit fast neun Millionen Einwohnern hat schwere Jahrzehnte hinter sich. Nachdem das Land im Jahre 1960 seine Unabhängigkeit von Frankreich gefeiert hatte, versank es zumeist (seit 1966) in einen Zustand von Anarchie und Bürgerkrieg. 1986 und 1987 kämpfte das Land zudem noch gegen Libyen um den besetzten Aouzou-Streifen einen kurzen Krieg. Tschad verlor die kriegerische Auseinandersetzung, und Libyen annektierte den Landstreifen von Aouzou. Erst 1989 wurde hierzu ein bilateraler Vertrag abgeschlossen, um die Frage schließlich vor dem Internationalen Gerichtshof klären zu lassen – 1994 zog sich Libyen zurück.[41]

Erst im Jahre 1996 durfte die Bevölkerung per Referendum über die neue Verfassung des Landes abstimmen. Im Juni und Juli desselben Jahres wurden Präsidentschaftswahlen durchgeführt, bei denen der ehemalige Guerilla-Führer und General Idriss DÉBY siebenundsechzig Prozent der Stimmen gewinnen konnte. Im Januar und Februar 1997 gewann dann die Partei DÉBYS, die ›Mouvement Patriotique du Salut‹ oder MPS, eine Mehrheit der Sitze im Parlament. Im Jahre 2001 wurde Idriss DÉBY mit dreiundsechzig Prozent der Stimmen für weitere fünf Jahre in seinem Amt als Präsident bestätigt. Trotz der Wahlen setzten sich die Auseinandersetzungen zwischen Rebellengruppen und der Regierung im Tschad weiter fort. Nun wird man sehen, ob das Öl eine wirtschaftliche Erholung einleiten kann. Denn das Land gehört zu den ärmsten der Welt. Die Lebenserwartung liegt nur bei durchschnittlich einundfünfzig Jahren, für die Männer sogar nur bei neunundvierzig. Im Tschad sollen über 200 000 Barrel pro Tag gefördert werden. Ein Konsortium unter Führung von ExxonMobil will in den kommenden Jahren bis zu 3,7 Milliarden Dollar investieren, um im Süden des Landes Öl zu fördern. Zudem wurde bereits der Bau einer 1070 Kilometer langen Pipeline bis Kamerun abgeschlossen, um das Öl von einem Offshore-Terminal zu verschiffen.[42]

Im Süden des Tschad befinden sich die Erdölfelder von Bolobo, Komé und Miandoum, die durch insgesamt zweihundertfünfundsechzig Bohrlöcher ausgebeutet werden sollen.[43] Die ersten Bohrungen nahm das Konsortium im Dezember 2001 vor, und bereits zwei Jahre später, im Oktober 2003, floß das erste Öl durch die Pipeline. Die Produktion ist bereits Anfang 2004 auf 225 000 Barrel pro Tag angestiegen, dafür ist die Kapazität der neuen Pipeline auch ausgelegt. Das Projekt wird zudem von verschiedenen Institutionen der Weltbankgruppe finanziell unterstützt. Die involvierten Länder Kamerun und Tschad sind über die Pipelinebetriebsfirmen Cameroon Oil Transportation Company, kurz COTCO, und die Tschad Oil Transportation Company, kurz TOTCO, am Projekt beteiligt.

Im Tschad gibt es seit jeher auch politische Konflikte, weil die Muslime mit einem Bevölkerungsanteil von fünfzig Prozent (im Norden) das Land politisch beherrschen und die christliche Bevölkerung mit ungefähr fünfundzwanzig Prozent Bevölkerungsanteil im Süden des Landes diesen Führungsanspruch oft genug anficht.

Skizze die Pipelineverbindung über 1070 Kilometer von Tschad nach Kamerun aufzeigt. Quelle: EIA.

Organisationen wie ›Amnesty International‹ oder ›Brot für die Welt‹ sehen in dem Projekt im Tschad folgende Gefahren: erstens die »Verarmung der Menschen durch Landverknappung und wirtschaftliche Umwälzungen«, zweitens den »Zerfall sozialer Strukturen mit massiven Folgen für Sicherheit und Gesundheit«, drittens die »Zunahme von Menschenrechtsverletzungen und Korruption« und viertens »die Umweltverschmutzung«. Hingewiesen wird auch ausdrücklich darauf, daß gerade in anderen Ländern ähnlich schlechte Erfahrungen gesammelt wurden. Man verweist hier auf Angola und Nigeria. Allerdings hat die öffentliche Aufmerksamkeit dafür gesorgt, daß im Tschad zumindest ein Gesetz verabschiedet worden ist, das die Kontrolle über die Einnahmen aus den Ölgeschäften sicherstellen soll, so daß die Einnahmen auch der Entwicklung des Landes zugute kommen.[44]

Außerdem sollen die Einnahmen auf ein Sonderkonto bei einer internationalen Finanzinstitution fließen, um eine Vermischung mit den normalen Konten der Staatsverwaltung zu vermeiden.

Es gibt schon konkrete Maßnahmen für die Mittelverwendung. So sollen zweiundsiebzig Prozent der zur Verfügung stehenden Mittel für die Gesundheitsfürsorge, Ausbildung, Infrastrukturmaßnahmen oder Agrarentwicklungsmaßnahmen verwendet werden. Nur viereinhalb Prozent der Mittel fließen direkt in die Regionen, wo die Ölindustrie durch Baumaßnahmen Veränderungen herbeigeführt hat. Zehn Prozent der Mittel sollen für zukünftige Generationen gespart werden. Die restlichen dreizehneinhalb Prozent sollen schließlich für die Investitionen und Ausgaben im Zusammenhang mit dem Ölprojekt zur Verfügung stehen. Ein unabhängiges Kontrollgremium mit dem Namen Collège de Contrôle et de Surveillance des Ressources Pétrolières, das sich aus Vertretern von Tschads Nicht-Regierungs-Organisationen, den Gewerkschaften, Parlamentsmitgliedern, Vertretern der Justiz und Angestellten der Regierung zusammensetzt, soll die Effektivität der Mittelverteilung überwachen. Man baut hier auf die Entstehung einer Zivilgesellschaft, um die Interessen der vom Projekt betroffenen Einwohner mit einzubinden. Durch regelmäßige Berichterstattung auch an die Weltbank hofft man, eine faire, transparente Verwaltung und Überwachung der Mittel zu gewährleisten. Insgesamt erwartet die Regierung durch das Ölprojekt fünfzig Prozent der Haushaltseinnahmen bestreiten zu können. Das wären immerhin rund achtzig bis einhundert Millionen Dollar jährlich, für einen Zeitraum von mindestens zwanzig Jahren.[45]

Auch in Kamerun sollen sogenannte Nicht-Regierungs-Organisationen oder NROs in die Überwachungsprozesse mit eingebunden werden. Diese Organisationen verweisen auch darauf, wie sich die Preise für Grundnahrungsmittel seit Beginn der Bauarbeiten drastisch erhöht haben, und bitten deshalb um Spenden, um die Not der Menschen zu lindern. Am 25. September 2003 wurde der Generaldirektor der Chad Petroleum Company ermordet. Daraufhin hat die Regierung nach einem Schnellverfahren im November desselben Jahres sieben Personen hinrichten lassen, was zu weltweiten Protesten, auch von Amnesty International und Urgent Action, führte. Es waren die ersten Hinrichtungen im Tschad seit 1991.

Die ersten Erfahrungen mit den NROs im Tschad sind leider nicht so gut wie erhofft, die Regierung versucht, die Aktivitäten mit allen möglichen Mitteln zu unterbinden. Das zeigt wieder einmal, daß die Einbindung von unabhängigen Überwachungsgremien zwar wünschenswert ist, aber in der Praxis auch erst die entsprechende Anerkennung der involvierten Regierungen und Institutionen bekommen muß. Die Konzerne verweisen natürlich nur auf die positiven Auswirkungen ihres Projekts. So ist nach Exxons Angaben das Wirtschaftswachstum im Tschad seit Beginn des Projekts von ein auf elf Prozent pro Jahr gestiegen, von den 35 000 Mitarbeitern kamen achtzig Prozent aus Kamerun und Tschad, und 650 Millionen Dollar flossen an zweitausend lokale Unternehmen.[46] Im Juni 2005 sollten die Bürger des Landes einer Verfassungsänderung zustimmen, die dem amtierenden Präsidenten eine dritte Amtszeit ermöglichen soll. Die Oppositionsparteien haben geschlossen zum Boykott des Referendums aufgerufen, weil sie Wahlmanipulationen der MPS befürchten und General Idriss DÉBY seine Amtszeit ungerechtfertigterweise verlängern möchte.

Gabun

Auch Gabun feierte seine Unabhängigkeit von der Kolonialmacht Frankreich im August 1960. Davor war das Land lange Zeit Teil des damaligen Französisch-Äquatorialafrikas. Dieses Gebiet umfaßte das heutige Gabun, Mittelkongo, Tschad und Ubangi-Schari, das heute den Staat Zentralafrikanische Republik darstellt. Die Föderation unterstand einem französischen Generalgouverneur, der von Brazzaville aus, der heutigen Hauptstadt der Republik Kongo, regierte. Erster Staatspräsident war Léon MBA, der jedoch am 28. November 1967 starb. Sein Nachfolger wurde der linksgerichtete Albert Bernard BONGO, der 1973 zum Islam übertrat und sich seitdem Omar BONGO nennt. Er machte das Land zum Einparteienstaat, in dem die Parti Démocratique Gabonais, kurz PDG, regiert und dominiert. Erste Wahlen mit Oppositionsparteien gab es erst im Oktober 1990. Die Partei BONGOS, die PDG, verfügte im Parlament über fast drei Viertel der 120 Abgeordnetensitze (86 von 120). Die jetzige, fünfjährige Amtsperiode des Präsidenten endet im Jahre 2006.

Bereits Anfang der siebziger Jahre fand man große Mengen von Rohöl, die Reserven sollen immer noch insgesamt 2,4 Milliarden Barrel betragen.[47] Gefördert wird das Öl in den Provinzen La Nyanga, Maritime und Ogowe.[48] Im Jahre 1977 betrug die Ölförderung 11,3 Millionen Tonnen, 1996 über 18 Millionen Tonnen. Seitdem ist sie deutlich zurückgegangen auf eine Tagesproduktion von unter

250 000 Barrel pro Tag (2004 effektiv 239 000 Barrel pro Tag), wie die Tabelle auf der nächsten Seite zeigt.

Reichtum hat sich unter den Einwohnern nicht ausgebreitet, da die Einkommensverteilung sehr ungleich ist. Das Pro-Kopf-Einkommen ist für afrikanische Verhältnisse mit dreitausendfünfhundert Dollar pro Jahr recht hoch.[49] Dennoch leben über fünfzig Prozent der 1,3 Millionen Einwohner unterhalb der nationalen Armutsgrenze. Öl spielt aber eine dominante Rolle, die Ölindustrie (fünfzig Prozent des BIP) ist für mehr als sechzig Prozent der Staatseinnahmen verantwortlich und für achtzig Prozent der Exporteinnahmen. Als weitere, wichtige Exportgüter folgen Holz, Manganerz, Uran und Eisen. Die Uranproduktion deckt ungefähr eineinhalb Prozent der Weltproduktion ab und entspricht etwa fünf Prozent der Exporterlöse. Holz kommt heute auf einen Anteil von zwölf Prozent, 1957 waren es noch siebenundachtzig Prozent aller Exporterlöse.[50] Im Jahre 2003 beliefen sich die Exporte auf insgesamt 3,2 Milliarden Dollar, davon entfielen 2,2 Milliarden auf die Rohölexporte.

Im Vergleich zum Tschad sind die politischen Bedingungen in diesem Land seit der Unabhängigkeit stabil. Allerdings hat sich das Land im Ausland hochverschuldet, und eine Bedienung der Auslandsschulden in Höhe von 3,8 Milliarden Dollar im Jahre 2003

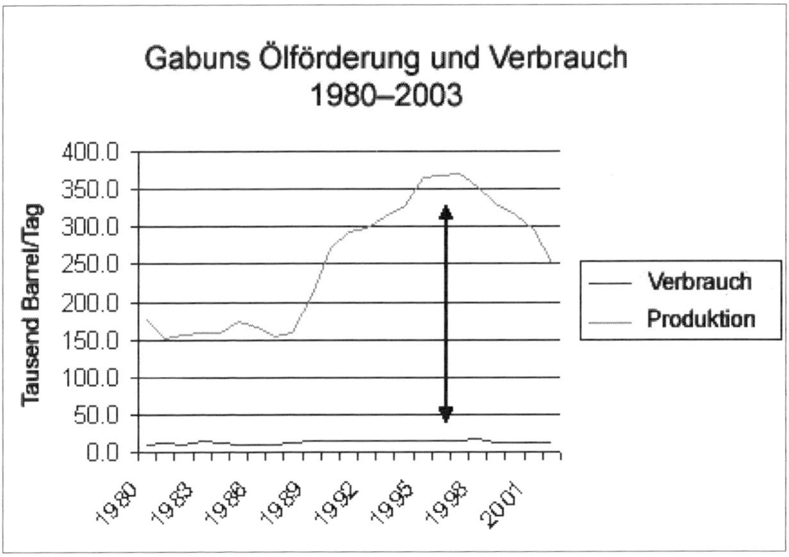

Gabuns Ölproduktion 1980–2003. Quelle: EIA.

könnte in Zukunft Schwierigkeiten bereiten. Die Bedienung der Auslandsschulden erforderte zuletzt fast vierhundert Millionen Dollar.[51] Von den Staatseinnahmen müssen bereits vierzig bis fünfundvierzig Prozent dafür aufgewandt werden. Prestigeprojekte haben viel Geld gekostet, dazu gehörte auch der Bau einer siebenhundert Kilometer langen Eisenbahnstrecke von Libreville nach Franceville, die im November 1986 fertiggestellt wurde. Das Land hat sich bisher auf die Zeit nach dem Öl kaum vorbereitet, eine Umstrukturierung der Wirtschaft ist bisher unterblieben. Außerdem hat das Land einen Kampf gegen die Immunkrankheit Aids zu führen, mehr als zehn Prozent der Bevölkerung gelten als HIV-positiv oder sind bereits an Aids erkrankt. China versuchte zuletzt mit langfristigen Verträgen mit der Regierung in Gabun seine Abhängigkeit vom Nahen Osten etwas zu verringern, da das Land derzeit mehr als sechzig Prozent seines ansteigenden Öl-Importvolumens aus dem Nahen Osten bezieht. Über viele Jahre soll Omar BONGO zudem ›Provisionen‹ von Elf Aquitaine erhalten haben.

Angola

Zwei Dinge gibt es, die man mit Angola immer in Verbindung bringt: Diamanten und einen grausamen Bürgerkrieg. Seit der Unabhängigkeit von Portugal im November 1975 scheint das Land nicht zur Ruhe zu kommen. Die Amerikaner stützen ihre großen Hoffnungen in Afrika neben Nigeria vor allem auch auf Angola. Im Jahre 2001 fand man hier riesige Unterwasser-Lagerstätten von Rohöl, die Reserven schätzten einige Beobachter auf mindestens sieben Milliarden Barrel. BP bezifferte die Reserven Ende 2004 sogar auf fast neun Milliarden Barrel und damit wesentlich höher als ein Jahr zuvor mit fünfeinhalb Milliarden Barrel, sie dürften bei gleichbleibender Produktion noch mindestens vierundzwanzig Jahre reichen.[52] Angola wird damit zum zweitwichtigsten Ölproduzenten südlich der Sahara. Das Öl gilt zudem als hochwertig und leicht zu verarbeiten, durch die im offenen Meer gelegenen Öl-Förderplattformen ist auch die Verladung problemlos machbar.[53]

Aus strategischen Gründen sind das alles riesige Vorteile, weil man damit Konflikten am Land aus dem Weg gehen kann und es zudem mit einem Land zu tun hat, das nicht Mitglied der OPEC ist. Der Seeweg nach USA ist im Vergleich zum Nahen Osten kurz.[54] Wie groß das Interesse der Amerikaner an dieser Region ist, bewies der Besuch von Außenminister Colin POWELL in Angola nach dem UN-Gipfel in Johannesburg und der Besuch des Afrika-Beauftragten von US-Präsident George W. BUSH, Walter KANSTEINER, in Sao Tomé und Príncipe und Gabun deutlich. George W. BUSH selbst ging im Jahre 2003 auf Afrika-Tour und stellte zweihundert Millionen Dollar für Bildung und fünfhundert Millionen Dollar für den Kampf gegen Aids in Aussicht. Zudem kündigte er an, daß Afrika ein gleichwertiger Partner bei Handel und Wachstum werden soll. Die G-8 Staaten hatten allerdings im Juli 2002 auf ihrem Gipfeltreffen im kanadischen Kananaskis weitere Hilfsmaßnahmen für die afrikanischen Staaten abgelehnt. Außerdem muß an dieser Stelle darauf hingewiesen werden, daß angekündigte Hilfsmaßnahmen noch lange keine Garantie für die tatsächliche Auszahlung sind.

Angola ist für die Amerikaner und amerikanische Ölkonzerne schon längst kein Neuland mehr. Gefördert wird das Öl hier schon seit Anfang der sechziger Jahre, und bereits Mitte der achtziger Jahre fing man an, die Produktion weiter auszubauen. Dabei hat man sich von der politischen Lage im Lande nicht weiter irritieren lassen. Die Investitionen wurden auch so weiter ausgebaut, und das Öl floß immer reichlicher. Große neue Funde in den Küstengewässern haben die Amerikaner darin bestärkt, an der Produktion in Angola trotz aller Risiken festzuhalten. Als das Land unter der Regierung von Präsident José Eduardo DOS SANTOS litt, war es vor allem die Gulf Oil Corporation und Rockefeller, die sich für die Regierung in Luanda stark machten. So war es unter anderem der Hinweis auf die Absichten der Konkurrenz aus Frankreich, der amerikanische Regierungen davon abhielt, Angola zu sanktionieren.

Außerdem beziehen die Amerikaner den überwiegenden Teil der angolanischen Rohölexporte, mit ständig steigender Tendenz. Im Jahre 1999 betrug der Anteil Angolas an den Ölimporten der Vereinigten Staaten von Amerika nur sieben Prozent, mittlerweile dürften es schon fast zehn Prozent sein. Eigentlich ist Angola ein reiches Land. Man verfügt über reiche Vorkommen an Diamanten, Eisen, Phosphat, Mangan, Kupfer, Silber und Öl. Zudem ist der Boden sehr fruchtbar: Vor dem Bürgerkrieg war das Land noch ein Nettoexporteur von Agrarprodukten, jetzt ist das Land mit etwa vierzehn Millionen Einwohnern aber auf kostspielige Agrarimporte angewiesen.[55] Nach einem zehn Jahre andauernden Unabhängigkeitskrieg gegen die Kolonialmacht Portugal feierten die Angolaner im Jahre 1975 ihre Unabhängigkeit. Doch zum Feiern blieb nicht viel Zeit; die beiden führenden Gruppierungen des Landes zerstritten sich, es folgten Jahre des Bürgerkriegs. Dabei wurde die eine Seite (UNITA) von Südafrika und den Amerikanern unterstützt, die andere Seite von der Sowjetunion und Kuba (MPLA). Angola war zum Standort eines ›klassischen Stellvertreterkriegs‹ der Großmächte geworden. Letztendlich behielt die MPLA die Oberhand, weil die Unterstützung ihrer ›Partnerländer‹ größer und effektiver war. Erst 1993 erkannte die CLINTON-Administration die Regierung in Angola an, der Kalte Krieg war ja in der Zwischenzeit zu Ende gegangen.

Die Erlöse aus den Ölexporten und Diamantenverkäufen wurden überwiegend in Waffengeschäfte investiert. Im Mai 1991 wurde mit dem Lissaboner Vertrag zwischen den Bürgerkriegsparteien der Konflikt abgeschlossen, im Herbst 1992 gewann die Volksbefreiung für die volle Unabhängigkeit Angolas, kurz MPLA, die Parlaments- und Präsidentschaftswahlen mit 53,7 Prozent der Stimmen klar und deutlich. Die Wahlverlierer, die Nationalunion für die volle Unabhängigkeit Angolas, kurz UNITA genannt, bezichtigte den Wahlsieger mit Wahlbetrugsvorwürfen und beendete die vertraglich vereinbarte Waffenruhe. Im Herbst 1994 erfolgte mit dem Vertrag von Lusaka ein zweiter Versuch eines Friedensabkommens. Im Februar des darauffolgenden Jahres rückten erstmals siebentausend Blauhelmsoldaten der Beobachtungsmission UNAVEM ein. Obwohl es im Anschluß sogar zu einer Allparteienregierung unter Einschluß der UNITA kam, scheiterte auch dieser Versuch letztendlich kläglich. Die Waffen sollten wieder sprechen, der Bürgerkrieg nahm seine Fortsetzung. Ein Großteil der Infrastruktur des Landes wurde zerstört. Von 1975 bis zum Jaher 2000 verloren mehr als 1,1 Millionen Menschen ihr Leben.[56]

Das Pro-Kopf-Einkommen halbierte sich allein im Zeitraum von 1990 bis 1994 auf nur noch vierhundertzehn Dollar. Durch den Krieg erhöhte sich die Staatsverschuldung 1995 auf über elf Milliarden Dollar oder dreihundertfünfundsechzig Prozent des Bruttoinlandsprodukts. Dennoch förderten in den Küstengewässern vor der Nordprovinz Kabinda die Tochtergesellschaften von Texaco und Gulf Oil das ›schwarze Gold‹. Bereits 1997 stieg die Ölförderung auf einen neuen Rekordwert von 741 000 Barrel pro Tag an, die Erlöse hieraus betrugen fünf Milliarden Dollar. Und es ging mit der Ölförderung weiter bergauf, wie folgende Grafik deutlich zeigt. Bis

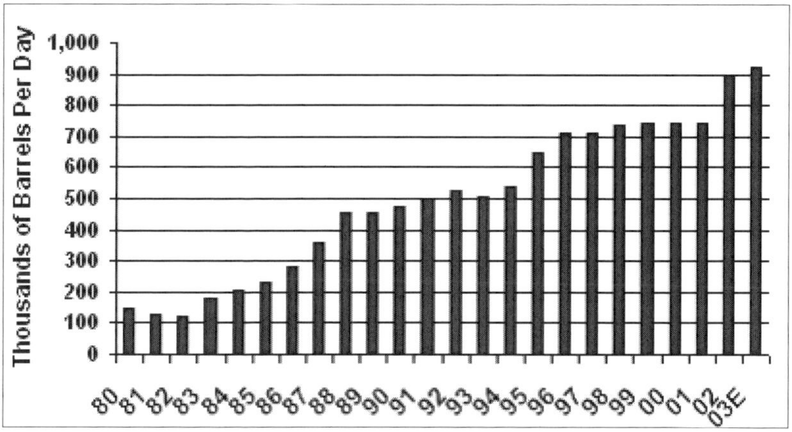

Angolas Erdölförderung 1980–2003. Quelle: EIA

zum Jahr 2004 hatte sich die Produktion nochmals auf 49 Millionen Tonnen pro Jahr erhöht, pro Tag wurden 1 052 000 Barrel gefördert, davon gingen 363 000 Barrel pro Tag in die Vereinigten Staaten von Amerika.[7] Rund die Hälfte der Ölförderung (2004 550 000 Barrel pro Tag) stammt dabei aus dem sogenannten ›Block Zero‹ vor der Küste Angolas. Dieses wird von der seit 1976 bestehenden staatlichen Ölgesellschaft Sonangol (Sociedad Nacional de Combustiveis de Angola) in Zusammenarbeit mit ausländischen Partnern wie ChevronTexaco (Anteil 32,9%), Total (10%) und Agip/ENI (9,8%) betrieben. Im Mai 2004 wurde der Konzessionsvertrag vorzeitig von 2010 bis 2030 verlängert.

Da die Nordprovinz Kabinda zwar für den überwiegenden Teil der Ölexporteinnahmen verantwortlich ist, aber nur zehn Prozent der Steuereinnahmen erhält, hat es in der Vergangenheit immer wieder Proteste in der Bevölkerung der Region gegeben. Man verlangt einen höheren Anteil der Öleinnahmen, und Autonomiebestrebungen gibt es auch immer wieder. Die Regierung versucht, die Bevölkerung durch höhere Investitionen in der Region zu beruhigen. Da es in Angola selbst nur eine Erdölraffinerie gibt, wird der größte Teil des Rohöls exportiert. Der Wert der Ölexporte konnte 2002 auf 7,5 und 2003 auf 8,5 Milliarden Dollar gesteigert werden, zudem machen sie neunzig Prozent aller Exporterlöse aus.[58] Die Ölförderung soll bis zum Jahre 2008 zudem auf zwei Millionen Barrel pro Tag gesteigert werden. Das Wirtschaftswachstum ist durch die Ölindustrie in den letzten drei Jahren extrem hoch gewesen: 2004 betrug es plus 11,2 Prozent. Für 2005 und 2006 erwartet der Internationale Währungsfonds sogar ein Wachstum von jeweils 13,8 und 24,5 Prozent.

Die Inflationsrate ist weiterhin sehr hoch. Hinzu kommen Erlöse aus dem Verkauf von Diamanten in Höhe von schätzungsweise 700 Millionen Dollar pro Jahr. Ein Großteil dieser Erlöse fließt jedoch an der Staatskasse vorbei, in ›unsichtbare private‹ Hände. Obwohl sich die Lage für eine kleine Elite verbessert hat, ist die soziale Lage im Lande weiterhin katastrophal. Zahlen der Vereinten Nation belegen, daß siebenundsechzig Prozent der Bevölkerung unter der Armutsgrenze leben. Auch die Arbeitslosigkeit ist sehr hoch, genaue Zahlen sind jedoch schwierig zu ermitteln. Die Lebenserwartung ist mit siebenundvierzig Jahren in Angola extrem niedrig und die Sterberate bei Neugeburten mit einhundertvierundfünfzig bei eintausend Neugeburten entsprechend hoch.[59] Erstaunlich ist es schon, daß sich der Präsident Angolas, José dos Santos, trotz aller Konflikte und Unruhen in Angola bis heute an der Macht halten konnte. Eine erneute Kanditatur bei der vorgesehenen Wahl 2005 ist durchaus möglich.[60]

Kongo

Nach dem Sudan und Algerien ist die Demokratische Republik Kongo der flächenmäßig drittgrößte Staat Afrikas. Das Land mit der Hauptstadt Kinshasa zählt mehr als zweiundfünfzig Millionen Einwohner, das Bruttoinlandsprodukt betrug aber 2001 nur dürftige 4,5 Milliarden Dollar. Verwendet man das Kaufkraft-BIP, lag das Bruttoinlandsprodukt 2004 bei geschätzten vierzig Milliarden Dollar.[61]

Wie andere Länder in Afrika kann das Land seine Bodenschätze (Blei, Zink, Kupfer, Phosphate) nicht in Wohlstand für die allgemeine Bevölkerung ummünzen. Zwar verfügt man auch über Rohölvorkommen, doch man kam bisher nicht über eine geringe Förderung hinaus.[62] Bereits im Jahre 1956 hatte man im damaligen Zaire nach Öl geforscht. Die Ölförderung durch ein von Chevron-Gulf angeführtes Konsortium vor der Küste begann 1975, auf dem Festland aber erst 1979 durch einen belgischen Konzern. Die Auslandsinvestitionen erreichten Anfang der siebziger Jahre fünfzig bis einhundert Millionen US-Dollar. In einem ersten Nationalisierungsschritt wurde im Herbst 1973 ein Großteil ausländischen Vermögens in damalige zairische Hände gebracht; im Juni 1992 wurde das gesamte Vermögen der ausländischen Firmen von der Regierung verstaatlicht. Zu diesem Zeitpunkt betrugen die Ölreserven noch 140 Millionen Barrel, nun sind es nur noch 93,5 Millionen Barrel.[63]

Jahrzehntelang war es die MOBUTU-Regierung, die Elend und ein Gefühl der Angst über die Bevölkerung des ehemaligen Zaire herziehen ließ. Während die Regierenden mehrere Milliarden Dollar auf ihre Auslandskonten beiseite schafften, wurde durch MOBUTUS Machtausübung und die ständigen Kämpfe gegen Rebellen die Infrastruktur des Landes weitgehend zerstört. Krieg und Gewalt bestimmten das Bild, mehrere hunderttausend Einwohner waren immer wieder auf der Flucht.

Als der ›Vater der Nation‹ – ein Titel, den sich Diktator Joseph Désiré MOBUTU selber gab – nach über dreißig Jahren brutalster Herrschaft 1997 starb, hätte man meinen können, das Land würde aufatmen. Doch sein Nachfolger, der Rebellenanführer Laurent-Désiré KABILA, verbot alle politischen Parteien und erinnerte mit seinen Machtstrukturen sehr an MOBUTU. Als KABILA 2001 ermordet wurde, übernahm sein Sohn Joseph KABILA die Führung des krisengeschüttelten Staates. Dem folgenden Bürgerkrieg fielen nach Schätzungen mindestens 1,7 Millionen Menschen zum Opfer, die Hilfsorganisation International Rescue Committee sprach sogar von 3,8 Millionen Menschen.[64] Hinzu kamen nach Angaben der Vereinten Nationen 300 000 Flüchtlinge. Die Nachbarstaaten Ruanda, Uganda (Unterstützung für die kongolesischen Rebellen) auf der einen Seite und Zimbabwe, Angola und Namibia (Unterstützung für den amtierenden Präsidenten KABILA) auf der anderen Seite schalteten sich durch militärische Unterstützung in den Konflikt mit ein.[65] Am 6. Dezember 1999 wurde in Harare, Zimbabwe, ein Abkommen über den Truppenrückzug aller beteiligten Truppen von den Präsidenten der beteiligten Länder unterzeichnet. Doch wie zuvor beim Friedensabkommen von Lusaka, Sambia, vom 31. August 1999 hielten sich nicht alle Parteien an die Abmachungen.

Es waren die Belgier, die im Jahre 1885 den unabhängigen Kongostaat begründeten, und zwar zunächst als Privatbesitz der Krone, und nicht als Kolonie. Als dem Land 1960 seine Unabhängigkeit geschenkt wurde, war es darauf gar nicht vorbereitet. Das Land stürzte in Chaos und Anarchie. Ende 1965 war es dann die harte Hand MOBUTUS, die obsiegte, er hatte sich gegen alle seine Rivalen durchgesetzt. Außerdem hatte er die Rückendeckung von den Amerikanern erhalten, die auch an der Ermordung von Patrice LU-

MUMBA, dem ersten Ministerpräsidenten des unabhängigen Kongo, beteiligt gewesen sein sollen.[66] Auch die ehemalige Kolonialmacht Belgien soll ihre Hände mit im Spiel gehabt haben, mindestens jedoch lieferte es Waffen und Gelder an regionale, sezessionistische Gruppen im Kongo.

Nach der Unabhängigkeitserklärung waren es vor allem die Belgier, die das von MOBUTO in ›Zaire‹ umbenannte Land unterstützten, auch militärische Ausrüstung und Training wurden gegeben. Doch es gab nach der Unabhängigkeit große Probleme, anarchische Zustände, und so folgte, was folgen mußte. Katanga, die rohstoffreiche Südprovinz des Landes sagte sich von der Zentralgewalt los. Als LUMUMBA im Juli 1960 die abtrünnige Provinz zurückzugewinnen versuchte, verweigerten belgische Truppen in der von ihnen verwalteten Zone die Landeerlaubnis, LUMUMBA erklärte Belgien den Krieg. Die Auseinandersetzung eskalierte. UNO-Truppen wurden zur Schlichtung in das damalige Léopoldville (das heutige Kinshasa) geschickt und zogen erst im Juni 1964 wieder ab. LUMUMBA wurde auf Drängen der USA aus seinem Amt als Ministerpräsident entlassen, unter Hausarrest gestellt, nach einem Fluchtversuch verhaftet und schließlich am 17. Januar 1961 ermordet. MOBUTU regierte von nun an uneingeschränkt und ohne Rücksicht auf Verluste.

Eine belgische Fachkommission ist den Ereignissen um die Ermordung LUMUMBAS einundvierzig Jahre nach der Tat noch einmal auf den Grund gegangen. Sicher ist, daß König BAUDOUIN um die Pläne zur Ermordung LUMUMBAS wußte. Während MOBUTUS Regierungszeit bekam das Land auch von anderen Ländern wie Israel, den Vereinigten Staaten von Amerika, Italien und Großbritannien militärische Unterstützung; in den achtziger Jahren entwickelte sich geradezu ein Wettlauf mit anderen Staaten wie China und Südkorea. Die Amerikaner sahen MOBUTU als Bollwerk gegen den sowjetischen Einfluß, der sich insbesondere in Angola und Libyen bemerkbar machte. Man wollte unbedingt verhindern, daß sich der sowjetische Einfluß noch weiter ausbreitete.[67]

Erst im November 1990 stellte die amerikanische Regierung ihre militärischen und ökonomischen Hilfsprogramme komplett ein. Die Menschenrechtsverletzungen, weitverbreitete Korruption und das zu Ende gegangene Wettrüsten mit der Sowjetunion hatten ihre Schuldigkeit getan. Man hatte das Interesse am Kongo verloren.[68] Als der Druck aus dem Ausland immer größer wurde, wollte Mo-

BUTU politische Reformen einleiten, aber diese Überzeugung kam letztendlich zu spät. Im Juni 2005 sollten die ersten freien Wahlen seit der Unabhängigkeit durchgeführt werden (sie wurden auf Oktober 2005 verschoben). Die Vereinten Nationen wollen sicherstellen, daß es eine ordnungsgemäße Wahl wird. Achtundzwanzig Millionen Wähler wurden aufgefordert, zu den Wahlurnen zu kommen - in einem Land, in dem der größte Teil der Bevölkerung noch nie gewählt hat, eine große Herausforderung.[69]

Zudem war die politische Führung des Landes immer noch zerstritten, und Ruanda drohte immer wieder, ihre Armee in den Nordosten des Kongo zu schicken, um Hutu-Rebellen zu verfolgen. In dieser Region könnte sich ein erneuter kriegerischer Konflikt anbahnen, obwohl sich hier zuletzt bis zu 17 000 UN-Blauhelmsoldaten befanden. Bei den Kämpfen zwischen zwei Ethnien auf der einen Seite die Hema (Viehzüchter) und auf der anderen Seite die Lendu (Landwirte) - sind in Ituri seit 1999 über 50 000 Menschen getötet worden. Die Situation im Osten Kongos haben die UN-Soldaten seit Beginn ihres Einsatz nie unter vollständige Kontrolle gebracht.[70]

Auch die Operation ›Artémis‹, eine von der EU organisierte und unabhängig von der NATO, aber in enger Abstimmung mit der UN-Mission für Kongo-Kinshasa (Monuc) durchgeführte militärische Aktion, die zwischen Juni und September 2003 erfolgte, konnte nur kurzfristig für Ruhe in der Provinzhauptstadt Bunia sorgen.[71] Ob die im Juni 2005 initiierte Waffenniederlegung gegen Geld, Kleidung und andere materielle Güter eine Erfolgsgeschichte wird und endlich Ruhe in der Region einkehrt, bleibt zu diesem Zeitpunkt noch abzuwarten. In dieser Region sind auch Milizen, die von Ruanda und Uganda aus gesteuert werden, dafür verantwortlich, daß der Konflikt immer weiter geht. Die Militärmachthaber dieser Länder, Paul KAGAME und Yoseweri MUSEVENI, müßten von der internationalen Gemeinschaft viel mehr unter Druck gesetzt werden, um den Kämpfen ein Ende zu setzen. Statt dessen ist man auf allen Seiten damit beschäftigt, den Status quo beizubehalten. In der Region Ituri geht es auch um wirtschaftliche Interessen, hier gibt es Gold, Diamanten, Öl, Kaffee, Koltan und auch Edelholz, und jedes der beteiligten Länder findet einen Grund, seine Kontrolle auf fremdem Staatsgebiet beizubehalten.

Äquatorial Guinea

Ja, auch in diesem kleinen Land in Westafrika ist ein regelrechter Öl-Boom ausgebrochen. Der Grund für diese Euphorie liegt eindeutig in der hohen Quote von erfolgsversprechenden Tiefseebohrungen im Golf von Guinea.[72] 1995 war es die Entdeckung des Ölfeldes Zafiro durch Exxon Mobil, die das Interesse für Ölbohrungen in der Region entfachte. Nördlich von der Insel Bioko befindet sich Alba, ein Gasfeld mit immensen Gasvorkommen. BG, der ehemalige britische Gasmonopolist, hat sich gegenüber dem Konsortium Marathon Oil und GePetrol verpflichtet, die gesamte Gasförderung in Form von Flüssiggas LNG (Liquified Natural Gas) für die kommenden siebzehn Jahre abzunehmen. BG will dieses Gas in den USA vermarkten. Als drittes interessantes Projekt gilt das Ölfeld Ceiba, das von Amerada Hess ausgebeutet wird.[73] Man rechnet damit, daß weitere Entdeckungen dazu führen werden, den Weltmarktanteil dieser Region von derzeit etwa vier Prozent deutlich anzuheben.

Der Kampf um das Öl in Westafrika scheint überwiegend von amerikanischen Konzernen beherrscht zu werden. So beziehen die Vereinigten Staaten von Amerika derzeit zwölf Prozent des Öls aus dem Golf von Guinea; dieser Anteil könnte sich in den kommenden Jahren auf fünfundzwanzig Prozent erhöhen. Während Kamerun und Gabun ihre Produktion nicht mehr erhöhen können und die Reserven stark begrenzt sind, könnte Äquatorial Guinea seine Produktion weiter hochfahren, der Finanzminister Melchior Esono spricht bereits jetzt von 500 000 Barrel pro Tag. Damit würde man bei den Ölproduzenten südlich der Sahara bereits auf Rang drei hinter Angola und Nigeria aufrücken. Offiziell weist die Statistik von BP für das Jahr 2002 nur einen durchschnittlichen Tageswert von 237 000 Barrel aus, der Anstieg gegenüber 2001 liegt aber bei 31 Prozent. 2003 ging es weiter rauf auf 249 000 Barrel pro Tag.[74] Auch 2004 konnte die Ölförderung von Äquatorial Guinea nennenswert gesteigert werden, wie folgende Grafik zeigt. Das Land förderte mehr als 350 000 Barrel pro Tag. Genau das ist einer der kleinen Hoffnungsschimmer in der Welt des schwarzen Goldes: das enorme Wachstumspotential.

Die Grafik zeigt übrigens auch, wie die Ölförderung nach den ersten Entdeckungen Anfang der neunziger Jahre geradezu nach oben schießt. Die ehemalige Kolonialmacht Spanien soll beim Aufbau einer Infrastruktur ebenso helfen wie die Firmen anderer Staa-

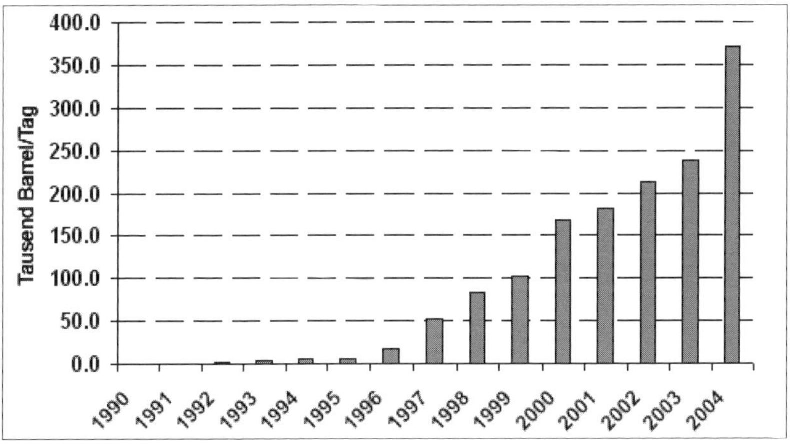

Ölförderung in Äquatorial Guinea 1990-2004. Quelle: EIA

ten. Das Land mit gerade mal einer halben Million Einwohnern wird von Obiang NGUEMA regiert, schon seit über fünfundzwanzig Jahren Regierungschef des Landes.[75] Im April 2004 gewann die Regierungspartei des Präsidenten fast alle Sitze im Parlament. Zu Äquatorial Guinea gehört im übrigen auch die Insel Bioko in der Bucht von Biafrai vor Kamerun. Sie wurde 1471 vom portugiesischen Seefahrer Fernando PÓ entdeckt. 1778 tauschte Portugal die Insel mit Spanien gegen Besitzungen in Brasilien. Die Unabhängigkeit von Spanien wurde im Oktober 1968 erklärt.

Das Regime unter dem ersten Präsidenten Francisco Macías NGUEMA entwickelte sich zu einer Schreckensherrschaft für viele Bürger des Landes, und so kam es Ende der siebziger Jahre zu einer regelrechten Flucht von über einhunderttausend Einwohnern. Sie flohen nach Europa oder in die umliegenden afrikanischen Länder. Im Jahre 1977 brach man die diplomatischen Beziehungen zu Spanien ab. Letztendlich war es der Neffe Macías NGUEMAS, Obiang NGUEMA MBASOGO, der am 3. Mai 1979 einen Militärputsch anführte und die Kontrolle übernahm. Diese behielt er bis heute. Obwohl im November 1991 das Mehrparteiensystem eingeführt wurde, werden die Oppositionskandidaten radikal angegriffen, verhaftet oder einfach beseitigt. 1997 wurde die größte Oppositionspartei, die Partido del Progreso de Guinea Ecuatorial, sogar verboten. Insofern muß man jegliche Demokratisierungsversuche als äußerst zweifelhaft ansehen.

Die westlichen Industriestaaten überbieten sich derweil natürlich in Anwerbungsversuchen, geht es hier doch um das einträgliche Ölgeschäft. Während amerikanische Ölfirmen das Kommando in Äquatorial Guinea schon längst übernommen haben, zog die amerikanische Regierung erst im Oktober 2003 nach. Die amerikanische Botschaft in Malabo wurde wiedereröffnet. 2004 geriet das Land noch einmal in die Schlagzeilen, da Mark THATCHER, der Sohn der ehemaligen britischen Premierministerin Margaret THATCHER, in einen Putschversuch verwickelt gewesen sein soll. Demnach soll eine Gruppe, zu der auch Mark THATCHER gehörte, beabsichtigt haben, Obiang zu beseitigen und den im spanischen Exil lebenden Oppositionellen Severo MOTO an die Macht zu bringen. Auf diesem Weg wollte man auch die Kontrolle über die Öleinnahmen des kleinen Landes erhalten. Mark THATCHER sitzt derweil in einem südafrikanischen Gefängnis in Untersuchungshaft, die anderen beteiligten ›Putschisten‹ sitzen in Zimbabwe und Äquatorial Guinea ein.[76] Wie diese Geschichte enden wird, bleibt abzuwarten, da die Gerichtsverhandlungen noch andauern oder bevorstehen.[77] Die Bürger werden aber sicher eher an einer positiven wirtschaftlichen Entwicklung ihres Landes und an einer politisch-gesellschaftlichen Veränderung interessiert sein.

Sao Tomé und Principe

Seit dem 12. Juli 1975 ist das Land unabhängig, mit 180000 Einwohnern zählt man sicherlich zu den kleinsten Staaten auf der Welt. Staatsoberhaupt ist seit dem 3. September 2001 Fradique DE MENEZES, Ministerpräsident Damiao Vazde ALMEIDA. Die nächsten Präsidentschaftswahlen sind für Juli 2006 vorgesehen.[78] Das Land gilt als arm, die Monokultur hat dafür gesorgt, daß man stark auf Lebensmittelimporte angewiesen ist. Die sogenannte ›Joint Development Zone‹ verknüpft Nigeria mit Sao Tomé und Principe, denn dieser im Februar 2001 unterzeichnete Vertrag regelt die Nutzungsrechte für alle möglichen Ölfunde. Demnach stehen Nigeria sechzig Prozent und Sao Tomé vierzig Prozent zu. Zudem wird eine gemeinsame Verwaltung aufgebaut und Schlichtungsmechanismen installiert, die jede Uneinigkeit schlichten sollen. Dieser hohe Anspruch für eine faire Behandlung auch des kleineren Partners hat in der Ölbranche sicherlich Seltenheitscharakter.

Nach neuesten Informationen sollen sich in dieser Sonderzone

Ölvorkommen von über elf Milliarden Barrel Rohöl befinden, und die Tagesförderung könnte in den kommenden Jahren bis zu drei Millionen Barrel pro Tag erreichen.[79] Im Jahre 2004 wurden zwei Konzessionsrunden eröffnet, und der Andrang der Ölunternehmen war groß. Ansonsten ist das Land im wesentlichen auf den Tourismus angewiesen und auf den Export von Kakao, der achtzig Prozent aller Exporteinnahmen ausmacht. Ob das Rohöl für eine Verbesserung der Lebensumstände in dieser ehemaligen portugiesischen Kolonie sorgen wird, bleibt abzuwarten. Noch wird das Land in den Tabellen für die Ölförderung nicht separat aufgeführt, auch Ölreserven werden offiziell nicht genannt. Wenn das der Fall sein wird, weiß man, daß der Ölboom auch Sao Tomé erfaßt hat. 2003 stand das Land zuletzt im Blickpunkt, als Militärs einen Putsch beabsichtigten, letztendlich aber doch einen Rückzieher machten.[80]

Kamerun

Der portugiesische Seefahrer Fernando Pó entdeckte das Land 1472 für die Europäer. Aufgrund des sehr feuchten Klimas und der Unzugänglichkeit der Küstenregion verzichteten die Portugiesen ebenso wie die Holländer auf eine Besiedlung des Landes. Deutsche Kolonie wurde das Land, weil der deutsche Generalkonsul in Tunis und spätere Reichskommissar für Westafrika, Gustav Nachtigal, im Auftrag des Kaisers im Juli 1884 einen Schutzvertrag mit einigen Duala-Häuptlingen unterzeichnete. Die Deutschen wurden zwischen 1914 und 1916 von alliierten Truppen besiegt, Kamerun wurde dann bereits im März 1916 unter Großbritannien und Frankreich aufgeteilt; diese Aufteilung wurde später vom Versailler Vertrag völkerrechtlich bestätigt.

Ostkamerun feierte seine Unabhängigkeit von den Franzosen am 1. Januar 1959. Westkamerun wiederum konnte den Mantel des Kolonialismus im Jahre 1961 ablegen, als die Engländer das Land verließen. Das Land wurde im selben Jahr wiedervereinigt, obwohl sich ein Teil des Landes, und zwar der Norden Westkameruns für den Verbleib beim größeren Nachbarn Nigeria entschloß. Staatsoberhaupt der mehr als 15,8 Millionen Kameruner ist seit 1982 Paul Biya, seine Partei wurde mit 109 von 180 Parlamentssitzen in der Parlamentswahl von 1997 mit großer Mehrheit wiedergewählt. Das Land verfügt über eine relativ gute Infrastruktur, die noch aus der Kolonialzeit stammt. Günstige klimatische Bedingungen und umfangreiche Exporte versetzen das Land in eine außerordentlich erfreuliche Lage. Alle notwendigen Nahrungsmittel erzeugt man selbst. Neben Erdöl verfügt das Land über Vorkommen an Eisenerz, Erdgas, Kautschuk, Aluminium und Bauxit. Exportiert werden Kaffee, Kakao, Bananen und Baumwolle.

Außerdem ist die politische Stabilität ein Markenzeichen Kameruns. Nur in den nordwestlichen Regionen des Landes kam es hin und wieder seit 1995 zu Kämpfen mit Separatisten, die einen Anschluß an Nigeria befürworten. Die Ölförderung lag in Kamerun im Jahre 2004 bei tagesdurchschnittlichen 76 000 Barrel, die Reserven würden bei gleichbleibender Produktion noch fünfzehn Jahre reichen.[81] Das Land kann sich bei diesem Volumen keine Hoffnungen machen, durch den Verkauf von Rohöl zu Reichtum zu kommen. Deutschlands bilateraler Handel mit Kamerun erreichte 2002 190 Millionen Euro. Eingeführt wurden im wesentlichen Erdöl für 26,3 Mio. Euro, Südfrüchte (10,3 Mio. Euro), Rundholz (18,1 Mio. Euro) und Baumwolle (10,2 Mio. Euro).[82]

Republik Kongo-Brazzaville

Präsident dieses Landes ist Denis Sassou-Nguesso, er bekam bei der letzten Präsidentschaftswahl im März 2002 über achtundachtzig Prozent der Stimmen. Allerdings wurden wichtige Oppositionskandidaten nicht zur Wahl zugelassen. Auch die Parlamentswahl im Mai 2002 bestätigte dieses Ergebnis. In den letzten Jahren kam es immer wieder zu blutigen Kämpfen zwischen Regierungstruppen und Rebellen unter Führung von Frederic Bitsangou. Hierbei bekam die Regierung in Brazzaville auch Unterstützung aus Luanda/Angola. Das Experiment mit einer marxistischen Regierung gab man 1990 auf; 1992 wurde eine in einer Wahl bestätigte demokratische Regierung legitimiert. Am 12. Januar 1994 wurde die Währung um fünfzig Prozent abgewertet, was zuerst die Inflationsrate auf über sechzig Prozent erhöhte, sie ist seitdem aber deutlich zurückgegangen. 1997 tobte ein blutiger Bürgerkrieg durchs Land, der mehr als zehntausend Tote zur Folge hatte und zur vollständigen Zerstörung der Hauptstadt führte.

Dabei ist das Land reich an Ressourcen, exportiert Kakao, Kautschuk, Kaffee, Tabak und Zuckerrohr. Es gibt im Kongo reiche Vorkommen an Erdöl, Erdgas, Kupfer, Zink, Zinn, Phosphaten, Blei, Diamanten und Gold – eigentlich keine schlechte Ausgangslage für eine prosperierende Entwicklung. Die Rohölvorkommen sollen noch 1,5 Milliarden Barrel ausmachen, bei gleich hoher Produktion würden diese noch siebzehn Jahre ausreichen.[83] Das Land wurde lange Zeit von den Portugiesen kontrolliert; im Jahre 1880 übernahmen dann die Franzosen die Regie in der Region. Im Jahre 1910 wurde Brazzaville Hauptstadt des Gebietes Französisch-Äquatorialafrika. 1960 feierte das Land seine Unabhängigkeit. Dies führte freilich nicht zu Frieden und Wohlstand, Regierungswechsel und Militärputsche gehörten hier zum Alltag des politischen Geschehens. 2002 erreichte die Förderung von Rohöl im Durchschnitt 271 000 Barrel pro Tag, ein Jahr später waren es 255 000 Barrel pro Tag.[84] Angesichts einer rückläufigen Ölförderung wäre es aber vermessen, von einem Ölboom zu sprechen.

Benin

Auch Benin liegt am Golf von Guinea und grenzt im Osten an Nigeria, im Westen an Togo und im Norden an Niger und Burkina Faso. Mit über 112 000 Quadratmetern ist es größer als der Nachbar Togo oder Äquatorial Guinea, dagegen aber deutlich kleiner als die Elfenbeinküste oder Ghana. Benin hat 5,9 Millionen Einwohner, seine Unabhängigkeit bekam das Land im Jahre 1960. Zuvor war es seit dem Jahre 1872 eine französische Kolonie. Bis 1972 wechselten sich Militär- und Zivilregierungen ab, dann übernahm eine vom Marxismus-Leninismus getriebene Schicht die Führung, und man nannte das Land nun ›Volksrepublik Benin‹. Im Jahre 1990 wandelte sich auch dieses kleine Land in einen demokratischeren Staat, eine liberale Verfassung wurde verabschiedet, und ein Jahr später folgten freie, demokratische Wahlen. Ab und zu gab es Grenzstreitigkeiten mit dem größeren Nachbarn Liberia, man schaltete den Internationalen Gerichtshof ein. Im wesentlichen ist das Land ein Agrarland. Unter den Exportprodukten befinden sich Baumwolle und Kakao. Rohölvorkommen gibt es in Benin aber in nur sehr geringen Mengen. Die Ölförderung betrug hier 2001 lediglich 700 Barrel pro Tag.[85]

Togo

Mit einer Fläche von lediglich 56 700 Quadratkilometern gehört Togo sicherlich auch zu der Gruppe von Zwergstaaten in Afrika. Immerhin leben hier 4,4 Millionen Einwohner, davon allein 700 000 in der Hauptstadt Lomé. Hier lebte und arbeitete auch der dienstältestete Präsident Afrikas, Gnassingbé EYADÉMA, der zwischen 1967 und Anfang 2005 dieses Amt bekleidete. Die Wahlen von 1993, 1998 und 2003 hatte der langjährige Machthaber nur durch massive Wahlfälschung für sich gewinnen können. Nach seinem Tod Anfang Februar 2005 übernahm sein Sohn Faure EYADÉMA trotz internationaler Proteste die Führung über das Land. Aufgrund der Mißachtung von Pressefreiheit und der systematischen Einschüchterung der Opposition durch die Regierung sind die Beziehungen zur Europäischen Gemeinschaft seit 1993 eingefroren. Menschenrechtsorganisationen haben die Vorgänge in Togo wiederholt kritisiert. Einen wichtigen Verbündeten fand die Regierung von Togo hingegen im französischen Präsidenten Jacques CHIRAC, der sich ganz und gar nicht an die EU-Außenpolitik halten wollte.

So wie Kamerun ist auch Togo ein Land, das sich mit Agrarprodukten selbst versorgen kann. Die Grundnahrungsmittel wie Hirse, Yams, Maniok, Mais oder Sorgho stehen ausreichend zur Verfügung. Fünfundsechzig Prozent der Arbeitskräfte sind in der Landwirtschaft beschäftigt. Exportiert werden Kakao, Kaffee und vor allem Baumwolle, auf diese drei Produkte entfällt ein Anteil von vierzig Prozent aller Exporterlöse.[86] Rohöl gibt es hier nicht. Togo war einmal deutsche Kolonie, und zwar von 1884 bis 1914. Besiegt wurden die Deutschen im Ersten Weltkrieg von Frankreich und Großbritannien, so daß, wie im Falle von Kamerun, eine Teilung des Landes stattfand. Osttogo ging an Frankreich und Westtogo an die Engländer. Während sich die Bevölkerung in Westtogo im Jahre 1956 für einen Anschluß an Ghana entschied, gewann der französische Teil im April 1960 seine Unabhängigkeit zurück.

Ghana

Zuerst kamen die Portugiesen, ihnen folgten die Engländer. Das Land war lange Zeit ein idealer Brückenpunkt für den Sklavenhandel, aber auch die reichen Goldvorkommen lockten. Deswegen sprach man auch von der ›Goldküste‹. 1874 wurde das Land offiziell zur Kolonie des Britischen Empires erklärt und weiter ausgebeutet, bis es schließlich 1957 in die Unabhängigkeit entlassen wurde. Die Folgen waren verheerend. Wie viele andere Länder in Afrika kam das Land mit der Unabhängigkeit nicht zurecht, der erste Premierminister Kwame NKRUMAH steuerte Ghana mit diktatorisch-sozialistischem Kurs an den Rand des Ruins. Das Militär putschte im Jahre 1966, die Nachfolger blieben ebenso erfolglos. Dann übernahm Jerry RAWLINGS, ein ehemaliger Fliegerleutnant, 1981 das Kommando in Accra. 1979 wurde das Parlament aufgelöst und die Verfassung außer Kraft gesetzt. Oppositionsparteien wurden verboten. RAWLING ließ sich zweimal wiederwählen, nämlich 1992 und 1996. Eine dritte Amtszeit wurde ihm im Jahre 2000 aber verwehrt.

Im Frühjahr 2001 übernahm der neu gewählte Präsident John KUFUOR sein Amt. Er mußte den Versuch wagen, in einem hochverschuldeten Land Reformen durchzuführen und einen Pluralismus gedeihen zu lassen. 2004 wurde die Auslandsverschuldung auf 7,4 Milliarden Dollar geschätzt.[87] Insbesondere die Privatisierung von zumeist auch noch hochverschuldeten Staatsbetrieben steht bevor. Man möchte hiermit ausländisches Kapital ins Land locken. Wichtigstes Projekt ist derzeit der Bau der westafrikanischen Gaspipeline von Lagos in Nigeria nach Takoradi, Ghana. Diese Pipeline soll Ghana mit nigerianischem Gas versorgen. Außerdem versucht man, die Ölraffinerien zu modernisieren, um die Aktivitäten in der Petrochemie auszubauen, das geförderte Öl wird aber für einheimische Zwecke benötigt. Durch Steuererleichterungen und eine geringere Gewinnbeteiligung für den Staat möchte man ausländische Ölkonzerne dazu bewegen, vor der Küste Ghanas Explorationsarbeiten durchzuführen. Die Ghana National Petroleum Corporation ist für die Vergabe von Explorationsabkommen und Konzessionen zuständig.[88] Das Land exportiert im wesentlichen Gold und Kakao.

Elfenbeinküste

Mit 14,6 Millionen Einwohnern auf einer Fläche, die in etwa der der Bundesrepublik Deutschland vor der Einheit im Jahre 1990 entspricht (322 463 Quadratkilometer), ist das Land recht dünnbesiedelt. In der Hauptstadt Yamoussoukru leben nur 110 000 Einwohner. Auch dieses Land wurde von Frankreich im Jahre 1960 in die Unabhängigkeit entlassen. Allerdings hatte Félix HOUPHOUET-BOIGNY bereits im Jahre 1951 die Führung des Landes übernommen, als er zum Präsidenten der Territorialverwaltung gewählt wurde. Er sollte das Land bis zu seinem Tod im Jahre 1993 führen. Im Gegensatz zu anderen Ländern zog HOUPHOUET-BOIGNY es vor, engen Kontakt zum ehemaligen Kolonialherren Frankreich zu bewahren, so waren ihm finanzielle Hilfe und Anerkennung gewiß. Man sprach dann auch vom ›Wirtschaftswunderland‹. Enge Beziehungen zu den Vereinigten Staaten von Amerika und Südafrika verstärkten diese positive Entwicklung.

Das BOIGNY-System ging lange Zeit auf. Erst Ende der achtziger Jahre verschlechterte sich die Lage, Streiks und Proteste führten schließlich auch zu einer politischen Reform. 1990 wurde das Mehrparteiensystem eingeführt. Nach dem Tod HOUPHOUET-BOIGNYS folgten Henri Konan BÉDIÉ (1993–1999), General Robert GUÉI (1999/2000) und Laurent GBAGBO (ab Oktober 2000). Das Land lebt von seiner Landwirtschaft; zu den wichtigsten Agrarprodukten gehören Bananen, Kakao, Kaffee und Baumwolle. Außerdem gibt es noch Diamantenminen in der Nähe von Korhogo.

In den letzten Jahren war man vor der Küste auf Rohöl gestoßen, allerdings sind die bekannten Vorkommen mit fünfzig Millionen Barrel bisher recht bescheiden.[89] Es sind vor allem kleinere Ölgesellschaften wie Canadian Natural Resources und Tullow Oil, die kleinere Ölfelder wie Espoir mit einer Tagesproduktion von zehntausend Barrel oder Baobab mit einer erwarteten Produktion von sechzigtausend Barrel ausbeuten. Auch Devon Energy gehört mit zwanzigtausend Barrel beim Ölfeld Lion dazu.[90] Frankreich ist noch immer der beherrschende Handelspartner, der Franc CFA ist fest an den Euro gekoppelt, und in der Elfenbeinküste tätige französische Firmen sorgten bis zuletzt für einen wesentlichen Teil der Steuereinnahmen.

In den letzten Jahren herrschte im Lande ein Bürgerkrieg, die Rebellen sollen bis zu sechzig Prozent des Territoriums unter ihre Kontrolle gebracht haben. Ein Anfang 2003 in Linas-Marcoussis in Frankreich abgeschlossener Friedensvertrag und eine später erzielte Vereinbarung von Accra sollten einen Frieden zwischen Regierung und Rebellen herstellen, doch 2004 sorgten erneute Angriffe auch gegenüber französischen Soldaten für eine Verschlechterung der Situation und im November für UN-Sanktionen und ein Waffenembargo.

Da viele Ausländer das Land inzwischen verlassen haben und die Investitionen der Unternehmen zurückgestellt wurden, dürfte sich die allgemeine Wirtschaftslage verschlechtern. Die Auslandsverschuldung liegt bei über zehn Milliarden Euro, und die Regierung stellte im November 2004 die Schuldenrückzahlung ein.[91] Derzeit sind über 5800 UN-Soldaten in der Elfenbeinküste präsent, um für Sicherheit und Ordnung zu sorgen. Hinzu kommen noch einmal etwa 5000 französische Soldaten, die für die Sicherheit der 15 000 französischen Staatsbürger sorgen sollen. Das UN-Mandat lief bis Ende Juni 2005, dürfte aber aufgrund der vorgesehenen Präsidentschaftswahlen im Oktober 2005 verlängert werden.[92]

Liberia

Dieses Land wurde bereits 1847 in seine Unabhängigkeit entlassen. Der Grund für diese frühe Freiheit war eine Initiative des amerikanischen Kongresses. Dieser wollte befreiten amerikanischen Sklaven eine neue Heimat geben. Sie kamen auch dorthin, es gab jedoch Schwierigkeiten mit der Umsetzung von Freiheit und Demokratie für alle. So gab es die reichen Schwarzen und die armen Schwarzen. Später wurde das Land wegen der Kautschukplantagen interessant für die Automobilindustrie. Der amerikanische Reifenhersteller Firestone kontrollierte die Plantagen in Liberia, weshalb das Land auch ›Firestone-country‹ genannt wurde. Unter William TUBMANN (1943–1971) und William TOLBERT (1971–1980) bemühte sich die Regierung des Landes, verstärkt auch die afrikanische Bevölkerung im Hinterland sozial zu integrieren. Diese hatten im Jahre 1904 ihr Bürgerrecht erhalten und im Jahre 1907 ihr Wahlrecht.

Das etablierte Herrschaftssystem begünstigte aber weiterhin in erster Linie die ameriko-liberanische Elite. TOLBERT wurde im April 1980 von Hauptfeldwebel Samuel DOE aus dem Amt geputscht. DOE verbot alle politischen Parteien und setzte die Verfassung außer Kraft. Chaos und Korruption sollten triumphieren. Im Jahre 1989 waren es Rebellen unter der Führung von Charles TAYLOR, die DOE aus dem Amt trieben. Auch TAYLOR setzte seine Machtpolitik gnadenlos durch. Seine Partei, die National Patriotic Party, beherrschte beide Kammern des Parlaments. Die von der Politik ausgeschlossenen KRAHN und MANDINGO rebellierten, und es kam zum Bürgerkrieg.

Die Rebellenbewegung Liberians United for Democracy in Liberia oder LURD kämpfte ab dem Jahre 2000 gegen Regierungstruppen. Anfang 2002 kam eine zweite Rebellenbewegung hinzu, namens Movement for Democracy in Liberia, oder kurz MODEL genannt, deren Ziel auch der Sturz TAYLORS war. Der Bürgerkrieg sollte einen hohen Blutzoll kosten, mehr als 150 000 Tote gab es,

Hunderttausende flüchteten in die Nachbarstaaten. Das Land hat nur 3,3 Millionen Einwohner.

Dennoch sorgte die Politik TAYLORS immer wieder für internationales Aufsehen. Konflikte mit Rebellen im Land und mit den Nachbarstaaten Sierra Leone, Guinea und Elfenbeinküste beherrschten in den vergangenen Jahren das Bild. Jegliche Aktivitäten der Opposition wurden immer wieder stark eingeschränkt. Die erste Präsidentenwahl nach dem Bürgerkrieg gewann TAYLOR mit fünfundsiebzig Prozent aller Stimmen im Juni 1997 klar. Am 8. Februar 2002 wurde der Ausnahmezustand ausgerufen. Am 17. Juni 2003 wurde nach langen Verhandlungen unter Mitwirkung einer ganzen Reihe von Parteien (ECOWAS, Vereinte Nationen, Afrikanische Union, Europäische Union, Frankreich, GB, USA, Ghana, Marokko, Nigeria und Senegal) endlich ein Waffenstillstandsabkommen unterzeichnet, doch die LURD setzte ihre Angriffe fort. Die ECOWAS, eine militärische Einsatztruppe der sechzehn afrikanischen Mitgliedstaaten, beschloß dann aber, mit der Entsendung einer Friedenstruppe mit einer Stärke von 3500 Mann in Monrovia für klare Verhältnisse zu sorgen. Diese trafen Anfang August 2003 ein, während Präsident Charles TAYLOR am 11. August ins Exil nach Nigeria flüchtete.

Bei Friedensgesprächen in Accra einigten sich die Kriegsparteien am 21. August auf den Führer der kleinen Oppositionspartei Liberia Action Party, Gyude BRYANT, als Übergangspräsidenten. Im Jahre 2005 soll es dann Neuwahlen geben.[93] Gemäß den Entschließungen 1497 und 1509 der Vereinten Nationen soll eine multinationale Blauhelmtruppe mit bis zu 15 000 Soldaten die Übergangsphase bis zu den freien Wahlen absichern.[94] Erdöl- und Gasvorkommen hat das Land keine aufzuzeigen.

An dieser Stelle noch eine Schlußbemerkung. Nimmt man die Prognosen der Internationalen Energieagentur für die Produzenten am Golf von Guinea ernst, dann wird es nur mittelfristig zu deutlich größeren Einnahmen aus dem Ölgeschäft kommen. Langfristig sind nur zwei Länder in der Lage, ihre Produktion nennenswert zu erhöhen, nämlich Nigeria und Angola. Um Streitigkeiten nicht in Konflikte ausarten zu lassen, haben die Küstenstaaten die Commission of the Gulf of Guinea ins Leben gerufen. Die Kommission soll auch über Grenzziehungs- und Sicherheitsprobleme beraten, sich mit maritimer Umweltverschmutzung sowie der Koordination von Fischereiaktivitäten auseinandersetzen. Da die Sitzungsprotokolle nicht

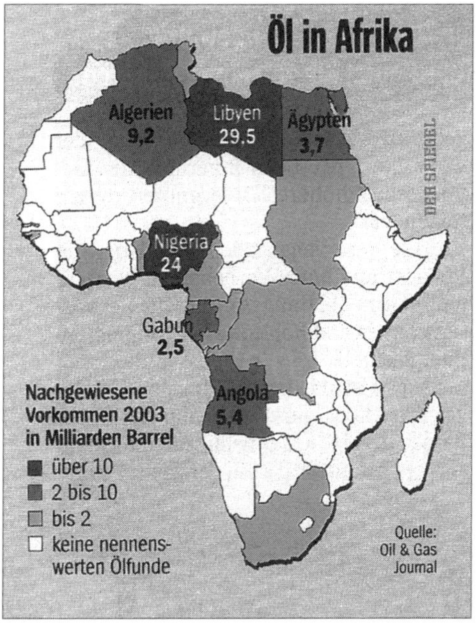

Unten: der Ölhafen von Rotterdam. Das afrikanische Öl (Karte: Der Spiegel) *soll und wird keine Nebenrolle für die globale Wirtschaft spielen.*

veröffentlicht werden, ist über die Effektivität der Kommission nicht viel zu sagen.

Aufgrund der Untersuchungen von Global Witness zu den Schmiergeldzahlungen in der Ölindustrie von Angola, ging die Initiative ›*publish-what-you-pay*‹, kurz PWYP, hervor. Dieser Initiative gehören inzwischen mehr als einhundertsiebzig Nicht-Regierungs-Organisationen an. Durch die Veröffentlichung aller Zahlungen in der Erdölindustrie sollen die beteiligten Unternehmen und Regierungen den Druck der Öffentlichkeit spüren und so gezwungen werden, das Geld in vernünftige Projekte und die Entwicklung der Länder zu investieren, und nicht in Waffen und unsinnige Kriege.

Eine weitere Initiative ist die von der britischen Regierung angestoßene Extractive Industries Transparency Initiative, die auf Freiwilligkeit und Selbstverpflichtung aller Beteiligten in der Ölindustrie setzt. Bisher haben sich dieser Initiative Länder wie Trinidad-Tobago, Sierra Leone, Ghana, Nigeria und Aserbaidschan angeschlossen. Bisher fehlt aber noch ein verbindlicher Zeitrahmen, und es gibt noch keine klaren Vorgaben. Insofern muß auch hier die weitere Entwicklung abgewartet werden. Allzuoft werden Erfolge vor der effektiven Umsetzung verkündet. Die Weltöffentlichkeit ist also vorgewarnt. Außerdem sollte nicht erwartet werden, daß der Ölreichtum zur Beseitigung der Armut in Afrika führen wird, denn die Geschichte hat uns gelehrt, daß diese Erwartungen stets zu hoch gegriffen und die Enttäuschung ungleich größer war.

Die Ölkonzerne verfolgen zudem im wesentlichen ihre eigenen Interessen, und die Milliardeninvestitionen beziehen sich in der Regel nur auf die Erhaltung und Erweiterung oder den Aufbau neuer Erdölanlagen, um die Ölförderung möglichst effizient zu gestalten. Zu massiven Einstellungswellen seitens der Ölkonzerne kommt es deswegen in der Regel nicht.

[1] Bericht des US-Außenministeriums, April 1997.

[2] Nando SOMMERFELDT, »Öl-Spezialisten in den Startlöchern«, in: *Die Welt*, 28. 2. 2004, S. 19.

[3] Halliburton Company Geschäftsbericht 2003, S. 17 u. 38.

[4] Norbert KULS, »Cheneys langer Schatten-Aktie im Blick: Halliburton«, in: *FAZ*, 12. 4. 2003, S. 23.

[5] Halliburton Company Geschäftsbericht 2003, S. 22 f.

[6] Rosa TOWNSEND, »El gran robo de Halliburton en Irak«, in: *El País*, 22. 7. 2004, S. 4.

[7] »Neue Pipelines für Ölfunde im Kaspischen Meer. US-Firmen favorisieren Exportleitung, die Rußland und Iran umgeht«, in: *Handelsblatt,* 2. 5. 2000.

[8] civisdigitalis.de/em/info/archive-article, Militärpräsenz in Eurasien, 10. 4. 2002, *Eurasisches Magazin.*

[9] Rainer HERMANN, »Bogen der Instabilität«, in: *FAZ,* 12. 5. 2004, S. 12; Rainer HERMANN, »Der Kampf um den Kaukasus«, in: *FAZ,* 31. 5. 2005, S. 10.

[10] Salzgitter AG, salzgitter-ag-de, »Presse & News, Rohre für die längste Öl-Pipeline der Welt«, *Konzernmagazin,* 10. 1. 2003.

[11] Uwe KRÜGER, »Der Poker um das Öl im Kaspischen Meer«, in: *Internationale Politik und Gesellschaft,* 4/2003, S. 8–17; »Die Pipeline für das Öl vom Kaspischen Meer soll Tiflis sanieren«, in: *Die Welt,* 7. 5. 2004-von mq = Manfred QUIRING, 6. 5. 2004. Die Transiteinnahmen sollen demnach 0,43 Dollar pro Barrel betragen.

[12] Richard MORNINGSTAR, »From Pipe Dream to Pipeline: The Realization of the Baku-Tiblisi-Ceyhan Pipeline«, in: *Belfer Center for Science and International Affairs,* John F. Kennedy School of Government, Harvard University, 8. 5. 2003; Olaf PREUSS und Nils KREIMEIER, »Georgien: Strategischer Durchgangsort für das Öl vom Kaspischen Meer«, in: *Financial Times Deutschland,* 4. 11. 2003.

[13] Weitere Partner im Projekt sind Amoco – dieses Unternehmen gehört aber mittlerweile zu BP –, Exxon sowie Pennzoil, laut Barry GRAY, »Die Ölinteressen am Kaspischen Meer und die Kriegsdrohungen gegen den Irak«, in: *World Socialist Web Site,* 19. 11. 1998, aus dem Amerikanischen vom 16. 11. 1998, wsws.org.de

[14] »Verflogene Erdöl-Euphorie am Kaspischen Meer«, in: *Neue Zürcher Zeitung,* 19. 4. 1999.

[15] Ebenda.

[16] Ebenda.

[17] BP, *Statistical Review of World Energy 2003* und *2005,* Oil: Proved Reserves Ende 2002 und Ende 2004; EIA, *Country Analysis Briefs Caspian Sea Region,* Dezember 2004.

[18] Brookings Institute, Washington D.C., »The Caspian Basin and Asian Energy Markets«, in: *Conference Report,* No. 8, September 2001, S. 1–8.

[19] gasandoil.com, Alexanders Gas & Oil Connections, Volume 8, Issue 4, »Iran offers Indian firms chance to participate in oil exploration«, Originalmeldung vom 27. 1. 2003, in: *Asia Pulse.*

[20] Brookings Institute, Washington D.C., aaO. (Anm. 18), S. 5–8.

[21] ABB.at/global/atabb, ABB erhält Öl- und Gas-Auftrag aus Rußland in Höhe von 987 Mill. US-Dollar, 22. 7. 2002.

[22] gasandoil.com/goc/company/cnr02575.htm, Irkutsk region Administration Press Service vom 26. 5. 2000, »Korean Oil and Gas and Irkutsk region sign agreement«, 23. 6. 2000 in: *Alexander Gas & Oil Connections,* Volume 5, Issue 11; english.pravda.ru/economics/2001/10/26/

19319.html, »Russian Gas to Reach China, South Korea in 2008–2010«.

[23] BPHome-AboutBPRussia.htm, Russia-Operations, Mai 2004 am 12. 5. 2004.

[24] IRNA, Iran to Export Natural Gas to Azerbaijan, 5. 5. 2004, Teheran, iranoilgas.com

[25] International Energy Agency, *Monthly Oil Report,* April 2004, Table 4, World Oil Production, S. 46. Allerdings muß man hierbei berücksichtigen, daß Saudi-Arabien laut Angaben von BP im Jahre 2001 8,9 Mio. Barrel und 2002 8,6 Mio. Barrel gefördert hat; die Angaben der IEA und von BP weichen daher voneinander ab. Laut Angaben der Internationalen Energie Agentur in Paris erreichte die russische Ölproduktion im Jahre 2002 und 2003 mit 7,66 und 8,49 Millionen Barrel pro Tag annähernd sogar die Tagesproduktion Saudi-Arabiens (2002 7,38 und 2003 8,49 Millionen Barrel) oder lag zeitweise zumindest gleichauf.

[26] Brookings Institute, Washington D.C., aaO. (Anm. 18), S. 4–8.

[27] Rainer Hermann, »Bogen der Instabilität«, in: *FAZ,* 12. 5. 2004, S. 12.

[28] Alexander Rahr, »Energieressourcen im Kaspischen Meer«, in: *Zeitschrift: Internationale Politik,* Januar 2001; weltpolitik.net/regionen/russland/article/842.html am 18. 12. 2001 = Heinz Nixdorf Stiftung.

[29] IEA Energy Statistics-Oil.htm for Azerbaijan and Kazakhstan in 2001; Aserbaidschan kam im Jahre 2001 auf 8,12 Millionen Einwohner und ein Bruttoinlandsprodukt von 3,74 Milliarden Dollar, Kasachstan hatte im selben Jahr eine Bevölkerung von 14,9 Millionen Einwohnern aufzuweisen, das Bruttoinlandsprodukt betrug 25,5 Milliarden Dollar. Turkmenistan hat 5,44 Millionen Einwohner, das Bruttoinlandsprodukt lag bei 8,6 Mrd. Dollar. Kirgistan (4,9 Millionen Einwohner und ein BIP in Höhe von 2 Mrd. Dollar), Tadschikistan (6,2 Mio. und 2,6 Mrd. Dollar), Georgien (5,3 Mio. und 2,6 Mrd. Dollar) und Armenien (3,8 Mio. und 4 Mrd. Dollar) spielen im Energieroulett am Kaspischen Meer fast keine Rolle. In Usbekistan mit 25 Millionen Einwohnern und einem Bruttoinlandsprodukt von 12,8 Milliarden Dollar ist die Hauptenergieressource Gas (42 Mio. Tonnen), und es folgt an zweiter Stelle Rohöl (7,4 Mio. Tonnen). Der Einsatz von Kohle ist hier nur minimal (925 000 Tonnen). Turkmenistan exportierte 2001 nur 1,507 Millionen Tonnen Rohöl bei einer Produktion von 8,673 Millionen Tonnen. Im wesentlichen stützt sich der Energiemix in diesem Land auf Gas mit einem Verbrauch von 11,5 Millionen Tonnen; exportiert werden 30,3 Millionen Tonnen. Während Kasachstan beim Energiemix auf Kohle (20,9 Mio. Tonnen), Gas (8,7 Mio. Tonnen) und Rohöl (9,9 Mio. Tonnen) setzt, sind es in Aserbaidschan im wesentlichen Rohöl (6,5 Mio. Tonnen) und Gas (7,2 Mio. Tonnen).

[30] »Chevron and Shell announce agreement for cooperation in the Caspian Region«, in: *Chevron Press Release Archives,* 16. 2. 1998.

[31] chevrontexaco.com/operations/eurasia/; 10. 5. 2004; Die Förderung der Ölfelder in Tengiz und Korolev erreichte im Jahre 2003 insgesamt 280 000 Barrel pro Tag. Das Tengiz-Ölfeld soll nach letztem Stand über Reser-

ven in Höhe von sechs bis neun Milliarden Barrel verfügen. Beim im Jahre 1979 entdeckten Feld in Karachaganak (20 % Anteil, und Partner sind Agip/Eni, BG International und Lukoil) kam die Ölförderung zuletzt auf 115 000 Barrel pro Tag. Hier sollen sich aber insgesamt Reserven in Höhe von 3,5 Milliarden Barrel befinden und Gasreserven in Höhe von 1,35 Billionen Kubikmetern Erdgas.

32 U.S.-Kazakhstan Business Association, About Kazakhstan, Geostrategic Importance, Juli 2005.

33 Stand Ende 2002: BP, *Statistical Review of World Energy 2003*; 2,5 Milliarden Barrel in Gabun gegenüber 24 Milliarden Barrel in Nigeria.

34 Stand 2001: 129,88 Mio. Einwohner, BIP 33,44 Mrd. Dollar, IEA Statistics.

35 Johannes Dieterich, »Amerikas neue Tankstelle«, in: *Financial Times Deutschland*, 28. 2. 2003, S. 28.

36 IEA Statistics, Selected 2001 Indicators und 2001 Energy Balance; Worldbank Country at a glance tables 2000–2004.

37 chevrontexaco.com/operations-10. 5. 2004 und /operations/africa

38 Thomas Scheen, »Afrika entwickelt sich zu einem wichtigen Erdöllieferanten«, in: *FAZ*, 4. 11. 2002, S. 16.

39 exxonmobil.com/Corporate/Newsroom/Publications/c-fall01-lamp/page-9.html, Panorama, Milestone project launched in Angolan deepwater project, 10. 5. 2004.

40 exxonmobil.com/Corporate/Newsroom/Publications

41 gemäß Urteil des Internationalen Gerichtshofs in Den Haag, dse.de/za/lis/tschad/history.htm und uni-hamburg.de/publish/IPW/Akuf/kriege/092bk_tschad.htm, Tschad, von Philipp Bailly.

42 gfbv.de/voelker/oel/210/tschad.htm, Manfred Zint,»Tschad: In aller Eile Fakten geschaffen«, aus: *pogrom-bedrohte Völker*, Nr. 210, Heft 3/2001 und .erdoel-tschad.de, Das Tschad-Kamerun-Erdölprojekt: Öl-Macht-Armut-gefunden am 11. 5. 2004. Ein Konsortium unter Führung von ExxonMobil (Anteil 40 %) und Petronas (Anteil 35 %) sowie Chevron (Anteil 25 %) will in den kommenden Jahren bis zu 3,7 Milliarden Dollar investieren, um im Süden des Landes Öl zu fördern und den Bau einer 1070 Kilometer langen Pipeline bis Kamerun abschließen, um das Öl schließlich von einem Offshore-Terminal namens Komé Kribi 1= marine Terminal oder Floating Storage and Offloading (FSO) unit ungefähr 11 Kilometer vor der Küste nahe Kribi zu verschiffen.

43 exxonmobil.com/Chad/Construction/Oilfield/Chad_Oilfield.asp

44 National Assembly of Chad, Law No. 001/PR/99; exxonmobil.com/Chad/Benefits/Revenue/Chad_Revenue.asp

45 gtz.de/laender/ebene3.asp; Tschad, 8. 5. 2000, und Friedrich Ebert Stiftung, Referat Afrika, Dr. Rudolf Traub-Merz, Öl-Boom im Golf von Guinea, Oktober 2003.

46 exxonmobil.de/unternehmen/energie/reserven/tschad; lt. Exxon Mobil Anfang 2002 11 000 Mitarbeiter, davon 90 % Einheimische.

[47] BP, *Statistical Review of World Energy 2004*, Oil: proved reserves.
[48] schweitzer.org/lambarene.de
[49] Worldbank.org, Country at a Glance tables, Gabon, 15. 9. 2004.
[50] bayernlb.de, Dr. Dietrich Hölzle, Länderanalyse, volkswirtschaftliche Abteilung, Gabun, 20. 10. 2003.
[51] Worldbank.org, aaO. (Anm. 49).
[52] BP, *Statistical Review of World Energy June 2005*, Tabelle: Oil: proved reserves.
[53] dw-world.de, »Öl macht sexy«, 6. 10. 2002.
[54] Ölkonferenz in Kapstadt, eine Woche vor dem 6. 10. 2002 mit Konferenzpräsident Duncan Clarke, auch Verweis auf Chancen in Gabun, Kamerun, Äquatorial Guinea und Kongo.
[55] DasPortalder RepublikAngola.htm
[56] David Sogge, »Das bodenlose Faß einer Kriegswirtschaft«, in: *Freitag, die Ost-West-Wochenzeitung*, 24. 11. 2000.
[57] Energy Information Administration, Imports of Crude Oil into the United States, By Country of Origin, 2002 und 2003.
[58] Worldbank.org, Country at a glance tables, Angola, 15. 10. 2004.
[59] Worldbank.org, ebenda.
[60] Thomas Turner, »Angola - Self-Determination Conflict Profile«, in: *fpif.org*, 2000; Thomas Scheen, »Der Club der Zwanzigjährigen«, in: *FAZ*, 25. 10. 2004.
[61] CIA, *The World Factbook*, Democratic Republic of Congo, 30. 11. 2004.
[62] IEA, Demokratic Republic of Kongo, IEAEnergyStatistics-Oil.htm
[63] lcweb2.loc.gov/cgi-bin/query/, Library of Congress Country Studies, Zaire, Petroleum and Other Fuels und CIA-The World Factbook, Rank Order-Oil-proved reserves, 18. 12. 2003.
[64] uni-kassel.de/fb10/frieden/regionen/kongo/2000.html, Kongo: Bürgerkrieg und Beute fremder Staaten; Hans Christoph Buch, »Kollateralschaden Kongo«, in: *FAZ*, 6. 6. 2005, S. 29.
[65] uni-kassel.de, ebenda.
[66] lcweb2.loc.gov/cgi-bin/query, Country Studies-Zaire-Relations with the United States.
[67] lcweb2.loc.gov, Teil Zaire-Relations with the United States, Dezember 1993.
[68] lcweb2.loc.gov/cgi-bin/query, Zaire - A Country Study, Foreign Military Relations, Foreign Influences, Dezember 1993.
[69] Hans-Christian Rössler, »Ein sehr, sehr fragiler Übergangsprozeß«, in: *FAZ*, 3. 11. 2004, S. 3.
[70] Democratic Republic of the Congo - Monuc - Facts and Figures, un.org./Depts/dpko/missions/monuc/facts.html; »Ruandische Invasion in Kongo«, in: *FAZ*, 3. 12. 2004, S. 6; Thomas Scheen, »Krieg um des Krieges willen«, in: *FAZ*, 22. 5. 2005, S. 3.
[71] Deutscher Bundestag, Operation ›Artemis‹ für die Demokratische Republik Kongo war ein Erfolg, bundestag.de/bic/hib/2003/2003_256/

06; Le Conseil de l'Union Européenne, EU Military Operation in Democratic Republic of Congo (DRC/Artemis), 20. 3. 2004.

[72] Rudolf TRAUB-MERZ, »Öl-Boom im Golf von Guinea«, Kurzberichte aus der internationalen Entwicklungszusammenarbeit, Oktober 2003.

[73] Fernando GUALDONI, »Arranca a fiebre del gas en Guinea Ecuatorial«, in: *El País*, 1. 8. 2004, S. 15.

[74] BP, *Statistical review of world energy 2003*, workbook, Tabelle: Oil: proved reserves.

[75] Thomas SCHEEN, »Staat und Familie sind eins«, in: *FAZ*, 20. 6. 2002, S. 6; Thomas SCHEEN, »Der Club der Zwanzigjährigen«, in: *FAZ*, 25. 10. 2004, S. 12.

[76] Pía DÍAZ, »El hijo de Margaret Thatcher, acusado de financiar un golpe en Guinea Ecuatorial«, in: *El País*, 26. 8. 2004, S. 4; Ramón LOBO, »Mercenarios en el banquillo«, in: *El País*, 28. 7. 2004, S. 48; Thomas SCHEEN, »Mark Thatcher und die Söldner«, in: *FAZ*, 28. 8. 2004, S. 5.

[77] »Comienza en Guinea el jucio contra mercenarios golpistas«, in: *El País*, 24. 8. 2004, S. 4.

[78] CIA, *The World Factbook*, Sao Tome and Principe, 30. 11. 2004.

[79] EIA, *Country Analysis Brief Nigeria*, April 2005.

[80] »Putsch in Sao Tomé und Príncipe«, in: *FAZ*, 17. 7. 2003.

[81] CIA, *The World Factbook*, Cameroon, 30. 11. 2004.

[82] auswärtiges-amt.de/www/de/laenderinfos/, Kamerun, Stand April 2003.

[83] BP, *Statistical Review of World Energy 2004*, Oil: proved reserves.

[84] WorldOil.com, Outlook 2004, International worldwide production, February 2004, Volume 225, No.2.

[85] CIA, *The World Factbook*, Benin, 30. 11. 2004.

[86] CIA, *The World Factbook*, Togo, 30. 11. 2004.

[87] CIA, *The World Factbook*, Ghana, 30. 11. 2004.

[88] Toby REYNOLDS, »West Africa oil scramble draws in new hopefuls«, in: *biz.yahoo.com*, 23. 3. 2004.

[89] CIA, *The World Factbook*, Côte d'Ivoire, 30. 11. 2004.

[90] Toby REYNOLDS, aaO. (Anm. 88).

[91] Thomas SCHEEN, »Die schlimmen Folgen eines Staatsstreichs«, in: *FAZ*, 10. 11. 2004, S. 3; Thomas SCHEEN, »Der schmerzliche Weg in die Armut, Länderbericht Elfenbeinküste«, in: *FAZ*, 29. 11. 2004, S. 14; »Sanktionen gegen Elfenbeinküste«, in: *FAZ*, 17. 11. 2004, S. 1; Thomas SCHEEN, »Die Elfenbeinküste erwacht aus einem Alptraum«, in: *FAZ*, 23. 11. 2004, S. 6.

[92] Côte d'Ivoire UNOCI Facts and Figures and MINUCI – Chronology, un.org/Depts/dpko/missions, 9. 6. 2005.

[93] auswärtiges-amt.de/www/de/laenderinfos, Liberia-Geschichte, Stand: Oktober 2003.

[94] Liberia-UNMIL-Background and UNMIL-Mandate United Nations Mission in Liberia, un.org/Depts/dpko/missions/unmil, 9. 6. 2005.

16. Kapitel

Die größten Ölproduzenten und Ölkonsumenten weltweit

Wenn man Sie fragen würde, wer denn der größte Ölkonsument weltweit ist, dann würden Sie vermutlich antworten: die Vereinigten Staaten von Amerika. Damit lägen Sie gar nicht so falsch - obwohl andere Länder auf der Welt mehr Einwohner haben, allen voran Indien (1,1 Milliarde) und China (1,3 Milliarden). Die Vereinigten Staaten haben mit knapp über zweihundertachtzig Millionen Einwohnern im Jahre 2004 einen Verbrauch erlangt, der bei 20,5 Millionen Barrel pro Tag lag. Im Vergleich dazu verbrauchten Indien und China mit jeweils deutlich über einer Milliarde Einwohnern zusammengenommen bescheidende 8,8 Millionen Barrel Öl pro Tag. Da der weltweite Verbrauch bei täglich über achtzig Millionen Barrel liegt, entfällt auf die Vereinigten Staaten somit knapp fünfundzwanzig Prozent des Weltkonsums an Öl.

Aber auch Chinas Durst wird allmählich größer. Im Jahre 1973, dem Jahr der großen Ölkrise, betrug der Verbrauch in China eine Million Barrel; erst 1986 erreichte man zwei Millionen Barrel. Danach ging es aber in rasantem Tempo bergauf. So fielen die Marken von durchschnittlich drei oder vier Millionen Barrel pro Tag im Jahre 1994 und 1998. Im Jahre 2001 erreichte man dann die fünf Millionen Barrel pro Tag-Marke. Ein Jahr später rückten die Chinesen schließlich auch noch auf Rang zwei in der Welt und damit vor die Japaner (China 5,362 Mio. gegenüber Japan 5,337 Mio. Barrel pro Tag), um 2004 nach einer weiteren deutlichen Absatzsteigerung einen Verbrauch von 6,5 Millionen Barrel pro Tag aufzuweisen. Damit lag das Riesenreich mit Abstand vor Japan auf Rang zwei in der Welt.

Aufgrund der weiter schnell wachsenden chinesischen Wirtschaft wird der Primärenergiebedarf in China weiterhin stark zunehmen; dies trifft auch auf den Transportsektor zu, der wegen der sehr stark ansteigenden Motorisierung einen höheren Ölbedarf nach sich ziehen wird. Derzeit fahren nur rund achtzehn Millionen Autos auf Chinas Straßen; jedes Jahr kommen fünf Millionen Fahrzeuge hinzu, darunter zweieinhalb Millionen Pkw. Mit diesem Gesamtbestand liegt China noch hinter dem zweiundvierzig Millionen Volk Spanien mit etwas mehr als zwanzig Millionen Pkw. Die Prognose für das Jahr 2020 liegt aber bei einhundertvierzig Millionen Autos; damit würde China zu den Vereinigten Staaten von Amerika aufschließen.[1] Sollten die Prognosen für 2020 tatsächlich realistisch sein, würde der Ölverbrauch in China mindestens bei fünfzehn bis zwanzig Millionen Barrel pro Tag liegen. Der Kampf ums Öl würde sich dadurch sicherlich verschärfen. Sehen wir uns zunächst die Entwicklung des Verbrauchs in den stark wachsenden oder bevölkerungsreichen Volkswirtschaften genauer an:

Im Nahen Osten sind es die bevölkerungsreichen Länder Iran und Saudi-Arabien, die einen deutlich anziehenden Ölverbrauch

Die Entwicklung des Ölverbrauchs in einigen dynamischen Volkswirtschaften 1965–2004 in tausend Barrel pro Tag[2]

	1965	1973	1979	1989	2004
China	217	1 067	1 833	2 259	6 684
Indien	253	474	633	1 164	2 555
Südkorea	25	236	480	854	2 280
Brasilien	314	838	1 190	1 292	1 830
Mexiko	302	525	932	1 392	1 896
Iran	201	473	692	882	1 551
Saudi-Arabien	376	449	633	1 032	1 728
Indonesien	123	190	367	551	1 150
Spanien	278	770	1 015	1 040	1 593

* = Zahl für Sowjetunion

aufweisen, in Asien neben China und Japan vor allem Südkorea, Indien und Indonesien, deren Verbrauch auf relativ hohem Niveau liegt. Wie aber sieht die Entwicklung in den G-8 Staaten, den wirtschaftlichen Großmächten, aus? Nachfolgende Tabelle gibt Aufschlüsse darüber:

In den Vereinigten Staaten hatte sich der Verbrauch nach der Ölkrise in den Jahren 1973 und 1974 für einige Jahre auf hohem Niveau stabilisiert. Im Jahre 1993, also zwanzig Jahre später, lag der Verbrauch immer noch bei 17,2 Millionen Barrel pro Tag, in etwa auf dem Niveau von 1973. Seit 1996 steigt der Verbrauch aber wieder an und hat in den Jahren 2003 und 2004 zum ersten Mal die zwanzig Millionen Barrel pro Tag-Marke erreicht. In Europa ist die

Die Entwicklung des Ölverbrauchs der G-8-Länder Verbraucherländer 1965–2004 in tausend Barrel pro Tag[3]					
	1965	1973	1979	1989	2004
USA	11 522	17 318	18 438	17 325	20 517
Japan	1 726	5 324	5 487	5 004	5 288
Deutschland	1 746	3 314	3 380	2 593	2 625
GB	1 486	2 280	1 947	1 744	1 756
Frankreich	1 091	2 561	2 434	1 879	1 975
Italien	1 017	2 047	2 081	1 931	1 871
Kanada	1 117	1 696	1 947	1 786	2 206
Rußland	–	–	–	5 077*	2 574
Welt	31 234	52 177	64.284	65 173	80 757

Lage etwas anders. In Deutschland lag der Verbrauch im selben Jahr noch deutlich unter dem der Jahre 1973/74. Auch Großbritannien, Italien, Frankreich, Schweden, Norwegen, Tschechien oder Ungarn sind Länder, in denen der Verbrauch noch unter oder in etwa auf dem Niveau von 1973 liegt. Hingegen haben Länder wie Spanien (von 770 000 auf 1,6 Millionen Barrel pro Tag), Portugal (von 125 000 auf 325 000 Barrel pro Tag) die Türkei (von 245 000 auf 688 000 Barrel pro Tag) oder Griechenland (von 198 000 auf 411 000 Barrel pro Tag) ihren Verbrauch im selben Zeitraum deutlich erhöht, was hauptsächlich auf die wesentlich später einsetzende wirtschaftliche Dynamik zurückzuführen ist.

Ebenso interessant ist, daß sich die Zahlen auch mit politischen Ereignissen vergleichen lassen. Man sieht eindeutig, daß der Verbrauch nach der Ölkrise 1973/74 in den Industriestaaten erstmals zurückging, bevor auch hier wieder ein normaler Anstieg erfolgte. Als der Schah von Persien im Jahre 1979 gestürzt wurde, sank der Verbrauch in den folgenden Jahren im Westen erst einmal. Aber auch im Iran selbst hinterließ die Revolution deutliche Spuren. Erst 1983 stieg der tägliche Verbrauch dort über das Niveau von 1979 an. Außerdem kann man den Zahlen genau entnehmen, daß die Schwellenländer in den letzten zehn bis zwanzig Jahren eine sehr dynamische Entwicklung genommen haben. Diese Tatsache wird in Zukunft aufgrund der weiterhin sehr dynamischen Bevölkerungsentwicklung in diesen Ländern zu einer veränderten Struktur auf der Verbraucherseite führen; der Anteil der Schwellenländer wird weiter wachsen. Hierbei muß man aber auch das Bevölkerungswachstum mit berücksichtigen, denn die Weltbevölkerung ist im selben Zeitraum von etwa 4 Milliarden auf 6,2 Milliarden Menschen angestiegen. Insgesamt ist der tägliche Verbrauch in der westlichen Welt zwischen 1973 und 2004 um etwa fünfundzwanzig Millionen Barrel pro Tag angestiegen.

Die größten Ölproduzenten der Welt

Auch auf der Produzentenseite hat sich im Laufe der Jahre viel verändert. Der Zahlenvergleich beginnt im Jahre 1965. Zu diesem Zeitpunkt war Venezuela noch der größte Ölexporteur für den Westen, von 1965 bis 1973 erreichte die Produktion jährlich zwischen 172 und 196 Millionen Tonnen. Im Jahre 1970 erreichte man auch den Produktionshöhepunkt, im übrigen im selben Jahr wie die Vereinigten Staaten von Amerika. Venezuela verlor im Jahre 1971 seinen Status als Nummer eins der Erdölexporteure an Saudi-Arabien. Zur gleichen Zeit drängte sich der Iran unter den Erdölexporteuren zur absoluten Nummer zwei vor. Von 1971 bis 1979 kam der Iran seiner Rolle als treuer Erdöllieferant in allerbester Weise nach, erst durch den Sturz des Schah reduzierte sich die Produktion im Iran um mehr als fünfzig Prozent und hat selbst heute noch längst nicht das Niveau der Schah-Jahre erreicht. Saudi-Arabiens Rolle als zuverlässigster Erdöllieferant ist auch in den letzten Jahren verteidigt worden. Den Produktionshöhepunkt erreichte das Land Anfang der achtziger Jahre. In den Jahren 1982 bis 1990 verringerte Saudi-Arabien die Produktion in erheblichem Ausmaß, um auch den Rückgang der weltweiten Nachfrage und die Überproduktion anderer OPEC-Mitgliedstaaten sowie anderer Ölförderländer auszugleichen. Erst seit 1991 befindet sich die Produktion wieder auf recht hohem Niveau von jährlich über 400 Millionen Tonnen und erreichte im Jahre 2004 mit 505,9 Millionen Tonnen fast wieder ein Rekordniveau.

Hinzugekommen ist allerdings auch ein weiterer, ernst zu nehmender Konkurrent: Die Russen kämpfen mit den Saudis um Platz eins der Rangliste, wenn auch klar sein sollte, daß langfristig die Saudis mit den größten Ölreserven nicht vom Thron zu stoßen sind. Während die Russen ihre Produktion mit allen Kräften ausbauen und ihre Marktanteile weiter steigern, halten sich die Saudis eher vornehm zurück. So verringerte sich der Abstand zum Erstplazierten immer mehr, und es war nur eine Frage der Zeit, bis die Russen auch einmal den ersten Platz einnehmen konnten. Interessant ist auch, daß Norwegen und Großbritannien in den Jahren der ersten Ölkrise 1973/74 als Ölproduzenten noch gar nicht richtig in Erscheinung getreten waren. Ihre Stunde schlug erst richtig Ende der siebziger und in den achtziger Jahren. Während Großbritannien den Produktionshöhepunkt bereits im Jahre 1985 verzeichnete, konnte Norwegen seine Produktion in den neunziger Jahren noch deutlich ausbauen. Gleiches gilt für China, das bis Anfang der neunziger Jahre noch ein nennenswerter Erdölexporteur war. Mexiko ist trotz seines hohen Produktionsvolumens in den letzten zehn bis fünfzehn Jahren immer noch in der Lage gewesen, sein Produktionsniveau nennenswert auszuweiten. Das gleiche gilt im übrigen auch für Kanada. Ein Vergleich zeigt die wichtigsten Erdölproduzenten im Beobachtungszeitraum 1965 bis 2004.

Interessant ist dabei noch ein Blick auf die Entwicklung im Irak, in Libyen, Kuwait und den Vereinigten Arabischen Emiraten. Ku-

Entwicklung der wichtigsten Erdölförderländer der Welt 1965–2004[4]

Angaben in Mio. Tonnen pro Jahr	1965	1979	2004	
Saudi-Arabien	111,0	488,0	505,9	* = der überwiegende Teil der Produktion wird im Inland verkauft und steht deshalb nicht für Exporte zur Verfügung.
USA*	427,7	477,9	329,8	
Rußland	–	–	458,7	
Mexiko	18,1	80,7	190,7	
Iran	95,7	160,5	202,6	
China*	11,3	106,2	174,5	
Norwegen	–	19,5	149,9	
Venezuela	183,7	126,2	153,5	
Kanada	43,9	86,3	174,6	
GB	0,1	77,9	95,4	
V.A.E.	13,6	89,3	125,8	
Irak	84,7	171,7	99,7	
Kuwait	119,0	129,6	119,8	
Nigeria	13,5	113,6	122,2	
Brasilien	4,8	8,5	76,5	
Algerien	26,5	57,6	83,0	
Libyen	58,0	101,1	75,8	

wait hatte bereits in den sechziger und Anfang der siebziger Jahre mehr als einhundert Millionen Tonnen Rohöl pro Jahr exportiert und damit sogar mehr als heute, während die Vereinigten Arabischen Emirate damals ihre im Aufbau befindliche Industrie weiterentwickelten und erst in den neunziger Jahren zur Spitzenproduktion aufschließen konnten; derzeit produzieren sie sogar mehr als der Irak oder Kuwait. Der Irak erreichte seine Spitzenwerte Ende der siebziger und Anfang der achtziger Jahre sowie noch einmal Ende der achtziger Jahre mit jeweils über einhundertdreißig Millionen Tonnen pro Jahr. Das bisher erfolgreichste Jahr in der Geschichte der irakischen Ölförderung war das Jahr 1979, als es zum Sturz des Schahs von Persien kam. Unmittelbar nach dem Sturz folgten auch für Saudi-Arabien die beiden Jahre mit der größten Ölförderung (1980: 509,8 und 1981: 506,3 Millionen Tonnen).[5] Libyen hatte seine beste Zeit in der zweiten Hälfte der sechziger und in den siebziger Jahren. Als GADDAFI in Libyen die Regierungsgeschäfte übernahm, erreichte das Land seinen Ölproduktionshöhepunkt. In dieser Zeit setzte GADDAFI auf knallharte Verhandlungen und hatte bekanntlich Erfolg mit seiner Verhandlungstaktik (an anderer Stelle in diesem Buch wird über die Verhandlungen mit den ausländischen Ölkonzernen ausführlich berichtet), durch seine Strategie die Ölproduktion vollkommen zu verstaatlichen. Die Ölkonzerne suchten nach der Verstaatlichung das Weite, und die Investitionen im Ölbereich gingen drastisch zurück.

Warum das Interesse der großen Industriestaaten für die Länder im Nahen Osten so groß ist, läßt sich bei einem Blick auf die Tabelle der nachgewiesenen Ölreserven erahnen. Denn hier lagern die größten Reserven, wobei gerade Saudi-Arabien, Kuwait, der Irak, der Iran und die Vereinigten Arabischen Emirate mit insgesamt über sechzig Prozent der nachgewiesenen Reserven den Hauptanteil auf sich vereinen können. Im Vergleich dazu wirken die Reserven der anderen Länder geradezu kümmerlich. Der größte Verbraucher, die Vereinigten Staaten von Amerika, die wie gesagt für rund fünfundzwanzig Prozent des jährlichen Verbrauchs verantwortlich sind, halten nach jetzigem Stand nur noch 2,5 Prozent aller nachgewiesenen Reserven. Insofern wundert es kaum, daß sich die Amerikaner am aktivsten in die politischen und wirtschaftlichen Angelegenheiten der erdölreichen Regionen eingemischt haben. Sie wissen genau, daß die Uhr immer lauter und schneller tickt und sie eines Tages noch abhängiger von den Ölressourcen dieser Region sein werden. Insofern ist ihr Interesse offensichtlich, und man kann ihnen unterstellen, daß sie gewiß kein Interesse daran haben, daß radikale Islamisten in Saudi-Arabien oder einem anderen Golfstaat an die Macht kommen.

Neben den genannten Ländern gibt es immerhin noch nennenswerte Reserven in Venezuela und Rußland sowie mit einigem Abstand in Libyen und Nigeria. Auch hier überrascht es nicht, daß GADDAFI begonnen hat, mit seinen Erzfeinden die Friedenspfeife zu rauchen, denn Libyens Erdölindustrie hat noch erhebliches Potential, allein hierfür werden Milliardeninvestitionen aus dem Ausland benötigt, um dieses auszubeuten. Deshalb hat hier ein entscheidender Kurswechsel der libyschen Regierung stattgefunden, um ausländische Investoren wieder ins Land zu locken. Auf der anderen Seite befinden sich die Verhandlungsführer Großbritannien und die Vereinigten Staaten von Amerika: Ihre Reserven haben bei gleichbleibender Produktion und dem Ausbleiben von Höherbewertungen, Neuentdeckungen und sonstigen Korrekturen durch die Ölkonzerne nur noch eine theoretische ›Reichweite‹ von sechs oder elf Jahren. Selbst wenn es über die sicheren Reserven hinaus noch weitere Ölvorkommen in beiden Ländern gibt, ist hier ein riesiger Druck entstanden, der die betroffenen Länder nach alternativen Bezugsquellen suchen läßt, um ihrem Bedarf nachkommen zu können. Denn die Entwicklung alternativer Energieressourcen ist bei weitem noch nicht so weit fortgeschritten, daß hier ein baldiger Wechsel stattfinden könnte. Der nachfolgenden Tabelle auf der nächsten Seite entnehmen wir die nachgewiesenen Ölreserven der wichtigsten Ölproduzenten in der Welt.

Immer noch mit Abstand an der Spitze der Rangliste der konventionellen Ölreserven steht das Königreich Saudi-Arabien mit zweiundzwanzig Prozent. Es folgen der Iran, der Irak, Kuwait und die Vereinigten Arabischen Emirate vor Venezuela und Rußland. Auf die umfangreichen ›nichtkonventionellen‹ Ölreserven wird zu einem späteren Zeitpunkt in diesem Buch noch ausführlich eingegangen. Wenden wir uns nun einem anderen Thema zu, das viele Menschen Anfang der neunziger Jahre beschäftigt haben dürfte: die Besetzung Kuwaits durch den Irak und die Frage, ob diese Besetzung legal war oder nicht.

Nachgewiesene Ölreserven jeweils in tausend Millionen Barrel 1982–2004[5]

Weltanteil	Reserven Ende 1982	Reserven Ende 2004	Anteil in %
USA	35,2	29,4	2,5
Kanada	8,3	16,8	1,4
Mexiko	48,3	14,8	1,2
Argentinien	2,6	2,7	0,2
Brasilien	1,8	11,2	0,9
Venezuela	21,5	77,2	6,5
Norwegen	6,8	9,7	0,8
Rußland	–	72,3	6,1
GB	13,9	4,5	0,4
Iran	55,3	132,5	11,1
Irak	41,0	115,5	9,7
Kuwait	67,2	99,0	8,3
Saudi-Arabien	165,3	262,7	22,1
V.A.E.	32,4	97,8	8,2
Libyen	21,5	39,1	3,3
Nigeria	16,8	35,3	3,0
China	19,5	17,1	1,4
Indonesien	9,6	4,7	0,4

1 Rafael Poch, »China lo apuesta todo al coche«, in: *La Vanguardia,* 2. 11. 2004, S. 36.

2 BP, *Statistical Review of World Energy 2003 u. 2005,* Oil: Consumption

3 BP, *Statistical Review of World Energy 2003 u. 2005,* ebenda.

4 BP, *Statistical Review of World Energy 2003 u. 2005,* Oilsection print version oder bp.com, *Statistical Review of World Energy 2005,* Tabelle: oil production.

5 bp.com, *Statistical Review of World Energy 2003 u. 2005,* workbook.

17. Kapitel

Gehört Kuwait wirklich zum Irak?

Diese Frage stellten sich viele wirtschaftliche und politische Beobachter des Mittleren Ostens im Herbst 1990. Denn der Irak hatte die Souveränität Kuwaits mehrmals angezweifelt. Allerdings gibt es dazu eine historische Entwicklung, die jeder interessierte Beobachter nicht unbeachtet lassen sollte.

Diese Geschichte beginnt nicht erst im Jahre der Besetzung, sondern viel früher und greift auf die Entstehungsgeschichte der beiden Staaten zurück. Kuwait war lange Zeit ein britisches Protektorat, aber auch der Irak war lange Zeit durch die Geschicke der Engländer beeinflußt worden. Die Irakis behaupteten immer wieder, daß Kuwait nur ein kleines Gebiet innerhalb des Osmanischen Reiches sei und den Status eines administrativen Distriktes habe, vergleichbar mit einer Provinz innerhalb eines größeren Reiches. Doch Kuwait nimmt für sich in Anspruch, bereits lange vor dem Irak eine gewisse Unabhängigkeit von den Osmanen besessen zu haben. Bereits 1863 berichtete ein britischer Abgesandter, daß Kuwait praktisch unabhängig von den Osmanen sei.[1] 1866 wurde von einem anderen Briten berichtet, daß Kuwait den Autoritäten des Osmanischen Reiches keine große Aufmerksamkeit schenke. Kuwaitische Bürger zahlten niemals Steuern an die Türken und wurden nie vom türkischen Militär zum Militärdienst eingezogen – zwei sehr entscheidende Unterschiede, die es in anderen Gebieten des Reiches aber durchaus zu leisten gab. Zudem gab es in Kuwait keine türkischen Außenposten oder stationierte militärische Einheiten.

Im Jahre 1899 untermauerte Kuwait seinen unabhängigen Status, indem es mit den Briten einen Verteidigungspakt abschloß, der das Land vor seinen Feinden schützen sollte.[2] 1913 folgte die anglo-osmanische Vereinbarung, in der Kuwait als Provinz des Osmanischen Reiches bezeichnet wurde. Wegen des Ausbruchs des Ersten Weltkrieges wurde die Vereinbarung aber niemals ratifiziert und erlangte daher nie Rechtskräftigkeit. Da das Osmanische Reich während des Ersten Weltkrieges zerfiel, wurde die Ratifizierung auch nicht mehr weiterverfolgt, weil einer der Vertragspartner nicht mehr existierte. Nach Ende des Ersten Weltkrieges versuchten Vertreter des Irak, dem Land die volle Souveränität aufgrund der Bedingungen der Vereinten Nationen zu verschaffen. Aufgrund dessen waren auch klare Grenzen zu den Nachbarstaaten vonnöten, denn man wollte durch die Schaffung eines neuen Staates unbedingt Grenzstreitigkeiten oder gar Kriege verhindern. Am 21. Juli 1932 schrieb der damalige Ministerpräsident des Landes, Nuri SAID, einen Brief an den britischen ›High Commissioner‹ Sir Francis HUMPHRYS und ging klar und deutlich auf die Fragen der Grenzziehung zwischen Kuwait und dem Irak ein. Er bestätigte, daß nun die Zeit gekommen sei, die bestehenden Grenzen zwischen Kuwait und dem Irak zu bestätigen. Sie sollten wie folgt beschrieben werden: »Von der Überkreuzung des Wadi-el-Audja mit dem Batin und von dort nördlich am Batin entlang bis zu einem Punkt etwas südlich des Längengrads von Safwan; von dort nach Osten um südlich von den Safwan-Quellen, dem Jebel Sanam und Um Qasr vorbeizuführen und diese dem Irak zugeordnet zu lassen, bis zur Vereinigung des Khor Zoberi mit dem Khor Abdulla. Die Inseln von Warbah, Bubiyan, Maskan, Failakah, Auhah, Kubbar, Qaru und Umm-el-Maradim gehören zu Kuwait. Festgehalten sind diese festgelegten und eindeutig beschriebenen Grenzen auch in einem Dokument der Vereinten Nationen.«[3]

Eine Antwort ließ nicht lange auf sich warten. Am 10. August 1932 war es der Emir von Kuwait, Scheich AHMAD AL-JABER AL-SABAH, der die in dem Brief von Nuri SAID genannten Grenzen bestätigte. Das war also eine erste Grenzziehung auf höchster Ebene. Da der Irak noch immer nicht seine volle Unabhängigkeit erlangt hatte und die Briten immer noch für die Außenpolitik des Landes zuständig waren, kam es in den dreißiger Jahren immer wieder zu Auseinandersetzungen über die Wirksamkeit und Rechtmäßigkeit dieser Grenzen. Der irakische König GHAZI forderte die Bürger von Kuwait Ende der dreißiger Jahre auf, sich gegen ihre Führer aufzulehnen.War Kuwait also doch bald wieder ein Teil des Irak? So weit sollte es dann doch nicht kommen. Am 14. Juli 1958 wurde die Monarchie im Irak durch General Abdul Karim KASSEM gestürzt, und auch er sollte den Briefwechsel von 1932 nicht anerkennen. 1961 erklärte Kuwait ganz formell seine Unabhängigkeit und wurde ab diesem Zeitpunkt von den Vereinten Nationen als souveräner Staat in seine Gemeinschaft mit aufgenommen. Als zwei Jahre später KASSEM gestürzt wurde, kamen sich die Vertreter beider Länder näher, und am 4. Oktober 1963 unterzeichnete Scheich SABAH AL-

SALIM AL-SABAH, der Ministerpräsident von Kuwait, und General Ahmad HASSAN als Vertreter des Irak eine Vereinbarung, die beiden Staaten die volle Unabhängigkeit und Souveränität zusagte, und zwar innerhalb der Grenzen, die in einem Brief des irakischen Ministerpräsidenten am 21. Juli 1932 festgehalten worden waren. Diese Vereinbarung wurde den Vereinten Nationen übergeben und später auch in einer Veröffentlichung derselben Institution publik gemacht.[4] In Kraft getreten war die Vereinbarung am Tag, an dem die Unterschriften geleistet wurden, nämlich am 4. Oktober 1963. Mit der abgeschlossenen Staatenbildung und der gegenseitigen Anerkennung waren die Fakten klar: Kuwait war ein unabhängiger Staat und hatte seine volle Souveränität erlangt.

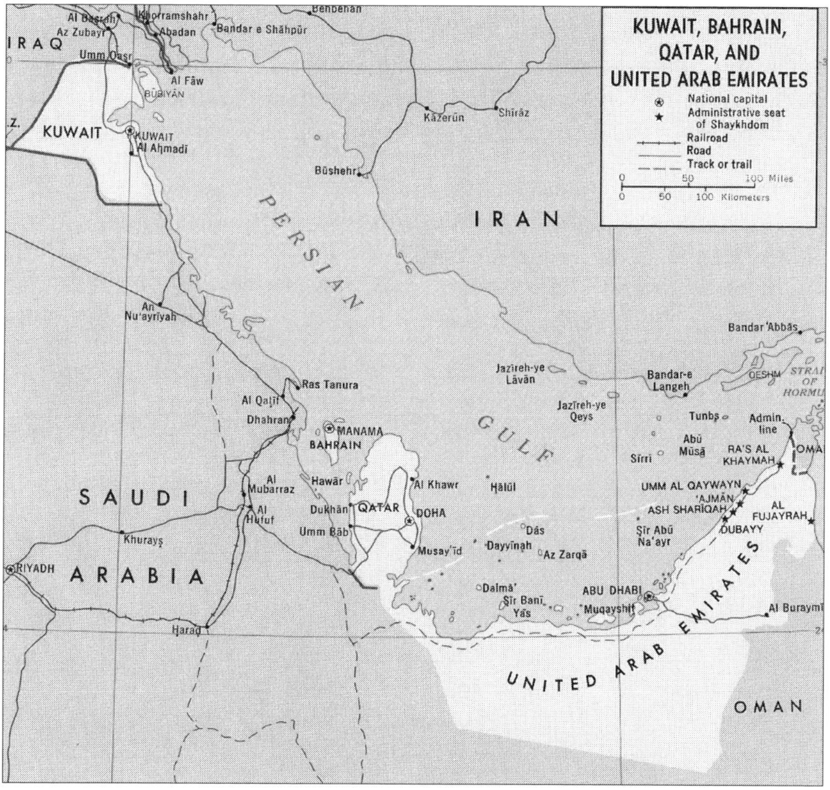

Karte von Kuwait und seinen Nachbarstaaten aus dem Jahre 1976.
Quelle: University of Texas, Maps; lib.utexas.edu/maps

Daß es auch danach zu Grenzstreitigkeiten kam, lag zum einen an dem Interesse des Irak, seinen Zugang zum Meer zu verbessern, zum anderen wegen der unter der Erde gelagerten Schätze des ›schwarzen Goldes‹, die sich unter anderem auch in Grenznähe zu Kuwait und dem Iran befinden. Das war dann auch einer der Gründe für den Einmarsch irakischer Truppen am 2. August 1990 in den kleinen Nachbarstaat.

Saddam HUSSEIN beschwerte sich immer wieder über die Tatsache, daß Kuwait aus seiner Sicht Ölfelder im Grenzgebiet anzapfte und außerdem durch seine ansteigenden Ölexporte den Ölpreis nach unten trieb. Als der Irak schließlich Kuwait besetzte, war das den Amerikanern und der Weltgemeinschaft des Guten zuviel, schließlich hatte Saddam HUSSEIN seine Macht über einen Großteil der noch bestehenden Ölreserven deutlich erweitert. In der UN-Sicherheitsrats-Resolution 678 wurde den multinationalen Truppen der Einsatz aller nötigen Mittel gegen den Irak genehmigt, um Saddam HUSSEIN zum Abzug seiner Truppen aus Kuwait zu zwingen.[5]

[1] Geoffrey BIBBY, *Looking for Dilmun*, Knopf, New York, 1970, S. 198 f.

[2] Robin BIDDWELL, *The Affairs of Kuwait, 1896–1905*, vol. 1, London, Cass.

[3] United Nations, Document 1, 165.

[4] Diese Vereinbarung wurde den Vereinten Nationen (Treaty Section of the United Nations) übergeben und später auch in einer Publikation derselben Institution veröffentlicht (*UN Statement of Treaties and International Agreements Registered or filed and recorded with the Secretariat*).

[5] Security Council Resolutions 1990, Resolution 678, un.org/Docs/scres/1990/scres90.htm; Bassam TIBI, »Von der Kuwait-Krise zum Golf-Krieg«, in: *GMH*, Ausgabe 02/1991.

18. Kapitel

Sicherheitspolitische Überlegungen und die Demokratiebewegung in der arabischen Welt

Teil 1: Die Gründung des Gulf Cooperation Council (GCC)

Anfang der achtziger Jahre entwickelten die Golfstaaten eigene Pläne für eine Sicherheitsstrategie und gründeten im Mai 1981 in Abu-Dhabi den Golf-Kooperationsrat, dessen Generalsekretariat in der saudischen Stadt Riad angesiedelt wurde. Mitgliedsländer sind Kuwait, Katar, das Sultanat von Oman, das Königreich von Saudi-Arabien, Bahrain und die Vereinigten Arabischen Emirate.[1] Laut Gründungsurkunde möchten die Mitgliedstaaten die Kooperation, den Wissensaustausch und den Handel zwischen den Staaten ausbauen, um am Ende ein einheitliches Niveau in Handel, Wirtschaft, Bildung, Forschung und Wissenschaft zu erreichen. Der im September 1980 begonnene Krieg zwischen dem Irak und dem Iran spielte bei der Gründung aber eine entscheidende Rolle, der Irak gehörte auch nicht zu den Gründungsmitgliedern der Organisation. Interessant ist, daß die Sicherheitspolitik in der Gründungsurkunde noch nicht einmal klar und deutlich erwähnt wird, sondern nur im allgemeinen den Austausch unter den Mitgliedstaaten anspricht.[2]

Hauptziel der Organisation ist »die Zielsetzung einer Kooperation, Integration und der Austausch aller Mitgliedstaaten auf allen Gebieten, um eine Einheit zu erzielen«. Erst unter den besonderen Hinweisen zu geplanten Kooperationen wird dann ausdrücklich auch die Zusammenarbeit im Militärbereich genannt. Jeder Angriff gegen eines der Mitgliedsländer ist auch ein Angriff gegen alle anderen Mitgliedstaaten. Es wird dann auch ausdrücklich auf die unsichere Lage im Nahen Osten hingewiesen. 1987 wurde die Zusammenarbeit durch die Verabschiedung einer gemeinsamen Sicherheitsstrategie noch erweitert.[3] 1994 wurde eine generelle Zusammenarbeit zwischen den Mitgliedstaaten im Bereich Sicherheit vereinbart und 1994 ein Sicherheitsabkommen, das gemeinsame, konkrete Maßnahmen bei der Grenzüberwachung, der Kontrolle des Drogenhandels oder dem Schmuggeln von Waffen vorsieht.[4]

Auch die Außenpolitik nimmt einen bedeutenden Platz im Rahmen der GCC-Sitzungen ein. Die Mitgliedsländer haben sich eine

Reihe von Grundprinzipien auf die Fahne geschrieben, die vor allem auf die gegenseitige Anerkennung der gemeinsamen Grenzen abzielt, auf die gegenseitige Anerkennung der Souveränität sowie auf die Respektierung der Souveränität über ihre jeweiligen Ressourcen, was immerhin ein Seitenhieb gegenüber der irakischen Regierung sein mochte.[5]

In den letzten Jahren ist auch der Kampf gegen den Terrorismus immer mehr zu einem Hauptpunkt der Agenda der GCC-Gipfeltreffen geworden. Denn die Angst vor Terroranschlägen ist groß, hat doch die Terrororganisation Al-Qaida immer wieder Anschläge angekündigt oder ausgeübt. So ist selbst Saudi-Arabien nicht von Anschlägen verschont geblieben. Auch das saudische Herrscherhaus befürchtet eines Tages Opfer eines Umsturzes durch radikale Gruppierungen zu sein.

Wie gesagt, der Irak wurde nicht als Mitglied in diese Organisation aufgenommen, und auch einer Forderung der irakischen Regierung nach Beendigung des Iran-Irak-Krieges, dieses zu tun, wurde nicht stattgegeben. Das war sicher noch ein Grund mehr für den Unmut Saddam HUSSEINS. Allerdings muß man auch die Golfstaaten verstehen. Nachdem sich der Irak auf einen langjährigen Krieg mit dem Nachbarland Iran eingelassen hatte, war ihnen klar, daß jeder von ihnen auch ein Opfer der irakischen Aggressionspolitik sein könnte. Zudem muß man sich die Bevölkerungszahl der kleineren GCC-Staaten einmal ansehen, um einen Überblick über die Größenverhältnisse zu bekommen. Während im Irak über fünfundzwanzig Millionen Einwohner leben, kann bei den GCC-Staaten nur Saudi-Arabien mit sechsundzwanzig Millionen Einwohnern dagegenhalten.[6] Die anderen fünf Golf-Staaten präsentieren sich im Vergleich der Einwohnerzahlen hingegen wie Zwerge, wobei die Vereinigten Arabischen Emirate mit knapp dreieinhalb Millionen Einwohnern noch der größte unter den Zwergen ist, es folgt Oman mit zweieinhalb Millionen und Kuwait mit 2,2 Millionen Einwohnern. Schließlich folgen noch Bahrain mit 650 000 Einwohnern und Katar mit 597 000 Einwohnern.[7] Damit hat Kuwait ungefähr so viel Einwohner wie das neue EU-Land Slowenien, Oman in etwa so viele wie Lettland und die Vereinigten Arabischen Emirate wie Litauen. Insgesamt kommen die GCC-Länder nur auf sechsunddreißig Millionen Einwohner und damit noch weniger als Polen mit sechsunddreißig Millionen.[8] Nachstehend aufgeführte Vergleichszahlen sollen einen besseren Überblick über die sechs GCC-Länder ermöglichen.

Die GCC-Länder im Überblick[9]			
	BIP 2001 in Mrd. $	Pro-Kopf-Einkommen in $ pro Jahr	Schulden in % des BIP
Saudi-Arabien	186,4	8 868	92,1
V.A.E.	69,8	20 032	4,0
Kuwait	33,8	14 626	33,8
Oman	19,8	8 050	20,3
Katar	16,5	27 917	55,6
Bahrain	7,9	11 162	31,1

Wie bereits in einem vorherigen Kapitel ausgeführt, hat ausgerechnet das Land mit den größten Ölreserven der Welt, Saudi-Arabien, ein unterdurchschnittliches Pro-Kopf-Einkommen aufzuweisen. Da ja möglichst eine Angleichung unterhalb der GCC-Staaten vorgesehen ist, bleibt noch viel zu tun, um an das Niveau der Vereinigten Arabischen Emirate oder gar Katars heranzukommen. Aber auch bei anderen Kriterien wie der Staatsverschuldung oder dem hohen Anteil an Analphabeten bleibt noch viel zu tun, um gleichzurücken. Zudem wollen die Staaten ihre Abhängigkeit vom Öl verringern, indem sie Investitionen in anderen Bereichen ausbauen und damit anderen Branchen Möglichkeiten für ein überproportionales Wachstum verschaffen wollen. Denn die Abhängigkeit vom Öl ist immer noch sehr groß; der Ölsektor ist im Durchschnitt immer noch für ein Drittel des Bruttoinlandsprodukts verantwortlich und für drei Viertel der Staatseinnahmen und Exporteinnahmen. In Kuwait beschäftigt der Staat beispielsweise dreiundneunzig Prozent aller arbeitsfähigen Kuwaiter.[10] Notwendig ist vielmehr die Erweiterung des Privatsektors durch umfangreiche Privatisierungen und die Erhöhung der Investitionen. Nur so kann der Privatsektor gestärkt werden, wenn man in Zukunft moderne Arbeitsplätze für die nachrükkenden Generationen schaffen will. Bisher werden die meisten einheimischen Arbeitnehmer immer noch im Staatssektor untergebracht, die Arbeit im Privatsektor wird zum großen Teil von ausländischen Arbeitskräften erledigt. Auch Anreize für ausländische Direktinvestitionen müßten erhöht werden, um Auslandskapital anzuziehen. Bisher war beim Kauf von einheimischen Unternehmen zumeist nur ein Minderheitsanteil erwerbbar oder gar nicht möglich.

Das Bruttoinlandsprodukt aller GCC-Länder betrug 2001 insgesamt 335 Milliarden Dollar, was in etwa dem zusammengerechneten Niveau der EU-Beitrittsländer Polen (185 Mrd. Euro), Tschechien (76 Mrd. Euro) und Slowenien (24 Mrd. Euro) entspricht. Die Auslandsverschuldung der meisten Länder ist sehr niedrig; diese Aussage gilt aber leider nicht für das größte Mitgliedsland der GCC, Saudi-Arabien. Zudem konnte man die Inflationsraten relativ niedrig halten; diese Tatsache traf insbesondere auf Kuwait (2002 +1,4 %, 2003 +1,2 %) und Saudi-Arabien (2002 -0,6 %, 2003 +0,5 %) zu. Allerdings ist das Wachstum ohne den Einfluß stark steigender Ölpreise noch viel zu niedrig, was sich zuletzt im Jahre 2002 offenbarte, als Kuwait sogar in eine Rezession rutschte und die Wirtschaft sich erst 2003 mit einem Wachstum in Höhe von etwa zehn Prozent aufgrund des sehr viel höheren Ölpreises deutlich erholte. In Saudi-Arabien und den Vereinigten Arabischen Emiraten zeigte sich ein ähnliches Bild, wobei ihnen eine Rezession allerdings erspart geblieben ist.[11] Betrachtet man die letzten Jahre, so müssen vor allem Saudi-Arabien und Katar ihre Haushaltsdefizite abbauen. Ab Januar 2003 trat eine Zollunion zwischen den sechs GCC- Staaten in Kraft, mit einem Höchsteinfuhrzoll von höchstens fünf Prozent, wobei lokale Produkte davon weiterhin ausgenommen sind. Gemeinsames langfristiges Ziel für alle Länder bleibt ein gemeinsamer Markt und schließlich auch eine Währungsunion.[12]

Im übrigen ist bei den GCC-Staaten auch eine Zusammenarbeit auf den Gebieten Öl und Gas vorgesehen, vereinigen die Mitgliedsländer doch mehr als fünfundvierzig, beziehungsweise vierzehn Prozent aller Öl- und Gasreserven der Welt auf sich. Man möchte mit einer gemeinsamen Ölpolitik eine einheitliche Position auf den internationalen Märkten vertreten und durch eine abgestimmte Politik zur Stabilisierung auf diesen Märkten beitragen.[13] Die Erfolge des GCC werden in der Bevölkerung mit sehr unterschiedlichen Aussagen bewertet. Die einen meinen, es sei damit nur ein weiteres Gipfeltreffen geschaffen worden mit wenig Aussagekraft. Die anderen meinen, richtige Reformen werde es erst geben, wenn die Golf-Staaten von Veränderungen im Irak beeinflußt werden. Denn bisher habe die Bedrohung von außen die Umsetzung der meisten Reformvorhaben verzögert oder gar verschoben.[14] Objektiv wird man die Erfolge oder Mißerfolge der GCC erst in einigen Jahren bewerten können, nämlich an den selbstgesteckten Zielen einer Wirtschafts- und Währungsunion. Bis zum Jahre 2005 will man sich auf die ökonomischen Kriterien der Fiskal-, Geld- und Währungspolitik einigen; im Jahre 2010 soll es dann zu einer Währungsunion kommen.[15]

Die sicherheitspolitische Schlagkraft des GCC darf hingegen als weiterhin sehr mäßig bezeichnet werden, weil die Mitgliedstaaten, wie die letzte Krise im Zusammenhang mit dem Irak gezeigt hat, sich, wenn es darauf ankommt, nicht einig sind. Während Kuwait sein Staatsgebiet für Angriffe gegen den Irak zur Verfügung stellte, durften die Truppen der Amerikaner und Briten nicht von Saudi-Arabien aus agieren. Immer wieder hat sich bisher gezeigt, daß sich die Golf-Staaten bei sicherheitspolitischen Fragen nicht einig sind. Man kann davon ausgehen, daß dies in Zukunft nicht anders sein wird. Die nächste Krise wird es zeigen. Ohne schlagkräftige Unterstützung von außen werden sich die GCC-Staaten nicht verteidigen können, obwohl sie Jahr für Jahr Milliarden Dollar in ihre Verteidigung investieren.

Eine moderne arabische Welt?

Es war am 20. Mai 1996 – da hielt Michel CAMDESSUS, der geschäftsführende Direktor des Internationalen Währungsfonds in New York, vor der Jahresversammlung der Union der arabischen Banken einen Vortrag über die Herausforderungen der arabischen Welt in einer globalen Ökonomie. Die einundzwanzig arabischen Staaten im Nahen Osten und Nordafrika rief er auf, sich noch aktiver an den Veränderungen in einer globalen Welt zu beteiligen, um sicherzustellen, daß die arabische Welt in Zukunft auch einen größeren Anteil der Direktinvestitionen auffangen möge, da diese zuletzt immer mehr an den arabischen Staaten vorbeiflossen. Denn, so sein Argument, ein Mangel an Kapital sei in der Welt nicht festzustellen, es fließe derzeit aber in andere, interessantere Wachstumsregionen wie Asien oder Lateinamerika. Die arabischen Länder müßten also beginnen, intensiver für sich zu werben, tiefgreifende politische und ökonomische Reformen seien deswegen unumgänglich. Er nannte in seiner Rede auch drei positive Beispiele, die für andere Länder in der Region durchaus Modellcharakter haben könnten, und zwar Algerien (das ab 1994 ein umfangreiches Stabilisierungs- und Reformprogramm durchgesetzt hatte), Jordanien (das ab 1989 makroökonomische Maßnahmen und strukturelle Reformen umgesetzt hatte, um Wachstumsraten von durchschnittlich sechs Prozent zu erreichen) und Tunesien (dessen stark regulierte Wirtschaft seit den Reformen im Jahre 1986 markt- und exportorientierter geworden ist).

Andererseits wies CAMDESSUS aber in aller Deutlichkeit darauf hin, daß die arabischen Länder als Ganzes bei weitem noch nicht ihr Potential ausschöpften. Das reale Wirtschaftswachstum liege weit unter dem anderer Entwicklungsländer und das hohe Bevölkerungswachstum sorge für ein stagnierendes Einkommen. Hinzu komme der zunehmende Strom von jungen Arbeitskräften, die auf der Suche nach Arbeit bald auf den Markt kommen würden. Denn in einigen Ländern seien mehr als die Hälfte der Bevölkerung jünger als fünfzehn Jahre alt. Die Länder müßten also strukturelle Reformen angehen, um das Potential endlich auszuschöpfen und ihre Abhängigkeit von den Ölpreisen zu verringern.[16] Zwar stand die Entwicklung im Nahen Osten oder in den arabischen Ländern an sich im Jahre 1996 sicherlich noch nicht ganz oben auf der Tagesordnung der internationalen Gemeinschaft, doch ein Körnchen Wahrheit war in den Worten CAMDESSUS' schon enthalten. Vergleicht man die wirtschaftliche Entwicklung von Algerien, Tunesien und Jordanien mit anderen Staaten aus der Region in den Jahren seit 1996, ist auch hier zu erkennen, daß Reformvorhaben eine positive Wirkung auf Wachstum und Beschäftigung haben können. Während Marokko 1997 und 1999 von einer Rezession erfaßt wurde und auch im Jahre 2000 schwächelte, erwies sich die Wirtschaft in den von CAMDESSUS genannten Staaten, also in Algerien, Tunesien und Jordanien, erheblich robuster.[17]

CAMDESSUS' Rede wurde zwar von vielen Regierenden gehört, den meisten Staaten fehlte es aber an der Ernsthaftigkeit der Umsetzung für politische und wirtschaftliche Reformen. Denn im Jahre 2005 sind die Probleme in den meisten Ländern noch die gleichen oder haben sich gar verschärft. Als der Internationale Währungsfonds im September 2003 in Dubai tagte, rückte auch eine Studie des Fonds in den Vordergrund, die sonst in der westlichen Welt wohl kaum Beachtung gefunden hätte. Die UNCTAD, die Konferenz der Vereinten Nationen für Handel und Entwicklung, hatte Zahlen über die ausländischen Direktinvestitionen in der arabischen Welt, der sogenannten Mena-Region, veröffentlicht. Demnach betrugen diese im Jahre 2002 nur 4,6 Milliarden Dollar, waren also weit geringer, als es einer Region mit 280 Millionen Einwohnern entsprechen würde.[18] Auch das Wirtschaftswachstum blieb in den neunziger Jahren mit durchschnittlich 1,3 Prozent weit hinter dem Wachstum aller Entwicklungsländer mit vier Prozent zurück.[19] Insofern hatte sich hier über längere Zeit offensichtlich ein Handlungsbedarf aufgestaut.

Worüber reden wir eigentlich, wenn wir eine moderne arabische Welt vor Augen sehen? Ist es eine Welt mit Wolkenkratzern und sichtbarem Reichtum an jeder Ecke, oder meinen wir doch etwas anderes? Ein beobachtungswerter Indikator ist zum Beispiel die Pressefreiheit. Dazu gab der im Jahre 2002 veröffentlichte Bericht *Annual Survey of Press Freedom 2002* ausführlich Auskunft. Dieser Bericht war zum wiederholten Male ein Schock für die arabische Welt, weil die moslemischen Länder in der Beurteilung im großen und ganzen sehr schlecht abschneiden.[20] Von den sechsundvierzig Staaten, die eine mehrheitlich muslimische Bevölkerung haben, wurde im Jahre 2002 nur ein einziges Land, nämlich Mali, als ein Land mit einer freien Presse eingestuft. Vierzehn Staaten oder dreißig Prozent aller moslemischen Staaten wurden als Staaten mit einer teilweisen freien Presse eingestuft, während immerhin einunddreißig Staaten oder siebenundsechzig Prozent die schlechteste Einstufung hinnehmen mußten, nämlich keine freie Presse zu haben. Da die Presse in der öffentlichen Meinungsbildung eine wesentliche Rolle spielt, war dies mehr oder weniger ein vernichtendes Urteil über den Zustand der Pressefreiheit in der moslemischen Welt. Ausgerechnet der Erzfeind Israel bekam als einziges Land im Nahen Osten den Stempel einer freien Presse aufgedrückt. Ansonsten wurden nur Kuwait und Jordanien eine teilweise freie Presse zugestanden. Dem Königreich Saudi-Arabien wurde zwar eine Verbesserung bescheinigt, dennoch verblieb das Land in der Kategorie »keine freie Presse«, da die Königsfamilie immer noch Nachrichten und Informationen kontrolliert. In anderen Ländern des Nahen Ostens sahen die Autoren der Studie eine Verschlechterung der Lage, so beispielsweise im Libanon, in den besetzten Gebieten Palästinas und in Syrien. Da neben Israel, Kuwait und Jordanien alle anderen elf Länder in der Kategorie »keine freie Presse« verblieben, waren dies immerhin neunundsiebzig Prozent aller Länder der Region.

Trotz der schlechten Bewertung bewegt sich aber etwas in der arabischen Welt. So berichtet seit Jahren und mit großem Erfolg der Nachrichtensender Al Dschazira aus dem Emirat Katar über die arabische Welt und ist im Westen spätestens seit der Berichterstattung über den Golfkrieg bekannt geworden, als dieser Sender auch Informationen von Osama BIN LADEN an die Weltöffentlichkeit brachte. Mit Al Arabiya folgte im Frühjahr 2003 ein zweiter großer Nachrichtensender, der ein Gegengewicht zu Al Dschazira in der arabischen Welt werden soll. Al Arabiya sendet vom liberaleren Dubai Media City aus, wird aber im wesentlichen durch den Hauptaktionär Walid al Ibrahim finanziert, einen Onkel von Abdalaziz bin Fahd, Sohn von König Fahd.[21]

Aber es gibt noch eine Vielzahl von anderen Kriterien. Für eine detailliertere Anschauung der arabischen Welt können die ausführlichen UNDP-Berichte über die arabische Welt aus den Jahren 2002 und 2003 herangezogen werden.[22] Hier werden Kriterien wie Bildungsausgaben, Armut, Ausgaben für Forschung und Entwicklung, ausländische Direktinvestitionen oder Diversifizierung, Arbeitslosigkeit und Produktivität sowie gute Regierungsführung beurteilt. Gute Regierungsführung wird von den UNDP-Autoren definiert als »ein System von gesellschaftlichen Institutionen, das die Bevölkerung tatsächlich repräsentiert, mit einem festen Netzwerk institutioneller Regelungen und Verantwortlichkeiten mit einer letztlichen Verantwortung gegenüber der Bevölkerung verwoben ist, dessen Ziel darin besteht, die Wohlfahrt für all seine Mitglieder zu verwirklichen«. Die sogenannten Elemente der guten Regierungsführung »beinhalten die Verpflichtung auf das öffentliche Wohl, die Herrschaft des Rechts, partizipatorische Regierung, Transparenz, Rechenschaftspflicht und die Sorge um das Wohlergehen der Armen und Benachteiligten«. Von den arabischen Ländern stuft die UNDP nur vier Länder als solche mit hohem Standard hinsichtlich einer »menschlichen Entwicklung« ein. Es sind dies die kleineren Staaten Kuwait, Bahrain, Katar und die Vereinigten Arabischen Emirate.[23]

Nicht zuletzt ist diese schlechte Entwicklung auf die Ungleichheit der Einkommensentwicklung zurückzuführen. Denn für die arabischen Staaten wird lediglich ein durchschnittliches Pro-Kopf-Einkommen von fast viertausendachthundert Dollar pro Jahr errechnet, während die Bürger der OECD-Mitgliedstaaten im Vergleichsjahr 2000 im Durchschnitt auf dreiundzwanzigtausendsechshundert Dollar kamen. Selbst in Saudi-Arabien sank das Pro-Kopf-Einkommen über mehrere Jahrzehnte überdurchschnittlich. Es liegt heute nur noch bei etwa neuntausend Dollar gegenüber siebzehntausend Dollar im Jahre 1980.[24] Die dynamische Bevölkerungsentwicklung frißt dem Staat den Zugewinn aus dem Ölgeschäft weg.

Aber auch der staatliche Beitrag für Wissenschaft und Forschung ist derart niedrig, er beträgt in den arabischen Ländern nur magere 0,2 Prozent des Bruttoinlandsprodukts, so daß der Eindruck entsteht, man habe in diesen Ländern noch nicht begriffen, daß es hierbei auch um eine Investition in die Zukunft der eigenen Bevölkerung geht. Zudem läßt die Qualität des Bildungsangebots in der arabischen Welt deutlich zu wünschen übrig. In einer Analyse der amerikanischen Brookings Institution vom Juni 2003 mit dem Titel *Youth Factor* werden die Probleme in der Bildungspolitik des Nahen Ostens klar und deutlich angesprochen. Auf der einen Seite ist die Anzahl der Studierenden mit neun Prozent deutlich niedriger als in den industrialisierten Staaten mit sechzig Prozent. Auf der anderen Seite studieren in den arabischen Ländern die meisten Studenten in Fächern, die sich später als völlig unproduktiv erweisen; drei Viertel registrieren sich für nicht-wissenschaftliche oder nicht-technische Fächer. Insofern verfehlt die Bildungspolitik ihre Aufgabe, eine zukunftsorientierte Ausbildung zu gewährleisten, die für die weitere Entwicklung der Gesellschaft notwendig wäre.[25]

In den Jahren unmittelbar nach dem 11. September 2001 hatten die Araber außerdem auf die verschärften Einreisebestimmungen in den Vereinigten Staaten von Amerika mit dem Abzug von Spargeldern und rückläufigen Studenteneinreisen reagiert. Die verschärften Kontrollen haben mittlerweile dazu geführt, daß ausländische Forscher und Studenten länger als zwei Monate auf ein Visum warten müssen, für Bewerber aus kritischen Staaten wie dem Nahen Osten kann die Überprüfung aber auch bis zu einem Jahr dauern. Von den privilegierten Menschen, die auch im Ausland studieren können, kehrt ungefähr die Hälfte mangels beruflicher Perspektiven nicht in ihre Heimat zurück, so daß auch hier ein Wissensverlust zu beklagen ist. Auch das Problem der Arbeitslosigkeit wird sich weiter verschärfen, wenn die Regierungen in den arabischen Staaten nicht aktiv gegensteuern und umfangreiche Reformen einleiten. Nach Schätzungen der UNDP wird sich die Arbeitslosigkeit bis zum Jahre 2010 auf fünfundzwanzig Millionen Arbeitslose verdoppeln, sofern nichts dagegen getan wird, um den jungen, auf den Arbeitsmarkt drängenden Menschen berufliche Perspektiven zu verschaffen.

Im Prinzip fordern die Autoren eine aktive Beteiligung der Bevölkerung an der Wissensgesellschaft ein, weil sich nur dadurch der erforderliche Wandel bewerkstelligen läßt. Dies müßte früher oder später aber auch einen politischen Wandel mit sich bringen, denn die Massen werden irgendwann ihr Recht auf freie Wahlen einfordern, oder es ergibt sich ein durch den Einsatz von Gewalt erzwungener Machtwechsel. Bisher konnte die Regierung die Massen noch ruhigstellen, das muß aber nicht immer so bleiben. Allerdings könnte ein großes Risiko auf die arabischen Staaten zukommen, wenn dieser Prozeß zu schnell und unbedarft eingeleitet wird. Denn Demokratie in unserem Sinne kommt nicht von heute auf morgen. Am wichtigsten ist immer noch ein von innen angestoßener Wandlungsprozeß. Die Einführung von freien Wahlen muß die Bevölkerung mittragen, und diese Entwicklung muß von allen Bevölkerungsschichten mitgetragen werden. Wie soll aber eine Gesellschaft dies bewerkstelligen, in der eine politische Beteiligung – entweder durch aktive Beteiligung (als Abgeordneter oder Parteimitglied) oder passive Beteiligung (als Wähler) – niemals die Bevölkerung mit eingeschlossen hat.

Wie sieht es mit der Bildung eines Mehrparteiensystems aus? Seit der Staatenbildung sind die arabischen Staaten von einigen wenigen Familien beherrscht worden. Nun also auf Knopfdruck eine Demokratie. Das kann nicht gelingen. Vielmehr werden die arabischen Staaten eine abwartende Haltung einnehmen und sehen, wie sich der Irak unter der Regie der Amerikaner ›demokratisiert‹. Denn die Amerikaner haben ja ihre Initiative für den Größeren Nahen Osten oder ›Greater Middle East Initiative‹ angestoßen und haben ihre Pläne zur Demokratisierung des Nahen Ostens spätestens auf dem G-8-Gipfel vom 8. bis 10. Juni 2004 im amerikanischen Bundesstaat Georgia der Weltöffentlichkeit vorgestellt.

Die Amerikaner begeben sich dabei auf schwieriges Terrain, da ihr Präsident es nicht für notwendig hält, die Araber aktiv in seine Überlegungen mit einzubinden. Außerdem ist die Unterstützung des amerikanischen Präsidenten für die israelische Besetzung der Palästinensergebiete allen Arabern in noch recht frischer Erinnerung geblieben, insbesondere seine Zustimmung zu SCHARONS Gaza-Rückzugsplänen. Für die Araber, insbesondere für die unteren Schichten, ist der Konflikt der Israelis gegen die Palästinenser immer noch ein sehr wichtiger, ihren Nationalstolz berührender Faktor: auf der einen Seite der militärische Goliath Israel, der sich seiner Unterstützung durch die Amerikaner sicher sein kann, auf der anderen Seite der militärische und politische Zwerg Palästina, der immer länger hingehalten wird. Insofern muß man bei einer Betrachtung der Entwicklung im Nahen Osten immer auch diesen Konflikt mit einbeziehen, selbst wenn es andere Möglichkeiten für Reformen und Demokratisierung gibt.

Es gibt einen Punkt, da wollen die Amerikaner die Araber nicht verstehen und umgekehrt. Es ist ein Punkt, an dem sie sich die Hand nicht mehr reichen können und wollen. Man muß es auch so sehen. Wer gibt schon gern freiwillig Macht ab, zumal der Befehl von außen kommt. Darin liegt das große Problem des Westens. Denn die Araber wissen auch, daß der Westen von den bisherigen politischen Strukturen im Nahen Osten außerordentlich profitiert hat. Durch die Tatsache, daß in den meisten Ländern eine oder nur einige Familien regiert haben, war das Verhandeln um Ölkonzessionen und das Ausbeuten von Ölquellen oder Gasreserven für die Ölkonzerne meistens eine sehr einfache Sache. Zudem haben die Staaten fast immer pünktlich geliefert und waren in dieser Hinsicht viel zuverlässiger, als es in den westlichen Staaten oft dargestellt wird. Hätte es bereits vor vierzig, fünfzig oder sechzig Jahren demokratische Staaten im Nahen Osten gegeben, wären die Verhandlungen sicherlich sehr viel komplizierter gewesen, und man hätte niemals solch einen günstigen Zugriff auf die Ressourcen bekommen.

Es gibt aber auch noch ein anderes Problem. Durch die sehr kritische Beobachtung und Beurteilung über den Nahen Osten rückt die Region in eine ganz andere Position als bisher. Bisher galt der Nahe Osten für viele Europäer oder Amerikaner mehr oder weniger als unbeschriebenes Blatt. Man wußte zwar, daß von dort das Öl kommt und daß es dort auch zahlreiche Ölscheichs gab. Aber viel mehr wußte man nicht. Hin und wieder flackerte das Bild eines israelisch-palästinensischen Konfliktes über die Bildschirme. Geändert hat das aber an der tatsächlichen Entwicklung dieses Konfliktes nicht viel; zumindest nicht im positiven Sinne. Nun wird auf einmal von außen ein Demokratisierungsprozeß angestoßen, der vor allem in der arabischen Bevölkerung Erklärungsbedarf hinterläßt. Die Besetzung des Irak durch amerikanische Truppen gehört dazu. Die Araber wollen aber wissen, wie sich Amerikas Demokratisierungsversuch mit der Besetzung eines arabischen Landes verträgt, zumal der Sicherheitsrat der Vereinten Nationen gegen den Einsatz von Waffengewalt gestimmt hatte.

Einige erste Demokratisierungsversuche hat es im Nahen Osten schon gegeben. So gibt es im Sultanat Oman bereits seit 1990 eine beratende Versammlung, deren Mitglieder zuerst direkt vom Sultan Qabus bestimmt wurden. Nun werden die Mitglieder in freien Wahlen bestimmt, die beratende Versammlung zählt derzeit dreiundachtzig Mitglieder und wird von allen wahlberechtigten osmanischen Staatsbürgern, die mindestens einundzwanzig Jahre alt sind, gewählt. Somit können auch Frauen ihr Wahlrecht ausüben, was in der arabischen Welt gewiß nicht selbstverständlich ist.[26] Auch in Katar hat es schon erste Demokratisierungsversuche gegeben. Der Emir von Katar, Scheich HAMAD IBN KHALIFA AL THANI hatte sein Volk im Jahre 1999 zu ersten Wahlen aufgefordert. In Bahrain durfte man im Herbst 2002 erstmals wählen, auch hier waren Frauen wahlberechtigt.[27] In Kuwait gab es schon seit vielen Jahren ein Parlament, das zeitweise vom Emir ausgesetzt wurde. Das Wahlrecht war aber bis zuletzt auf eine geringe Zahl von kuwaitischen Männern begrenzt, und die Machtbefugnisse des Parlaments sind immer noch eindeutig begrenzt. Im Frühjahr 2005 beschloß das Parlament jedoch, den kuwaitischen Frauen ab den Parlamentswahlen im Jahre 2007 das aktive und passive Wahlrecht zu geben.[28]

Auch das Königreich Saudi-Arabien ist zumindest einen ersten Schritt in Richtung politischer Reformen gegangen. Im Frühjahr 2005 fanden die ersten direkten Gemeinderatswahlen in ganz Saudi-Arabien statt. Die Wahl wurde in drei Runden durchgeführt; nach der Wahl in den Zentralprovinzen im Februar konnten die Wähler im März in den Ostprovinzen und im April in den Westprovinzen wählen. Insgesamt ging es um 592 Sitze in 178 Städträten. Die andere Hälfte der Sitze wird jedoch weiterhin von der königlichen Familie ernannt.[29]

In Ägypten dürfen bei der Präsidentenwahl im September 2005 zum ersten Mal Gegenkandidaten gewählt werden. Dennoch sind die politischen Reformen immer noch zu zögerlich, und die Partei des ägyptischen Präsidenten Muhamed Husni MUBARAK, die Nationaldemokratische Partei (NDP), kontrolliert nicht nur das Zulassungskomitee für die Wahlen, sondern über das Informationsministerium die Medien und über ein komplexes Patronagesystem, das sich über Jahrzehnte etablieren konnte, auch die ägyptische Gesellschaft. Während der langen Herrschaft von Staatspräsident MUBARAK, der im Oktober 1981 zum Nachfolger des ermordeten Anwar EL-SADAT ernannt wurde, sind Oppositionspolitiker und Oppositionsparteien vom Staat immer wieder unterdrückt worden. Eine wirkliche Chance haben sie aber nie erhalten.

Aber auch andere Veränderungen hat es in den arabischen Ländern schon gegeben. In Marokko ist König MOHAMED VI. für die Gleichstellung von Mann und Frau eingetreten und folgte somit Tunesien, das diesen Schritt unter der Führung Habib BOURGIBAS schon nach dem Ende der Kolonialzeit durch die Franzosen Ende der sechziger Jahre ging.[30]

In der arabischen Welt werden solche gesellschaftspolitischen Veränderungen immer noch wie eine Revolution angesehen, und es muß sich erst noch zeigen, ob sie sich auch in der gesamten arabischen Welt als tragfähig erweisen. Außerdem darf man nicht vergessen, warum demokratische Reformen oftmals von den Herrscherhäusern zurückgewiesen wurden. Ob in Bahrain oder in Kuwait, man befürchtet hier die Machtergreifung von politischen Kräften, zum Beispiel der Schiiten, und externe Machtbeeinflussung aus Ländern wie dem Iran oder auch Irak, wo die Schiiten die Bevölkerungsmehrheit stellen. In Ägypten bekämpft man seit Jahrzehnten die islamistischen Extremisten, die sich immer wieder für Terrorangriffe verantwortlich zeichneten. Ganz zurückzuweisen ist diese Gefahr also nicht. Bei der Wahl in Bahrain im Oktober 2002 forderten die Schiiten beispielsweise mehr Beteiligung an der politischen Macht.[31]

Aber auch andere Gefahren sind nicht von der Hand zu weisen. So erklärte der stellvertretende amerikanische Außenminister ARMITAGE gar, daß »Al Qaida versucht, das Herrscherhaus und die Regierung von Saudi-Arabien zu stürzen«[32]. Hierauf müssen die arabischen Staaten eine Antwort finden, insbesondere die für den Westen interessanten Staaten am Persischen Golf. Zudem wird in den kommenden Jahren auch eine große Veränderung stattfinden, denn die Golf-Staaten sind überwiegend Staaten mit einer hohen Anzahl an ausländischen Arbeitern, die vor allem im privaten Sektor tätig sind. Hier gilt es in einer langfristigen Übergangsphase, ausländische Arbeiter durch die einheimische Bevölkerung zu ersetzen. Erforderlich wäre hierbei auch ein hierauf zugeschnittenes Ausbildungssystem. Saudi-Arabien muß diesen Weg gehen, denn von der Erwerbsbevölkerung sind immerhin zwei Drittel Ausländer, in der Privatwirtschaft gar fünfundneunzig Prozent. Saudi-Arabien muß also versuchen, langfristig seine eigenen Arbeitskräfte in die Privatwirtschaft zu integrieren. Die saudische Regierung hat mittlerweile fünfundzwanzig Branchen benannt, in denen Ausländer in den kommenden Jahren duch Einheimische ersetzt werden sollen. Als erste Branche für den angestrebten Wechsel wurden die Juweliere ausgesucht, die Reisebranche soll folgen.

Insgesamt steht der saudischen Wirtschaft sicherlich ein langjähriger Umstellungsprozeß bevor. Andere Staaten in der Region werden diesem Beispiel folgen müssen, um ihrer jungen Generation auch berufliche Chancen zu ermöglichen und einen friedvollen Übergang möglich zu machen.[33]

Der Westen sollte sich aber genau überlegen, ob seine Kritik an der Entwicklung in Nahost berechtigt ist, er sollte diese in Zukunft wohl ›dosieren‹ und alle Länder in ihrer wirtschaftlichen Entwicklung tatkräftig unterstützen und nicht vergessen, daß die Herrscherhäuser in den Golf-Staaten in der Vergangenheit auch für viel Stabilität gesorgt haben und immer noch viel besser sind als Regierungen, die von Extremisten angeführt werden. Der Irak hatte sich unter Saddam Hussein zur Diktatur der Baath-Partei entwickelt, allen anderen Staaten am Golf genau das gleiche Etikett zu verpassen wäre deswegen ungerecht und töricht. Bevor man sich zu negativen Äußerungen über die Situation im Nahen und Mittleren Osten herabläßt, sollte man deswegen erst einmal in die Region reisen und sich ein eigenes Bild vom Leben am Golf machen. Fernsehbilder verzerren allzuoft die Realität.

[1] wgcc-sg.org/index_e.html

[2] gcc-sg.org/Charter.html

[3] Comprehensive Security Strategy.

[4] gcc-sg.org/cooperation.html unter den Stichworten ›Military Cooperation‹ und ›Security Cooperation‹.

[5] gcc-sg.org/cooperation.html unter Stichwort ›Foreign Policy‹.

[6] Saudi-Arabien hatte 2004 offiziell 26,4 Millionen Einwohner, darunter 5,6 Millionen Ausländer.

[7] gcc-sg.org/gccstatvol12/ge-stat/61htm

[8] Quelle für neue EU-Länder ist Sonderteil der *FAZ* über »Europa« vom 28. 4. 2004, S. 10 f.

[9] Ugo Fasano und Zubair Iqbal, »Common Currency GCC countries face fundamental choices as they head for monetary union«, in: *Finance &Development Magazine of IMF,* December 2002, Volume 39, Number 4.

[10] *spiegel.de*/wirtschaft/0,1518,297513,00.html, Anja Jardine, »Kuweit-›Die ABM-Gesellschaft‹«, 30. 4. 2004.

[11] In Saudi-Arabien (BIP 2002 +1,0%, 2003 + 6,4%) und den Vereinigten Arabischen Emiraten (BIP 2002 +1,9%, 2003 +7,0%) war die Entwicklung ähnlich; Zahlen aus: *World Economic Outlook* vom April 2004, Statistical Appendix, Table 1.10. Selected Middle Eastern Countries: Real GDP, Consumer Prices and Current Account Balance.

[12] »Golfstaaten versprechen Handelserleichterungen«, in: *FAZ,* 27. 12. 2003, S. 12.

[13] GCC: Cooperation in the field of Oil and Gas.

[14] Rainer Hermann, »Saddam ist weg, nun müssen die Monarchen umdenken«, in: *FAZ,* 22. 12. 2003, S. 6.

[15] Ugo Fasano u. Zubair Iqbal, aaO. (Anm. 9).

[16] Michel CAMDESSUS, Managing Director of the International Monetary Fund, Arab Meeting of the Union of Arab Banks, New York, 20. Mai 1996 unter imf.org/external/np/sec/mds/1996/mds9608.html

[17] Während Marokko 1997 und 1999 von einer Rezession erfaßt wurde (BIP 1997 -2,2%, 1999 -0,1%) und auch im Jahre 2000 (+1,0%) schwächelte, erwies sich die Wirtschaft in den von CAMDESSUS genannten Staaten, also in Algerien (1999 +3,2%, 2000 + 2,2%), Tunesien (1999 +6,1% und 2000 +4,7%) und Jordanien (1999 +3,1%, 2000 +4,1%), erheblich robuster; Zahlen aus: IMF, *World Economic Report*, April 2004, Statistical Appendix, Table 6, S. 194 u. 196.

[18] Graham E. FULLER, *The Youth Factor-The New Demographics of the Middle East and the Implications for U.S. Policy,* Analysis Paper Number 3, June 2003, The Brookings Institution.

[19] »Der Glanz von Dubai trügt«, in: *FAZ,* 17. 9. 2003, S. 15.

[20] freedomhouse.org/pfs2002/pfs2002.pdf; der Bericht wurde verfaßt von Karin DEUTSCH-KARLEKAR, Senior Researcher of Freedom House, tätig als Managing Director of the *Annual Survey of Press Freedom* 2002 und Rosanna ROIZIN.

[21] Rainer HERMANN, »Gerüstet. Ein saudischer Sender für die arabische Welt«, in: *FAZ,* 8. 3. 2003, S. 38.

[22] 1. Bericht 2002 UNDP = UN-Entwicklungsprogramm bürgerl. Freiheiten, Wissenserwerb u. Rechte der Frauen und 2. Bericht 2003 Arabischer Bericht zur menschlichen Entwicklung 2003.

[2] bpb.de/publikationen/7YK63H,5,0, »Die muslimische Welt und der Westen«.

[24] Christiane BUCK, »UNO dokumentiert den Niedergang der Araber«, in: *Die Welt,* 27. 4. 2004.

[25] Graham E. FULLER, aO. (Anm. 18).

[26] Die beratende Versammlung heißt Madschlis al Schura, und die ersten Wahlen fanden im September 2000 statt; die zweiten Wahlen in dieser Form am 4. Oktober 2003. Die beratende Versammlung soll über Themen der Verkehrs-, Innen-, Arbeitsmarkt-, Wirtschafts- und Gesundheitspolitik beraten: Quelle: »Bis zuletzt wirbt die osmanische Regierung für die Wahl«, in: *FAZ,* 4. 10. 2003, S. 6.

[27] Wolfgang KÖHLER, »Sanfter Druck von innen und außen«, in: *FAZ,* 6. 11. 2002, S. 10.

[28] »Kuwaiti womans political rights well deserved«, in: *Kuwait Times,* 2005; Rainer HERMANN, »Kuweits Frauen wollen wählen«, in: *FAZ,* 22. 12. 2003, S. 3; »Wahlrecht für Frauen in Kuwait«, in: *FAZ,* 18. 5. 2005, S. 6.

[29] »Wahlen in Saudi-Arabien«, in: *FAZ,* 15. 10. 2003, S. 8.

[30] »Frauen in Marokko erhalten mehr Rechte«, in: *FAZ,* 13. 10. 2003, S. 6.

[31] Wolfgang KÖHLER, »Mißtrauen und Boykottaufrufe, Bahrain wählt ein neues Parlament«, in: *FAZ,* 24. 10. 2002, S. 6.

[32] »Al Qaida will saudisches Herrscherhaus stürzen«, in: *FAZ,* 11. 11. 2003, S. 2.

[33] »Saudi-Arabien verzichtet auf Ausländer«, in: *FAZ,* 10. 3. 2004, S. 14.

19. Kapitel

Aus der Krise zum großen Hoffnungsträger der westlichen Welt: Rußland

Vor ein paar Jahren hätte man in Moskau im Traum wohl nicht daran gedacht, daß die geopolitische Krise gerade für Rußland von wahrem Nutzen sein kann. Doch gerade die russische Industrie hat sich aus dem Tief emporgearbeitet wie kaum eine andere. 1998 strauchelte das Land, die Rubelkrise zog Aktien, Investitionen und Anleihen in die Tiefe.

Sieben Jahre später ist das Land nicht wiederzuerkennen. Auslandsinvestitionen von Handelsriesen wie Metro oder Ikea und vielen anderen ausländischen Unternehmen lassen eine Aufbruchstimmung erkennen, wie man sie hierzulande lange nicht mehr gesehen hat. Ein wesentlicher Grund für die Hochstimmung sind die seit Jahren sehr hohen Öl- und Gaspreise. Die russischen Öl- und Gaskonzerne verdienen am meisten, wenn sie ihre Ressourcen im Ausland für harte Devisen teuer verkaufen können. Aber auch der Staat profitiert von dem guten Umfeld für die Ölindustrie, da sich viele Unternehmen noch in Staatsbesitz oder zumindest teilweise befinden. Im Jahre 1999 förderten russische Ölunternehmen 304,8 Millionen Tonnen Rohöl, im Jahre 2003 schon 390 Millionen Tonnen, und die Regierung prognostizierte ein Niveau von 432 Millionen Tonnen für das Jahr 2004.[1] Damit liefert sich Rußland derzeit auch ein Kopf an Kopf Rennen um den ersten Platz bei der Ölförderung, nämlich mit Saudi-Arabien, wobei die Russen zeitweise sogar vorn liegen könnten. Da die Durchschnittspreise in den letzten Jahren immer weiter anzogen, konnten die Unternehmen hiervon überdurchschnittlich profitieren. Die Umsätze und Gewinne zogen an, die Investitionen wurden erhöht, und die Produktion wurde hochgefahren. Das ließ auch das zuvor wegen der Rubel-Krise zusammengeschrumpfte Bruttoinlandsprodukt wieder stark ansteigen, wie die umseitige Tabelle zeigt.

Ein beeindruckender Anstieg. Dieser Anstieg verleitete auch westliche Investoren zu großen Investitionen in Rußland. So kaufte sich BP Anfang 2003 beim russischen Ölkonzern Tjumen Oil (TNK) mit insgesamt 7,7 Milliarden Dollar ein. Für weitere 1,3 Milliarden Dollar erwarb man einen fünfundzwanzigprozentigen Anteil an Slav-

Entwicklung Bruttoinlandsprodukt in Rußland 2000–2003[2]		
	BIP in Mrd.$	Anstieg in %
2000	259,7	10,0
2001	310,0	5,1
2002	346,5	4,7
2003	426,4*	7,3
Anstieg BIP Durchschnitt in %		6,8
* = geschätzte Zahl		

neft. Die gesamten Reserven des britischen Ölkonzerns erhöhten sich dadurch um ein Drittel auf zweiundzwanzig Milliarden Barrel.

Auch deutsche Firmen sind in Rußland aktiv. Der Eon-Konzern hält seit Jahren eine Beteiligung am russischen Gaskonzern Gazprom, und die Eon-Tochtergesellschaft Ruhrgas beherrscht seit Jahren den Erdgashandel mit Rußland. Des weiteren vereinbarte die BASF-Tochtergesellschaft Wintershall im April 2005 eine umfangreiche Zusammenarbeit mit Gazprom, zu der auch die gemeinsame Erschließung des sibirischen Gasfeldes Yushno Russkoje gehört. Die Investitionen liegen bei ungefähr 1 Milliarde Dollar. Während Wintershall mit fünfzig Prozent minus einer Aktie an dem Gasfeld beteiligt wird, erhöht Gazprom seinen Anteil an der deutschen Vertriebstochtergesellschaft Wingas von fünfunddreißig auf etwa fünfzig Prozent. Vorgesehen ist außerdem die Beteiligung und der Bau an der Nordeuropa-Gaspipeline, die später einmal russisches Erdgas durch die Ostsee nach Westeuropa befördern soll. Damit beteiligt sich erstmals ein ausländisches Unternehmen direkt an der Erschließung und Ausbeutung eines Erdgasfeldes in Nordsibirien.

Auch der amerikanische Ölkonzern Conoco-Phillips ließ sich von der Hetzjagd der Justiz gegen Yukos und CHODORKOWSKIJ und seine Kollegen nicht beeinträchtigen und beteiligte sich im September 2004 mit zwei Milliarden Dollar am russischen Ölkonzern Lukoil. Die Beteiligung in Höhe von 7,6 Prozent wurde schon im November auf zehn Prozent ausgebaut, und das Kooperationsabkommen sieht vor, daß Conoco innerhalb von zwei bis drei Jahren seinen Anteil auf zwanzig Prozent ausbauen kann. Der französische Ölkonzern Total S.A. gab ungefähr zur gleichen Zeit sein Interesse an einer Beteiligung an Sibneft bekannt.

Anderswo in Rußland wurden derweil Milliarden in die Ölexploration und Ölförderung investiert. Eines der größten Projekte im Öl- und Gasbereich sind die Projekte vor der Insel Sachalin im Ochotskischen Meer. Sachalin II wird mit erwarteten Investitionen in Höhe zwanzig Milliarden Dollar zum größten Investitionsprojekt Rußlands. Sachalin I soll für Investitionen in Höhe von zwölf Milliarden Dollar verantwortlich sein und wird damit das zweitgrößte Investitionsprojekt des Landes. Für Sachalin IV und V sind noch einmal Investitionen von insgesamt sechs bis acht Milliarden Dollar angesetzt worden, und Experten rechnen langfristig mit deutlich höheren Investitionen für die sechs Sachalin-Projekte.

Nachdem Yukos eine Fusion mit Sibneft ankündigt hatte, verhandelten die amerikanischen Ölkonzerne ExxonMobil und ChevronTexaco mit der Führung der beiden russischen Konzerne, um einen Einstieg zu vereinbaren. Diese geplante Übernahme scheiterte aber (siehe hierzu Kapitel »Die russischen Oligarchen und warum die Übernahme von Yukos scheitern mußte«). Dazwischen kam ihnen die russische Staatsanwaltschaft, die den Vorstandsvorsitzenden von Yukos, Michail CHODORKOWSKIJ, kurzerhand verhaften ließ. Es folgten Beschwerden aus dem In- und Ausland. Präsident Wladimir PUTIN war davon zumindest nach außen hin unbeeindruckt. Seine Partei ›Geeintes Rußland‹ erhielt bei den Wahlen am 7. Dezember 2003 siebenunddreißig Prozent der Stimmen, und auch die Koalitionsparteien ›Heimat‹ mit den abtrünnigen Kommunisten und Linken Sergej GLASJEWSIE an der Spitze und die nationalsozialistischen Liberaldemokraten, kurz LDPR genannt, unter Führung des Rechtspopulisten Wladimir SCHIRINOWSKIJ mit neun beziehungsweise fast zwölf Prozent gehörten zu den klaren Gewinnern. Die Kommunisten verloren mehr als zehn Prozentpunkte und kamen ›nur‹ auf etwa dreizehn Prozent.[3] Von einer starken Opposition war weit und breit nichts mehr zu sehen, die Kommunisten waren nunmehr ein Schatten ihrer selbst, und die größeren Oppositionsparteien ›Jabloko‹ und die ›Union rechter Kräfte‹ scheiterten an der Sperrklausel von fünf Prozent. Der Präsident konnte also mit einer beruhigenden Zweidrittelmehrheit in der Staatsduma in seine zweite Amtszeit gehen. Einziger Wermutstropfen war die rückläufige Wahlbeteiligung, die im Jahre 2000 noch bei zweiundsechzig Prozent gelegen hatte und nun auf einundfünfzig Prozent zurückging. Angesichts der Dominanz von PUTINS Partei im Wahlkampf und in den Medien sahen doch viele keinen Sinn in einem Gang zur Wahlurne. Noch besser erging es Wladimir PUTIN am

14. März 2004, als er in der Präsidentenwahl mit 71,2 Prozent der Stimmen in seinem Amt bestätigt wurde.[4] Die Wahlbeteiligung lag laut offiziellen Angaben bei über vierundsechzig Prozent. Er feierte einen noch klareren Sieg als zuvor in den allgemeinen Wahlen des Landes.

Die wirtschaftliche Entwicklung in Rußland in den letzten vier, fünf Jahren ließ wirklich nichts zu wünschen übrig. Der Transformationsprozeß wurde fortgesetzt, und eine kaufkräftige Mittelklasse entwickelte sich, was wiederum die Nachfrage für Produkte aus dem Ausland in die Höhe steigen ließ. Die Tragfähigkeit des wirtschaftlichen Aufstiegs wurde damit auf eine breitere Basis gestellt, und der Dienstleistungssektor hat nach einer Anpassung an internationale Statistik-Standards einen Anteil von sechsundvierzig Prozent vom Bruttoinlandsprodukt, der industrielle Sektor von einundvierzig Prozent. Die realen Löhne stiegen in Rußland im Zeitraum 1999 bis 2003 um zweiundachtzig Prozent und befanden sich damit auf einem Niveau, das achtundzwanzig Prozent höher lag als vor der Rubelkrise im Jahre 1998.[5]

Auch die in den neunziger Jahren noch sehr hohe Inflationsrate konnte man unter Kontrolle bringen. So erhöhte sich der Preisindex im Jahre 1999 noch um 85,7 Prozent, fiel aber danach in mehreren Schritten konsequent zurück.[6] Der Internationale Währungsfonds prognostizierte in seinem *World Economic Outlook* vom September 2004 einen weiteren Rückgang auf eine einstellige Rate im Jahre 2005.[7] Überhaupt sollten die Analysten und Ökonomen hinsichtlich der weiteren Entwicklung in Rußland sehr optimistisch sein. Nach dem Wirtschaftswachstum von 7,1 Prozent im Jahre 2004 wurde für 2005 und 2006 ein weiteres Wachstum von 6,0 und 5,5 Prozent vorhergesagt.[8] Die Währungsreserven der russischen Nationalbank waren mittlerweile aus ihrem Tief im Jahre 1998 (8,5 Milliarden Dollar) auf einen neuen Rekordstand von 71,8 Milliarden Dollar Ende 2004 angewachsen.[9] Dem geopolitischen Umfeld und der Nachfrage aus China sei Dank. Dies trieb den Ölpreis in den vier Jahren bis einschließlich 2003 auf durchschnittlich deutlich über vierundzwanzig Dollar pro Barrel, was natürlich auch dem rohstoffreichen Rußland zugute kam. Ein Jahr später stieg der Durchschnittspreis für ein Barrel der Sorte Brent sogar auf achtunddreißig Dollar und wird angesichts der jetzigen Preissituation am Ölmarkt 2005 sogar über vierzig oder fünfzig Dollar liegen.[10] Immerhin sind die Rohölexporte für vierzig Prozent aller russischen Exporte verantwortlich gewesen, die

Gasexporte kommen auf einen Anteil von vierzehn Prozent und Exporte von Metallen auf dreizehn Prozent.[11] Die Wichtigkeit des Öl- und Gassektors für die russische Wirtschaft wird dadurch unterstrichen, und eine Analyse der OECD zeigt zudem, daß das größte Wachstum durch Öl- und Gasunternehmen erfolgte, die sich nicht mehr im Staatsbesitz befanden. Die im Privatbesitz befindlichen Unternehmen konnten Ölförderung und Exporte überproportional steigern. Das führte 2003 zu Rekorderlösen aus dem Verkauf von Rohöl von über dreiundsiebzig Milliarden Dollar, 1999 waren es erst einunddreißig Milliarden Dollar gewesen.[12] Folgende Grafik zeigt die Entwicklung bei der russischen Ölförderung zwischen 1992 und 2004.

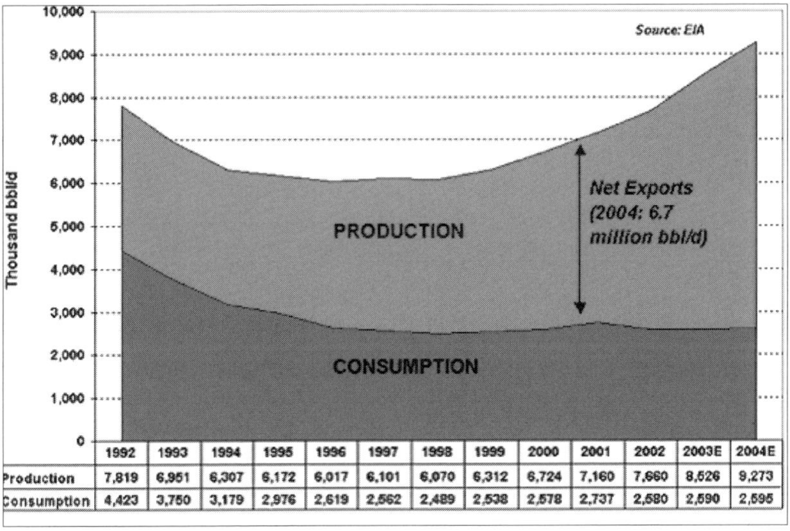

	1992	1993	1994	1995	1996	1997	1998	1999	2000	2001	2002	2003E	2004E
Production	7,819	6,951	6,307	6,172	6,017	6,101	6,070	6,312	6,724	7,160	7,660	8,526	9,273
Consumption	4,423	3,750	3,179	2,976	2,619	2,562	2,489	2,538	2,578	2,737	2,580	2,590	2,595

Entwicklung der russischen Ölförderung und Anteil der Ölexporte zwischen 1992 und 2004. Quelle: EIA.

Deutlich zu sehen ist der starke Rückgang in der Ölförderung. Im Jahre 1988 hatte die russische Ölförderung sogar einen Spitzenwert von 12,5 Millionen Barrel pro Tag verzeichnen können. Das ist deutlich mehr, als Saudi-Arabien heute fördert. Der Tiefpunkt wurde zehn Jahre später mit nur noch sechs Millionen Barrel pro Tag erreicht. Das war auch der Zeitpunkt, als der Ölpreis den tiefsten Stand seit der Ölkrise in den siebziger Jahren erreichte. Danach folgte die durch die Oligarchen angeführte ›Revolution‹ in der russischen Ölförderung bis auf 9,2 Millionen Barrel pro Tag im Jahre 2004: gegenüber dem Tief immerhin eine Steigerung von über fünfzig Prozent. Da der Verbrauch im Inland nur bei 2,6 Millionen Barrel pro Tag lag, konnte der überwiegende Teil (über siebzig Prozent) exportiert werden. Damit war Rußland weltweit der zweitwichtigste Erdölexporteur hinter Saudi-Arabien.

Der verabschiedete Haushaltsplan für das Jahr 2004 sah wiederum einen Haushaltsüberschuß von 0,5 Prozent vor. Insgesamt waren Einnahmen von 2,74 Billionen Rubel und Ausgaben von 2,66 Billionen Rubel vorgesehen. Bei der derzeitigen Konstellation an den Energiemärkten war absehbar, daß die strikte Einhaltung des Haushalts kein Problem sein würde.[13] Effektiv konnte Rußland aber sogar einen Haushaltsüberschuß in Höhe von plus 4,3 Prozent des Bruttoinlandsprodukts ausweisen, und der Internationale Währungsfonds prognostiziert auch für die beiden kommenden Jahre einen positiven Haushaltssaldo. Zum fünften Mal in Folge beendete Rußland das Jahr mit einem Haushaltsüberschuß;[14] in einer Welt von Schulden und Defiziten ein durchaus seltenes Bild.

Aufgrund der positiven wirtschaftlichen Entwicklung konnte Rußland im Januar 2005 seine Schulden beim Internationalen Währungsfonds vollständig tilgen und einigte sich außerdem mit dem Pariser Club wenige Monate später über eine vorzeitige Tilgung gegenüber seinen ausländischen Gläubigern in Höhe von fünfzehn Milliarden Dollar. Damit verringern sich die russischen Schulden beim Pariser Club auf fünfundzwanzig Milliarden Dollar. Die gesamten Auslandsschulden betragen nun nur noch fünfundneunzig Milliarden Dollar.[15] Putin hatte im Mai 2003 in seiner Botschaft an die Parlamentarier der Duma und den Föderationsrat bereits auf die neue Rolle Rußlands hingewiesen, als er betonte, daß Rußland nur als Großmacht eine Zukunft habe, denn es müßte jederzeit in der Lage sein, seine bestehenden Grenzen zu sichern. Hierzu gehörten aus seiner Sicht auch die Schaffung neuer strategischer Nuklearwaffen. Zudem müßte Rußland innerhalb von zehn Jahren sein Bruttoinlandsprodukt verdoppeln, die Armut im Land besiegen und die Armee modernisieren und reformieren.

Putin wollte dem russischen Volk mit seinem strategischen Drei-Punkte-Programm ehrgeizige Ziele vorgeben. Ob es gelingt, neben der bereits entstandenen Mittelklasse die Armut zu beseitigen, bleibt abzuwarten.[16] Aber eine solche Wende zum Guten hätte nach der Staatskrise der Jahre 1998 und 1999 wohl keiner vorhergesehen. Die aufgezeigte Entwicklung ist imponierend. Das Land befindet sich auf dem richtigen Weg. PUTIN sorgte mit seiner Unterschrift im November 2004 übrigens auch dafür, daß das Kyoto-Protokoll endlich in Kraft treten konnte, denn nunmehr war es gelungen, die Mindestvoraussetzungen zu erfüllen (Beitritt von mindestens fünfundfünfzig Ländern, die mindestens fünfundfünfzig Prozent der Treibhausgas-Emissionen auf sich vereinen). Rußland war der 127. Staat, der dem Abkommen beigetreten ist. Da das Land für 17,4 Prozent der weltweiten Emissionen verantwortlich war (Stichjahr: 1990), wurde die Quote von 55 Prozent mit 61,6 Prozent endlich überschritten. Rußland verspricht sich vor allem finanzielle Gewinne aus dem Verkauf von überschüssigen Emissionsrechten, Experten vermuten hier potentielle Einnahmen von zehn Milliarden Euro bis zum Jahre 2012.[17]

Ob die Vereinigten Staaten oder Australien sich nun genötigt sehen, wegen des Beitritts Rußlands auch dem Kyoto-Protokoll beizutreten, darf bezweifelt werden, obwohl allein die Vereinigten Staaten für fünfunddreißig Prozent der weltweiten Treibhausgase verantwortlich sind. Die Amerikaner sprechen hier eher von der Verringerung der Intensität der Treibhaus-Emissionen im Verhältnis zur Wirtschaftsleistung. Innerhalb von zehn Jahren soll diese Treibhausgasintensität um achtzehn Prozent verringert werden; Basisjahr ist das Jahr 2002. Ob sich die Amerikaner aber 2012 an ihre frühere Aussage noch erinnern können? Zudem gibt es keine Verpflichtung, beabsichtigte Zielvorgaben auch einzuhalten.[18]

Nun zurück zur russischen Innenpolitik. Im September 2004 kündigte der russische Gasmonopolist Gazprom die vollständige Übernahme des sich im Staatsbesitz befindlichen Ölkonzerns Rosneft an. Rosneft sollte ja einen wesentlich größeren Anteil an der einheimischen Ölförderung erhalten; das war im Laufe der Auseinandersetzung mit Yukos von verschiedenen ranghohen Ministern bekräftigt worden. Da Rosneft wenige Monate später auch das Herzstück von Yugansneftegaz von der unbekannten Baikal Finance Group übernahm, sollte Rosneft zum größten Konkurrenten von Lukoil gemacht werden, und Gazprom sollte letztendlich die Kontrolle über Rosneft verfügen. Da der Kreml nun aber rechtliche Probleme bei der Einverleibung von Yugansneftegaz in den Gazprom-Konzern befürchtet, soll für das ehemalige Yukos-Unternehmen eine andere Lösung gefunden werden. Eindeutig war aber, daß der russische Staat mit voller Unterstützung des Kreml und des Präsidenten seine Kontrolle über den Ölsektor wieder ausbaute. Daran ändert auch die Absicht nichts, ausländischen Aktionären ohne jede Beschränkung den Kauf von Gazprom-Aktien zu ermöglichen. Schließlich übernimmt der Staat in mehreren Schritten bis zum Jahresende wieder die Mehrheit des Gaskonzerns, eine Kontrolle ist dem Kreml damit sicher.[19]

Wie wichtig Gazprom für Rußland ist, beweist allein die Tatsache, daß der Konzern bisher für etwa fünfundzwanzig Prozent der Steuereinnahmen des Staates verantwortlich ist. Gazprom kontrolliert außerdem über ein Drittel der Weltgasreserven und ist für neunzig Prozent der russischen Erdgasförderung verantwortlich - ein Gigant schlechthin und auch noch einer, der in Zukunft noch größer werden sollte. Gazprom soll bei der Privatisierung der Stromkonzerne ebenso Anteile erwerben wie am einzigen Exporteur für Nukleartechnologie, Atomstroieksport.[20]

Eines ist aber klar: Wer in Zukunft mit Rußland im Energiebereich Geschäfte machen will, kommt nicht umhin, mit Gazprom ins Gespräch zu kommen.

Äußerst negativ ist der Beschluß Präsident PUTINS zu werten, nach der Geiselnahme von Beslan als Anti-Terrormaßnahme die Gouverneurswahlen abzuschaffen. Gleiches gilt für die vorgesehene Abschaffung der Direktwahl von Abgeordneten in das russische Parlament. Der mögliche politische Einfluß der Bürger wird mit diesen Maßnahmen marginalisiert. Kritisch sollte man auch die Bemühungen der Regierenden betrachten, jegliche Opposition im Lande zu unterdrücken, um den Machterhalt auch über 2008 hinaus zu sichern. Die Kontrolle von Fernsehen und Printmedien durch den Staat wurde in den vergangenen Jahren noch verstärkt. Die Kontrollübernahme beim Fernsehsender NTW im Jahre 2000 und der Kauf der politisch einflußreichen Tageszeitung *Iswestija* durch Gazprom im Juni 2005 sind nur zwei herausragende Beispiele unter vielen anderen, bei denen der Staat durch Medienkontrolle die Meinungsvielfalt zu unterdrükken sucht.[21] Das könnte dem Land Schwierigkeiten bereiten, insbesondere, wenn ein Nachfolger für PUTIN gesucht wird. Gerade der Fall Boris JELZIN hat gezeigt, was passieren kann, wenn ein Land zu sehr von einer Person beherrscht wird. Ein so großes Land wie Rußland benötigt deswegen auch starke Oppositionsparteien, um für den Fall eines Wechsels glaubwürdige Spitzenkandidaten präsentieren zu können. Nur stark fallende Ölpreise könnten die russische Wirtschaft derzeit vor ernstere ökonomische Probleme stellen, weil man dann erst erkennen würde, wie weit die Strukturreformen in anderen Bereichen vorangekommen sind und wie krisenresistent das Land wirklich ist.

[1] BP-statistical-review-of-world-energy-2003-workbook; »Rußland will 2004 deutlich mehr Erdöl fördern«, in: *FAZ,* 2. 1. 2004, S. 13.

[2] OECD Economic Surveys, »Economic Survey of the Russian Federation 2004«, in: *The Sources of Russian Economic Growth,* 2004; IWF, *World Economic Outlook,* April 2004, Statistical Appendix, Tabelle 5, S. 193; Manfred QUIRING, Dresdner Bank AG, »Die Welt, Furcht vor neuer Kapitalflucht«, 28. 10. 2003.

[3] »Sechs Tote bei Anschlag im Zentrum Moskaus«, in: *FAZ,* 10. 12. 2003, S. 1 f.

[4] »Freie Hand für Putin nach der Wahl«, in: *Neue Zürcher Zeitung,* 16. 3. 2004,nzz.ch/2004/03/16/al/page-article9H22N.html

[5] OECD, »Economic Survey of the Russian Federation 2004«, in: *The Sources of Economic Growth,* 10/11, S. 5.

[6] In den Jahren 2000 und 2001 betrug der Anstieg schon moderatere 20,8 bzw. 21,5 Prozent, um im Jahre 2003 auf 13,7 Prozent zurückzufallen.

[7] Internationaler Währungsfonds, *World Economic Outlook,* September 2004, Statistical Appendix, Table 10, S. 213.

[8] Internationaler Währungsfonds, *World Economic Outlook,* April 2004, Chapter I, Commonwealth of Independent States: Has Disinflation bottomed out?, Table 1.9., Commonwealth of Independent States: Real GDP, Consumer Prices and Current Account Balance.

[9] *World Economic Outlook,* April 2004, Statistical Appendix, Tabelle 35, S. 245.

[10] BP, *Statistical Review of World Energy,* June 2005; der Durchschnittspreis für ein Barrel der Sorte Brent betrug 1998 nur 12,72 $, 1999 stieg er auf 17,97 $ an, 2000 erreichte er mit 28,50 $ ein Zwischenhoch, 2001 fiel der Preis auf 24,44 $ zurück, bevor 2002 (25,02 $), 2003 (28,83 $) und 2004 (38,27 $) Erhöhungen folgten.

[11] Rodrigo FERNÁNDEZ, »La bondad de los petrodolares«, in: *El Páis,* Negocios, 24. 10. 2004, S. 22; OECD, »Economic Survey of the Russian Federation 2004«, in: *The Sources of Economic Growth,* S. 15.

[12] OECD, »Economic Survey of the Russian Federation 2004«, in: ebenda, S. 16.

[13] »Russische Duma billigt Etatentwurf«, in: *FAZ,* 22. 11. 2003, S. 12.

[14] IMF, *World Economic Outlook,* Globalization and External Imbalances, Statistical Appendix, Table 18, Other Emerging Market and Developing Countries, Central Government Fiscal Balances, 13. 4. 2005. Der Haushaltsüberschuß der russischen Regierung entwickelte sich wie folgt: 2000 +0,8%, 2001 +2,7%, 2002 +1,3%, 2003 +1,5% und 2004 +4,3%.

[15] BBCNews, »Russia to pay Paris Club early«, 3. 2. 2005; CNN.com, »Russia strikes $15bn debt deal«, 13. 5. 2005; »Rußland tilgt Rekordbetrag«, in: *FAZ,* 14. 5. 2005, S. 9.

[16] Antonio PÉREZ-RAMOS, »Las Rusias de Putin«, in: *El País,* Reportaje, 17. 4. 2005, S. 8. Die Staatsduma hatte im Sommer 2004 beschlossen, die kostenlosen Sonderleistungen für Rentner, Invaliden, Veteranen und Tschernobyl-Geschädigte zu streichen. Die Betroffenen sollten dafür aber

einen finanziellen Ausgleich erhalten, die Ausgleichssumme war mit 200 Rubel aber äußerst niedrig angesetzt. Russische Rentner müssen mit einer durchschnittlichen Rente von 1800 Rubel auskommen, die Grundrente wurde erst im Januar 2005 von 660 auf 900 Rubel angehoben. Umgerechnet sind das ungefähr 25 Euro. Den russischen Rentnern und der allgemeinen Bevölkerung geht es deswegen noch längst nicht so gut, wie es die hohen Währungsreserven und Einnahmen aus dem Öl- und Gasgeschäft vermuten lassen.

[17] Ulrich HEYDEN, »Duma ratifiziert das Kyoto-Protokoll«, in: *Eurasisches Magazin*, 30. 10. 2004; Ulli KULKE, »Das Kyoto-Protokoll tritt in Kraft«, in: *Welt.de*, 6. 11. 2004; »Russisches Oberhaus verabschiedet Kyoto-Protokoll«, in: *Welt.de*, 27. 10. 2004; »Putin unterzeichnet Kyoto-Protokoll«, in: *Welt.de*, 5. 11. 2004; Florian HASSEL, »Kyoto-Abkommen kann wahrscheinlich in Kraft treten«, in: *Frankfurter Rundschau online*, 22. 5. 2004.

[18] Ileana GRABITZ, »Sieben Fragen und Antworten: Das Klimaschutzabkommen von Kyoto«, in: *Welt.de*, 20. 2. 2005; Nico FICKINGER, »Abkommen ohne Durchschlagskraft«, in: *FAZ*, 16. 2. 2005, S. 16; »Wir stehen der EU am Kyoto-Pfad nicht im Weg. Interview mit amerikanischem Delegationschef Harlan Watson«, in: *FAZ*, 17. 5. 2005, S. 15.

[19] EIA, *Russia Country Analysis Brief*, February 2005, S. 4 f.; »Rußland öffnet Gasprom für ausländische Anleger«, in: *FAZ*, 25. 6. 2005, S. 14.

[20] Der Umsatz von Gazprom betrug 2004 umgerechnet 25,6 Milliarden Euro, der Gewinn belief sich auf 4,7 Milliarden Euro.

[21] Isabel GORST, »Gazprom buys control of Isvestia«, in: *Financial Times*, 3. 6. 2005, S. 20; Jens HARTMANN, »Energieriese Gazprom kauft Traditionszeitung Iswestija«, in: *Die Welt*, 3. 6. 2005; Gazprom-Media ist die größte Medienholding Rußlands und besitzt die Kontrolle über die Fernsehsender NTW, TNT und den Satellitenfernsehsender NTW-Plus. Außerdem besitzt die Holding das Verlagshaus Sieben Tage und fünf Radiosender.

20. Kapitel

Investitionen in die Zukunft: die Ölfonds für zukünftige Generationen in Kuwait und Norwegen

Teil 1: Kuwaits Ölreichtum und der ›Reserve Fund for Future Generations‹ (RFFG)

Gegenwärtig schwimmen sie noch im Geld, aber auch die Ölprinzen wissen, daß die Reserven letztendlich zur Neige gehen. Zwar reichen die Reserven Kuwaits bei gleichbleibender Produktion noch über einhundert Jahre, aber Prognosen wie die des *World Energy and Economic Outlook* 2004 besagen, daß der Nahe Osten seinen Weltmarktanteil in den kommenden zwanzig Jahren wieder ausbauen wird. Wurden 1990 von der OPEC ›nur‹ vierundzwanzigeinhalb Millionen Barrel pro Tag gefördert und exportiert, so stieg diese Zahl bis zum Jahre 2001 wieder auf dreißig Millionen Barrel pro Tag. Nach Berechnungen der amerikanischen Energy Information Administration, die dem oben genannten Bericht zu entnehmen sind, steigt die Förderung in der Region bis zum Jahre 2010 auf sechsunddreißig Millionen Barrel an, im Jahre 2015 sollen es schon vierzig Millionen, 2020 achtundvierzig Millionen und 2025 sechsundfünfzig Millionen Barrel pro Tag sein. Bei einem relativ niedrigen Ölpreis sagen sie sogar einen Anstieg der Förderleistung allein durch die OPEC auf einundsiebzig Millionen Barrel pro Tag im Jahre 2025 voraus.[1] Da die Nicht-OPEC-Produzenten von den zusätzlichen vierundvierzig Millionen Barrel pro Tag nur etwa vierzig Prozent abdecken werden können, gilt es als ausgemachte Sache, daß die Opec-Staaten ihren Anteil an der Weltproduktion des Rohöls wieder steigern werden. Im Rekordjahr 1973 lag er bei zweiundfünzig Prozent. Das war das Rekordniveau, was die OPEC seither nie mehr erreichen konnte. Aber in den letzten Jahren zeigte die Tendenz wieder aufwärts, es wird kräftig in die Ausweitung der Produktionsanlagen investiert, es wird in den kommenden Jahren mit Sicherheit zu einer Produktionsausweitung kommen.

Diese Aussage gilt auch für Kuwait. Kuwait hatte schon sehr früh damit begonnen, sein Vermögensportfolio zu diversifizieren. Alles in allem ist es eine Geschichte von großen Enttäuschungen und auch einigen Erfolgen. Auch die Vermögensmanager des kleinen Wüstenstaates mußten lernen, daß es an den Finanz- und Kapitalmärkten keine Garantie für Gewinne gibt. Die Kuwaitis wissen, daß ihr Ölreichtum nicht endlos sein wird, und bereits im Jahre 1976 wurde deshalb der ›Reserve Fund for Future Generations‹, kurz RFFG genannt, eingerichtet. Die Mittel werden von der Kuwait Investment Authority (KIA) verwaltet; ein untergeordneter Investmentarm der KIA ist das Kuwait Investment Office (KIO) in London.[2] Am Anfang wurde dem Fonds ein Startkapital von sieben Milliarden Dollar zugeführt, weitere zehn Prozent der jährlichen Öleinnahmen sollen hinzukommen. Durch den irakischen Überfall auf Kuwait ist dieses Ziel für mehrere Jahre nicht aufgegangen, weil nach der Befreiung Kuwaits Anfang 1991 erhebliche Summen in den Wiederaufbau des Landes gesteckt werden mußten und zudem der Einsatz der Amerikaner zum großen Teil von Kuwait mit finanziert wurde.[3] Vor dem Krieg vereinnahmte Kuwait aus seinen Auslandsinvestitionen mehr, als es durch die Ölförderung verdiente. Durch den Krieg schrumpfte das Auslandsvermögen des kuwaitischen Staates von über einhundert Milliarden auf etwa vierzig Milliarden Dollar. Genaue Angaben zum Vermögen werden von Kuwait nicht veröffentlicht, so daß man hier auf Schätzungen oder Aussagen des Fonds in der Presse angewiesen ist. Allein die Wiederinstandsetzung der kuwaitischen Ölanlagen nach der Befreiung kostete den kuwaitischen Staat mehr als fünf Milliarden Dollar.[4] Anders als Norwegen, das mit seinem Ölfonds nur kleine Beteiligungen an Unternehmen eingeht (im Durchschnitt 0,5%), hat Kuwait im Ausland bereits in den siebziger und achtziger Jahren spektakuläre Beteiligungen an Daimler Benz, der Metallgesellschaft oder Hoechst erworben.[5]

Als die Quandts 1974 ihre Beteiligung von fünfzehn Prozent an den Staat Kuwait für eine Milliarde Deutsche Mark verkauften, war die Aufregung in Deutschland groß, da es damals größte Befürchtungen gab, daß deutsches Industrievermögen in ausländische Hände geriet und von diesen womöglich auch noch kontrolliert werden könnte.[6]

Das Land Kuwait hat sich aber als langfristig stabiler Aktionär erwiesen, der auch heute noch zu seinen Engagements steht. Auch in Krisenzeiten hat Kuwait seine Anteile an den deutschen Unternehmen behalten und wichtige Unternehmensentscheidungen eigentlich immer mit getragen. Dazu gehörten auch die wichtige Fusionsentscheidung von Daimler mit Chrysler im Jahre 1998 und die Fusion von Hoechst und Rhône-Poulenc S.A. zur neuen Aventis im

Jahre 1999. An DaimlerChrysler ist der Staat Kuwait derzeit noch mit sieben Prozent beteiligt.[7]

Kuwait entdeckte in den achtziger Jahren aber auch andere Länder für seine Investitionen und engagierte sich besonders stark in Spanien, weil man sich insgeheim erhoffte, von den Wachstumschancen des spanischen Marktes zu profitieren. Man übernahm die volle Kontrolle des spanischen Chemieunternehmens Torras Hostench SA, um über diese Gruppe eine ganze Reihe von Unternehmensbeteiligungen vorzunehmen.[8] Ausgerechnet Torras, eine der größten Auslandsinvestitionen Kuwaits, führte zu einer Totalabschreibung der Investition, weil die Gruppe in ernste finanzielle Schwierigkeiten geriet und man sich aufgrund von Betrügereien im Management schließlich mit großen Verlusten im Dezember 2002 in der Insolvenz des Unternehmens wiederfand. Auch einige Unternehmen der Grupo Torras bekamen von 1988 bis 1992 ernste finanzielle Schwierigkeiten, die auch durch Betrügereien im Management verursacht wurden, und man trennte sich mit großen Verlusten von seinem Engagement. Erst viel später und nach einem sehr lang andauernden Gerichtsverfahren wurde festgestellt, daß das Management der Grupo Torras von 1988 bis 1992 430 Millionen Dollar aus dem Unternehmen abgezweigt und auf private Konten gelenkt hatte.[9] Für das von London aus operierende Kuwait Investment Office waren die in Spanien getätigten Großinvestitionen bei Torras letzendlich ein Debakel; der Ruf der Solidität, der ihnen durch ihre langjährigen Engagements in Deutschland zugesprochen kam, wurde in Frage gestellt; zudem kam das Management der Kuwaitis dabei äußerst schlecht weg, weil das interne Kontrollsystem einfach nicht existierte oder schlichtweg versagte. Kuwait ist aber weiterhin an einigen Unternehmen in Spanien beteiligt, dazu gehören Ebro Puleva genauso wie Ercros.[10]

Während Kuwait in Spanien eine regelrechte Bauchlandung erlebte, konnte man in Deutschland bei Hoechst und Daimler meistens mit einer erträglichen Dividende rechnen. So schüttete Daimler für das Geschäftsjahr 2003 insgesamt 1,5 Milliarden Euro aus, nimmt man die Beteiligung in Höhe von 7 Prozent, kommt man immerhin auf einen Dividendenertrag in Höhe von 105 Millionen Euro.[11] Als DaimlerChrysler in den vom Ergebnis her noch wesentlich besseren Geschäftsjahren 1998 bis 2000 jedes Jahr sogar noch 2,35 Milliarden Euro ausschüttete, dürfte der kuwaitische Staat sogar 165 Millionen Euro erlöst haben.[12] Zudem schüttete Daimler am 15. Juni 1998 noch

10,3 Milliarden DM in Form einer Sonderausschüttung an seine Aktionäre aus. Für Kuwait dürfte sich das Festhalten an der Daimler-Beteiligung also gelohnt haben, da eine Beteiligung von über zehn Prozent immerhin einen einmaligen Sonderbetrag von über einer Milliarde DM bedeutete. Das war ungefähr der Betrag, den man 1974 für die Übernahme des QUANDT-Anteils aufgewandt hatte.

Auch bei Hoechst dürfte sich das langfristige Festhalten an der Beteiligung gelohnt haben, denn das Unternehmen steigerte seine Dividende kontinuierlich. Für die fünfundzwanzigprozentige Beteiligung dürfte der Staat Kuwait im Jahre 1998 rund 112 Millionen DM in Form von Dividendenzahlungen erlöst haben. Da Kuwait nach der Fusion von Hoechst mit Rhône-Poulenc an seiner Beteiligung festgehalten hat, besitzt das Land heute noch 13,5 Prozent der Aventis-Aktien.[13] Bei der Metallgesellschaft gab es meistens auch Dividendenausschüttungen, die Entwicklung war hier wegen verfehlter Öltermingeschäfte der Tochtergesellschaft MG Refining and Marketing Inc. (MGRM) und einer Beinahe-Pleite des Traditionsunternehmens im Dezember 1993 viel wechselhafter und wird die kuwaitischen Investoren kaum zufriedenstellen.[14]

Die Metallgesellschaft hatte sich somit zum Spielball des Ölpreises gemacht, weil sie langfristige Kontrakte mit einer Laufzeit von bis zu zehn Jahren über die Lieferung von insgesamt mehr als einhundertsechzig Millionen Barrel besaß, aber zu festgelegten Preisen aus dem Jahre 1992, die der Metallgesellschaft zu Vertragsbeginn sogar noch Gewinne bescherten, im Dezember 1993 aber Verluste von mindestens 1,5 Milliarden Dollar bedeuteten.[15] So fiel die Dividende während der Krisenjahre mehrmals aus, und nach der vorübergehenden Wiedererlangung der Dividendenfähigkeit erhielten die Aktionäre 2003 erneut keine Auszahlung.[16] Allerdings waren nun andere Gründe für die Schwierigkeiten ausschlaggebend. Für Kuwait ist die Strategie der langfristigen Direktbeteiligungen mit hohen Anteilen deswegen mit wesentlich mehr Risiko verbunden gewesen, als wenn sich die Kuwaiter nur mit kleineren Beteiligungen an Unternehmen zufriedengeben würden, um diese jederzeit an der Börse kaufen und verkaufen zu können.

Ergänzende Anmerkungen zur Krise der Metallgesellschaft Ende 1993: Die Tochtergesellschaft der MG, die MGRM, hatte zwei Arten von Verträgen abgeschlossen, sogenannte ›Firm-Fixed-Verträge‹ und ›Firm-Flexible-Verträge‹. Bei den Firm-Fixed-Verträgen der MG Corp. handelte es sich um Verträge über eine festgelegte Gesamtmenge Öl mit einer festen Laufzeit zu einem festen Preis. Der Kunde mußte bei dieser Vertragsgestaltung zu fest vereinbarten Zeitpunkten von fünf bis zehn Jahren fest vereinbarte Mengen abnehmen. Wegen einer Marktsättigung im Laufe des Jahres 1993 bot MGRM auch Firm-Flexible-Verträge an. Diese waren für den Kunden noch vorteilhafter, da hier die Abnahmepflicht (Zeitpunkt und Menge) nicht fest vereinbart war.

Teil 2: Norwegens Ölfonds als positives Beispiel in Fondstransparenz

Neben Kuwait hat auch Norwegen einen Ölfonds eingerichtet, und zwar seit dem Jahre 1990. Und warum gerade Norwegen? Im Jahre 1962 beantragte PhilipsPetroleum eine Lizenz für die Suche und Förderung von Öl in Norwegen. 1969 stieß man auf das auch heute noch zu den großen Feldern gehörende Ekofisk-Feld, und 1971 begann das Unternehmen mit der Förderung. Allerdings lag die Ausbeute in den ersten Jahren nur bei sechstausend bis fünfunddreißigtausend Barrel pro Tag. Das änderte sich dann aber, weil man in der Lage war, die Produktion kräftig auszuweiten. Andere Unternehmen wie Shell, ExxonMobil und TotalFinaElf waren dem Beispiel der amerikanischen Firma PhilipsPetroleum gefolgt. Die Produktion stieg zwischen 1979 mit 407 000 Barrel und 2002 auf 3,3 Millionen Barrel pro Tag an. Damit war Norwegen mit einem Weltmarktanteil von 4,4 Prozent zu den größten Ölförderländern in der Welt vorgestoßen.[17] Man förderte insgesamt sogar etwas mehr Öl als Venezuela, das Land, von dem immer wieder so viel gesprochen wird, weil die Vereinigten Staaten einen wesentlichen Teil ihrer Erdölimporte hier abdekken.

Drei norwegische Firmen wurden an der Erdölförderung beteiligt, einmal die staatliche Statoil, Norsk Hydro und Saga Petroleum, die beiden letztgenannten Unternehmen fusionierten später aber. Die Oberaufsicht über NPD und Statoil übernahm zunächst die Ölabteilung des Industrieministeriums, ab 1978 ein eigenes Ministerium für Öl und Energie, das 1997 zu einem Industrie- und Energieministerium zusammengefaßt wurde. Da zu Beginn noch die notwendige Expertise fehlte, gingen die einheimischen Ölfirmen zahlreiche *›joint ventures‹* mit ausländischen Partnerunternehmen ein, um von einer engen Zusammenarbeit mit den ausländischen Konzernen zu profitieren. Insbesondere Statoil gelang der Sprung nach ganz oben: Das Unternehmen schaffte es, seine Aktivitäten auf fünfundzwanzig Länder der Welt auszuweiten; man betreibt außerdem etwa zweitausend Tankstellen in Ost- und Nordeuropa. Im Jahre 2001 wurde das Unternehmen teilprivatisiert, seitdem werden 18,5 Prozent der Aktien am Aktienmarkt frei gehandelt. Der Staat sah die Möglichkeit der Aktiennotierung als zusätzliche Einnahmequelle.[18]

In Norwegen liegt zwar nur ein Prozent der Weltölreserven, aber immerhin verfügt dieses Land damit über die Hälfte aller europäischen Ölreserven und sogar über fünfundsiebzig Prozent aller westeuropäischen Gasvorräte.[19] Damit deckt Norwegen derzeit zehn Prozent des europäischen Gasbedarfs ab. Norwegens Ölreserven werden derzeit mit 9,7 Milliarden Barrel bewertet und werden nicht mehr allzu viele Jahre reichen.[20] Das ist kein Polster, auf dem man sich ausruhen kann. Deswegen hat Norwegen einen Ölfonds eingerichtet, der die ihm zur Verfügung stehenden Mittel so investieren soll, daß langfristig eine möglichst hohe Wertsteigerung erzielt wird. Die Mittel, die dem Fonds nach der Gründung zur Verfügung standen, waren recht bescheiden, sind aber wegen der kräftigen Börsenerholung nach dem Krieg der Amerikaner im Irak bis Ende 2003 auf 845 Milliarden Norwegische Kronen oder über 105 Milliarden Euro angewachsen. Die auf Seite 313 aufgeführte Grafik zeigt die Vermögensentwicklung des Norwegischen Ölfonds in den Jahren 1996 bis 2003 an. Der rechte Balken (1) zeigt den Wert des Gesamtportfolios jeweils zum 31. 12. eines jeden Jahres an. Der linke obere Balken (2) steht für die Transfers, die der Fonds vom norwegischen Finanzministerium erhalten hat. Der linke mittlere Balken (3) zeigt den positiven oder negativen Anteil der durch die Wechselkursveränderungen des Investitionsgebiets verursacht wurde, und der linke untere Balken (4) steht für den Anteil, der sich auf die Wechselkursentwicklung der norwegischen Krone bezieht.

Ein kleines Team von achtundneunzig Mitarbeitern ist bei der Zentralbank Norwegens, der Norges Bank in Oslo, für den Ölfonds beschäftigt, weitere einundzwanzig Mitarbeiter arbeiten in London und New York.[21] Diese managen den Milliardenfonds für das Finanzministerium und der Exekutivdirektor Knut N. Kjoer ist durchaus zufrieden mit der Anlagepolitik und der Wertentwicklung des Fonds. Man fährt interessanterweise auch eine zweigleisige Politik. Ein Großteil der Mittel wird von eigenen Leuten in Norwegen verwaltet, aber einen Teil der Mittel gibt man auch an externe Investmentgesellschaften. Damit will man den Wettbewerb um die Mittel verschärfen und die Vergleichsmöglichkeiten bei der Wertentwicklung erhöhen. In-

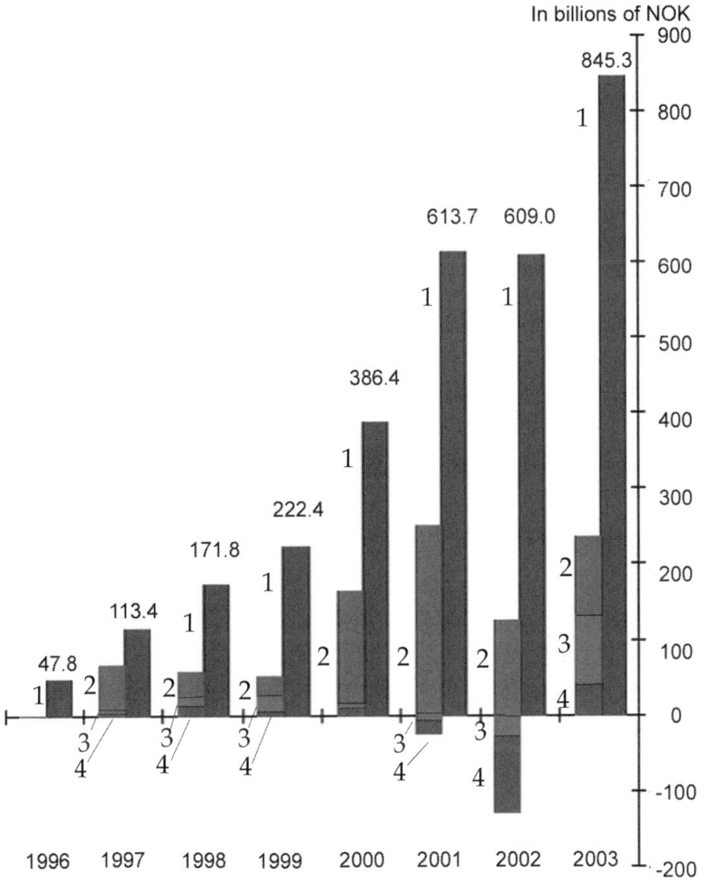

Wert des norwegischen Ölfonds in Mrd. Nkr. jeweils zum Jahresende 1996–2003. Quelle: Norges Bank

vestiert wird nur außerhalb Norwegens, dafür aber weltweit, und zwar bei Aktien in siebenundzwanzig Märkten von Industrie- und Schwellenländern. Bei festverzinslichen Wertpapieren investiert man in zweiundzwanzig Ländern. Die Einzelpositionen betragen im Durchschnitt auch nicht mehr als 0,3 bis 0,4 Prozent des Gesamtkapitals eines Unternehmens, um sogenannte Klumpenrisiken zu vermeiden.[22] Hiermit vermeidet man die schmerzlichen Erfahrungen, die Kuwait beispielsweise in Spanien machte. Auch Ölwerte gehörten Ende 2003 zu den größten Beteiligungen des Fonds.[23]

In Deutschland hielt der Fonds Anteile an neunundfünfzig Aktiengesellschaften, wobei Aktien von Siemens, Deutsche Telekom, Allianz und DaimlerChrysler zu den größten Positionen gehörten. Etwa vierzig Prozent der Mittel werden derzeit direkt in Aktien investiert, sechzig Prozent aber in Anleihen oder andere Zinsprodukte. Maximal kann der Fonds gemäß Paragraph 5 der Statuten des Fonds einen Aktienanteil von fünfzig Prozent aufweisen, der Anteil des festverzinslichen Bereiches kann zwischen fünfzig und siebzig Prozent schwanken.[24] Im Aktienbereich wird ein fast gleich hoher Betrag der Mittel in Europa oder der Region Amerika/Asien/Ozeanien investiert, derzeit jeweils etwa fünfzig Prozent. Die mögliche Schwankungsbreite liegt bei vierzig bis sechzig Prozent für beide Regionen. Im festverzinslichen Bereich wird Europa mit fünfundvierzig bis fünfundsechzig Prozent höher gewichtet als die Region Amerika mit mindestens fünfundzwanzig bis maximal fünfundvierzig Prozent; auf Asien entfällt maximal zwanzig Prozent.[25]

Mit dieser konservativen Anlagepolitik unterscheidet man sich von anderen, aggressiveren Fonds. Das hat sich in den sehr schwierigen Jahren von 2000 bis 2002 schon ausgezahlt, da sich die Verluste im Vergleich zu anderen gemischten Fonds in Grenzen hielten. 2003 gab es wegen der Erholung an den Aktienmärkten ein Plus von fast dreizehn Prozent, wenn man den Erfolg in den ausländischen Anlage-Währungen errechnet, und sogar von zwanzig Prozent in Norwegischen Kronen.[26] Gegenüber den Benchmark-Portfolios, mit denen sich der Fonds vergleicht, lag die Wertentwicklung im Jahre 2003 um etwa 0,59 Prozent höher.[27]

Nachfolgende Grafik zeigt zum einen die Wertentwicklung der Aktieninvestitionen, zum anderen die Wertentwicklung der Investitionen in Anleihen in den Jahren 1998 bis 2003 an. In den Jahren 2001 und 2002 waren die Verluste im Aktienbereich sogar zweistellig; andere vergleichbare Fonds verloren hier aber wesentlich mehr, weil sie höhere Positionen in Einzelwerten eingingen.

Außerdem fließt ein wesentlicher Teil der Ölerträge des Staates in den Ölfonds, während bei anderen Ölfonds (es gibt ähnliche Ölfonds in Abu Dhabi, Oman, Kuwait, Venezuela, Aserbaidschan, Kasachstan, Alaska sowie in der kanadischen Provinz Alberta) dies nicht unbedingt der Fall ist, sondern nur ein Teil der Erträge dem Ölfonds zugeführt wird, der Hauptanteil der Erträge aber als Einnahme im Staatshaushalt eingebucht wird und für die laufenden Ausgaben des Staates seine Verwendung findet. Mit dieser Politik ist man aber gut

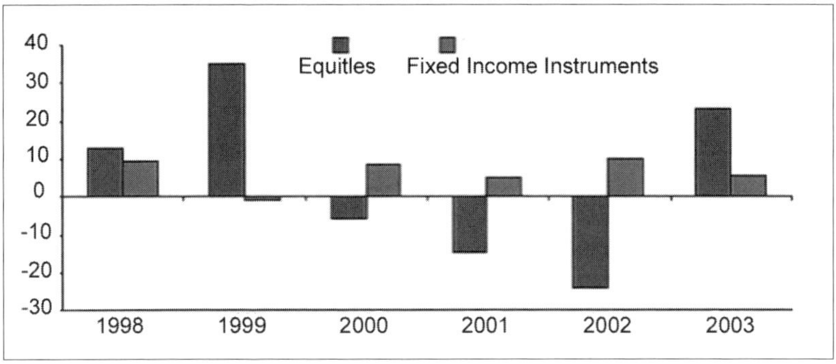

Wertentwicklung Norwegischer Ölfonds 1998–2003. Aktien-/Anleihenanlagen. Quelle: Norges Bank

gefahren, und das Vermögen dürfte sich bei dem weiter ansteigenden Ölpreis auch 2005 und 2006 kräftig vermehren. Während die Zuführungen der Ölerträge zwischen 1996 und 1999 einen Anteil von neunundfünzig bis einundsiebzig Prozent der Gesamterträge erreichte, waren es im Jahre 2000 und 2001 sogar fast einhundert Prozent. In den Jahren 2002 und 2003 sank dieser Zuführungsanteil des norwegischen Staates an den Ölfonds wieder auf achtundsechzig und vierundsechzig Prozent, er liegt dennoch weiter auf außerordentlich hohem Niveau.

Erst seit Januar 1998 hat sich der norwegische Ölfonds auch am Aktienmarkt engagiert, und seit dieser Zeit arbeitet man auch mit anderen Fondsmanagement-Gruppen zusammen. Ende 2003 hatte man Verträge mit fünfzehn anderen Gesellschaften abgeschlossen, die für sie Mittel in Höhe von einhundertachtundvierzig Milliarden Norwegischen Kronen im Aktienbereich verwalteten. Hinzu kamen nochmal neun externe Berater für den festverzinslichen Bereich, die Mittel stellten sich hier auf insgesamt dreiundvierzig Milliarden Norwegische Kronen. Berücksichtigt man, daß die Zuführungen des Staates allein 2003 insgesamt 103,9 Milliarden Norwegische Kronen betragen haben und im festverzinslichen Bereich zum Bilanzstichtag insgesamt 484 Milliarden Norwegische Kronen verwaltet wurden, im Aktienbereich hingegen insgesamt 361 Milliarden Norwegische Kronen, relativiert sich das Niveau der von externen Fondsmanagern vorgenommenen Investitionen etwas.[28] Da aber die externen Manager im Aktienbereich einen deutlich höheren Ertrag erzielten als die ›Norge-Manager‹, liegt die Anteilsquote im Aktienbereich deutlich höher, und man kann davon ausgehen, daß sich die Mittel der externen Manager in diesem Bereich erhöhen dürften, falls diese Entwicklung anhalten sollte. Da man in der Regel ein ›aktives‹ Management einem passiven Management der Fonds vorzieht, hat man den Mehrwert dieser Strategie für das Jahr 2003 berechnet und mit 3,2 Milliarden Norwegischen Kronen oder 0,54 Prozent beziffert. Im festverzinslichen Bereich wurde der überwiegende Teil der Mittel in Anleihen oder andere festverzinsliche Papiere mit einer sehr hohen Bonität oder guten Bonität angelegt.[29] Bei den festverzinslichen übertrifft die Wertentwicklung des internen Managements des Fonds das externe leicht.

Läuft das Mandat eines externen Managers vertragsgemäß aus, wird das Teilportfolio von der Norge Bank übernommen, vorübergehend weiterverwaltet, eventuell restrukturiert oder neupositioniert, bevor ein anderer Vermögensverwalter eingeschaltet wird. So will man die Kontrolle hoch und die Abhängigkeit niedrig halten. Zudem hat der Fonds im letzten Jahr ethische Richtlinien verabschiedet, die dafür sorgen, daß sich der Fonds von Unternehmensteilen trennt, wenn diese durch ihr Verhalten der Umwelt nachhaltigen Schaden zufügen, gegen schwere Korruption verdächtigt sind oder gegen Bürgerrechte in Konfliktzonen verstoßen. In diesem Jahr hat sich der Fonds deswegen erstmals von Unternehmensanteilen der amerikanischen Kerr-McGee Corporation auf Bitten der Exilregierung der Westsahara getrennt, weil diese vor der Küste der Westsahara nach Öl und Erdgas suchen will, obwohl die Vereinten Nationen Marokko immer noch als Besatzungsmacht einstufen.[30]

Für den Zeitraum 1997 bis einschließlich 2003 ist die Wertsteigerung des festverzinslichen Portfolios im übrigen mit 6,51 Prozent deutlich höher als die im Aktienbereich mit 2,16 Prozent. Nach Abzug der Verwaltungs- und Managementgebühren und einem Abzug für die Inflation verbleibt eine durchschnittliche Nettorendite von 3,69 Prozent.

Da die dem Ölfonds zugeführten Staatsmittel zwischen 1995 und 2003 insgesamt 795,9 Milliarden Norwegische Kronen betrugen, kann man insgesamt zu dem zusammenfassenden Schluß kommen, daß die Wertentwicklung des Ölfonds äußerst bescheiden ausfällt. Dies spiegelt zum einen sicher die schwierige Entwicklung an den Finanz- und Kapitalmärkten in den Jahren 2000 bis 2003 wider; zum anderen ist es darauf zurückzuführen, daß der Fonds erst im Jahre 1998 mit Investitionen am Aktienmarkt begann, also erst, als der Aktienmarkt zu seinem über zwei Jahre dauernden Endspurt ansetzte. Zudem investiert der Fonds mit kleinen Anteilen in eine sehr große Zahl von Unternehmen, ein starker Wertanstieg wird durch die sehr breite Streuung somit fast unmöglich. Dennoch gehört der Ölfonds mit den ihm zur Verfügung stehenden Mitteln zu den größten Fonds im Markt. Der größte Pensionsfonds Calpers in den USA oder ABP in den Niederlanden sind zwar noch größer, aber der zweitgrößte europäische Pensionsfonds PGGM in den Niederlanden ist etwa halb so groß. Die Gasreserven Norwegens haben hingegen eine längerfristige Markterschließungsphase noch vor sich, obwohl der Höhepunkt bereits überschritten sein dürfte. Laut *The World Factbook* der amerikanischen CIA betragen die Gasreserven 1430 Billionen Kubikmeter, damit liegt das Land auf Rang fünfzehn in der Welt.[31] Norwegen bezieht seine Energieversorgung im wesentlichen aus Wasserkraftwerken und kann deswegen sein Öl und Gas zu Weltmarktpreisen exportieren - eine weitere einträgliche Einnahmequelle für ein ressourcenreiches Land.

Auch Deutschland profitiert vom norwegischen Reichtum an Öl und Gas. Über zwei Gasleitungssystemen, der Europipe I und Europipe II, wird das norwegische Gas ins ostfriesische Emden gepumpt. Der Ölfonds konnte sein Portfolio bis Ende März 2005 auf über 1090 Milliarden Norwegische Kronen steigern, umgerechnet über 135 Milliarden Euro. Dabei profitierte der Fonds aber auch von weiteren Zuführungen des Finanzministeriums, die im Jahre 2004 insgesamt 138,2 Milliarden Norwegische Kronen betrugen und im ersten Quartal 2005 45,76 Milliarden Norwegische Kronen.[32]

1 *International Energy Outlook 2004*, Energy Information Administration, Table 6, Opec Oil Production, 1990–2025, S. 36.

2 Kuwait Investment Authority, Kuwait Investment Office in London, kia.gov.kw/kia, 2005

3 Überfall Kuwaits am 2. August 1990, Befreiung am 26. Februar 1991.

4 CIA, The World Factbook Kuwait, 14. 6. 2005.

5 kuwait-info.org/For_Students/kuwait_economy.html, Kuwait Information Office - USA, Kuwait Economy

6 Prignitzportal, Dr. Herbert Quandt u. chronikverlag.de/tageschronik/1128.htm; 28. 11. 1974.

7 Nikos Späth, »Warten auf den richtigen Kurs«, in: *Die Welt*, 25. 4. 2004=wams.de/data/2004/04/25/269565.html. An Aventis ist man ebenso noch mit einem nennenswerten Anteil von 13,9 Prozent beteiligt (vorher an Hoechst mit 24,5%) und an der MG Technologies, der früheren Metallgesellschaft mit 7,9 Prozent: auswaertiges-amt.de/en/

laenderinfos, Kuwait, Relations between Kuwait and Germany, last updated in 2001

[8] Ab 1989 umfirmiert in Grupo Torras S.A.

[9] ucc.ie/law/restitution/archive/englcases/al-sabah.htm, Royal Courts of Justice, London, 2. 11. 2000, und: updater.ogier.com/pdf/client-briefing/CB-JSY-Grupo.pdf=für430Mio$ defraud

[10] Kuwaits Engagements: 1. Kuwait Investment Office 7,82 % an Ebro Puleva, 29. 7. 2002, es.biz.yahoo.com/p/eva.mc.html; 2. Aus Fusion von Cros S.A. und Unión Explosivos Río Tinto (ERT) im Jahre 1989 wird Ercros S.A., Barcelona; Anteil Kuwait Investment Office 9,1%, foronnuevaeconomia.com/principal.asp?face=46&is_valor=7mal0110; 3. EPPIC, Barcelona, Grupo Torras S.A. 22,24%, Kuwait Investment Office 22,24%, labolsa.com/empresas/EPC/p/ und es steht da noch: »European Paper and Packaging Investment Corporation está en liquidación«, 2004; 4. Ercros MKP lt. es.finance.yahoo.com/q?d=t&s=ECR.MC liegt aktuell=31/5/2004 bei 79,53 Mio.Euro, der Kurs liegt bei 34 Euro cents

[11] Bei einer Dividende von 1,50 Euro pro Aktie nimmt man die Beteiligung in Höhe von 7 Prozent des Grundkapitals als Berechnungsgrundlage, daimlerchrysler.com/dccom/, Investor Relations, Anlegerstruktur, Stand 31. 12. 2003.

[12] daimlerchrysler.com/dccom/, Investor Relations, Kennzahlen, Entwicklung von Dividende und Grundkapital 1998 bis 2003; GK 2,633 Mrd. Euro Ende GJ 2003, Stückaktien 1.012.824.191

[13] aventis.com/main/page, Aktionärsstruktur zum 31. 12. 2003, Kuwait Petroleum hält 13,5% am Grundkapital in Höhe von 3064758522,74 Euro bestehend aus 802292807 Aktien. Kuwait hat für das Geschäftsjahr 2002 etwa 75 Millionen Euro und für das Geschäftsjahr 2003 etwa 88 Millionen Euro in Form von Dividendenzahlungen vereinnahmt.

[14] Es folgte der Ausfall der Dividende für vier Geschäftsjahre; Sammleraktien-online.de/sammler/dm/einzelseiten/metallgesellschaft

[15] Culp Christopher u. Miller Merton, »Risk Management Lessons from Metallgesellschaft«, in: *Journal of Applied Corporate Finance*, 1994.

[16] Laut Angaben von mgtechnologies.com/de/ir/aktie/struktur.html, hielt Kuwait zum 31. 12. 2002 7,9 %, die Allianz AG 10,1 % und Dr. Otto Happel 20,7 % von 193,3 Mio. Aktien; Kuwait Investment Office 7,859 %, Allianz 13,020 %, Happel 10,025 %, Dt. Bank 9,040% im Geschäftsbericht 2002.

[17] BPstatisticalreviewofworldenergy2003-workbook, Oil Production

[18] Roland Löffler, »Mit dem Nordseeöl in die Zukunft«, Inhalt *PM* 407/2003, Oktober 2003, S. 76 f.

[19] Diese Aussage gilt ohne die Einbeziehung von Rußland, kas.de/db_files/dokumente/die_politische_meinung/7_dokument_dok_pdf_2882_1.pdf, Roland Löffler, Mit dem Nordseeöl in die Zukunft, Inhalt PM 407/2003, Oktober 2003, S. 75; Die politische Meinung=Magazin der Konrad Adenauer-Stiftung e.V., 8. Oktober 2003

[20] BP-Statistical-review-of-world-energy-2005-workbook, Oil: proved Reserves

[21] NorgesBankInvestmentManagement.htm; Annual Report, 6. Organisation of Management

[22] Robert von Lucius, »Die Köpfe hinter den Kursen«, in: *FAZ*, 5. 3. 2003, S. 23.

[23] An BP war man mit 6,1 Milliarden Nkr. beteiligt (=Anteil von 0,522 % an der Gesellschaft), an Royal Dutch mit 3,4 Mrd. Nkr. (=Anteil von 0,487 %), an Total SA mit 2,9 Mrd. Nkr. (=Anteil von 0,381 %) und an Exxon Mobil mit 2,4 Mrd. Nkr. (=Anteil von 0,135 %).

[24] *The Government Petroleum Fund Annual Report 2003*, NorgesBankPetroleumFundReport, Table 14: Risk exposure limits stipulated by the Petroleum Fund Regulation.

[25] Gemäß Paragraph 6 der Statuten des Fonds.

[26] Die Verluste des Fonds mit Aktien und Rentenanlagen hielten sich in Grenzen (2001–2,47 %, 2002 –4,74 %), *The Government Petroleum Fund Annual Report 2003*, Table 4: The return of the Petroleum Fund's ordinary portfolio for each quarter and for 2003 as a whole. Per cent und The Government Petroleum Fund 1990–2003, Key figures.

[27] Bei den Aktienfonds vergleicht man die eigene Entwicklung mit der der FTSE-Indizes, bei den Festverzinslichen ist der Richtwert der Lehman Global Aggregate.

[28] NorgesBankPetroleumFundReport, Table 3: Transfers to the Petroleum's Fund's international portfolio in 2003. In Milliarden Nkr.

[29] Die Anlagen im festverzinslichen Bereich wurden in Anleihen oder andere festverzinsliche Papiere mit einer sehr hohen Bonität (Aaa Schuldner 51 bis 55%) oder guten Bonität (Aa 25,3 bis 16,98% und A 13 bis 19,9%) vorgenommen.

[30] »Ethische Anlagerichtlinien für Ölgelder«, in: *FAZ*, 30. 6. 2005, S. 23.

[31] cia.gov/cia/publications/factbook/rankorder/2179rank.html, Natural Gas-proved reserves, *The World Factbook*, 18. 12. 2003.

[32] NorgesBank.no/english/petroleum_fund/size_and_return/marketvalue, 22. 6. 2005.

21. Kapitel

Warum die Vereinigten Staaten von Amerika und Großbritannien Libyen wieder mit offenen Armen empfangen

Der 11. März 2004 wird noch lange in der Erinnerung der Spanier bleiben; immerhin hatten sie an diesem Tag bei einem Anschlag die meisten Todesopfer seit dem Zweiten Weltkrieg zu verzeichnen gehabt. Terroristen hatten vier Züge in Madrid für zahlreiche Bombenexplosionen genutzt, 190 Tote und mehr als 1500 Verletzte gab es. Dieser Tag sollte sich aber auch ins Gedächtnis aller Europäer einprägen. Schließlich zeigte der Anschlag, wie nah der Terror uns allen ›auf die Pelle gerückt‹ war. Sonst verfolgte man solch schreckliche Bilder meist nur aus der Fernsehperspektive, mit weitem Abstand vom Ort des Geschehens. Nun wußten wir alle, auch wir könnten irgendwann Zielscheibe einer solchen Aktion sein. Nun aber zum Ölgeschäft mit Libyen.

Wenige Tage nach dem Anschlag trafen in Madrid unter anderem der amerikanische Außenminister Colin Powell, der französische Staatspräsident Jacques Chirac, der EU-Kommissionspräsident Romano Prodi, der britische Premierminister Tony Blair und Gerhard Schröder ein. Sie waren alle gekommen, um an einem Staatsakt teilzunehmen und der Opfer der Terroranschläge vom 11. März zu gedenken. Der Leser wird sich bestimmt an die Fernsehübertragung vom Mittwoch, dem 23. März 2004, erinnern.

Der eine Gast, nämlich Tony Blair, reiste einen Tag später nach Libyen, um mit Muammar al Gaddafi konkrete Gespräche über Geschäfte britischer Unternehmen zu sprechen. Es war der erste Besuch eines britischen Premiers in Libyen seit über sechzig Jahren und damit sicherlich um so bemerkenswerter, als Großbritannien im Jahre 1984 die diplomatischen Beziehungen zu Libyen wegen der Yvonne Fletcher-Affäre eingestellt und erst Ende der neunziger Jahre die diplomatischen Gespräche wiederaufgenommen hatte. Shell, so wurde in diesen Tagen bekannt, plane ein Gasprojekt in Libyen mit einem Investitionsvolumen von über zweihundert Millionen Dollar. Wenige Tage zuvor war bekanntgeworden, daß die nordamerikanische Ölfirma Occidental Petroleum ein Büro in Tripolis eröffnen wollte. Dieser Ölkonzern war vor der Verstaatlichung der Ölanla-

Der einstige Lieblingsfeind der REAGAN-Administration: M. GADDAFI. Nach seinem Verzicht auf ABC-Waffen ist der libysche Führer zum neuen ›Dearling‹ des Westens avanciert, der mit ihm unbedingt Ölgeschäfte machen will, dabei aber GADDAFIS Unberechenbarkeit verdrängt.

gen in Libyen durchaus ein bedeutender Marktteilnehmer in Libyen. Außerdem hatte die amerikanische Regierung ihre Reiseeinschränkungen für alle amerikanischen Bürger aufgehoben. Amerikanern war es wieder erlaubt, nach Libyen zu reisen, darunter vor allem amerikanischen Geschäftsleuten. Denn die Geschäfte im Gas und Ölbereich lockten. Zudem zeigte auch dieses Beispiel wieder, daß in Industriegesellschaften nicht viel Zeit für Trauer übrig bleibt. Es gilt, sich zu positionieren, bevor die Konkurrenz es tut. So wagte Tony BLAIR den Sprung ins kalte Wasser, bevor andere Regierungschefs auf die gleiche Idee kamen.

Aber wieso GADDAFI, werden sich viele gefragt haben, als ausgerechnet GADDAFIS Libyen am 18. Dezember 2003 an die internationale Öffentlichkeit herantrat und erklärte, daß sein Land zum einen internationale Inspektoren der Internationalen Atomenergiebehörde in Wien im Land zulassen werde, und außerdem den Verzicht auf atomare, chemische und biologische Waffen zusagte. Das war ein Paukenschlag ganz nach dem Geschmack GADDAFIS, der seit einiger Zeit wieder auf der Suche nach einem Weg in die Weltgemeinschaft war. Es hieß, man habe in dieser Hinsicht nach monatelangen Geheimverhandlungen mit Regierungsvertretern der Vereinigten Staaten von Amerika und Großbritannien eine Einigung erzielen können.

GADDAFI konnte sich insgeheim ins Fäustchen lachen, war ihm ausgerechnet in einer Zeit geopolitischer Unruhe eine Rückkehr auf die internationale Bühne gelungen. Ausgerechnet sein Libyen, der vom amerikanischen Präsidenten BUSH als »Schurkenstaat« abqualifizierte Staat, sagte nun zu, sich endgültig vom internationalen Terrorismus, bzw. der Unterstützung oder Finanzierung dieses Terrorismus zu verabschieden. Tony BLAIR und George W. BUSH werden gute Gründe gehabt haben, eine Einigung mit GADDAFIS Libyen voranzutreiben. Auf der einen Seite war es sicher die Suche nach einem außenpolitischen Erfolg, da sich die Lage im Irak von Woche zu Woche verschlechterte. Auf der anderen Seite waren es sicherlich aber auch wirtschaftliche Gründe. Blickt man auf Afrikas Ölreserven, dann ist neben Nigeria vor allem Libyen zu nennen. Mit geschätzten Ölreserven von 39 Milliarden Barrel und einer Tagesproduktion von 1,4 Millionen Barrel versprach dieses Land noch sehr viel Potential.[1]

Daß westliche Staaten sehr opportunistisch (und flexibel) sind, wenn es sich um die Zusammenarbeit mit exzentrischen Machthabern der Dritten Welt handelt, stellte diese Wende der Amerikaner und Briten erneut unter Beweis. Schon beim Afghanistan-Einsatz setzte man sich mit Pakistans General MUSHARRAF an einen Tisch, obwohl Großbritannien Pakistan nach dem Putsch des Generals 1999 aus dem Commonwealth hinausgeworfen hatte.[2] Soviel Zeit war seit diesem Ereignis noch gar nicht vergangen. Bei GADDAFI reichten die abgekühlten Beziehungen aber länger zurück. Seit Beginn der achtziger Jahre verhängten die Amerikaner Sanktionen gegen Libyen, weil man Libyen vorwarf, den internationalen Terrorismus zu unterstützen. Zudem gab es da noch die Anschläge auf einen Pan-Am-Jumbo mit der Flugnummer 103 im schottischen Lockerbie mit zweihundertsiebzig Toten am 21. Dezember 1988 und auf die Berliner Discothek ›La Belle‹ im Jahre 1986. Beim Anschlag auf die Diskothek waren unter anderem auch zwei US-Soldaten getötet worden, was die Beziehungen der Amerikaner zu Libyen deutlich verschlechterte und ein bilaterales Handelsembargo der Amerikaner auslöste. Das Berliner Landgericht hatte im November 2001 den libyschen Geheimdienst für den Anschlag auf die Diskothek verantwortlich gemacht. Beim zweiten Fall waren nach Meinung der Briten und Amerikaner zwei libysche Staatsbürger verdächtigt worden, am Anschlag in Lokkerbie beteiligt gewesen zu sein. Die Vereinten Nationen verhängten deswegen auf Betreiben der Amerikaner 1992 ein Luftverkehrs- und Waffenembargo gegen Libyen, dem weitere UN-Sanktionen folgten.

Diese wurden erst nach der Auslieferung der beiden libyschen Staatsbürger durch Tripolis im Jahre 1999 am 5. April ausgesetzt und im September 2003 aufgehoben.[3]

Auch die Beziehungen zwischen Großbritannien und Libyen hatten sich in den achtziger und neunziger Jahren deutlich verschlechtert: 1984 war eine britische Polizistin bei einer Demonstration vor der libyschen Botschaft in London aus der Botschaft heraus erschossen worden; zudem hatte Libyen die nordirische IRA jahrelang mit Waffen und Sprengstoff ausgerüstet.[4] Auch die Lieferung von Ausrüstungen und Ersatzteilen für Libyens Erdölindustrie war in der Zeit des amerikanischen Boykotts und der UN-Sanktionen untersagt. Aufgrund der nun getroffenen Vereinbarung konnten die Amerikaner im Januar und Februar 2004 sogar einen ersten Teil des libyschen Atomwaffenmaterials eigenhändig aus dem Land schaffen.[5] Die amerikanische Regierung betonte zwar, daß Libyen erst alle Verpflichtungen der Vereinbarung erfüllen müsse, bevor sich am Status quo etwas ändern werde.[6] Die Amerikaner haben tatsächlich am 6. Januar 2004 das Handelsembargo erstmal verlängert, es aber noch vor der US-Wahl im November 2004 aufgehoben. Andererseits standen amerikanische und britische Ölfirmen bereits in den Startlöchern, um sich für das lukrative Ölgeschäft rechtzeitig zu positionieren. Libyens Ölindustrie ist allein schon wegen der sehr geringen Förderkosten, die etwa bei 1 Dollar pro Barrel liegen dürften, ein Eldorado für Ölkonzerne.[7] Zudem liegen die bekannten und noch vorhandenen sicheren Ölreserven laut BP bei neununddreißig Milliarden Barrel.

Um die Beziehungen zu verbessern und eine Annäherung zu erreichen, hatte sich Libyen zuvor schon bereit erklärt, an die Hinterbliebenen der Lockerbie-Affäre 2,7 Milliarden Dollar zu zahlen.[8] Auch in Sachen La-Belle-Anschlag wollte sich Libyen mit den Klägern einigen. Im August 2003 hat man die grundsätzliche Bereitschaft erklärt, die Hinterbliebenen der Opfer zu entschädigen. Die Verhandlungen zwischen den Klägeranwälten und der libyschen Stiftung GIFCA dauerten lange an, wurden aber auch im Jahre 2004 noch abgeschlossen.[9] Bereits in den Jahren vor den Geheimverhandlungen hatte es aber schon Diskussionen über eine Rückkehr der Amerikaner nach Libyen gegeben. Libyens Außenminister Mohammed Abdel Rahman SCHALGAM drohte den amerikanischen Unternehmen im September 2001 mit Lizenzentzug, falls sie nicht innerhalb einer Einjahresfrist nach Libyen zurückkehren würden; die amerikanische Regierung wischte die Drohung allerdings beiseite und warnte Libyen vor der Umsetzung.[10] GADDAFI persönlich hatte im März 1998 amerikanische Ölunternehmen aufgefordert, nach Libyen zurückzukehren.[11] Bis zum Embargo der Amerikaner waren bekanntlich die amerikanischen Firmen Occidental Petroleum, Marathon Oil Co., Amerada Hess, W.R. Grace und Conoco-Phillips im libyschen Ölgeschäft tätig gewesen. Sie hatten mehr als 1 Million Barrel pro Tag gefördert, bevor die Sanktionen in Kraft traten.[12] Durch die lange Abstinenz der Amerikaner hatten sich andere Unternehmen wie ENI, OMV, Repsol, Shell, Wintershall oder Total den Markt in Libyen aufgeteilt. Britische Unternehmen wie Shell untermauerten ihr Interesse an einer langfristigen Zusammenarbeit mit einem mit der libyschen National Oil Corporation (NOC) abgeschlossenen Rahmenabkommen im März 2004.

Zur Bekräftigung dieser britischen Wirtschaftsinteressen war Premierminister Tony BLAIR also am 24. März nach Libyen gereist, um GADDAFI zu besuchen.[13] Libyen hat mit dem politischen Schwenk seines Führers GADDAFI eine Richtungsänderung vorgenommen, die es aus der Ecke der sogenannten ›Schurkenstaaten‹ führen sollte. Ersehnte Großprojekte wie die anvisierte Fußballweltmeisterschaft im Jahre 2010, verbunden mit Milliardeninvestitionen, sollen dabei helfen.[14]

Auch die europäische Gemeinschaft will Staaten wie Libyen eine engere politische und wirtschaftliche Zusammenarbeit anbieten; hierfür hat man bereits im März 2003 ein Strategiepapier »Größeres Europa – Nachbarschaft: Ein Rahmen für die Beziehungen der EU zu ihren östlichen und südlichen Nachbarn« formuliert. Man will auch bei der Umsetzung von institutionellen Reformen mit Rat und Tat zur Seite stehen. Außer Libyen gehören in Nordafrika noch Ägypten, Algerien, Tunesien und Marokko zum Kreis der hierdurch angesprochenen Staaten; im Nahen Osten sind dies Jordanien, Libanon, Syrien, Israel und die Palästinensische Autonomiebehörde. Europa streckt trotz der EU-Osterweiterung die Arme aus. Es bleibt zu hoffen, daß sich Europa mit diesem Vorhaben nicht übernimmt und die Zusammenarbeit auf möglichst vielen Gebieten auch mit Leben erfüllen kann.[15]

Die Zusammenarbeit zwischen EU und den Mittelmeerstaaten Nordafrikas und des Nahen Ostens wurden aber bereits durch ein Treffen der Außenminister am 27. und 28. November 1995 in Barcelona angestoßen. Die »Deklaration von Barcelona« beinhaltete Leitlinien und Schwerpunkte für den Auf- und Ausbau der Beziehungen. Libyen saß damals aber wegen der angespannten Beziehungen noch nicht einmal auf der ›Ersatzbank‹. Aufgrund der UN-Sanktionen wurden die politischen Beziehungen zwischen Libyen und EU bewußt niedrig gehalten. Man beschränkte sich indes auf den Kauf von Erdöl; Europa ist der größte Abnehmer libyschen Öls. Nach der Auslieferung der Verdächtigten des Lockerbie-Anschlags lud die EU im April 1999 Libyen zur Euro-Mediterranen Ministerkonferenz in Stuttgart ein. Im September 1999 und im März 2000 besuchte die EU-Troika (Deutschland, Frankreich und Großbritannien) Tripolis und traf GADDAFI. Das waren schon konkrete Zeichen der Aussöhnung. Zudem räumte die EU Libyen einen Beobachterstatus beim Barcelona-Prozeß ein. Es ist sicherlich nur eine Frage der Zeit, bis auch Libyen aufgrund seiner Neuausrichtung und dem erklärten Verzicht auf Massenvernichtungswaffen den anderen Maghrebstaaten mit einer aktiven Beteiligung am Barcelona-Prozeß folgen dürfte.

Auch die Zusammenarbeit mit den afrikanischen Ländern wollte Libyen weiter ausbauen. So kündigte der libysche Minister für afrikanische Einheit Ali Abdel Salem AL-TRAIKI an, daß Libyen im Jahre 2004 der im Jahre 1994 gegründeten Wirtschaftsgemeinschaft COMESA (Common Market for Eastern and Southern Africa) beizutreten beabsichtige.[16] Bisher hatte Libyen auch hier nur einen Beobachterstatus. Die Gemeinschaft umfaßt immerhin zwanzig Mitgliedstaaten, und im Oktober 2000 wurde sogar eine Freihandelszone vereinbart, die zuerst nur neun Staaten umfassen soll.[17] Der Wandel der Amerikaner und der Briten im Zusammenhang mit GADDAFI ist schon sehr erstaunlich, hatte GADDAFI zuletzt im März 2003 den UN-Sicherheitsrat mit seinen fünfzehn Mitgliedern als »Rat der Terroristen« bezeichnet. Immerhin ging es bei seiner Kritik um die Irak-Politik der Vereinigten Staaten und Großbritanniens.[18]

Damit noch nicht genug, denn GADDAFI hat den amerikanischen Präsidenten George W. BUSH im August 2005 zu einem Besuch eingeladen. Das wurde nach einer Reise des Vorsitzenden des außenpolitischen Ausschusses Richard LUGAR bekannt. George BUSH wird sich wahrscheinlich mit der Reise viel Zeit lassen, denn er möchte trotz der amerikanischen Ölgeschäfte GADDAFI nicht zuviel aufwerten. Das wäre politisch sehr unklug und kann – falls unumgänglich – zu einem späteren Zeitpunkt statfinden.

Anmerkungen zum Anschlag auf La-Belle:
Getötet wurden in Berlin drei Personen: James GOINS, Terrance FORD und Nermine HANEY, es gab fast zweihundert Verletzte, wovon einhundertvier Teil des Verfahrens wurden. Verena CHANAA, Youssef

Chraidi, Ali Chanaa und Abulgasem Eter wurden angeklagt, jeweils mit lebenslanger Haftstrafe für gemeinschaftlichen Mord in drei Fällen und versuchten Mord in einhundertvier Fällen bestraft zu werden. Der Vorsitzende Richter Peter Marhofer sprach bei der Urteilsverkündung folgende Haftstrafen aus: Verena Chanaa (wegen mehrfachen Mordes) und Chraidi (wg. Beihilfe) jeweils vierzehn Jahre Haft, Ali Chanaa und Musbah Eter jeweils zwölf Jahre Haft wegen Beihilfe.[19] Der Anschlag galt als Racheakt Libyens gegen die USA.

Weitere Anmerkung zum Urteil des Berliner Landgerichts vom 13. November 2001 im La-Belle-Prozeß, Plädoyer von Oberstaatsanwalt Detlev Mehlis am 4. 10. 2001: »Bleiben wir aber zunächst noch bei den libyschen Urhebern der Tat: nach dem Ergebnis der Beweisaufnahme steht nach unserer Überzeugung fest, daß der Anschlag auf die Diskothek ›La Belle‹ vom libyschen Auslandsnachrichtendienst initiiert wurde. Nach dem Inhalt des vom Bundesnachrichtendienst übermittelten Telex-Verkehrs zwischen der Geheimdienstzentrale in Tripolis und der libyschen Botschaft in Ostberlin in Verbindung mit den Angaben des Beschuldigten Rashid selbst, ist nachgewiesen, daß dem zweiten Mann des libyschen Auslandsnachrichtendienstes Ingenieur Said Rashid am 5. April 1986 mit den Worten ›um 1.30 Uhr früh hat die Durchführung einer der Aktionen mit Erfolg stattgefunden, ohne irgendeine Spur zu hinterlassen‹ der Vollzug des angeordneten Terroranschlags von der libyschen Botschaft gemeldet wurde. Empfänger des eigentlichen Angriffsbefehls aus Tripolis am 25. März 1986 war der Botschaftsangehörige El Amin, heute Krankenhausdirektor in Libyen. Die Leitung der ›Aktion‹ erfolgte durch den Leiter der libyschen Konsularabteilung Keshlaf. Es steht nach Überzeugung der Staatsanwaltschaft entsprechend der Anklageschrift im einzelnen fest, daß hier der Angeklagte Chraidi derjenige war, der im Auftrag der PFLP-GC (Volksfront für die Befreiung Palästinas) und des Geheimdienstes des Staates Libyen hierbei insbesondere Said Rashid und El Amin gemeinsam mit dem gesondert verfolgten libyschen Botschaftsangehörigen Keshlaf den Anschlag organisierte und bereits zuvor versucht hatte, weitere furchtbare Anschläge in Berlin durchzuführen.«[20]

Um eine weitere Annäherung zum Westen zu ermöglichen, erklärte sich die libysche Regierung im August 2004 damit einverstanden, über die Gaddafi-Stiftung den Hinterbliebenen der drei Opfer und den Verletzten des Anschlags von 1986 insgesamt 28,4 Millionen Euro zukommen zu lassen.[21]

[1] *Oil&Gas Journal*, 1. 1. 2004; und 29 Mrd. Barrel, in: *Oil & Gas Journal*, Online Research Center, International Petroleum Encyclopaedia 2001, Afrika, Libya.

[2] »Pakistan wieder im Commonwealth«, in: *FAZ* , 24. 5. 2004, S. 5.

[3] un.org/News/ossg/libya.htm, Office of the Spokesman for the Secretary-General, Use of Sanctions under Chapter VII of the UN Charter, Libya.

[4] »Blair zu Besuch in Gaddafis Zelt«, in: *FAZ*, 26. 3. 2004, S. 1 f.

[5] Rüdiger GÖBEL, »Atomfracht für Bush«, in: *Junge Welt*, 29. 1. 2004.

[6] Rüdiger GÖBEL, ebenda.

[7] eia.doe.gov/emeu/cabs/libya.html, *Country Analysis Briefs*, January 2004.

[8] »Libyen wirbt um deutsche Investoren«, in: *FAZ*, 15. 10. 2003, S. 16, und Edward ALDEN, »Business press for US to lift Libya sanctions-Lokkerbie settlement«, in: *Financial Times*, 21. 8. 2003, S. 2.

[9] libyen-news.de/mai_-_teil_1.htm, Verhandlungen über Entschädigungen von ›La-Belle‹-Opfern, 14. 5. 2004.

[10] news.bbc.co.uk/1/hi/business/1523167.stm, Libya gives US oil ultimatum, 3. 9. 2001; Alexander's Gas & Oil Connections, Volume 6, issue No. 19, US warns Libya against withdrawing permits of US oil companies, 9. 10. 2001.

[11] gasandoil.com/goc/news/nta81654.htm, Libya opening up for US companies, 4. 3. 1998 = Alexander's Gas and Oil Connections, Volume 3, issue No. 12, 17.4.1998.

[12] forbes.com/newswire/2004/02/26/rtr1277500.html, Richard VALDMANIS, »US oil companies to start talks on return to Libya«, 26. 2. 2004.

[13] »Vom Schurkenstaat zum Magnet für Investoren«, in: *FAZ*, 29. 4. 2004, S. 12.

[14] libyen-news.de/maerz_2003_teil_2.htm, Saadi GADDAFI plant für einen Zuschlag der Fußball-WM 2010 an Libyen Investitionen von 6 Milliarden US-Dollar im Land, 20. 3. 2003, BBC.

[15] VA Dr. SCHNEIDER, »Die neuen Nachbarn der EU«, Wissenschaftliche Dienste des Deutschen Bundestages, Reg.-Nr.: WF XII - 143/03, 19. 1. 2004, Die Beziehungen zwischen der EU und den Staaten des Mittelmeerraums, S. 13–26 von insgesamt 28 Seiten; Kommission der EU, KOM (2003) 104endg., Brüssel, den 11. März 2003.

[16] libyen-news.de/maerz_2003_teil_2.htm, »Libyen will ab 2004 der COMESA beitreten«, 19. 3. 2003, Jana.

[17] Mitgliedstaaten sind: Ägypten, Dschibuti, Kenia, Madagaskar, Malawi, Mauritius, Sambia, Simbabwe und Sudan.

[18] libyennews.de/maerz2003teil2.htm, »Muammar el Gaddafi beschuldigt bei seinem Besuch in Mali den UN-Sicherheitsrat«, 19. 3. 2003, AFP.

[19] heute.t-online.de/ZDFheute/artikel/14/0,1367,POL-0-10094,00.html, »Lange Haftstrafen für vier La-Belle-Attentäter«, 13. 11. 2001.

[20] labelletrial.de/aktuell/aktuell_x.htm

[21] Ciro KRAUTHAUSEN, »Libia indemnizará con 28,4 milliones a las víctimas del atentado de Berlín de 1986«, in: *El País*, 11. 8. 2004, S. 7.

22. Kapitel

Warum Venezuela, der Irak und Libyen ihren Ölreichtum bisher nicht zum Nutzen der eigenen Bevölkerung umsetzen konnten

Eigentlich ist es leichter gesagt als getan, sitzen diese Länder doch auf überaus reichen Ölvorkommen, die im Prinzip nur gefördert und zu den hohen Weltmarktpreisen an den Mann gebracht werden müssen. Doch irgendwie gelingt es den Regierungen nicht, die Bevölkerung am Rohstoffreichtum der Länder zu beteiligen. In Venezuela schaffte es die Regierung Hugo CHÁVEZ selbst im Jahre 2003 mit Spitzenpreisen am internationalen Markt für Rohöl nicht, ohne hohes Haushaltsdefizit zu arbeiten; das Land erlebte eine der stärksten Rezessionen seiner Geschichte. Das Bruttoinlandsprodukt schrumpfte nach einem Rückgang um knapp neun Prozent im Jahr zuvor nochmals um über sieben Prozent.[1] Erst 2004 bei nochmals deutlich höheren Ölpreisen hat sich die Situation in Venezuela deutlich verbessert. Da es aber keine langfristige Garantie für Ölpreise von über fünfzig Dollar pro Barrel gibt, ist die Entwicklung alles andere als nachhaltig.

Im Irak ist die Ölförderung noch längst nicht auf das Vorkriegsniveau gesteigert worden, und in Libyen merkt selbst der langregierende Oberst GADDAFI, daß er das Land aus der langjährigen Isolation führen muß, um ausländische Investoren für die vorgesehenen Milliardeninvestitionen im Gas- und Erdölbereich zu gewinnen. Insofern paßte der Besuch des britischen Premierministers bei Oberst GADDAFI auch ins Bild, denn er wollte sicherstellen, daß die britische Industrie sich nach der Öffnung entsprechend gut positioniert.

Der Kampf um die Positionen hat längst begonnen. Venezuela, der viertgrößte Öllieferant der Vereinigten Staaten hinter Kanada, Saudi-Arabien und Mexiko, mußte feststellen, daß die Konkurrenz um Auslandsinvestitionen in konkurrierenden Ölländern stark zugenommen hat.[2] Das gilt für die Länder innerhalb der OPEC ebenso wie für die anderen Ölproduzenten, wie zum Beispiel in Westafrika, Kasachstan oder Rußland. Denn die Amerikaner haben bereits beschlossen, andere Ölexportländer in die engere Wahl mit einzubeziehen. Die Abhängigkeit von unsicheren Kandidaten wie Venezuela ist ihnen ein Dorn im Auge. Sie möchten ihre Ölimportbasis diversifizieren, und das so bald wie möglich.

Ein Blick auf die Entwicklung der Ölförderung in den drei Ländern dokumentiert die rückläufige Ölförderung deutlich.

Entwicklung Ölförderung in Libyen, Venezuela und Irak 1973–2004[3]				
Durchschnittliche Ölförderung; Barrel pro Tag				
	1973	1983	1993	2004
Libyen	2 175 000	1 105 000	1 361 000	1 607 000
Venezuela	3 366 000	1 801 000	2 450 000	2 980 000
Irak	2 018 000	1 005 000	511 700	2 027 000

Offensichtlich ist der deutliche Rückgang der Ölförderung in allen drei Ländern seit 1973. Dabei lag die Ölförderung 2003 in allen drei Ländern sogar noch niedriger als 2004, da der Irak mit dem Krieg gegen die Amerikaner einen Rückgang von 2 auf 1,3 Milliarden Barrel zu verzeichnen hatte, Venezuela wegen der Streiks und Proteste im eigenen Land nur 2,6 Millionen Barrel pro Tag fördern konnte (gegenüber 3,2 im Jahr zuvor) und Libyen noch nicht von umfangreichen ausländischen Investitionen in der Erdölindustrie profitierte. Libyen kam 2003 nur auf eine Förderung von 1,4 Millionen Barrel pro Tag, weit entfernt von den 3,3 Millionen Barrel pro Tag aus dem Jahre 1970. Man war in den sechziger Jahren in die Liste der größten Ölförderländer aufgerückt und hatte die Förderung innerhalb von zehn Jahren spektakulär steigern können, wie folgende Tabelle zeigt.

Libysche Ölförderung 1961–1970[4]		
Jahr	Ölförderung in Barrel pro Tag	Veränderung ggü. Vorjahr in %
1961	18 200	-
1962	182 300	902
1963	441 800	142
1964	862 400	95
1965	1 218 800	41
1966	1 501 100	23
1967	1 740 500	16
1968	2 602 100	50
1969	3 109 100	20
1970	3 318 000	7

Der Anstieg von 18 000 auf über 3 Millionen Barrel pro Tag katapultierte das nordafrikanische Land sozusagen über Nacht aus dem Dornröschenschlaf hinein in die Welt der größten Ölexporteure. Die kleineren, unabhängigeren Ölproduzenten hatten in Libyen 1970 immerhin einen Marktanteil von fünfundfünfzig Prozent, in Nahost waren es höchstens fünfzehn Prozent gewesen. Doch die aggressive Außenpolitik GADDAFIS machte viel zunichte, aber auch die Verstaatlichung der Tochtergesellschaften ausländischer Ölunternehmen trug zum Niedergang der libyschen Ölproduktion bei. Der Zenit des libyschen Ölgeschäfts war überschritten, erforderliche Investitionen wurden vernachlässigt, die Ölförderung ging stark zurück.

Libysche Ölförderung 1971–1982[5]

Jahr	Ölförderung Barrel pro Tag	Jahr	Ölförderung Barrel pro Tag
1971	2 750 000	1977	2 106 000
1972	2 248 000	1978	2 023 000
1973	2 211 000	1979	2 139 000
1974	1 558 000	1980	1 862 000
1975	1 514 000	1981	1 253 000
1976	1 972 000	1982	1 176 000

Die Ölförderung war nicht nur deutlich zurückgegangen; wegen der wachsenden Bevölkerung und der totalen Abhängigkeit von den Ölexporteinnahmen hatte sich das Land in eine schwierige Position hineinmanövriert. Libyens Regierung war zudem weit davon entfernt, Maßnahmen zu ergreifen, um wieder an alte Produktionsrekorde anknüpfen zu können. Das Land unterstützte in den achtziger und neunziger Jahren den internationalen Terrorismus entweder direkt oder indirekt, indem es ihn mit finanzierte. Die internationale Ächtung war GADDAFI somit sicher, und Libyen isolierte sich auf der internationalen Bühne immer mehr.

GADDAFI versuchte diese Situation durch spektakuläre Auftritte auf der politischen Bühne Afrikas wettzumachen; allein auch dies half ihm nicht weiter. Die fehlenden Investitionen machten sich in Libyens Ölförderung bemerkbar. Die Ölförderung schwankte von 1981 bis 1989 um die 1,1 Millionen Barrel pro Tag und zwischen 1990 und 2003 zwischen 1,26 und 1,45 Millionen Barrel pro Tag. Die Ölexporteinnahmen betrugen 2003 13,4 Milliarden Dollar und stiegen ein Jahr später wegen der hohen Ölpreise auf 18,2 Milliarden Dollar an. Für 2005 werden Einnahmen aus Ölexporten in Höhe von 23,9 Milliarden Dollar erwartet.[6] Mit der Zusage von bereits angekündigten Auslandsinvestitionen in Milliardenhöhe ist eine stark steigende Ölproduktion in Libyen wahrscheinlich geworden. Der Nachholbedarf ist riesig, das Potential ebenso. Die Ölreserven werden allgemein mit neununddreißig Milliarden Barrel angegeben. Es gibt zwölf Ölfelder mit Reserven von über einer Milliarde Barrel. Zudem gilt Libyen als ›unerforscht‹, und es kann davon ausgegangen werden, daß die bekannten Ölreserven in den kommenden Jahren noch angehoben werden.

Der Irak produzierte 1979 noch 3,47 Millionen Barrel pro Tag. Der nachfolgende, langjährige Krieg gegen den Iran kostete nicht nur viel Geld und Menschenleben, er brachte auch einen Rückgang in der Ölförderung mit sich, wie folgende Tabelle zeigt.

Die Ölförderung im Irak 1981–1990[7]

Irak	Ölförderung Barrel pro Tag
1981	1 000 000
1982	1 012 000
1983	1 005 000
1984	1 209 000
1985	1 433 000
1986	1 690 000
1987	2 079 000
1988	2 685 000
1989	2 897 000
1990	2 040 000

Kaum hatte sich das Land einigermaßen vom beendeten Krieg (1981–1988) erholt, sorgte der Überfall auf Kuwait im Jahre 1990 dafür, das Land erneut in eine Außenseiterposition zu manövrieren. Die internationale Gemeinschaft unter Führung der Amerikaner sorgte nicht nur für die Befreiung Kuwaits, sondern auch für einen Ölboykott, der das Land weit zurückwarf. Die internationale Isolation und UN-Sanktionen waren die Folgen. Selbst die Nachbarstaaten am Golf wollten vom Irak unter der Führung Saddam Husseins nichts wissen. Vom Produktionsniveau aus den Jahren 1988 bis 1990 konnte man nur träumen. Die Ölförderung lag von 1991 bis 1996 nur bei mageren 280 000 bis 580 000 Barrel pro Tag.

Erst das UN-Programm ›Oil for Food‹, das am 10. Dezember 1996 begann, brachte für den Irak eine gewisse Wende, die Ölproduktion stieg wieder auf über zwei Millionen Barrel pro Tag an. Die Ölexporteinnahmen wurden von der UN verwaltet, und ein Großteil der Gelder wurde auf ein Treuhandkonto bei der BNP in New York überwiesen. Zu Beginn des Programms wurde bestimmt, daß der Irak nur höchstens zwei Millionen Barrel pro Tag ausführen dürfe (in den sogenannten Phasen I, II, III), später wurde die Quote auf 5,2 Millionen Barrel erhöht, aber die niedrigen Ölpreise und der sehr schlechte Zustand der irakischen Ölanlagen machten diese Zielquote zur Makulatur. In der Phase VI, also im Jahre 1998, wurde die Quote auf drei Millionen Barrel pro Tag herabgesetzt. Erst die UN-Resolution 1284 aus dem Jahre 1999 strich die Quote für irakische Ölexporte

Einnahmen aus dem Programm irakisches ›Öl für Nahrungsmittel‹ 1996–2003[9]

Phase I–VIII	Ölexporte in US $
Phase I, 10. 12. 1986 – 7. 6. 1997	2 150 000 000
Phase II, 8. 6. 1997 – 4. 12. 1997	2 125 000 000
Phase III, 5. 12. 1997 – 29. 5. 1998	2 085 000 000
Phase IV, 30. 5. 1998 – 25. 11. 1998	3 027 000 000
Phase V, 26. 11. 1998 – 24. 5. 1999	3 947 000 000
Phase VI, 25. 5. 1999 – 20. 11. 1999	7 402 000 000*
Phase VII, 12. 12. 1999 – 8. 6. 2000	8 302 000 000
Phase VIII, 9. 6. 2000 – 5. 12. 2000	9 564 000 000
Phase IX, 6. 12. 2000 – 3. 6. 2001	5 638 000 000**
Phase X, 4. 7. 2001– 30. 11. 2001	5 350 000 000
Phase XI, 1. 12. 2001 – 29. 5. 2002	4 589 000 000
Phase XII, 30. 5. 2002 – 25. 11. 2002	5 639 000 000***
Phase XIII, 5. 12. 2002 – 3. 6. 2004	4 413 000 000
Gesamtsumme	**64 231 000 000**

* = Durch die Beschlüsse SCR 1275 und SCR 1280 des Sicherheitsrates der Vereinten Nationen wurde diese Phase verlängert bis zum 11. 12. 1999.

** = Durch den Beschluß SCR 1352 wurde diese Phase verlängert bis zum 3. 7. 2001.

*** = Durch den Beschluß SCR 1443 wurde diese Phase verlängert bis zum 4. 12. 2002.

ganz.[8] Der vorigen Tabelle sind die Phasen und die Einnahmen aus dem Programm ›Öl für Nahrungsmittel‹ zu entnehmen.

Die Gesamtsumme, die von der UN treuhänderisch verwaltet werden sollte, betrug zwischen 1996 und 2003 insgesamt 64,2 Milliarden Dollar. Inoffiziell lief das Programm mit Beginn des Angriffs der Amerikaner am 20. März 2003 aus, offiziell am 21. November desselben Jahres. Neunundfünfzig Prozent der Erlöse waren für Zentral- und Südirak vorgesehen, fünfundzwanzig Prozent für die Entschädigungszahlungen und drei Prozent für das Irak-Programm der Vereinten Nationen und die Waffeninspektionsprogramme.[10] Der nach Auslaufen des Programms übriggebliebene Betrag in Höhe von 8,2 Milliarden wurde an den Entwicklungsfonds für den Irak überwiesen, der von der CPA (Coalition Provisional Authority) übergangsweise verwaltet wurde.[11] Die CPA handelte eigenständig, stimmt sich aber mit der irakischen Übergangsregierung, dem Finanzminister des Irak und der irakischen Zentralbank ab.[12] Die Ölexporteinnahmen des Irak betrugen im Jahre 2002 12,8 Milliarden Dollar und fielen im Jahre darauf trotz hoher Ölpreise wegen des Krieges auf 9,6 Milliarden zurück, da die Ölförderung kriegsbedingt von 2 Millionen Barrel auf 1,3 Millionen Barrel pro Tag zurückfiel.[13] Im Jahre 2004 betrugen die Öleinnahmen 18,2 Milliarden Dollar, damit verdiente der Irak soviel wie Libyen. Für 2005 werden die Einnahmen des Irak auf 19,3 Milliarden Dollar geschätzt.[14]

Die irakischen Ölvorkommen werden sehr unterschiedlich eingeschätzt. BP schätzte diese in den letzten Jahren auf einhundertfünfzehn Milliarden Barrel, auf die gleiche Summe kam das *Oil and Gas Journal*. Andere Experten vermuten, daß sich unter dem irakischen Wüstensand noch weitere Reserven in Höhe von weiteren einhundert Milliarden Barrel befinden könnten, da die letzten geologischen Untersuchungen weit zurückliegen und weite Teile des Landes noch unentdeckt sind. Die größten bekannten Ölvorkommen befinden sich derzeit in Majnoon (12–30 Milliarden Barrel), West Qurna (11–15 Milliarden Barrel), Bagdad, Kirkuk und Rumaila (jeweils 10–11 Milliarden Barrel).[15]

Die CPA wurde inzwischen aufgelöst. Sie hatte am 30. Juli 2004 die Verantwortung an die irakische Übergangsregierung übergeben. Am 30. Januar 1995 wurde im Irak die ersten freien Wahlen nach dem Sturz Saddam HUSSEINS durchgeführt. Zum Präsidenten wurde Dschalal TALABANI, ein Kurde, gewählt. Ministerpräsident wurde Ibrahim AL-DSCHAFARI, ein Schiit. Im ersten Kabinett sind Schiiten,

Kurden und Sunniten vertreten – und damit alle großen Volksgruppen des Irak. Zum Ölminister wurde Dr. Ibrahim Bahr AL-ULUM ernannt, der damit Thamir Abbas GHADBAH ablöste.

Mittlerweile hat die irakische Regierung die Explorations Consultants Ltd. und Shell beauftragt, umfangreiche Explorationsarbeiten in Kirkuk und Rumaila durchzuführen, um mit neuester Technologie eine geologische Studie anzufertigen. Bis Anfang 2006 soll die Studie abgeschlossen sein und die Ergebnisse danach bekanntgegeben werden. Rumaila und Kirkuk sind die zwei größten aktiven Ölfelder des Irak. Andere bedeutende Ölfelder im Nordirak sind Bay Hassan, Jambur, Khabbaz, Ajil und Ain Zalah-Butmah-Safaia. Im Südirak sind dies Zubair, Luhais, Suba, Buzurgan, Abu Ghurab und Jabal Fauqi.

Vor dem letzten Krieg betrug die Ölförderung in Nordrumaila achthunderttausend und in Südrumaila fünfhunderttausend Barrel pro Tag. In Kirkuk wurden etwa fünfhundertfünfzig bis siebenhunderttausend Barrel pro Tag gefördert. Die nächsten größeren Ölfelder kamen ›nur‹ auf eine Ölförderung von einhundertfünfzig bis zweihundertfünfzigtausend Barrel pro Tag (darunter West Qurnah, Az Zubair und Bay Hassan). Doch nach vielen Kriegen, unzureichenden Investitionen in Anlagen und einigen Sabotageakten ist die Situation auf den irakischen Ölfeldern und Ölanlagen alles andere als zufriedenstellend. Umfangreiche Reparaturarbeiten sind ebenso notwendig wie eine umfassende Modernisierung der Anlagen.

Die acht Raffinerien sind durch den letzten Krieg nicht beschädigt worden. Die größten Raffinerien befinden sich in Baiji mit einer Kapazität von dreihunderttausend Barrel pro Tag, in Basra (einhundertfünfzigtausend Barrel pro Tag) und Doura (einhundertzehntausend Barrel pro Tag). Da die Raffinerien derzeit aber nur bei fünfzig bis fünfundsiebzig Prozent ihrer Kapazität arbeiten, muß der Irak jeden Monat etwa zweihunderttausend Barrel raffinierte Ölprodukte importieren. Das kostet das gebeutelte Land immerhin zweihundert bis zweihundertfünfzig Millionen Dollar pro Monat. Zudem wird Benzin von der irakischen Regierung subventioniert. Das kostet immerhin acht Milliarden Dollar pro Jahr. Auch die Pipelineverbindungen funktionieren noch nicht alle wieder wie gewünscht. Die wichtigste Pipelineverbindung ist die Verbindung zwischen Kirkuk und Ceyhan in der Türkei mit einer Höchstkapazität von 1,1 Millionen Barrel pro Tag. Es gibt noch eine zweite Parallelverbindung mit einer Kapazität von 500 000 Barrel pro Tag. Derzeit können diese Verbindungen wegen Sabotageakte und Reparaturarbeiten nur sporadisch eingesetzt werden, die maximal genutzte Kapazität liegt bei 600 000 Barrel pro Tag. Auch die anderen Pipelineverbindungen wie Kirkuk–Banias–Tripoli (mögliche Kapazität derzeit 250 000 Barrel pro Tag), IPSA (mögliche Kapazität 1,6 Millionen Barrel pro Tag; wird aber von Saudi-Arabien derzeit für Erdgaslieferungen genutzt) und die strategische Pipelineverbindung zwischen Kirkuk und Rumaila mit einer Kapazität von insgesamt 1,4 Millionen Barrel pro Tag können derzeit nicht oder nur teilweise genutzt werden.

Interessanterweise waren es die Amerikaner, die noch vor dem Überfall auf den Irak im Frühjahr 2003 einen Großteil des irakischen Erdöls einführten. Eigentlich würde man vermuten, ein Land wie die USA hätte unter der Bush-Administration vor einem beabsichtigten Krieg gegen den Irak den Handel mit seinem potentiellen Gegner völlig eingestellt. Dem war aber nicht so. Zwischen 1997 und 2002 kauften sie den überwiegenden Teil des irakischen Öls (siehe hierzu auch Tabelle im Anhang zu OECD Ölimporten aus dem Irak 1997–2004).[16]

Auch später setzte sich diese Entwicklung fort, denn die Ölimporte der Vereinigten Staaten von Amerika aus dem Irak betrugen 2004 im Durchschnitt 652 000 Barrel pro Tag, bei Gesamtölexporten von 1,45 Millionen Barrel pro Tag immerhin ein Anteil von fünfundvierzig Prozent.[17] Möglicherweise deutet dies für die Zukunft schon eine sehr enge Zusammenarbeit zwischen den USA und dem Irak im Ölbereich an. Werden die Amerikaner langfristig der größte Abnehmer irakischen Erdöls sein? Überraschen würde es jedenfalls nicht. Die von den Amerikanern eingesetzte Übergangsverwaltung hat für die Jahre 2003 bis 2006 folgenden Übergangshaushalt (siehe Tabelle auf der gegenüberliegenden Seite) ausgearbeitet.

Die Einnahmen des Irak sind fast vollständig auf die Ölexporteinnahmen angewiesen. Im Haushalt beträgt der Anteil der Öleinnahmen für die Jahre 2004 bis 2006 neunundachtzig bis achtundneunzig Prozent, mit ansteigender Tendenz. Natürlich ist die Unsicherheit groß, ob das Budget überhaupt eingehalten werden kann. Grundlage für die angepeilten Öleinnahmen sind Ölexporte in Höhe von 2,5 Millionen Barrel pro Tag im Jahre 2005. Dieses Niveau war ursprünglich für 2004 vorgesehen, konnte aber wegen der andauernden Unruhen nicht eingehalten werden. Der Durchschnittspreis wurde von der amerikanischen Übergangsverwaltung CPA mit einundzwanzig US-Dollar pro Barrel äußerst niedrig angesetzt. Mit Sicherheit wird

Irakischer Haushalt 2003 bis 2006[18]				
	2003 in Mrd. NID	2004 in Mrd. NID	2005 in Mrd. NID	2006 in Mrd. NID
Öleinnahmen	4 096,5	18 000,0	27 750,0	28 950,0
Zolleinnahmen	–	450,0	525,0	–
Einkommensteuer	–	45,0	120,0	240,0
EinnhmStaatsuntern	337,5	562,5	142,5	150,0
Gebühreneinnahmen	85,5	96,3	132,5	185,1
Sonstige Steuern	76,5	105,0	105,0	120,0
Gesamteinnahmen	4 596,0	19 258,8	28 775,0	29 645,1
Operative Ausgaben	7 362,5	19 026,7	21 119,2	21 463,8
Mittel für Projekte*	1 869,9	1 118,4	7 636,5	8 154,0
Gesamtausgaben	9 232,2	20 145,1	28 775,7	29 617,8
Überschuß/Defizit	–4 636,2	–886,3	19,3	27,3

* = Mittel aus Development Fund for Irak.
NID = Neuer Irakischer Dinar.

der Durchschnittspreis im Jahre 2005 deutlich höher ausfallen, so daß ein Überschuß möglich sein sollte. Entscheidend wird dafür aber letztendlich das durchschnittliche Förder- und Exportvolumen in 2005 sein. Liegt es deutlich unter 1,6 Millionen Barrel pro Tag, ist ein Defizit wahrscheinlich, kommt es dieser Zahl relativ nahe, ist ein Überschuß wahrscheinlich.

Im Juni 2005 lag die Ölförderung nur bei 2,17 Millionen Barrel pro Tag, die Exporte betrugen lediglich 1,38 Millionen Barrel pro Tag und lagen damit deutlich hinter den Erwartungen und unter dem Niveau von 2004. Deutlich höhere Ölpreise dürften den sonst erlittenen Einnahmeverlust allerdings ausgleichen.

Der Haushalt für 2004 wurde im April 2004 noch einmal korrigiert. Da das Jahr 2003 mit einer deutlich höheren Kapitalüberweisung von 8116 Milliarden irakischen Dinar abschloß und die Öleinnahmen mit 21729 Milliarden ID höher ausfallen sollen als im ursprünglichen Haushaltsentwurf vom Oktober 2003, wurde für 2004 trotz der höheren Ausgaben von 29890 Milliarden ID nun ein Haushaltsüberschuß von 254 Milliarden ID erwartet. Ohne außerordentliche Zuweisung von außen würde das Defizit jedoch mehrere Milliarden Dollar betragen.

Die Währungsreserven der irakischen Nationalbank betrugen am 31. Dezember 2004 laut Angabe des Internationalen Währungsfonds 7,4 Milliarden Dollar und lagen damit höher als erwartet. Der irakische Dinar hat nach einer vorübergehenden Aufwertungsphase seit Mai 2004 ein stabiles Niveau gehalten. Die irakische Wirtschaft hat sich 2004 erholt, das Wirtschaftswachstum betrug 46,5 Prozent, insbesondere wegen der deutlich höheren Einnahmen aus der Ölwirtschaft. Die Inflationsrate lag bei geschätzten 32 Prozent. Immer noch erhalten 96 Prozent der Haushalte jeden Monat Lebensmittelzuteilungen.

Sollte sich die Situation im Irak im Jahre 2006 beruhigen und die Anschlagserie stark zurückgehen, dann dürfte der Haushalt in diesen Jahren ein deutliches Plus aufweisen. Für 2006 wird ein durchschnittliches Exportvolumen von 2,5 Millionen Barrel prognostiziert. Das dürfte eine relativ vernünftige Vorhersage sein, sofern die notwendigen Investitionen in bestehende Anlagen durchgeführt werden können und weitere Sabotageakte an Ölanlagen oder Pipelines ausbleiben.

Zusammenfassend kann festgehalten werden, daß die drei Golf-Kriege den Irak bei seiner Entwicklung weit zurückwarfen. Im November 2003 genehmigte der amerikanische Kongreß Mittel über 18,4 Milliarden Dollar für den Irak. Bis Anfang 2005 wurden über vierzig Prozent dieser Mittel bereits ausgegeben, überwiegend aber für die Umsetzung von Sicherheitsmaßnahmen, und nicht für den Wiederaufbau. Auf einer Konferenz in Madrid im Oktober 2003 wurden dem Irak außerdem Zusagen der internationalen Gemeinschaft über dreiunddreißig Milliarden Dollar gemacht. Ein Großteil der Mittel wurde aufgrund der unsicheren Sicherheitslage noch gar nicht zur Verfügung gestellt.

Ganz anders dagegen war die Entwicklung in **Venezuela**. Venezuela ist von Kriegen und Terroraktionen verschont geblieben, dennoch wirken sich die politischen Verhältnisse im Land auch in der Erdölindustrie aus. Die Entwicklung war in den neunziger Jahren eigentlich recht positiv, allerdings gab es Bevölkerungsschichten, die der Ansicht waren, daß nur eine bestimmte Schicht vom Ölreichtum des Landes profitieren würde. Ein Mann wie Hugo Chávez Frías kam ihnen da gerade recht, denn er versprach die Massen am Reichtum zu beteiligen. Insofern überraschte der Machtwechsel in Caracas keineswegs.

Venezuelas wirtschaftliche Entwicklung 1993–1998[19]						
	1993	1994	1995	1996	1997	1998
BIP Mrd. $	60,05	58,42	77,39	70,54	88,43	95,02
Bevölk. Mio.	20,91	21,38	21,84	22,31	22,78	23,30
Pro-Kopf-Eink.$	2872	2733	3543	3162	3883	4078
Wachstum in %	0,3	-2,3	4,0	-0,2	5,9	-0,7
Arbeitslosenquote	8,5%	8,5%	10,2%	12,4%	10,6%	11,0%

Obwohl das durchschnittliche Pro-Kopf-Einkommen zwischen 1993 und 1998 anstieg, war die Entwicklung keineswegs so gut, wie es auf den ersten Blick aussah. Denn eine hohe Arbeitslosenquote und eine immer stärker ansteigende Inflationsrate trübten das Bild. Im oben genannten Beobachtungszeitraum lag die Inflationsrate im Jahresvergleich bei jeweils dreißig bis einhundert Prozent pro Jahr. Der Bolivar verlor gegenüber dem US-Dollar immer weiter an Wert. Im Jahre 1993 bekam man im Jahresdurchschnitt für 90 Bolivar einen Dollar, fünf Jahre später mußte man schon 564 Bolivar bezahlen, um einen Dollar zu erwerben. Zudem befanden sich die Auslandsinvestitionen auf extrem niedrigem Niveau: In den sechs Jahren betrugen diese pro Jahr nur durchschnittlich 575 Millionen Dollar.[20]

Ein weiterer Grund für die damalige Misere war die sehr starke Abhängigkeit von den Rohölexporten. Mehr als achtzig Prozent aller Exporteinnahmen beziehen sich auf Erdöl oder ölverwandte Produkte, fünfzig Prozent der Staatseinnahmen werden durch den Ölkonzern PDVSA erwirtschaftet, und alle Ölgeschäfte und verwandten Aktivitäten stehen für zwanzig Prozent des Bruttoinlandsprodukts.[21] Insofern ist die Entwicklung des staatlichen Ölkonzerns für Venezuela mit entscheidend für Erfolg oder Mißerfolg. Nicht umsonst bezeichnet man PDVSA als ›Staat im Staate‹.

Ende der neunziger Jahre sorgte die Ölpreisentwicklung in Venezuela für viel Unmut. Zwischen dem 11. April 1997 und August 1999 blieb der Preis für Veneuzuelas Öl immer unter der zwanzig Dollar-Marke. Noch ärgerlicher war der Rückgang der Staatseinnahmen trotz höheren Exportvolumens. Diese Tatsache schockierte viele Venezolaner, sie sahen sich um einen ›fairen‹ Preis für ihre kostbare Ressource betrogen. Nachdem Hugo CHÁVEZ im Dezember 1998 die Macht übernommen, nationalistische Töne von sich gegeben, aber auch Verschwörungstheorien verbreitet hatte, da er im Ausland nicht gerade auf Gegenliebe stieß, nahm die Kapitalflucht nochmal zu. 1999 soll sie fünf Milliarden Dollar betragen haben, und im Jahre darauf verstärkte sie sich nochmals. Das internationale Mißtrauen in die Politik CHÁVEZ' kann man auch am weiteren Wertverlust des venezolanischen Bolivars ablesen: Im Dezember 2004 mußten bereits 1917 Bolivar für einen Dollar bezahlt werden.[22]

Die Regierung CHÁVEZ schritt nach der Amtsübernahme zur Tat und tauschte die gesamte Führungsriege des Staatskonzerns PDVSA aus, eigene Vertrauensleute übernahmen nun das Kommando. Anfang 2002 trat das neue Ölgesetz in Kraft und löste die bisherigen Gesetze aus den Jahren 1943 (altes Ölgesetz) und 1975 (Gesetz über Verstaatlichung) ab. Das neue Gesetz sah eine Anhebung der Gewinnbeteiligung für den venezolanischen Staat von höchstens 16,66 Prozent auf zwanzig bis dreißig Prozent vor. Zudem garantiert es PDVSA bei allen Projekten einen Anteil von mindestens einundfünfzig Prozent. Die PDVSA wurde zudem in zwei operative Unternehmen und ein Dienstleistungsunternehmen umstrukuriert. Dem Ausland wurde somit signalisiert, daß die Regierung eine direkte Kontrolle über die Aktivitäten und das Personal im Staatskonzern übernahm. Mit Ali RODRÍGUEZ ARAQUE übernahm auch ein neuer Mann das Amt des Ölministers und von PDVSA, später wurde er gar zum Außenminister bestellt. Im Laufe der Auseinandersetzung um PDVSA zwischen der Regierung und den streikenden Mitarbeitern sind achtzehntausend hochqualifizierte Mitarbeiter auf die Straße gesetzt worden. Ein Generalstreik, der im Herbst 2002 begann und sich bis ins Frühjahr 2003 hinzog, drückte die Tagesproduktion von 3,3 Millionen Barrel im November 2002 auf ein Tief von 697 000 Barrel im Januar 2003. Für die Jahre 1997 und 1998 hatte Venezuela noch eine durchschnittliche Tagesproduktion von 3,3 beziehungsweise 3,5 Millionen Barrel pro Tag aufweisen können. Doch im Jahre 2003 fiel dieser Durchschnittswert auf 2,6 Millionen Barrel pro Tag zurück. Die nächste Grafik zeigt die Entwicklung der venezolanischen Erdölförderung zwischen 1980 und 2003 auf.

Venezuela hielt sich nun in der Folgezeit mehr oder weniger an die im Jahre 1998 beschlossene OPEC-Vorgabe, die Ölförderung um 525 000 Barrel pro Tag zu reduzieren, um die Ölpreisentwicklung wieder in den Griff zu bekommen. CHÁVEZ und RODRÍGUEZ befürworteten beide die OPEC-Politik und setzten sich für die Einhaltung der Quoten ein. Anders als im Jahre 2004, als am Markt teilweise von Ölknappheit gemunkelt wurde, waren damals Überkapazitäten of-

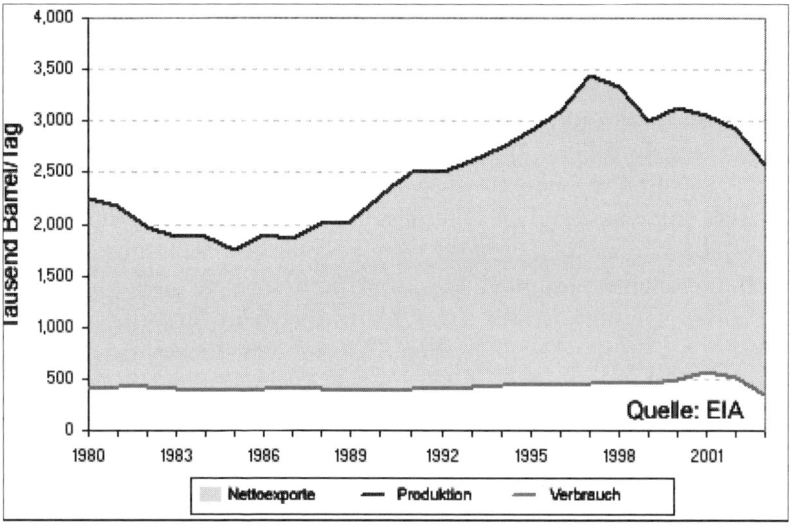

Erdölförderung in Venezuela 1980–2003. Quelle: EIA.

fensichtlich, da die OPEC-Mitglieder ihre offiziellen Quoten geradezu regelmäßig überboten. Von einer gewissen Förderdisziplin war die Organisation weit entfernt. Der Ölpreis rutschte zwischen November 1998 und Februar 1999 immer wieder unter zehn Dollar pro Barrel. Venezolanisches Öl notierte 1998 im Jahresdurchschnitt nur bei 10,57 Dollar pro Barrel.[23] Ein geradezu unerträgliches Bild offenbarte sich für Venezuela und die anderen OPEC-Mitgliedstaaten. Die Staatseinnahmen brachen ein. Insofern war es diese Tatsache, die allen Mitgliedstaaten der Organisation eine Neuausrichtung klarmachte.

Die OPEC bemühte sich nunmehr, die Quoten einzuhalten. Mit Erfolg. Der Ölpreis erholte sich - und die OPEC-Staaten verfügen damit auch wieder über höhere Staatseinnahmen. Erst 2004 kam Venezuela aber wirklich in den Genuß deutlich höherer Öleinnahmen, da die oben genannten Proteste und Unruhen verheerende Folgen für die venezolanische Wirtschaft hatten. Das Bruttoinlandsprodukt ging 2002 um 8,9 Prozent und 2003 um 7,7 Prozent zurück, die Inflationsrate bewegte sich im Jahresdurchschnitt bei zweiundzwanzig bis einunddreißig Prozent.[24] Im Vergleich zu anderen Staaten Lateinamerikas enttäuschte die Entwicklung, erst der Anstieg im Jahre 2004 überzeugte.[25] Allerdings ist der Anstieg laut Frühjahrsprognose des Internationalen Währungsfonds für das laufende Jahr wieder deutlich geringer.[26] Im Jahre 2003 betrugen die Ölexporteinnahmen 20,6 Milliarden Dollar, 2004 sogar 29,8 Milliarden Dollar, und für 2005 werden 35,5 Milliarden Dollar prognostiziert.[27] Venezuela liegt damit weit unter seinen Möglichkeiten. Ein Plan der venezolanischen Regierung vom Februar 2001 sah eine Steigerung der Ölförderung auf 5,5 Millionen Barrel pro Tag spätestens im Jahre 2008 vor, Hugo CHÁVEZ soll ursprünglich sogar einmal daran gedacht haben, dieses Ziel 2006 zu erreichen. Viele Experten halten eine Steigerung auf 5,5 Millionen Barrel im Jahre 2006 aufgrund der vernachlässigten Investitionen für nicht mehr erreichbar. Das Bruttoinlandsprodukt schrumpfte wegen der politischen Auseinandersetzungen in den sehr guten ›Öljahren‹ 2002 und 2003 sogar. Das könnte sich für Hugo CHÁVEZ noch rächen, nämlich dann, wenn der Ölpreis in den kommenden Jahren zum Sturzflug ansetzen sollte. Derzeit wagt man an ein solches Szenario wegen der ›Ölknappheit‹ gar nicht zu glauben.

Außerdem mißbraucht CHÁVEZ den Staatskonzern PDVSA immer mehr für eigene politische Ziele. 2004 wurden insgesamt 3,5 Milliarden Dollar aus der Kasse des Ölkonzerns für umfangreiche Sozialprogramme ›zweckentfremdet‹; die Programme sind auf Langfristigkeit ausgelegt. Auch die Infrastruktur des Landes soll mit jährlichen Milliardeninvestitionen verbessert werden, Straßen und Schulen werden gebaut, die Gesundheitsversorgung soll verbessert werden. Dafür sind auch kubanische Lehrer und Ärzte ins Land geholt worden. Im Gegenzug bekommt Kuba für diese Hilfe Rohöl zu Vorzugsbedingungen.[28] Schon sprechen viele in diesem Zusammenhang von der »Petrodiplomatie« des Hugo CHÁVEZ.[29]

Die politischen Beziehungen zwischen Venezuela und den Vereinigten Staaten von Amerika sind seit Jahren zweifelsohne angespannt. CHÁVEZ unterstellt den Amerikanern, immer wieder an seinem Sturz zu arbeiten und die Opposition dabei zu unterstützen; die Amerikaner kritisieren wiederum den venezolanischen Präsidenten hin und wieder, doch auf sein Öl möchten sie allerdings nicht verzichten. Deswegen überrascht es keineswegs, daß vor allem amerikanische Ölkonzerne in Venezuela die vorhandenen Ölvorkommen ausbeuten, während das politische Gerangel zwischen Washington und Caracas unvermindert weitergeht. Dabei werden auch die im Orinoco-Becken befindlichen Schweröle seit einigen Jahren von amerikanischen Ölkonzernen zusammen mit PDVSA abgebaut. Es gibt insgesamt vier Großprojekte, die zusammengerechnet 2005 immerhin auf eine Produktion von 600 000 Barrel pro Tag in Form von synthetischem Öl kommen. Neben Total, Statoil und BP sind es vor allem die amerikanischen Unternehmen Conoco-Phillips, Chevron Texaco und Exxon Mobil, die sich hier engagieren. Nachfolgende Grafik für die Jahre 2002 und 2003 zeigt zum einen die Ölförderung Venezuelas, zum anderen den Anteil, den die Amerikaner beziehen. Klar ersichtlich ist auch der Produktionseinbruch wegen jener Streiks ab Dezember 2002 bis Februar 2003.

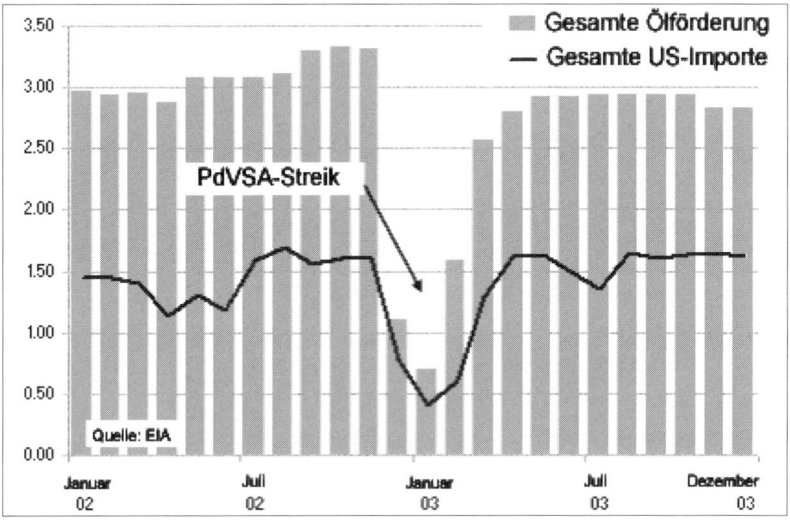

Venezuelas Ölförderung 2002/2003 und der Anteil der Öl-Käufe durch die Vereinigten Staaten von Amerika. Quelle: EIA.

Die Amerikaner importierten 2004 pro Tag 1,5 Millionen Barrel aus Venezuela, bei durchschnittlichen Ölexporten von 2,5 Millionen immerhin ein Anteil von achtundfünfzig Prozent. Das ist nichts Ungewöhnliches. Auch bei einer langfristigen Betrachtung stimmt diese Aussage. Der Anteil Venezuelas an den Öleinfuhren der Vereinigten Staaten von Amerika lag 2004 bei knapp dreizehn Prozent, nur überboten von Saudi-Arabien, Mexiko und Kanada, da PDVSA seit den neunziger Jahren über die PDV America Inc. an der amerikanischen Citgo Petroleum Corp. beteiligt ist. Mit der hundertprozentigen Übernahme dieses Unternehmens, das in den Vereinigten Staaten über eine Raffineriekapazität von 865 000 Barrel pro Tag verfügt, ist Venezuela auch auf den amerikanischen Absatzmarkt angewiesen. Citgo könnte ohne den Heimatmarkt gar nicht existieren. Insofern sind die Verflechtungen zwischen den Amerikanern und Venezuela viel enger, als man denken mag, und damit auch die gegenseitigen Abhängigkeiten. Manche politische Rangelei zwischen den Regierungen in Caracas und Washington darf man deswegen nicht immer so ernst nehmen, selbst wenn CHÁVEZ die seit 1951 praktizierte militärische Zusammenarbeit im Jahre 2005 kurzerhand aufhob und Waffenkäufe vornahm, die im Weißen Haus nicht gern gesehen wurden.[30]

Alle drei Länder – Venezuela, Libyen und der Irak – haben in Zukunft bei einem entsprechenden wirtschaftlichen und politischen Umfeld ein unglaubliches Potential, verfügen sie doch über sehr große Ölreserven und können ihre Ölförderung noch erheblich steigern. Gelingt es ihnen also, bei den Investitionen in die Ölförderung und den Ausbau der Anlagen den Hebel anzusetzen, könnte der Bevölkerung in allen drei Ländern endlich die ›Öldividende‹ zukommen, die sie eigentlich verdient. Aus dem *International Energy Outlook 2004* der amerikanischen Energiebehörde EIA gehen auch die Prognosen für die Ölförderung in Libyen, dem Irak und Venezuela hervor. Demnach wird Venezuela die von der Regierung und Hugo CHÁVEZ erwünschte Produktion von 5,5 Millionen Barrel wohl erst im Jahre 2025 erreichen. Dennoch sind die Prognosen für alle drei Länder erfreulich.

Prognose für die Ölförderung im Irak, in Libyen und in Venezuela[31]

	2003 (Ist) in Mio. Barrel pro Tag	2010 in Mio. Barrel pro Tag	2015 in Mio. Barrel pro Tag	2020 in Mio. Barrel pro Tag	2025 in Mio. Barrel pro Tag
Irak Sznr.1	1,31	3,7	4,4	5,3	6,6
Sznr.2	1,31	2,9	3,2	3,7	4,6
Sznr.3	1,31	4,4	5,3	6,4	7,2
Libyen S.1	1,42	2,0	2,2	2,6	2,9
Sznr.2	1,42	1,7	1,8	2,1	2,4
Sznr.3	1,42	2,1	2,4	2,7	3,1
Venezuela	2,33	3,7	4,3	4,9	5,6
Sznr.2	2,33	3,2	3,4	3,9	4,5
Sznr.3	2,33	4,3	4,7	5,2	6,1

Szenario 1 = realistisches Szenario
Szenario 2 = bei hohen Ölpreisen
Szenario 3 = bei niedrigen Ölpreisen

Bleiben alle drei Länder in den kommenden Jahrzehnten von Kriegen oder Unruhen sowie politischer Instabilität verschont, dürfte die Zukunft deutlich höhere Staatseinnahmen und ein wachsendes Pro-Kopf-Einkommen möglich machen. Dies gilt ausdrücklich auch für den Irak.

Außerdem wird hinsichtlich des Irak immer die Frage aufgeworfen, ob der Einmarsch der Amerikaner rein politisch (Kampf gegen den internationalen Terrorismus) motiviert gewesen ist oder rein wirtschaftlich - aufgrund der enormen Ölreserven des Landes. Eine Antwort ist nicht so leicht, wie man denken mag, aber das Erdöl spielte auf jeden Fall eine nicht zu unterschätzende Rolle. Die politische Konstellation war für die amerikanische Regierung vor dem Einmarsch in den Irak im März 2003 völlig negativ. Im Iran herrschte eine religiöse Schicht, mit der die Amerikaner nicht viel anfangen konnten; und den Irak Saddam HUSSEINS wollte die US-Regierung ohnehin stürzen, wenn sich irgendeine Gelegenheit dazu ergeben sollte. Als die Untersuchung über den Anschlag vom 11. September 2001 ergab, daß die meisten Täter saudische Staatsbürger gewesen waren, drohte auch noch der wichtigste Verbündete im Nahen Osten verlorenzugehen, da man hier einen Umsturz durch religiöse Fanatiker befürchtete oder zumindest entsprechende Befürchtungen äußerte, um den Ernst der Situation in der Weltöffentlichkeit plausibel darzustellen.

Die irakische Regierung wiederum drohte immer wieder den Ölhahn abzudrehen, eine für die Amerikaner kaum zu ertragende Konstellation, da diese Drohung Erinnerungen an 1973 wachrief. Insofern lag es für dei Amerikaner nach Abwägung aller Risiken nahe, im Irak einzumarschieren, zumal Geheimdienste und Militärs größtenteils selber nicht daran glaubten, was sie der Weltbevölkerung weiszumachen versuchten, nämlich an das ungeheure militärische Potential der irakischen Streitkräfte. Die Untersuchungskommission des amerikanischen Kongresses läßt da keine Zweifel offen, Massenvernichtungswaffen besaß der Irak vor dem Einmarsch der Amerikaner nicht.[32] Diese Tatsache veranlaßte UN-Generalsekretär Kofi ANNAN dann auch zu der späten Aussage, daß der Krieg illegal war und damit gegen die UN-Charta verstieß - eine Aussage, die ihn noch seine Position kosten könnte.[33]

Nicht zu vergessen bleibt auch die Tatsache, daß in den Jahren vor dem Einmarsch der Amerikaner und Briten vor allem russische (Lukoil, Tatneft, Slavneft), französische (TotalFinaElf) und chinesische Ölkonzerne (CNPC) Verträge in Milliardenhöhe mit der Regierung

Saddam HUSSEINS vereinbart hatten, die ihnen langfristig Zugriff auf einen wesentlichen Teil der irakischen Erdölressourcen gegeben hätten. Was nun mit diesen Verträgen geschehen soll, ist unklar. Sehr wahrscheinlich wird es aber zu Neuverhandlungen kommen, und amerikanische Ölkonzerne werden sicherlich dabei einen Hauptanteil der Konzessionen erhalten.[34] Daß die chinesische Regierung ebenso wie die französische und die russische vor der Entscheidung im UN-Sicherheitsrat sich gegen einen Angriff im Irak aussprachen, dürfte also vor allem mit diesen Vorverträgen zu tun gehabt haben. Die britische und amerikanische Regierung hatten dabei nichts zu befürchten, ihre Unternehmen standen seit Jahren bei der Regierung von Saddam HUSSEIN im Abseits und hatten keine Vorverträge in der Hand.

Die Diskussion um die Reformen im UN-Sicherheitsrat dürften hingegen schwieriger werden, als viele vielleicht erwarten, denn die Chinesen möchten nicht, daß die Japaner einen ständigen Sitz im UN-Sicherheitsrat erhalten, für die Italiener gilt das Gleiche in bezug auf die deutschen Ambitionen. Dennoch sollte es eine Reform geben, da die Macht der Vereinten Nationen an die Situation im 21. Jahrhundert angepaßt werden sollte. Großbritannien und die Vereinigten Staaten von Amerika werden sich das Gerangel um die Plätze mit Genuß von der Seitenlinie ansehen, denn ihnen kommt jede Verzögerung an einer Reform zugute. Sie sind auch nicht an einer wirklichen Reform interessiert, weil ihnen der Erhalt des Status quo lieber ist.

Selbst UN-Generalsekretär Kofi ANNAN hat mittlerweile erkennen müssen, daß eine Einigung im Streit über die Reform des Sicherheitsrates bis zur UN-Vollversammlung im September 2005 unwahrscheinlich ist. Der Vollversammlung liegen derzeit drei Reformentwürfe vor, vor denen aber keiner die notwendige Zweidrittelmehrheit erhalten dürfte. Die amerikanische Regierung hat mittlerweile zu erkennen gegeben, daß sie zum gegenwärtigen Zeitpunkt gegen eine Erweiterung des UN-Sicherheitsrates ist. Die Amerikaner möchten erst nach der Vollversammlung in diesem Jahr die Gespräche über eine Erweiterung fortführen. Das könnte ein Hinweis auf noch sehr lange Verhandlungsrunden sein.[35]

Die Amerikaner haben mittlerweile ihre Truppenstärke im Irak von 138 000 auf 150 000 aufgestockt. Ein Abzug der Truppen ist nach letzten Aussagen des amerikanischen Verteidigungsministers nicht vor 2008 vorgesehen.[36] Ob die starke Präsenz der amerikanischen

Truppen für Sicherheit und Stabilität im Irak sorgen wird, bleibt abzuwarten. Wenn mit den Amerikanern über eine verstärkte Verantwortung der internationalen Gemeinschaft im Irak gesprochen wird, sollten die Europäer auch das Thema Guantánamo-Häftlinge ansprechen, denn die Tatsache, daß die Amerikaner dort Häftlinge als ›feindliche Kombattanten‹ festhalten, entspricht nicht der Genfer Konvention für Kriegsgefangene und paßt deswegen auch nicht in diese Welt.[37] Es ist ohnehin ein Unding, wenn die amerikanische Regierung Kuba immer wieder kritisiert, aber die militärische Basis auf Guantánamo und das Gefangenenlager ausgerechnet dort unterhält. Das internationale Recht sollte auch für die Vereinigten Staaten von Amerika gelten, sonst wird ihnen in dieser Welt kaum jemand eine glaubwürdige Rolle als Friedensmakler zubilligen.

1 IMF, *World Economic Outlook,* April 2005, Statistical Appendix, Table 6, Other Emerging and Developing Countries, Real GDP.
2 International Petroleum Monthly, Table 4.10, United States Oil Imports 1991-2004; EIA, Top Suppliers of U.S. Crude Oil and Petroleum 2003, Top Suppliers of U.S. Crude Oil Imports 2003.
3 Energy Information Administration, June 2004, *Monthly Energy Review.*
4 Oil and the World Order: American Foreign Oil Policy, Oil and the Erosion of Power, S. 202, Table 10.1, 1986.
5 BP, *Statistical Review of World Energy 2003,* Oil production und WorldOil.com, Special Focus, Outlook 2004, International Worldwide production, Volume 225, No. 2, February 2004.
6 Energy Information Administration, Opec Revenues Fact Sheet 2004; EIA, *Country Analysis Briefs Libya,* February 2005; EIA, Opec Revenue Facts Sheet, June 2005.
7 Energy Information Administration, June 2004, *Monthly Energy Review,* Table 11 1a, Crude Oil Production Opec members.
8 UN Office of the Iraq Programme Oil-for-Food, un.org /Depts/oip/ background/basicfigures.html
9 Angaben der Vereinten Nationen.
10 Auswärtiges Amt, Öl für Nahrungsmittel-Programm der Vereinten Nationen, Stand 25. 4. 2003, 19. 11. 2004.
11 UN Office of the Iraq Program Oil for Food: About the Program, un.org/ depts/oip/background/latest/sgstatement031119.html, 19. 11. 2004.
12 The Development Fund for Iraq, Coalition Provisional Authority, cpa-iraq.org/cgi-bin/prfiendly.cgi?
13 BP, *Statistical Review of World Energy,* Oil production, 2004.
14 EIA, Opec Revenues Fact Sheet, eia.doe.gov, Juni 2005.

[15] BP, *Statistical Review of World Energy 2005*, bp.com/live assets, Oil proved reserves; EIA, *Country Analysis Briefs Iraq*, Juni 2005.

[16] Energy Information Administration/International Petroleum Monthly, Table 4.17, OECD Oil Imports from Iraq, 1991–2003.

[17] EIA, *Country Analysis Briefs Iraq*, 14 Seiten, Juni 2005.

[18] Coalition Provisional Authority, iraqcoalition.org/budget/NID emerged final-11Oct.pdf

[19] Business Monitor International Ltd., *Guide to the Worlds Major emerging Economies*, Volume II, Country Analysis and Forecast Reports, Venezuela 2000.

[20] Wie bei Tabelle: Business Monitor International Ltd., Venezuela 2000, Macroeconomic Data and Forecasts, S. 1206.

[21] Business Monitor International Ltd., Venezuela 2000, S. 1254.

[22] Bloomberg TV, 2. 12. 2004, 8:57Uhr, Kurs 1917,60.

[23] Business Monitor International Ltd., aaO. (Anm. 21)..

[24] IWF, *World Economic Outlook*, Other Emerging Market and Developing Countries, Statistical Appendix, Table 6, Real GDP, S. 209 und auch IWF, WEOutlook, Chapter 1, Economic Prospects and Policy Issues, Table 1.7, Seite 37, September 2004.

[25] Siehe hierzu Tabelle in den Anlagen über Entwicklung BIP in Kolumbien, Ecuador, Peru und Venezuela.

[26] IMF, *World Economic Outlook*, Globalization and External Imbalances, Statistical Appendix, Table 6, Other Emerging Countries and Developing Countries Real GDP, 13. 4. 2005. Demnach konnte das BIP nach zwei Jahren mit Rückgängen 2004 um 17,4 % zulegen, für 2005 wird allerdings nur noch ein Wachstum von 4,6 % erwartet, für 2006 von 3,8 %.

[27] EIA, Opec Revenues Fact Sheet, eia.doe.gov, Juni 2005.

[28] Darcy A. CROWE, »La mutación de la petrolera venezolana«, in: *El País*, Negocios, 20. 2. 2005, S. 14; Mauricio VICENT, »Castro y Chávez afianzan la verdadera unión latinoamericana«, in: *El País*, Internacional, 29. 4. 2005, S. 5; »Chávez vergrößert Sozialprogramme«, in: *FAZ*, 28. 6. 2005, S. 6; Josef OEHLEIN, »Revolution der Revolution«, in: *FAZ*, 29. 12. 2004, S. 10. Gemäß Abkommen aus dem Jahre 2000 sollte Kuba mindestens 53 000 Barrel pro Tag zu Vorzugsbedingungen erhalten. Die Lieferungen betrugen laut Rafael RAMÍREZ, dem neuen PDVSA-Vorstandsvorsitzenden zuletzt 80 000 bis 90 000 Barrel pro Tag.

[29] Clodovaldo HERNÁNDEZ, »Chávez apuesta por la petrodiplomacia«, in: *El País*, Análisis, 6. 3. 2005, S. 6.

[30] Miguel GONZÁLEZ, »Venezuela comprará cuatro corbetas a Izar por más de 600 milliones«, in: *El País*, 20. 2. 2005, S. 22; »Spanien verkauft Waffen an Chávez«, in: *FAZ*, 31. 3. 2005, S. 5; »Chávez beendet Militär-Kooperation«, in: *FAZ*, 26. 4. 2005, S. 6.

[31] Energy Information Administration, *International Energy Outlook*, 2004.

[32] CIA.gov/cia/reports/iraqwmd2004/CompReportKeyFindings.pdf; Iraq Survey Group; »Keine Waffenvernichtungswaffen«, in: *FAZ*, 18. 9. 2004, S. 4; »Unbeirrt«, in: *FAZ*, 20. 9. 2004, S. 10.

[33] »Annan: Irak-Krieg war illegal«, in: *FAZ,* 17. 9. 2004, S. 1.

[34] Friedemann MÜLLER, »Energiepolitische Neuordnung am persischen Golf, Arbeitspapier Forschungsgruppe Globale Fragen«, in: *Stiftung Wissenschaft und Politik,* Februar 2003; Markus WEHNER, »Bagdad, Moskau und das Öl«, in: *FAZ,* 10. 10. 2002, S. 6; Rainer HERMANN, »Verrostete Leitungen, alte Förderanlagen«, in: *FAZ,* 10. 5. 2003, S. 3; John FIALKA u. Bhushan BAHREE, »Auch die Ölmultis wollen Hussein stürzen«, in: *Der Tagesspiegel,* 2. 9. 2002, S. 16; Klaus BRINKHAMMER, »Die Ölindustrie des Irak Teil IV«, in: *spiegel.de,* 29. 4. 2004.

[35] Jesús LOPEZ-MEDEL, Juan MOSCOSO DEL PRADO, »Cómo debe ser lA Reforma de la ONU?« in: *El País,* 24. 7. 2005; Philip H. Gordon, »Incorporar Japón e India al Consejo de Seguridad« in: *El País,* 24. 7. 2005, S. 15; »Burns gegen schnelle UN-Ratsreform«, in: *FAZ,* 22. 7. 23005, S. 4; »Annan zweifelt an rascher Reform des Sicherheitsrats«, in: *FAZ,* 12. 8. 2005, S. 1; »Neuer Vorschlag zur UN-Reform«, in: *FAZ,* 23. 7. 2005, S. 6; »Washington hat Vorbehalte gegen UN-Reform«, in: *FAZ,* 19. 8. 2005, S. 2.

[36] »Rumsfeld: Abzug aus dem Irak in vier Jahren«, in: *FAZ,* 8. 12. 2004, S. 1.

[37] José Manuel CALVO, »Guantánamo, territorio sin ley«, in: *El País,* Sonderteil, 26. 6. 2005; Katja GELINSKI, »Ein neues Kapitel«, in: *FAZ,* 24. 8. 2004, S. 1; »El Pentágono abre puertas en Guantánamo«, in: *El País,* 8. 12. 2004, S. 3; »USA Guantánamo-Militärprozesse für unrechtmäßig erklärt«, in: *Die Welt,* 1. 2. 2005, S. 7.

23. Kapitel

›Der Gigant unter den Giganten‹: die Exxon Mobil Corporation

Schauen wir uns die großen Unternehmen weltweit doch einmal an. In erster Linie denkt man hier noch immer an General Electric und Microsoft, die mit einer Börsenkapitalisierung von 294,5 und 266,9 Milliarden Dollar auch im März 2004 die Plätze eins und zwei besetzten. Nicht weit dahinter folgte aber der Ölgigant ExxonMobil mit einer Börsenkapitalisierung von 263,8 Milliarden Dollar.[1] Im weiteren Jahresverlauf konnte der Konzern die Börsenkapitalisierung sogar weiter steigern und übertraf im ersten Halbjahr 2005 zeitweise die Marktkapitalisierung von General Electric. Das kommt nicht von ungefähr. Im Jahre 2003 hat das Unternehmen einen Umsatz in Höhe von 246,7 Milliarden Dollar aufweisen können, der Nettogewinn war auf sagenhafte 21,5 Milliarden Dollar angestiegen.[2] Der zweitgrößte amerikanische Ölkonzern ist die ChevronTexaco Corp. Hier sorgen über 61 000 Mitarbeiter dafür, daß das schwarze Gold fließt und die Profite ebenso. Im Jahre 2003 waren das bei Umsätzen von einhundertzwanzig Milliarden Dollar immerhin 7,2 Milliarden Dollar.[3] Der drittgrößte amerikanische Ölkonzern ist die international weniger bekannte Gruppe von Conoco-Phillips. Der Umsatz schwoll hier (fusionsbedingt) 2003 um sagenhafte vierundachtzig Prozent auf 105 Milliarden Dollar an, der Nettogewinn lag bei 4,59 Milliarden Dollar.

Aber selbst wenn die Amerikaner das Ölgeschäft immer noch beherrschen, gibt es auch europäische Unternehmen, die eine tragende Rolle im Konzert der Großen spielen. Wenn man sich den europäischen Euro Stoxx 50 oder Stoxx 50 ansieht, dann findet man sie wieder. Auch sie gehören zu den Unternehmen mit der höchsten Marktkapitalisierung und den höchsten Gewinnen. Die absolute Nummer eins in Europa ist British Petroleum oder kurz BP, die Nummer zwei Royal Dutch. Rechnet man aber die ihr verbundene Gesellschaft Shell hinzu, liegt Royal Dutch/Shell vor BP. An Nummer drei steht die französische Total, an Nummer vier die italienische ENI. Alles altbekannte Namen möchte man meinen. Und so ist es dann auch. Die großen dominieren immer noch das Geschäft, die kleinen dürfen mitmischen. Die ›großen Fünf‹ seien an dieser Stelle näher betrachtet.

Auf ihre historischen Wurzeln im Nahen Osten, Asien oder Südamerika zur Kolonialzeit wurde bereits in den ersten Kapiteln dieses Buches ausführlich eingegangen. Festzuhalten bleibt hier als erstes, daß das Führungsquintett immer noch unangreifbar an der Spitze steht, allen voran natürlich die ExxonMobil, in der sich einige der Standard Oil-Gesellschaften aus dem Jahre 1911 wiederfinden. Die ›großen Fünf‹ sind mächtig, und sie werden es vorerst auch bleiben. Sie schöpfen aus dem Vollen und sind deshalb in der Lage, bei den Großprojekten ihre volle Finanz- und Innovationskraft zur Geltung zu bringen. Insofern lohnt sich ein Blick auf einige wichtige Kennzahlen aus dem letzten Geschäftsjahr und der Börsenkapitalisierung im Vergleich:

Bilanzzahlen der ›großen Fünf‹ Ende 2004 und Marktkapitalisierung Ende Juni 2005 im Vergleich[4]

	Umsatz im GJ 2003 in Mrd. $	Umsatz im GJ 2004 in Mrd. $	Nettogewinn im GJ 2003 in Mrd. $	Nettogewinn im GJ 2004 in Mrd. $	Mitarbeiter zum 31.12.2004	BKP Mrd. zum 28.6.2
Exxon	237,0	298	21,5	25,3	105 200	377,5
Chevron	121,2	155	7,2	13,3	47 000	120,3
BP	232,5	285	12,8	16,2	102 900	231,6
RoyalDutch	263,9	337	12,3	18,2	112 000	136,6
Total	104,6*	123*	7,0*	9,6*	111 401	139,7

* = Angaben in Euro

Schauen wir uns den Marktführer Exxon Mobil einmal näher an. Das Energiegeschäft betreibt der Konzern in mehr als zweihundert Ländern und auf allen Kontinenten. Die gesamte ›Öl- und Gasressourcenbasis‹ des Konzerns liegt bei dreiundsiebzig Milliarden Barrel-Öläquivalent; auf den Bereich Öl und NGL entfallen dabei zwölf Milliarden Barrel. Einschließlich der Ölsande *(tar sands)* kommt man beim Öl sogar auf einen Spitzenwert von zweiundzwanzig Milliarden Barrel. Allein 2004 erhöhten sich die sicheren Reserven des Konzerns um 2,9 Milliarden Barrel Öl, das sind einhundertzwölf Prozent der aktuellen Ölförderung. Somit konnte der Konzern im elften Jahr in Folge mehr Reserven ausfindig machen, als man selber produzierte. Das Unternehmen förderte täglich weltweit 2,6 Millionen

Barrel Öl, davon 556 000 Barrel pro Tag in den USA. Wird die Gasproduktion hinzugerechnet, kommt man insgesamt auf eine Tagesproduktion von 4,2 Millionen Barrel Öläquivalent – wohlgemerkt pro Tag.

Die Raffineriekapazität lag bei 8,2 Millionen Barrel pro Tag, damit ist man auch in dieser Hinsicht in der Welt die absolute Nummer eins. Das Unternehmen besitzt fünfundvierzig Raffinerien in fünfundzwanzig Ländern sowie zweiunddreißig Öltanker, die täglich auf den Weltmeeren beladen oder gelöscht werden und für eine reibungslose Versorgung der Ölprodukte jeweils da sorgen, wo sie gebraucht werden.

Neunundfünfzigtausend Ölbohrtürme stehen weltweit im Exxon-Imperium im Einsatz. Das Unternehmen besitzt fast sechshundert Offshore-Plattformen. Zudem kontrolliert es über fünfundzwanzigtausend Meilen Öl- und Gasrohrverbindungen weltweit sowie etwa vierzigtausend Tankstellen, die dem Verbraucher die Produkte zur Verfügung stellen. Die Produktmarken Esso, Mobil und Exxon sind in der ganzen Welt bekannt. Mehr als eine Million industrielle Kunden nehmen die Produkte und Dienstleistungen von ExxonMobil in Anspruch. Auf siebenhundert Flughäfen und in dreihundert Häfen in aller Welt zeigt man Präsenz.

Im letzten Jahrzehnt wurden zehntausend neue Patente des Konzerns weltweit angemeldet, mehr als zwanzigtausend Ingenieure und Wissenschaftler begeben sich täglich auf die Suche nach neuen Produkten oder nach Verbesserung von Methoden und Technologien. Mehr als sechshundert Millionen Dollar steckt der Konzern in die Forschung und Entwicklung neuer Technologien, da sie die Prozesse bis zur Förderung erheblich verkürzen können, somit kostensenkend wirken und die Effizienz wesentlich steigern. Seit dem Jahre 2002 hat man das ›Early Productions System‹ oder EPS entwickelt – ein Verfahren, das die Bohrzeiten deutlich verkürzt und die Kosten erheblich senkt. Mit Erfolg hat man diese neue Methode beim angolanischen Ölfeld Xikomba ebenso wie beim Projekt ›Zafiro Southern Expansion‹ in Äquatorial Guinea bereits angewandt. Im Jahre 2003 hat der Konzern sechzehn neue Großprojekte in die Wege geleitet, 2004 acht weitere. In den letzten sechs Jahren sind siebzig Großprojekte in Bewegung gesetzt worden, die bis 2010 3,7 Milliarden Barrel Öläquivalent heben sollen. Allein in die Exploration steckte man 2004 insgesamt zwölf Milliarden Dollar, innerhalb der letzten fünf Jahre waren es fünfzig Milliarden Dollar.

Wo auch immer in der Welt nach Öl und Gas gesucht wird, Exxon ist meistens in das teilhabende Projektkonsortium mit eingebunden. Im Golf von Mexiko entwickelt man das Projekt ›Princesa subsea development‹ ebenso weiter wie das Projekt ›Thunder Horse‹. In Alaska arbeitet man an der Ausbeutung des Gasfeldes North Slope, das insgesamt Reserven in Höhe von zwölf Billionen Kubikfuß enthalten soll.

In Kanada ist man einschließlich der Tochtergesellschaft Exxon Mobil Canada Limited und der Mehrheitsbeteiligung Imperial Oil Limited der größte Ölproduzent. Eine Vielzahl von Projekten wird hier vorangetrieben, darunter das ›Sable Offshore Energy‹-Projekt, an dem Exxon einen einundfünfzigprozentigen Anteil hat, sowie die Projekte ›South Venture‹, ›Terra Nova‹ und ›Hibernia‹. Das gigantische Gasprojekt ›Mackenzie‹ soll 2009 einsatzfähig werden; bis dahin soll eine achthundert Kilometer lange Gasrohrverbindung das Gas zum Verbindungsknotenpunkt nach Alberta leiten.

In Venezuela besitzt man bei der Hebung von Schweröl im ›Cerro Negro‹-Projekt einen Anteil von zweiundvierzig Prozent. In Brasilien beteiligte man sich mit dreißig Prozent am Projekt ›Campos Basin-Block BC-10‹ vor der Küste des Amazonalandes.

In Europa kommt das Unternehmen nach eigenen Angaben auf eine Tagesproduktion von 583 000 Barrel Öl und sieht sich damit als Nummer eins auf dem ›alten Kontinent‹. Allein hier hat man sieben neue *offshore*-Projekte in Angriff genommen, die sich auf vier Felder in Norwegen [Namen: Ringhome (Anteil ExxonMobil 100%), Mikkel (33%), Grane (26%), Fram West (25%), die Niederlande (K 15/FK-Feld, Anteil 23%] und die Nordsee (GB, Penguins-Projekt, Anteil 50%) beziehen. Die zusätzliche Gesamtproduktion dieser Felder soll 220 000 Barrel pro Tag betragen. Auch in Afrika treibt der Konzern sein Geschäft voran.

In Angola ist es der ›Block 15‹ des Kizomba-Feldes, an dem man mit vierzig Prozent beteiligt ist. Sehr vielversprechend sind in Angola außerdem Kizomba A und Kizomba B, die jeweils Reserven von über einer Milliarde Barrel Rohöl aufweisen sollen. Hier soll die tatsächliche Ölförderung zwischen 2004 und 2006 beginnen. Der Start von Kizomba C ist erst für 2007 vorgesehen. Der Block 17 der vor der Küste schwimmenden Girassol-Plattform für die Lagerung- und Beladung der Öltanker soll auf eine Kapazität von 220 000 Barrel pro Tag ausgelegt sein.

In Äquatorial Guinea soll die Förderung beim ›Zafiro‹-Projekt

Förderplattform vor der Küste Angolas – ein »Gottesgeschenk für die amerikanische Ölindustrie« (Der Spiegel).

durch den Einsatz neuer Technologien um 110 000 Barrel pro Tag anwachsen; der Exxon-Anteil liegt hier bei einundsiebzig Prozent.

In Nigeria wollte man das Projekt ›East Area‹ vorantreiben, um ab 2006 zusätzliche Kapazitäten von 145 000 Barrel pro Tag zu erreichen. Das Entwicklungsprojekt im Bonga-Feld vor der Küste Nigerias ist das erste Tiefseeprojekt dieser Art in Nigeria und soll in diesem Jahr (2005) mit der Förderung beginnen, 2006 könnte dann das Tiefseeprojekt ›Erha‹ folgen.

Im Tschad besitzt das Unternehmen einen vierzigprozentigen Anteil am ›Chad Doba Development‹-Projekt mit Reserven von über einer Milliarde Barrel. Hier sollen insgesamt 233 Ölbohrtürme aufgebaut werden. Das Öl wird dann über eine sechshundertfünfzig Meilen lange Ölrohrverbindung nach Kamerun gepumpt, um von dort verschifft zu werden. Die Ölförderung in diesem Ölfeld betrug im letzten Jahr (2004) bereits 200 000 Barrel pro Tag. Die Ölförderung von Exxon in Afrika betrug im letzten Jahr insgesamt 572 000 Barrel pro Tag und einen Anteil von vierzehn Prozent und lag damit in der Konzernrangliste vor der Ölförderung in den Vereinigten Staaten von Amerika (557000 Barrel pro Tag oder Anteil von 21 %). Europa führt die Rangliste der Ölförderung des Konzerns mit einem Anteil von zweiunddreißig Prozent an.

Im Kaspischen Meer sticht das Kashagan-Feld mit Ölreserven von bis zu dreizehn Milliarden Barrel hervor. An der Projektgesellschaft North Caspian Production Sharing Agreement hat ExxonMobil bis zum Ende des Jahres 2004 nach Vereinbarung mit der BG International Limited seinen Anteil von 16,7 auf 20,4 Prozent erhöht. Bemerkenswert ist außerdem noch das Tengiz-Feld in Kasachstan, das derzeit auf eine Ölförderung von 300 000 Barrel pro Tag kommt. Investitionen in Kapazitätserweiterungen um bis zu 150 000 Barrel pro Tag sollen 2006 wirksam werden.

In Aserbaidschan ist Exxon mit acht Prozent am ›Azeri-Chirag-Gunashil‹-Projekt mit einer Tagesproduktion von 144 000 Barrel und geplanten Erweiterungen auf eine Million Barrel bis 2009 dabei. Beim Projekt ›Zafar Mashal PSA‹ liegt der Anteil bei dreißig Prozent; hier begann man 2003 mit der Exploration und den Bohrungen.

In Katar ist man Partner von Qatar Petroleum bei der Erschließung des gigantischen Gasfeldes North Field. Bei Qatargas beträgt der Exxon Anteil zehn Prozent, bei Ras Gas sogar fünfundzwanzig Prozent. Eine Vielzahl von Projekten sollen die Kommerzialisierung der Gasreserven Katars vorantreiben, die Investitionen betragen hierfür beim ›Qatargas II‹-Projekt insgesamt elf Milliarden Dollar, beim ›Ras Gas Train 6+7‹ spricht man von zwölf Milliarden Dollar. Die langfristigen Lieferverträge sollen ein Volumen von bis zu fünfundzwanzig Milliarden Barrel Öläquivalent haben, exportiert wird vor allem in die Vereinigten Staaten von Amerika, nach Asien und Europa. Exxon ist an dem sehr lukrativen Projekt mit dreißig Prozent beteiligt.

Neben weiteren Projekten in AbuDhabi, Jemen und Kuwait sticht das Projekt ›Sakhalin I‹ in Rußland hervor; hier hält Exxon auch einen Anteil von dreißig Prozent, die Reserven des Ölfeldes sollen insgesamt eineinhalb Milliarden Barrel betragen und die Investitionen zwölf Milliarden Dollar.

Alles in allem zeigt dieser Rundumschlag zwar nur einen kleinen Teil der Aktivitäten eines wahrhaft globalen Energiekonzerns. Aber die Ausführungen sollen zumindest die Vielseitigkeit der Projekte eines wahrhaft globalen Energiekonzerns dokumentieren.

ExxonMobil ist der größte unter den ganz Großen, verfügt aber nicht über die Marktmacht des Standard Oil Trusts. Zweifellos ist der Konzern dennoch ein Machtfaktor in der Ölindustrie, und in einzelnen Ländern und Regionen liegt der Marktanteil immer noch deutlich höher, als es ein gesundes Konkurrenzverhältnis darlegen würde.

Aber der Konkurrenzkampf ist auch in der Ölindustrie deutlich stärker geworden, was nicht zuletzt dem Auftritt der Staatskonzerne und von kleineren, privaten Ölunternehmen zu verdanken ist. Es sind Namen wie Petróleos Mexicanos (Pemex) aus Mexiko, Repsol YPF aus Argentinien, Petrobas Brasileiro aus Brasilien und Petronas aus Malaysia, die im internationalen Konzert der größten Ölfirmen durchaus eine Rolle spielen.

Letztgenanntes Unternehmen hat durch den Bau seiner über vierhundertzweiundfünfzig Meter hohen und aus achtundachtzig Stockwerken bestehenden Zwillingstürme in Malaysias Haupstadt Kuala Lumpur für Aufsehen im Ausland gesorgt. Eine ganze Nation soll stolz auf die wirtschaftliche Entwicklung sein, die Türme drücken das Selbstbewußtsein der Nation aus. Obendrein ist das Unterneh-

Die imposanten Zwillingstürme (Petronas) in der malaysischen Hauptstadt Kuala Lumpur.

Die Troll-Bohrinsel – hier als maßstabgerechte Zeichnung auf ein Luftbild der norwegischen Stadt Bergen kopiert – ist mit einer Höhe von 430 m und einem Gesamtgewicht von etwa 1 Mio. Tonnen die größte schwimmende Stahlbetonkonstruktion der Welt. Quelle: Harenberg.

men auch noch hochprofitabel: Im Ende März 2004 abgeschlossenen Geschäftsjahr stieg der Nettogewinn von 3,97 Milliarden Dollar auf 6,22 Milliarden Dollar.[5] Die Aktivitäten des Staatskonzerns wurden mittlerweile auf fünfunddreißig Länder ausgeweitet, die Ölförderung lag bei über siebenhunderttausend Barrel pro Tag.

Der norwegische Ölkonzern Statoil steht für sechzig Prozent der norwegischen Öl- und Gasproduktion. 2004 stieg das Nettoergebnis auf 24,9 Milliarden Nrk. ein Rekordgewinn. Die Tagesförderung betrug 1,1 Million Barrel. Die Aktivitäten der etwa 24 000 Statoil-Mitarbeiter erstrecken sich mittlerweile auf neunundzwanzig Länder.[6]

ENI, der italienische Energiekonzern, hat seine Förderung innerhalb der letzten zehn Jahre von 982 000 auf 1,6 Millionen Barrel Öläquivalent pro Tag ausgeweitet, wobei mit einer Million Barrel pro Tag der Löwenteil auf Öl entfällt. Der Konzern ist zum einen in Italien in der Gas- und Ölförderung beschäftigt; hier betrug die Tagesproduktion 2004 271 000 Öläquivalent pro Tag. Die Gasförderung wird vor allem im Adriatischen und Ionischen Meer durchgeführt; die drei größten Ölfelder befinden sich im süditalienischen Val d'Agri, Villafortuna im Tal des Po und Gela in Sizilien und kommen zusammen auf eine Tagesproduktion von 80 000 Barrel pro Tag. ENI hat die letzten Jahre für eine kräftige Expansion ins Ausland genutzt und ist beispielsweise in Kasachstan am ›Kashagan‹-Projekt beteiligt, in Nigeria am Ölfeld Bonga, in Libyen an den Ölfeldern Bu-Attifel und Bouri und in Angola am ›Block 15‹, um nur einige zu nennen. Die Aktivitäten des ENI-Konzerns erstrecken sich aber auf eine ganze Reihe weiterer Länder, darunter Ägypten, Pakistan, Venezuela, Iran, Australien, Norwegen und Großbritannien.[7]

Total kommt mittlerweile auf eine Tagesproduktion von 2,59 Millionen Barrel Öläquivalent und verfügte zuletzt über Reserven von 11,1 Milliarden Barrel Öläquivalent. Die Gas- und Ölförderung des französischen Konzerns erstreckt sich auf siebenundzwanzig Länder, das Unternehmen bezeichnet sich als Nummer eins in Afrika, wobei der Shell-Konzern diese Aussage sicher anfechten würde. Erwähnenswert ist bei Total die Ölförderung in Nigeria (2004: 231 000 Barrel pro Tag) und Angola (2004: 159 000 Barrel pro Tag). Auf den nächsten Plätzen folgen Gabun (99 000 Barrel pro Tag) und Kongo (87 000 Barrel pro Tag) vor Libyen mit 62 000 Barrel pro Tag. Wichtigste Standorte bei der Ölförderung sind aber immer noch Norwegen (263 000 Barrel pro Tag) und Großbritannien (151 000 Barrel pro Tag); bei der Gasförderung entfällt der Löwenanteil auf fünf Länder, nämlich Argentinien, Niederlande, Norwegen, Indonesien und Großbritannien.[8]

Auch der größte chinesische Ölkonzern Petro-China, mit über vierhundertzwanzigtausend Mitarbeitern und einer Marktkapitalisierung von über einhundertdreißig Milliarden Dollar, gehört dazu. Das Unternehmen hat im Geschäftsjahr 2003 eine Öl- und Gasproduktion von 889,7 Millionen Barrel Öläquivalent zu verzeichnen gehabt und war nach Exxon Mobil, BP und Royal Dutch Shell immerhin der viertprofitabelste Ölkonzern der Welt.[9] Die sicheren Ölreserven des Konzerns betrugen 10,9 Milliarden Barrel.[10] 2004 stieg der Nettogewinn auf 12,4 Milliarden Dollar weiter an.[11] Dies ist auch auf den immer höheren Ölbedarf Chinas zurückzuführen: Der Ölbedarf des Landes wurde im September 2004 auf zweihundertsiebzig Millionen Tonnen Öl geschätzt, wofür aus der Sicht von Experten Nettoeinfuhren von mindestens einhundert Millionen Tonnen erforderlich sein sollten (bis Ende August 2004 waren es bereits achtzig Millionen Tonnen).[12] Effektiv stellte sich der Verbrauch 2004 sogar auf dreihundertacht

Millionen Tonnen, ein Anstieg von 15,8 Prozent gegenüber dem Vorjahr und einmal mehr ein eindrucksvoller Beweis dafür, wie dynamisch die chinesische Wirtschaft ist. China ist durch das sehr starke Wirtschaftswachstum im vergangenen Jahrzehnt nach den Vereinigten Staaten von Amerika schon zum zweitgrößten Ölverbraucher in der Welt aufgerückt. 2004 stieg der Verbrauch von 5,8 auf 6,7 Millionen Barrel pro Tag an.[13] Petro-China stieg im Juni 2004 außerdem zum Unternehmen mit der größten Marktkapitalisierung in Asien auf und verdrängte damit den langjährigen Spitzenreiter Toyota auf Rang zwei. Damit ist zum ersten Mal ein chinesisches Unternehmen die Nummer eins dieser Rangliste geworden.[14]

China hat aber noch mehr zu bieten. Der größte Raffineriekonzern Asiens ist die China Petroleum & Chemical Corp., kurz ›Sinopec‹ genannt, mit über sechsundzwanzigtausend Tankstellen der Marke ›Coco‹. Der Verkauf von Ölprodukten stieg innerhalb von zwei Jahren immerhin um fünfunddreißig Prozent auf 94,6 Millionen Tonnen an.[15] Der Vizepräsident von Sinopec, Qiu Xianghua, hatte zudem im Dezember 2004 auf einer Konferenz in Kanada sein ausdrückliches Interesse für eine Beteiligung an den kanadischen Ölsanden geäußert. Ob eine direkte Beteiligung seines Unternehmens bevorstehe, wollte er dann aber doch noch nicht sagen.[16]

Als drittes chinesisches Ölunternehmen muß noch der CNOOC-Konzern genannt werden. CNOOC machte im Juni 2005 auf sich aufmerksam, als es eine Übernahmeofferte für den amerikanischen Ölkonzern Unocal in Höhe von achtzehneinhalb Milliarden Dollar abgab, etwa zwei Milliarden Dollar mehr, als der amerikanische Konkurrent Chevron-Texaco Corp. zuvor geboten hatte.[17] Die Übernahme sorgte dann auch gleich für politische Differenzen zwischen den Vereinigten Staaten von Amerika und China, weil das amerikanische Repräsentantenhaus als Reaktion auf die Übernahmeofferte des chinesischen Unternehmens eine Resolution mit überwältigender Mehrheit verabschiedete, die die Regierung in Washington aufforderte, die Übernahme allein aus Gründen der nationalen Sicherheit zu verhindern.[18] Unocal ist der achtgrößte Ölkonzern in den Vereinigten Staaten mit Reserven von 1,75 Milliarden Barrel Öläquivalent und damit wesentlich kleiner als Exxon, Chevron oder Conoco.[19] Mit Sicherheit wird der Unocal-Fall noch ein politisches Nachspiel haben, obwohl Chevron-Texaco die Übernahmeschlacht aus sicherheitspolitischen Gründen für sich entschied. Interessant ist es jedoch, wie die Amerikaner auf der einen Seite weltweit für offene

Märkte plädieren und sich in fast allen Ländern auch ganz normal an Unternehmen beteiligen und Privatisierungen aktiv begleiten. Wenn es dann aber um Übernahmen von ausländischen Konzernen im eigenen Land geht, kommen sie doch sehr oft mit dem Argument der nationalen Sicherheit. Alle drei chinesischen Konzerne sind durchaus profitabel, müssen sich aber im Ausland nach Akquisitionen umschauen, da eine weitere Steigerung der Produktion in China wohl nicht mehr möglich ist.[20]

Außerdem gibt es auf dem internationalen Ölmarkt auch andere Konkurrenten, so beispielsweise Aramco aus Saudi Arabien, Petróleos de Venezuela S.A., besser bekannt als PDVSA, Petróleos Mexicanos besser bekannt als Pemex oder Yukos und Lukoil in Rußland, um nur einige zu nennen, die durchaus eine gewichtige Rolle im internationalen Ölgeschäft spielen. Immer öfter versuchen diese Konzerne, ihr Ölgeschäft zu internationalisieren, zum einen durch Übernahmen im Ausland, zum anderen durch Mitwirkung an Ölprojekten, die jenseits ihrer Heimatgrenzen durchgeführt werden. Insofern gibt es heute auf dem internationalen Ölmarkt mehr Konkurrenz, und das ist gut so. Es belebt das Geschäft und verhindert, daß sich trotz der Mammutfusionen in den Vereinigten Staaten ähnliche Strukturen entwickeln wie zu Zeiten der Standard Oil. Außerdem hat sich bei den großen Ölkonzernen in der Eigentümerstruktur eine weitere wichtige Veränderung ergeben: Waren früher Privatpersonen die Eigentümer der Standard Oil, der französische Staat von Total und die britische Regierung von BP, so sind an ihre Stelle Fonds gerückt. Sie gehören zu den größten Aktionären der Ölkonzerne. Das Vermögen befindet sich also nicht mehr in den Händen einer sehr kleinen Zahl von Privatpersonen. Folgende Tabelle zeigt die acht größten institutionellen Anleger bei Exxon Mobil.

Die größten institutionellen Anleger bei ExxonMobil[21]

teil in m 04	Barclays Bank	State Street Corp.	Fidelity Management Research Group	Vanguard Group	Mellon Bank	JP Morgan Chase & Comp.	Northern Trust Corp.	Deutsche Bank
on oil	4,17%	2,97%	2,26%	1,99%	1,65%	1,64%	1,43%	1,1%

Auf die größten acht institutionellen Anleger entfallen somit ›nur‹ siebzehn Prozent des Aktienkapitals des größten Ölkonzerns der Welt. Das ist zwar immer noch viel, aber in der Tat eine viel bessere Situation als bei Standard Oil, bei der eine Handvoll von Privatpersonen die Unternehmensanteile unter sich aufteilten. Insofern hat die Entwicklung in den USA, die 1911 zur Aufteilung der Standard Oil Trust geführt hatte, doch eine Grundlage für eine wesentlich demokratischere Unternehmensstruktur geschaffen. Auch die ehemaligen Staatskonzerne BP und Total sind mittlerweile privatisiert worden. Anders ist das derzeit noch in Rußland, wo sich bei der Privatisierungswelle Mitte der neunziger Jahre eine kleine Gruppe von Privatpersonen einen Großteil der Öl- und Gasindustrie überschreiben ließ. Aber auch hier wird es früher oder später zu einer Neustrukturierung in der Öl- und Gasindustrie kommen. Denn die russischen Energiereserven sind immer mehr in den Blickwinkel ausländischer Interessenten geraten, da der weiterhin ansteigende Energiebedarf die ausländischen Konzerne in die Länder zieht, die noch über gewaltige Ressourcen verfügen. Dennoch hat es auch im Westen in den letzten Jahren einen Konzentrationsprozeß in der Branche gegeben, wie die Fusionen von Chevron und Texaco, Exxon und Mobil, BP und Amoco und Total mit der belgischen Petrofina sowie der französischen Elf Aquitaine zeigen.

Bleibt noch die Frage, ob die Ölkonzerne generell von den enormen Preissteigerungen für ein Barrel Rohöl profitieren oder nicht. Diese Frage muß eindeutig bejaht werden, und ein Blick auf die Gewinnsteigerung der Ölkonzerne sagt dabei mehr als viele Worte (siehe hierzu Angaben weiter oben). Die Gewinne der Ölgiganten lassen also nichts zu wünschen übrig. Diese Aussage gilt in der Regel auch für die Gewinnentwicklung in den vergangenen drei, vier Jahren (siehe hierzu Tabelle im Anhang, die die Gewinnentwicklung bei einigen Ölkonzernen aus den letzten Jahren sowie einen Vergleich über die Tagesproduktion zeigt). Die Vorstandsmitglieder hatten dann auf den folgenden Hauptversammlungen recht zufriedene Gesichter, zumal die Entwicklung im Jahre 2005 weitere Gewinnsteigerungen erwarten läßt. Üppige Aktienrückkaufprogramme wurden angekündigt, Dividendenerhöhungen gehörten zur Regel. Die Branche wurde auch an der Börse zunehmend zum Anlagethema, die Kurse der Ölaktien gehören 2005 bisher zu den mit der besten Wertentwicklung.[22] Während der Preis für ein Barrel Rohöl der Sorte West Texas Intermediate bis Ende Juni um fünfundvierzig Prozent auf sechzig Dollar je Barrel anstieg, erhöhte sich der Ölindex von Amex um dreißig Prozent.[23] Wer dachte, die Ölbranche hätte ihren Gipfel erreicht, sah sich von der tatsächlichen Entwicklung überollt. Die Marktkapitalisierung von Exxon Mobil war mittlerweile auf dreihundersiebenundsiebzig Milliarden Dollar angestiegen und übertraf damit die aktuelle Börsenbewertung von General Electric und Microsoft.[24]

Viel wichtiger als hohe Ölpreise ist die Nachhaltigkeit der Preiserhöhung. Wenn die Ölpreise also nur kurzfristig hochschießen, um danach wieder abzusacken, ist die Wirkung zweifelsohne geringer, als wenn die Ölpreise über lange Zeit auf sehr hohem Niveau verbleiben, wie das in den letzten drei, vier Jahren der Fall gewesen ist. Zudem waren die Margen im Raffineriegeschäft, nach einigen in diesem Bereich recht mageren Jahren, stark angestiegen. Nimmt man die Zahlen von der französischen Total als repräsentativ für die Branche, so stieg der operative Gewinn im Downstream-Bereich mit dem Raffineriegeschäft 2004 gegenüber dem Vorjahr um dreiundfünfzig Prozent an. In den ersten drei Monaten des Jahres 2005 konnten die sehr guten Vorjahreszahlen noch einmal um einundsechzig Prozent gesteigert werden, so daß es sich hier auch um eine nachhaltige Entwicklung zu handeln scheint. Auch der Nettogewinn des Konzerns stieg im ersten Quartal um dreiundfünfzig Prozent auf 3,28 Milliarden Euro, so daß weiterhin von einer recht dynamischen Entwicklung ausgegangen werden kann.[25] Die Ölkonzerne können den kommenden Geschäftsjahren also recht zuversichtlich entgegenblicken.

1 Angaben 25. 3. 2004 unter finance.yahoo.com
2 Exxon Mobil, *Annual Report 2003.*
3 Chevron Texaco, *Annual Report 2003.*
4 Geschäftsberichte von Exxon Mobil, Chevron Texaco, BP, Total und Royal Dutch Shell über das Geschäftsjahr 2004.
5 petronas.com, Petronas Group: Summary of Audited and Consolidated Income Statement, 12. 7. 2004. Die Ölreserven von Petronas betrugen am 1. 1. 2004 7,1 Mrd. Barrel Öläquivalent.
6 statoil.com, Statoil in brief, 2005.
7 ENI FactBook 2004, Exploration & Production.
8 Total.com, Upstream Gas production and liquids production, *Annual Report 2004.*
9 Angaben über PetroChina sind dem Artikel von Wendy Lim u. Aries Poon, »PetroChina H2 profit up on oil price, outlook weak«, bei: *Reuters*, 24. 3. 2004, und unter: biz.yahoo.com abgerufen, entnommen worden.
10 finance.yahoo.com, Profile PetroChina Co. Ltd, 28. 6. 2005.

[11] Wendy LIM, »PetroChina buys overseas assets for $2.5 billion«, *Reuters*, 10. 6. 2005. Die Ölreserven von PetroChina wurden am 31. 12. 2003 mit 10,9 Milliarden Barrel Öläquivalent angegeben.
[12] »Die Rohöl-Hausse ist ungebrochen«, in: *FAZ*, 15. 9. 2004, S. 21.
[13] BP, *Statistical Review of World Energy June 2005*, oil consumption.
[14] »Petro-China überholt Toyota«, in: *FAZ*, 29. 6. 2005, S. 21.
[15] China Petroleum & Chemical Corporation, *Annual Report 2004*, S. 24.
[16] Nancy CARR, »Chinese state-owned oil firm confirms interest in Alberta oil sands«, in: *Energy Bulletin*, 8. 12. 2004.
[17] Steven PORUBAN u. Paula DITTRICK, »CNOOC bid raises stakes in the takeover of Unocal«, in: *Oil & Gas Journal*, 23. 6. 2005; Ben BERKOWITZ u. C. ZHU, »CNOOC starts talks with Unocal on $18,5bln bid«, in: *Reuters.com*, 28. 6. 2005.
[18] José REINOSO, »China acusa a EEUU de bloqueo político a la compra de Unocal«, in: *El País*, Economía, 5. 7. 2005, S. 63.
[19] finance.yahoo.com, Unocal Corp., 28. 6. 2005.
[20] »Sinopec enttäuscht die Erwartungen«, in: *FAZ*, 30. 3. 2004, S. 19.
[21] finance.yahoo.com/q/mh?s=XOM, 6. 7. 2004.
[22] Moisés ROMERO, »Al calor de un petróleo caro«, in: *El País*, Negocios, 3. 7. 2005, S. 22.
[23] »Finanzmarkt: Ölaktien sind reif für eine Neubewertung«, in: *FAZ*, 28. 6. 2005, S. 21.
[24] finance.yahoo.com, MKP am 28. 6. 2005: Exxon Mobil 377,49 Mrd. $, General Electric 369,09 Mrd. $, Microsoft 271,19 Mrd. $.
[25] Total S.A., Consolidated Financial Statements 2004 & 1. Quartal 2005, total.com/static

24. Kapitel

Die russischen Oligarchen, Pläne für neue Pipelinerouten und warum die Übernahme von Yukos scheitern mußte

Ohne die russischen Oligarchen hätte sich die Wirtschaft in Rußland in den letzten Jahren nicht so dynamisch entwickelt. Die Begründung hierfür ist ganz einfach. Wäre das Vermögen in den Händen von Staatsbetrieben verblieben, dann hätte sich der Wandel viel langsamer vollzogen, der Kauf und Verkauf von Unternehmen wären nur mühsam vorangekommen und notwendige Investitionen in Anlagen und Betriebe sogar ausgeblieben, weil hierfür die erforderlichen Mittel nicht zur Verfügung gestanden hätten. Die Oligarchen wurden unter Boris JELZIN hofiert und dann auch, als Wladimir PUTIN seine erste Amtszeit anging.

Der Wechsel von Boris JELZIN zu seinem auserwählten Nachfolger PUTIN brachte auch eine neue Zeitenwende für die Oligarchen. Während JELZINS Regierungszeit hatten die sich die großen Banken und Industriekonglomerate angeeignet; nun ging es um die Wertsteigerung und den Ausbau des Imperiums. Um dieses Ziel zu erreichen, mußte aber eine Internationalisierung her, denn nur dann konnte man den Unternehmen auch eine angemessene Börsenbewertung zukommen lassen. Das war bei einem auf Rußland fixierten Geschäftsmodell nicht möglich. Ausländisches Kapital konnte man nur dann anlocken, wenn den Investoren gewisse Sicherheiten geboten wurden, so zum Beispiel der Rücktransfer der Gewinne oder die Rechtssicherheit für abgeschlossene Verträge. In dieser Hinsicht kam ihnen PUTIN gerade recht. Er markierte den neuen, starken Mann, ließ sie aber gewähren. Sie ließen sich diese Chance nicht nehmen. Die Fühler wurden ausgestreckt. Eine Börsennotierung an der Wall Street war das große Ziel. Denn eines war auch ihnen klar: Die Wall Street bestimmt immer noch die Richtung der globalen Finanzwelt. Hatte man dann erst einmal die Wall Street erobert, was sollte dann noch schiefgehen?

Nach und nach gelang ihnen dieser Schritt. Im sogenannten ADR-Bereich ließen sie ihre Aktien notieren, mittlerweile haben über fünfzehn russische Unternehmen diesen Schritt gewagt. Die großen wie Norilsk Nickel, Gazprom, Yukos, United Energy Systems, Lukoil und VimpelCom befanden sich ohnehin darunter. Die bisherige Entwicklung ihrer Marktkapitalisierung kann sich durchaus sehen lassen: Sie machte viele russische Millionäre zu Milliardären. Die Liste der bekannten Oligarchen ist lang und wird auch immer länger. Am 13. Mai 2004 meldete der britische Nachrichtensender BBC, daß es in Moskau zum ersten Mal mehr Milliardäre gab als in New York. Damit noch nicht genug, so viele Milliardäre soll es zudem in keiner anderen Stadt der Welt geben. Öl machts möglich. An allererster Stelle der Liste der Oligarchen-Milliardäre stand Michail CHODORKOWSKIJ, der als Vorstandsvorsitzender den Ölkonzern Yukos in wenigen Jahren zur Nummer eins in Rußland geführt hatte.

Auf der einen Seite gab es da einen ›stillschweigenden Pakt‹ mit dem Kreml, dem zufolge sich die Machthaber im Kreml nicht in die Geschäfte der Oligarchen einmischen würden, sofern sie nicht mit politischen Parteien liebäugelten oder diese finanziell unterstützen. CHODORKOWSKIJ hielt sich nicht daran, er ›brach‹ das Abkommen vor den Wahlen im Herbst 2003. Neben den umfangreichen Spenden für wohltätige Zwecke zahlte er Gelder an Oppositionsparteien wie Yabloko oder SPS, die gegen PUTIN waren. Außerdem mischte er sich in politische Diskussionen ein und schloß unter bestimmten Bedingungen auch eine Kandidatur bei der bevorstehenden Präsidentenwahl gegen PUTIN nicht aus. Schon das war für PUTIN Affront genug. Doch damit nicht genug. Die Verträge für die größte Fusion in der russischen Geschichte zwischen CHODORKOWSKIJS Yukos einerseits und ABRAMOWITSCH und Sibneft andererseits waren gerade unterschrieben worden, da kamen Gerüchte über bereits laufende Verhandlungen mit den amerikanischen Ölkonzernen ExxonMobil und ChevronTexaco auf, was letztlich zu einer direkten Kapitalbeteiligung der beiden amerikanischen Konzerne führen sollte. Sicherlich war das des Guten zu viel: zuerst zum größten Ölkonzern des Landes fusionieren mit einer Förderleistung von über zwei Millionen Barrel pro Tag und einem Marktanteil in Rußland von über fünfundzwanzig Prozent und gleich darauf an Ausländer verkaufen! Auf einmal war Yukos zu einer nationalen Angelegenheit von allerhöchster Priorität geworden. Es galt zu verhindern, was vielleicht schon in trockenen Tüchern war. Lee RAYMOND, der Chief Executive Officer von ExxonMobil, war in Moskau auf einem Wirtschaftsforum erschienen, und das *Wall Street Journal* berichtete am 15. September vom Interesse zweier amerikanischer Ölkonzerne.[1]

Die *Financial Times* wußte am 3. Oktober 2003 von einem Interesse Exxon's zu berichten und konkretisierte dies mit einem vierzig- bis fünfzigprozentigen Anteil für bis zu fünfundzwanzig Milliarden Dollar. In Moskau schlug diese Nachricht sicher wie eine Bombe ein. Der Kreml reagierte in seiner ganz typischen Art. Da CHODORKOWSKIJ Verhandlungen mit Exxon und Chevron auch nicht dementierte, ließ der Kreml CHODORKOWSKIJ ungefähr drei Wochen später, am 25. Oktober, durch den Geheimdienst FSB auf einem Flughafen in Nowosibirsk festnehmen. Vorgeworfen wurde ihm unter anderen Steuerhinterziehung (Artikel 198 und 199 des russischen Strafgesetzes), Betrug (Artikel 159) und Dokumentenfälschung (Artikel 327).[2]

Mit dieser Verhaftung verhinderte PUTIN aber auch einen enormen Geldzufluß an die Großaktionäre von Yukos. Eine außerordentliche Hauptversammlung der Yukos Oil Company beschloß nämlich am 28. November 2003 eine Dividendenausschüttung in Höhe von 2 Milliarden Dollar für die ersten neun Monate des Geschäftsjahres 2003. Der Zufluß sollte am 28. Februar 2004 erfolgen. Mit dieser Rekordausschüttung übertraf Yukos sogar die Zahlungen aus den drei Jahren davor (700 Mio. Geschäftsjahr 2003; 500 Mio. GJ 2001; 300 Mio. Gf 2000).

CHODORKOWSKIJ hatte bereits vor der Verhaftung seinen Rücktritt von seinem Amt als Vorstandsvorsitzender der Yukos Oil bekanntgegeben. Als ob PUTIN es geahnt hätte, war als schon längst ›geplanter‹ Nachfolger auf dem Thron von Yukos der Amerikaner Steven THEEDE vorgesehen, der zwei Jahre zuvor vom amerikanischen Ölkonzern Conoco-Phillips zu Yukos gekommen war.[3] Neben THEEDE war auch eine weitere Spitzenposition, nämlich die des Finanzchefs des Konzerns, durch den Amerikaner Bruce MISAMORE besetzt. Der Aufsichtsrat bestimmte schließlich auf Druck des Kreml einen anderen für diese Spitzenposition, den Aufsichtsratsvorsitzenden Simon KUKES, ein in Moskau geborener Russe mit amerikanischem Paß. Er hatte erst wenige Monate zuvor beim russischen Ölkonzern Tyumen Oil, kurz ›TNK‹ genannt, sein Meisterstück gemacht, indem er als Vorstandsvorsitzender von TNK die Fusionsverhandlungen mit British Petroleum mit Erfolg abschließen konnte. British Petroleum sollte für fünfzig Prozent der Anteile 7,7 Milliarden Dollar zahlen. Das war bis dahin die größte Auslandsinvestition in Rußland.[4]

So wußten die beteiligten Manager sehr wohl über die ›inneren Werte‹ von Yukos Bescheid, denn Yukos selbst gab bei einer Unternehmenspräsentation die eigenen Ölreserven mit elf (›SEC case‹) bis fünfzehn (›SPE case‹) Milliarden Barrel an; das Wachstum in der Ölproduktion stieg zwischen 2000 und 2002 überproportional, und die weiteren Wachstumsaussichten waren ohne Übertreibung ausgezeichnet. Die Ölförderung konnte überdurchschnittlich gesteigert werden (2000 +11,4 %, 2001 +17,4 %, 2002 +19,3 %), und auch die Prognose für 2003 (plus 19,4%) sah sehr gut aus. 2002 förderte das Unternehmen insgesamt 506 Millionen Barrel, davon wurden 349 Millionen Barrel exportiert. Die Tagesförderung war von bereits beachtlichen 990 000 Barrel pro Tag im Jahre 2000 auf 1,39 Millionen Barrel pro Tag im Jahre 2002 angestiegen. Für 2003 erwartete man schon eine Produktion von 1,66 Millionen Barrel pro Tag.[5] Damit betrug der Yukos-Anteil an der gesamten russischen Ölproduktion zweiundzwanzig Prozent, und die Tagesproduktion von Yukos übertraf bereits die der OPEC-Staaten Libyen oder Indonesien.[6] Bei Verkaufserlösen von 11,37 Milliarden Dollar betrug das Nettoeinkommen von Yukos Oil 2002 3,1 Milliarden Dollar, auch für europäische Verhältnisse eine ausgezeichnete Zahl. Zudem hatte das Unternehmen bereits Abschlüsse vorgelegt, die höchsten internationalen Rechnungslegungsstandards genügten. So berichtete man quartalsmäßig nach USGAAP. Die Berichterstattung erfolgte in englischer Sprache.

Yukos war zum Vorreiter der russischen Ölindustrie geworden – und das in jeder Hinsicht. Die Marktkapitalisierung betrug im Mai 2003 26,8 Milliarden Dollar. Das war ein russischer Rekordwert, und selbst manch deutsches Unternehmen würde sich solch eine hohe Bewertung wünschen.

Auch die Aktionärsstruktur hatte sich innerhalb der letzten Jahre internationalisiert. Die Gruppe Menatep besaß 60,5 Prozent des Kapitals. Dann aber folgten schon die Inhaber der amerikanischen Anteilsscheine, den sogenannten ›American Drawing Rights‹ mit 12,8 Prozent, andere institutionelle Anleger kamen auf 10,6 Prozent und der Veteran Petroleum Trust auf zehn Prozent. Der Rest entfiel auf zwei kleinere Gruppierungen.

Warum Yukos trotz aller bereits genannten Werte so ein ›Leckerbissen‹ für ausländische Ölkonzerne war, drückt aber eine andere Kennzahl noch viel besser aus. Die Förderkosten lagen bei extrem günstigen 1,47 Dollar pro Barrel. Diese Zahl stellte selbst die der anderen großen Konzerne in den Schatten. Bei Chevron Texaco lag der Vergleichswert bei 4,92 Dollar, bei Conoco-Phillips bei 4,67 Dollar und bei ExxonMobil 3,62 Dollar.[7] Einsamer Spitzenreiter war aber Yukos. Da aber die Börsenbewertung von Yukos gegenüber der westlicher Ölkonzerne um ein Vielfaches niedriger lag, der Konzern aber mitunter über größere Reserven als viele Konkurrenten verfügte, wußten alle wichtigen Ölmanager auf der Welt, daß die Stunde geschlagen hatte. Hier galt es nun, als erster zuzuschlagen.

Putin wußte dieses zu verhindern, schriftliche Beweise für sein Einschreiten wird es wohl nie geben. Daß er aber der russischen Justiz und dem Geheimdienst eine mündliche Zusage für die Festnahme übermittelt hat, gilt als sicher. Dafür ist die Gewaltenteilung im russischen System noch nicht so strikt getrennt, wie man das im Westen wohl erhoffen würde; außerdem untersteht der russische Geheimdienst dem Kommando Putins. Seine Verbindungen dorthin sind sicherlich noch bestens, immerhin war er selber mal ein Teil dieser Institution. Instinktiv wußte Putin, daß er die Übernahme verhindern mußte, da er so ein ›Pfand‹ nicht aus der Hand geben konnte. Zudem wußte er sicher auch, daß ein Kauf durch amerikanische Konzerne, zumal vor einer Wahl im eigenen Lande, heiße Diskussionen unter der Bevölkerung auslösen würde. Schließlich sah man ohnhin bereits mit kritischen Blicken auf die Aktivitäten der Oligarchen. Eine harte Hand konnte da nicht schaden, und die Wähler haben ihm dafür gedankt. Hätte Putin eine Übernahme durchgehen lassen, dann wären der größten Übernahme aller Zeiten in der russischen Geschichte sicherlich noch weitere Direktinvestitionen gefolgt.

Yukos ist nach eigenen Angaben zudem eng verbunden mit der Rand Corporation, einer Organisation, die zur amerikanichen CIA gehört und für ihre Analysen und Beratungsleistungen bekannt ist. Das war sicherlich auch ein Grund für das Eingreifen des Kreml.

In den kommenden Monaten, vielleicht auch Jahren werden sich die ausländischen Ölkonzerne mit weiteren Milliardeninvestitionen sicherlich zurückhalten. Allerdings spricht die Zeit für Putin und Rußland. Denn die westlichen Reserven ›trocknen‹ sozusagen aus (Beispiel: Großbritannien); auch die amerikanischen Ölimporte werden mit Gewißheit weiter ansteigen, weitere Ölquellen müssen erschlossen werden, um der weiter ansteigenden einheimischen Nachfrage Rechnung zu tragen. Früher oder später wird es also zu weiteren Milliardenübernahmen in der russischen Ölindustrie kommen, das ist ganz sicher. Das BP-TNK-Geschäft war also nur der Auftakt. Putin saß nach der Wiederwahl fest im Sattel, und Chodorkowskij befindet sich derweil immer noch in russischer Haft.

Die bereits von den Hauptversammlungen beschlossene Fusion Yukos-Sibneft wurde – manche vermuten auch hier die Anordnung des Kremls – wieder rückabgewickelt. Die ehemaligen Fusionspartner hatten ihr einst hochgerühmtes Projekt aufgegeben, auch hier gibt es noch Streitigkeiten über mögliche Ausgleichszahlungen. Yukos hatte zweiundneunzig Prozent der Sibneft-Aktien übernommen, Roman Abramowitsch hatte dafür sechsundzwanzig Prozent der Yukos-Anteile erhalten. Daß Chodorkowskij Putin bei der Präsidentenwahl im März 2004 wirklich zum ernsthaften Konkurrenten um den Präsidentenstuhl geworden wäre, darf ernsthaft bezweifelt werden. Denn Chodorkowskij war auf eine Kandidatur gar nicht richtig vorbereitet, und ob ihn das Volk bei einem Antritt gewählt hätte, gilt auch nicht als sicher. Eine Umfrage von ROMIR, einer russischen Meinungsforschungsgsgruppe, meldete im Juli 2003, daß achtzig Prozent aller Russen glaubten, daß die Oligarchen ihre Reichtümer mit unlauteren Mitteln bei den korrupten Privatisierungsmaßnahmen der neunziger Jahre angesammelt hätten.[8] Das Volk sprach im Zusammenhang mit den Privatisierungen auch abschätzig von ›*Prichwatisaziya*‹, abgeleitet von *prichwatitj*, ›zusammenraffen‹ oder ›an sich reißen‹.[9]

Zudem hatte Putin schon vorher den Kampf gegen die Medien und andere Störfaktoren in seinem Herrschaftsbereich begonnen. Die *Washington Post* nannte das System Putin schon im Jahre 2000 die »Diktatur des Gesetzes«, das sich immer stärker bemerkbar machte, aus einem Einzelfall wurde die Regel; die Justiz hatte freie Hand, zu schalten und walten, wie sie wollte.[10] Mit Sicherheit war das Interesse an einer Übernahme von Yukos-Anteilen keine Eintagsfliege, denn bereits im Dezember 2003 wußte das stets sehr gut informierte *Wall Street Journal* über ein erneutes Interesse von Exxon an Yukos zu berichten.[11]

Michail Chodorkowskij war bei weitem nicht der einzige Fall, in dem die russische Justiz sich gegen einen Oligarchen stellte. Bereits am 2. Juli desselben Jahres war Platon Lebedev, sein Vorstandskollege, verhaftet worden.[12] In seiner Funktion als Vorstandsvorsitzendem der Menatep-Gruppe, auf die die Mehrheit von Yukos entfiel, übte er auf das Unternehmen einen nicht zu unterschätzenden Einfluß aus. Leonid Nevzlin, zweitgrößter Yukos-Aktionär nach Chodorkowskij, setzte sich fast zur gleichen Zeit nach Israel ab, denn der Druck der öffentlichen Untersuchungsbehörden wurde unangenehm groß.[13]

Nevzlin sollte nicht der letzte Yukos-Mann sein, der die Flucht ins Ausland antrat. Wladimir Potanin, dem ›Nickelzar‹ von Norilsk Nikkel, wurde bereits im Juli 2000 von der Staatsanwaltschaft vorgeworfen, bei der Privatisierung des Unternehmens zu wenig gezahlt zu haben. Mitte der neunziger Jahre erwarb sein Unternehmen Interros für nur einhundertsiebzig Millionen Dollar die Kontrollmehrheit in Höhe von achtunddreißig Prozent an dem größten Nickel-

und Palladiumhersteller der Welt.[14] Nun forderte der Staat eine Nachzahlung in Höhe von 140 Millionen Dollar. Das Auktionsverfahren vor der Anteilsübertragung verkam zur Farce, weil alles getan wurde, um andere Bieter vom Auktionsverfahren fernzuhalten. So bekam POTANINS Interros den Zugriff auf das Management dieses wertvollen Unternehmens bereits im November 1995 für die Gewährung eines Kredits an die in Nöte geratene Regierung JELZINS.[15] Die endgültige Übergabe der Kontrolle war somit schon ›ausgemachte Sache‹. POTANIN mußte der Nachzahlungsforderung schließlich nachkommen, nur so konnte er seiner Tätigkeit im Unternehmen in Ruhe nachgehen. Aufgrund der Gesamtsumme seines Vermögens dürfte die Zahlung für ihn aber auch problemlos möglich gewesen sein. Heftige Proteste gab es zwar gegen die Handhabung des Auktionsverfahrens, sie liefen allerdings ohne Erfolg ins Leere.

Auch Wagit ALEKPEROW, dem Präsidenten von Lukoil, wurde von der Staatsanwaltschaft vorgeworfen, Profite des Unternehmens auf eigene Konten abgezweigt zu haben.[16] Das Unternehmen wies die Anschuldigungen zurück, und ALEKPEROW konnte PUTIN sogar auf einer Amerika-Reise begleiten. Vielleicht standen die Vorwürfe auch im Zusammenhang mit der Tatsache, daß Lukoil zusammen mit der Oneximbank Inhaber der Zeitung *Iswestija* war und in gewissen Kreisen eine Einflußnahme auf die Veröffentlichungen der Zeitung befürchtet wurde.[17] Eventuell waren es auch nur Einschüchterungsversuche der Staatsanwaltschaft.

Wladimir GUSSINSKIJ, der Media-Magnat der Media-Most Holding, der an den Zeitungen *Novaja gaseta, Obschaja gaseta* und *Segodnja* (heute bereits eingestellt) und dem Fernsehsender NTW, dem Radio Echo Moskvy und dem Verlagshaus Semdnej (zu deutsch: Sieben Tage) beteiligt war, wurde mehrmals verhaftet, seine Büros durchsucht und Akten sichergestellt.[18] Auch der zur Gruppe gehörende NTW-Fernsehsender, der erste private und unabhängige Sender Rußlands, mußte Durchsuchungen über sich ergehen lassen. GUSSINSKIJ gehörte zu den größten Kritikern von PUTINS Tschetschenien-Politik[19] und im Jahre 1989 auch zu den Gründern der Most-Bank, die wiederum aufgrund der guten und engen Kontakte den Bürgermeister von Moskau Juri LUSCHKOW in die Lage versetzte, große Projekte problemlos zu finanzieren.[20] Am Ende wurde GUSSINSKIJ vom Kreml gezwungen, das Land zu verlassen.

Boris BERESOWSKIJ, ein ehemaliger JELZIN-Vertrauter, wurde von PUTIN geschaßt, nachdem er ihn mit ins Amt gehievt hatte. Er hatte sich bei Jelzin für Putin stark gemacht und den Wahlkampf mit finanziert, aber er besaß auch den Fernsehsender TV-6, die Zeitung *Kommersant-Daily*, mehr als sechsundzwanzig Prozent der *Nesawissimaja Gazeta*, mit deren Provokationen er zeitweise auch schon Jelzin verärgert hatte,[21] und gab der Zeitung *Neue Iswestija* finanzielle Unterstützung.[22] Zudem hielt Beresowskij mindestens neunzehn Prozent des öffentlichen Fernsehsenders ORT (über sein Unternehmen Logowasz elf und direkt acht Prozent) und machte seinen Einfluß auch hier geltend, was im Zentrum der Macht, im Kreml, überhaupt nicht ankam.[23] Beresowskij kritisierte Putins Handhabung der Tschetschenien-Politik scharf, dafür wurde ihm vom Chef des Inlandsgeheimdienstes, Nikolaj Patruschew, vorgeworfen, Terroristen in Tschetschenien finanziert zu haben.[24] Kritik war aber in dieser Zeit nicht angebracht, der Kampf gegen die freien Medien und Presse schon längst im Gange. Als die Generalstaatsanwaltschaft ein Auge auf ihn und seine Transaktionen geworfen hatte, begab er sich auf Umwegen ins Exil nach London. Von dort kritisierte er Putins Vorgehensweise aufs allerschärfste und meinte: »Putin baut einen autoritären Staat auf.«[25] Sein Fernsehsender TV-6 stellte am 21. Januar 2002 seine Übertragungen ein.[26]

Der Machtpoker zwischen Putin und seinen Konkurrenten geht dabei viel weiter zurück, als viele meinen würden. Seit seiner Ernennung zum Präsidenten gab es einen Machtkampf zwischen Jelzin-Vertrauten und Putin-Vertrauten. Wie aber kamen die Oligarchen zu ihren günstig erworbenen Anteilen an den Konzernen, die zuvor dem Staat gehörten, wie konnten sie die Übernahmen finanzieren? Dazu muß man weiter zurückschauen und die von dem früheren Parteichef Gorbatschow ins Leben gerufene ›Perestroika‹-Bewegung aus dem Jahre 1985 bemühen. *Perestroika* steht für ›Umbau‹. Umbauen wollte man in der damaligen Sowjetunion vor allem die Wirtschaft, die dem Westen in Sachen Produktivität weit hinterherhinkte. Man entschloß sich für die graduelle Öffnung des Systems und wollte mit sogenannten *joint ventures* ausländisches Kapital anziehen. Konnten sich ausländische Unternehmen erst einmal an inländischen Projekten und Unternehmen beteiligen, würde das ausländisches Kapital binden und auch zur Stimulierung der einheimischen Wirtschaft beitragen.

Ein Wandel begann; zudem kam es zu einer Gründungswelle gerade im Bankenbereich. Die Banken wurden für die Finanzierung von Wachstum, insbesondere im Handels- und Dienstleistungsbereich, benötigt. Der Kreml höchstpersönlich ermöglichte es einem auf eine solche Chance geradezu wartenden kleinen Kreis von Personen, inländische Rohstoffe zu stark subventionierten Preisen einzukaufen und die Gewinne beim Verkauf der Rohstoffe im Ausland zu Weltmarktpreisen sicherzustellen. Hier sammelten einige von ihnen das Kapital an, was für die Gründung oder Beteiligung an Banken, Finanzinstituten und Industrieunternehmen erforderlich war. Bei den späteren Privatisierungsbemühungen kamen ihnen diese Mittel zugute, sie setzten sie nun für den günstigen Einkauf von Unternehmensteilen ein. Als gute Beispiele dieser Art von Verbindung gelten Michail FRIDMAN und Pjotr AWEN, der einmal Handelsminister in der Regierung Yegor GAIDOR gewesen (1992) war, die sich mit Mitteln der derzeit größten Privatbank Rußlands, der Alfa Bank, bei Tjumen Oil einkauften, sowie Wladimir POTANIN, der Präsident der Interros Holding.[27]

FRIDMAN soll sein Anfangsvermögen mit dem Kauf und Verkauf von Theatereintrittskarten in einem extrem restriktiven russischen Markt in den achtziger Jahren gemacht haben, was er dann zusammen mit seinen Partnern in die Alfa Gruppe steckte.[28] POTANIN stammt aus einer Familie, die in der Hierarchie der kommunistischen Partei weit oben mitwirkte. Er selbst arbeitete zuerst für das Ministerium für den Außenhandel, von August 1996 bis März 1997 war er sogar einer der drei Stellvertreter des russischen Premierministers Viktor TSCHERNOMYRDIN mit der Zuständigkeit für Industrie, Soziales und Wirtschaft.[29] Im Jahre 1989 gründete POTANIN mit Partnern eine Handelsgesellschaft, die sehr erfolgreich lief, um dann mit den Gewinnen aus den Handelsgeschäften zwei Banken (Oneximbank und MFK) zu gründen. Diese Banken etablierten sich dann als Nummer drei und vier in Rußland, und eine Vielzahl von Staatsbetrieben führten ihre Konten dort.

POTANIN und einige andere Oligarchen schlugen 1995 Boris JELZIN vor, Staatsbetriebe in Auktionen mit einer begrenzten Anzahl von Bietern zu privatisieren oder teilzuprivatisieren. Zudem gab es die sogenannten ›Aktien gegen Kredit‹-Privatisierungsprogramme, die es den Oligarchen ermöglichten, in Besitz von wichtigen Unternehmensanteilen zu kommen. So gilt die Zeit von 1992 bis März 1998 unter dem Ministerpräsidenten Viktor TSCHERNOMYRDIN und dem Ersten Vizeministerpräsidenten Anatolij Borisowitsch TSCHUBAIS, der dem Komitee für Staatseigentum vorstand, als die Zeit der umfangreichsten Privatisierungsmaßnahmen. Später folgte Alfred KOKH TSCHUBAIS auf dessen Position.

Auch JELZINS Tochter Tatjana DJATSCHENKO soll zeitweise als Imageberaterin einen großen Einfluß auf die zur Auktion zugelassenen Teilnehmer ausgeübt haben.[30] Viel wichtiger waren auf jeden Fall KOKH und TSCHUBAIS.[31] Zwischen 1994 und 1998 wurden die meisten in Staatsbesitz befindlichen Großbetriebe privatisiert. POTANIN, der nach eigenen Angaben mit KOKH auch eng befreundet ist, sowie Michail PROCHOROW (Norilsk Nickel) schöpften aus der Finanzkraft der Oneximbank, der heutigen Rosbank.[32] So sorgte POTANIN als Präsident der Oneximbank und mit seinen engen Kontakten in der Privatisierungsbehörde dafür, daß die Bank unter anderem die Kontrolle über Sidanko (die sechstgrößte russische Ölfirma mit größeren Reserven als Mobil Oil), Svyazinvest, die Holdinggesellschaft für Beteiligungen an regionalen Telekommunikationsunternehmen, und Norilsk Nickel erwerben konnte.[33] Zum Beteiligungsimperium der Interros-Gruppe gehören beispielsweise ein Aluminiumunternehmen wie Kuznetsk Aluminum, das Stahlunternehmen Novolipetsk Steel, ein Automobilhersteller Zil Auto Works und ein Optikunternehmen Lomo Precision Optics, um nur einige zu nennen.[34] Auch andere ehemalige Regierungsvertreter arbeiten für die einflußreiche Bank POTANINS, so der frühere stellvertretende Finanzminister A. WAWILOW und ein ehemaliger stellvertretender Wirtschaftsminister namens A. KALIN. Die guten Kontakte reichten auch bis zum Chef der russischen Zentralbank, Viktor GERASCHTSCHENKO, dem nunmehr das Amt des Aufsichtsratsvorsitzenden der Yukos Oil angetragen werden soll, worin einige den sich verstärkenden Einfluß des Kremls sehen.[35]

BERESOWSKIJ und sein Partner SMOLENSKIJ gelangten 1995 und 1997 bei zwei dieser Privatisierungsauktionen in den Besitz des Mehrheitsanteils der siebtgrößten Ölgesellschaft des Landes, nämlich von Sibneft, für den ›Spottpreis‹ von 210 Millionen Dollar.[36] Auch der Inhaber des britischen Fußballvereins Chelsea London, ABRAMOWITSCH, gehörte zu den glücklichen Gewinnern dieser Privatisierungsaktion. Die Geschichte soll so gelaufen sein, daß ABRAMOWITSCH im Jahre 1995 die kühne Idee besaß, eine sibirische Ölfirma mit einer Raffinerie zu vereinen, um daraus das Unternehmen Sibneft zu bilden. JELZIN übergab den Vorschlag seines Schwiegersohnes – ABRAMOWITSCH hatte dessen Tochter geheiratet – an einen seiner engsten Berater und Vertrauensperson, nämlich den ehemaligen Mathematikprofessor BERESOWSKIJ. Nach drei Tagen intensivster Prüfung dieses Projekts erklärte BERESOWSKIJ Präsident JELZIN die Möglichkeit für ein interessantes ›Dreiecksgeschäft‹: Sein Fernsehsender ORT benötigte dringend Mittel, um den Programmausbau zu finanzieren, Jelzin wiederum benötigte den Fernsehsender, um seine Öffentlichkeitsarbeit für die Wiederwahl zu betreiben, und die notwendigen Mittel konnten durch das Projekt Sibneft aus dem Ölgeschäft fließen.

So unterzeichnete der Präsident am 24. August 1995 die Verordnung 872, die die Gründung von Sibneft ermöglichte. Drei Monate später wurde Sibneft in einer Unternehmensauktion für einen Mindestpreis von einhundert Millionen Dollar angeboten; die Gruppe um Beresowskij bekam den Zuschlag, obwohl sie nur dreitausend Dollar mehr bot. Ein Angebot, das beim doppelten Preis lag, wurde kurz vor Beginn der Auktion aus bis heute ungeklärten Gründen zurückgezogen. Das Dreiecksgeschäft war aufgegangen. Beresowskij bekam das Geld, das er für seine Unternehmungen benötigte, Jelzin wurde dank der guten Propaganda wiedergewählt, und Abramowitsch bekam den Zugang zu seinem Traumunternehmen Sibneft. Zwei Jahre später kaufte die Gruppe bei einer zweiten Auktion weitere Anteile von Sibneft auf.

Der Werdegang von Abramowitsch ist durchaus interessant. Wegen des frühen Todes seiner Eltern wurde er von seinem Onkel großgezogen, dieser war als Ingenieur in der Erdölindustrie tätig. Es folgte ein Studium der Ingenieurswissenschaften am Moskauer Gubkin-Institut für Petroleum und Gas und mit einundzwanzig Jahren die Gründung seines ersten Unternehmens namens Ujut oder zu deutsch: ›Gemütlichkeit‹ bzw. ›Bequemlichkeit‹. Dieses Unternehmen produzierte Gummienten und Fußbälle. Später fing Abramowitsch an, mit Ölderivaten zu handeln, und gründete schließlich das Unternehmen Runicom in der Schweiz, das sich zur Finanzdrehscheibe seines bald vierzig Unternehmen umfassenden Imperiums entwickeln sollte. Dieses Unternehmen wurde auch beschuldigt, für Geldwäsche und Steuerhinterziehung verantwortlich zu sein. Doch die Geschichte endet nicht hier. Abramowitsch zeigte durchaus Gespür, im richtigen Augenblick das Richtige zu tun. Er ließ sich mit einer Zustimmung von zweiundneunzig Prozent zum Gouverneur der Provinz der Halbinsel Tschukotka wählen und investierte dort nach eigenen Angaben dreihundert Millionen Dollar in die Verbesserung der Infrastruktur. Er kaufte die Anteile an ORT für achtzig Millionen Dollar, wurde Hauptgesellschafter und übergab nach der Wahl Putins die Ausübung der Stimmrechte bei ORT an den Staat. Er zahlte Beresowskij bei Sibneft 1,3 Milliarden Dollar als Abfindung, verkaufte die Hälfte seiner Anteile am Aluminiumriesen Rusal für zwei Milliarden Dollar und seine

Interessen an Aeroflot sowie einen Teil seiner Beteiligung am Automobilhersteller Ruspromatwo. In Großbritannien sorgte er im Juli 2003 für Aufsehen, als er sich für zweihundertzehn Millionen Euro beim Fußballverein Chelsea London einkaufte und zudem innerhalb weniger Monate weitere einhundertfünfundsiebzig Millionen für Spielerkäufe zur Verfügung stellte. ABRAMOWITSCH war durch seine Tatkraft und Vielseitigkeit auf dem Weg zum beliebtesten Oligarchen ein gutes Stück vorangekommen. Auf PUTINS schützende Hand kann er bisher zählen. Fingerspitzengefühl bewies er auch bei der geplanten Fusion von Sibneft mit Yukos, bei der er dem Drängen aus dem Kreml zu einer Rückabwicklung nachgab.[37]

Michail CHODORKOWSKIJ ging bereits sehr früh in die Privatwirtschaft und gründete mit einigen Freunden das ›Zentrum für zweigübergreifende wissenschaftlich-technische Programme‹, ein zuerst nur als Kooperative organisiertes Unternehmen, das Marktforschung im Auftrag von Industriebetrieben durchführte und Softwareprogramme entwickelte. Später engagierte sich die Gruppe mit Erfolg im Handel und Im- und Export. Mit den Gewinnen aus diesen Geschäften gründeten seine Partner 1988/89 eine der ersten Privatbanken in der Sowjetunion. Diese nahm den Namen ›Menatep‹ an und erhielt nach der Machtergreifung JELZINS die Erlaubnis, die Mittel des Finanzministeriums und der Moskauer Stadtverwaltung zu betreuen.[38] Seine Partner und CHODORKOWSKIJ waren bei der Gründung der Bank auch finanziell engagiert und konnten somit im Laufe der Jahre an den Privatisierungen einer ganzen Reihe von ehemaligen Staatsbetrieben profitieren. Menateps dickster Fisch war sicherlich die Übernahme von achtundsiebzig Prozent der Yukos Oil im Austausch für einen Kredit in Höhe von dreihundertneun Millionen Dollar im Rahmen des Privatisierungsprogramms ›Aktien gegen Kredit‹.[39] Das war ein ›Weihnachtsgeschenk‹ einer in Liquiditätsnöte geratenen Regierung JELZIN. Obwohl die alte Menatep Bank 1999 wegen der Wirtschaftskrise in Rußland pleite ging, gibt es heute die Group Menatep, die Aktiva in Höhe von über dreißig Milliarden Dollar verwaltet, darunter befindet sich auch wieder das Bankgeschäft.[40]

Als am 19. Juni 2002 zum ersten Mal Yukos die einzelnen Aktionäre ihres Unternehmens veröffentlichte, war die Überraschung groß, denn allein auf CHODORKOWSKIJ entfiel ein Anteil von 59,5 Prozent der Menatep Group, die wiederum einundsechzig Prozent der Anteile von Yukos besaß. Durchgerechnet lag sein Anteil an Yukos also bei sechsunddreißig Prozent, womit klar war, daß CHODORKOWSKIJ der reichste Mann Rußlands geworden war, weit vor dem ehemaligen Spitzenreiter BERESOWSKIJ.[41] Zudem nannte man die anderen wesentlichen Aktionäre des Unternehmens: Platon LEBEDEV, Michail BROUDNO, Wassily SHAKHNOVSKY, Wladimir DOUBOV und Leonid NEVZLIN. Insofern überrascht es nicht, wenn diese Namen in der Rangliste der reichsten Oligarchen ganz vorn auftauchen, da die Marktbewertung von Yukos entsprechend hoch ausfällt. GUSSINSKIJ war, wie bereits weiter oben geschildert, bei der Gründung der Most Bank involviert und nutzte die guten Kontakte zum Bürgermeister für den kräftigen Ausbau der Geschäftsbasis. Seine Bank wurde letztendlich im Jahre 2000 wegen Liquiditätsschwierigkeiten von der russischen Zentralbank unter staatliche Aufsicht gestellt und die Aktiva von der Oneximbank und Alfa-Bank übernommen.[42]

All diese Beispiele beweisen, daß es eine enge Verbindung von Banken und Finanzinstituten zur Politik auf der einen Seite und zur Industrie auf der anderen Seite gab. Auch die Besitzübernahme der Ölindustrie gehörte dazu. Da die Verantwortung für die Privatisierung von einem kleinen, exklusiven Kreis durchgeführt wurde, kam es dabei auch zu Auktionsverfahren, die in unseren Augen diesen Titel gar nicht verdienen würden; doch in einer Gesellschaft, in der Mitte der neunziger Jahre teilweise die Not der Menschen zum Tagesbild gehörte, gelang es gewissen Verantwortlichen problemlos, dafür zu sorgen, daß ›der Rubel rollte‹; die Vermögensübertragungen erfolgten nahezu unter Ausschluß der Öffentlichkeit.

Diese Form von Gründung von Banken, enger Zusammenarbeit mit Staatsbetrieben und die letztendliche Übernahme von Beteiligungen an diesen Betrieben wiederholte sich ein ums andere Mal. Das Ganze ging so weit, daß sich »Ende der neunziger Jahre bereits drei Viertel des einstigen Volksvermögens der russischen Sowjetrepublik in der Hand von nur zwölf Finanzgruppen und acht Einzelpersonen« befand; heute wird vierzig Prozent der Industrieproduktion immer noch von zehn Unternehmensgruppen kontrolliert.[43] Zwar verloren die Oligarchen in den Krisenjahren 1998 und 1999 einen Teil ihrer Bankanteile an den Staat; ihnen blieben aber noch genügend andere Anteile, um an der rasanten Vermögensmehrung der PUTIN-Jahre teilzuhaben.[44]

Boris BERESOWSKIJS Weg zum Reichtum war jedoch ein ganz anderer. Er war beim Regierungsprojekt ›Avtovaz‹ involviert, um beim Aufbau einer Automobilfabrik für die Massenherstellung von Autos mitzuwirken. In Zusammenarbeit mit dem italienischen Automobilkonzern Fiat wurde die Produktion auch aufgebaut, und obwohl die Fabrik als unproduktiv galt, schaffte es BERESOWSKIJ, Gewinn aus dieser Verbindung zu ziehen. Die Autos wurden unter dem eigentlichen Verkaufswert an die Händler weiterverkauft (Produktionskosten für hergestellte Ladas von durchschnittlich 3700 Dollar pro Auto, verkauft an Händler zu 3500 Dollar), die diese dann gewinnbringend (für 7000 Dollar) veräußerten. Boris BERESOWSKIJ übte eine wesentliche Kontrolle über das Management der Autofabrik aus. Er übernahm dann einen Großteil der Lada-Vertriebsfirma Logowas und profitierte von den dort erzielten Gewinnen. So transferierte er die Gewinne von einer Firma, die er nicht besaß, in eine, an der er später Anteil erwarb. Mit diesen Erlösen kaufte er sich anschließend bei den Ölgesellschaften Lukoil, Sibneft sowie der Fluggesellschaft Aeroflot ein.[45]

Zur JELZIN-Zeit hatte sich BERESOWSKIJ schon in höchste politische Ämter hochgearbeitet und konnte die engen Kontakte zu JELZIN und den anderen Ministern für sich gewinnbringend nutzen. Die Privatisierungsvorhaben, die unter der JELZIN-Herrschaft erfolgten, waren auch in der Duma äußerst umstritten. Der viele Jahre für die Privatisierungen zuständige Anatolij TSCHUBAIS wurde immer wieder kritisiert; man warf ihm vor, daß es zu offensichtlichen Absprachen und Manipulationen gekommen war. Sogar in der Staatsduma bezeichnete eine Entschließung »viele Auktionen von Unternehmensteilen als illegal«.[46] Als 1998 die Rubel-Krise über Rußland hereinbrach, fand ein harter Ausleseprozeß in der Wirtschaft statt, in der Bankenbranche setzte ein Konsolidierungsprozeß ein. So entzog die Nationalbank Rußlands 1997 bereits dreihundertdreißig Banken die Lizenz, 1998 sollten weitere zweihundertdreißig folgen.[47]

Der Wechsel von JELZIN zu PUTIN brachte wieder mehr Ordnung in eine vorher teilweise chaotische, richtungslose Art der Staatsführung. Das Land suchte geradezu nach einer harten Führung und fand sie in PUTIN. Innenpolitisch merkten das die Opposition, die Vertreter der Medien und Presse. Außenpolitisch wurde Rußland in den letzten Jahren der JELZIN-Ära auf der internationalen Bühne teilweise bemitleidet oder fast gar nicht mehr wahrgenommen, nun aber verschaffte man sich auch in der Welt wieder Respekt. PUTIN duldete keine politischen Gegner oder solche, die durch ihren Einfluß Kritik an der Machtausübung des Kreml äußern konnten oder wollten.

GUSSINSKIJ und BERESOWSKIJ standen ihm allein schon wegen ihrer Medienmacht im Wege und waren somit ersten ernsthaften Angriffen ausgesetzt. Da sie ihr Geld schon längst auf ausländischen Konten sichergestellt hatten, folgten sie dem Ruf der Freiheit ins Ausland. GUSSINSKIJ ging nach Israel und lebt seitdem dort, immer mit der Angst, bei einer Auslandsreise doch noch vom russischen Geheimdienst gefaßt zu werden. BERESOWSKIJ lebt und arbeitet jetzt in London, nachdem er zuvor wegen eines Haftbefehls der russischen Justiz entging, indem er ins Ausland flüchtete. Die Staatsanwaltschaft warf ihm vor, bei der Verschiebung von Luftfahrtgebühren und Gewinnen in Höhe von siebenhundert Millionen Dollar bei der Fluggesellschaft Aeroflot verwickelt zu sein.[48] In dieser für andere Oligarchen sehr schwierigen Zeit vermied CHODORKOWSKIJ noch jegliche Kritik an PUTIN und dem Kreml. Dennoch arbeitete er genauso wie ABRAMOWITSCH und anderen Oligarchen bereits daran, das Vermögen im Ausland zu parken oder die Kontrolle darüber vom Ausland aus sicherzustellen.

PUTIN versuchte zu Beginn seiner ersten Amtszeit die Oligarchen in seine Politik mit einzubinden, er lud sie gar zu einem Spitzengespräch in den Kreml ein.[49] Ausgenommen waren bei diesem Treffen lediglich GUSSINSKIJ und BERESOWSKIJ. PUTIN wußte schon von Anfang an, wen er zuerst ›beseitigen‹ sollte. Später gab PUTIN das Ziel offensichtlich auf, möglichst alle Oligarchen einzubinden. Die einen ließ er unter bestimmten Bedingungen weiterarbeiten, die anderen schaltete er aus. Anfang 2003 lud PUTIN die Wirtschaftsbosse und Oligarchen zu einem zweiten Treffen in den Kreml ein. Auf dieser Veranstaltung soll ausgerechnet CHODORKOWSKIJ die unfaire Aufteilung der Ölguthaben thematisiert haben, was ihn im Kreml sicher nicht populärer gemacht haben dürfte.[50] Zudem war CHODORKOWSKIJ einer der größten Kritiker des Staatskonzerns Transneft, der als Monopolist das gesamte Pipeline-Netz für den Transport des geförderten Erdöls kontrollierte.

Außerdem gab es unterschiedliche Ansichten über zukünftige Transportrouten nach Asien oder Europa. Yukos wollte hier durch den Bau eigener Pipelinenetze unabhängiger werden, um auf schnellstem Wege Öl aus Yukos-Unternehmen nach Amerika zu verschiffen. Dies aber ging Transneft zu weit, wollte das Unternehmen doch seine Monopolstellung bewahren. Zum einen gab es bereits seit Dezember 2001 die Pipelineverbindung zum baltischen Seehafen in Primorsk, die Ende 2004 eine Kapazität in Höhe von einer Million Barrel pro Tag hatte. Diese sogenannte BPS-Pipeline beförderte das Rohöl von den westsibirischen Ölfeldern sowie vom Timan-Pechora-

Becken ans Baltische Meer. Bei entsprechender Genehmigung ist eine Kapazitätserweiterung auf 1,2 Millionen Barrel pro Tag vorgesehen.

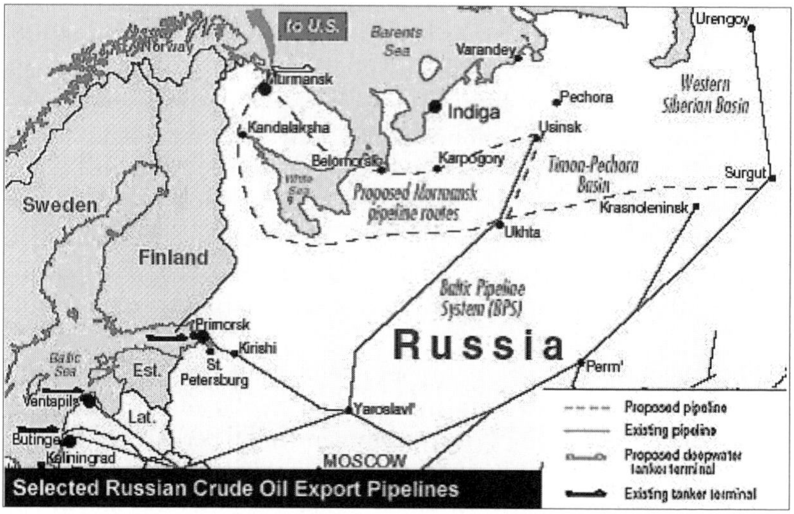

Geplante Pipeline-Route nach Murmansk. Quelle: EIA

Diese BPS-Pipeline hatte aber auch wirtschaftliche Auswirkungen auf die baltischen Staaten, denn Rußland hatte früher die baltischen Häfen genutzt, um russisches Rohöl zu exportieren. In den letzten Jahren aber wurde das Öl ›umgeleitet‹, und dadurch gingen beispielsweise die Öltransporte über den Hafen in Ventspils, Lettland, seit dem Jahre 2000 um dreißig Prozent zurück. Da auch die Einnahmen vom Transportvolumen abhängig sind, entwickelte sich hier eine kritische Situation. Auch die litauische Ölraffinerie Mazeikiu Nafta ist mittlerweile zum politischen Spielball zwischen dem Kreml in Moskau und der Regierung in Vilnius geworden. Moskau versucht die Energieabhängigkeit der Nachbarstaaten in politische Gefügigkeit umzuwandeln, und da die Raffinerie schließlich an den Yukos-Konzern verkauft wurde, leidet diese unter (politisch gewollten) Lieferausfällen. Die EU-Staaten beziehen heute bereits die Hälfte ihrer Gaslieferungen und ungefähr ein Drittel ihrer Öllieferungen aus Rußland. Diese Abhängigkeit wird sich in Zukunft noch vergrößern und sollte ein Warnzeichen sein. Im Prinzip ist Europa schon deshalb gezwungen, Rußland beim ›Demokratisierungsprozeß‹ mit allen Mitteln zu unterstützen, um die Wahrscheinlichkeit eines politischen Erpressungsversuches zu minimieren.

Ganz so untätig, wie es die Oligarchen darstellten, war Transneft also nicht. Man investierte durchaus in den Ausbau der Exportkapazitäten, dennoch ging das den Oligarchen aufgrund der hohen Produktionssteigerungen bei ihren Ölunternehmen nicht schnell genug. Zum einen gab es Meinungsverschiedenheiten über die geeigneten Routen; zum anderen wollten die Oligarchen unabhängiger sein und selber bestimmen, wieviel Rohöl sie zu einem bestimmten Zeitpunkt ausführen konnten oder nicht.

Für Asien gab es Überlegungen von Yukos, mit einer Pipeline-Anbindung an China in Daqing eine direkte Exportverbindung herzustellen. Aber wo immer es auch Pläne gibt, gibt es auch Gegner. CHODORKOWSKIJ unterschätzte an dieser Stelle auch die Macht von Transneft und den guten ›Draht‹ zum Kreml. Immerhin kontrolliert das Unternehmen das größte Pipelinenetz der Welt, insgesamt sind das 48 700 Kilometer. Durch dieses Pipelinenetz fließen neunzig Prozent der russischen Ölproduktion, fast zwanzig Länder sind daran angeschlossen. Was auf das Öl zutrifft, gilt auch für Gas, wobei hier der Gasmonopolist Gazprom unter Führung Alexej MILLERS die Fäden in der Hand hält. Rußland wird immer mehr zum Erdgasliefe-

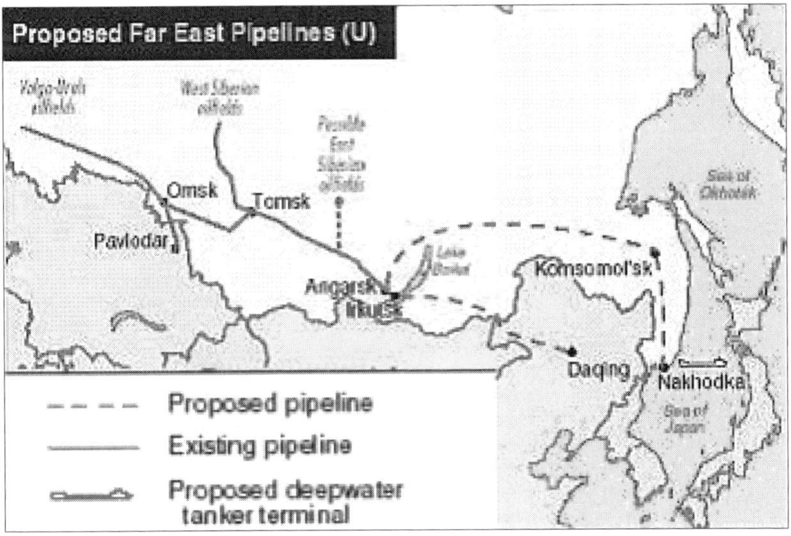

Mögliche Pipeline-Routen in Ost-Asien. Quelle: EIA

ranten Europas. Weitere Pipelineverbindungen werden hier bereits ins Auge gefaßt, wie die nachfolgende Karte zeigt. Die bestehende Yamal-Europa-Gaspipeline soll demnach durch eine zweite Verbindung ergänzt werden; unklar ist noch der Routenverlauf über das Staatsgebiet von Polen oder über die Ukraine und die Slowakei. Hier kommt die wichtige Rolle der Ukraine zum Tragen, denn rund achtundsiebzig Prozent aller Gasexporte in den Westen werden bisher über ihr Staatsgebiet nach Europa befördert. Daran könnte sich etwas ändern, wenn das Projekt der Nord-Transgas-Pipeline Wirklichkeit wird. Rußland möchte diese Pipeline unter der Ostsee bauen und eine Verbindung nach Großbritannien herstellen.

Obwohl das Interesse an diesem Projekt auch in Großbritannien groß ist, weil man eine direkte Verbindung zu ›günstigem‹ russischen Erdgas herstellen könnte, gab Gazprom im Februar 2005 bekannt,

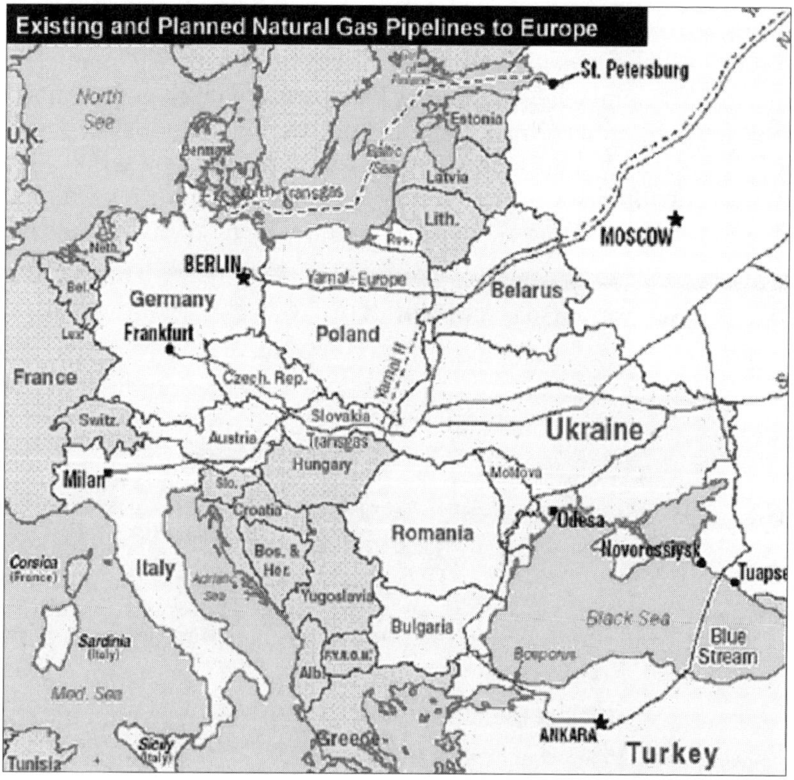

Existierende und geplante Gas-Pipelines nach Europa.
Quelle: EIA

daß der Starttermin für das 5,7 Milliarden teure Projekt von 2007 auf 2010 verschoben wird. Dennoch strebt Gazprom förmlich auf die Auslandsmärkte, schließlich verkauft der Konzern immer noch etwa siebzig Prozent seiner Förderleistung im Inland zu hochsubventionierten Preisen. Der regierungsamtlich festgelegte Gaspreis beträgt nur etwa ein Zehntel des Weltmarktpreises. Für Gazprom sind die Auslandsmärkte insofern lukrativer. Durch die Nord-Transgas-Pipeline würde Rußland zudem nicht mehr über Transitgebühren verhandeln müssen. Zuletzt wird noch auf die sogenannte Blue-Stream-Verbindung verwiesen, die die Türkei an das russische Erdgassystem anschließt. Nun aber zurück zum Streit zwischen Yukos und Transneft.

Transneft hatte nach dem Zerfall der Sowjetunion den russischen Teil von Glavtransneft übernommen. Unter Führung von CHODORKOWSKIJ von Yukos und Wagit ALEKPEROW von Lukoil wurden Pläne mit den anderen großen russischen Ölkonzernen, nämlich Sibneft, Tyumen Oil und Surgutneftegaz, konkretisiert, eine eigene Pipeline mit einer Kapazität von 1,6 bis 2,4 Millionen Barrel pro Tag von Westsibirien nach Murmansk zu bauen. Von hier aus würden vollgeladene Öltanker innerhalb von neun Tagen die Häfen in den Vereinigten Staaten erreicht haben. Transneft wischte die Pläne der Ölgiganten einfach vom Tisch und begründete ihre Entscheidung mit den enormen Kosten für diese Route. Das Konsortium schätzte die Baukosten auf etwa dreieinhalb bis viereinhalb Milliarden Dollar, Transneft kam aber auf eine Summe von neun bis fünfzehn Milliarden Dollar.

Schlimmer als diese Tatsache war jedoch, daß die Begründung des Ölkonsortiums für die private Ölpipeline vor allem russische Öllieferungen für den amerikanischen Markt waren. Das war zu diesem Zeitpunkt überhaupt nicht opportun. Zudem bestand bei einer Projektübernahme durch private Ölunternehmen die Gefahr, daß ausländische Ölkonzerne Anteile am russischen Pipelinenetz erwerben konnten. Die Monopolstellung bei den eigenen Ölpipelines war und ist für den russischen Staat nicht nur eine Kontrollmöglichkeit, sondern auch eine wichtige Einnahmequelle. Die Oligarchen hatten diesen wichtigen Zusammenhang einfach vergessen. Das war Transneft und dem Kreml einfach zuviel, und so übernahm die russische Bürokratie und Justiz die Kontrolle über die Situation.

Erst im Januar 2005 schlug Transneft als Alternative zum Murmansk-Projekt den Bau einer Verbindung für sechs Milliarden Dollar nach Indiga vor. Doch im Vergleich zu Murmansk hat eine Pipelineverbindung nach Indiga den großen Nachteil, daß der Hafen im

Winter vereist ist und ein Schiffsverkehr unmöglich wird. Der eisfreie Tiefseehafen Murmansk hätte aber den unzweifelhaften Vorteil, daß dort auch große Tanker mit 300 000 Tonnen das ganze Jahr über ansteuern könnten. Zudem würde dadurch die stark befahrene Ostsee entlastet, da Rußland derzeit vor allem hier die Kapazitäten ausgebaut hat und weiter ausbaut. Da aber in der Ostsee nur Öltanker mit maximal 100 000 Tonnen eingesetzt werden können, die engen und flachen Fahrrinnen Dänemarks lassen mehr nicht zu, nimmt der Schiffsverkehr hier zwangsläufig immer mehr zu. Ob das Indiga-Projekt umgesetzt wird, bleibt derzeit jedenfalls unklar.

Transneft treibt gegenwärtig aber ein ganz anderes Pipelineprojekt voran, und zwar eine Pipelineverbindung zwischen dem ostsibirischen Angarsk und Nachodka. Die Kosten für diese viertausend Kilometer lange Verbindungstrasse werden auf fünfzehn bis achtzehn Milliarden Dollar geschätzt und hätte eine Kapazität von höchstens 1,6 Millionen Barrel pro Tag. Von Nachodka könnte das Rohöl dann nach Japan, Südkorea und in andere ostasiatische Länder verschifft werden. Auch China könnte später noch durch eine eigene Trasse angebunden werden; die wesentlich günstigere Direktanbindung an die chinesische Stadt Daqing hat man aber erst einmal aus politischen Gründen zurückgestellt.

Die Idee für die Anbindung an die nordöstliche chinesische Stadt, wo sich auch das größte chinesische Ölfeld befindet, kam nämlich von Yukos. Bereits im Juni 2003 hatten Yukos und der chinesische Ölkonzern CNPC eine Absichtserklärung für das Projekt unterzeichnet. China und Japan kämpften über mehrere Jahre mit allen Mitteln um die jeweilige Route. Die Japaner obsiegten schließlich, ihre finanziellen Zusagen liegen derzeit bei sieben Milliarden Dollar. Letztendlich könnte das von der russischen Regierung im Januar 2005 beschlossene Mammutprojekt noch an den Finanzierungsfragen scheitern. Zudem müßte sich der Transneft-Chef Semyon WAINSCHTOK noch an die Begründung für die Ablehnung des Murmansk-Projektes erinnern können, denn es waren vor allem die hohen Kosten. Der Grund für die vielen Pipelineprojekte in Rußland ist aber klar: Das existierende Pipelinenetz ist an seine Kapazitätsgrenze gestoßen. Rußland leistet sich den kostbaren Luxus, dreiunddreißig Prozent oder 2,2 Millionen Barrel pro Tag durch Bahntransporte zu befördern. Ein auf Dauer untragbarer Zustand.

Die Regierungszeitung *Rossiyskaya Gazeta* veröffentlichte bereits Mitte 2003 ein Interview mit Witaly ARTYUKHOV, dem Minister für

Rohstoffe. In diesem Gespräch erläuterte der Minister die Zuständigkeiten seines Ministeriums und erklärte auch, daß nach russischem Gesetz sein Ministerium das Recht hat, allen Unternehmen die Lizenz zur Ausbeutung von Ressourcen zu entziehen, wenn gegen Lizenzbedingungen verstoßen werde. Die *Prawda* sprach wegen dieser Gesetzgebung schon von der »Liquidierung der Oligarchen«.[51] Eines war jedenfalls klar: Der politische Wind wehte von nun an deutlich schärfer. Interessanterweise ist es nicht der ›Oligarch‹ an sich, der unter PUTINS gezielten Angriffen leidet. Wäre das der Fall, würde es vielleicht gar keine Oligarchen mehr geben, und wir würden nicht mehr über sie reden. Zudem würde es dem Bürgermeister Moskaus, Juri LUSCHKOW, und seiner Frau Elena BATURINA nicht gelingen, unter den Augen einer kritischen Öffentlichkeit selber ein milliardenschweres Wirtschaftsimperium mit einer Vielzahl von Unternehmen aufzubauen.[52] Es muß deswegen unterschieden werden zwischen den ›angepaßten Oligarchen‹ und den Oligarchen, die dem Kreml und anderen Staatsorganen als gefährlich erscheinen, weil sie eventuell sogar politische Machtansprüche stellen oder die Medienlandschaft kontrollieren wollen.

Dieses Problem ist in Rußland aber auch ein Problem der Kontrolle. Schon unter JELZIN war die Macht des Präsidenten extrem groß, so ist er zum Beispiel auch für die Ernennung und Entlassung eines Generalstaatsanwalts zuständig. Dieses ›System der Macht‹ nutzte JELZIN ebenso, wie es PUTIN heute macht. Mehr noch, die Machtbefugnisse PUTINS sind eher noch größer geworden, die externe Kontrolle wird dabei fast unmöglich, ein Mißbrauch des Systems immer wahrscheinlicher. »Der Präsident selbst ist unkontrollierbar und unbestrafbar«, sagte der stellvertretende Vorsitzende des Rechnungshofes, Jurij BOLDYREW, 1999 in einem Gespräch mit der *Frankfurter Allgemeinen Zeitung*. Er wies aber auch auf andere Lücken im russischen System hin, so auch auf die ungesetzlichen Privatisierungen, wobei er hier ausdrücklich die von Norilsk Nickel, Gazprom, Lukoil und Sibneft nannte.[53]

Auch der Westen trägt zu diesem Problem der fehlenden Gewaltenteilung in der russischen Gesellschaft maßgeblich bei, da politische Vertreter immer wieder argumentieren, daß solche Maßnahmen wie die Verhaftung von CHODORKOWSKIJ zu den ›inneren Angelegenheiten‹ des Landes gehören. Damit macht der Westen es sich aber zu einfach, denn eine Analyse der Geschäftsaktivitäten der russischen Banken und der Kapitalstruktur der großen russischen Öl- und Gaskonzerne zeigt, daß hier schon längst eine Internationalisierung stattgefunden hat. Große institutionelle Anleger und internationale Fondsgesellschaften haben sich bei börsennotierten Aktiengesellschaften eingekauft, und dieser Prozeß wird sich sicher fortsetzten, auch wenn es zwischendurch Rückschläge politischer oder wirtschaftlicher Art geben sollte. Beispielsweise hält beim zweitgrößten russischen Mobilfunkanbieter Vimpelcom die amerikanische Fondsgruppe Fidelity mehr als acht Prozent der Anteile; andere Großaktionäre sind hier Alfa-Eco mit knapp dreiunddreißig Prozent und Telenor mit etwa siebenundzwanzig Prozent.

Russische Aktiengesellschaften haben auch ein aktives Interesse an der Veräußerung von Anteilen an Ausländer gezeigt, weil sie damit ihre Kapitalstruktur auf eine breitere Basis stellen und zudem auch noch höhere Preise erzielen können. Beispiele für GDR-Veräußerungen waren zuletzt Yukos/UBS mit einem Prozent und Sberbank/ United Financial Group mit 1,32 Prozent. Außerdem öffnen sie damit den russischen Kapitalmarkt für das Ausland, was bei erforderlichen Investitionen und Kapitalmaßnahmen sehr wichtig sein kann.

Schwierig bleibt es für Aktionäre teilweise immer noch, die eigentlichen Geldgeber von Aktienpaketen zu entziffern, weil diese ihre Kontrolle von Steuerparadiesen in Malta, Gibraltar, den britischen Kanalinseln oder anderswo ausüben und die zur Verfügung stehenden Informationen recht dürftig sind. Es fehlt hier an der notwendigen Transparenz. Das Kapital fließt trotz aller möglichen Kontrollen in beide Richtungen über die Grenzen, und insofern wäre es auch nur das mindeste, von Rußland die Einhaltung internationaler Standards einzufordern. Auf der einen Seite ist es natürlich bequem zu schweigen, weil die »Milliarden der Oligarchen« auch im westlichen Bankensystem gern gesehen sind, in London und anderswo führen sie gar zur Überhitzung des Immobilienmarktes.[54] Aber auch die Privatisierungsmaßnahmen der Russen müssen kritisch hinterfragt werden, sie wurden im übrigen auch von den ausländischen Beratern, die sich in Moskau sehr wohl fühlten, mit beeinflußt; genannt werden hier ausdrücklich die als ›Chicago-Boys‹ bekannt gewordenen Beratergruppen. Man muß sich ernsthaft fragen, welche Bewertungsmodelle hier zugrunde gelegt wurden und welche Interessen diese Unternehmensberater wirklich vertraten, wenn man das Volksvermögen teilweise fast zum ›Nulltarif‹ veräußern ließ.

Anmerkung zur weiteren Entwicklung bei Yukos Oil.

Im Juni und Juli 2004 wurde es für den Ölkonzern Yukos immer enger. Der russische Staat verlangte von Yukos allein für das Geschäftsjahr 2000 eine Steuernachzahlung in Höhe von 2,8 Milliarden Euro, der Konzern wies die Forderung aber zurück und verwies zudem darauf, daß er diesen Betrag aufgrund der geringen Liquidität im Konzern nicht leisten könne. Als ob das noch nicht genug wäre, folgte der ersten Forderung der Staatsanwaltschaft eine weitere für das Bilanzjahr 2001; die Forderung belief sich auf weitere 2,8 Milliarden Euro. Da noch Nachzahlungen für weitere Jahre ausstanden, rechneten Analysten zu diesem Zeitpunkt mit Steuerschulden des Konzerns von bis zu acht Milliarden Euro.[55] Zudem hatte der russische Staat seit April Yukos den Verkauf jeglicher Vermögenswerte untersagt. Die internationalen Rating-Agenturen stuften Yukos immer weiter herab, Anfang Juli wurde Yukos von Standard & Poor's nur noch mit ›cc‹ bewertet. Von dort ist es bis zur Zahlungsunfähigkeit nicht mehr weit. Insgesamt verfügte der Konzern zu diesem Zeitpunkt nur über liquide Mittel von 1,1 bis 1,2 Milliarden Euro, was aber für die Begleichung der Steuerschulden nicht ausgereicht hätte.[56] Michail CHODORKOWSKIJ und Platon LEBEDEV saßen derweil immer noch in Untersuchungshaft, der Prozeß gegen die beiden Angeklagten wegen Betrugs und Steuerhinterziehung sollte am 12. Juli 2004 fortgesetzt werden.[57]

Währendessen ging das Personalkarussell bei Yukos weiter. Der erst im vergangenen Jahr eingesetzte Vorstandsvorsitzende, der Amerikaner Simon KUKES, wurde durch seinen amerikanischen Vorstandskollegen Steven THEEDE abgelöst, und im Aufsichtsrat des Konzerns übernahm der frühere Zentralbankchef Viktor GERASCHTSCHENKO die Position des Vorsitzenden.[58] Ein Moskauer Schiedsgericht erklärte Ende Juni die Forderung des Steuerministeriums für rechtskräftig, die erste Zahlung des Unternehmens sollte bis Ende der ersten Juliwoche erfolgen.[59] Eine sofortige Vollstreckung des Urteils hätte das erfolgreiche Unternehmen aber in die Insolvenz treiben können, weshalb Yukos um eine Zahlungsstreckung bat. Außerdem drängte zur gleichen Zeit eine Gruppe von Gläubigerbanken auf Rückzahlung von 1 Milliarde Dollar, der Konzern befand sich bei den Kreditinstituten offensichtlich schon in Zahlungsverzug.[60]

Der Finanzchef von Yukos, Bruce MISAMORE, stellte Mitte August 2004 in einem Interview mit der *Financial Times* fest, daß die staatlichen Institutionen Zugriff auf etwa die Hälfte des monatlichen (Cash

Flows) Liquiditätszuflusses in Höhe von 1,8 Milliarden Dollar und die Banken aus dem Gläubigerkonsortium bisher lediglich vierzig Millionen Dollar erhalten hätten. Er rechnete damit, daß sich letztgenannte Summe in den kommenden Wochen mindestens verdoppeln würde. Zudem bekräftigte MISAMORE die Möglichkeit einer baldigen Insolvenz und wies darauf hin, daß die Produktion wohl aufrechterhalten würde, mögliche Verringerungen beim geplanten Produktionswachstum aber nicht ausgeschlossen werden könnten.[61]

Nicht zu vergessen sollte man dabei, daß Yukos 2003 mit einer Förderung von 80,8 Millionen Tonnen oder 591 Millionen Barrel der erfolgreichste russische Ölkonzern war. Insgesamt entfiel auf Yukos ein Anteil von 19,2 Prozent der russischen Ölförderung. Täglich hatte Yukos 1,6 Millionen Barrel Öl gefördert. Ein neuer Rekord.

Der stellvertretende russische Finanzminister Sergej SCHATALOW sprach kurz vor Ablauf der Frist von der ›theoretischen‹ Möglichkeit, die Zahlungsfrist zu verlängern und die Steuerschuld zu restrukturieren.[62] Der Vorsitzende der russischen Energieagentur, Sergej OGANESYAN, wies darauf hin, daß der russische Staat bis zu zwanzig Prozent der russischen Ölproduktion über Rosneft kontrollieren wollte; bisher betrug der Rosneft-Anteil aber nur viereinhalb Prozent.[63]

Interessanterweise sollte es genau einen Tag nach der Verstreichung der Frist im Rahmen eines Treffens mit einer Wirtschaftsdelegation in Moskau zu einem Treffen zwischen Wladimir PUTIN und Bundeskanzler Gerhard SCHRÖDER kommen. Mit großer Wahrscheinlichkeit wurde der ›Fall Yukos‹ dort nicht besprochen, weil die westlichen Staaten diese Angelegenheit als ein außenpolitisches Tabu-Thema ansehen. Nur Silvio BERLUSCONI hatte PUTIN bei einer Begegnung einige Monate zuvor sogar den Rücken gestärkt, was bei der sonst ›schweigenden Mehrheit‹ der europäischen Politiker zu empörenden Äußerungen führte. Der Chefkontroller bei Yukos wies auf die Bedeutung des Yukos-Öls für Länder wie Ungarn oder Polen hin, da sie ihren Großteil der Öleinfuhren von Yukos bezogen: die Polen vierzig, die Ungarn sogar achtzig Prozent. Auch China bezog zu diesem Zeitpunkt vierhunderttausend Barrel pro Tag aus Rußland, davon einhundertsechtzigtausend von Yukos.[64] Lieferstörungen könnten hier größere Folgen nach sich ziehen. Insgesamt exportierte Yukos siebenhunderttausend Barrel Öl pro Tag. Der russische Staat streckte im Juli 2004 seine Fühler nach der Kontrolle des Herzstücks der Yukos-Gruppe aus, nämlich dem Unternehmen Yuganskneftegaz, das immerhin für eine Tagesproduktion von einer Million Barrel verantwortlich war.[65] Zudem verfügte das Unternehmen über einundsiebzig Prozent der Ölreserven von der Yukos-Gruppe.[66] Berücksichtigt man, daß Yukos Oil täglich etwa 1,6 Millionen Barrel produzierte, kann man sich vorstellen, wie wichtig der Erhalt der Gruppe für Yukos gewesen ist. Im schlimmsten Fall drohte Yukos nun die Insolvenz, obwohl der Wert des Kernbereichs von Steven THEEDE allein auf dreißig Milliarden Dollar geschätzt wurde.

Trotz deutlich höherer Ölpreise und neuer Absatzrekorde veröffentlichte Yukos für das erste Halbjahr einen Verlust von 2,2 Milliarden Euro.[67] Die russische Regierung beauftragte die deutsche Investmentbank Dresdner Kleinwort Benson im August 2004, eine Unternehmensbewertung von Yuganskneftegaz durchzuführen.[68] Diese Maßnahme beruhigte ausländische Investoren etwas, denn sie versprachen sich dadurch eine fairere Bewertung des Unternehmens. Außerdem hatte Yukos selbst die Investmentbank Credit Suisse First Boston beauftragt, eine eigene Unternehmensbewertung vorzunehmen, um mit der Veröffentlichung nach Fertigstellung der Ergebnisse zusätzlichen Druck auf eine faire Bewertung durch die Regierung zu verstärken.[69] Zudem kündigte die russische Regierung an, am 30. September 2004 in einer Auktion den Staatsanteil von 7,59 Prozent am Yukos-Konkurrenten Lukoil zu verkaufen. Großes Interesse für eine Übernahme dieses Aktienpakets zeigte der amerikanische Ölkonzern Conoco-Phillips, 1,7 Milliarden Dollar wurden als möglicher Kaufpreis genannt.[70]

Mit dieser Maßnahme wollte die PUTIN-Regierung Ausländern wohl signalisieren, daß es trotz der Yukos-Affäre nicht so schlimm um Investitionsmöglichkeiten in Rußland stehe. Auch die Herrscherfamilie aus Dubai schaltete sich in die Krise um Yukos ein und bot PUTIN und dem Kreml die Steuerschulden von Yukos und dafür die Aktienmehrheit zu übernehmen.[71] Auf dieses Angebot wurde in der Folgezeit keine Reaktion seitens des Kreml oder PUTINS persönlich bekannt. Am Freitag, dem 19. November, gab die staatliche russische Vermögensverwaltung bekannt, daß am 19. Dezember 2004 die Erdölfördergesellschaft OAO Yuganskneftegas zwangsversteigert werden sollte, das Mindestgebot für die Ersteigerung von 76,79 Prozent der Aktien wurde auf 8,6 Milliarden Dollar festgelegt.[72] Die Unternehmensbewertung von Dresdner Kleinwort Wasserstein hatte einen Unternehmenswert von 10,4 Milliarden Dollar (ungünstigstes Szenario) bis 24,8 Milliarden Dollar ermittelt (bestmögliches Szenario).[73] Das Geld aus dem Verkauf sollte zur Verrechnung mit den Steuerschulden von Yukos herangezogen werden. Gazprom, der russische Gasmonopolist, gab wenige Tage später sein Interesse für die Übernahme von Yuganskneftegaz bekannt, da es sein Ölgeschäft stark ausweiten wollte und der Staat dadurch seine Kontrolle über das Ölgeschäft wieder vergrößern würde.[74]

Tatsache bleibt trotz aller Umstände, daß die Unternehmenseinheiten von Yukos und die Reserven, auf die der Konzern Zugriff hat, ein Vielfaches dieser Steuerschulden wert sind. Ob die Steuerschulden insgesamt schließlich acht, zehn oder fünfzehn Milliarden Dollar oder mehr betragen sollten, spielt dabei keine Rolle. Zudem sind die zuletzt von den russischen Steuerbehörden genannten Steuernachforderungen in Höhe von 17,4 Milliarden Dollar alles andere als plausibel. Allein die Tatsache, daß der Umsatz von Yukos im Jahre 2000 neun Milliarden Dollar betragen hatte und ein Jahr später 9,4 Milliarden Dollar, sollte einen neutralen Beobachter nachdenklich stimmen. Kurzum, hier ging es nicht mit rechten Dingen zu. Ein Vergleich über mehrere Jahre mit den vom russischen Ölkonkurrenten Lukoil gezahlten Steuern zeigt, daß Yukos ähnlich hohe Steuerzahlungen geleistet hat wie sein größter inländischer Wettbewerber (weitere Angaben hierzu sind dem Anhang des Buches zu entnehmen).

Darüber hinaus muß man bei einem Vergleich nicht nur die Gewinnbesteuerung der Konzerne berücksichtigen, sondern auch die anderen Steuern und Abgaben. Seit Anfang Januar 2002 zahlen russische Ölkonzerne zudem eine einheitliche Ölfördersteuer, dafür wurden andere Steuern erlassen. Die sonstigen Steuern und Abgaben können jedoch ein Vielfaches der Gewinnsteuer betragen.

Yukos selbst hat ausgerechnet, daß die Steuern und Abgaben für das Jahr 2000 69 Prozent ihrer Umsatzerlöse ausgemacht haben, 2001 sogar 105 Prozent, 2002 111 Prozent und 2003 84 Prozent. Insgesamt betrug die durchschnittliche Steuerlast zwischen 2000 und 2003 92 Prozent der Umsatzerlöse. Zusammengerechnet ergibt sich für diesen Zeitraum eine effektive Steuerbelastung von 42,5 Milliarden Dollar.

Die Zwangsversteigerung von Yuganskneftegas im Dezember 2004 endete mit einer Überraschung: Käufer des Aktienpakets in Höhe von 76,8 Prozent war die völlig unbekannte Baikal Finance Group für einen Betrag von 9,3 Milliarden Dollar. Wenige Tage später wurde der staatliche russische Ölkonzern OAO Rosneft als Käufer der Baikal Finance Group bekanntgegeben.[75] Vorgesehen war eine spätere Fusion von Rosneft mit dem Erdgasmonopolisten Gazprom, um die staatlichen Erdöl- und Gasaktivitäten so weit wie möglich unter Gazprom zu vereinigen. Außerdem gab es im Frühjahr 2005 Hinweise darauf, daß anderen Yukos-Ölfördergesellschaften, wie beispielsweise OAO Samaraneftegaz und OAO Tomskneftegaz, auch über den Weg einer Zwangsversteigerung in Staatsbesitz gelangen könnten.[76]

Die Spitzenposition in der russischen Ölindustrie hat Yukos an die Ölgesellschaft Lukoil verloren, die im Geschäftsjahr 2004 den Umsatz auf 34 Milliarden Dollar steigern konnte. Der Nettogewinn lag bei 4,2 Milliarden Dollar. Lukoil wird von Vagit ALEKPEROV angeführt, der auch für die Zusammenführung von drei Ölkonzernen, nämlich Langepas, Urai und Kogalyam (die Anfangsbuchstaben stehen für den Namen ›Lukoil‹) verantwortlich war. 2000 kaufte Lukoil in den USA die Getty Petroleum Marketing und ist damit in den Besitz von 1317 Tankstellen gekommen. 2004 kaufte Lukoil noch 308 Tankstellen von Conoco-Phillips hinzu. Die Ölproduktion betrug im Geschäftsjahr 2004 86,2 Millionen Tonnen, davon wurden 46,3 Millionen Tonnen exportiert. Damit kam Lukoil auf 19 Prozent der russischen Ölförderung und stand mit weitem Abstand auf Platz eins.

Das Verfahren gegen die Hauptangeklagten Michail CHODORKOWSKIJ und Platon LEBEDEV zog sich jedoch immer mehr in die Länge. Auch die Urteilsverkündung dauerte über eine Woche. Am Montag, dem 30. Mai 2005, verkündete das Moskauer Gericht das Urteil. Es befand die Hauptangeklagten des Betrugs, der Steuerhinterziehung, der vorsätzlichen Nichtausführung gerichtlicher Auflagen sowie der Bildung einer kriminellen Vereinigung für schuldig. CHODORKOWSKIJ und LEBEDEV wurden jeweils zu neun Jahren Freiheitsstrafe verurteilt, wobei die bereits verbüßte Haftzeit angerechnet werden soll.[77] Von vielen Beobachtern wurde der Prozeß als »politischer Schauprozeß« abgeurteilt, bei dem die Kreml-Führung die Fäden in der Hand hatte. Das Strafmaß stand im Prinzip schon zu Prozeßbeginn fest, und das Urteil ähnelte der Anklageschrift wie der Faust aufs Auge. Ob ein Berufungsverfahren am Strafmaß etwas ändern wird, bleibt abzuwarten. Es kann aber als unwahrscheinlich gelten.

Letztendlich könnte der Ausbau der Förderkapazitäten in Rußland in den kommenden Jahren schleppender vorangehen, als es ohne die Yukos-Affäre der Fall gewesen wäre. Damit könnten der Weltwirtschaft in Zukunft einige hunderttausend Barrel pro Tag weniger zugeführt werden. Ein erster Hinweis darauf könnte der Rückgang beim Wachstum der Ölproduktion sein, denn die ersten Zahlen für die Ölförderung im Zeitraum Januar bis Mai 2005 zeigt ein marginales Wachstum von drei Prozent gegenüber dem gleichen Zeitraum im Vorjahr, während die Ölförderung Rußlands 2004 noch um neun und 2003 um elf Prozent angestiegen war.[78] Außerdem muß Rußland dringend neue Ölleitungen legen, um die schon jetzt an die Kapazitätsgrenze angelangten Ausfuhrkapazitäten zu erhöhen.[79] Trotz der Krise bei Yukos kann man aber davon ausgehen, daß das Öl weiterhin fließen wird. Öl ist in der Regel flexibler und unabhängiger von politischen Wirtschaftskrisen.

[1] Anita RAGHAVEN, Jeanne WHALEN und Gregory WHITE, »Yukos-Sibneft is Expected to get bids by two U.S. Firms«, in: *WSJ,* 15. 9. 2003; »Exxon und Chevron konkurrieren um Beteiligung an Yukos«, in: *FAZ,* 16. 9. 2003, S. 19.

[2] Nils KREIMEIER, Lina SAIGOL u. Arkady OSTROVSKY, »Russischer Ölmilliardär in Haft«, in: *Financial Times Deutschland,* 27. 10. 2003, S. 1; rusnet.nl/news/2003/10/28/businesseconomics02.shtml, Exxon, Chevron suspend talks with Yukos, October 28, 2003, RBC

[3] »Ein Amerikaner an der Spitze von Yukos«, in: *FAZ,* 30. 10. 2003, S. 17.

[4] Markus WEHNER, »Im Ölgeschäft erfahren«, in: *FAZ,* 5. 11. 2003, S. 5.

[5] yukos.com/new_ir/pdf/UBSW_conf_May_2003_web.pdf, S. 1–30.

[6] BP-Statistical-review-of-world-energy-2003-workbook, Oil production, 2002. Anmerkung als Vergleich zu Yukos: 2002 betrug die durchschnittliche Tagesproduktion von Indonesien 1,278 Mio. Barrel und die von Libyen 1,376 Mio. Barrel.

[7] yukos.com wie oben unter 5.

[8] worldbank.org/transitionnewsletter/julaugsep03/pgs14-15.htm, *Transition Newsletter,* Russia's Unpopular Billionaires on Forbes's List, 2003; Anmerkung: ROMIR = Russian Public Opinion and Research Group Monotoring Service.

[9] marxblaetter.org/2003/03-6-19.html

[10] »Mr. Putin vs. the Oligarchs«, in: washingtonpost.com/ac2/wp-dyn?, 22. 7. 2000.

[11] Forbes.com, Bericht von Reuters, »Exxon Mobil interested in Russia's Yukos«, in: *WSJ,* 12. 12. 2003.

[12] »Ein Amerikaner an der Spitze von Yukos«, in: *FAZ,* 30. 10. 2003, S. 17.

[13] Andrew JACK, »Putins Gegner zahlen einen hohen Preis«, in: *Financial Times Deutschlands,* 31. 10. 2003, S. 2; Anteil bei Menatep = Mikhail KODORKOVSKY 9,5 + 50 %SpecialTrustArrangement, Leonid NEVZLIN 8% und Platon LEBEDEV 7% Angaben von CoreShareholdersof Yukos Oil Company, 19 June 2002.

[14] Markus WEHNER, »Der verschwundene Nickel-König«, in: *FAZ,* 8. 5. 2004, S. 23; »Mr. Putin vs. the Oligarchs«, in: washingtonpost.com, 22. 7. 2000, Editorial, page A20.

[15] Renfrey CLARKE, Russia's privatisation wars. htm, Green Left weekly

[16] news.bbc.co.uk/1/hi/world/europe/828668.stm, Russia cracks down on oligarchs, 11. 7. 2000.

[17] Harvard University, Belfer Center for Science and International Affairs, Russian Media Ownership and Influence, BCSIA, 2000.

[18] Andrej KOBJAKOW u. Jens DEPPE, »Wem die russischen Massenmedien gehören, Stand 2001/2002«, www.mediasprut.ru und jdeppeuni-bremen.de

[19] The Japan Times OnlineOligarchsPutin.htm, Russia's war against the oligarchs, 23. 6. 2000

[20] The Russian Oligarchs of the 1990'sSanJoseUniv.htm, Thayer Watkins, Economics Department, The Russian Oligarchs of the 1990's

[21] Markus ZIENER, »Tschubais will Macht der Banken begrenzen«, in: *Der Tagesspiegel,* 2. 10. 1997, S. 28.

[22] diagramBeteiligungen, Andrej KOBJAKOW u. Jens DEPPE, »Wem die russischen Massenmedien gehören, Stand 2001/2002«, jdeppe@uni-Bremen.de

[23] Harvard University, Belfer Center for Science and International Affairs, Strengthening Democratic Institutions Project, Russian Media Ownership and Influence, BCSIA, 2000. Anteile an ORT hielt BERESOWSKIJ zum einen indirekt über sein Unternehmen Logovaz (elf Prozent) und direkt acht Prozent.

[24] dgo-online.org, Zeittafel Januar–Juli 2002, Datum: 24. 1. 2002, »Rußlands Entwicklung unter Putin«, Teil V.

[25] »Beresowski: Putin baut einen autoritären Staat auf«, in: *Die Welt,* 1. 2. 2002, S. 6.

[26] dgo.online.org, Zeittafel Januar–Juli 2002, »Rußlands Entwicklung unter Putin«, Teil V.

[27] Jens HARTMANN, »Moskaus Oligarchen vor dem Fiasko«, in: *Die Welt,* 19. 2. 1999; Ulli GERICKE, »Das russische Bankensystem leidet unter selbst verschuldeter Isolation«, in: *Börsen-Zeitung,* 29. 11. 2003, S. 18.

[28] TheRussianOligarchsofthe1990'sSanJoseUniv.htm, Thayer Watkins, Economics Department

[29] »Jelzin will radikalen Umbau des Kabinetts«, in: *Handelsblatt,* 11. 3. 1997.

[30] TheRussianOligarchsofthe1990'sSanJoseUniv.htm, Thayer Watkins, Economics Department

[31] Chrystia FREELAND u. Frances WILLIAMS, »Banking on a Russian epic«, in: *Financial Times,* 26. 9. 1997; auch Anatolij TSCHUBAIS.

[32] InterrosattractsinvestorstoRosbank.htm, 26. 5. 2003; Eigentümer Interros 75% und Surgutneftegaz 20%

[33] Chrystia FREELAND u. Frances WILLIAMS, aO. (Anm. 31).

[34] TheBigSeven – Russia'sFinancialEmpiresWorldbank.htm, *Transition Newsletters,* The World Bank Group, excerpt from special Report of Donald N. Jensen, Associate Director of REF/FL=RadioFree Europe

[35] »Einstiger Zentralbankchef wechselt zu Yukos«, in: *FAZ,* 29. 4. 2004,

S. 16; Friedrich Ebert Stiftung, *Die Symbiose von ökonomischer und politischer Macht im neuen Rußland,* September 2000.

36 wsws.org/de/1999/apr1999/russ-a21.shtml, Patrick Richter, »Rußlands Niedergang und die Machtkämpfe in Moskau«, 21. 4. 1999.

37 Katja Gloger, »El tesorero del Kremlin«, in: *El País,* Semanal, Numero 1438, 18. 4. 2004, S. 22–28.

38 TheRussianOligarchsofthe1990'sSanJoseUniv.htm, Thayer Watkins, Economics Department.

39 Mathias Brüggmann, »In Rußland ensteht eine neue Wirtschaftselite«, in: *Die Welt,* 17. 5. 2004.

40 CompanyProfileMenatep.htm

41 PressRoom19June2002MenatepplanstorereduceOwnershipto51%.htm, Group Menatep, Press Room, Media Coverage of Group Menatep: 19. 6. 2002, Yukos Shareholders in Surprise Stake Relevation

42 »Wirtschaft Kompakt, Rußland-Zentralbank in Moskau stellt Most-Bank unter Aufsicht«, in: *Die Welt,* 18. 5. 2000.

43 Frank Herold, Duell um die Macht«, in: *Berliner Zeitung,* 28. 10. 2003, S. 3; Katja Gloger, aO. (Anm. 37).

44 Markus Wehner, »In Rußland wächst die Zahl der Dollar-Milliardäre«, in: *FAZ,* 14. 5. 2004, S. 26.

45 Wie Anm. 38.

46 »Privatisierung weiter umstritten«, in: *FAZ,* 24. 6. 1997, S. 6.

47 Boris Saritzkij, »In Rußland könnte es schon bald einige Banken weniger geben«, in: *Handelsblatt,* 14. 7. 1999.

48 jusline.ch/jus.info.news.bg240700.html, 1.8.2000, »Aeroflot-Affäre: Auch Beresowski unterliegt vor Bundesgericht«, Quelle: Pressemitteilung des Bundesgerichtes am 24. 7. 2000 und gleiche Internetadresse Nr.260700b.html, »Aeroflot-Affäre: Letzte Entscheidung des Bundesgerichts. Nur eine Gutheißung«, 1. 8. 2000.

49 »Putin will Oligarchen und Industrielle in seine Politik einbinden«, in: *FAZ,* 27. 7. 2000.

50 Andrew Jack, »Putins Gegner zahlen einen hohen Preis«, in: *Financial Times Deutschland,* 31. 10. 2003, S. 2.

51 Dimitry Slobodanuk, »Russian Oligarchs to be Liquidated«, in: *Pravda,* 11. 6. 2003; Isabel Gorst, »The Energy Dimension in Russian Global Strategy. Russian Pipeline Strategies: Business Versus Politics«, The James Baker III Institute for Public Policy of Rice University, Oktober 2004.

52 Markus Wehner, »In Rußland wächst die Zahl der Dollar-Milliardäre«, in: *FAZ* , 14. 5. 2004; »Moskaus Oligarchen vor dem Fiasko«, in: *Die Welt,* 19. 2. 1999.

53 »Jurij Boldrew im Gespräch mit Elfie Siegel. In Rußlands System der Macht fehlen die Sanktionen«, 9. 4. 1999.

54 Liste der russischen Oligarchen, Stand: September 2003

Name	Vermögen 2002 in Mrd. $	Vermögen Sept. 2003 in Mrd. $	Involvierte Unternehmen
Michail Chodorkowskij	3,7	8,0	Menatep/Yukos
Roman Abramowitsch	3,0	5,7	Milhouse Capital/Sibneft
Michail Fridman	2,2	4,3	Alfa Group/Tyumen Oil
Wiktor Vekselberg	k.A.	2,5	Alfa Group/Tyumen Oil
Wladimir Potanin	1,8	1,8	Interros/Norilsk Nickel
Michail Prokhorow	k.A.	1,6	Interros/Norilsk Nickel
Wladimir Yevtuschenkow	k.A.	1,5	AKF Sistema
Oleg Deripaska	1,1	1,5	Base Element
Wagit Alekperow	1,4	1,3	Lukoil
Alexei Mordaschov	k.A.	1,2	Severstal

Quelle: World Bank Group, *Newsletter*, Juni–August 2003

Anzumerken gilt es noch, daß Chodorkowskij im Jahre 2003 schon auf Rang 26 in der Welt vorgerückt war, während Abramowitsch Rang 49 einnahm. Insgesamt kam Rußland auf siebzehn Milliardäre, nur die Vereinigten Staaten, Japan und Deutschland kamen auf mehr. Wie bereits weiter oben erklärt wurde, stieg die Anzahl der Milliardäre in Rußland rasant weiter. Im Februar 2004 zählte Forbes in seiner Liste der reichsten Menschen schon fünfundzwanzig russische Milliardäre, im Mai sogar sechsunddreißig. Damit hatte Moskau mehr Milliardäre aufzubieten als jede andere Großstadt in der Welt. Auf diese kleine Anzahl von Milliardären entfällt rein rechnerisch vierundzwanzig Prozent des Bruttoinlandsprodukts, in den USA entfallen auf die zweihundertsiebenundsiebzig Milliardäre nur sechs Prozent. Somit konzentriert sich ein wesentlicher Teil des russischen Vermögens auf eine sehr kleine Anzahl von Personen, in Amerika ist das Vermögen jedoch wesentlich breiter gestreut.

[55] Pilar Bonet, » La Policía rusa registra por sorpresa la sede de la petrolera Yukos«, in: *El País*, 4. 7. 2004, S. 54.

[56] Jens Hartmann, »Gerichtsvollzieher beginnen mit Pfändung bei Yukos«, in: *Die Welt*, 8. 7. 2004, S. 13.

[57] »Ölkonzern Yukos hat nur noch 800 000 Euro in bar«, in: *FAZ*, 5. 7. 2004, S. 12.

[58] »Yukos schuldet dem Staat Milliarden«, in: *FAZ*, 30. 6. 2004, S. 11.

[59] »Termine der Woche«, in: *FAZ*, 5. 7. 2004.

[60] »Yukos befindet sich in Zahlungsverzug«, in: *FAZ*, 6. 7. 2004, S. 12.

[61] Andrew Jack, »Yukos in new threat to declare bankruptcy«, in: *Financial Times*, 16. 8. 2004, S. 1.

[62] »Neue Hoffnung für Yukos«, in: *FAZ*, 7. 7. 2004, S. 15.

[63] Arkady Ostrovsky, »Greater role for Rosneft urged«, in: *Financial Times*, 12. 8. 2004, S. 14.

[64] Rodrigo Fernández u. Darcy A. Crowe, »El Precio del Crudo llega al

máximo de 14 años por la crisis de la petrolera Yukos«, in: *El País,* Economía, 29. 7. 2004, S. 38; und Markus WEHNER, »Tanker in Turbulenzen«, in: *FAZ,* 16. 8. 2004, S. 5.

[65] Rodrigo FERNÁNDEZ, »La justicia rusa confisca la filial de extracción de crudo de Yukos para cobrar la deuda fiscal«, in: *El País,* Economía, 21. 7. 2004, S. 46.

[66] Pilar BONET, »Yukos sufre una doble derrota en los tribunales rusos, que rechazan la suspensión del pago de la deuda fiscal«, in: *El País,* 18. 8. 2004, S. 56.

[67] Andrew JACK, »Yukos Euro 2.2bn loss conflicts with record world oil prices«, in: *Financial Times,* 17. 8. 2004, S. 15.

[68] »Yukos droht mit Insolvenz«, in: FAZ, 23. 7. 2004, S. 14; und »Dresdner Kleinwort bewertet Yukos«, in: *FAZ,* 13. 8. 2004, S. 16.

[69] Andrew JACK, »Yukos Euro 2.2bn loss conflicts with record world oil prices«, in: *Financial Times,* 17. 8. 2004, S. 15.

[70] »Rußland verkauft seinen Lukoil-Anteil«, in: FAZ, 5. 8. 2004, S. 16; und »Conoco will sich an Lukoil beteiligen«, in: *FAZ,* 28. 8. 2004, S. 15.

[71] Jens HARTMANN, »Scheichs aus Dubai interessieren sich offenbar für den Ölkonzern Yukos«, in: *Die Welt,* 10. 8. 2004, S. 14.

[72] »Das Herzstück von Yukos kommt unter den Hammer«, in: *FAZ,* 20. 11. 2004, S. 14.

[73] »Streit um Yukos-Bewertung eskaliert«, in: FAZ, 15. 10. 2004, S. 13; und »Rätselraten über den Wert der Yukos-Tochtergesellschaft«, in: *FAZ,* 14. 10. 2004, S. 12.

[74] »Gasprom will zum Ölriesen aufsteigen«, in: *FAZ,* 1. 12. 2004, S. 21.

[75] »Rätselraten um Baikal Finance Group«, in: *FAZ,* 21. 12. 2004, S. 11; »Russischer Staatskonzern kauft Yukos-Tochter«, in: *Die Welt,* 24. 12. 2004, S. 1–11; »Yukos-Erdöl in staatlicher Hand«, in: *FAZ,* 24. 12. 2004, S. 1.

[76] »Spekulationen über Samaraneftegaz«, in: *FAZ,* 27. 1. 2005, S. 17; »Rosneft will sich auch den Rest von Yukos schnappen«, in: *FAZ,* 20. 4. 2005, S. 16.

[77] Michael LUDWIG, »Wie eine Marionette«, wo??, 19. 5. 2005, S. 4; »Neun Jahre Haft für Chodorkowskij und Lebedew«, in: *FAZ,* 1. 6. 2005. S. 1.

[78] Javier BLAS u. Isabel GORST, »Oil production in Russia stagnates for eight months«, in: *Financial Times,* 3. 6. 2005, S. 6.

[79] Markus WEHNER, »Der Kampf um Rußlands Öl«, in: *FAZ,* 30. 7. 2004, S. 11.

25. Kapitel

Die Ölabhängigkeit der amerikanischen Wirtschaft und die weltweite Ölnachfrage heute

In seiner berühmt gewordenen Rede, als »Malaise Speech« bekannt geworden, trat US-Präsident Jimmy Carter im Juli 1979 an sein Volk heran und machte vor allem ein Thema zum Schwerpunkt seiner Rede, nämlich die Energiepolitik seines Landes. Er erinnerte daran, daß er bereits zum fünften Mal dieses wichtige Thema auf die Tagesordnung seiner Regierungsarbeit gesetzt habe, aber immer noch sei das Problem nicht gelöst worden. Immer noch sei das Land auf der Suche nach praktikablen Lösungen, um die »Energiekrise« abzuwenden. Er verknüpfte das Energieproblem seines Landes mit einer »fundamentalen Gefahr für die amerikanische Demokratie« und mit der Unterwanderung der Nation vor einer »Vertrauenskrise«. Er erinnerte daran, einmal habe das Vertrauen in die Zukunft seines Landes alles andere getragen. Das Vertrauen habe den Weg gewiesen und war zudem eine Verbindung zwischen allen Generationen, weil man an den Fortschritt geglaubt habe. Nun war man also dabei, dieses Vertrauen zu verlieren. Um dieser Entwicklung entgegenzusteuern, schlug er vor, zuallererst das Energieproblem des Landes zu lösen (»Energie wird der erste unmittelbare Test sein, unser Land zu vereinen«), und erinnerte daran, daß die Vereinigten Staaten von Amerika innerhalb eines Jahrzehnts von einer in der Energiepolitik unabhängigen Nation sich in eine Abhängigkeit begeben habe, die es zu überwinden gelte. Er schlug daher folgende sechs Punkte vor, um diese untragbare Abhängigkeit ein für allemal zu verhindern:

1. diese Nation wird ›niemals‹ mehr ausländisches Öl benötigen als heute, und die Ölimporte sollten bis Ende des nächsten Jahrzehnts um fünfzig Prozent zurückgeschraubt werden. Das wäre eine Ersparnis bei der Einfuhr von 4,5 Millionen Barrel pro Tag;
2. um diese Ziele zu erreichen, werden Importquoten für ausländisches Öl eingeführt;
3. um diese Energiesicherheit zu gewährleisten, sollten alle Energiealternativen geprüft, ausgebaut und genutzt werden;
4. die amerikanischen Stromkonzerne sollten verpflichtet werden, ihren »massiven Einsatz« von Öl innerhalb eines Jahrzehnts um fünfzig Prozent zu verringern;

5. die Gründung eines Energiemobilisierungsrates *(»energy mobilization board«)*, um die oben genannten Ziele zu erreichen;

6. der Beginn und die Einführung eines Energiekonservierungsprogramms in jedem Bundesstaat, jedem Bezirk *(»county«)* und jeder Stadt, um die Umsetzung auch in den Privathaushalten voranzubringen.

Zudem rief der Präsident die Bürger dazu auf, jede Möglichkeit zum Verzicht eines Energieeinsatzes ernsthaft zu prüfen. Nun stammte diese Rede aus der Zeit unmittelbar vor Beginn der zweiten Ölkrise, die bekanntlich durch den Sturz des Schahs und durch die Machtergreifung Ayatollah KHOMEINIS ausgelöst worden war. Doch wie neu waren die Ausführungen CARTERS gewesen, wie hatten die Amerikaner auf die erste Ölkrise reagiert? Es lohnt sich, der Sache auf den Grund zu gehen, denn die Ölkrise von 1973/74 hatte das Land auf dem falschen Fuß erwischt. Die amerikanische Wirtschaft hatte sich voll und ganz in die Abhängigkeit des Rohöls und auch von Rohöleinfuhren begeben. 1973/74, also beim Ausbruch der ersten Ölkrise, betrug der Anteil des Rohöls an der Abdeckung des inländischen Energiebedarfs insgesamt sechsundvierzig Prozent. Bis 1976 hatte sich daran nichts geändert; im Gegenteil, der Anteil des Öls war sogar auf siebenundvierzig Prozent gestiegen. Die Amerikaner importierten für die Sicherstellung eines ausreichenden Angebots 1977 8,7 Millionen Barrel pro Tag, 1973 waren es erst 6,3 Millionen Barrel pro Tag gewesen. Andere westeuropäische Staaten und auch Kanada hatten mit Einsparungen reagiert, in Japan stagnierte der Verbrauch gleichwohl auf hohem Niveau. Die Tabelle auf der gegenüberliegenden Seite zeigt die Entwicklung.

Hatten die Amerikaner den Ernst der Lage nicht erkannt? Jimmy CARTER rief sie nun zum Sparen auf, aber kam dieser Ruf nicht zu spät? Es lohnt sich, auch hier die Entwicklung im einzelnen zu betrachten und dann auch einen Blick auf die Entwicklung in anderen Ländern zu werfen. Da die amerikanische Wirtschaft aber heute (2003/2004) täglich mehr als zwanzig Millionen Barrel benötigt und damit für gut ein Viertel des weltweiten Ölverbrauchs aufkommt, ist Amerikas Entwicklung sicherlich wichtig und beobachtenswert. CARTERS ausgesprochene Zielsetzungen haben zumindest vorübergehend einen deutlichen Spareffekt zur Folge gehabt. Während zwischen 1973/74 und 1978/79 nicht viel von einer Sparpolitik zu sehen war, denn der Verbrauch stieg von 17,3 auf 18,4 Millio-

Ölimporte einiger Industriestaaten im Vergleich 1973 und 1977[1]		
Land	Ölimporte 1973, Barrel pro Tag	Ölimporte 1977, Barrel pro Tag
USA	6 256 000*	8 694 000*
Japan	5 000 000	5 018 000
Deutschland	2 693 000	2 434 000
Frankreich	2 219 000	1 896 000
Italien	1 525 000	1 416 000

* = Bei den Amerikanern lag der tatsächliche Verbrauch weitaus höher, aber ein wesentlicher Teil wurde durch die eigene Ölförderung abgedeckt. Beim Vergleich in dieser Tabelle geht es aber mehr um den Vergleich der Importabhängigkeit.

nen Barrel pro Tag, ging er bis 1985 immerhin auf 15,7 Millionen Barrel zurück.[2] Erst 1996 erreichte man wieder annähernd das Niveau von 1979. Auch die Einführung von energiesparenden Maßnahmen unter der Regierung Bill CLINTONS konnte die steigende Ölimportabhängigkeit nicht aufhalten.[3] In anderen Industrieländern liegt man heute noch immer unter dem Niveau von 1973 oder 1979, wie folgende Tabelle zeigt.

Während in Großbritannien, Frankreich und Deutschland das Niveau von 1973 deutlich unterschritten wird, weisen die USA einen durchschnittlichen Tagesverbrauch auf, der um 3,2 Millionen Barrel pro Tag höher liegt als 1973. Täglich importiert das Land mehr als zwölf Millionen Barrel Öl. Der Verbrauch in Japan stagniert seit den siebziger Jahren auf einem Niveau von etwa 5,3 Millionen Barrel pro Tag und ist im Jahre 2002 erstmals durch das Wirtschaftswunderland China übertrumpft worden. Der Verbrauch in Deutschland ist sogar deutlich zurückgegangen, von 3,3 im Jahre 1973 auf 2,6 Millionen Barrel pro Tag im Jahre 2004.

Zudem haben andere Länder in Asien beim Ölverbrauch deutlich zugelegt, Indien importierte im Jahre 2004 beispielsweise 1,5 Millionen Barrel pro Tag, Südkorea 2,1 Millionen Barrel pro Tag.[5] In beiden Ländern wird in den kommenden Jahren aufgrund des dynamischen Wirtschaftswachstums ein weiter ansteigender Verbrauch erwartet. Rechnet man die derzeitigen Ölimporte von China, Japan, Südkorea und Indien zusammen, kommt man bereits auf einen täglichen Bedarf von 11,8 Millionen Barrel. China kann glück-

Ölverbrauch 1973, 1979 und 2004 im Vergleich[4]

Land	Ölverbrauch 1973 TSD Barrel pro Tag	Ölverbrauch 1979 TSD Barrel pro Tag	Ölverbrauch 2004 TSD Barrel pro Tag	Verände-rung 197[illegible] 2004 in %
USA	17 318	18 438	20 517	+ 18,4[illegible]
Japan	5 324	5487	5 288	– 0,68
Deutschland	3 314	3 380	2 625	– 20,80
China	18	1 833	6 684	+ 264,[illegible]
Brasilien	838	1 190	1 830	+ 118,4[illegible]
Mexiko	525	932	1 896	+ 261,[illegible]
Großbritannien	2 280	1 947	1 756	– 22,99
Frankreich	2 561	2 434	1 975	– 22,89
Italien	2 047	2 081	1 871	– 8,60
Spanien	770	1 015	1 593	+ 106,[illegible]
Niederlande	831	857	1 000	+ 20,3[illegible]
Rußland	k.A.	4 910*	2 574	– 47,58
Südkorea	236	480	2 280	+ 866,1
Taiwan	204	358	877	+ 329,[illegible]
Indien	474	633	2 555	+ 439,1
Kanada	1 696	1 947	2 206	+ 30,07

* = Für Rußland wird hier eine Zahl von 1985 eingeführt, da die BP-Statistik vorher keine Zahlen für Rußland ausweist.

** Für China wird ein Vergleich zum Jahre 1979 vorgenommen, da ein Vergleich aufgrund des sehr niedrigen Ausgangswertes im Jahre 1973 nicht sinnvoll ist.

licherweise ungefähr die Hälfte seines Bedarfs mit der eigenen Ölförderung abdecken, Indien muß etwa siebzig Prozent importieren, während Japan und Südkorea beim Öl ganz aufs Ausland angewiesen sind.

Die in der Tabelle aufgeführten Zahlen deuten aber noch eine andere Tatsache an: Während die Amerikaner von wachstumsstarken Regionen umgeben sind, in denen es auch reiche Rohstoffvorkommen gibt, ist das Wachstum in Westeuropa deutlich hinter dem von Asien, Osteuropa und Lateinamerika zurückgeblieben. Die Amerikaner verfügen mit Kanada und Mexiko über zwei sichere

Rohstofflieferanten in ihrer Nähe, bei denen sie ihren zusätzlichen Rohölbedarf lange Zeit bequem abdecken konnten. Doch da beide Länder bei der Förderung konventionellen Öls wohl an der Kapazitätsgrenze ihres Fördervolumens angelangt sind, können sie eine noch höhere amerikanische Nachfrage nicht mehr abdecken. Zudem lenkt Mexiko immer mehr Öl auf den eigenen Markt, da dieses dank einer dynamisch wachsenden Bevölkerung deutlich ›hungriger‹ geworden ist als jemals zuvor. Mexiko förderte 2003 3,8 Millionen Barrel pro Tag, der Eigenbedarf lag bei 2,02 Millionen Barrel pro Tag, und somit verblieb für den Export nur noch 1,78 Millionen Barrel; der überwiegende Teil (über 80 Prozent) wurde von den USA abgenommen. Außerdem schrumpfen die ›sicheren‹ Ölreserven Mexikos: BP bezifferte sie Ende 2004 nur noch mit 14,8 Milliarden Barrel oder 1,2 Prozent der Weltölreserven.

Ihr unter Jimmy Carter erklärtes Ziel, die Abhängigkeit von den Öleinfuhren deutlich zu verringern, haben die Amerikaner also eindeutig verfehlt. Im Gegenteil, die Abhängigkeit ist stark gewachsen und wird sich wohl weiter verschärfen. Untere Tabelle zeigt die Entwicklung in den neunziger Jahren bis heute auf.

Zudem kämpfen die Amerikaner seit Jahren gegen die schrumpfenden eigenen Ölreserven an. Verfügte man Ende der siebziger Jahre noch über nachgewiesene sichere Ölreserven von über dreißig Milliarden Barrel, so sind diese zuletzt auf nur noch zweiundzwanzig Milliarden Barrel zurückgegangen. Achtzig Prozent dieser Reserven entfallen dabei auf vier Bundesstaaten, nämlich Texas

Ölimporte in die Vereinigten Staaten von Amerika 1993–2004[6]

Jahr	Bruttoöleinfuhren in Mio. Barrel pro Tag
1993	8,62
1995	8,83
1998	10,70
2001	11,87
2002	11,53
2003	12,26
2004	12,89

und Louisiana mit jeweils 22 Prozent, Alaska mit 20 und Kalifornien mit 18 Prozent. Hinzu kommt die deutlich absinkende Ölförderung im eigenen Land.

Die Ölförderung in den Vereinigten Staaten von Amerika sank im Jahre 1993 auf durchschnittlich 7,8 Millionen Barrel pro Tag und lag damit deutlich niedriger als 1985, als die Tagesförderung noch 10,6 Millionen Barrel pro Tag betrug; immerhin ein Rückgang um 26 Prozent. Der größte Teil der Ölförderung entfällt dabei auf den Golf von Mexiko (1,6 Mio. Barrel), Texas (1,1 Mio.), Alaska (949 000) und Kalifornien (683 000) – jeweils pro Tag.

Ölförderung und Ölreserven in den Vereinigten Staaten von Amerika[7]

Jahr	Ölförderung in den USA in Millionen Barrel	Sichere Ölreserven zum Jahresende in Millionen Barrel
1976	*	33 502
1979	2 955	29 810
1982	2 950	27 858
1992	2 446	23 745
2002	1 875	22 677
2003	1 877	21 891
* = keine Angaben		

Die Ölabhängigkeit der Vereinigten Staaten von Amerika gewinnt also an Brisanz, und der Kampf um die Ressourcen wird sich im 21. Jahrhundert noch weiter zuspitzen. Davon kann man aus heutiger Sicht ohne Zweifel ausgehen.

Die Kurve in der Grafik oben zeigt das Problem der Amerikaner deutlich auf. Anfang der siebziger Jahre erreichte die Ölförderung ihren Höhepunkt. Bis 2050 wird sie stark zurückgehen. Der steile Rückgang der eigenen Ölförderung ist also ihr Dilemma. Insofern ist das Engagement der amerikanischen Ölkonzerne im Ausland durchaus verständlich. Natürlich hat diese steigende Abhängigkeit auch einen Preis, denn die Ölimportrechnung der Vereinigten Staaten steigt immer weiter an. Betrug der Anteil für die Einfuhr von Öl und Ölprodukten an der Gesamteinfuhr im Jahre 1998 nur etwa

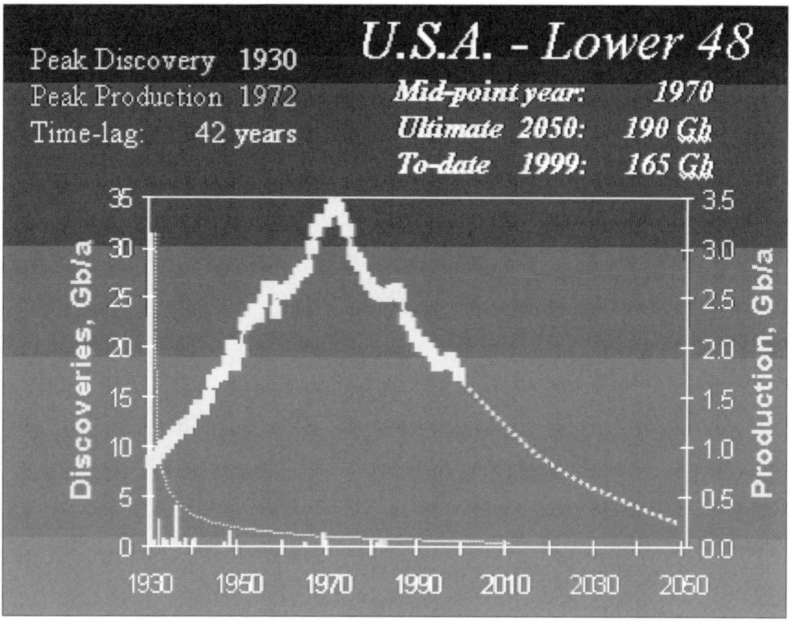

Der Gipfel der Ölförderung in den USA 1972.
Quelle: Colin J. Campbell.

fünf Prozent, so ist dieser Anteil bis 2003 auf zehneinhalb Prozent gestiegen. In absoluten Zahlen bedeutet das einen Anstieg von 71,7 Milliarden Dollar auf 133 Milliarden Dollar und für 2004 auf 180 Milliarden Dollar.[8] Selbst wenn man die um Petroleumexporte bereinigte Zahl von 163,37 Milliarden Dollar für das Jahr 2004 berücksichtigt, trägt die Ölrechnung der Vereinigten Staaten doch wesentlich zum Handelsbilanzdefizit bei, das sich im selben Jahr auf 665,39 Millliarden Dollar belief. Die amerikanische Wirtschaft wird also auch in Zukunft hohe Beträge für ausländisches Öl aufbringen müssen, sofern es nicht zu einer Ölschwemme kommt, die den Ölpreis für längere Zeit erheblich unter dreißig oder sogar zwanzig Dollar pro Barrel Rohöl drückt.

Daß die Amerikaner bei ihrer Energiepolitik eine radikale Wende vollziehen werden, davon ist derzeit nämlich nicht auszugehen. Bill Clinton und Al Gore versuchten in ihrer Regierungszeit eine alternative Energiepolitik durchzusetzen, doch der Widerstand der Republikaner im Kongreß blieb groß, und Gesetzesvorlagen wurden ein ums andere Mal blockiert.[9] Ob die am 29. Juli 2005 vom Kongreß verabschiedete Energiegesetzgebung wirklich zu einer Verminderung der Ölabhängigkeit vom Ausland führen wird, muß hingegen erst abgewartet werden.

Der letzte Bericht der amerikanischen National Energy Policy Development Group, dem übrigens auch der Vizepräsident Dick CHENEY angehört, räumt in aller Deutlichkeit die wachsende Abhängigkeit der amerikanischen Wirtschaft von ausländischen Ölressourcen und das Scheitern beim Aufbau einer effektiven Energiepolitik im letzten Jahrzehnt ein. Der Energieverbrauch der Vereinigten Staaten von Amerika war zwischen 1991 und 2000 um siebzehn Prozent angestiegen, die eigenen Kapazitäten aber nur um 2,3 Prozent.

Zudem ging die eigene Ölförderung zurück. Was blieb, war eine immer höhere Abhängigkeit vom Ausland. Folgende Grafik zeigt die Entwicklung der US-Ölimporte zwischen 1985 und 2003 auf. Klar ersichtlich ist der wachsende Anteil aus dem Nahen Osten, Mexiko und Kanada. Aber auch der Anteil der nicht namentlich aufgeführten Länder steigt an.

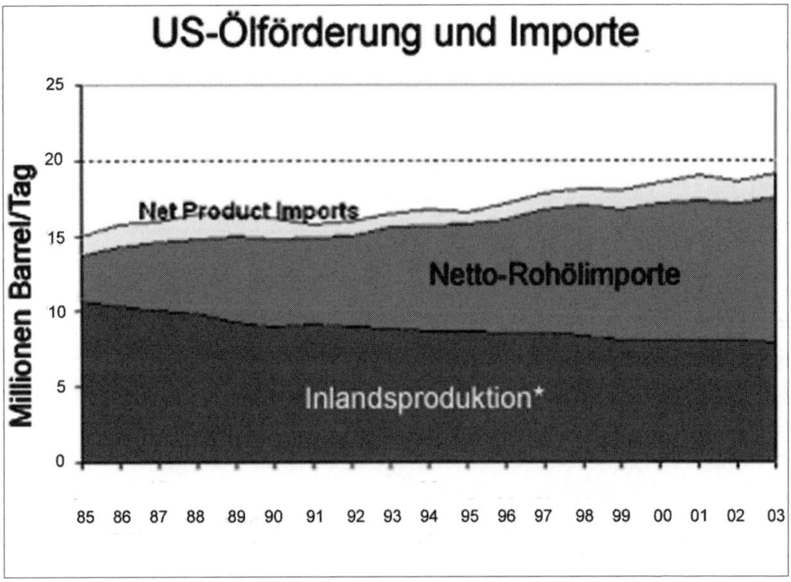

Die Entwicklung der US-Ölimporte 1985–2003.
Quelle: EIA.

Größter Rohöllieferant der Vereinigten Staaten von Amerika blieb 2004 Saudi-Arabien mit 1,7 Millionen Barrel pro Tag, vor Mexiko und Kanada mit 1,5 Millionen. An vierter Stelle folgt Venezuela mit 1,2 Millionen vor Nigeria mit 1,1 Millionen Barrel pro Tag. Auf Platz sechs folgt dann schon der Irak mit 652000 Barrel pro Tag. Zusammen sind diese Länder für sechzig Prozent der amerikanischen Erdöleinfuhren verantwortlich. Die Regierung BUSH/CHENEY möchte dieser wachsenden Abhängigkeit vom ausländischen Öl mit technologischem Fortschritt begegnen. Dabei setzt die Regierung auf die Erfahrungen aus der Vergangenheit.

Während die Wirtschaft seit 1973 um einhundertsechsundzwanzig Prozent gewachsen ist, ist der Energiebedarf nur um dreißig Prozent angestiegen. Energieeffizienzmaßnahmen haben ihre Wirkung hier nicht verfehlt. Die Energieintensität der amerikanischen Wirtschaft ist deutlich zurückgegangen. Laut Angaben des amerikanischen Energieministeriums benötigt die Industrie rechnerisch nur noch sechsundfünfzig Prozent der Energie im Vergleich zu 1970, um einen Dollar des Bruttoinlandsprodukts zu produzieren. Es wird auf den geringeren Energieeinsatz in der Industrie verwiesen, aber auch auf den Einsatz von energiesparenden Geräten in den privaten Haushalten oder den Rückgang vom Energieverbrauch in Regierungsbehörden.

Eine Fortsetzung von Energieeffizienzmaßnahmen ist erfreulich, wird aber nicht ausreichen. Denn der Energiebedarf wird in den Vereinigten Staaten von Amerika den eigenen Prognosen zufolge bis zum Jahre 2020 um zweiunddreißig Prozent zunehmen. Insofern sind massive Investitionen in neue Kraftwerkskapazitäten erforderlich geworden, um eine Energiekrise, wie sie der Bundesstaat Kalifornien in den vergangenen Jahren erlebte, zu vermeiden. Hierbei setzt die amerikanische Regierung insbesondere auf Kraftwerke, die durch Erdgas angetrieben werden. Momentan liegt Erdgas mit einem Anteil von sechzehn Prozent bei den Energieressourcen der amerikanischen Stromversorgung auf Rang drei, hinter der Atomenergie mit zwanzig Prozent und Kohle mit zweiundfünfzig Prozent. Erdgas soll 2020 sogar auf einen Anteil von dreiunddreißig Prozent kommen und damit für etwa neunzig Prozent des erwarteten zusätzlichen Energiebedarfs aufkommen.[10]

Der überwiegende Anteil des Gasbedarfs wird durch eigene Gasvorkommen abgedeckt, der größte Teil der notwendigen Gasimporte wird aus Kanada kommen. Dafür ist aber auch ein Ausbau des Gaspipelinenetzes erforderlich geworden, ansonsten sind in Zukunft Kapazitätsengpässe unvermeidlich.

Öl kommt immer noch für vierzig Prozent des Primärenergiebedarfs in den Vereinigten Staaten von Amerika auf, die Prognose für das Jahr 2020 sagt einen gleichbleibenden Anteil voraus. Hauptgrund für diesen hohen Anteil ist wie in den meisten Industriestaaten der Transportsektor. Zwei Drittel des Ölverbrauchs werden vom Transportsektor verursacht, ein Anteil von fünfundzwanzig Prozent wird für die industrielle Produktion benötigt. Der Rest entfällt im wesentlichen auf Heizöl. Eine radikale Abwendung in der Nutzung von herkömmlichen Kraftstoffen bei Pkw und Lkw wird es in den Vereinigten Staaten von Amerika nicht geben. Der Bericht des Nationalen Energieentwicklungsrats weist ausdrücklich darauf hin, daß die Energieeffizienz im Transportsektor gesteigert werden soll, aber ohne die amerikanische Automobilindustrie zu beeinträchtigen.[11] Ob die vor kurzem beschlossenen umweltpolitischen Verordnungen in Kalifornien, die das aus Automotoren stammende Kohlendioxyd bis zum Jahre 2016 um mehr als dreißig Prozent senken soll, Auswirkungen auf bundespolitischer Ebene haben werden, bleibt abzuwarten.[12] Auch Initiativen wie die California Fuel Cell Partnership, die an der Entwicklung von durch Wasserstoff angetriebenen Autos arbeiten und von Automobilherstellern und Mineralölgesellschaften finanziell unterstützt werden, dürfen nicht überschätzt werden. Die Industrie arbeitet hier weiterhin auf Sparflamme, weil keiner den Schritt vor einem Konkurrenten machen will.

Die Abhängigkeit der amerikanischen Wirtschaft von Ölimporten wird als ernsthafte und langfristige Herausforderung angesehen, die die nationale Sicherheit bei Versorgungsengpässen beinträchtigen könnte. Die eigene Ölförderung soll bis 2020 auf ungefähr fünf Millionen Barrel pro Tag zurückgehen, während die Ölnachfrage bei knapp sechsundzwanzig Millionen Barrel pro Tag liegen soll.[13] Treffen diese Prognosen tatsächlich ein, wären die USA täglich auf eine Einfuhr von einundzwanzig Millionen Barrel angewiesen, etwa neun Milllionen Barrel pro Tag mehr als heute. Zum einen soll deswegen ein Versuch unternommen werden, die einheimische Ölförderung zu steigern. Hierfür will die Regierung auch die Vorkommen unterhalb des Arctic National Wildlife Refuge (ANWR) zur Ausbeutung freigeben, trotz umweltpolitischer Bedenken. Die Vorräte in dieser Region werden auf sechs bis sechzehn

Milliarden Barrel Rohöl geschätzt, im Mittel kommt man auf zehn Milliarden Barrel. Die Höchstproduktion schätzt man auf 1 bis 1,3 Millionen Barrel Rohöl pro Tag ein, und der amerikanische Senat hat im Frühjahr 2005 Ölbohrungen in diesem ungefähr 80000 Quadratkilometer großen Naturschutzgebiet zugestimmt.[14] Mit der effektiven Ölförderung will man hier im Jahre 2010 beginnen; die Höchstproduktion soll aber erst zwanzig bis dreißig Jahre später erreicht werden. Die Ausbeutung dort wird zwar helfen, Amerikas Ölknappheit etwas abzumildern, aber bei weitem nicht ausreichen, um das Problem zu lösen.

Aus diesem Grund schlug der Nationale Energieentwicklungsrat auch eine engere Zusammenarbeit mit Staaten vor, die ihre Energiesektoren für Auslandsinvestitionen geöffnet haben. Dazu gehören Algerien, Kuwait, Oman, Katar, Saudi-Arabien, die Vereinigten Arabischen Emirate und Jemen.[15] Aber auch der Dialog und die Zusammenarbeit im Energiebereich mit Kasachstan, Aserbaidschan und anderen Staaten am Kaspischen Meer soll vorangetrieben werden. Ebenso Venezuela, Brasilien, Rußland und Afrika standen weit oben auf der Agenda für energiepolitische Zusammenarbeit. Dazu wurden auch Arbeitsgruppen gebildet, um konkrete Ziele für den Energiebereich auszuarbeiten und diese Kontakte zu institutionalisieren.[16] Zudem wurde darauf hingewiesen, daß die Golfstaaten bis 2020 ungefähr vierundfünfzig bis siebenundsechzig Prozent des weltweiten Ölangebots liefern werden und der Nahe Osten über siebenundsechzig Prozent der bekannten Ölreserven verfügt. Aus diesem Grund ist die Welt immer mehr auf eine gute Zusammenarbeit mit den OPEC-Staaten angewiesen, und die Region wird weiterhin lebenswichtig für die vitalen amerikanischen Interessen sein.

Vor dem Gipfeltreffen der G-8-Staaten im Juli 2005 im schottischen Gleneagles hatte George W. Bush die anderen G-8-Staaten aufgrund der hohen Ölpreise dazu aufgerufen, stärker in andere Formen der Energieversorgung als mit Öl und Gas zu investieren. Er meinte: »Die Vereinigten Staaten müssen aus Gründen der nationalen und der wirtschaftlichen Sicherheit eine Diversifizierung weg von den fossilen Energieträgern vornehmen. Wir haben eine Strategie entwickelt, um genau das zu tun.«[17] Zwar würde die Welt es begrüßen, wenn die Amerikaner ernsthaft an einer solchen Strategie zur Diversifizierung arbeiteten. Noch sieht die Realität aber anders aus, und der wachsende Verbrauch der amerikanischen Wirtschaft spricht eine ganz andere Sprache.

[1] John Saxe-Fernández, *Petróleo y estrategia, México y Estados Unidos en el contexto de la politica global,* siglo veintiuno editores, 1980, S. 120.

[2] BP, *Statistical Review of World Energy 2003,* workbook, Oil consumption.

[3] The White House, Office of the Press Secretary, Statement by the President on oil imports, 16. 2. 1995, clinton6.nara.gov. Hierzu gehörten Maßnahmen wie die Steigerung der Energieeffizienz, die Investition in alternative Treibstoffe, die Investition in technologische Fortschritte, um die Öl- und Gasförderung zu optimieren, und der höhere Einsatz von Erdgas.

[4] BP-statistical-review-of-world-energy-2003-workbook,Oil consumption 1965–2002.

[5] Energy Information Administration, Non-Opec Fact Sheet, eia.doe.gov/emeu/cabs/topworldtables3_4.html, 2005.

[6] International Petroleum Monthly, Table 4.10, United States Oil Imports, 1991–2004, Mai 2005; BP, *Statistical Review of World Energy 2004.*

[7] Energy Information Administration, Table D1, U.S. Proved Reserves of Crude Oil, 1976–2002.

[8] bea.gov/international, US International Transactions Accounts Data, Table 2. U.S. Trade in Goods, 14. 9. 2004, release date; U.S. Census Bureau, Foreign Trade Statistics, U. S. International Trade in Goods and Services Annual Revision for 2004, 10. 6. 2005.

[9] Bill Clinton, *Mein Leben*, Econ, München 32004, S. 364; The White House, Office of the Press Secretary, Executive Order, Federal Use of Alternative Fueled Vehicles, 21. 4. 1993, clinton6,nara.gov; The White House, Office of the Press Secretary, Text of a letter from the president to the speaker and Democratic leader of the House of Representatives and the Majority and Democratic leaders of the Senate over our nations longterm energy needs, 22.6.2000, clinton6.nara.gov

[10] National Energy Policy, Chapter One, Taking Stock, Energy Challenges Facing the United States, white house.gov/energy, Mai 2001

[11] National Energy Policy, Chapter Four, Using Energy Wisely, Increasing Energy Conservation and Efficiency, Mai 2001, S. 4–9.

[12] »Schwarzenegger gegen Bush«, in: *FAZ,* 10. 6. 2005, S. 6.

[13] National Energy Policy, Chapter One, Taking Stock, Energy Challenges Facing the United States, Mai 2001, S. 1–13.

[14] National Energy Policy, Chapter Five: Energy for a New Century, 9. 5. 2001, S. 5–8; Sheila McNulty, »Alaskans in two minds over opening refuge«, in: *Financial Times*, 3. 6. 2005, S. 2; Sandro Pozzi, »Asalto al santuario ecológico de Alaska«, in: *El País*, 20. 3. 2005, S. 26; »Senat für Ölbohrung in Alaska«, in: *FAZ,* 18. 3. 2005. S. 16.

[15] National Energy Policy, Chapter 8: Strengthening Global Alliances, Enhancing National Energy Security and International Relationships, Mai 2001.

[16] Arbeitsgruppen im Energiebereich gab es beispielsweise zwischen Ka-

sachstan und USA (U.S.-Kazakhstan Oil, Gas and Commercial Energy Working Group), zwischen Rußland und USA (U.S.-Russian Oil and Gas Working Group) sowie zwischen Afrika und den USA (U.S. Africa Trade and Economic Cooperation Forum und U.S.-African Energy Ministerial process).

[17] »Bush: Wir müssen weg von fossilen Energieträgern«, in: *FAZ*, 7. 7. 2005, S. 1.

26. Kapitel

Die ökonomischen Auswirkungen von starken Ölpreiserhöhungen 1973–2004

Wie wirken sich die Ölpreise auf die wirtschaftliche Entwicklung eines Landes aus? Das ist sicherlich eine der geläufigsten Fragen, wenn die Ölpreise ansteigen und das Tanken nicht mehr so viel Spaß macht. Wie groß sind die Auswirkungen auf Inflation und eventuell auch auf die Beschäftigung? Obwohl wir 2004 und auch 2005 über den Anstieg der Ölpreise stöhnen, ist das kein Einzelfall. Aufgrund der höheren Steuerbelastungen kann es uns sogar vorkommen, daß die Ölpreise seit Jahren immer nur weiter ansteigen. Insofern sollte der Zorn über höhere Ölpreise eigentlich dem Bundesfinanzminister gelten, und nicht den OPEC-Staaten. Der Hunger des Finanzministers ist nämlich nicht zu stillen. Während die OPEC-Staaten sich von 1986 bis 1999 zumeist mit einem Ölpreis von deutlich unter zwanzig Dollar pro Barrel zufrieden geben mußten, stiegen die Einnahmen des Bundes und der Länder aus der Mineralöl-, Erd-, Flüssiggas- und Kfz-Steuer stetig an. 1986 betrugen die Einnahmen nur dreizehn Milliarden Euro, 1999 waren es aber schon vierunddreißig Milliarden Euro. Mit einer Preistreiberei seitens der OPEC-Staaten hatte das nicht im geringsten zu tun; aber auch nicht, wie manche glauben mögen, mit einer Absatzsteigerung. Der Mineralölverbrauch hat sich in Deutschland in diesem Zeitraum kaum gesteigert, 1986 lag der Absatz bei 127,7 Millionen Tonnen, 1999 bei 128 Millionen Tonnen. Im Jahre 2003 fiel der Absatz sogar auf 121 Millionen Tonnen zurück. Die Finanzminister von Bund und Ländern haben im selben Jahr jedoch insgesamt 39,9 Milliarden Euro vereinnahmt, das ist absoluter Rekord in der Geschichte der Bundesrepublik Deutschland.[1] In anderen europäischen Staaten war die Entwicklung ähnlich wie in Deutschland.

Nun aber zum ökonomischen Einfluß der Rohölpreissteigerungen. 1998 waren die Ölpreise sogar unter zehn Dollar pro Barrel gefallen, die Asien-Krise von 1997/98 wirkte sich hier aus - und die Angst vor wesentlich niedrigeren Wachstumsraten für die Weltwirtschaft. Der Durchschnittspreis für Öl aus dem Nahen Osten lag in diesem Jahr nur bei zwölf Dollar pro Barrel. Letztendlich erwiesen sich diese Befürchtungen als falsch, denn der tägliche weltweite Verbrauch von Öl stieg auch im Krisenjahr 1998 um 0,5 Prozent leicht auf 72,83 Millionen Barrel pro Tag weiter an und sollte sich 1999 sogar recht kräftig um 2,2 Prozent auf 74,48 Millionen Barrel erhöhen.[2] Dennoch wirkte sich der tiefe Ölpreis auch in der Realwirtschaft aus. Durch den starken Rückgang der Ölpreise hatten viele Staaten im Nahen Osten große Probleme, Staatsdefizite waren bei den meisten ölproduzierenden Ländern die Folge, sind sie doch überwiegend auf die Einnahmen aus dem Verkauf des schwarzen Goldes angewiesen. In Ekuador führte der Preisrückgang gar zu einer Staatskrise, die Auslandsschulden konnten nicht mehr bedient werden. Im Westen führte dieser niedrige Preis aber zu einer äußerst niedrigen Ausgangsbasis für die folgenden Jahre. 1999 erhöhte sich der Durchschnittspreis auf 17,3 Dollar, 2000 auf 26,2 Dollar.[3] Das war innerhalb von zwei Jahren ein kräftiger Anstieg von über einhundertfünfzig Prozent. Wie wirkte sich dieser Anstieg aus?

Eine Untersuchung des IWH in Halle zeigt, wie sich der höhere Ölpreis auf die Ölrechnung von Polen, der Tschechischen Republik und Ungarn zwischen 1998 und 2000 ausgewirkt hatte. Polen mußte im Jahre 2000 etwa neunundachtzig Prozent oder 1,8 Milliarden Dollar mehr aufbringen als im Jahr zuvor. Bedenkt man, daß das Land 1999 insgesamt zwei Milliarden Dollar für die Öleinfuhren aufgewandt hat, weiß man, wie groß der Anstieg war. Die Tschechische Republik mußte im selben Jahr 449 Millionen Euro mehr bezahlen (plus 59 Prozent) und die Ungarn 492,7 Millionen Dollar (plus 67 Prozent). Vergleicht man die Beträge von 2000 mit 1998, kommt man fast auf eine Verdreifachung der Ölrechnung.[4]

Die Auswirkungen der gestiegenen Ölpreisrechnung auf Wachstum und Inflation blieben dann auch nicht aus. In Polen lag die Inflationsrate 1999 bei über sieben Prozent, für 2000 wurden bereits zehn Prozent prognostiziert, in Ungarn lag sie auch bei zehn Prozent und in Tschechien sollte sie von zwei auf über vier Prozent ansteigen. In anderen osteuropäischen Ländern wie Bulgarien wurde sogar ein Anstieg der Inflationsrate von 1,4 auf 8,0 Prozent prognostiziert.[5] In der Tat schraubte der höhere Ölpreis die Inflationsraten kurzfristig deutlich nach oben. In Polen stieg die Inflationsrate 2000 effektiv auf zehn Prozent, fiel aber danach wieder deutlich, um 2003 sogar nur 0,8 Prozent zu betragen. Auch im ehemaligen Hochinflationsland Bulgarien (1997 noch 1061%!!!) zeigten sich deutliche Stabilisierungserfolge, 2000 erfolgte wegen des Ölpreises noch ein kräftiger Sprung nach oben auf über zehn Prozent, aber bereits 2003 war der Wert bei 2,3 Prozent angelangt. Auch Tschechiens Inflationsrate schrumpfte 2003 auf beachtenswerte 0,1 Prozent, nur Ungarns Preissteigerungen lagen mit 4,7 Prozent noch deutlich über dem wünschenswerten Bereich, allerdings weit unter den zehn Prozent von 1999/2000.[6]

In einer solchen Phase höherer Inflationsraten können erhöhte Lohnforderungen zu einer höheren inflationären Entwicklung führen, eine restriktive Politik der Zentralbanken und eine relative Zurückhaltung der Gewerkschaften sowie eine maßvolle Lohnerhöhungen befürwortende Poltik können solchen Gefahren aber konstruktiv entgegenwirken. Die Staaten in Mittel- und Osteuropa konnten trotz aller Gefahren, die sich auch durch die höhere Ölrechnung ergab, in der Summe immer noch ein sehr kräftiges Wirtschaftswachstum aufweisen.[7] Das lag zum einen an einer dynamischen Inlandsnachfrage, untermauert durch vertretbare Lohnerhöhungen. Der private Konsum profitierte in diesen Ländern außerdem eindeutig noch von Nachholeffekten. Zudem stieg auch die Investitionstätigkeit in der Wirtschaft und in der Industrie an, auch die ausländischen Direktinvestitionen entwickelten sich positiv. Insofern wirkte sich der Ölpreisanstieg zwar negativ aus, der Einfluß war aber nicht dramatisch. Da die Ausarbeitung der Studie zu Mittel- und Osteuropa bereits im Dezember 2000 veröffentlicht wurde, waren die Zahlen für das Jahr 2000 nur Schätzungen. Die tatsächlichen Zahlen sollten die Prognosen jedoch weitgehend bestätigen; die Inflationsraten bildeten sich in Polen und Tschechien recht stark zurück, in Ungarn und Bulgarien waren sie immer noch recht hoch.[8] Das Wirtschaftswachstum war 2001 in Bulgarien mit vier Prozent am höchsten, es folgten Ungarn mit plus 3,8 Prozent, Tschechien mit 3,3 Prozent und Polen mit lediglich einem Prozent.[9]

Die baltischen Staaten wurden in dieser Studie nicht mitberücksichtigt, aber sie wiesen in der Region tatsächlich die höchsten Wachstumsraten auf. Insgesamt kann aber festgehalten werden, daß durch die höheren Ölpreise in Osteuropa Bremseffekte spürbar geworden sind, die ›Wachstumsgeschichte‹ Mittel- und Osteuropas aber nicht aufgehalten werden konnte. Die Vorbereitungen auf die Mitgliedschaft in der Europäischen Union zum 1. Mai 2004 wirkten sich hier schon positiv aus. Ein deutlicher Anstieg der Außenhandelsbeziehungen war die Folge, das Wirtschaftswachstum lag im Schnitt bei über drei Prozent, und somit gehört Mittel- und Osteuropa zu der nach Ostasien am stärksten wachsenden Region in der Welt. Außerdem zeigte sich Mittel- und Osteuropa insgesamt krisenresistenter als zum Beispiel die Länder der Europäischen Union.

Gleiches gilt im übrigen auch für Spanien. Im Jahre 2004 stieg der Preis für ein Barrel Rohöl der Marke Brent im Vergleich zum Vorjahr um achtunddreißig Prozent an, trotzdem wuchs das Bruttoinlandsprodukt um drei Prozent – für europäische Verhältnisse ein recht ansehnliches Wirtschaftswachstum. Natürlich muß auch auf die Wechselkursentwicklung zwischen Dollar und Euro verwiesen werden, die den Ölpreisanstieg für die Europäer etwas abmilderte. In Euro machte der Ölpreisanstieg nur noch achtundzwanzig Prozent aus. Für 2005 gilt diese Abmilderung aber nicht mehr. Der Preis für Brent-Öl stieg bis Ende Juni in US-Dollar um vierundvierzig Prozent auf 58,25 Dollar an, in Euro macht der Anstieg wegen des Wechselkursverlustes von 11,4 Prozent seit Jahresbeginn aber einundsechzig Prozent aus. Dennoch rechnet die Regierung mit einem Wirtschaftswachstum von etwa drei Prozent.[10]

Diese Krisenresistenz gilt aber nicht im gleichen Maße für andere Länder. So glauben einige Analysten und Ökonomen, daß jede bisherige Rezession in den Vereinigten Staaten durch Preiserhöhungen beim Rohöl verursacht worden war. James HAMILTON, ein amerikanischer Ökonom, kam in einem bereits 1983 veröffentlichten und vielbeachteten Artikel zu dem Ergebnis, daß seit dem Zweiten Weltkrieg jeder Rezession in den USA – mit Ausnahme einer im Jahre 1960 – ein Ölpreisschock vorausging[11] und daß die Rezession einen Krieg nach sich zog...

Betrachtet man die Jahre seit Anfang der siebziger Jahre, die von Ölpreiserhöhungen gekennzeichnet waren, fällt auf, daß die Jahre, in denen die westlichen Industriestaaten Ölpreisschocks zu verdauen hatten, nämlich 1973/74, 1979/80 und 1991, in den USA tatsächlich stets mit einer Rezession einhergingen. Die Rezession in den siebziger Jahren dauerte von November 1973 bis März 1975, der OPEC-Schock erforderte nämlich umfassende Umstrukturierungen in der amerikanischen Wirtschaft sowie in der amerikanischen Energiepolitik. Als die OPEC-Staaten den Ölpreis stark anhoben, wurden die westlichen Staaten auf dem falschen Fuß erwischt, ihre Abhängigkeit vom OPEC-Öl hatte seinen Höhepunkt erreicht.

Dem Sturz des Schah von Persien und der Machtübernahme von Ayatollah KHOMEINI im Iran folgte in Amerika die nächste Rezession, die von Januar bis Juli 1980 andauerte. Der Preis für ein Barrel ›Arabian Light‹, der 1978 noch bei durchschnittlich 13 Dollar pro Barrel gelegen hatte, verteuerte sich 1979 auf 29,8 Dollar und ein Jahr später sogar auf 35,7 Dollar.[12] Nach Anpassungsmaßnahmen im Zuge der ersten Ölkrise 1973/74 hatte man sich doch wieder an das relativ billige Öl gewöhnt; der Schock blieb also auch diesmal nicht aus. Die amerikanische Wirtschaft erlebte innerhalb kürzester Zeit sogar eine Doppelrezession, nämlich von Januar 1980 bis Juli 1980 und dann nochmal von Juli 1981 bis November 1982, die natürlich auch ihre Auswirkungen auf die Weltwirtschaft nicht verfehlte. Die Ölpreise sollten von 1979 bis 1985 recht lange auf hohem Niveau verbleiben, erst dann fiel der Ölpreis wieder zurück. 1986 ›bediente‹ man sich bei einem Preis von etwa dreizehn Dollar pro Barrel relativ günstig mit dem ›schwarzen Gold‹, und bis zum Jahre 1999/2000 blieb der Durchschnittspreis immer unter zwanzig Dollar pro Barrel.

1991 ist im Zusammenhang mit dem irakischen Überfall auf Kuwait zu sehen. Der Ölpreis erreichte im Zuge dieser Krise auch wieder Rekordniveaus, verringerte sich aber relativ schnell wieder, als das Land von irakischen Truppen befreit worden war. Der Jahres-Durchschnittspreis für West Texas Intermediate betrug 1989 19,7 Dollar (Jahr vor der Krise), stieg im Jahr des irakischen Überfalls 1990 auf 24,5 Dollar und fiel im Jahr der Befreiung 1991 erneut auf einen Jahresdurchschnitt von 21,5 Dollar zurück.

Für Dubai-Öl war die Entwicklung in diesem Zeitraum sehr ähnlich. Von nachhaltigen Preissteigerungen wie in den Jahren der beiden Ölkrisen war hier nichts zu sehen. So fiel die Rezession in den USA von Juli 1990 bis März 1991 ziemlich kurz aus. Die nächste Rezession in den Vereinigten Staaten sollte ziemlich genau zehn Jahre später folgen, nämlich noch vor den Anschlägen des 11. September 2001. Die amerikanische Wirtschaft befand sich also wieder in der Sackgasse.

Ein Blick auf die Ölpreise verrät also tatsächlich einen Zusammenhang zwischen hohen Ölpreisen und einer Rezession. Im Jahre 1999 betrug der Durchschnittspreis für West Texas Intermediate-Öl beispielsweise 19,3 Dollar pro Barrel, stieg aber 2000 auf 30,4 Dollar pro Barrel an und verblieb 2001 und 2002 bei etwa 26 Dollar. Da immer mehrere Monate vergehen, bis ein höherer Ölpreis seine

Wirkung zeigt, war die Rezession durch den höheren Ölpreis im Jahre 2000 keine überraschende Folge mehr.

Außerdem spielte das geopolitische Umfeld bei den Rezessionen von 1980-82, 1990/1991 und 2001 sicherlich auch eine Rolle. Man erinnert sich noch an den Sturz des Schah im Jahre 1979, dem die Geiselnahme in der amerikanischen Botschaft in Teheran folgte. 1986 kam es zur sogenannten Iran-Contra-Affäre unter Ronald REAGAN. Mit 1990/1991 verbindet sich wiederum eine Krise im Nahen Osten – diesmal, als sich der Irak den kuwaitischen Staat unter den Nagel riß und die amerikanische Militärmacht zum Eingreifen zwang. Im Jahre 2000 sorgte der amerikanische Wahlkampf dafür, daß die Weltöffentlichkeit lange Zeit den Atem anhielt im Erstaunen darüber, daß die Wahl zwischen George W. BUSH und Al GORE lange Zeit keinen eindeutigen Sieger hervorbrachte. Die Einteilung des neuen amerikanischen Präsidenten nach seiner Amtsübernahme in ›gute‹ und ›schlechte‹ Staaten, die öffentliche Geißelung der sogenannten ›Schurkenstaaten‹ sowie die rhetorischen Angriffe des Präsidenten und seiner Administration gegen Nordkorea und den Irak sorgten in der Folgezeit auch nicht gerade für Entspannung.

Insofern kann beim Ölpreis von einem ›geopolitischen Risikozuschlag‹ ausgegangen werden, der sich zwischen fünf und zehn Dollar pro Barrel bewegen kann. Wissenschaftler verweisen darauf, daß es beim Öl eine asymmetrische Relation zur Ökonomie gibt, das heißt, Ölpreisanstiege belasten die Ökonomie mehr, als ein Ölpreisrückgang zur Entlastung beiträgt. Zudem wird auch ein engerer Zusammenhang zwischen den Ölpreisanstiegen und der jeweiligen Geldpolitik gesehen – ein Punkt, der zuvor bei der Analyse des Einflusses von Ölpreissteigerungen zu kurz kam. Denn eine Ressource, die nur drei Prozent des Bruttoinlandsproduktes ausmachte, konnte aus ihrer Sicht nicht so viel Schaden anrichten. Außerdem sprach man vom ›Überraschungseffekt‹ des Ölpreisschocks in Verbindung mit der tatsächlichen Erhöhung des Ölpreises und seiner Auswirkung auf die Realwirtschaft. Es wurde versucht, mit einer Vector-Autoregression-Berechnung (VAR) die Auswirkungen realistischer zu beschreiben. DAVIS und HALTIWANGER hatten in einer empirischen Studie untersucht, welche Auswirkungen höhere Ölpreise auf die Arbeitsplätze in den Vereinigten Staaten hatten, und kamen zu dem Ergebnis, daß der Ölpreisschock von 1973/1974 in den folgenden fünfzehn Quartalen zum Abbau von elf Prozent aller Arbeitsplätze im gewerblichen Bereich geführt hatten.[13]

Sicherlich ist die Auswirkung höherer Ölpreise je nach Branche sehr unterschiedlich einzuschätzen. Ölintensive Branchen wie die Luftfahrt, der Transportsektor und die Chemie leiden zwangsläufig mehr als andere Branchen, weil der Einsatz von Öl und anderen Rohstoffen hier ein wesentlicher Kostenfaktor ist. Die chemische Industrie gehört mit einem jährlichen Verbrauch von zwanzig Millionen Tonnen zu den großen Ölverbrauchern in Deutschland. Bayer und Lufthansa sind also gute Beispiele für zwei stark energieabhängige Unternehmen.

Der Chemiekonzern Bayer wies in seinem Geschäftsbericht 2003 für den Teilkonzern Polymers, zu dem die Segmente Kunststoffe/Kautschuk, Polyurethane/Lackrohstoffe/Fasern sowie Chemie gehören, immer wieder auf die gestiegenen Rohstoff- und Energiekosten hin. Die Umsatz- und Ergebnisentwicklung war eindeutig negativ; neben einem stärkeren Wettbewerb und Überkapazitäten wirkten sich vor allem die höheren Rohstoffpreise aus.[14] Der Preis von Vorprodukten für die Petrochemie war sehr hoch: Beispielsweise verzeichnete Naphtha allein von Februar bis August einen Preisanstieg von sechsundvierzig Prozent, und der Preis für ›Benzene‹ (wird für die Herstellung vieler Plastikarten verwendet) verdoppelte sich sogar. Da Naphtha der wichtigste Rohstoff der chemischen Industrie ist, wirken sich solche Preissteigerungen auch entsprechend negativ aus. Allerdings ist die Preisentwicklung im Mehrjahresvergleich nicht so ungünstig gewesen, wie es solch kurzfristige Preisvergleiche andeuten mögen.[15] Amerikanische Chemieproduzenten wie Dow Chemical und Du Pont klagten zur gleichen Zeit über die im Zuge der Ölpreishausse gestiegenen Gaspreise, da etwa siebzig Prozent der petrochemischen Cracker-Anlagen in den USA mit Gas betrieben werden.[16]

Bei Lufthansa erhöhte sich der Kostenfaktor Treibstoffkosten von sieben Prozent der Umsatzerlöse im Jahre 1999 auf fast zehn Prozent in den Jahren 2000 und 2001. Dennoch traf der Rohölpreisanstieg die Lufthansa nicht so stark wie erwartet, weil das Unternehmen verschiedene Sicherungsinstrumente einsetzte und insgesamt bis zu neunzig Prozent des Treibstoffverbrauchs der folgenden vierundzwanzig Monate auf einer revolvierenden Basis mit Termingeschäften absicherte. Ende 2003 waren so bereits etwa zweiundsiebzig Prozent des voraussichtlichen Treibstoffbedarfs im Jahre 2004 abgesichert worden.[17] Dennoch bleiben die Treibstoffkosten ein wichtiges Thema in der Branche, die nach Angaben des Weltverbandes der Fluggesellschaften IATA im Jahre 2004 insgesamt einundsechzig Milliarden Dollar für Treibstoffkosten ausgab; für 2005 wird aufgrund der deutlich gestiegenen Ölpreise ein Anstieg auf dreiundachtzig Milliarden Dollar vorausgesagt.[18] Innerhalb der letzten zwei Jahre summierte sich der Anstieg auf zweiundfünfzig Prozent oder Mehrkosten in Höhe von einundzwanzig Milliarden Dollar. Viele Fluggesellschaften sind bisher noch nicht zu einer solchen konsequenten Absicherungsstrategie übergegangen wie die Lufthansa, die höheren Kosten wirken hier also noch stärker. Eigentlich wollten die Fluggesellschaften des Weltverbandes IATA, der mit 276 Mitgliedern gut achtundneunzig Prozent der Branche abdeckt, 2004 – nach drei Jahren mit Verlusten von insgesamt dreißig Milliarden Dollar – wieder Gewinne ausweisen. Der Verband rechnete 2004 mit Verlusten von drei Milliarden Dollar, sofern der Ölpreis im Durchschnitt etwa sechsunddreißig Dollar kosten würde. Die bereits nach oben korrigierte Voraussage wurde von der Wirklichkeit aber noch übertroffen, der Durchschnittspreis für ein Barrel Rohöl stellte sich 2004 auf 38,3 Dollar, der Jet-Fuel-Preis lag im selben Jahr sogar bei 48,1 Dollar pro Barrel.[19]

Auf die amerikanischen Fluggesellschaften mit 23,2 Milliarden Dollar von 2001 bis 2003 entfällt der Löwenanteil der akkumulierten Verluste, in einer an sich schon gebeutelten Branche (siehe hierzu auch nachfolgende Tabelle). So bezifferte Delta-Chef Gordon Bethune den Kostenfaktor seines Unternehmens bei einem Anstieg des Ölpreises um einen Dollar auf vierhundertfünfundzwanzig Millionen Dollar jährlich.[20]

Ein Vergleich aus den Jahren 2001 bis 2003 bei den drei großen amerikanischen Fluggesellschaften United, Delta und American Air Lines zeigt die Entwicklung bei den Treibstoffkosten auf; siehe Tabelle auf der gegenüberliegenden Seite.

Die Treibstoffkosten sind bei Delta Airlines in den letzten Jahren im Durchschnitt pro Gallone also wesentlich niedriger gewesen als bei United und American Airlines. Hintergrund für diese Tatsache waren die deutlich höheren Absicherungsgeschäfte von Delta Airlines, die der Fluggesellschaft geringere Ausgaben für Flugbenzin beschert haben. Der erzielte Spareffekt durch die Absicherungsgeschäfte summierte sich nach Angaben von Delta auf immerhin 299 Millionen Dollar im Jahre 2001 und 136 sowie 152 Millionen DM in den Jahren 2002 und 2003.[22] American Airlines erzielte 2001 und

Die Entwicklung der Treibstoffkosten bei den amerikanischen Fluggesellschaften 2001–2003[21]				
	2001	2002	2003	
Verbrauch in US Gallons In Mio.	2649 2861 3294	2514 2458 3163	2370 2202 2956	Delta United American
Treibstoffkosten In Mio. $	1817 2476 2744	1683 1921 2415	1938 2072 2586	Delta United American
Durchschnittspreis Pro Gallone in c.	68,6 86,54 81,3	66,94 78,2 76,0	81,78 94,1 87,5	Delta United American
Nettoergebnis in Mrd. US-$	- 1216 - 2145 - 1600	- 1272 - 3212 - 3500	- 773 - 2808 - 1300	Delta United American

2002 nur bescheidene Vorteile aus den Absicherungsgeschäften und konnte erst 2003 mit 139 Millionen Dollar eine nennenswerte Summe erzielen.[23] Für das Jahr 2004 hatte American für das erste Quartal 2004 einundzwanzig Prozent des erwarteten Treibstoffverbrauchs zu Preisen von Ende 2003 absichern lassen, für das zweite Quartal sechzehn Prozent und für die zweite Jahreshälfte sechs Prozent. Vergleicht man das mit der bereits zuvor erwähnten Lufthansa-Strategie von zweiundsiebzig Prozent für 2004, erkennt man hier den großen Unterschied. So wird jedem klar, warum die Chefs der Fluggesellschaften am meisten schwitzen, wenn der Ölpreis zum Höhenflug ansetzt.

Für 2005 zeichnete sich allerdings eine Wende bei den Absicherungsgeschäften ab, denn im Dezember 2004 wußte die spanische Tageszeitung *Expansión* darüber zu berichten, daß vor allem Air France/KLM bereits sechsundsechzig Prozent ihres erwarteten Treibstoffverbrauchs im kommenden Jahr abgesichert hatte, während Lufthansa mit nur fünfundzwanzig Prozent auf Rang drei und damit noch hinter Iberia mit dreißig Prozent zurückfiel. Diese Tatsache ist nur damit zu erklären, daß aufgrund der starken Ölpreisrückgänge in den letzten Wochen des Jahres 2004 die Experten vieler Fluggesellschaften für das kommende Geschäftsjahr wohl mit moderateren Ölpreisen rechnen. Diese Hoffnung könnte sich aber im nachhinein als trügerisch herausstellen.[24]

Die IATA gab im Mai 2005 bekannt, daß die Fluggesellschaften die Absicherungsgeschäfte für den erwarteten Verbrauch von Flugbenzin im Vergleich zum Vorjahr von vierzig Prozent auf zwanzig Prozent verringert hatten. Insofern dürfte ihre Prognose für 2005 von Gesamtverlusten in der Branche in Höhe von sechs Milliarden Dollar sich als Untergrenze erweisen, denn der Preis für ein Barrel Rohöl lag im Juni bereits nahe der sechzig Dollar Marke.[25]

Noch deutlicher als die Treibstoffpreise trifft die Branche allerdings das wacklige geopolitische Umfeld. Kaum ein Bereich der Wirtschaft leidet unter den Terrorangriffen so wie die Luftfahrtbranche. Außerdem verunsichern Dinge wie die Viruskrankheit SARS und der Irak-Krieg die Kunden noch mehr. Die Umsatzrückgänge sprechen hier eine deutliche Sprache. So gingen die Umsätze bei American Airlines zwischen 2001 und 2002 von 17,4 auf 15,9 Milliarden Dollar zurück, bei United Airlines zwischen 2000 und 2003 von 19,3 auf 13,7 Milliarden Dollar. Insofern zwingt die Marktlage die Fluggesellschaften zu drastischen Sparmaßnahmen in allen Bereichen.

Zurückgehende Umsätze und hohe Personalkosten, das paßt nicht zusammen. Deswegen sind die Absicherungsgeschäfte für den Treibstoffbezug zwar schön und gut, alles in allem konnten sie die erheblichen Verluste bei den amerikanischen Fluggesellschaften in den letzten Jahren aber nicht verhindern. Während sich die Treibstoffkosten bei Delta in den letzten drei Jahren bei zwölf bis vierzehn Prozent der operativen Gesamtkosten bewegten, machten die Personalkosten zweiundvierzig bis fünfundvierzig Prozent der Gesamtkosten aus.[31] Bei den anderen Fluggesellschaften war die Entwicklung ähnlich. Insofern war es kein Wunder, daß die Geschäftsführung von United mit den Gewerkschaften einen sechs Jahre laufenden Tarifvertrag aushandelte, der dem Unternehmen Einsparungen bei den Personalkosten in Höhe von zweieinhalb Milliarden Dollar jährlich einbringen soll.[32] Auch Delta und American mußten ihren Mitarbeitern Sparpakete abringen. Nur so haben diese Fluggesellschaften überhaupt eine Überlebenschance in dieser hart umkämpften Branche. Hinzu kommen die hohen Landegebühren, die hohen Kosten für Sicherheitsmaßnahmen, die starke Konkur-

Die Fluggesellschaften müssen handeln.
Kerosin-Zuschläge wegen hoher Ölpreise

Als die Ölpreise im zweiten Quartal 2004 ihren Anstieg weiter fortsetzten und ein Barrel deutlich über der 40 Dollar-Marke notierte (18. 8. 2004 West Texas mit 47,35 und Brent mit 43,40 Dollar), gingen die Fluglinien immer mehr dazu über, einen Kerosin-Zuschlag zu verlangen. Die Lufthansa wollte ab dem 24. August 2004 für innerdeutsche und innereuropäische Flüge zwei Euro mehr verlangen, für Langstreckenflüge gar sieben Euro.[26] Begründet wurde dies mit deutlich höheren Treibstoffkosten, die bei der Lufthansa im ersten Halbjahr insgesamt neunundneunzig Millionen Euro mehr als im Vergleichszeitraum des Vorjahres betrugen.[27] Auch die internationale Konkurrenz erhob einen Treibstoffzuschlag. Bei British Airways lag dieser bei 3,78 bis 10,59 Euro, bei KLM bei drei Euro und bei Air France bei zwei bis zwölf Euro. Cathay Pacific verlangte zwischen fünf und vierzehn Dollar mehr. Auch Virgin Atlantic (3,78 bis 9,07 Euro), Air Europa (2 bis 4 Euro) und TAP Air Portugal (3 bis 7 Euro) verlangten aufgrund der höheren Treibstoffkosten mehr; andere Fluggesellschaften werden sicher folgen.[28] Im Juni 2005 kündigte British Airways eine drastische Erhöhung der Treibstoffkostenzuschläge auf dreißig Dollar für die Kurzstrecke und siebenundachtzig Dollar für die Langstrecke an.[29] Die Treibstoffkosten betrugen zwischen 2000 und 2003 im Branchendurchschnitt ungefähr vierzehn Prozent der Gesamtkosten der Fluggesellschaften, 2004 stieg ihr Anteil aber bereits auf siebzehn Prozent an, und 2005 rechnet die IATA wegen des sehr hohen Ölpreises mit einem Anteil in Höhe von zweiundzwanzig Prozent. Somit wird es im fünften Jahr in Folge zu Milliardenverlusten in der Branche kommen.[30]

renz durch sogenannte ›Billigfluglinien‹ und die stark gestiegenen Versicherungskosten, da der Anschlag vom 11. September 2001 die Versicherungsunternehmen zu einer deutlichen Erhöhung der Prämien verleitet hatte.

Auch über andere Länder gibt es Studien zum Einfluß des Ölpreises. So fanden Cuñdo und Pérez DE GRACIA in einer Studie über vierzehn europäische Länder heraus, daß die Auswirkungen eines Ölpreisschocks für sechs Länder (Deutschland, Frankreich, Luxemburg, Großbritannien, Niederlande und Dänemark) im industriellen Produktionssektor in ihrer Bedeutung durchaus unterschiedlich ausfallen, der negative Effekt seinen Höhepunkt aber fast gleichzeitig etwa sechs Quartale nach Eintritt des Ölschocks erreicht. Eine Erholung erfolgt ungefähr zehn bis zwölf Quartale nach Beginn des Ereignisses.[33]

Michael LeBlanc und Menzie D. Chinn untersuchten in einer aktuellen Studie den Einfluß eines steigenden Ölpreises auf die Inflationsrate und wollten außerdem herausfinden, ob die relativ niedrigen Inflationsraten in den neunziger Jahren gleichermaßen auf die niedrigeren Ölpreise zurückzuführen waren. Ihre Studie umfaßt für die Relation Ölpreis/Inflation den Zeitraum Anfang 1980 bis Ende 2001 und für den Vergleich neunziger Jahre/niedrigere Inflationsraten den Zeitraum 1960 bis 2004. Sie stellten fest, daß die Energieintensität der amerikanischen Wirtschaft von 1973 bis 1999 um einundvierzig Prozent zurückgegangen war, die Ölintensität sogar um fünfzig Prozent. Durch die höheren Energiepreise und einen effektiveren Einsatz der Ressourcen sowie einen kleiner werdenden Anteil des Produktionssektors und eines weniger energieabhängigen Dienstleistungssektors hatte es erhebliche Verschiebungen in der Nutzung der Ressourcen gegeben.

Sie kommen zu dem Ergebnis, daß sich ein nachhaltiger, zehnprozentiger Ölpreisanstieg 1990 noch mit 1,2 Prozent auf die Inflationsrate ausgewirkt hatte, 1998 nur noch mit 1 Prozent und ab 1999 dieser Effekt nur noch 0,7 Prozent betragen haben dürfte. Für Japan fällt das vergleichbare Ergebnis mit plus 1,5 Prozent noch schlechter aus, Frankreich (+ 0,1%), Deutschland (+ 0,3%) und Großbritannien (+ 0,7%) schneiden hier wesentlich günstiger ab. Verlängern die Wissenschaftler den Zeitraum, in dem die Ölpreiserhöhung die Wirtschaft negativ beeinflußt, und bezieht man Wechselkurseffekte in die Berechnung mit ein, kann Japan seinen Wert (+ 1,1%) wesentlich verbessern, Großbritannien verschlechtert sich hingegen deutlich auf plus 2,5 Prozent. Das widerspricht der eigentlich allgemeingültigen Ansicht, daß höhere Ölpreise bei den kontinentaleuropäischen Ländern zu einer erheblich höheren Inflationsrate führen als in den USA. Die OECD hatte im Jahre 2000 den Einfluß eines höheren Ölpreises auf die Inflationsrate mit 1,1 Prozent für Europa und ›nur‹ 0,6 Prozent für die USA geschätzt, falls der Ölpreis nachhaltig um zehn Dollar pro Barrel zulegen sollte. Der Internationale Währungsfonds untersuchte im selben Jahr die Auswirkungen eines nachhaltig wirksamen Ölpreisanstiegs um fünf Dollar pro Barrel auf Wirtschaftswachstum, Inflationsrate und die Handelsbilanz einiger Länder. Das Ergebnis für einige Länder wird in nachfolgender Tabelle dargestellt.

Die Ergebnisse weisen allerdings eindeutig darauf hin, daß die höheren Ölpreise die Kerninflationsrate in allen untersuchten Ländern zwar moderat erhöhten, sich die Lohn-Preis-Spirale aus den siebziger Jahren nicht wiederholen würde und es am Arbeitsmarkt trotz einer gewissen Knappheit (USA) nicht zu bedeutsamen Lohnerhöhungen kommen sollte.[35] Zu den befürchteten sogenannten ›Zweitrundeneffekten‹ kommt es deshalb erst gar nicht. Mit Blick auf den extrem starken Anstieg der Ölpreise in den Jahren 2004 und 2005 stellt sich die Frage, wie hoch der Einfluß nunmehr eingeschätzt wird. Der koreanische Minister für Handel, Industrie und Energie sagte im April 2005, daß ein Anstieg des Ölpreises um fünf

Einfluß von nachhaltigem Ölpreisanstieg um 5 $ pro Barrel[34]

Angaben in %	Reale Wachstum des BIP	Inflation	Effekt in der Handelsbilanz
USA	- 0,4	0,3	- 0,1
Euro-Länder	- 0,4	0,3	- 0,1
Japan	- 0,2	0,1	- 0,2
China	- 0,4	0,4	- 0,3
Indien	- 0,5	1,3	- 0,6
Rußland	0,7	–	1,8
Südafrika	- 0,4	1,2	- 0,9
Brasilien	- 0,2	1,0	- 0,2
Argentinien	- 0,2	0,1	0,1
Mexiko	–	0,1	0,2
Chile	- 0,2	1,0	- 0,7
Welt	- 0,3		

Dollar je Barrel sein Land vier Milliarden Dollar oder 0,2 Prozent Wachstum koste.[36]

Die Europäische Zentralbank (EZB) schätzt den Einfluß des Ölpreisanstiegs auf das Wachstum des Bruttoinlandsproduktes bei einem Ölpreis, der längere Zeit bei vierzig Dollar notiert, relativ gering ein. Aus ihrer Sicht wird sich das Wachstum im Euro-Raum um maximal 0,5 Prozent verringern. Unter dieser Voraussetzung würde das prognostizierte Wachstum für den Euro-Raum von derzeit 1,7 bis 2,7 Prozent (für das Kalenderjahr 2004) auf 1,2 bis 2,2 Prozent zurückgehen.[37] Würde sich der Ölpreis im Beobachtungszeitraum verdoppeln (›*worst case szenario*‹) und auf diesem höheren Niveau verharren, rechnen die Wissenschaftler mit Wachstumseinbußen, die im Euro-Raum in Höhe von 0,9 bis 3,4 Prozent, in den USA bis zu 5,7 Prozent, in Deutschland bis zu 4,4 Prozent, in Italien gar bis zu 4,6 Prozent und in Frankreich bis zu 2,6 Prozent betragen würde.[38] Erst dann müßte die Weltwirtschaft mit einer ernsthaften Rezession rechnen.

Genau diese Aussagen der EZB-Wissenschaftler stehen derzeit auf dem Prüfstand, denn der Ölpreis hat sich zwischen April 2005 und August 2005 mehr als verdoppelt. Im Monatsbericht vom Juli 2005 spricht die Europäische Zentralbank immer noch davon, daß sich der Inflationsdruck im Eurogebiet auch auf längere Sicht halten wird. Sollten die Ölpreise bis weit in das Jahr 2006 hinein über oder um sechzig Dollar pro Barrel notieren, müßte rein theoretisch eine Rezession erfolgen. Andererseits bremst der gegenüber dem US-Dollar recht starke Euro immer noch den Effekt des stark angestiegenen Ölpreises.

Natürlich ist der jetzige Ölpreis von sechzig Dollar pro Barrel ein Grund zur Sorge, vor allem in Ländern, in denen das Wirtschaftswachstum ohnehin schon sehr niedrig ist. Zu ihnen gehört Deutschland. Bei der Frühjahrsprognose des Internationalen Währungsfonds vom April 2005 sagte der Fonds nur noch ein Wirtschaftswachstum von 0,8 Prozent voraus. Wenn gemäß der Faustformel der Ökonomen ein dauerhafter Anstieg des Ölpreises um zehn Dollar in Deutschland etwa 0,25 Prozent Wirtschaftswachstum kostet, dann sieht es aus Wachstumssicht recht düster aus. Der Durchschnittspreis, mit dem der Fonds seine Prognose berechnete, lag aber nur bei 46,5 Dollar pro Barrel. Auch das Kieler Institut für Wirtschaftsforschung kalkulierte mit Werten in ähnlicher Größenordnung.[39] Außerdem sind auch die langfristigen Prognosen für den Ölpreis immer noch sehr niedrig angesetzt. Der Währungsfonds rechnet 2010 mit einem Durchschnittspreis von 33,7 Dollar und geht davon aus, daß dieses Preisniveau bis zum Jahre 2030 Gültigkeit haben könnte.[40] Die Prognosen anderer führender Institute für die langfristige Entwicklung des Ölpreises sind ähnlich optimistisch, wie folgende Tabelle auf nächster Seite zeigt.

Erstaunlicherweise sind die Forschungsinstitute und auch die Deutsche Bank sehr optimistisch: Alle rechnen damit, daß sich der Ölpreis langfristig wieder Richtung zwanzig Dollar-Marke bewegen wird. Ich teile diesen Optimismus nicht; schließlich bedeuten niedrige Ölpreise auch riesige Probleme für die ölexportierenden Staaten. Sie sind fast alle auf die Einnahmen aus dem Ölgeschäft angewiesen. Grundsätzlich gehe ich schon von einer steigenden Tendenz für den Ölpreis aus: zum einen, weil sich die Ölkonzerne an die hohen Ölpreise gewöhnt haben, zum anderen ist der Abbau von schwierigen Lagerstätten nur dann möglich, wenn sich der Abbau auch wirtschaftlich rechnet. Außerdem muß Öl als kostbarste Res-

Prognosen der wichtigsten Institute zur Ölpreisentwicklung 2010–2025[41]

Angaben in $ pro Barrel	2010	2015	2020	2025
EIA*	24,17	25,07	26,02	27,00
Global Insight	22,26	22,93	23,65	24,77
IEA	21,75	23,82	25,80	27,06
Petroleum Ec.	21,27	18,41	15,60	–
PiraEnergyG	23,90	26,70	–	–
NaturalResC	22,57	22,57	22,57	–
Deutsche Bk.	18,43	18,41	18,16	18,26
EEA	20,33	19,84	19,30	–
NatPetrCoun.	18,00	18,00	18,00	18,00
StrategicEER	19,86	20,88	22,49	24,53
CentreGlobES	21,27	18,41	15,60	–

Die korrekten Bezeichnungen für die oben aufgeführten Institute sind wie folgt:

EIA=Energy Information Administration; GII=Global Insight Inc.; IEA=International Energy Agency; PEL=Petroleum Economics Ltd.; PIRA=Pira Energy Group; NRCan=Natural Resources Canada; DB=Deutsche Bank AG; EEA=Energy and Environmental Analysis; NPC=National Petroleum Council; SEER=Strategic & Economic Research; CGES= Centre for Global Energy Studies.

* = Angaben gelten für ›Reference Case‹, also das wahrscheinlichste Szenario.

source unserer Industriegesellschaften mit einem Preisaufschlag gehandelt werden, da der Bedarf immer weiter ansteigt und die Ölvorkommen letztendlich doch an eine natürliche Grenze stoßen werden.

Entscheidend für den Einfluß des Ölpreises auf die Wirtschaft bleibt aber nach wie vor der Zeitraum, in dem sich die Ölpreise auf einem deutlich höheren Niveau befinden. Hierfür können die Jahre 1979 bis 1985 als beispielhaft angesehen werden, da die Dauer des Ölschocks allen Industrieländern Schwierigkeiten bereitete und die Vereinigten Staaten von Amerika gleich zweimal in die Rezession riß. Zudem darf man nicht vergessen, daß die Inflationsraten nicht so sehr vom Ölpreis beeinflußt werden wie früher, so daß das Risiko eher auf der Wachstumsseite zu erwarten ist.

1 www.mwv.de, *Jahresbericht 2003,* Einnahmen des Bundes und der Länder aus der Mineralöl-, Erd-, Flüssiggas- und Kfz-Steuer 1950-2003, S. 45

2 bp.com, *Statistical Review of World Energy 2003,* Oil consumption, S. 9.

3 bp-statistical-review-of-world-energy-2003, print version, Oil Spot Crude prices, S. 14.

4 iwh.uni-halle.de/d/publik/wiwa/16-00.pdf
Axel BRÜGGEMANN,»Gestiegene Ölpreise belasten Aufschwung in Mittel- und Osteuropa«, in: *Wirtschaft im Wandel* 16/2000, 13. 12. 2000, S. 467–470.

5 Axel BRÜGGEMANN, Tabelle 6: Reales Bruttoinlandsprodukt, Verbraucherpreise und Arbeitslosigkeit in Mittel- und Osteuropa, in: ebenda, S. 474.

6 IWF, *World Economic Outlook 2004,* Statistical Appendix, Table 11, Other Emerging Market and Developing Countries-by Country: Consumer Prices, S. 203.

7 BIP Polen 1999 +4,1 %, 2000 +4,0 %, 2001 +1,0 %, 2002 +1,4 %, 2003 +3,7 %, Ungarn 4,2 %, 5,2 %, 3,8 %, 3,5 %, 2,9 % und Tschechien 0,5 %, 3,3 %, 3,1 %, 2,0 %, 2,9 %; Angaben von IWF, *World Economic Outlook,* Statistical Appendix, Table 6, Other Emerging and Developing Countries-by Country: Real GDP, S. 195.

8 Die effektiven Zahlen sollten die Prognosen aber weitgehend bestätigen, die Inflationsraten bildeten sich in Polen (2001 5,5 %) und Tschechien (2001 4,8 %) recht stark zurück, in Ungarn (2001 9,2 %) und Bulgarien (2001 7,4 %) waren sie immer noch.

9 Wochenbericht des DIW Berlin 43/02, Die Lage der Weltwirtschaft und der deutschen Wirtschaft im Herbst 2002, Tabelle 1.3., Reales Bruttoinlandsprodukt, Verbraucherpreise und Arbeitslosenquote in Mittel- und Osteuropa.

10 I. LAFONT, J. S. GONZÁLEZ, »El petróleo caro paso factura a España«, in: *El País,* 26. 6. 2005, S. 73.

[11]James HAMILTON, »Oil and the Macroeconomy Relationship since World War II«, in: *Journal of Political Economy*, Vol. 9, No. 2, April 1983, S. 228–248.

[12] bp.com, statistical_review_of_world_energy_2003_print_version.pdf, Oil spot crude prices, S. 14.

[13] Donald W. JONES, Paul N. LEIBY, Inja K. PAIK, »Oil Price Skocks in the Macroeconomy: What has been learned since 1996«, 2.2. The labor market, in: *The Energy Journal*, 25. 6. 2003, S. 4.

[14] Bayer Geschäftsbericht 2003, S. 30–35.

[15] Verband der chemischen Industrie e.V., Quartalsbericht 1. Quartal 2005, Bericht zur Lage der chemischen Industrie im 1. Quartal 2005, vci.de; Verband der chemischen Industrie e.V., Chemiewirtschaft in Zahlen, Ausgabe 2004, S. 32, Tabelle 9, Juli 2004; so betrug der Durchschnittspreis pro Tonne Naphtha im Jahre 2000 284 Euro, 2001 239 Euro, 2002 230 Euro und 2003 240 Euro. Erst in den Jahren 2004 und 2005 stiegen die Preise deutlich an. Im 3. Quartal 2004 lag der Preis pro Tonne Naphtha bei 328 Euro und im 1. Quartal 2005 bei 324 Euro. Er verblieb in diesem Zeitraum also auf deutlich höherem Niveau.

[16] David FIRN, Richard MCGREGOR u. Haig SIMONIAN, »Chemical groups feel oil ripple«, in: *Financial Times*, 16. 8. 2004, S. 16; Lufthansa-Geschäftsbericht 2003: Sicherung des Treibstoff-Preisrisikos, S. 103.

[17] iata.org, annual_report_2004.pdf, S. 32

[18] IATA, Fact Sheet Industry Statistics 2000–2005, iata.org, Mai 2005; »Luftfahrtbranche fürchtet teures Öl«, in: *FAZ*, 7. 6. 2004, S. 13; »In der Luftfahrt spitzt sich das Kostenproblem zu«, in: *FAZ*, 21. 6. 2005, S. 16.

[19] IATA, Fact Sheet Fuel, iata.org, Mai 2005; »Amerikas Fluggesellschaften rufen nach Hilfe«, in: *FAZ*, 5. 6. 2004, S. 18.

[20] Angaben der Geschäftsberichte über das Geschäftsjahr 2003 von American Airlines, United Airlines und Delta Airlines gemäß Form 10-K für Securities and Exchange Commission, 2004.

[21] United States Securities Exchange Commission, Washington D.C., 20549, Form 10-K, Annual Report 2003, Delta Airlines, Inc.

[22] 2001 27 Millionen Dollar und 2002 4 Millionen Dollar.

[23] C. Ruiz DE GAUNA, »El precio del petróleo impide a las aerolíneas negociar coberturas«, in: *Expansión*, 2. 12. 2004.

[24] »Kerosin-Zuschlag nicht für alle Flüge«, in: *FAZ*, 18. 8. 2004, S. 12.

[25] IATA, *Annual Report 2005*, iata.org, Mai 2005; IATA, Fact Sheet Fuel, iata.org, 2005

[26] »Lufthansa erwägt einen Treibstoffzuschlag«, in: *FAZ*, 13. 8. 2004, S. 21.

[27] Darcy A. CROWE, »Varias aerolíneas europeas suben los precios de sus billetes ante la escalada del petróleo«, in: *El País*, 19. 8. 2004, S. 55.

[28] »Fliegen wird teurer«, in: *Die Welt*, 10. 8. 2004, S. 11.

[29] CNN.com, »British Airways Fuelcharge«, Nachrichten, 24. 6. 2005.

[30] IATA, Fact Sheet Industry Statistics, iata.org, Mai 2005; Darcy A. CROWE, »El petróleo amenaza la recuperación de las aerolíneas«, in: *El País*, 16. 8. 2004, S. 60.

[31] Delta Airlines Geschäftsbericht 2003.

[32] United Airlines Geschäftsbericht 2003.

[33] Donald W. Jones, Paul N. Leiby, Inja K. Paik, »Oil Price Shocks and the Macroeconomy, What has been learned since 1996«, 25. 6. 2003, S. 15 f.

[34] IWF, *World Economic Outlook*, Statistical Appendix, Table 1.14, Impact of a Permanent US$5 a Barrel Increase in Crude Oil Prices After One Year, S. 65, September 2004.

[35] Michael LeBlanc, Menzie D. Chinn, »Do High Oil Prices Presage Inflation, The Evidence from G-5 Countries«, in: Center for International Economics, UC Santa Cruz, 2. 19. 2004, S. 21.

[36] »Korea will deutsche Unternehmen locken. Gespräch mit Hee-Beom Lee«, in: *FAZ*, 16. 4. 2005, S. 14.

[37] »EZB: Ölpreis senkt Wachstum kaum«, in: *FAZ*, 5. 6. 2004, S. 12.

[38] R. Jiménez-Rodriguez und M. Sánchez, ECB, Working Paper Series No. 362, May 2004, Oil Price Shocks and Real GDP Growth, Empirical Evidence for some OECD Countries.

[39] »Der hohe Ölpreis bedroht das Wirtschaftswachstum«, in: *FAZ*, 25. 6. 2005, S. 11.

[40] IMF, *World Economic Outlook*, Chapter IV, Will the Oil Market continue to be tight?, April 2004, S. 180.

[41] EIA, *International Energy Outlook 2004*, Table 9. Comparison of World Oil Price Projections, 2010–2025.

27. Kapitel

›Öldorado 2003‹

Gehen die Reserven ihrem Ende zu? Die vier Bewertungskorrekturen von Royal Dutch Shell um mehr als viereinhalb Milliarden Barrel im ersten Halbjahr 2004 hat bei manchem Analysten des Ölmarktes schlimmste Befürchtungen aufkommen lassen. Werden andere Ölkonzerne dem Beispiel von Royal Dutch folgen müssen? Das sind die großen Fragen mit großem Fragezeichen.

ExxonMobil und BP sind hingegen der Meinung, daß ihre Aussagen über die von ihnen gehaltenen Reserven keiner Korrektur nach unten bedürfen. Kann uns das beruhigen? Vielleicht nicht, denn Exxon ist genauso wie Shel an einem Ölfeld in Norwegen beteiligt, wo es ja zu einer Neubewertung gekommen war. Schon oft hat es Streit um die nachgewiesenen Ölreserven gegeben. Zu den bedeutendsten Kritikern gehört auch der Ölexperte Colin J. Campbell, der auf vierzig Jahre Erfahrung in der Ölindustrie verweisen kann. Jean H. Laherrére, ein Kollege aus der Branche, und er prophezeiten 1998 in einem Buch das »Ende des billigen Öls«. Sie kritisieren die Prognosen der amerikanischen Energiebehörde EIA als viel zu optimistisch, denen zufolge die Ölförderung bis 2020 ungehindert weiter ansteigen würde. Campbell und Laherrére argumentieren hingegen, daß die Berechnung des Shell-Geologen M. King Hubbert, der 1956 für die amerikanische Ölförderung den Produktionshöhepunkt für das Jahr 1969 ziemlich genau vorhersagte, in ein paar Jahren auch auf die restliche Welt zutreffen wird.[2]

Ohne Zweifel werden wir irgendwann einen Ölförderhöhepunkt erleben; ob es aber bereits 2010 sein wird, wie von den beiden Ölexperten vorhergesagt, bleibt abzuwarten. Diese ›Hubbert-Kurve‹ für die weltweite Ölförderung könnte deswegen erst fünf, zehn oder zwanzig Jahre später eintreffen, als Campbell und Laherrére es vorhersagen, und dann wären die Industriegesellschaften auch in der Lage, ihren vom Öl abhängigen Transportsektor rechtzeitig komplett auf ein neues System umzustellen.[3] Wer weiß das heute schon? Eine absolute Sicherheit gibt es in der Ölbranche nicht.

Interessanterweise war es gerade ExxonMobil, der Führer in der Ölbranche, der im Juni 2003 in Zürich eine Studie mit dem Titel *Öldorado* vorstellte – also mehrere Monate vor der Bewertungskrise von Royal Dutch, die Anfang 2004 in die Öffentlichkeit getragen wurde. Diese Studie begann mit der Feststellung, daß die kanadischen Ölvorräte, die sich im Ölsand befinden, aus der Sicht des Konzerns im Jahre 2002 auch in die sicher bestätigten Reserven aufgenommen werden sollten. Diese Neueinschätzung führte dann auch zu einer erheblichen Anhebung der gesicherten Ölreserven des Konzerns und Kanadas Sprung auf Platz zwei bei den weltweiten Ölreserven.[4]

Der Grund für diese veränderte Einschätzung war ganz einfach. Aufgrund der hohen Ölpreise sowie der technologischen Entwicklung beim Abbau von Öl aus Ölsanden war der Abbau beim Einsatz der heutigen Technik wirtschaftlich geworden. Insofern kann man die kanadischen Ölsande in die gesicherten Bestände mit aufnehmen. Dieses führte somit zu einer Erhöhung der weltweit als sicher bestätigten Reserven von 140,1 Milliarden Tonnen Ende 2001 auf 164,4 Milliarden Tonnen Ende 2002.[5] Da der weltweite Verbrauch im selben Jahr bei ungefähr 3,5 Milliarden Tonnen im Jahr lag, würden die jetzt bekannten Reserven also noch eine ›Reichweite‹ von vierzig Jahren haben. Allerdings verwies Exxon darauf, daß man diese Zahl über die ›Reichweite‹ nicht einfach als gesetzmäßig und ewig gültig hinnehmen kann, da sich zum einen durch neue Ölfunde oder eine veränderte Einschätzung der ›gesicherten Reserven‹ die wichtigen Parameter stets ändern könnten und auf der anderen Seite durch die technologische Entwicklung, verändertes Verbraucherverhalten, die Investitionen in alternative Energiesysteme und eine gesteigerte Energieeffizienz sich der Verbrauch von Rohöl auch in Zukunft deutlich verändern kann.

British Petroleum hatte in seiner zweiundfünfzigsten Ausgabe des *Statistical Review of World Energy,* die am 10. Juni 2003, also fast zeitgleich mit der Öldorado-Studie von Exxon erschien, Kanadas gesicherte Ölreserven nicht herauf-, sondern sogar von 17,6 auf 16,9 Milliarden Barrel herabgestuft. BP schätzte die gesicherten Weltreserven Ende 2002 auf 142,7 Milliarden Tonnen, also in etwa auf dem Niveau von Exxon vor der Neueinstufung der kanadischen Ölsande. Dennoch verblieb die errechnete ›Reichweite‹ bei BP auch bei etwa vierzig Jahren.[6] BP veränderte seine Einschätzung zu den Ölreserven hinsichtlich der kanadischen Ölsande auch in den beiden Folgejahren nicht: Die Gesamtreserven stiegen aber bis Ende 2004 auf 161,9 Milliarden Tonnen, die ›Reichweite‹ stieg auf knapp einundvierzig Jahre an. In den letzten Jahren war es bei einigen anderen Ölförderländern zu beträchtlichen Hochstufungen der Ölreserven gekommen, wie folgende Tabelle zeigt.

Hervorzuheben sind natürlich die Hochstufungen in Kasachstan, Rußland, Libyen, Nigeria und Iran. Deutlich schlechter stehen Mexiko und China bei der Entwicklung der Ölreserven da. Rußlands Ölreserven standen Ende 2002 bei 67 Milliarden Barrel und wurden von BP in einem ersten Schritt auf über 72 Milliarden Barrel

Bestandsveränderungen bei nachgewiesenen Rohölreserven 1993/2004[7]

	Nachgew. Ölreserven Stand: Ende 1993 in Milliarden Barrel	Nachgew. Ölreserven Stand: Ende 2004 in Milliarden Barrel
Algerien	9,2	11,8
Angola	1,9	8,8
Brasilien	5,0	11,2
China	29,5	17,1
Iran	92,9	132,5
Irak	100,0	115,0
Kanada	10,0	16,8
Kasachstan	k.A.	39,6
Libyen	22,8	39,1
Mexiko	50,0	14,8
Nigeria	21,0	35,3
Rußland	k.A.	72,3
Vietnam	0,6	3,0
Gesamtreserven:	**1023,0**	**1188,0**

angehoben. Eine ganze Reihe der bedeutenden Ölländer sind in dieser Liste aber gar nicht wiederzufinden. Venezuelas Ölreserven wurden 1986 von 17,9 auf 56,3 Milliarden Barrel heraufgesetzt; Ende 2004 bewertete BP sie mit 77,2 Milliarden Barrel.

Die Ölreserven Saudi-Arabiens mit 262,7 Milliarden Barrel blieben zuletzt ebenso unverändert, die größte Anpassung erfolgte hier im Jahre 1989 von 163,4 auf 257,5 Milliarden Barrel – ebenso in Kuwait (99 Milliarden Barrel; Anpassung 1985 von 65,4 auf 90 Milliarden Barrel) und in den Vereinigten Arabischen Emiraten (97,8 Milliarden Barrel; Anpassung 1987 von 28 auf 92,2 Milliarden Barrel).

Für den Irak könnte eine weitere deutliche Höherbewertung der Ölreserven in den kommenden Jahren möglich sein, sofern ausländische Ölkonzerne in der Lage sein werden, vor Ort eine Neueinschätzung vorzunehmen. Auch hier erfolgte die letzte große Anpassung bei den sicheren Reserven 1988, als diese von einunddreißig auf einhundert Milliarden Barrel angehoben wurden. BP sah die sicheren Reserven des Irak Ende 2004 bei einhundertfünfzehn Milliarden Barrel. Geologische Studien sind von der irakischen Regierung schon in Auftrag gegeben worden, eine erneute Neubewertung könnte 2006 folgen.

Die sicheren iranischen Erdölreserven des Iran wurden 1987 von 58 auf 92,9 Milliarden Barrel angehoben, zuletzt erhöhte BP die Schätzung für die sicheren Reserven recht kräftig auf 132,5 Milliarden Barrel. Das Rekordhoch aus dem Jahre 1989 mit 43,7 Jahren ›Reichweite‹ wurde bei den sicheren Ölvorkommen in der Welt allerdings nicht mehr erreicht. Es ist aber davon auszugehen, daß die Ölsande früher oder später von allen wichtigen Institutionen als sichere Ölreserven eingestuft werden, da eine Ausbeutung bei dauerhaft hohen Ölpreisen wirtschaftlich ist. Die dem amerikanischen Energieministerium unterstellte Energy Information Administration IEA hat in ihrem Energieausblick 2004 die kanadischen Ölsande 2002 als gesicherte Reserven eingestuft und in ihre Bewertung voll einfließen lassen, deswegen kommen sie bei den sicheren und nachgewiesenen Ölreserven auch auf einen ungleich höheren Wert von 1265 Milliarden Barrel.[8]

Mindestens vier Punkte sollte man immer berücksichtigen, wenn es um die Höherbewertung von Ölreserven geht. Zum einen gibt es noch riesige Ölvorräte, die aber mit unkonventionellen Methoden abgebaut werden müssen, dazu gehören die Ölsande in Kanada ebenso wie Teersande und Methane aus Kohlebecken. Sie erscheinen in den meisten Tabellen über Ölreserven nicht, können aber ausgebeutet werden, sofern es Umweltgesetzen und Kyoto-Verpflichtungen nicht widerspricht. Zweitens kann es sich bei der Neubewertung nach oben oder nach unten um die gleichen Reserven handeln, nur daß die privaten Unternehmen oder staatlichen Konzerne aus bestimmten Gründen eine Herabstufung oder Höherbewertung vornehmen. Drittens gibt es einige Länder, in denen ausländische Ölkonzerne viele Jahre keinen Zugang gehabt haben: Als gutes Beispiel können hierfür Libyen und der Irak gelten. Durch die heutigen Methoden für die geologische Bewertung der förderbaren Reserven einer Ölquelle kann es daher nach einer ausführlichen Untersuchung zu einer deutlichen Höherbewertung kommen. Und viertens sollte man mehr Vertrauen in die Arbeit von Ölexperten bei den Ölkonzernen haben.

Das Ende des Erdölzeitalters ist schon sehr oft prophezeit worden, doch neue Ölfunde und technische Fortschritte bei der Exploration und Förderung haben die Reserven trotz deutlich höheren Ölverbrauchs immer wieder erhöht. Zudem können die Ölunternehmen die Situation in vielen Ländern viel besser einordnen als viele andere Beobachter, überwiegend wegen ihrer Arbeit vor Ort.

Das Beispiel Saudi-Arabien soll diese Unsicherheit über Reserveeinschätzungen verdeutlichen. Am 19. Februar 2004 haben zwei Spitzenmanager von Saudi Aramco, nämlich Mahmoud ABDUL-BAQI und Nansen SALERI, vor dem Center for Strategic and International Studies in Washington einen Vortrag über die Möglichkeiten der eigenen Ölförderung gehalten. Demnach ist es für Aramco kein Problem, die Ölförderung mittel- bis langfristig von zehn auf zwölf bis fünfzehn Millionen Barrel pro Tag auszubauen und auf diesem Niveau weiterzufördern. Voraussetzung dafür sind allein die entsprechenden Milliardeninvestitionen. Außerdem sprachen die Aramco-Manager auch die ›sicheren‹ Reserven in Höhe von 260 Milliarden Barrel an, die von einigen Experten immer wieder kritisiert wurden. Aus ihrer Sicht ist das immer noch eine konservative Schätzung. Sie begründen es damit, daß die entdeckten Rohölreserven Saudi-Arabiens seit 1980 von sechshundert auf siebenhundert Milliarden Barrel angestiegen sind, weitere zweihundert Milliarden Barrel gelten noch als ›unentdeckte‹ Reserven. Die Schätzung der ›sicheren‹ Reserven in Höhe von 260 Milliarden Barrel ist aus ihrer Sicht deswegen stark aufwertungsverdächtig.

Zudem wurde mit einigen Beispielen von Ölquellen in Saudi-Arabien darauf hingewiesen, daß die Ausbeutung der Ölquellen mit größter Vorsicht vorgenommen wird und die Rate des jährlichen Substanzverzehrs in der Regel zwischen ein und zweieinhalb Prozent liegt, während bei bekannten ausländischen Ölquellen eine Rate von vier bis neun Prozent erreicht wird. Saudi-Arabien und Aramco sind sich ihrer Verantwortung für die Welt und die Weltwirtschaft bewußt und wollen ihrer Rolle als zuverlässigem Erdöllieferanten weiterhin gerecht werden.[9]

Auch die OPEC hat in einer Analyse über die langfristige Entwicklung der Erdölindustrie im September 2004 eine bevorstehende Ölkrise ausdrücklich zurückgewiesen und verweist dabei nicht nur auf die als ›sicher‹ eingestuften Ölvorkommen, sondern auch auf die umfangreichen potentiellen Ölvorkommen.[10]

Was soll man aber vom Ölsand in Kanada wirklich halten? Hierbei handelt es sich keineswegs um neu gefundene Ölreserven, sondern um seit langem bekannte Reserven. In drei Regionen der Provinz Alberta, nämlich in Cold Lake, Peace River und Athabasca, lagern unter einer Fläche von über 140 000 Quadratkilometern wahre Schätze des schwarzen Goldes.[11] Mit den hier lagernden Reserven, so schätzt man, würde Kanada nicht knapp 2,4 Milliarden Tonnen Rohölreserven haben, sondern mindestens vierundzwanzig Milliarden Tonnen. Damit wäre Kanada noch vor dem Iran (18 Milliarden Tonnen) und deutlich hinter Saudi-Arabien (36 Milliarden Tonnen) die absolute Nummer zwei bei den Rohölreserven in der Welt.

Das Öl aus dem Ölsandstein nennt man in der Ölbranche ›Bitumen‹. Schwere Kohlenwasserstoffgemische umgeben die Sandkörner, dazwischen befindet sich ein dünner Film von Wasser. Bis zu achtzehn Prozent der Gesamtmasse können auf Bitumen entfallen – immerhin. Die eigentliche Schwierigkeit beim Ganzen besteht in der Trennung des Bitumen vom Sand, um mit der Weiterverarbeitung beginnen zu können. Zudem befindet sich der Hauptteil der Ölsande in einigen Gebieten unter einer achthundert Meter dicken Sedimentsschicht, in Athabasca sind es hingegen nur fünfundsiebzig Meter dicke Erdschichten, die Mensch und Maschine vom Abbau trennen. Durch die technische Entwicklung hat man heute die Trennung des Bitumen möglich gemacht. Bohrlöcher werden an Ort und Stelle installiert, um dann Dampf so lange in die Ölsande zu pressen, bis die Wärme das Bitumen flüssig macht. Man nennt dieses Verfahren die ›In-situ-Förderung‹, weil man vor Ort arbeitet. Liegen die Ölsande in geringeren Tiefen, kann man sie auch abbaggern und dann in Raffinerien weiterverabeiten. Das Bitumen wird mit Wasserstoff versetzt, es werden hierfür täglich riesige Mengen an Wasserstoff benötigt. Daß man damit auch Geld verdienen kann, ist längst erwiesen.

Die größte kanadische Ölsandfirma baut seit 1978 Ölsande in Kanada ab. Es ist die Syncrude Canada Ltd., an der unter anderem Imperial Oil Resources mit fünfundzwanzig Prozent, Canadian Oil Sands Trust mit 21,74 Prozent und Petro-Canada Oil and Gas beteiligt sind. Im Jahre 2000 förderte das Unternehmen täglich fünfhunderttausend Tonnen Ölsand, was etwa 76 500 Tonnen Bitumen ent-

Ölsandabbau in der kanadischen Provinz Alberta. Ein aufwendiger und kostenintensiver Abbau: Rund 12 Dollar kostet die Herstellung eines Barrels Öl; die Ausbeutung ist nur dann wirtschaftlich, wenn die Ölpreise hoch bleiben. Trotzdem bergen die Ölsandvorkommen ein gigantisches Potential. (Foto: H.-J. Burkhard)

sprach. Aus dieser Menge gewann man täglich zweihunderttausend bis zweihundertfünfzigtausend Barrel synthetisches Rohöl. Immerhin.

Ein Konkurrenzunternehmen von Syncrude ist die Suncor Energy Inc., ein Pionier in der Branche und seit 1967 bei der Exploration von Ölsanden dabei. Heute arbeiten viertausend Mitarbeiter für das Unternehmen und produzieren etwa zweihundertsechzigtausend Barrel Öläquivalent pro Tag. Die Raffineriekapazität des Unternehmens beträgt derzeit etwa einhundertdreißigtausend Barrel pro Tag. Das Unternehmen sieht eine sehr gute Zukunft für die Branche, da der Abbau von Ölsanden noch riesiges Potential verspricht. Suncor hat sich den Zugriff auf zwölf Milliarden Tonnen Bitumen sichern lassen, vergleichbar mit ›schwerem Öl‹ und gut für die Produktion von zehn Milliarden Barrel, so der Vizepräsident des Unternehmens, Kevin Nabholz, im Mai 2004 in einer Erklärung (»Oil Sands: Key to an Unprecedented Energy Future«), die er auf einem Forum verlesen hatte. Schätzungen der Regierung und der Industrie bezifferten die gesamten abbaubaren Ölsande nach seinen Angaben auf einhundertfünfundsiebzig Milliarden Barrel.[12] Das ist sicher nach heutigem Stand der Dinge eine sehr, sehr optimistische Prognose. Aber allein Suncor möchte bis 2012 immerhin fünfhunderttausend Barrel Ölaquivalent pro Tag erreichen, ein ehrgeiziges Ziel, aber aufgrund des sicher vorhandenen Potentials nicht ausgeschlossen.[13] Im Jahre 2001 kam man allein in Alberta mit beiden Verfahren (In-situ und Tagebau) auf insgesamt 36,5 Millionen Tonnen Bitumen. Die konventionelle Erdölförderung lag im selben Jahr bei 35,7 Millionen Tonnen und wurde damit zum ersten Mal übertroffen. Die Prognosen der Branche sind sehr optimistisch.

Die Zukunftsaussichten aller Unternehmen in der Branche sind gut bis sehr gut. Man schätzt, daß sich diese Art von Ölgewinnung bis zum Jahre 2015 verdreifachen könnte. Die Prognose der kanadischen Vereinigung von Ölförderern beziffert das erwartete Produktionswachstum mit Ölsanden gegenüber 2003 bis 2006 auf 472000 Barrel pro Tag, bis 2010 auf 1,14 Millionen Barrel pro Tag und bis 2015 auf 1,72 Millionen Barrel pro Tag. Hingegen wird die Ölförderung aus der konventionellen Ölproduktion im selben Zeitraum in Kanada deutlich zurückgehen. Die Gesamtförderung nimmt dank der Ölsandförderung jedoch kräftig zu, bis 2010 um 740 000 Barrel pro Tag und bis 2015 um 1,1 Millionen Barrel pro Tag. Auch die Kosten für die Förderung konnten bisher bereits von

Prognose für die kanadische Ölförderung bis 2015[14]

	2003 Barrel pro Tag	2006 Barrel pro Tag	2010 Barrel pro Tag	2015 Barrel pro Tag
Konvt. Öl*	622 000	568 000	460 000	334 000
Schweröl	497 000	452 000	366 000	266 000
Ölsande	862 000	1 334 000	2 006 000	2 582 000
Sonstige**	499 000	507 000	388 000	434 000
Gesamtförd.	2 481 000	2 860 000	3 221 000	3 616 000

* = in der Prognose für konventionelle Ölförderung sind Leichtöle, Mittlere Öle und Schweröle enthalten.

** = unter ›sonstige Ölförderung‹ befinden sich die ostkanadische Ölförderung und die Zahlen für Pentane/Kondensate.

über dreißig Dollar auf fünfzehn Dollar pro Barrel synthetisches Öl massiv gesenkt werden. Man möchte bis 2010 eine weitere Verringerung auf zehn Dollar pro Barrel möglich machen.[15]

Aufgrund dieser Entwicklung und der Bedeutung der kanadischen Ölindustrie auch für den Nachbarn USA hat es zahlreiche Übernahmen in der kanadischen Energieindustrie durch amerikanische Unternehmen gegeben. Etwa die Hälfte der kanadischen Energieunternehmen sind in ausländischen Besitz übergegangen (u.a. Gulf Canada Resources, Westcoast Energy, Canadian Hunter). Allerdings gibt es für die kanadische Ölsandindustrie nicht nur Erfolgsmeldungen. Zum einen ist das von der kanadischen Regierung unterzeichnete Kyoto-Protokoll ein Problem, da sich Kanada verpflichtet hat, bis zum Jahre 2012 die Treibhausgasemissionen gegenüber dem Jahr 1990 um sechs Prozent zu reduzieren. Da die Ölsandindustrie aber ein Großemissionär von Kohlendioxyd ist, könnte das zu Verzögerungen beim Abbau der Ölsande führen.

Nun aber noch einmal zurück zu den Ölreserven in der Welt. Eine anerkannte Institution in der Ölbranche für die Bewertung von Ölreserven ist die U.S. Geological Survey, kurz USGS genannt. Diese hat in einer umfangreichen Neubewertung der weltweiten Öl- und Gasreserven eine erfreuliche Bestandsaufnahme gemacht. Die Studie nennt sich *U.S. Geological Survey World Petroleum Assessment 2000* und wurde nach fünfjähriger Arbeit fertiggestellt. Es ist die fünfte Studie dieser Art seit 1981.

Das Ergebnis kann sich sehen lassen: Es wurden außerhalb der Vereinigten Staaten von Amerika alle wichtigen Regionen für die Ölförderung berücksichtigt. Man spricht in der Fachsprache von Bewertungseinheiten (›*Assessment units*‹); insgesamt gab es weltweit zweihundertsiebzig davon.[16] Von diesen zweihundertsiebzig wurden zweihundertsechsundvierzig in die Neubewertung einbezogen, weil man davon ausgeht, daß nur diese bedeutsame Einheiten darstellen. Diese Einheiten wurden dann den acht USGS-Regionen zugeordnet. Die Regionen wurden dann wiederum in einhundertachtundzwanzig als wichtig eingestufte geologische Provinzen aufgegliedert, von denen wiederum sechsundsiebzig über fünfundneunzig Prozent der bekannten Ölreserven verfügen. Man ermittelte drei verschiedene Schätzungen (›*mean*‹, ›*median*‹ *und* ›*range of uncertainty*‹) für die aus ihrer Sicht noch unentdeckten Reserven. Schweröle (API Gravität unter 15°). Teersande, Methane aus Kohlebecken und ähnliche Vorkommen wurden in der Studie nicht berücksichtigt.

Nimmt man die ›*mean*‹-Schätzung als Grundlage, kommen die Autoren der Studie auf 649 Milliarden Barrel Öl und 4,669 Billionen Kubikfuß Gas, die umgerechnet 778 Milliarden Barrel Öläquivalent ergeben. Als drittes Element der Studie gibt es noch 207 Milliarden Barrel in Form von Flüssiggas, so daß insgesamt 1634 Milliarden Barrel unentdeckte Reserven vermutet werden. Ein Viertel des unentdeckten Gases wird als ›Zweitprodukt‹ von Ölfeldern vermutet. Vergleicht man das Ergebnis mit der Studie von 1994, ergibt sich ein Anstieg um fünf Prozent.

Allerdings sind die Veränderungen unterschiedlich groß ausgefallen, so erhöhten sich die geschätzten unentdeckten Ölreserven von 439 auf 649 Milliarden Barrel um zwanzig Prozent, während bei Gas ein Rückgang von vierzehn Prozent und bei Flüssiggas ein Anstieg von einhundertdreißig Prozent zu verzeichnen waren. Obwohl die Einschätzung bei Öl sehr positiv ausfiel, wird darauf hingewiesen, daß völlig neue, unentdeckte Regionen nicht vorhergesehen werden. Die Schätzung in Höhe von 649 Milliarden Barrel Öl übertrifft damit immer noch die bisher erfolgte kumulative Gesamtölförderung in der Welt (ohne Einbeziehung der USA). Auf die USA selbst entfallen unverändert geschätzte unentdeckte Reserven in Höhe von 75,6 Milliarden Barrel Öl.[17] Für die ganze Welt werden die noch unentdeckten Reserven deswegen auf 724,6 Milliarden Barrel geschätzt. Die Tabelle auf der nächsten Seite zeigt die bisher als sicher eingeschätzten Ölreserven der Welt.

Auf den ersten Blick zeigt die Tabelle im oberen Bereich eine Einteilung in OPEC-Staaten, denen dann die anderen großen Ölförderländer außer den USA (nicht Teil der Studie) folgen. Auch Kuba ist in dieser Tabelle aufgeführt worden, da hier 2004 größere Untersuchungen der spanischen Repsol durchgeführt wurden und man längere Zeit die Entdeckung von größeren Ölvorkommen vermutete. Der Ölkonzern und der kubanische Staat hielten sich in dieser Angelegenheit lange bedeckt, bis Repsol schließlich kleinlaut einräumte, daß keine nennenswerten Funde entdeckt wurden. Kuba hatte in den Zeiten des Kalten Krieges viele Jahre vergünstigte Rohölimporte aus der ehemaligen Sowjetunion bezogen, diese günstige Quelle versiegte aber nach dessen Zusammenbruch. Im Jahre 1989 waren das immerhin 13,2 Millionen Tonnen Rohöl. Derzeit importiert Kuba in etwa 75 000 Barrel pro Tag, der tägliche Verbrauch liegt doppelt so hoch. Den überwiegenden Teil der Importe, nämlich 56 000 Barrel pro Tag, bezieht Kuba derzeit aus Venezuela zu vergünstigten Preisen.[19] Hät-

Bewertung der Ölreserven Geologische Studie USGS von 2000[18]

Land	Bisher gefördertes Öl in Mio. Barrel ohne USA	Bisher bekannte und als sicher eingestufte Ölreserven in Mio. Barrel	Der ›mean‹-Schätzung entnommene u. geschätzte unentdeckte Ölreserven in Mio. Barrel	Bisher als sicher eingestufte Ölreserven in Mio. Barrel
Algerien	9 145	18 277	7 732	9 132
Indonesien	14 452	22 420	7 435	7 968
Iran	33 728	104 984	53 114	71 256
Irak	22 414	100 066	45 099	77 652
Kuwait	25 840	80 100	3 840	54 260
KT/SA NZ**	5 149	13 511	0	8 362
Libyen	14 160	38 897	8 271	24 737
Nigeria	15 803	33 195	37 616	17 392
Katar	5 007	9 203	3 617	4 196
Saudi-Arabien	72 776	283 508	87 093	210 732
V.A.E.	15 741	72 931	7 695	57 190
Venezuela	46 439	76 044	19 664	29 605
Australien	3 708	5 556	4 975	1 848
Kanada	15 693	20 564	2 774	4 871
Norwegen	8 792	22 319	12 881	13 527
Großbritannien	13 283	22 931	6 329	9 648
Argentinien	4 289	6 628	3 218	2 339
Brasilien	2 337	11 163	46 746	8 826
Ekuador	2 034	5 448	970	3 414
Kolumbien	3 596	8 134	5 120	4 538
Kuba	65	297	494	232
Mexiko	22 139	44 412	20 569	22 273
Aserbaidschan	9 210	13 622	6 306	4 412
Kasachstan	3 683	18 327	21 094	14 644
China	23 939	48 458	12 115	24 519
Rußland	96 448	225 955	77 382	129 507
Angola	2 600	6 780	14 516	4 180
Äquatorial Gui.	0	125	2 352	125
Gabun	2 097	4 165	8 184	2 068
Kamerun	794	1 241	1 533	447
Kongo Brazzav.	883	2 498	5 800	1 615
Kongo Kinsh.	185	257	326	72
Trinidad Tobago	2 722	3 292	758	570
Welt*	539 199	1 396 081	648 632	858 882

* = Welt ohne USA.

** = Neutrale Zone zwischen Kuwait und Saudi-Arabien.

ten sich die Funde auf der Ölplattform ›Eirik Raude‹ nördlich von Havanna konkretisiert, dann wäre Fidel CASTRO seinem Wunschziel - die Energieunabhängigkeit seines Heimatlandes herzustellen - doch noch näher gekommen. So muß er diesen Traum weiterträumen.

Auch die neuen Ölregionen Westafrika und das Kaspische Meer sind in der Aufstellung gut vertreten. Die Aufstellung zeigt auch auf, daß Kongo Brazzaville, Angola und Gabun in Westafrika das allergrößte Potential aufweisen. Das gilt sowohl für die bereits bekannten als auch für die noch vermuteten und geschätzten Ölreserven. Am Kaspischen Meer ist es vor allem Kasachstan, gefolgt von Aserbaidschan. Auch Chinas und Mexikos verbliebene Reserven können sich durchaus sehen lassen. Die bekannten und als sicher eingestuften Reserven der Vereinigten Arabischen Emirate und Venezuelas liegen in etwa gleichauf, aber Venezuela hat bereits wesentlich mehr gefördert als die Emirate, insofern ist es keine Überraschung, daß die noch vorhandenen Ölreserven der Emirate - und diese hier vor allem vertreten durch Abu Dhabi - wesentlich höher ausfallen. Venezuela verfügt aber noch über ungeahnte Mengen von Schweröl und Bitumen, die auf bis zu 100 bis 270 Milliarden Barrel geschätzt werden; mit dem Abbau hat man vor einigen Jahren begonnen, und die Produktion soll 2005 sogar auf 500 000 Barrel synthetisches Öl pro Tag ausgeweitet werden. Bei den sehr hohen Weltmarktpreisen für Rohöl ist der Abbau für die Ölkonzerne dann wirtschaftlich.[20]

Auch Rußland verfügt über Ölschiefer und Teersande, hat aber mit dem Abbau noch nicht begonnen, weil die hierfür erforderliche Technologie nie entwickelt wurde. In Australien verhindert Greenpeace mit vielen Aktionen und umfangreicher Öffentlichkeitsarbeit den Abbau umfangreicher Vorkommen im Bundesstaat Queensland. Es gibt Schätzungen, die hier bis zu dreißig Milliarden Barrel vermuten. Der Druck von Greenpeace hat bewirkt, daß australische Raffinerien kein aus den unkonventionellen Reserven gewonnenes Öl abnehmen.[21] Andere Länder mit abbaubarem Ölschiefer sind die Vereinigten Staaten von Amerika (mit den größten Reserven; hier befinden sich die Ressourcen in den Bundesstaaten Wyoming, Utah und Colorado), Thailand, Israel, Jordanien, Marokko und Brasilien.[22]

Die noch vermuteten Reserven im Irak und Iran zeigen das noch unentdeckte, gewaltige Potential dieser Länder auf. Ganz oben in

Sachen bekannte und unbekannte Reserven thronen die Superölländer Rußland und Saudi-Arabien. Berücksichtigt man noch, daß Rußland über die größten Gasvorkommen in der Welt verfügt, zeigt dieses auch das enorme strategische Potential dieses rohstoffreichen Landes auf.[23] Das Interesse der Ölkonzerne an einer Aufstokkung ihrer Investitionen in Rußland ist daher sicher nur eine Frage der Zeit, denn umgehen kann dieses Land auf Dauer keiner. Sieht man sich die Regionen im einzelnen an, so führt die Region Naher Osten/Nordafrika mit zweihundertdreißig Milliarden Barrel vor der Region der ehemaligen Sowjetunion mit einhundertsechzehn, der Region ›Sub-Saharan Africa‹/Antarctica mit zweiundsiebzig, Nordamerika ohne USA mit siebzig, Asien-Pazifik mit dreißig, Europa mit zweiundzwanzig und Südasien mit vier.[24]

Zur Vervollständigung werden hier noch die USGS-Zahlen für die USA aufgeführt, die ja nicht Teil der Studie waren: Die ›sicheren‹ Reserven lagen laut Angaben der amerikanischen Energy Information Agency Ende 2002 bei 22,67 Milliarden Barrel, die ›geschätzten unentdeckten‹ Reserven bei 75,6 Milliarden Barrel und der akkumulierte Verbrauch seit Beginn des Erdölzeitalters bei 171 Milliarden Barrel.[25] Addiert man die als sicher eingestuften und noch nicht verbrauchten weltweiten Erdölreserven in Höhe von 859 Milliarden Barrel sowie die von der USGS als konventionelles Reservewachstum eingestuften 688 Milliarden Barrel (inklusive USA), dann betrugen die weltweit vermuteten Reserven zum Zeitpunkt, als diese Studie fertiggestellt wurde, insgesamt 1500 Milliarden Barrel und unter Einschließung der USA über 2300 Milliarden Barrel.[26] Das wären etwa einhundert Prozent mehr, als die offiziellen Statistiken der als sicher und nachgewiesen geltenden Reserven (Stand laut BP Ende 2004: 1188 Milliarden Barrel) dies derzeit ausweisen.

Des weiteren hat die USGS zum ersten Mal in ihrer Studie aus dem Jahre 2000 auch eine Schätzung für ein weiteres ›Reservewachstum‹ in bekannten Ölfeldern gemacht und begründet dies vor allem mit dem technologischen Fortschritt in der Ölbranche (bei der Explorations- und Fördertechnik) und einer Neueinschätzung von vorher als nicht förderbar eingestuftem Rohöl. Dieses mögliche ›Reservewachstum‹ schätzen die Experten der USGS auf 612 Milliarden Barrel Rohöl. Rechnet man diese noch hinzu, kommt man auf eine Gesamtsumme von über 2900 Milliarden Barrel.[27] Natürlich bedeutet das nicht, daß die Ölkonzerne jemals über diese Gesamtsumme verfügen werden, da ein vollständiger Abbau der Ressourcen nicht möglich ist. Aber vergessen werden darf bei der Gesamtbetrachtung auch nicht, daß die unkonventionellen Ölressourcen wie die zu Beginn erwähnten Ölsande und ähnliche unkonventionelle Ölreserven in dieser Studie gar nicht zum Tragen gekommen sind. Die Ölförderung aus diesen Ressourcen soll bis zum Jahre 2025 zwischen 4,1 und 8,0 Millionen Barrel pro Tag liegen, je nachdem, welches Ölpreisszenario eintreten wird.[28] Kommen die Zahlen der Realität nahe, dann müssen wir uns über fehlende Ölreserven wahrhaftig keine Sorgen machen. Bei solchen Schätzungen, selbst wenn sie von professioneller Seite stammen, wird aber immer darauf hingewiesen, daß es nicht die ›eine Wahrheit‹ über die Ölreserven zu verkünden gibt. Ein Rest von Ungewißheit wird also immer bleiben, und wir werden damit leben müssen.

[1] Oliver Ristau, »Ölschatz«,. in: widema.depressepresseaktuell250504hintergrund.html

[2] Colin J. Campbell u. Jean H. Laherrére, *The End of Cheap Oil, Scientific American*, März 1998; Colin J. Campbell, *Forecasting Global Oil Supply 2000–2050*, 2002.

[3] L. F. Ivanhoe, Updated Hubbert Curves Analyze World Oil Supply, World Oil, Volume 217, No. 11, S. 91–94, November 1996.

[4] Siehe hierzu auch Anhang: Ölreserven einiger Ölländer zum 1. Januar 2004, *Oil and Gas Journal*.

[5] Exxon Mobil, Vortrag Öldorado, 1. Teil, Aktuelle Entwicklung, 17. 6. 2003, Zürich.

[6] BP-Statistical-review-of-world-energy-2003-workbook, Oil: Proved reserves.

[7] BP, *Statistical Review of World Energy*, 2003, 2004 u. 2005.

[8] Mahmoud M. Abdul Baqi, Nansen Saleri, »Fifty-Year Crude Oil Supply Scenarios, Saudi Aramco's Perspective«, Saudi Aramco, 2004; Matthew Simmons, »The Saudi Oil Miracle: Can it Continue to Grow? Is there any chance it may start to fade?«, in: *Center for Strategic and International Studies*, 24. 2. 2004.

[9] EIA, *International Energy Outlook 2004*, Table 5: Estimated World Oil resources, 1995–2025.

[10] Adnan Shibab Eldin, Mohamed Hamel, Garry Brennand, »Opec Oil Outlook to 2025«, in: *opec.org* September 2004.

[11] dfait-maeci.gc.ca/canadaeuropa/germany/aboutcanada07oelsandede.asp, Jens Uwe Gerloff, »Neuer Reichtum in Nordamerika – Kanadas Ölsande«, in: *NZZ am Sonntag*, 4. 4. 2003.

[12] Canadian Association of Petroleum Producers, CAPP releases 2004 Canadian Crude Oil Production Forecast, 15. 7. 2004.

[13] Suncor.comOil Sands: Key to an unprecedented Energy Future, 31. 5. 2004, Kevin Nabholz, 7 Seiten, Vizepräsident von Suncor Energy Inc.

[14] Canadian Association of Petroleum Producers, CAPP Canadian Crude Oil Production Forecast 2004–2015.

[15] Bericht von Jens Uwe Gerloff, »Neuer Reichtum in Nordamerika-Kanadas Ölsande«, in: *NZZ am Sonntag,* 4. 5. 2003.

[16] Man spricht in der Fachsprache von Bewertungseinheiten (›Assessment units‹), insgesamt gab es weltweit 270 davon.

[17] Schätzung hierfür aus USGS 1995 National Assessment and MMS 1996 Outer Continental Shelf Assessment.

[18] U.S. Geological Survey World Petroleum Assessment 2000

[19] Mauricio Vicent, »Petróleo en Cuba? Caliente, caliente«, in: *El País,* 4. 7. 2004

[20] Richard L. George, *Mining for Oil,* S. 84; Colin J. Campbell u. Jean H. Laherrére, aaO. (Anm. 2); EIA, *Country Analysis Brief Venezuela,* Juni 2004.

[21] EIA.doe.gov, *Country Analysis Briefs,* Oktober 2003

[22] Walter Youngquist, Survey of Energy Resources: Oil Shale, World Energy Council, 1. 1. 2001.

[23] Dem Anhang ist eine Aufstellung über die Länder mit den größten Gasreserven zu entnehmen.

[24] U.S. Geological Survey World Petroleum Assessment 2000, Description and Results, Region-Level Results, S. AR-12.

[25] eia.doe.govPetroleum Quick Stats

[26] USGS World Energy Assessment Team, U.S. Geological Survey in Digital Data Series 60, Executive Summary, Table 1 World level summary of petroleum estimates for undiscovered conventional petroleum and reserve growth for oil, gas, and natural gas liquids (NGL).

[27] USGS, USGS Reassesses Potential World Petroleum Resources: Oil Estimates Up, Gas Down, 22. 3. 2000; EIA, *International Energy Outlook 2004,* Table 5, Estimated World Oil Resources 1995–2025.

[28] EIA, *International Energy Outlook 2004,* Oil Resources in the 21st Century, S. 37.

28. Kapitel

Ölprognose 2025. Der langfristige Energiebedarf und der Anteil des Öls

Wo ist das Öl? Wieviel davon brauchen wir? Haben wir genug davon? Seitdem sich die Menschheit dem Rohstoff Öl unterworfen hat, gab es immer wieder Phasen, in denen man einer Knappheit ausgesetzt zu sein glaubte. Das gilt nicht nur für die erste Ölkrise 1973/74 und die zweite Ölkrise 1979. Auch vorher war man den Gedanken nicht losgeworden, eines Tages vielleicht auf dem trockenen zu sitzen. Doch es kam dann anders, weil spektakuläre Entdeckungen insbesondere in den fünfziger, sechziger und siebziger Jahren die Welt in die Lage versetzten, selbst allergrößte Nachfragesteigerungen mit ausreichend Öl zu befriedigen.

In anderen Kapiteln sind die Gründe für die beiden großen Ölkrisen genannt worden. Werfen wir nun einen Blick in die Zukunft und dabei nicht nur in die unmittelbare Zukunft, sondern auch die der nächsten zehn, zwanzig Jahre. Heute reden wir von einem täglichen Bedarf, der bei etwa 81 Millionen Barrel pro Tag liegt. Für 2005 liegt die Prognose bei 83 Millionen.[1] Daraus kann man sicherlich eine recht dynamische Entwicklung der Weltwirtschaft ableiten, denn in den Jahren zuvor waren die Absatzerhöhungen deutlich moderater ausgefallen. Ein Wachstum der Ölnachfrage von über zwei Prozent pro Jahr kann schon als recht kräftig angesehen werden. Die OPEC-Staaten decken in naher Zukunft weiterhin gut ein Drittel dieses Bedarfs ab, denn während ihr Beitrag lediglich von 27,1 auf 28 Millionen Barrel Rohöl ansteigen soll, könnten Rußland und die Kaukasusrepubliken der Prognose nach ihren Absatz um insgesamt 1,5 auf 11,8 Millionen Barrel pro Tag steigern (im Anhang befinden sich auch zwei Tabellen, die Angaben zu den größten Ölförderländern und Ölexporteuren im Jahre 2004 enthalten). Die Ölförderung in Kanada, den Vereinigten Staaten von Amerika, Mexiko und der Nordsee verläuft hingegen flach, das heißt, nennenswerte Ölfördersteigerungen werden hier nicht zu verzeichnen sein. Alles in allem sollte die Befriedigung der prognostizierten Nachfrage aber kein Problem darstellen.

Die folgende Tabelle gibt einen Überblick über die erwartete Entwicklung von 2003 bis 2005.

Öl-Angebot und Öl-Nachfrage in wichtigen Ländern/Regionen, Prognosen für 2004/2005[2]

in Mio. Barrel pro Tag	Effektive Nachfrage 2003 in Mio. Barrel pro Tag	Erwartete Nachfrage 2004 in Mio. Barrel pro Tag	Erwartete Nachfrage 2005 in Mio. Barrel pro Tag	Effektives-Angebot 2003 in Mio. Barrel pro Tag***	Erwartetes Angebot 2004 in Mio. Barrel pro Tag***	Erwartetes Angebot 2005 in Mio. Barrel pro Tag***
USA	20,1	20,3	20,7	8,8	8,7	8,8
Europa	15,2	15,3	15,5	6,0	5,9	5,9
Japan	5,4	5,4	5,4	–	–	–
China	5,5	6,0	6,5	3,5	3,5	3,4
Sonstige Asien	7,9	8,2	8,5	k.A.	k.A.	k.A.
OECD	48,5*	48,8*	49,6*	23,3*	23,3*	23,6*
OPEC	k.A.	k.A.	k.A.	27,1**	27,8**	28,0**
Gesamt	**79,5**	**81,1**	**83**	**79,5**	**81,5**	**82,9**

Aufgrund der Prognosen des amerikanischen Energieministeriums zeichnete sich ein mehrjähriger, kräftiger Anstieg der Ölnachfrage ab, nachdem die Steigerung der Nachfrage 2002 nur bei ungefähr 800 000 Barrel pro Tag gelegen hatte. 2003 stieg die Nachfrage bereits um 1,46 Millionen Barrel pro Tag an, und 2004 waren es nach Angaben desselben Ministeriums sogar 3,17 Millionen Barrel auf einen Jahresdurchschnittswert von 82,56 Millionen Barrel pro Tag.[3] Damit übertraf die effektive Nachfrage sogar das optimistische Szenario der EIA, und der für 2005 prognostizierte Wert wurde ein Jahr zuvor bereits annähernd erreicht. Dieser Zuwachs wird außerdem von einer anderen Institution in der Ölbranche, der Internationalen Energieagentur in Paris (IEA), mit 82,51 Millionen Barrel pro Tag bestätigt. Demnach haben wir im vergangenen Jahr mit einem Zuwachs von 3,4 Prozent das stärkste Wachstum bei der Ölnachfrage seit 1976 erlebt.[4] Mit einem Anteil von vierundsechzig Prozent oder zusätzlichen zwei Millionen Barrel pro Tag wurde die erhöhte Nachfrage vor allem durch ein höheres Angebot der OPEC befriedigt.[5] Auch Rußland mit plus 673 000 Barrel pro Tag und die Kaukasusrepubliken Kasachstan und Aserbaidschan erhöhten ihre Förderung im vergangenen Jahr deutlich, und damit konnte der erhöhte Bedarf ausgeglichen werden.[6] Für das Gesamtjahr 2005 wird von der Internationalen Energieagentur in Paris eine weitere, aber abgeschwächte Steigerung um etwa 1,7 Millionen Barrel auf 84,3 Millionen Barrel pro Tag erwartet.[7] Das globale Wachstumstempo verlangsamt sich etwas, in den Industriestaaten soll es laut Prognose des Internationalen Währungsfonds von 3,4 auf 2,6 Prozent zurückgehen, für die Weltwirtschaft wird ein Rückgang von 5,1 auf 4,3 Prozent erwartet.[8]

Auch der zusätzliche Ölbedarf wird sich in China mit plus 460 000 Barrel deutlich reduzieren. Die chinesische Wachstumsrate beim zusätzlichen Ölbedarf reduziert sich demnach von 15,4 Prozent auf 7,1 Prozent. Es folgen die Regionen Nordamerika (plus 390 000 Barrel pro Tag) und der Nahe Osten (plus 290 000 Barrel).[9] 2005 werden die weiter oben im Zusammenhang mit einer Steigerung der Ölförderung genannten Regionen eine weitere Steigerung ihrer Ölförderung erfahren. Der dann noch fehlende Beitrag für das Jahr 2005 soll durch einen ansteigenden Beitrag zahlreicher kleinerer Ölförderregionen zusammenkommen. Die kurzfristige Entwicklung scheint also unter Kontrolle zu sein. Sehen wir uns deshalb aber einmal die langfristigen Prognosen für den weltweiten Energiebedarf und die Rolle des Öls an.

Prognosen für Weltenergiebedarf 2010 bis 2025 in Quadrillionen Btu[10]

	1990	2000	2001	2010	2015	2020	2025	Veränderung in % p.a. 2001/2025
Öl	135,1	155,9	156,5	185,4	204,0	223,8	245,3	1,9
Gas	75,0	91,4	93,1	108,5	122,0	138,8	156,5	2,2
Kohle	91,6	93,6	95,9	108,0	116,6	126,8	140,2	1,6
Atomenergie	20,3	25,5	26,4	29,8	31,4	31,8	30,4	0.6
Sonstige	26,4	32,8	32,2	39,0	43,2	46,6	50,4	1,9
Gesamt	**348,4**	**398,9**	**403,9**	**470,8**	**517,7**	**567,8**	**622,9**	**1,8**

Entgegen anders lautenden Nachrichten ist Öl immer noch der wichtigste Energieträger in der Welt, sein Anteil lag 2001 bei fast neununddreißig Prozent. Auch beim ansteigenden Weltenergiebedarf wird das Öl trotz aller Diskussionen um Emissionen und Emissionsschutzgesetze seine führende Position immer noch verteidigen können, wie aus der folgenden Grafik mit dem voraussichtlichen Energiebedarf im Jahre 2030 ersichtlich ist. Exxon Mobil geht dabei von folgenden Annahmen aus. Das Wachstum der Weltwirtschaft beträgt bis dahin durchschnittlich 2,8 Prozent pro Jahr. Dabei wird das größte Wachstum in China erwartet (pro Jahr + 6,3%), es folgen Indien (+ 5,1%), die Region Rußland/Kaspisches Meer (+3,5%) und Afrika (+3,3%) vor Lateinamerika (+3,2%). Dann folgt die Region Nordamerika mit einer immer noch recht dynamischen Entwicklung (+2,6% pro Jahr) vor Europa (+2,0%) und Japan (+1,1%). Das Bruttoinlandsprodukt der gesamten Welt verdoppelt sich in diesem Zeitraum auf 76,5 Billionen Dollar, und der Energiebedarf steigt um fünfzig Prozent an.

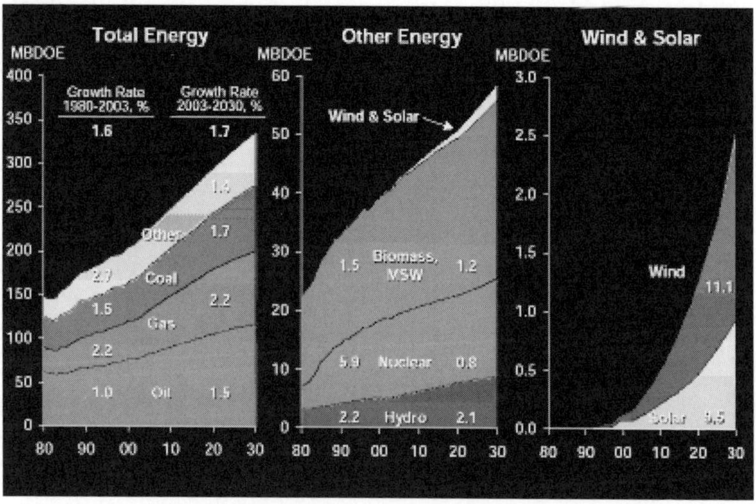

Entwicklung Gesamtenergiebedarf bis 2030, und Öl bleibt die wichtigste Energieressource. Quelle: Exxon Mobil.

Der Ölbedarf wird insbesondere vom Transportsektor getrieben und macht siebenundvierzig Prozent der Weltölnachfrage aus. In den OECD-Ländern liegt der Anteil sogar bei fünfundfünfzig Prozent, während er in den anderen Ländern unter vierzig Prozent beträgt. Der Transportsektor wird auch weiterhin die Ölnachfrage treiben.

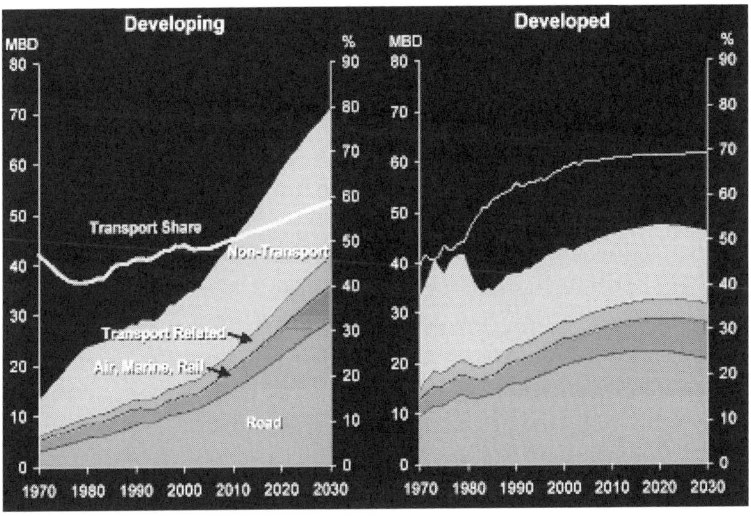

Der Transportsektor treibt die Ölnachfrage bis 2030 in den Entwicklungsländern und in den Industriestaaten. Quelle: Exxon Mobil.

Dies gilt insbesondere für die Entwicklungsländer. Dort soll die Anzahl der Fahrzeuge bis zum Jahre 2030 von fünfundfünfzig auf vierhundertzwanzig Millionen zunehmen. Aber auch für die Regionen Nordamerika mit achtunddreißig Prozent und Europa mit siebzehn Prozent wird eine kräftige Steigerung bei den angemeldeten Fahrzeugen erwartet.[11] Neben dem Transportsektor entfällt die weitere Nachfrage für Öl auf die Industrie (21% der weltweiten Ölnachfrage), Stromerzeugung (7%) und die Privathaushalte (mit 14% einschließlich der Nutzung im landwirtschaftlichen Sektor).[12]

Das Wachstum beim Rohöl entspricht in etwa dem Wachstum des gesamten Energiebedarfs. Doch was bedeutet das für die Ölförderländer? Befinden sich diese nicht schon jetzt oft genug an ihrer Förderobergrenze? Man wird mit großem Erstaunen zur Kenntnis nehmen, daß die Ölnachfrage, die in diesen Tagen gerade bei dreiundachtzig bis vierundachtzig Millionen Barrel pro Tag angelangt ist, bis 2010 auf 91,4 Millionen und bis 2025 gar um knapp fünfzig Prozent auf einhundertzwanzig Millionen Barrel pro Tag ansteigen soll. Beschäftigt man sich erst einmal mit der Prognose von 2010, dann wären das zehn Millionen Barrel pro Tag mehr – eine Menge, die in etwa dem entspricht, was Saudi-Arabien oder Rußland derzeit fördern. Wie soll der Markt eine solche Nachfrage befriedigen? Ein großes Ratespiel kann beginnen, denn ob dieser Kraftakt gelingen wird, weiß heute mit absoluter Sicherheit keiner. Von 1965 bis 1978 verdoppelte sich die Nachfrage nach dem schwarzen Gold von einunddreißig auf zweiundsechzig Millionen Barrel pro Tag, und man konnte sich immer auf Produktionssteigerungen im Nahen Osten verlassen, die immerhin vierzehn Millionen Barrel zulegten, aber auch die Region Sonstiges Europa/Eurasien konnte die Förderung von 5,3 um 7,3 Millionen Barrel pro Tag steigern. Von 1989 bis 2002 legte der Verbrauch um 10,5 auf 75,74 Millionen Barrel pro Tag zu, und wieder war es die Region im Nahen Osten, die um 4,5 Millionen zulegte und für Ausgleich sorgte. Rechnet man noch die Steigerungen von den OPEC-Staaten Nigeria, Venezuela, Libyen und Algerien in Höhe von 1,8 Millionen Barrel pro Tag hinzu und zieht die Minderung Indonesiens ab, kommt man auf einen zusätzlichen Nettobeitrag von 1,6 Millionen Barrel.[13] Auf diese Länder entfiel also ein Anteil von achtundfünfzig Prozent der zusätzlichen Ölförderung. Wird diese Gruppe von Ländern ein drittes Mal in der Lage sein, für die Weltgemeinschaft einzuspringen? Sehen wir uns die Prognosen einmal näher an:

Prognosen für Weltverbrauch von Öl, 1990 bis 2025
Angaben in Millionen Barrel pro Tag[14]

	1990	2000	2001	2010	2015	2020	2025	Veränder in % p.a. 2001/202
USA	17,0	19,7	19,6	22,7	24,8	26,4	34,6	1,6
Westeuropa	12,5	13,8	14,0	14,7	15,1	15,4	15,7	0,5
Japan	5,1	5,5	5,4	5,7	5,7	5,7	5,8	0,3
Rußland	5,4	2,6	2,6	2,9	3,3	3,8	4,3	2,1
China	2,3	4,8	5,0	7,6	9,2	11,0	12,8	4,0
Indien	1,2	2,1	2,1	2,8	3,5	4,4	5,3	3,9
Nahe Osten	3,4	4,7	4,7	6,0	6,6	7,3	8,0	2,2
Afrika	2,1	2,5	2,6	3,1	3,6	4,1	4,7	2,5
Lateinamerika	3,7	5,2	5,2	6,3	7,0	8,0	9,2	2,4
Gesamte Welt	66,1	76,9	77,1	91,4	100,5	110,3	120,9	1,9

Die aus der Tabelle hervorgehenden Zahlen bilden ein realistisches Szenario ab. Die amerikanische Energiebehörde EIA hat dieses Szenario als das »wahrscheinlichste« eingestuft. Global Insight Inc. prognostiziert im Vergleich für 2010 einen Tagesbedarf von 88,4 Millionen Barrel und für 2025 von 110,9 Millionen Barrel. Die Deutsche Bank kommt mit 89,4 und 115,1 auf etwas höhere Werte.[15] Insbesondere bei den Prognosen für Zeiträume, die weit in die Zukunft reichen, sind die Abweichungen deutlich größer. Es gibt aber auch Berechnungen der EIA, die für ein stärkeres Weltwirtschaftswachstum gelten würden; dabei wäre dann bis 2010 ein Bedarf von 95,4 Millionen Barrel täglich abzudecken und bis 2025 einer von 141,7 Millionen Barrel; gar nicht auszudenken, wenn dieses Szenario tatsächlich eintreffen würde.

Hinzu kommt der Zeitraum, über den wir sprechen, denn bis 2010 ist es gar nicht mehr so weit. Eine entsprechende Fördersteigerung wird nur möglich sein, wenn die tatsächlichen Investitionen in die Ausweitung der Förderkapazitäten in den großen Ölförderländern um einiges höher ausfallen als das, was bis heute geplant worden ist. Wenn wir uns die erwarteten Verbrauchssteigerungen genauer ansehen, dann hat Rußland sicherlich die komfortabelste Situation aller ›Großmächte‹. Denn Rußland kann trotz des dynamischen Wirtschaftswachstums seinen gesamten zusätzlichen Energie- und Ölbedarf im Inland decken. Weitaus ungünstiger sieht es dagegen für China und die USA aus: Sie müssen ihren Zusatzbedarf im wesentlichen durch Ölimporte abdecken. Das kann teuer werden, und es könnte auch zu Engpässen kommen. Wie diese Situation dann geklärt werden soll, ist bisher noch unklar. Die nachfolgende Tabelle (nächste Seite) zeigt, aus welchen Ländern/Regionen der größte Nachfrageschub zu erwarten ist.

Bei diesem wahrscheinlichen Szenario gingen die Experten von einem durchschnittlichen Wachstum der Weltwirtschaft in Höhe von drei Prozent aus. Asien wächst demnach weiterhin mit der stärksten Dynamik, der Mittelwert liegt hier bei über fünf Prozent. Von den großen Ländern sticht China mit einem jährlichen Plus von 6,1 Prozent hervor; Indien folgt mit 5,2 Prozent. Von den westlichen Industriestaaten können nur die Vereinigten Staaten von Amerika mit drei Prozent Wachstum pro Jahr deutlich zulegen. Japan mit 1,7 Prozent und Westeuropa mit 2,0 Prozent pro Jahr bleiben da zurück. Die unterschiedliche Dynamik wirkt sich dementsprechend auch bei der Nachfragesteigerung für Öl aus.

Entwicklung des Weltölverbrauchs Länder/Regionen 2010–2025 ›Wahrscheinliches Szenario‹ in Mio. Barrel pro Tag[16]

	2010	2015	2020	2025	Anstieg pro Jahr in %
Vereinigte Staaten	22,7	24,8	26,4	28,3	1,6
Westeuropa	14,7	15,4	15,4	15,7	0,5
Japan	5,7	5,7	5,7	5,8	0,3
Rußland	2,9	3,3	3,8	4,3	2,1
AsienEntw.	20,2	23,7	27,6	31,6	3,2
darunter China	7,6	9,2	11,0	12,8	4,0
darunter Indien	2,8	3,5	4,4	5,3	3,9
Naher Osten	6,8	7,5	8,3	9,1	2,2
Afrika	3,1	3,6	4,1	4,7	2,5
Lateinamerika	6,3	7,0	8,0	9,2	2,4
Welt	91,4	100,5	110,3	120,9	1,9

Nun zur besseren Vergleichbarkeit auch noch die Zahlen für das Wachstumsszenario, in dem von einem Wachstum der Weltwirtschaft in Höhe von 3,6 Prozent pro Jahr ausgegangen wird. Was am Anfang vielleicht nur wie eine kleine Differenz aussieht, entpuppt sich bei diesem langfristigen Szenario als enormer Nachfrageschub.

Entwicklung des Weltölverbrauchs Länder/Regionen 2010–2025 ›Wachstums-Szenario‹ in Mio. Barrel pro Tag[17]

	2010	2015	2020	2025	Anstieg pro Jahr in %
Vereinigte Staaten	23,6	26,2	28,4	30,6	1,9
Westeuropa	15,0	15,6	16,2	16,7	0,7
Japan	5,8	5,9	6,0	6,3	0,6
Rußland	3,3	4,1	5,1	6,2	3,7
AsienEntw*	21,4	26,3	32,1	38,3	4,0
China	8,1	10,2	12,8	15,2	4,8
Indien	3,0	3,9	5,1	6,5	4,7
Naher Osten	7,2	8,4	9,8	11,4	3,2
Afrika	3,5	4,4	5,8	7,0	4,2
Lateinamerika	6,4	7,5	9,0	10,9	3,2
Welt	95,4	109,0	124,7	141,7	2,6

Allein für China ergibt sich im Jahre 2025 ein Unterschied von 2,4 Millionen Barrel, für die Vereinigten Staaten von Amerika und die Region Naher Osten jeweils eine Differenz von 2,3 Millionen. Diese Unterschiede machen deutlich, wie unterschiedlich die zukünftige Nachfrage ausfallen könnte – und damit auch das Risiko, einmal nicht genügend Kapazitäten vorhanden zu haben, um der Nachfrage gerecht zu werden.

Prognosen über die langfristige Entwicklung bleiben äußerst schwierig. Der dynamische Verlauf im vergangenen Jahr war nur ein Beispiel, wie schwierig Prognosen sein können, wenn die Wachstumsdynamik unterschätzt wird. Die meisten Experten erwarten, daß insbesondere die OPEC-Staaten ihrer Rolle gerecht werden und ihre Ölförderung von derzeit etwa dreißig Millionen Barrel bis auf über fünfzig Millionen Barrel ausbauen, wie folgende Tabelle zeigt. Blicken wir auf das wahrscheinlichste Szenario, dann wird die OPEC im Jahre 2025 immer noch weniger Öl fördern als die Nicht-OPEC-Ölförderländer, die ihre Ölförderung im selben Vergleichs-

Prognose für die Entwicklung der OPEC-Ölförderung bis 2025[18]

Jahr	Wahrscheinlichstes Szenario in Mio. Barrel pro Tag	Szenario hoher Ölpreis in Mio. Barrel pro Tag	Szenario niedriger Ölpreis in Mio. Barrel pro Tag
Ist 1990	24,5	–	–
Ist 2001	30,3	–	–
2010e	35,7	28,2	42,1
2015e	40,0	29,5	49,3
2020e	47,8	35,4	60,1
2025e	56,0	42,2	71,2

zeitraum von 46,1 auf 64,6 Millionen Barrel steigern sollen. Dennoch wird der Anteil der OPEC an der Gesamtförderung in der Welt von unter vierzig auf über fünfundvierzig Prozent ansteigen. Die Abhängigkeit von den OPEC-Staaten nimmt deswegen zwangsläufig zu. Die OPEC selber sieht zwei mögliche langfristige Szenarien: eines, das sie als das wahrscheinliche einschätzt, und ein zweites unter der Annahme, daß das Wirtschaftswachstum schwach ausfällt. Das von der OPEC als wahrscheinlich eingeschätzte Szenario wird hier abgebildet.

Demnach geht die OPEC davon aus, daß sich die Ölförderung bei ihren Mitgliedsländern innerhalb der nächsten fünfzehn Jahre um zehn Millionen Barrel pro Tag erhöhen wird, ihr Anteil würde sich

Realistisches OPEC-Szenario für Entwicklung der Ölnachfrage und die eigene Ölförderung in Angaben in Mio. Barrel pro Tag[19]

	2005	2010	2015	2020	2025
Weltölnachfrage Szenario 1	81,0	88,7	97,1	105,8	114,6
OPEC-Ölförderung Szenario 1	29,7	34,1	40,6	48,9	58,3
OPEC-Anteil in % Szenario 1	36,7	38,4	41,8	46,2	50,9

Szenario 1 wird von der OPEC als realistisches Szenario eingeschätzt.

damit um zehn Prozentpunkte auf sechsundvierzig Prozent erhöhen. Im Szenario II, in dem von einem schwachen Wirtschaftswachstum ausgegangen wird, steigert die OPEC ihr Fördervolumen ›nur‹ auf sechsunddreißig Millionen Barrel täglich, der Anteil liegt bei einer Gesamtnachfrage von dreiundneunzig Millionen bei neununddreißig Prozent und damit deutlich niedriger.

Gleiches gilt im Szenario II auch für die Prognose für das Jahr 2025. Bei einer Gesamtnachfrage von siebenundneunzig Millionen Barrel würde die OPEC mit einer Ölförderung von einundvierzigeinhalb Millionen Barrel zweiundvierzig Prozent auf sich vereinen. Zudem gibt es bei den Prognosen zwischen der amerikanischen Energy Information Administration und der OPEC nicht sehr große Unterschiede. Erst für das Jahr 2025 beträgt die Abweichung über die OPEC-Ölförderung 2,3 Millionen Barrel. Gleich, welches Szenario man bevorzugt, die wirtschaftliche und politische Rolle der OPEC nimmt zu.

Bei den Förderländern, die nicht der OPEC angehören, sehen die Prognosen wie folgt aus; siehe Tabelle. Natürlich gibt es auch für die Ölförderung von Nicht-OPEC-Staaten Prognosen verschiedener Institute. Das amerikanische Energieministerium schätzt zum Beispiel das langfristige Angebot durch Mexiko, Kanada, Afrika und die Region am Kaspischen Meer viel optimistischer ein als die Energieagentur in Paris. Allein aus diesen Regionen ergibt sich ein Unterschied von mehr als zehn Millionen Barrel pro Tag. Auch bei

Prognosen für die Ölförderung in Nicht-OPEC Ländern 2010–2020. Angaben in Mio. Barrel pro Tag[20]			
	2010	2020	2030
Vereinigte Staaten u. Kanada	11,0	9,1	7,6
Mexiko	4,4	4,2	3,0
Rußland	10,8	11,1	11,4
China	3,4	2,8	2,3
Lateinamerika	4,9	5,8	6,4
Afrika	4,8	5,1	4,6
Nichtkonventionelles Öl	3,9	6,8	10,7
Gesamt	**57,2**	**56,9**	**56,6**

den Nicht-OPEC-Staaten wird sich also die Gesamtölförderung erhöhen, der Anstieg liegt in etwa bei sieben Millionen Barrel pro Tag ab dem Jahr 2010. Die Steigerung der Ölförderung bei der OPEC wird also erst einmal mit plus vier bis fünf Millionen Barrel bis zum Jahr 2010 langsamer verlaufen. Spätestens ab dem Jahre 2015 sollen die vorgesehenen Kapazitätserweiterungen der OPEC ihre volle Geltung erlangen und die Marktanteile bis zum Jahre 2025 von etwa vierzig auf über fünfundfünfzig Prozent steigen.

Wird es also in Zukunft Kriege um Rohölressourcen geben? Keiner kann diese Frage heute beantworten, denn hier wirken geopolitische und wirtschaftliche Entwicklungen auf Situationen ein, die keiner vorhersagen kann. Probleme können sich insbesondere da ergeben, wo es keine klaren Regelungen gibt und wo sich die Interessen überlappen. Beispielhaft für eine solche Situation kann die Situation im Südchinesischen Meer sein. Dort haben einige Länder berechtigte und unberechtigte Ansprüche auf Öl- und Gasressourcen angemeldet. Auch Japan und China kommen sich dabei in die Quere, und es geht dabei auch um den Zugriff auf Öl. Bisher liegen die sicheren Ölreserven in dieser Region bei 7,5 Milliarden Barrel, und die Ölförderung liegt bei 1,3 Millionen Barrel pro Tag. Der größte Teil der Ölförderung entfällt dabei auf Malaysia (645 000 Barrel pro Tag), vor China (290 000 Barrel pro Tag) und Vietnam (180 000 Barrel pro Tag).[21] Sehr optimistische chinesische Schätzungen sprechen aber von potentiellen Ölvorkommen, die zwischen einhundertfünf und zweihundertdreizehn Milliarden Barrel betragen könnten. Das weckt allseits Begehrlichkeiten. Das Südchinesische Meer gehört nicht nur zu den meisten befahrenen Seestraßen der Welt; es gibt hier ungefähr zweihundert kleine Inseln oder Riffe. Die Inseln sind aber unbewohnt, und daher entsteht häufig Streit zwischen den Staaten, die hier meist historische Ansprüche stellen. Zu ihnen gehören neben China, Vietnam und Thailand auch Länder wie die Philippinen, Indonesien und Japan. Problematisch ist in diesem Fall auch die Seerechts-Konvention der Vereinten Nationen aus dem Jahre 1982, da die Artikel 55 bis 75 die Einrichtung von ökonomischen Sonderzonen vorsehen, die sich bis zu zweihundert Seemeilen von der Küste entfernt befinden können.[22] Die Einrichtung dieser Sonderzonen führte zur Überlappung von Ansprüchen und sorgte seitdem immer wieder für Meinungsverschiedenheiten. Außerdem haben die südostasiatischen Staaten Angst, daß China seine Ansprüche ausbaut. Allein der in Zukunft stark ansteigende Inlandsbedarf könnte die Chinesen dazu zwingen. Folgende Karte gibt einen Überblick über die Region und die ökonomischen Sonderzonen mit den Gas- und Ölfeldern.

Mitte Januar 2005 gab es erste Gespräche zwischen der japanischen Regierung und den Unternehmen Japan Petroleum Exploration Co. und Teikoku Oil Co. mit dem Ziel, Gasexploration und Förderung im Ostchinesischen Meer durchzuführen. Nachdem die japanische Regierung am 13. April 2005 bekanntgegeben hatte, besagten Unternehmen das Recht eingeräumt zu haben, östlich der Grenzlinie im ostchinesischen Meer Testbohrungen durchzuführen, wurde diese Ankündigung von der chinesischen Regierung mit Empörung aufgenommen. Die japanische Aktion sei eine ernsthafte Provokation der chinesischen Interessen, hieß es, und schade außerdem den guten internationalen Beziehungen. Bisher ist es nur bei Wortspielen zwischen Japan und China geblieben. Ein größerer Konflikt ist aber nicht auszuschließen, insbesondere dann, wenn größere Öl- oder Gasvorkommen im Mittelpunkt der Auseinandersetzung stehen sollten.

Auch in anderen Weltregionen gibt es immer noch Auseinandersetzungen und Konflikte über Grenzen und die Ausbeutung von Ressourcen. Das Kaspische Meer ist ein weiteres Beispiel für ungeklärte Ansprüche, denn der Status des 370 000 Quadratkilometer großen Kaspischen Meeres ist umstritten. Der Iran geht zum Beispiel davon aus, daß das Grenzabkommen zwischen der Sowjetunion und dem Iran aus dem Jahre 1921 und die Zusatzabkommen von 1935 und 1940, die eine gemeinsame Ausbeutung der kaspi-

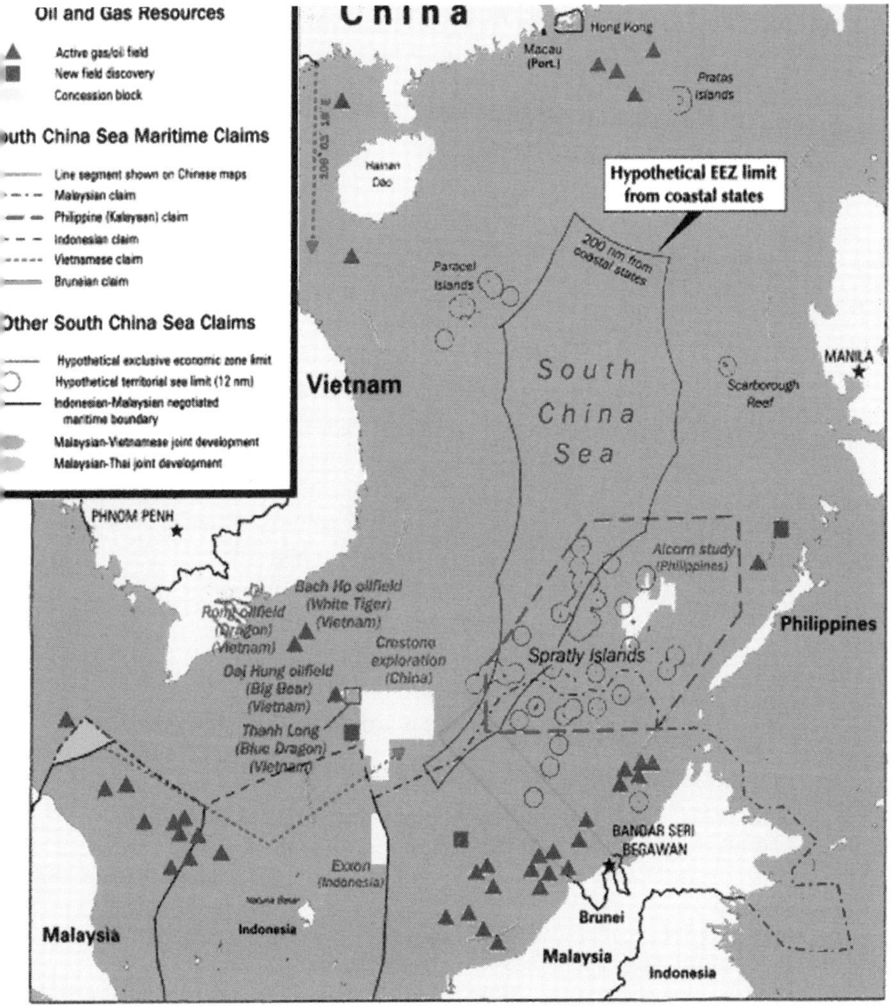

Karte mit Übersicht über das Südchinesische Meer und die ökonomischen Sonderzonen. Quelle: Globalsecurity.org

schen Ressourcen vorsah, immer noch gültig sind. Demnach wäre das Kaspische Meer ein Binnengewässer, und die Nutzungsrechte könnten nur durch Konsens aller beteiligten Staaten verändert werden. Kasachstan, Aserbaidschan und Rußland haben sich hingegen auf eine Teilung der Ansprüche geeinigt, dem Iran würden dabei aber nur zwölf bis dreizehn Prozent der Seefläche zustehen. Der Iran fordert aber mindestens zwanzig Prozent.[23] Dieser Teilungsplan orientiert sich am jeweiligen Anteil der Anrainerstaaten an der Küstenlinie und einer angedachten Mittellinie.

Bisher hat der Iran selber noch keine eigene Öl- oder Gasförderung im Kaspischen Meer aufgebaut. Auch Turkmenistan will bei der Aufteilung noch ein Wörtchen mitreden, eine Einigung, die alle Beteiligten zufriedenstellt, konnte bisher aber nicht erzielt werden.

Aber auch die Amerikaner wollen bei der Verteilung der Ressourcen in der kaspischen Region ein Wort mitreden, zum einen über ihre Ölkonzerne, die schon seit über zehn Jahren in der Region aktiv sind, zum anderen mit dem Einsatz ihrer politischen und militärischen Mittel.[24] Die Amerikaner planen einen langfristigen Aufenthalt in der Region; die bisherige Entwicklung in der Region und die Zusammenarbeit mit Georgien, Armenien, Aserbaidschan, dem Irak sowie mit anderen Ländern sprechen dafür. Natürlich unterstützen die Amerikaner die Demokratisierungsversuche im Kaukasus genauso wie anderswo, aber ihren Einfluß wollen sie vor allem deshalb geltend machen, weil sie die Kontrolle über die Energiegeschäfte in der Region nicht verlieren wollen. Durch ihre militärische Präsenz können sie auch politischen Druck ausüben, um ihren Forderungen auch Nachdruck zu verleihen. Die zukünftige Entwicklung dürfte also spannend verlaufen, weil die Interessen verschiedener Großmächte in dieser Region aufeinandertreffen werden.

[1] EIA (Energy Information Administration), *Short-Term Energy Outlook,* Mai 2004, Table 3 International Petroleum Supply and Demand.

[2] EIA, ebenda, International Petroleum Supply and Demand: Base Case.

[3] International Petroleum Monthly und EIA, Table 2.4, World Oil Demand 2000–2004, Mai 2005.

[4] IMF, *World Economic Outlook,* Chapter I, Table 1.12., Global Oil Demand by Region, April 2005, S. 58.

[5] International Petroleum Monthly, Table 4.2, Opec Crude Oil Production, 1980–2004, Juli 2005.

[6] International Petroleum Monthly, Table 4.1.c, World Crude Oil Production, 1970–2004, Juli 2005.

[7] IEA, *Oil Market Report, Global Oil Demand from 2003 to 2005,* 10. 6. 2005, S. 5.

[8] IMF, *World Economic Outlook,* Chapter I, Economic Prospects and Policy Issues, Table 1.1., Overview of the World Economic Outlook Projections, und Economic Table 1.4, Advanced Economies: Real GDP, Consumer Prices and Unemployment.

[9] International Energy Agency, *Oil Market Report,* Global Oil Demand by Region, 10. 6. 2005, S. 6.

[10] EIA, *International Outlook 2004,* Table A2, World Total Energy Consumption by Region and Fuel, Reference Case 1990–2025.
[11] Exxon Mobil, *2004 Energy Outlook,* The Outlook of Energy – A 2030 View.
[12] Adnan Shibab ELDIN, Mohamed HAMEL, Garry BRENNAND, »Opec Oil Outlook to 2025«, in: *opec.org* September 2004.
[13] BP, *Statistical Review of World Energy 2003.*
[14] EIA, *International Energy Outlook 2004,* Table A4, World Consumption by Region, Reference Case, 1990–2025.
[15] EIA, ebenda, Table 10, Comparison of World Oil Production Forecasts.
[16] EIA, ebenda, Table A4, World Oil Consumption by Region, Reference Case, 1990–2025.
[17] EIA, ebenda.
[18] EIA, ebenda, Table 6, Opec Oil Production, 1990–2025.
[19] Adnan Shibab ELDIN u. a., aaO. (Anm. 12).
[20] IMF, *World Economic Outlook,* Chapter IV: Will the Oil market continue to be tight, Table 4.4, Projections of Non-Opec Oil Supply von der International Energy Agency 2010–2030.
[21] GlobalSecurity.org, »South China Sea Oil and Natural Gas«, 1. 1. 1998.
[22] Global Security.org, »Spratly Islands«, 31. 8. 2003.
[23] EIA, *Country Analysis Briefs Iran,* März 2005.
[24] Brenda SHAFFER, »Iran's Role in the South Caucasus and Caspian Region: Diverging Views of the U.S. and Europe«, Juli 2003, und »U.S. Security and Military Cooperation with the Countries of the South Caucasus: Successes and Shortcomings«, 13. 5. 2003 – beide von Belfer Center for Science and International Affairs, John F. Kennedy School of Government, Harvard University.

29. Kapitel

Die Ölabhängigkeit. Weiter so oder die Entwicklung und Umsetzung einer langfristig haltbaren Zukunftsstrategie?

Weiter so? Das ist eigentlich eine Frage, die man nur mit einem klaren Nein beantworten kann. Das heißt aber nicht, daß es zu einer Veränderung der bisherigen Ausrichtung in den Industriegesellschaften kommen wird. Die Prognosen der Internationalen Energieagentur in Paris ebensowie die der Energy Information Administration in den USA sagen einen weiteren kräftigen Anstieg der Nachfrage nach Rohöl voraus.

Ob es gelingen wird, die Nachfrage durch ein ausreichendes Angebot zu befriedigen, so daß es nicht zu weiteren, für die Weltkonjunktur wahrscheinlich schädlichen Preissteigerungen kommen wird, bleibt abzuwarten. Keiner kann dafür eine Garantieerklärung abgeben. Rohöl ist aber an sich nicht teuer, denn ein Liter Rohöl kostet bei einem Preis von sechzig Dollar pro Barrel (Euro/Dollar-Kurs von 1,21) in den USA rund 37 US-Cents und in Europa durch den derzeit hohen Wechselkurs des Euro nur 31 Euro Cents. Die hohen Spritpreise an der Tankstelle sind in Europa daher wie gesagt eher den Finanzministern der Regierungen zuzuschreiben, denn man hat sich hier an die hohen Milliardeneinkünfte in Form der Mineralölsteuer gewöhnt.

Der bei hohen Ölpreisen entstehende Zorn gilt aber fast immer der Organisation OPEC und den Ölscheichs, der Vorwurf ist aber völlig unangebracht. Die Unkenntnis treibt den Beobachter ins falsche Lager. Natürlich schadet ein zu hoher Ölpreis, weil Branchen wie zum Beispiel die Chemiebranche oder die Luftfahrt diese höheren Kosten nicht in höhere Preise umsetzen können, wie das früher sicher der Fall gewesen ist. Der höhere Wettbewerbsdruck auf den internationalen Märkten läßt solche Preisschübe heutzutage immer seltener zu.

Außerdem vermischen sich die Risiken in der Luftfahrt zum Teil, da auf der einen Seite sicherlich höhere Treibstoffkosten stehen, auf der anderen Seite seit dem 11. September 2001 aber auch die höheren Ausgaben für Versicherungsleistungen sowie die Investitionen in höhere Schutzvorkehrungen. Das geopolitische Umfeld der letzten Jahre hat dafür gesorgt, daß ein erheblicher Teil der Investitionen eben nicht in den Ausbau neuer Kapazitäten, Maschinen oder Innovationen fließt, sondern in Sicherheitsmaßnahmen an und in Flughäfen. Den Fluglinien bleibt indes auch gar nichts anderes übrig, als zu reagieren, wollen sie verhindern, daß das angekratzte Vertrauen ihrer Kundschaft nicht weiter zurückgeht. In der Ölbranche ist es ähnlich. Die ganze Branche kennt die Prognosen der bekannten Institute über die erwartete Ölnachfrage in der Zukunft, aber auch hier fließt ein wesentlicher Teil in den Ausbau der Sicherheit in Anlagen und Fördergebieten, insbesondere im Nahen Osten. Anschläge sorgen natürlich dafür, die Unsicherheit unter den Ölmitarbeitern zu erhöhen. Andererseits könnte es zu einem wahren Investitionsrausch kommen, wenn sich die Lage beruhigt. Die abgeschlossenen Verträge der vergangenen Jahre lassen darauf schließen. Eine erhöhte Nachfrage und die schrumpfenden Reserven der Ölkonzerne in heimatlichen Ölfördergebieten zwingen die Ölkonzerne geradezu dazu, den Investitionsstau durch konkrete Projekte abzuarbeiten.

Zudem ist es nicht nur die Nachfrage nach Rohöl, die wächst, sondern die Nachfrage nach Energie im allgemeinen. Dieser Zusammenhang wird gerade auf politischer Bühne allzuoft verkannt, denn wir leben im Westen in einem System, in dem wir uns bisher auf eine nahezu hundertprozentige und stets zuverlässige Stromversorgung verlassen konnten. Doch das muß keineswegs so bleiben. Der Durst hat zugenommen, könnte man sagen, und er wird weiter zunehmen. Die Wachstumsregionen in Asien, Lateinamerika und Osteuropa stellen die Welt vor große Herausforderungen. Deswegen dürfen die Investitionen in den westlichen Industriestaaten nicht ausbleiben, wollen wir das Ziel erreichen, auch in Zukunft jederzeit über den Strom verfügen zu können, den die Industrie und die Privathaushalte benötigen.

Alle Länder sind deshalb gefordert, sich ernsthafte Gedanken über den zukünftigen ›Energiemix‹ zu machen. Auch Deutschland muß wissen, welchen Weg es hier gehen möchte. Ansonsten kann es passieren, daß wir irgendwann vor einer Energieabhängigkeit stehen, die wir nicht mehr bezahlen können. Denn wenn viele gleichzeitig um den gleichen Anbieter buhlen, steigen bekanntlich die Preise. Stromausfälle sind übrigens kein Einzelfall mehr. Selbst in der führenden Industrienation der Welt, den USA, kam es in den vergangenen Jahren wiederholt zu Stromausfällen wegen mangelnder Investitionen in die Stromübertragung.[1]

Auch in Skandinavien kam es im Frühjahr 2003 zu einer Stromkrise; die Abhängigkeit von der Wasserkraft im Zusammenhang mit äußerst niedrigen Wasserständen und langfristige Verträge bei den Stromexporten führten zu Preisexplosionen in Schweden und Norwegen.[2] In Griechenland kam es vor den Olympischen Spielen 2004 zu Stromausfällen. In China wurde der Verbrauch im letzten Sommer wegen der hohen Nachfrage und des knappen Angebots wiederum genauestens reglementiert. Tausende von Unternehmen mußten in den Sommermonaten auf Anweisung der Regierung zeitweise schließen oder ihren Stromverbrauch reduzieren, um ein Überschreiten der Kapazitätsgrenze zu verhindern.[3] Ein Grund für diese Tatsache sind vernachlässigte Investitionen ins Stromnetz, in China ist es zudem die geradezu explodierende Nachfrage nach Energie. Mit Wachstumsraten von über acht Prozent wächst das Land in einem Tempo, das es der Industrie außerordentlich schwierig macht, den Kapazitätserweiterungen im erforderlichen Maße nachzukommen.

Auch die Kernenergie kommt dabei wieder ins Spiel, und der Grund ist ganz klar. Will man die Klimaschutzziele des Kyoto-Protokolls erreichen, dann muß der Kohlendioxyd-Ausstoß verringert werden. Deutschland will dabei eine Vorreiterrolle spielen und strebt sogar eine über die Zusage (von minus einundzwanzig Prozent) hinausgehende Verminderung des Kohlendioxydausstoßes auf 844 Millionen Tonnen im Durchschnitt in den Jahren 2008 bis 2012 an.[4] Demnach müssen die deutsche Industrie und Energiewirtschaft ihren Kohlendioxyd-Ausstoß von 505 Millionen Tonnen bis zum Jahre 2007 auf 503 Millionen Tonnen verringern; bis zum Jahre 2007 sogar auf 495 Millionen Tonnen. Verkehr und Privathaushalte sollen bis 2012 einen Rückgang von 297 auf 291 Millionen Tonnen und Gewerbe, Handel und Dienstleistungen von 61 auf 58 Millionen Tonnen erreichen.[5]

Andere Länder sind nicht so ehrgeizig und werden Schwierigkeiten haben, das ihnen zugestandene Wachstum in den vereinbarten Grenzen zu halten. Spanien ist dafür ein gutes Beispiel. Die Wirtschaft wächst hier für europäische Verhältnisse beispiellos, aber der Kohlendioxyd-Ausstoß wächst mit.[6] Spanien ist weit davon entfernt, seiner Zielvorgabe von Kyoto nachzukommen, und das, obwohl den Spaniern ein Wachstum des Kohlendioxyd-Ausstoßes in Höhe von fünfzehn Prozent gegenüber 1990 zugesagt wurde. Spanien liegt aber derzeit bei vierzig Prozent plus, wie die spanische Umweltministerin Cristina Narbona bei einem Forum in Madrid zu erkennen gab.[7] Ob Spanien das Ziel von Kyoto überhaupt ernsthaft erreichen will, darf angesichts der bisherigen Maßnahmen bezweifelt werden. Denn woher sollen die Einsparungspotentiale kommen? Die Politik spricht zwar von Veränderungen, von erneuerbaren Energien und ähnlichen Dingen, getan wird aber viel weniger als möglich. Der Anteil der Windenergie an der spanischen Stromerzeugung liegt derzeit immerhin bei sechs Prozent. Selbst die Tatsache, daß Spanien laut Angaben der Vereinigung Regenerativer Energien (APPA) Ende 2003 mit 6202 aus Ökostrom erzeugten Megawatt hinter Deutschland mit 14 609 Megawatt und den Vereinigten Staaten von Amerika mit 6370 Megawatt bereits an dritter Stelle in Sachen Einsatz sanfter oder erneuerbarer Energien zu finden ist, reicht hier als Beleg für umweltbewußten Verbrauch nicht aus.[8] Außerdem zeigt Spanien das Dilemma einer Wachstumsgesellschaft auf. Jedes Jahr fahren auf Spaniens Straßen mehr Autos als je zuvor, jedes Jahr wächst also auch der Kohlendioxyd-Ausstoß. Da helfen Benzin sparende Autos nur wenig.

Spanien ist da beileibe kein Einzelfall. Derweil genehmigt die Umweltkommissarin Margot Wallström den Allokationsplan einiger europäischer Länder, der den Kohlendioxyd-Ausstoß der Unternehmen nur noch genehmigt, wenn sie dafür auch die entsprechenden Emissionszertifikate aufweisen können.[9] Der Handel mit den Emissionszertifikaten hat in Deutschland bereits am 1. Januar 2005 begonnen.[10] Damit ist Deutschland in dieser Angelegenheit sicherlich eines der führenden Industrieländer. Andere werden folgen, aber eine ganze Reihe von Ländern wird den Vereinbarungen von Kyoto nicht nachkommen können. Zudem steigen die Emissionen ja nicht nur in den Industrieländern, auch in Osteuropa und Asien sowie Lateinamerika werden sie allein durch den überproportional ansteigenden Automobilverkehr zunehmen. Chinas Menschenmassen wollen auch mehr Mobilität, und sofern sie es sich leisten können, wird ein weiterer Anstieg der Zulassungszahlen für Personenkraftfahrzeuge gar nicht zu verhindern sein. Außerdem können wir im Westen nicht denen im Osten verbieten, was wir uns schon seit Jahrzehnten erlauben. Der einzige sinnvolle Weg ist deswegen ein Innovationssprung. Die Automobilindustrie muß alle Hebel in Bewegung setzen, um den Verbrauch der neuen Autos noch deutlicher abzusenken. Dem stehen natürlich der Spaßfaktor der Verbraucher (Autos mit PS-starken Motoren) und die Modellvielfalt entgegen. Außerdem müßte die Ölindustrie zusammen mit der Automobilindustrie ein massives, langfristig angelegtes und nachhaltiges Strategie- und Investitionsprogramm für die Entwicklung und den Ausbau umweltschonender Antriebsmotoren schaffen, das eine wirkliche Wende in der Industrie bewirken könnte. Alle anderen Programme in Sachen umwelt- oder energiesparende Autos sind zwar interessant, im globalen Aspekt verfehlen sie aber ihre Wirkung. Nur wenn die Konzerne sich in nicht allzu weiter Ferne zu einem solchen neuen Kurs verpflichten, werden wir die umweltschonende Automobilindustrie noch erleben. Denn das Drei-Liter-Auto, das keiner kauft, hilft uns effektiv nicht weiter.[11]

Nur wenn aus diesem Markt für umwelt- und energiesparende Autos ein Massenmarkt wird, dann könnte der Sprung in die Ökowelt wirklich gelingen, denn die Anschaffungskosten werden dann für viele viel interessanter. Man könnte auch sagen, daß die Automobilkonzerne bisher die falschen Autos verkaufen. Die schnellen, treibstoffintensiven Modelle sind als Statussymbole beliebt, es sollten aber eigentlich Hybrid- oder Solarautos sein. Doch wenn die Vorstandsmitglieder der Automobilkonzerne im Mercedes S 500, BMW oder Phaeton vorfahren, wer will es dann den anderen verdenken, die sich so ein Auto leisten können? Vorbildfunktion ist gefragt. So wie Henry FORD das Automobil für alle propagierte, so müßte die Industrie heute eine Kehrtwende vorantreiben, die in der Automobilgeschichte seinesgleichen sucht. Am besten wäre ein Wettlauf unterhalb der Konzerne um das umweltfreundlichste Auto. Daß Toyota hier als Vorreiter der Branche ein ernst zu nehmendes Engagement betreibt, wird nicht bestritten. Die Staatengemeinschaft müßte die Konzerne geradezu in die ›Öko-Auto-Richtung‹ drängen, eventuell sogar Steuervergünstigungen vereinbaren für den Fall, daß der Anteil der Umweltautos in zehn oder zwanzig Jahren auf eine bestimmte Quote gesteigert werden könnte. Denn lenken kann man die Industrie zu einem gewissen Grade schon, es muß nur sichergestellt werden, daß sie die Botschaft auch versteht, ja geradezu ernst nimmt und sich zur Umsetzung verpflichtet fühlt. Tut sie es nicht, ist alles Gerede in dieser Sache Makulatur.

Dabei sind die Bemühungen einiger Konzerne in Sachen Solarenergie nicht unbeobachtet geblieben, ganz im Gegenteil. Wenn der Branchenumsatz für Solaranlagen in Deutschland fünfhundert Millionen Euro beträgt, dann spricht das schon für das Engagement von Shell, Siemens und Co. Aber wenn Shell Solar in das seit vier Jahren bestehende Solarwerk in Gelsenkirchen bisher insgesamt dreißig Millionen Euro investiert hat, kann man sich lebhaft vorstellen, wie groß die Wirkung wäre, wenn die Investitionen mehrere Milliarden Euro erreichten.[12] Eine Shell-Studie prognostiziert für Deutschland trotz abnehmender Bevölkerungszahlen einen Anstieg der Kraftfahrtzeuge um fast zwanzig Prozent auf 53,5 Millionen Fahrzeuge im Jahre 2030. Der Studie zufolge soll der Kohlendioxyd-Ausstoß von 110 Millionen Tonnen im Referenzjahr 1990 auf 79 Millionen Tonnen zurückgehen, da der Kraftstoffverbrauch von derzeit durchschnittlich 8,4 Liter auf 6,5 Liter zurückgehen soll. Zudem könnte der Anstieg der Automobile auch geringer ausfallen.[13] Das ist sicherlich eine optimistische Prognose, gilt dergleichen aber auch für andere Industriestaaten wie Japan oder die USA? Sofern diese Prognose der Realität nahe kommt, wäre das schon eine erfreuliche Prognose, insbesondere, wenn man auch in anderen Industrieländern ähnliche Erfolge vorweisen könnte. Auch die USA wären gefordert, bei der Umweltpolitik eine Vorreiterrolle zu spielen, was man angesichts vergleichbar niedriger Benzinpreise und deutlich höheren Durchschnittsverbrauchs bisher nicht behaupten kann.

In den Entwicklungsländern ist hingegen die Kernenergie wieder ins Rennen gekommen, die Investitionen in diesem Bereich steigen rasant an. Vor allem spielt hier der wachsende Energiebedarf eine Rolle, aber auch die Verringerung der Treibhausemissionen wird in die Diskussion eingebracht. Die Internationale Atomenergiebehörde IAEA hat darauf hingewiesen, daß bei einem Abschalten aller Atomkraftwerke in der Welt und der Ersetzung durch nichtatomare Anlagen der Kohlendioxyd-Ausstoß um sechshundert Millionen Tonnen im Jahr ansteigen würde. Das wäre die doppelte Menge dessen, was durch Kyoto bis 2010 eingespart werden soll.

Trotz des Beschlusses der rot-grünen Bundesregierung, die Atomkraftwerke nach und nach abzuschalten, geht der Ausbau der Kernenergie in anderen Ländern weiter. Allein in den letzten Jahren sind weltweit über dreißig Kernkraftwerke gebaut worden, davon zweiundzwanzig in der Wachstumsregion Asien. Derzeit befinden sich weitere siebenundzwanzig Kernkraftwerke im Bau, davon wiederum achtzehn in Asien. Bisher liegt der Anteil der Entwicklungsländer an der Erzeugung von Kernenergie aber nur bei 5,6 Prozent. Da Wirtschaftswachstum und Bevölkerungszuwachs vor allem in diesen Ländern zu erwarten ist, wird ihr Anteil in den kommenden Jahren mit Sicherheit weiter ansteigen. Auf der Welt gibt es derzeit vierhundertzweiundvierzig Kernkraftwerke in dreißig Ländern.[14] Auch in Finnland hat man den Bau eines neuen Kraftwerkes genehmigt.[15] In Frankreich, wo die Abhängigkeit vom Atomstrom sehr groß ist, hat der Energieerzeuger Electricité de France (EdF) kurzerhand die Laufzeit der bestehenden Anlagen von dreißig auf vierzig Jahre verlängert. Das erste Atomkraftwerk geht demnach nicht vor 2017 vom Netz.[16] Auch in Deutschland wird es früher oder später mit Sicherheit eine Diskussion um die Verlängerung der Betriebslaufzeiten geben, wenn auch erst unter anderen politischen Vorzeichen oder im Zuge eines Stromausfalls, der nach Abschaltung einiger Kernkraftwerke zu hitzigen Diskussionen in der Bevölkerung führen dürfte. Der Weltenergierat geht davon aus, daß die Weltbevölkerung bis 2020 auf acht Milliarden Menschen ansteigt und der Jahresbedarf von etwa 15 400 Terawattstunden im Jahre 2000 im selben Zeitraum (also bis 2020) auf 25 000 Terawattstunden ansteigen wird. Davon müßten 3000 Terawattstunden durch Kernkraftwerke hergestellt werden, so die Prognose. 2002 entfiel auf Kernkraftwerke immerhin ein Anteil von siebzehn Prozent bei der Stromerzeugung in der Welt.[17]

Zurück zum Öl. Der Rohstoff wird, da bin ich mir sicher, unser zukünftiges Handeln noch lange mitbestimmen. Das ›schwarze Gold‹ hat eine unsichtbare Anziehungskraft, ist zudem noch leicht zu verarbeiten und zu gebrauchen. Die Förderung mag in gewissen Regionen zwar teuer sein, liegt der Ölpreis aber bei dreißig, vierzig Dollar pro Barrel oder darüber, dann lohnt sich die Ölexploration und Ölförderung auch in den weit entfernten und schwer erreichbaren Regionen unseres Planeten Erde.

Was können wir aus der Vergangenheit lernen? Vielleicht daß sich Veränderungsprozesse nur langfristig durchsetzen können und daß vor allem eine Bewußtseinsveränderung in der Bevölkerung für eine Richtungsänderung erforderlich ist. Selbst anerkannte Leute wie der Ökonom Jeffrey Sachs von der Universität von Columbia, USA, und der Präsident der Weltbank, James D. Wolfensohn, haben das Thema Energie mittlerweile ganz oben auf ihrer Agenda angesiedelt.[18] Für Greenpeace ist der Weg bis zum Durchbruch einer wahrhaftig umweltschonenden Energiepolitik noch weit, aber zwingend erforderlich, zudem sehen sie einer Förderung der Kernenergie mit Sorge entgegen.[19]

Die Zeit wird zeigen, ob die prominenten Befürworter einer Energiewende nur Aussagen in Form von gesellschaftspolitischen Strömungen gemacht haben. Und vor allem: Der Druck zum Handeln muß größer werden, Regierungen und Institutionen sind aufgefordert, ihrer Verantwortung nachzukommen. Erkennt die Industrie diese Neuausrichtung als Chance, steigt zugleich die Möglichkeit, daß zukünftige Generationen noch das erleben werden, wovon wir heute noch träumen mögen: den Einsatz des sauberen Automobils, umweltschonend und effektiv zugleich.

Sicherlich müssen die Prozesse auch in anderen Bereichen der Gesellschaft weiter vorangetrieben werden, denn der Kohlendioxyd-Ausstoß ist hier weitaus höher. Insofern hilft es, wenn auch hier der Druck zum Einsparen, zum Verbessern, zum Verändern ›nie‹ aufhört. Nur der Fortschritt im wahrsten Sinne des Wortes, bringt uns hier weiter. Nur dann sind wir in der Lage, die gewaltigen Aufgaben der Zukunft auch zu lösen. Denn die Nutzung des Öls wird für uns nur eine vorübergehende Lösung des Problems sein, andere Probleme werden damit nur aufgeschoben.

Da diese Veränderungsprozesse aber über mehrere Jahrzehnte erfolgen müssen, bedarf es hier einer langfristigen Strategie. Wir brauchen sozusagen ein Internet für den Energiebedarf – einen Weg, den wir nehmen, weil er durch seine Klarheit und Effizienz überzeugt und möglichst auch noch schnell allen Anwendern in dieser Welt zugute kommt. Dafür sind aber gewisse Voraussetzungen erforderlich, und dazu gehört auch ein geopolitisches Umfeld, das mehr das ›Miteinander‹ als das ›Gegeneinander‹ betont. Zum Miteinander sind wir gerade wegen des steigenden Energiebedarfs regelrecht gezwungen. Dazu gehören auch verbesserte Beziehungen zu den Ländern im Nahen Osten. Nur wenn es uns gelingt, hier Brücken zu bauen und die Gewalt abzubauen, wird es auch gelingen, mittelfristigen Nachfragesteigerungen im erforderlichen Maße nachzukommen. Rußland und Saudi-Arabien stehen gerade wegen ihrer strategischen Ressourcen im Mittelpunkt einer auf Kooperation ausgelegten Zukunftsstrategie. Die anderen ölfördernde Länder in Nahost und anderswo müssen hier mit Erfolg mit eingebunden werden, um den großen Herausforderungen unserer Zeit gerecht zu werden.

Das Rohöl wird also noch für einige Jahrzehnte Hauptbestandteil unserer Energienachfrage sein. Der Film *The Day after Tomorrow* verliert also keineswegs an Aktualität, selbst wenn man ihn

›übermorgen‹ schon vergessen haben mag.[20] Das Earth Policy Institute in den USA hat unter dem Motto »die Kosten einer Ölabhängigkeit« einige Öko-Ökonomie-Indikatoren aufgestellt, die fast alle die Auswirkungen des Kohlendioxyd-Ausstoßes bestätigen. Auf den Grafiken, die teilweise bis 1860 zurückreichen, kann man die erwirkten Umweltveränderungen unserer westlichen Welt geradezu ablesen. Zu den Öko-Indikatoren zählt die Institution unter anderen den Zustand der Agrarböden, den (schrumpfenden) Anteil der Wälder, die Durchschnittstemperaturen auf der Erde, die Konzentration von Kohlenwasserstoffen in der Atmosphäre und die Entwicklung der Kohlendioxyd-Emissionen.[21] Außerdem wird hier natürlich auch auf die Bevölkerungsentwicklung und die Trinkwasserqualität sowie die Entwicklung bei der Erzeugung der Wind- und Solarenergie eingegangen. Gerade die Grafiken zum letztgenannten Bereich deuten darauf hin, daß es wichtig ist, mit Mut die schwierigen Aufgaben anzugehen, weil das Potential der Wissenschaft viel größer ist, als wir glauben, und man sollte diesen Kräften freien Raum geben, um hier das wahre Potential auch abzurufen. Dann braucht uns auch vor einer rohstoffärmeren Zeit nicht angst und bange zu sein.

Festzuhalten bleiben also vor allem folgende Punkte:

1. Das Ende des Erdölzeitalters ist noch nicht so nah, wie wir denken, und es ist mehr eine ›Mode‹, davon zu sprechen, als der wirkliche Glaube daran.

2. Die Ölabhängigkeit ist weitaus größer, als wir meinen, und wird es auch in Zukunft noch bleiben.

3. Die Umstellung des Transportsektors dauert Jahrzehnte.

4. Öl wird weiterhin einen sehr wichtigen Beitrag leisten.

5. Das Wachstum der Weltwirtschaft leidet bei weitem nicht so stark unter einem hohen Ölpreis wie in den siebziger Jahren, und geringere Wachstumsraten stehen eher in Verbindung mit mangelnder Reformfähigkeit in vielen Ländern. Privatisierungsvorhaben werden aus politischen Gründen allzuoft verschoben, auch Arbeitsmarktreformen und andere Strukturreformen unterbleiben. Zudem werden die Rohstoffpreise nicht immer ›haussieren‹.

6. Den internationalen Ölkonzernen sollte man mehr Vertrauen schenken, denn sie haben immer wieder bewiesen, daß sie in der Lage sind, die internationalen Märkte mit ausreichenden Mengen von Rohölprodukten zu versorgen.

7. Es ist eine Vision notwendig, um den erforderlichen Energiewandel sicherzustellen und um die steigende Energienachfrage zu befriedigen.

8. Die Energieeffizienz kann sowohl in den Industrieländern als auch in den aufstrebenden Schwellenländern noch gesteigert werden.

9. Die Notwendigkeit für eine Energiewende wird mit Blick auf die Erwärmung der Erdatmosphäre und der ansteigenden Durchschnittstemperaturen immer wichtiger.

10. Nach der Unterzeichnung des Kyoto-Protokolls durch Rußland und dem Inkrafttreten Anfang 2005 muß der Druck auf die Vereinigten Staaten zunehmen, um sie endlich von einem Beitritt zu überzeugen. Immerhin sind die Amerikaner für ein Viertel des weltweiten Kohlendioxydausstoßes verantwortlich.

11. Für die Erweiterung der weltweiten Stromnetze sind Milliardeninvestitionen erforderlich. Immer mehr ergibt sich dadurch eine Zusammenarbeit auf globaler Ebene, die Kooperation unter Regierungen und zwischen Unternehmen nimmt zu.

12. Der Nahe Osten hat noch sehr viel Entwicklungspotential. Es kann für den Nahen Osten eine sehr vielversprechende Zeit anbrechen; aber die Erwartungen der Bürger sind groß, und weitere politische Reformen dürfen nicht unterbleiben. Wenn es gelingt, den Irak und den Iran in diese neue Phase mit einzubinden, dann kann dieser Quantensprung sogar gelingen.

13. Der Westen ist ›energiepolitisch‹ sogar zu einer Zusammenarbeit gezwungen, da die Abhängigkeit in den nächsten zwanzig Jahren mindestens so hoch wie heute bleibt und tendenziell eher ansteigen wird.

14. Auch Afrika muß früher oder später eine Einbindung in die Globalisierung erfahren, um aus dem ›Teufelskreis‹ von Armut und Krieg auszubrechen. Dafür müssen aber andere Interessen zurücktreten.

15. Der Druck auf die Vereinigten Staaten von Amerika in Sachen Energieeffizienz muß größer werden. Insbesondere im Transportsektor sind umfangreiche Maßnahmen möglich. Die internationale Gemeinschaft darf nicht aufgrund eines Widerstandes seitens der Amerikaner zurückweichen.

16. Die in den letzten Jahren rein optisch hohen Ölpreise sind inflationsbereinigt bei weitem nicht so hoch, wie man denken mag.

17. Ölpreise von vierzig oder fünfzig Dollar pro Barrel kann die Weltwirtschaft durchaus verkraften. Das Inflationspotential ist bei weitem nicht mehr so hoch wie in den siebziger Jahren. Zudem sorgt der globale Wettbewerb dafür, daß die Zweitrundeneffekte ausbleiben. Die hohe Arbeitslosigkeit sorgt für niedrigere Lohnabschlüsse.

18. Preisprognosen am Rohölmarkt sind immer schwierig und mit großer Unsicherheit behaftet.

19. Die OPEC-Staaten kann man nicht für Preistreiberei an den Ölmärkten verantwortlich machen. Im Gegenteil, in den neunziger Jahren lag der Ölpreis im Durchschnitt bei 19 Dollar pro Barrel. Das ist ein Preisniveau, bei dem die Industrie und auch die Privatverbraucher nicht mehr denken, daß es sich bei Öl um ein ›kostbares‹ Gut handelt. Zudem schadet ein Blick auf den Anteil der Mineralölsteuer nichts. Er macht den Hauptanteil des Endpreises für die Verbraucher aus.

20. Ölpreise von vierzig bis fünfzig Dollar sind langfristig ohne Zweifel gerechtfertigt. In zehn Jahren sollte die Weltwirtschaft auch Ölpreise in Höhe von siebzig bis achtzig Dollar pro Barrel problemlos verkraften können.

21. Die konventionellen Ölreserven reichen nach heutigem Stand der Dinge noch einundvierzig Jahre. Die unentdeckten Reserven sind mindestens so hoch wie die noch vorhandenen konventionellen Reserven. Panikstimmung ist deswegen keineswegs angebracht. Nur eine Bewußtseinsveränderung in Wirtschaft und Gesellschaft wird uns in die Lage versetzen, den notwendigen Wandel in der Energiepolitik zu vollziehen. Über die Statistiken zu streiten bringt uns nicht weiter, denn ob die Reserven noch eine Reichweite von neununddreißig oder einundvierzig Jahren haben, ist unerheblich. Wichtig ist es letztendlich, den Wandel in der Zukunft möglich zu machen, um unseren Enkelkindern eine lebenswerte Umwelt zu hinterlassen.

Wahrlich eine ganze Reihe von Punkten. Aber es gibt noch mehr. Der Krieg der Vereinigten Staaten im Irak hat gezeigt, daß auch das ›Imperium‹ keine Allmacht darstellt. Auch die Amerikaner sind zu einer Kooperation auf bilateraler und multinationaler Ebene gezwungen, ob es ihnen paßt oder nicht. Insofern wird die Reform der Vereinten Nationen eine Angelegenheit, die sie mit äußerster Gewißheit angehen sollten, um den Staaten mehr Gewicht zu verleihen, die in den letzten Jahren durch mehr Verantwortung in der internationalen Politik sich diese Eintrittskarte sozusagen verdient haben.

Eine Verzögerung der Reformen ist hier ebenso wenig angebracht wie der Egoismus einiger europäischer Länder. Denn die Nachkriegsordnung muß an die neue Zeit angepaßt werden – wenn nicht heute, wann dann? Nur wenn dieses gelingt, können die großen Aufgaben der Zukunft auch bewältigt werden. Hierzu gehören neben den energiepolitischen Fragen unserer Zeit auch die Bekämpfung von Armut und Arbeitslosigkeit, AIDS, Umweltschutz, der Zugang zum Wasser und die erforderlichen politischen und gesellschaftlichen Veränderungen in der Welt. Zudem werden derzeit erhebliche Mittel fehlgeleitet, man denke nur an die 400 Milliarden Dollar, die die Vereinigten Staaten jedes Jahr in die Rüstung und Rüstungswirtschaft stecken. Wenn nur die Hälfte davon für zukunftsorientierte Zwecke umgeleitet werden könnten, wäre der Menschheit wahrlich gedient. Auch Japan hat immer noch einen Rüstungsetat, der viel zu hoch ausfällt.

Als letztes möchte ich noch auf eine Sache eingehen, die die derzeitige Situation im Nahen Osten aus meiner Sicht am besten auf den Punkt bringt. Israels Primärenergiebedarf wird durch Kohle mit etwa dreißig Prozent Anteil und Öl mit über sechzig Prozent Anteil nahezu komplett abgedeckt. Das Kyoto-Protokoll hat man zwar unterzeichnet, lediglich die Ratifizierung ist bisher ausgeblieben. Die Öllieferungen hat Israel in der Vergangenheit mit teuren, langfristigen Verträgen mit Ländern wie Mexiko, Norwegen und Großbritannien sichergestellt. Kohle bezog man ebenso mit langfristigen Abnahmeverträgen aus Australien, Südafrika und Kolumbien. Die Ölraffinerien und die Ölpipelines in Israel befinden sich in Staatsbesitz, hierfür gibt es zwei Unternehmen, nämlich die Oil Refineries Ltd. und die Oil Products Pipeline Company, die die Versorgung der israelischen Wirtschaft sicherstellen. Es gibt zwei Ölraffinerien; die eine befindet sich in Haifa und hat eine Kapazität von 130 000 Barrel pro Tag, die andere in Ashdod mit einer Kapazität von 90 000 Barrel pro Tag. Das reicht, um Israel mit den notwendigen Ölprodukten zu versorgen. Eine Kooperation mit der ägyptischen Regierung war bislang das Projekt Middle East Oil Refinery Ltd. Hierfür war der Aufbau einer Raffinerie mit einer Kapazität von 100 000 Barrel pro Tag in Alexandria vorgesehen. Die Raffinerie wurde im April 2001 in Betrieb genommen, im Juni 2001 gab die israelische Merhav den Verkauf ihres Anteils in Höhe von zwanzig Prozent bekannt, nunmehr ist die Anlage im vollständigen Besitz ägyptischer Unternehmen.

Politische Gesichtspunkte dürften ein Grund für den Rückzug der Israelis gewesen sein. Die Raffinerie sollte ein Beispiel für eine gute Zusammenarbeit zwischen ägyptischen und israelischen Unternehmen werden. Auch die Stromversorgung wird durch den Monopolisten Israel Electric Company sichergestellt, die Exklusivstellung des Unternehmens wurde 1996 für zehn Jahre verlängert. Kohlekraftwerke haben einen Anteil von fast siebzig Prozent, und fünfundzwanzig Prozent der Kraftwerke werden durch Öl angetrieben.

Auch die Einwohner im Gaza-Streifen sind von den Stromlieferungen von Israel Electric abhängig. Hier könnte ägyptisches Gas für eine Entlastung sorgen, politisches Gerangel zwischen Israel, Ägypten und den Palästinensern könnte aber eine Anbindung an das ägyptische Gasnetz verhindern. Auch Israel und Ägypten haben seit 2001 über Gaslieferungen verhandelt, es war konkret von einem Auftragswert von bis zu zwei Milliarden Dollar die Rede und einer Vertragslaufzeit von fünfzehn Jahren. Aber auch hier hat die Politik eine Zusammenarbeit verhindert.

Vielleicht liegt der Grund aber auch ganz woanders. In den letzten Jahren haben zwei Betreibergruppen – die eine nennt sich Yam Thetis Gruppe und besteht aus Avner Oil, Delek Drilling und Noble Affiliates, und die zweite besteht aus British Gas und Isramco – vor der Küste Israels größere Mengen Erdgas gefunden. British Gas und Isramco waren bereits im August 2000 im Feld Nir 1 auf bedeutende Mengen gestoßen. Zum anderen, und da wird die Sache wieder problematischer, hat man später auch Gas vor der Küste des Gaza-Streifens entdeckt (siehe untenstehende Karte von Israel, Ägypten und dem Gaza-Streifen); bereits 1999 hatte British Gas einen Vertrag mit den zuständigen palästinensischen Behörden über den Aufbau eines Gasnetzes auf palästinensischem Gebiet abgeschlossen. Der Vertrag läuft über fünfundzwanzig Jahre. Durch die Gasfunde vor der Küste könnten die Palästinenser einen Teil ihres Energiebedarfs selber abdecken. Soll hier also aus energiepolitischen Gründen, nämlich wegen der Kontrolle über zuletzt neu entdeckte Gasreserven auf dem zukünftigen Hoheitsgebiet der Palästinenser, die Souveränität des palästinensischen Staates verhindert werden?

Öl gibt es in Israel zwar in kleinsten Mengen, und umfangreiche Bohrungsarbeiten wurden durchgeführt, doch die Tagesförderung ist mit unter eintausend Barrel pro Tag nur marginal. Man hofft immer noch, auf einen großen Ölfund zu stoßen. Die israelische Petroleum Kommission schätzt beispielsweise, daß sich unter den Erdgasreserven bis zu fünf Milliarden Barrel Rohöl befinden könnten.[22] Bis diese Funde aber Wirklichkeit werden, setzt man auf den Einsatz von Erdgas; die Abhängigkeit von Öl und Kohle könnte somit verringert werden.

Israel importiert fast den gesamten Ölbedarf aus Ländern wie Ägypten, der Nordsee, Westafrika und Mexiko. Ja, Mexiko! In den letzten Jahren sind aber vor allem die Ölimporte aus Rußland, Kasachstan und Turkmenistan angestiegen. Israel benötigt täglich rund 279 000 Barrel. Importe aus den Golfstaaten oder von Syrien Fehlanzeige. Genau hier ist aber eine völlig paradoxe Situation entstan-

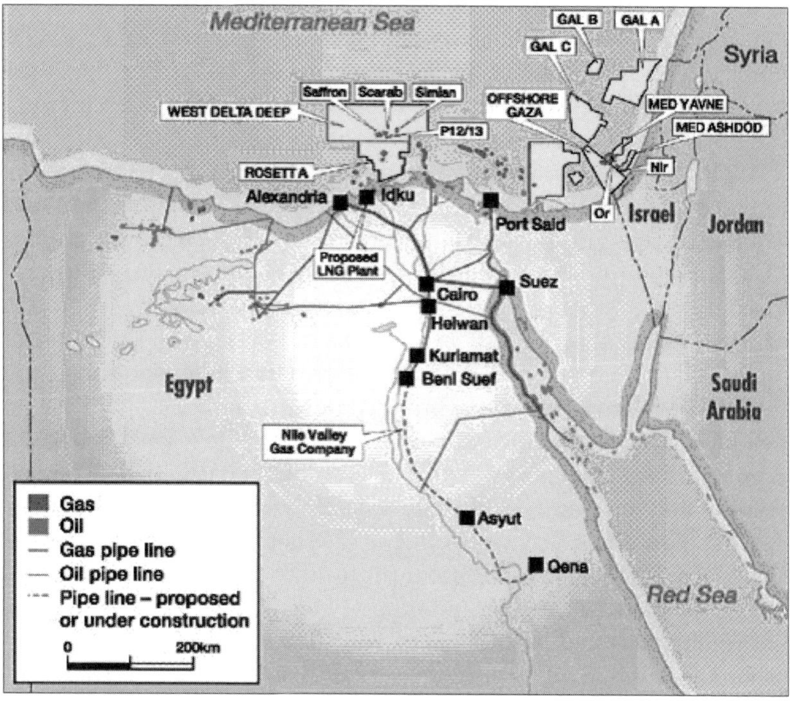

Gas- und Ölprojekte in Israel, Ägypten und dem Gaza-Streifen. Quelle: EIA.

den. Denn Israel befindet sich ja nicht irgendwo, sondern dort, wo das ›schwarze Gold‹ im Überfluß vorhanden ist – in Nahost. Auf der anderen Seite gibt es seit einigen Jahren Probleme mit dem Iran, man möchte die Regierung zwingen, ihre Atompolitik einzustellen, oder zumindest sicherstellen, daß sie nicht für Waffentechnik mißbraucht wird.

Was sollen wir aus dieser Konstellation machen? Das Sinnvollste wäre ein politischer und wirtschaftlicher Schulterschluß zwischen dem Iran und Israel. Denn die Region leidet unter dem Konflikt mit Israel, sie leidet aber auch an unnötigen Kriegen und unzureichender Entwicklung. Eine ›Politik der ausgestreckten Hand‹ wäre in dieser Situation genau das Richtige, denn man würde vielen Kritikern endgültig den Wind aus den Segeln nehmen. Es würden nur die ärgsten Kritiker zurückbleiben, nämlich die, die man sowieso nie überzeugen wird. Für die Region wäre dadurch aber ein Riesenfortschritt möglich. Alte Vorurteile könnten abgebaut werden, und eine erfolgreiche, lebenswerte Zukunft wäre in der Tat möglich. Am Ende würde Israel seinen Ölbedarf im Nahen Osten abdecken und müßte nicht mehr in weit entfernt gelegenen Ländern wie Angola oder Mexiko hausieren gehen. Das Rohöl würde diese Staaten somit miteinander verbinden, sozusagen als Verbindungsfaktor für die Politik fungieren. Dabei bekämen sogar alte Pipelineverbindungen wieder Nutzungsmöglichkeiten. Denn die Trans-Arabian Pipeline aus den vierziger Jahren liegt seit 1975 so gut wie brach, Ölexporte von Saudi-Arabien wurden seinerzeit eingestellt. Nur der Libanon (bis 1983) und Jordanien erhielten noch Lieferungen aus Saudi-Arabien. Die Kapazität lag damals bei 500 000 Barrel pro Tag, sie könnte ohne weiteres nach der Wiederinbetriebnahme auf eine Million Barrel gesteigert werden. Die Transportkosten könnten um bis zu vierzig Prozent zurückgehen, da die Route kürzer ist und der Suez-Kanal nicht passiert werden müßte. Zudem besteht noch eine Pipelineverbindung aus den dreißiger Jahren, die von Mossul im Irak bis nach Haifa führt, die Spitzenkapazität lag bei einhunderttausend Barrel. Die Nutzung wurde nach der Gründung Israels 1948 eingestellt.

Können Öl und Pipelines in Nahost Brücken bauen? Wäre eine energiepolitische Zusammenarbeit in Nahost nicht von Vorteil für alle Nationen? Saudi-Arabien und den Vereinigten Staaten von Amerika käme bei einer solchen Gezeitenwende eine Schlüsselrolle zu, denn nur gemeinsam ist eine solche Wende überhaupt vor-

und darstellbar. Als Vorbild für eine derartige Zusammenarbeit könnte die gegenwärtige Entwicklung in der Türkei dienen. Europa und auch die Vereinigten Staaten von Amerika haben die Türkei ›energiepolitisch‹ in ihre Überlegungen eingebunden. Die Zusammenführung der Gasnetze Griechenlands und der Türkei bis 2006 sind ein Beweis dafür; in einem zweiten Schritt sollen die Verbundnetze Italiens und Griechenlands folgen. Italien wird dann über die Türkei mit Gas aus Rußland, Iran, Aserbaidschan und Turkmenistan versorgt. In einer dritten Phase soll die Anbindung an Länder wie Österreich, Ungarn, Rumänien und Bulgarien folgen. Auch im Bereich Öl dient die Türkei als Transitland, allerdings ging das Projekt der Ölpipeline von Baku in Aserbaidschan nach Ceyhan in der Türkei zu Lasten des Iran.[23]

Die Energiepolitik sorgt also dafür, daß die Türkei immer mehr in die Europäische Union eingebunden wird. Natürlich müßte dabei auch das Ungleichgewicht hinsichtlich des Besitzes von Atomwaffen im Nahen Osten zur Sprache kommen, denn Israel befindet sich seit langem im Besitz von Atomwaffen, die internationale Gemeinschaft will den Iran aber auf jeden Fall von der Entwicklung solcher Waffen abhalten.[24] Jahrelange Verhandlungen zwischen der Internationalen Atomenergiebehörde in Wien (IAEA) und dem Iran haben Ende 2004 zwar eine vorübergehende Aussetzung der umstrittenen Urananreicherung bewirkt; ob damit aber eine langfristig zufriedenstellende Lösung bewirkt wurde, darf bezweifelt werden.

Wie hoch das Mißtrauen im Westen hinsichtlich der Verhandlungen im Atomwaffenstreit mit dem Iran ist, beweist allein die Tatsache, daß der amerikanische Geheimdienst die Telefongespräche vom Direktor der IAEA, Mohamed El Baradei, jahrelang abgehört haben soll.[25] Zudem wird darauf hingewiesen, daß Israel seinen Besitz von Atomwaffen bis heute nicht offiziell eingestanden hat; eine Tatsache, die auch nicht für viel Vertrauen in der arabischen Welt gesorgt hat.[26]

Mit der derzeitigen politischen Führung im Iran und in Israel ist ein solcher Quantensprung in Nahost möglicherweise auch nicht machbar. Vielleicht müssen wir deswegen noch einige Generationen auf diese Wende warten, aber energiepolitische Träume werden an dieser Stelle noch erlaubt sein. Eigentlich ist jetzt die Zeit gekommen, wo es kein Zurück mehr gibt, man erinnere sich an 1989. Mit dem vollen Einsatz der Europäer und Amerikaner, mit einer konstruktiven Reform in den Vereinten Nationen und mit dem entsprechenden politischen Willen sollte das eigentlich machbar sein. Gleich, für welchen Weg sich die Politik letztendlich entscheidet, die Diskussion um das ›schwarze Gold‹ wird in Zukunft immer wieder die Schlagzeilen bestimmen, und das Ende des Erdölzeitalters liegt noch lange nicht nah.

[1] »Wall Street spekuliert auf Energiekrise«, in: *FAZ,* 21. 8. 2003, S. 19.
[2] »Ein harter Winter und zu wenig Strom in Skandinavien«, in: *FAZ,* 14. 2. 2003, S. 12.
[3] Johnny Erling, »China schaltet 6400 Firmen ab«, in: *Die Welt,* 12. 7. 2004, S. 11.
[4] »Deutschland will Kyoto übererfüllen«, in: *FAZ,* 26. 5. 2004, S. 13.
[5] »Bundestag verabschiedet den Zuteilungsplan für den Emissionshandel«, in: *FAZ,* 29. 5. 2004, S. 12.
[6] Miguel Ángel Lasheras, »Los dilemas para cumplir Kioto«, in: *El País,* 27. 6. 2004, S. 11.
[7] »Narbona apuesta por reducir las emisiones aunque no se apruebe el Protocolo de Kioto«, in: *El País,* 4. 7. 2004, S. 30, und Carlos Gómez, »Espana aumentó sus emisiones une 40% desde 1990«, in: *El País,* 24. 5. 2004, S. 79.
[8] Rafael Ruiz, »Vivir del aire«, in: *El País,* 2004, S. 45–53.
[9] Katja Ridderbusch u. Daniel Wetzel, »Trittin: Emissionshandel kann pünktlich starten«, in: *Die Welt,* 8. 7. 2004, S. 12.
[10] »Der Emissionshandel kann starten«, in: *FAZ,* 8. 7. 2004, S. 9.
[11] »Das Drei-Liter-Auto ist ein Ladenhüter«, in: *FAZ,* 7. 6. 2004.
[12] »Shell hofft auf die Sonne«, in: *Süddeutsche Zeitung,* 10. 10. 2003, S. 22.
[13] »Zahl der Autos steigt deutlich bis 2030«, in: *FAZ,* 27. 4. 2004, S. 13.
[14] »IAEA: Deutlich mehr Nutzung der Kernenergie«, in: *FAZ,* 26. 6. 2004, S. 5.
[15] »Neues Kernkraftwerk wird in Finnland gebaut«, in: *FAZ,* 12. 6. 2004, S. 1.
[16] »Frankreich hält an der Atomenergie fest«, in: *Süddeutsche Zeitung,* 10. 10. 2003, S. 21.
[17] Georg Küffner, »Die Kerntechnik ist kein Auslaufmodell«, in: *FAZ,* 16. 12. 2002.
[18] Jeffrey D. Sachs, »Nuestro futuro energético«, in: *El País,* 9. 5. 2004, S. 2; James D. Wolfensohn, »Por un crecimiento más ecológico (y2)«, in: *El País,* 27. 6. 2004, S. 2.
[19] Carlos Bravo Villa, »Hay que apostar de nuevo por la energía nuclear?«, in: *El País,* 11. 7. 2004, S. 15.
[20] Antonio Calvo Roy, »El dia de mañana viene muy frio«, in: *El País,* 13. 6. 2004, S. 36.
[21] earth-policy.org/Indicators

[22] EIA, *Israel Country Analysis Briefs*, April 2004.

[23] »Die Türkei wird zum Transitland für die Energie Europas«, in: *FAZ*, 14. 12. 2004, S. 10.

[24] »Amerikaner haben El Baradei abgehört«, in: *FAZ*, 13. 12. 2004, S. 6.

[25] Seymor M. HERSH, *Atommacht Israel, Das geheime Vernichtungspotential im Nahen Osten*, 1991 (Buch mit Einzelheiten über das Atomprogramm Israels und den Atomspion VANUNU).

[26] »Scharon deutet Atomwaffenbesitz an«, in: *FAZ*, 31. 7. 2004, S. 2.